STUDIES ON VOLTAIRE AND
THE EIGHTEENTH CENTURY

248

General editor

PROFESSOR H. T. MASON

Department of French
University of Bristol
Bristol BS8 1TE

JUSTUS VAN EFFEN

Le Misanthrope

Edited by

James L. Schorr

THE VOLTAIRE FOUNDATION

AT THE TAYLOR INSTITUTION, OXFORD

1986

ISSN 0435-2866

ISBN 0 7294 0344 0

British Library cataloguing in publication data

Effen, Justus van
Le misanthrope.
— (Studies on Voltaire and the eighteenth century,
ISSN 0435-2866; 248)
1. Literature — History and criticism
I. Title   II. Schorr, James L.
III. Voltaire Foundation   IV. Series
809   PN86
ISBN 0-7294-0344-0

Printed in England at The Alden Press, Oxford

Contents

Preface

THE task of a critical edition such as this one is to provide the modern reader with a clear text which should reflect, as nearly as possible, the intentions of the author. One major consideration is the language. A comparison of the extant versions of *Le Misanthrope* shows variations in capitalisation, punctuation, and spelling. Our research has not revealed a manuscript of the text, nor is there sufficient material in van Effen's handwriting to provide any one standard for editing the text. A facsimile edition, which this is not, would provide an exact copy of the text, and yet, there exist irregularities among each extant version of the text. An arbitary rendering of the text in a 'standardised' form of old-spelling, punctuation, and capitalisation may represent a compromise version of some early eighteenth-century editorial practices, but it could not be said to be the author's own system or preference. Although such a rendition might be interesting in itself, that is not the goal of the present edition.

Van Effen was aware of the problems of editing a text, and he seems to mock the efforts of future editors, declaring he will change nothing in his works (Préface):

Je veux, qui plus est, laisser dans mes Misanthropes jusqu'à la mauvaise ponctuation et aux fautes d'impression. A quoi s'amuseraient les commentateurs à venir si on leur transmettait des livres trop exacts? Il n'y aurait pas là de quoi faire briller leur beau génie. Mais quand ils trouvent par ci, par là, dans les auteurs quelque expression bizarre, quelque fausse pensée, quelque endroit embarrassé, c'est alors qu'ils triomphent, et je crève déjà de rire lorsque je songe aux belles choses qu'ils trouveront dans mes ouvrages, sans que j'aie jamais pensé à les y mettre.

In spite of this ironic attack against commentators, van Effen is conscious of conspicuous textual errors. In number IV he launches out against the typesetter whose slight misprint altered the meaning of an entire section of his first number. In practice, van Effen edited his text as he went along, as his own efforts in the preparation of the 1726 edition show.

The present edition, destined for the modern reader, has attempted a significant reading of the 1726 edition of *Le Misanthrope*. Substantive variants from the 1712-1713, 1741 and 1742 editions, that is, changes in words or word order that may alter the meaning of the text, are presented in the Index variorum. Spelling, punctuation, and capitalisation have been modernised.

Introduction

'PESTE soit du titre et de l'auteur, s'écriera à coup sûr un petit-maître.' So begins the first 'spectator' in French, *Le Misanthrope*. The Anglicist van Effen was familiar with the journalistic efforts of Defoe, Swift, Addison, and Steele. When these last two launched their *Spectator* in March 1711, the moral utility of such an undertaking did not escape his attention: he responded with his own spectator two months later. *Le Misanthrope* began a long journalistic exchange between the author and his reading public, an exchange which included two other spectators in French, *La Bagatelle* (1718-1719) and *Le Nouveau Spectateur français* (1723-1725), and one in Dutch, *De Hollandsche Spectator* (1731-1735). Anglicist and Francophile, the Dutchman van Effen is representative of the period during which he lived and wrote.

1. Justus van Effen's Holland

When Justus van Effen was born in Utrecht in 1684,[1] Holland was already an intellectual centre and was rapidly becoming the cosmopolitan heart of Europe. At the crossroads between two great civilisations it welcomed political and religious refugees from the revolution in England during the 1680s and from France after the revocation of the Edict of Nantes in 1685. Besides being a political haven, Dutch society offered the advantage of having a relatively free press through which these new citizens could express their religious views. It was during this period that Pierre Bayle, Jean LeClerc, and Henri Basnage de Beauval began to bring French journalism to the foreground in Holland, and, consequently, to transform profoundly the literary world by encouraging a greater interchange of ideas with the rest of Europe, and especially between England and France.

The intellectual atmosphere of van Effen's formative period was greatly influenced by English philosophers of the late seventeenth century and by masterpieces of French neoclassical literature. Van Effen was enrolled in the state school in Utrecht where he learned Greek and Latin and made rapid progress in his studies. During this time, Descartes's ideas were being taught regularly in Holland, and, as is evident in van Effen's writings and translations, he was well read in philosophy. Together with a classical formation in Greek and especially Latin, van Effen was also exposed to works by Molière, Corneille, La Bruyère, Boileau, Fontenelle, and other notable French writers of the day. The thriving French reviews of Holland provided a close contact with the contemporary world of literature and would have a profound influence on van Effen, who would himself become a prominent journalist. At the same time, due to Holland's close association with England, van Effen discovered Locke,

---

1. For sources concerning van Effen's life and works, see the 'Eloge Historique' and 'Het Leven' by Verwer; see also the studies by Bisschop, Zuydam, Pienaar, and Schorr.

Shaftesbury, and many English writers who seemed to flourish during Queen Anne's reign: Congreve, Newton, Defoe, Swift, Pope, and others.

Apparently, van Effen was destined to a military career by his father, Melchior van Effen, who was himself an officer in the Dutch cavalry; however, the father's untimely death drastically changed plans for van Effen's future. Left the sole support of his mother and sister, he chose to avail himself of his education to become a private instructor. In 1707, he tutored the two sons of madame Bazin de Limeville, and during this time van Effen composed his first work in French, an ironic parallel between Homer and Chapelain. During most of his life financial necessity compelled him to assume a dual career of private tutor and writer. While in the service of baron van Wassenaer, van Effen translated Shaftesbury's *Essay on the freedom of wit and humour* into French; this marked the beginning of a new and continuing role for van Effen as a direct intermediary for English culture to readers of French. Van Effen was very much in touch with the Augustan Age of English literature; he also recognised the importance of French as a vehicle for diffusing ideas to a wider, continental reading public. When the Hollander discovered the English *Spectator*, he was quick to recognise the interest a journal of this kind might have for readers of French.

2. *Le Misanthrope* and contemporary spectatorial journals

There is little doubt that van Effen was familiar with Addison and Steele's new endeavour in this area of journalism; Addison apparently knew the publisher of *Le Misanthrope*, Thomas Johnson,[2] who provided an outlet for English literature in The Hague. It is also clear that van Effen understood the numerous possibilities of the spectatorial journal, possibilities which he helped to mould into a viable tool for attacking moral problems of society as well as examining literary works. Like the Spectator, he examines men in society, their politics, and their sometimes irrational customs; like La Bruyère, he gives his readers portraits or 'caractères' to reinforce his social criticism.

The first 'discours' or discourse of *Le Misanthrope* begins with a discussion of the character of this new understanding and of the title figure as well. Van Effen is careful to distinguish his *dramatis persona* from the protagonist of Molière's play by rejecting the unsociable, atrabilious Alceste as a model. In a similar fashion he repudiates the Athenian Timon who is too unpatriotic and not a real friend of mankind. In spite of van Effen's ironic title, the Misanthrope is a lover of man as well as a lover of truth who feels a moral obligation to correct the follies and foibles of his fellow creatures. Although there are no direct borrowings from the *Spectator*, the form and content of the two journals are similar.[3] To some extent, the Misanthrope and the Spectator appear to be spiritual brothers,

2. See Donald F. Bond's note concerning Johnson in his edition of the *Spectator* (Oxford 1965), i.xxxvii.

3. Pienaar shows some of the similarities between these journals in his study *English influences in Dutch literature and Justus van Effen as intermediary* (Cambridge 1929), pp.101-19. He notes possible influences in themes and topics, which are not however 'textual' influences. Pienaar is also careful to show that the borrowing is two-way (p.112), and it is quite evident that Addison and Steele had been reading *Le Misanthrope*.

although, in contrast to the gregarious Spectator who surrounds himself with six other members of his club, the Misanthrope is presented alone, as an individual. The rich assortment of characters provides the English journal with a wide variation in tone, whereas the Misanthrope presents a more uniform, more homogeneous point of view. Van Effen's title figure does, at times, seem to prefer his solitary existence to the often needless anxiety of the court. In number XL he finds that too much ceremony not only adds to the inconvenience of life, but also subtracts from a man's freedom; furthermore, he confirms that this ceremony to which we have enslaved ourselves is often insincere.[4] That is not to say that our author is unsociable or of the same ilk as the often grave, lucubrating Isaac Bickerstaff of the *Tatler*: witty essays and galant poetry in *Le Misanthrope* reveal a much different character. Still, if the setting for the Spectator is the club or the coffee house, the Misanthrope seems more at home in his private study.

While *Le Misanthrope* is not as newsy as the *Tatler*, for example, the journalist is aware of current events, but news is more often a pretext for his comments on society: the untimely death of the young Prince of Orange requires a sober panegyric in number XI; considerations of peace negotiations in number LV evoke whimsical prognostications. Contemporary English journalists (Addison, Steele, Defoe, Swift, and others) were often very politically oriented, and much of their journals is given over to discussing Tory and Whig politics.[5] Van Effen, like La Bruyère, is more inclined to social criticism; he does discuss political theory from time to time, although he never descends into the mudslinging political arena as do the Tory *Examiner*, the *Tatler*, and the *Weekly review*. Nevertheless, our author is acutely aware of the political situation, and his essays on the existing social class system (XLI), origins of political authority (XLVIII), and party factions (LXIX) reveal a high level of competency in these areas. The author's ideal society of Batavia (XIII) is similar to Fénelon's utopia, La Bétique,[6] and the same simplicity cherished by Fénelon and van Effen is later evoked by Rousseau in his first discourse.

While its basic form and intent are the same as the original model, *Le Misanthrope* differs in detail from the English papers. Unlike the authors of the *Tatler*, published thrice a week, and the *Spectator*, published every day, van Effen was not pressed for copy and was able to give a well written weekly paper. He was also careful to guard his anonymity: he wanted *Le Misanthrope* to be judged on its own merit and not as a French work written by a Dutchman.[7] Van Effen knew his public and especially his French critics who, jealous of their nationality and language, would pretend to find many errors by a foreigner trying to write in French. And, by remaining anonymous, van Effen saw his work attributed to renowned French writers, Fontenelle and Crousaz, for example. In addition, anonymity offered the advantage of protecting his work from critics who were afraid of attacking well-known authors.

---

4. See number XLII.
5. It should be noted that the *Spectator* does relatively little politicking.
6. This utopia is described in the seventh book of Fénelon's *Télémaque* (1699).
7. See the author's discussion of anonymity in the preface to the 1712-1713 edition.

3. Contents

The author-reader relationship provided by the shortened, fixed form and periodicity of the journalistic essay allowed van Effen to write for a more immediate public than did Montaigne or La Bruyère. The journalist becomes the reader's weekly companion who recounts his recent visits to cafés (VI), salons (XVII), the opera (XXXI), and the fair (LXII), adding a new dimension of reality to his essays by incorporating real, everyday experiences. The author invites and receives letters from his public (XXV, L), he looks for contributions from his readers (XIII), and he solicits their participation on literary and moral issues (XXVII). Of course, van Effen found that public reaction was not always favourable. His portraits were constantly generating keys identifying real people, and his frank criticism occasionally made enemies for him.[8]

The Misanthrope, a man of reason who has dedicated himself to the task of enlightening his fellow man through moral criticism, is also a *littérateur*. Although *Le Misanthrope* is composed mainly of periodical essays, the author occasionally presents to his readers other literary forms as well. Van Effen displays a wide and intimate knowledge and mastery of French literature, both in his reviews of contemporary authors and in the examples of his own short verse and prose works. The Misanthrope scrutinises the important literary discussion of the relative merit of the Ancients and the Moderns (II, LVI) and gives examples in his essays and in his allegorical dreams or 'songes'.[9]

The author skilfully employs the dramatic dialogue to provide an amusing perspective on newspapers (LXXIX), epic poems (X), and social role playing (VII). Van Effen presents his readers with a wide variety of poetic forms (tales, elegies, epithalamia, fables, odes, sonnets, ballads, satires), which generally serve to supplement his discussion.[10] The author also capitalises on the vogue of the literary portrait whose popularity was due in part to the success of La Bruyère's *Caractères*. He draws examples from La Bruyère and classical writers of antiquity, such as Theophrastus, but especially from his own observations.[11]

While it is true that *Le Misanthrope* provides an introduction to literature,[12] van Effen, a true follower of Fontenelle, is well aware of his journal's social utility. He examines La Rochefoucauld's popular contention that virtue is a simple function of gross self-interest ('amour-propre') in number LXXI. The Misanthrope considers man as a moral entity in an ethical universe in which

8. See, for example, number XXVI in which van Effen answers one of his disparagers, François Gacon.

9. Van Effen presents 'parallels' between ancient and modern poets, and he parodies their poetic styles. See number III and V, as well as numbers LI and LIV.

10. Number XXI begins as an academic, critical essay on eloquence, followed by a gay poem, roughly on the same subject, 'Oui je veux égayer mon style'; number LXIX balances a very serious discussion of party politics with a humorous fable in verse, 'Le Coq et le Renard'; and number XXIII on the art of intelligent discussion is followed by a mock epic poem of six pedants physically fighting over the interpretation of a minute passage in Homer.

11. Piet Valkhoff, in his article 'Justus van Effen en de Franse Letterkunde', *De Gids* (1917), pp.323-52, makes an interesting comparison between La Bruyère and his Dutch emulator which shows van Effen to be a very competent portraitist.

12. The author endeavours not only to acquaint his public with important literary works, but also to discuss various genres, techniques in writing and aesthetic values.

reason is the sure guide.[13] The idea of virtue, which is very closely tied to reason, is the foundation of ethics and the personal goal for each man. One of the objectives of *Le Misanthrope* is to discern man's duty by understanding his moral motives, and, for this reason, van Effen gives his readers philosophical discussions on modesty (XXXII), almsgiving (XXXIX), justice and generosity (LXIII), self-esteem (LXXVII), and so on.

The form of spectatorial journals afforded an advice column with which van Effen answered letters concerning love (LXXVIII), courtship (XXV), marital problems (XVI), and similar questions. With regards to women's changing role in society, van Effen offers some interesting advice to his female readers on proper conduct in polite society (IV), appropriate dress (XLV, XLVII), and suggestions on how to please male suitors (XLV, L). Although he recognises the importance of roles for social stability, van Effen is something of a feminist in his attitude toward women. He advocates that more attention be given to the education of women; however, he shares Molière's view of 'femmes savantes' (IV): women should have a solid education, but not to the point of destroying their 'natural charms'. Van Effen's experience as a tutor led him to comment on the education of children in the mini-treatise of numbers LXXXIV, LXXXVI, and LXXXVIII.

4. Success of *Le Misanthrope*: publication in volume form

Le Misanthrope first appeared as a half-sheet on 19 May 1711 and was published regularly on Mondays by Thomas Johnson until 26 December 1712. Van Effen was well aware of the advantages of the newspaper format for a work such as his, and he was alert to avoid the potential limitations of the ephemeral fly sheet. He discusses this problem in number XII; a critic asked if it would not be more effective to attack vices and extravagances in a full-length book, such as La Bruyère's: 'A celui-là je n'ai rien à répondre, sinon qu'il n'a qu'à garder toutes mes feuilles volantes pendant un an entier et qu'à les faire relier ensemble, cet assemblage fera un volume presque aussi gros que La Bruyère; plût au Ciel qu'il fût aussi bon!' This is exactly what he did with the *Misanthrope*, as did Addison and Steele with the *Tatler* and the *Spectator*. The first bound edition of *Le Misanthrope* is a simple compilation of the fly sheets in two volumes published in 1712 and 1713.

The popularity of spectatorial journals in French grew throughout the second and third decades of the eighteenth century.[14] At least two journals, *Le Censeur* (1714) and *L'Inquisiteur* (1714), were inspired by *Le Misanthrope*. A French translation of the *Spectator* began appearing in 1714, and examples of the genre proliferate throughout the eighteenth century in English, French, Dutch, and German. Van Effen wrote his second spectator, *La Bagatelle*, and published it twice a week as a quarter-sheet from 5 May 1718, to 13 April 1719. From 1721 to 1724, Marivaux wrote sporadically numbers of his *Spectateur français*. Van

13. See number LXXV.
14. See Marianne Couperus, *L'Etude des périodiques anciens*: *Colloque d'Utrecht* (Paris 1972), pp.172-211, for a list of spectatorial journals in French.

Effen himself translated Addison and Steele's *Guardian* as the *Mentor moderne* in 1723. This seems to have been a flourishing period for the genre: the *Spectateur suisse* appeared in October 1723, and the *Spectateur inconnu* a month later. Van Effen announced plans for his third spectator, *Le Nouveau Spectateur français*, late in the same year.

Perhaps it was the popularity of the genre of the spectatorial journal which prompted van Effen to prepare a new, augmented edition of his successful *Misanthrope*.[15] The 1726 edition of *Le Misanthrope* is the last one reviewed and corrected by van Effen, and authorial changes made in this edition are essential to his conception of the unity of *Le Misanthrope* as a book. The most significant addition is his discussion of freethinkers and disbelievers, 'Réflexions sur le caractère des esprits forts et des incrédules' (XXXIII-XXXVIII). This 140-page moral treatise, although inappropriate for the short, periodical format, provides the book form with an ethical, philosophical centre which serves to unify the other seemingly disparate essays. One does not have to look far to find a model for this arrangement: Montaigne's *Essais*, prototype for all essays including the periodical, is a collection of short literary compositions on a variety of subjects. A lengthy moral treatise, the 'Apologie de Raymond Sebond,' forms the nucleus for Montaigne's *Essais* and provides the reader with a unified discussion of the author's moral and philosophical thought, while the other essays serve to illustrate the author's ideas on various subjects.

His own editor, van Effen made numerous minor alterations in the first bound edition of 1712-1713.[16] Thus, he added a rather long discourse on charity in alms-giving (XXXIX). His final essay, formerly the preface to tome II, became the preface to the entire book in 1726. In addition, the bookseller deleted the advertisements that appeared in the first two versions, the fly sheets and the 1712-1713 edition. Van Effen also provided the reader with occasional explanatory footnotes and a table of contents at the end of each volume. His epistolary journal of his voyage to Sweden, 'Relation d'un voyage de Hollande en Suède, contenue en quelques lettres de l'auteur du *Misanthope*', was appended to tome II.

After a successful career as a writer of French, van Effen turned to his native language and wrote his last spectatorial journal in Dutch. *De Hollandsche Spectator* (1731-1735) is generally considered a masterpiece of eighteenth-century Dutch prose whose popularity continued well after van Effen's death in 1735. Because the author's French works were also in demand, the 1726 edition was reprinted by Marc-Michel Bousquet in 1741 and by Jean Néaulme in 1742. Herman Uytwerf published the last edition of the three French spectators by van Effen, *Le Misanthrope*, *La Bagatelle*, and *Le Nouveau Spectateur français*, in 1742.[17]

---

15. We know from a pamphlet addressed to François Camusat, 'Réplique à la réponse de l'auteur de la *Bibliothèque française*', that he had begun this revised edition as early as 1724.

16. The bookseller affirms that van Effen prepared this edition himself: 'l'auteur a bien voulu revoir son ouvrage d'un bout à l'autre et, afin d'intéresser la curiosité du public, il y a ajouté plusieurs discours sur le *caractère des esprits forts et des incrédules* et sur la *charité qui concerne l'aumône*' ('Avertissement du libraire').

17. The publisher Uytwerf follows the 1726 edition with some minor alterations: he places the preface for the 1726 edition at the end of *Le Misanthrope*, and, as number LXXXIX, it serves as the conclusion to the journal. As prefatory material, this posthumous edition begins with an

Both as fly sheets and bound, *Le Misanthrope* was widely read and established its place in eighteenth-century French literature. Its moral and literary essays, as well as those of his other spectators, continued to be regarded as exemplary as the century progressed. In his *Traité de l'éducation des enfants*, Jean-Pierre de Crousaz observes, 'S'il y a quelqu'un au monde qui n'estime que médiocrement le *Spectateur*, le *Misanthrope*, et la *Bagatelle* et qui ne soit pas partisan de ces ouvrages, l'intérêt de sa réputation lui imposera la nécessité de se taire.'[18] Later, J. H. S. Formey included van Effen's French spectators in his *Conseils pour former une bibliothèque peu nombreuse, mais choisie* and praised his success with the genre: 'Van Effen n'a pas mal réussi dans ce genre, témoin son *Misanthrope*, son *Spectateur*, et sa *Bagatelle*, qui se trouvent dans la dernière édition qu'on a faite de toutes ses œuvres.'[19] Not only did his spectators generate considerable interest among French readers, but many of his essays were also translated into Dutch, English, and German. And, of course, when van Effen began his Dutch spectator in 1731, he was able to draw on his long experiences as a successful essay journalist in French.

5. The present edition

In the determination of a copy text for the present edition, the following versions of the text were considered:

1. 1712-1713 edition[20]
2. 1726 edition
3. 1742 edition

The 1726 edition is most representative of the author's final intention and is, consequently, the copy-text for the present edition. The order is respected, including the author's decision to use his last essay as the preface for the entire work. Although Uytwerf's suggestion of putting this preface at the end has some merit, it does not strictly follow the author's design.

The author's footnotes are indicated in our text, but we do not reproduce the 'Table des Matières' of the 1726 edition. Other appurtenant material is included in the appendices.

The following chart shows the order of the 'discours' in each of the respective editions. An asterisk (*) indicates that a particular writing is absent from that edition. Those 'discours' that change order or that are combined are shown in brackets (⟨ ⟩). The numbering for the 1726 edition has been altered: XLI appears twice; the second is, therefore, XLII, and subsequent numbers change as well.

'Avertissement du libraire sur cette nouvelle édition' and the dedication to baron van Welderen which first appeared in 1726. Next follow two biographical accounts: an 'Eloge historique de Mr. Juste van Effen', which can be found in the *Bibliothèque française* (1737, XXV, viii.137-54) and a response to this eulogy written for this edition by Potin in 1741, 'Lettre de Mr. P. à l'auteur de l'Eloge de Mr. van Effen'.

18. The Hague 1721, ii.87.

19. 2nd edition (Berlin 1756), p.76.

20. The rare fly sheets of *Le Misanthrope* have not been found and are, therefore, not available for collation in the present edition.

Fly sheets	1712-1713	1726[21]	1742
	ТOME I		
*	Préface	*	*
*	Avertissement (Johnson)	*	*
*	*	*	Avertissement (Uytwerf)
*	*	Dédicace	Dédicace
*	*	Avertissement (Néalume)	*·
*	*	*	Eloge historique
*	*	*	Lettre de M. P.
*	*	Préface[22]	*
19 mai	I	I	I
25 mai	II	II	II
1 juin	II	III	III
8 juin	IV	IV	IV
15 juin	V	V	V
22 juin	VI	VI	VI
29 juin	VII	VII	VII
6 juillet	VIII	VIII	VIII
13 juillet	IX	IX	IX
20 juillet	X	X	X
27 juillet	XI	XI	XI
3 août	XII	XII	XII
10 août	XIII	XIII	XIII
17 août	XIV	XIV	XIV
24 août	XV	XV	XV
31 août	XVI	XVI	XVI
7 septembre	XVII	XVII	XVII
14 septembre	XVIII	XVIII	XVIII
21 septembre	XIX	XIX	XIX
28 septembre	XX	XX	XX
5 octobre	XXI	XXI	XXI
12 octobre	XXII	XXII	XXII
19 octobre	XXIII	XXIII	XXIII
26 octobre	XXIV	XXIV	XXIV
2 novembre	XXV	XXV	XXV
9 novembre	XXVI	*	*
16 novembre	XXXVII	XXXVI	XXVI

21. The 1726 edition was reprinted by Bouquet in 1741 and by Néaulme in 1742; the order is the same as the 1726 edition.

22. This first appeared as the preface ('Au lecteur') to tome II in the 1712-1713 edition; it is number LXXXIX in the 1742 edition.

25 juillet	XXX	*	*
1 août	XXXI	LXX	LXX
8 août	XXXII	LXXI	LXXI
15 août	XXXIII	LXXII	LXXII
22 août	XXXIV	LXXIII	LXXIII
29 août	XXXV	LXXIV	LXXIV
5 septembre	XXXVI	LXXV	LXXV
12 septembre	XXXVII	LXXVI	LXXVI
19 septembre	XXXVIII	LXXVII	LXXVII
26 septembre	XXXIX	LXXVIII	LXXVIII
3 octobre	XL	LXXIX	LXXIX
10 octobre	XLI	LXXX	LXXX
17 octobre	XLII	*	*
24 octobre	XLIII	LXXXI	LXXXI
31 octobre	XLIV	*	*
7 novembre	XLV	*	*
14 novembre	XLVI	LXXXII	LXXXII
21 novembre	XLVII	LXXXIII	LXXXIII
28 novembre	XLVIII	LXXXIV	LXXXIV
5 décembre	XLIX	LXXXV	LXXXV
12 décembre	L	LXXXVI	LXXXVI
19 décembre	LI	LXXXVII	LXXXVII
26 décembre	LII	LXXXVIII	LXXXVIII
*	*	*	⟨LXXXIX⟩

6. Chronology

1684	Born at Utrecht on 21 February.
1707	Tutor for the sons of madame Bazin de Limeville; the composition of the 'Dissertation sur Homère et sur Chapelain'.
1709	Tutor for the son of baron van Wassenaer.
1710	Translation: *Essai sur l'usage de la raillerie* by Shaftesbury.
1711	*Le Misanthrope* (from 19 May 1711 to 26 December 1712).
1713	*Le Journal littéraire*: the editors include van Effen, Marchand, 's Gravesande, Sallengre, and Saint-Hyacinthe until 1715, then he edits it alone until the end of 1718.
1715	Van Effen goes to London as a member of the Dutch delegation to the coronation of George I; he is elected member of the Royal Society on 30 November 1715.
1716-1719	Tutor for the son of van Welderen; van Effen accompanies his ward to the University of Leiden.
1718	*L'Europe savante* (1718-1720): he is a member of the group of editors (Saint-Hyacinthe, Jean Lévesque de Burigny, Louis-Jean Lévesque de Pouilly, and Gérard Lévesque de Champeux); his participation seems rather small. *La Bagatelle* (from 5 May 1718 to 13 April 1719).

1719   *Le Journal historique, politique, critique et galant.*
        Les Petits-Maîtres, followed by the *Critique de la comédie des petits-maîtres* in
        1720.
        Le Courrier politique et galant (1719-1721); his precise role is difficult to
        determine.
        Van Effen accompanies Prince van Hessen Philipsthal to the court of
        Stockholm; the 'Voyage en Suède', his journal of this voyage, is attached
        to the new edition of the *Misanthrope* in 1726

1720   Translation: *Aventures surprenantes de Robinson Crusoe* by Defoe, with Saint-
        Hyacinthe; van Effen translates the third volume in 1721.

1721   Tutor for Martin Jakob Huysman at Rotterdam.
        Translation: *Conte du tonneau* and miscellaneous works by Swift.

1722   Translation: *Pensées libres* by Mandeville.

1723   Translation: *Mentor moderne* by Addison, *et al.*
        'Lettre à l'auteur de la *Bibliothèque française* sur l'extrait qu'il a donné
        du *Je ne sais quoi*, p.246, etc., du Tome II de sa *Bibliothèque*' (pamphlet,
        1723), followed by his 'Réplique à la réponse de l'auteur de la *Bibliothèque
        française*' (pamphlet, 1724).
        Le Nouveau Spectateur français (from the end of 1723 to the beginning of
        1725).

1725   Van Effen undertakes the translation of the *Histoire métallique* by Gerard
        van Loon, of which he publishes the first two volumes in 1732.

1726   *L'Histoire littéraire de l'Europe* (1726-1727).

1727   At the same time as his ward Huysman, van Effen completes his
        doctorate of law at Leiden; his thesis is entitled *Disputatio juridica
        inauguralis, de poena furti manifesti.*
        Van Effen accompanies his former student, count van Welderen, to the
        coronation of George II, to whom he presents an ode in French.

1730   'Essai sur la manière de traiter la controverse en forme de lettre adressée
        à monsieur de La Chapelle' (pamphlet, 1730).
        'Suite de l'essai sur la manière de traiter la controverse en forme de
        lettre à monsieur de La Chapelle' (pamphlet, 1730).

1731   From 1727, van Effen turns his attention more and more to his Dutch
        public. In 1731, he begins his first and only major work in Dutch, *De
        Hollandsche Spectator* (from 20 August 1731 to 8 April 1735).
        'Lettre de M. G. M. à un de ses amis de Paris sur les écrits publiés
        contre M. le docteur Pingré.' (In the *Bibliothèque française*, tome xv, 2e
        partie, article vi, 1731).

1732   Thanks to his former ward van Welderen, he is named 'Kommies
        van 's Lants Magazijn' at 's Hertogenbosch (Bois-le-duc) where he
        continues to write his Dutch spectator.
        Towards the end of 1732, after the death of his mother, he marries
        Elizabeth Sophia Andriessen. They have two children.

1735   Van Effen dies on 18 September.

LE
MISANTHROPE
Par Mr. V. E. * *
Nouvelle Edition revuë & augmentée
de plusieurs Discours importans.
TOME PREMIER.
[*engraving with the inscription* 'INDESINENTER']
A LA HAYE,
Chez JEAN NEAULME.
M. D C C. X X V I.

A MONSIEUR
LE BARON
DE WELDEREN,

SEIGNEUR D'UPBERGEN, &c. GRAND BAILLIF ET DICKGRAAVE DE LA BETUWE INFERIEURE &c. DEPUTE A L'ASSEMBLEE DE LL. HH. PP. LE[S] ETATS GENERAUX &c. &c. &c.

MONSIEUR,

Si je prends la liberté de vous dédier cet ouvrage, ce n'est en aucune manière pour me ménager une favorable occasion d'instruire les hommes de votre mérite et de vous donner, même avec sobriété, les éloges dont vous êtes digne. Depuis longtemps les louanges, quelque vraies qu'elles soient, sont déplacées dans une dédicace. Le lieu où elles se trouvent les rend suspectes, les avilit et leur ôte le droit de procurer le moindre plaisir raisonnable à celui qui en est le sujet. C'est au public à vous rendre justice. On peut compter sur sa candeur, et je vois avec la plus grande satisfaction que vous avez tout lieu d'être content de son suffrage; il ne m'a pas chargé d'être son *orateur* auprès de vous. Mon unique but est de vous marquer ici, de la manière la plus éclatante qu'il m'est possible, que je suis avec un vrai dévouement,

MONSIEUR,

Votre très humble et très obéissant serviteur,

J. V. EFFEN.

AVERTISSEMENT
DU
LIBRAIRE
Sur cette nouvelle édition

L'empressement du public pour le *Misanthrope* n'ayant pu être satisfait depuis qu'il a cessé de paraître par feuilles, soit parce qu'il n'en resta que peu d'exemplaires complets, soit parce que ces deux volumes avaient été mis à un prix exorbitant, j'ai cru devoir en donner une nouvelle édition. Je crois qu'elle sera d'autant plus agréable que j'en ai retranché tant d'avertissements inutiles et que l'auteur a bien voulu revoir son ouvrage d'un bout à l'autre et, afin d'intéresser la curiosité du public, il y a ajouté plusieurs discours sur *le caractère des esprits forts et des incrédules* et sur la *charité qui concerne l'aumône*, outre une *relation assez curieuse d'un voyage en Suède*, où l'on trouve plusieurs réflexions et quelques caractères intéressants. Il semble qu'avec des additions si considérables cet ouvrage peut passer en quelque manière pour tout nouveau. Voilà ce que j'ai à dire sur cette édition, renvoyant le lecteur à la préface suivante pour ce qui concerne l'ouvrage en lui-même.

PREFACE
DE LA
PREMIERE EDITION

Vous appellerez ceci Misanthrope, ou préface misanthropique, ou bien comme vous le trouverez bon; le nom ne fait rien à la chose, tant y a que je ne prends la plume en main que pour vous dire adieu.

'Mais,' dira-t-on, 'pourquoi finir si brusquement sans nous avertir? Voilà un auteur qui sait bien peu son monde.'

Vous avez raison, *Lecteur*, cette conduite sent un peu son misanthrope, et c'est justement par là qu'elle me plaît. Par quelle raison voulez-vous que j'aille faire des façons avec le public? Nous sommes assez familiers ensemble pour en agir d'une manière libre; il me traite bien aussi cavalièrement, tout au moins, que je le traite, et je vous jure que je l'en aime davantage.

Vous vous attendez apparemment à apprendre de moi la raison qui m'a fait quitter mon ouvrage. Je le veux bien, *Lecteur*; la voici: c'est que je n'avais pas envie de le continuer.

'Voilà une belle raison,' me direz-vous.

D'accord, elle n'est pas belle, mais elle est vraie, et cela suffit. Votre curiosité s'était préparée à tout autre chose. Que voulez-vous? Ce n'est pas ma faute; voulez-vous que j'aille mentir pour vous faire plaisir?

Encore un coup, *Lecteur*, voici ma seule raison: j'ai fait le *Misanthrope* parce que j'avais la fantaisie de le faire; je ne le fais plus parce que la fantaisie de le faire m'est passée. Il n'y a rien au monde de plus naturel, et vous voyez bien que toutes vos conjectures sur cette affaire sont fausses à force d'être raffinées.

Les uns disent que je suis à bout de mon latin et que la matière me manque. Eh, *Messieurs*, que dites-vous là! Si vous me fâchez, je composerai encore cent *Misanthropes* sur les seuls discours que fait le public touchant les raisons qui m'ont fait finir. D'autres, qui ont l'esprit bien plus délié, assurent que le libraire a reçu ordre, de la part des souverains, de ne me plus imprimer.[1] Cette conjecture, toute fausse qu'elle est, me mortifie extrêmement; il faut que ceux qui la font aient trouvé dans mon ouvrage des choses contraires au bien public, ou bien aux bonnes mœurs. Juste ciel! qu'ai-je écrit qui puisse leur faire naître cette pensée? Serait-ce bien l'éloge que j'ai fait de ces jeunes Anglais qui se sont signalés à l'opéra d'une manière si éclatante?[2] Je conviens que cela s'appelle louer une folie, mais cette raison-là ne me paraît pas assez forte pour faire interdire un livre. Où en serions-nous si les louanges de cette nature pouvaient être regardées comme des crimes d'Etat? Que deviendraient tant de poèmes épiques, sonnets, panégyriques, harangues funèbres? On y élève jusqu'aux nues, la plupart du temps, des folies, et même des folies criminelles, et cependant, les

---

1. See number XII for this and other criticisms of *Le Misanthrope*.
2. See number LXXXVII for this humorous portrait.

libraires ne courent aucun risque en imprimant ces pièces, si ce n'est quelquefois celui de ne les pas vendre.

Vraiment on a des soupçons bien plus injurieux des motifs qui m'ont fait rengainer ma plume. On dit que je n'écris plus parce que je suis mort. Voyez jusqu'où va la calomnie des gens. Si je leur ai dit un peu leurs petites vérités de temps en temps, ai-je mérité par là qu'ils me tuassent d'un coup de leur imagination? Laissez-moi faire, je leur montrerai bien que je suis plein de vie et je vivrai tant que je pourrai, ne fût-ce que pour leur faire dépit; cette vengeance est permise, je crois.

Vous n'y êtes pas non plus, *vous autres Messieurs et Mesdames*, qui croyez que, ma vanité n'ayant pas lieu d'être satisfaite du succès du *Misanthrope*, je l'ai quitté par dépit et que je suis au désespoir de le trouver moins bon que je [ne] l'avais cru d'abord. *Distinguo*, pour de la vanité, j'en ai autant qu'auteur au monde; ce n'est pas peu dire. Mais pour n'être pas content du *Misanthrope*, bagatelle; j'en suis plus content que jamais. Un écrivain ne se désabuse jamais sur le mérite de ses productions; c'est la règle. Il est vrai qu'il y a bien des gens à qui je n'ai pas l'honneur de plaire; tant pis pour eux. Je traite tout cela de petits esprits; c'est la règle encore, et rien ne m'empêche d'appeler de leur jugement à la postérité; son tribunal est une ressource inépuisable de consolation; tous les tribunaux n'en sont pas de même.

Je ne vivrai pas du temps de la postérité apparemment et je ne jouirai pas de ma gloire future. Voilà une belle affaire, j'en jouis en idée, et cela vaut beaucoup mieux. Je n'y gagnerais peut-être pas si je savais au juste tout ce qu'on dira de moi dans les siècles à venir. Mon imagination y supplée de reste, et comme elle a mes intérêts fort à cœur, on peut bien croire qu'elle me représente ma réputation future sous la face la plus riante. Quel charme d'être appelé, dans deux mille ans d'ici, le divin Misanthrope, comme le divin Platon, le divin Homère! Que quelques grimauds me viennent dire alors:

> Enfant bâtard de Calliope,
> Faux plaisant, fade Misanthrope.[3]

Il faut voir comment les futurs Dacier laveront la tête à ces ignorants, ces impies, ces sacrilèges et, pour dire tout ce qu'il y a de plus fort, ces *Zoïles*. Peut-être que quelque prince entêté de moi m'enfermera dans une boîte d'or garnie de diamants, comme Alexandre en usa à l'égard d'Homère. Que sais-je même si quelque roi, de l'humeur de Ptolomée, ne fera pas crucifier quelques-uns de mes critiques.[4] Je n'aimerais pas cette rigueur; dans le fond, mon naturel n'est pas des plus sanguinaires, et je conseillerais plutôt à ce prince de les faire mettre quinze jours au pain et à l'eau; c'est bien autant qu'il en faut pour venger la réputation d'un poète. Il en fera pourtant ce qu'il trouvera bon, ce sont ses affaires, et je m'en lave les mains.

La persuasion où je suis de faire l'admiration de la postérité la plus reculée me fait résoudre de ne changer rien dans mon ouvrage, dût-il être réimprimé dix fois pendant ma vie.

Je suis du nombre de ces auteurs qui se laisseraient plutôt couper les oreilles

---

3. This is a reference to van Effen's controversy with François Gacon; see number XXVI.
4. See number LVI.

que de souffrir qu'on retranchât le moindre mot de ce qu'ils écrivent. Je veux, qui plus est, laisser dans mes Misanthropes jusqu'à la mauvaise ponctuation et aux fautes d'impression. A quoi s'amuseraient les commentateurs à venir si on leur transmettait des livres trop exacts?[5] Il n'y aurait pas là de quoi faire briller leur beau génie. Mais quand ils trouvent par-ci, par-là, dans les auteurs quelque expression bizarre, quelque fausse pensée, quelque endroit embarrassé, c'est alors qu'ils triomphent, et je crève déjà de rire lorsque je songe aux belles choses qu'ils trouveront dans mes ouvrages, sans que j'aie jamais pensé à les y mettre.

Enfin, *Lecteur*, toutes les causes auxquelles vous attribuez mon silence ne sont qu'autant d'*êtres de raison*; il n'y a de la réalité que dans celle que je vous ai alléguée; c'est une fantaisie toute pure qui m'a fait planter là le *Misanthrope*. La fantaisie influe terriblement sur la conduite des hommes, et si tout le monde était d'aussi bonne foi que je me pique de l'être, vous ne douteriez pas un moment de cette vérité.

Je ne trouve rien de si drôle que messieurs les historiens avec leurs réflexions sur la conduite des grands hommes. *Alexandre*, *Pyrrhus*, ou *César* ont fait telle ou telle action; là-dessus on entre dans les pensées les plus secrètes de ces conquérants et l'on nous déduit, d'une manière circonstanciée, les vues que la prudence leur a inspirées pour diriger cette action à leur intérêt. Qui vous a révélé tous ces mystères, *Messieurs Tite- Live, Quinte-Curce* et *Tacite*? Ce que vous attribuez aux motifs les plus recherchés d'une politique raffinée n'a eu peut-être sa source que dans la fantaisie de laquelle les actions des héros relèvent tout autant, pour le moins, que de la fortune. Vous ne ressemblez pas mal sur cet article aux auteurs des romans qui remplissent souvent une douzaine de pages de suite des discours dont *Artamène* ou *Pharamond* se sont apostrophés eux-mêmes dans leur lit ou dans le fond d'une forêt solitaire.[6]

Revenons à un sujet qui m'intéresse davantage, c'est à moi-même. Je prévois qu'on m'objectera que rien n'est plus vilain pour un misanthrope que d'avoir des fantaisies. Il est vrai; je n'y pensais pas. Cherchons quelque raison plus digne d'un philosophe; en voici déjà une qui ne me paraît pas tant mauvaise.

Ne vous souvient-il pas, *Lecteur*, que quelque part dans mon premier volume j'ai dit que mon but était de tâter le goût du public afin de lui donner après quelque bon ouvrage plus considérable?[7] Voilà justement ce que je vais faire à présent. D'abord vous aurez la suite de mes réflexions sur la manière de cultiver l'esprit de la jeunesse; après cela vous aurez un livre intitulé *La Bagatelle*.[8] Voilà ce qui s'appelle un titre! Il suffit seul pour faire la fortune du libraire, et la

---

5. Cf., for example, van Effen's discussion of etymologists and commentators in numbers XII, XXXI, and LXXV.

6. Two heroes of popular romances, Artamène is the title figure of Mlle de Scudéry's *Artamène ou le Grand Cyrus* (1649-1653) and Pharamond is the legendary king of the Franks and the hero of La Calprenède's *Pharamond* (1661).

7. See the author's preface for the 1712-13 edition, second unnumbered page: 'Vous voyez, Lecteur, que mon premier but n'est pas tant de corriger le public que d'essayer si je suis capable de lui plaire.' And further, 'La principale raison qui m'a engagé à faire cette petite pièce, c'est le désir de tâter le goût du public et de voir s'il recevrait avec plaisir d'autres ouvrages dont mon amour-propre me menace depuis longtemps.'

8. See numbers LXXXIV, LXXXVI, and LXXXVIII for van Effen's discussion of education for youths. As promised, he did publish the ironic spectatorial journal *La Bagatelle* from 5 May 1718 to 13 April 1719.

matière est si riche que, pourvu que je vive assez longtemps, je prétends faire autant de volumes là-dessus qu'il y en a eu dans la bibliothèque de M. V. D. M., ou, pour dire encore bien plus, autant qu'il y en a dans son catalogue, et j'espère qu'ils se vendront autant au-dessus de leur juste valeur.

Je ne veux pas vous dire les titres de mes autres livres. J'aime mieux exercer les lumières que vous avez pour distinguer un auteur d'avec un autre par les propriétés essentielles de leur style. Il n'est pas possible de vous en imposer là-dessus. Dès que vous avez lu une seule période, vous êtes d'abord au fait, vous applaudissez à votre pénétration, et c'est là un plaisir piquant dont je n'ai pas la moindre envie de vous priver.

Vous ne prétendez pas apparemment que je vous dise mon nom, ce serait se moquer de moi. Il n'est pas possible qu'on l'ignore; j'en ai fait confidence, comme vous savez, à un grand nombre de personnes qui n'ont pas manqué d'en faire confidence à bien d'autres, et après cela, j'espérerais en vain d'être encore caché. A propos de mon nom, il faut que je vous fasse part d'une petite aventure qui m'est arrivée dans la boutique de mon libraire. J'y étais un jour avec quatre ou cinq autres beaux esprits qui faisaient semblant de n'avoir pas encore découvert l'auteur du *Misanthrope* et qui paraissaient fort curieux de le connaître. Dans le temps que chacun débitait ses conjectures là-dessus, il entre un jeune gentilhomme qui fait des compliments à mon libraire de la part de l'auteur en question.

'Vous le connaissez donc,' lui dit un de la compagnie?

'Si je le connais! C'est le meilleur de mes amis. Je veux bien vous le nommer, c'est un certain Viguelius de Düsseldorf; il avoue naturellement que c'est lui qui fait cette pièce, aussi bien que le *Vas-y voir* qu'on imprime à Utrecht.'

'*Le Vas-y voir!*' lui répondit-on, 'vous avancez là une contradiction dans les formes. Il n'est pas possible que ces deux pièces sortent d'une même plume.'

'Rien n'est plus certain pourtant,' répliqua-t-il, 'j'en ai eu les brouillons entre les mains.'

On le pria là-dessus de dire s'il était sûr que ces brouillons lui avaient été montrés avant que les Misanthropes, dont ils contenaient la matière, eussent vu le jour. 'Car, il n'est pas difficile,' continua-t-on, 'de copier un ouvrage, de le bigarrer de ratures et de lui donner tout l'air d'un brouillon.' Cette objection commença à rendre à ce jeune monsieur la sincérité de son ami un peu suspecte, et il fut entièrement désabusé par les protestations sérieuses du libraire qui assurait que c'était la première fois de sa vie qu'il eût entendu nommer M. *Viguelius*. Le gentilhomme sortit là-dessus, bien résolu de couvrir son ami de confusion et de publier sa supercherie par tout Düsseldorf.

Pour moi, bien loin d'avoir le moindre chagrin contre M. *Viguelius*, je lui suis bien obligé d'estimer assez mon ouvrage pour vouloir se l'approprier. Je prévois même que cette circonstance, si elle vient à la connaissance de la postérité, donnera un grand relief à mon livre, surtout dans l'esprit des littérateurs. Ils ne manqueront pas de raisonner ainsi. Le nom de M. *Viguelius* se termine en *us*; c'était donc un savant. Un savant donc s'est voulu faire honneur du *Misanthrope*. Le *Misanthrope* est donc une pièce excellente. Cette preuve ne serait pas recevable en bonne logique, mais elle a de la force, autant qu'il en faut, en fait de littérature. Si, pourtant, M. *Viguelius* voulait bien se faire appeler *Viguelidès*, son nom en serait plus beau, et la preuve en aurait un degré d'évidence de plus. Mais ma préface n'est déjà que trop longue. Adieu Lecteur; jusqu'au revoir.

I · [19 mai 1711]

'Peste soit du titre et de l'auteur!' s'écriera à coup sûr un petit-maître accoutumé à se dédommager de la faiblesse de son raisonnement par la témérité de ses décisions. Un bel esprit ne me traitera pas avec moins de rigueur: servilement assujetti à la réputation établie des auteurs, il s'épargnera la peine d'examiner mon ouvrage; il me jettera là, d'un air dédaigneux, tout prêt à jurer qu'il m'a trouvé merveilleux ou détestable selon que le corps des beaux esprits en aura voulu résoudre. Mais qu'ils seront relancés s'il se trouve avec eux quelque misanthrope bourru, charmé de tout ce qui paraît se rapporter à l'aigreur de sa bile! Il les traitera de misérables et de canailles et soutiendra hardiment qu'un titre de cette force-là est un garant sûr du mérite d'un livre et qu'il ne saurait partir que d'un génie du premier ordre.

De grâce, Messieurs, un peu de patience; suspendez vos censures et vos applaudissements jusqu'à ce que j'aie donné quelque précision à l'idée que j'attache au mot de *misanthrope*. Ne croyez pas que je veuille marcher sur les pas de cet Athénien atrabilaire qui se résout avec peine à couper un sycomore où plusieurs de ses concitoyens s'étaient pendus, et que les autres pouvaient encore trouver de la même manière officieux à leur désespoir.[9] Je n'irai pas, imitateur de sa frénésie, féliciter un Alcibiade moderne de ses vices[10] que je vois croître tous les jours pour la perte de sa patrie, et mon humeur ne me porte pas à me faire une impertinente félicité des malheurs du genre humain.

Votre Alceste, Molière, ne laisse pas de m'arracher quelque estime, malgré ses maximes outrées; son intégrité brutale et sa farouche sincérité me paraissent infiniment préférables à l'infâme politesse de ces courtisans chez qui les paroles n'ont plus de sens fixe et n'expriment qu'une raison peu sûre et un cœur bas et intéressé.

Mais je trouve dans le caractère de ce misanthrope trop d'humeur et trop peu de raison; il hait plutôt les vices par fantaisie que par principe; à peine a-t-il achevé de dire mille duretés à un ami véritable qu'il court soupirer aux pieds d'une femme absolument vicieuse, qu'il connaît telle et pour qui, suivant ses maximes, il ne devrait avoir que de la haine et du mépris.

Un *misanthrope* tel que je voudrais être est un homme qui dès son enfance s'est fait une habitude de raisonner juste et un devoir de suivre dans sa conduite l'austère exactitude de ses raisonnements. Libre des erreurs du peuple, dégagé de l'opinion, débarrassé du joug de l'autorité, il proportionne l'estime qu'il accorde aux choses à leur juste valeur, il n'attache la honte qu'au crime et ne rougit jamais d'être plus raisonnable que les autres. Opulence, dignités, rang, titres, vous ne lui arrachâtes jamais que des désirs proportionnés à votre prix réel; occupé à la recherche de la vérité, amoureux de l'évidence, il n'est pas la dupe de vos charmes. Le bonheur où il aspire, c'est la souveraine liberté de sa raison qu'accompagnent une médiocrité aisée et le doux commerce d'un petit

---

9. This is a reference to the Athenian misanthrope Timon (fl. 430 B.C.).

10. Lisez 'de ses vices' (note in the 1712-13 edition). The typesetter altered 'ses vices' to read 'de services' in the original fly sheet, thus, drastically changing the author's meaning. See van Effen's commentary on this printing error in number IV.

nombre d'amis vertueux. Il se prête avec souplesse, et autant qu'une rigide candeur le peut permettre, aux humeurs et aux manières de ceux qu'il fréquente; il sait même préférer le silence à l'étalage importun d'une vertu offensante; mais s'il parle, sa fermeté raisonnable n'a que la vérité pour but, et, content de sa droiture, il méprise généreusement la colère et la haine de ceux que sa sévérité irrite. Ce n'est que par l'amour qu'il a pour les hommes qu'il s'efforce à développer toute l'extravagance de leur ridicule et toute la noirceur de leurs crimes.

'Mais,' me dira-t-on, 'ce n'est pas là dépeindre un misanthrope; qu'on prenne ce terme dans son sens le plus adouci, il signifie toujours un ennemi des maximes ordinaires, en un mot, un homme particulier et brutal.'

Il me semble que je suis allé au-devant de cette objection. Quiconque ne se règle que sur une raison éclairée, sans s'embarrasser des sentiments de la multitude, paraîtra toujours brutal et particulier à ceux qui n'ont jamais fait un effort de raisonnement que pour être de l'opinion des autres et qui, dans chaque nouvelle compagnie, s'établissent de nouvelles maximes pour se conduire.

Vous voyez, Lecteur, quelle est la nature de la misanthropie dont je me suis toujours proposé de faire mon caractère. La sincérité avec laquelle mon naturel est allé au-devant de ma raison, une longue suite de réflexions que j'ai faites sur les choses du monde, mes efforts continuels à préserver ma raison de l'esclavage du préjugé, tout cela me persuade que je dois avoir fait quelques progrès dans cette philosophie dont je viens de donner une légère ébauche. L'âge où je me trouve ne me permet pas de laisser encore ma misanthropie infructueuse au genre humaine. Il est temps de tirer de mon magasin les armes que j'y ai ramassées pendant longtemps pour être en état de livrer une guerre mortelle au vice et à la sottise. Qu'on ne croie pas pourtant que, toujours l'argument en forme à la main, j'aille attaquer mon ennemi méthodiquement; je ne suis pas de ces vieillards bilieux que le badinage choque, irrite, aigrit; je sais rire et je ris volontiers. On peut déplorer la malice du siècle; on peut se jouer de son impertinence, et de ces deux partis, je saurai choisir souvent celui qui est le moins éloigné de la joie.

Irai-je me chagriner, par exemple, de ce nombre effroyable de méchants auteurs qui inondent le Parnasse d'un déluge de faibles productions? L'apothéose du chien de Madame Deshoulières et la défense du Parnasse qu'elle lui a confiée[11] sont infiniment plus propres que le sérieux de la critique à faire sentir l'impertinence d'un auteur qui ne devrait être porté à briguer ce nom que par cette sentence de Boileau,

> Un sot trouve toujours un plus sot qui l'admire.[12]

Vous avez raison, Madame, l'Hélicon ne saurait se passer d'un Cerbère, mais sa conduite doit être entièrement opposée à celle du chien du royaume de Pluton:

11. See Mme Deshoulières's poem 'Apothéose de Gas mon chien, à Iris', *Poésies de madame Deshoulières* (Paris 1705), ii.182-87, in which the author attacks mediocre poets who pretend to inhabit Parnassus. She offers her dog as guardian against such inferior authors. All further references are to this edition.

12. Boileau, *Œuvres complètes* (Paris 1966), *L'Art poétique*, 'Chant I', l.231. All further references are to this edition.

là, l'entrée est aisée, et la sortie difficile; ici, la sortie doit être très facile, et l'entrée épineuse, hérissée de difficultés. Mais hélas! cent Cerbères ne sauraient garantir le sacré coupeau des irruptions de ses ennemis. Autrefois, par peu de chemins escarpés, un petit nombre de ces génies, dont la nature est si ménagère, parvenait après mille peines à la demeure des Filles de Mémoire; à présent, les pauvres déesses ne trouvent pas le moindre endroit solitaire pour rêver en repos, et tout ce qu'elles peuvent faire encore, c'est d'inspirer une ode à Monsieur de La Motte.[13]

Leur fontaine sacrée a le sort de ces rivières qui ne purent pas suffire à la soif des armées de Xerxès; le Pinde à force d'être foulé est devenu vallon, et les sept montagnes sur lesquelles fut bâtie la superbe Rome ont moins perdu de leur ancienne figure.

Avoir pour érudition la lecture de cent romans et pour génie l'envie de se faire imprimer, savoir commencer une période à tout hasard et la finir comme il plaît à la fortune, en voilà assez pour coudre ensemble par vingt fades transitions autant d'aventures pillées et pour en composer un roman monstrueux,

> Qui trouvera toujours, quoi qu'on en puisse dire,
> Un marchand pour le vendre et des sots pour le lire.[14]

Le goût des romans n'est pas, il est vrai, le goût du siècle, et les nouvelles mêmes, à moins d'avoir pour héros un petit-maître, ne sont guère en vogue. Mais ce n'est pas là de quoi arrêter la plume impétueuse de nos beaux esprits modernes. A l'imitation de ces poètes langoureux,

> Qui, dans leurs cabinets assis au pied des hêtres,
> Font redire aux échos des sottises champêtres,[15]

placés commodément dans un fauteuil au coin de leur feu, ils parcourent l'un et l'autre hémisphère; ils examinent les vénérables restes de la grandeur romaine et les merveilles que le temps a respectées dans l'ancienne Grèce, et, après avoir contemplé dans vingt auteurs l'orgueilleuse puissance des Ottomans, le faste du Perse et les trésors de l'Indien, ils souffrent dans les déserts de l'Arabie et communiquent au public leurs pénibles courses[16] qu'ils finissent ainsi par le voyage du Parnasse, sans faire faire à leur imprimeur celui de l'hôpital. Ne vous étonnez pas, ami Lecteur, si j'appelle voyage du Parnasse la description des pays que ces messieurs n'ont jamais vus que dans la carte; je m'accommode par cette manière de m'exprimer à l'orgueil de ces rhapsodistes qui se croient aussi fondés en droit pour habiter l'Hélicon que Fontenelle, Racine, Boileau et La Motte. Etre imprimé et être excellent auteur, c'est la même chose pour ces misérables écrivains, et l'on voit bien par là qu'on voudrait en vain opposer une

---

13. See La Motte's *Œuvres* (Paris 1754; rpt. Genève 1970), i.72-77, 'Le Parnasse, ode à Monsieur Le Chancelier'. See also his ode 'Les poètes', i.265-70. All further references are to this edition.

14. Boileau, 'Satire II', ll.81-82:
> Mais ils trouvent pourtant, quoi qu'on en puisse dire,
> Un Marchand pour les vendre, et des Sots pour les lire.

15. Boileau, 'Satire IX', ll.259-60:
> Et dans mon cabinet assis au pied des hestres,
> Faire dire aux échos des sottises champestres?

16. Van Effen's use of this term, here and elsewhere, calls to mind pirating raids by corsairs.

digue au torrent de leurs mauvais écrits. Encore un coup, être imprimé et être excellent auteur, c'est la même chose, c'est le comble de la gloire, c'est le souverain bonheur:

> Et quand ils voudront bien permettre
> Qu'un bon sens éclairé leur ravisse ce bien,
> On verra l'esprit géomètre
> Devenir esprit coccéïnen.[17]

II · [25 mai 1711]

Un jeune officier, dont autrefois j'avais fort connu le père, me rendit visite l'autre jour. C'était un de ces jolis hommes du temps qui possèdent l'art d'arrondir leurs périodes par des manières de jurer toutes nouvelles, qu'ils ont le soin d'apprendre de leurs compagnons s'ils ne sont pas assez habiles pour en composer eux-mêmes. Celui-ci me parut bien intrigué. Il faisait l'amour au coffre-fort d'une jeune veuve et ne prétendait se marier à l'une que pour posséder l'autre. Mais quoiqu'il fût le premier homme du monde pour brusquer la tendresse et pour emporter un cœur comme Coehorn emportait les villes,[18] il ne livrait que de vains assauts au cœur de cette belle. La place était fortifiée tout à fait irrégulièrement, et comme il ne connaissait d'autre manière de l'attaquer que celle dont se servent tous les officiers de son âge, il était sur le point de lever le siège.

Pour ne me pas embrouiller dans cette figure, je vous dirai, ami Lecteur, que cette veuve était savante de profession et que le seul moyen de la rendre sensible était de lui faire des déclarations d'amour en termes de physiques et d'appeler la tendresse *la matière subtile du cœur*.

'Comment diable faire, mon Cher?' me dit le *chevalier*, 'cette carogne me donne plus de peine cent fois que toutes les autres femmes qui m'ont passé par les mains. De la manière dont je m'y prends, je n'en manque pas une, et il faut, morbleu, que cette bicoque m'arrête au milieu de mes conquêtes amoureuses!'

'Vous l'aimez donc, chevalier,' lui dis-je?

'Moi aimer les femmes! Hé, fi donc, vous me prenez pour un sot; si j'en vois, ce n'est que pour les tympaniser dans le monde et pour ne pas rester court avec mes amis sur le chapitre des bonnes fortunes. Cette affaire-ci ne laisse pas d'être sérieuse; la belle a soixante mille écus, et si on la tympanise, je prétends que ce soit bientôt à mes dépens.'

'Voilà une belle prétention,' répliquai-je; 'le titre de mari à la mode ne vous épouvante guère, à ce que je vois.'

'Vous rêvez, vieux Bonhomme,' repartit le chevalier. 'Viennent seulement le mariage, les soixante mille écus et les cornes; voilà bien de quoi donner l'épou-

---

17. 'Cocc...' in the 1726 edition is identified in the 1742-Uytwerf edition as the followers of Jan Cocceius (1603-1669), philosopher and theologian.

18. Menno, baron de Coehorn or Cohorn (1641-1704), general whose success merited for him the name, the 'Dutch Vauban'.

vante à un homme comme moi! Si je me fais une gloire de mes propres fredaines, ne croyez pas que je rougisse sottement de celles de ma femme. Bon, bon! ce sont des bagatelles qui ne servent qu'à faire briller l'esprit d'un galant homme qui sait railler le premier d'une chose qui fait la honte ridicule de ceux qui ne savent pas vivre. Si je savais seulement un peu de physique, je me démêlerais bien du reste, mais c'est là le diable. Moi étudier la physique! J'aimerais, morbleu, autant étudier la morale!'

On voit bien que cet homme-là était trop fou pour raisonner sérieusement avec lui sur l'infamie de ses sentiments; aussi songeai-je plutôt à m'en défaire, et voici le moyen que je lui fournis de devenir bon physicien en peu de temps.

'Prenez-moi,' lui dis-je, 'une centaine de petits billets, sur chacun desquels vous écrirez quelque terme de physique: *matière du premier élément*, par exemple, *exhalaison, concentrer, corpuscules, pores, évaporer, conglutiner, superficie, centre de gravité, triple dimension, s'étendre, réverbération, se raréfier, sensation, nature plastique, condenser, circuler, convexe, concave, se dilater, élasticité, petits vides, quintessencier, diriger, pression de l'air, machine pneumatique* et ainsi du reste. Remuez bien tout cela dans un chapeau, prenez billet à billet, et après en avoir lié ensemble les mots tout comme il vous plaira, récitez-les avec toute l'effronterie dont vous êtes capable, et voilà non seulement de quoi duper une femme, mais de quoi obtenir même une chaire de professeur de physique. Le beau de ce secret, c'est que ces termes, pouvant être combinés d'une infinité de manières, vous fourniront tous les jours un galimatias nouveau et vous feront passer pour un esprit profond et inépuisable.'

Le chevalier approuva fort ma méthode d'enseigner la physique et en sortant il m'en remercia par cinq ou six impertinences qu'il me fit la grâce de me dire.

Le galimatias, tout ridicule qu'il est, a pourtant ceci de bon qu'on s'imagine souvent qu'on y trouverait un sens raisonnable si on avait le loisir de l'examiner. La clarté, au contraire, met la faiblesse d'une période dans tout son jour, et je conseille à ceux qui n'ont que de mauvaises raisons à nous donner de les envelopper toujours d'un pompeux phébus et d'en faire une perspective à perte de vue.

Le bon raisonnement et le mauvais ont des caractères qui en sont en quelque sorte inséparables. L'un jaloux de ses droits se fie sur sa propre force et rejette tous les secours étrangers; l'autre entoure sa faiblesse de l'air décisif, de figures hardies, de termes insultants et du nombre des preuves; il se croit en sûreté dans cette espèce de retranchement.

'Ces sentiments,' s'écrie Aristippe d'un ton foudroyant, 'sont abominables, insoutenables; il faut être fou pour y adhérer.'

Ne voit-on pas, qu'Aristippe remplace la raison par la force odieuse de ces termes vagues et qu'il effraie ses auditeurs au lieu de les convaincre? Cliton n'a jamais le but de prouver qu'un sentiment est vrai ou faux; il fait voir qu'il est arian, socinien, sabellien;[19] cela lui suffit, comme au peuple qui l'écoute avidement.

---

19. These are religious sects common at this time: 'arians' are disciples of Arius (280-336), whose heresy questioned the divinity of Christ; 'sociniens' are followers of Lelio Sozzini (1525-1562) and Fausto Sozzini (1539-1604), who reject the dogmas of the Trinity and the divinity of Christ; 'sabelliens' are disciples of Sabellius (fl. 230), heretical theologian of the third century who rejected

Le vénérable Théophile range toujours ses arguments en bataille et croit faire peur par leur nombre. Il a toujours trente raisons à nous alléguer, mais elles ressemblent aux mauvaises troupes qu'on oppose en grand nombre à un petit corps de vieux guerriers: le premier bataillon se renverse sur le second et leur nombre, augmentant leur désordre, en facilite la défaite.

> Pourquoi nous donner l'embarras
> De ce corps d'arguments qui devant nous défile?
> Crois-moi, mon pauvre Théophile,
> On pèse les raisons, on ne les compte pas.

L'éloquent Aristobule met ses faibles raisons dans la bouche des piliers, des voûtes et des sépulcres; ses figures entassées frappent mon imagination, troublent mes sens et mon cœur, et, à la faveur de ce désordre, il fait évader ses sophismes et les dérobe à la poursuite de ma raison.

Cratippe veut défendre Homère contre le sens commun. Comment s'y prend-il? Il laisse là le sens commun et Homère et prouve que son antagoniste Néophile est indigne de l'estime des honnêtes gens; sa morale est relâchée, sa vie scandaleuse, c'est un scélérat. Et bien d'accord, Cratippe, c'est un scélérat; mais Homère en est-il moins Homère? Le sens commun en est-il moins sens commun? Je veux être bon et convenir avec vous que le dérèglement du cœur peut se communiquer au raisonnement, mais Ariston est du sentiment de Néophile; c'est un fort honnête homme; quels arguments avez-vous à lui alléguer? Quels arguments! Sa femme est une coquette fieffée, et l'on peut appliquer avec succès à Ariston tous les traits satiriques dont les poètes accablent les maris malheureux.

Vous voulez donc renchérir, Cratippe, sur un travers d'esprit qui met dans tout son jour l'extravagance des hommes?

On n'est pas assez bizarre, à votre avis, en rendant un époux responsable de la conduite de sa femme; ce n'est pas assez qu'Ariston rougisse des crimes de Climène et qu'on trouve dans son air la honte que son épouse a perdue. L'infamie de l'une ne doit pas seulement influer sur l'honneur de l'autre, il faut encore qu'elle influe sur sa raison, et, selon vous, un homme dont l'épouse est peu sage n'est pas en droit de raisonner juste.

J'ai deux amis que j'estime véritablement et qui le méritent par mille rares qualités de l'esprit et du cœur. Voici pourtant ce qui rend leur mérite imparfait.

La raison timide du premier n'ose jamais marcher seule; pour lui, une route nouvelle est toujours une route suspecte; tout ce qui est nouveau l'épouvante; un sentiment cru généralement pendant cinq siècles lui paraît respectable par son antiquité; on n'y saurait toucher sans crime. Les noms seuls de Platon et d'Aristote sont des démonstrations; Descartes, Malebranche et Gassendi ne sauront parler raisonnablement que dans deux ou trois mille ans d'ici.

L'autre pousse la liberté de sa raison jusqu'au *libertinage*: non seulement la vérité n'admet point de prescription chez lui, mais il ne croit rien de ce que les autres ont cru, par cela même que les autres l'ont cru. La nouveauté lui tient lieu d'évidence, et il aime mieux s'égarer dans des routes inconnues que de suivre un chemin battu où la raison même le guide. Le préjugé du premier est moins déraisonnable que le caprice du second, mais l'esprit de l'un sera toujours

---

the doctrine of the Holy Trinity.

asservi sous l'autorité, et l'âge modérera peut-être la témérité de l'autre, et il pourrait bien un jour n'avoir en raisonnant que la raison seule en vue.

Si vous n'êtes respectable ni par votre âge, ni par votre qualité, ni par votre caractère, ne raisonnez pas avec Lysandre.

'Monsieur, Monsieur,' vous dira-t-il d'un ton gravement impertinent, 'ces matières demandent une profonde érudition et un esprit formé; la modestie sied si bien aux jeunes gens; ne sortez pas de la sphère de vos connaissances, croyez-moi.'

Il n'y a pas le mot à dire à un argument de cette force-là, et si vous ne vous servez d'autres lumières pour éclairer votre esprit que de celles de ces sortes de vieillards, vous pourriez bien à leur âge vous servir de la même logique. Que faut-il conclure de ces différents caractères de faux raisonnements?

> Dussé-je passer pour bizarre,
> Dussé-je déplaire à chacun,
> J'en conclurai que rien n'est rare
> Comme est rare le sens commun.

Une autre fois j'aurai soin de justifier la hardiesse de ce paradoxe.[20]

III · [1 juin 1711]

La sottise des hommes est assurément la plus riche matière qui puisse occuper un écrivain; elle devient, en quelque sorte, stérile par sa prodigieuse fertilité, et l'embarras du choix y fait le même effet que la difficulté de l'invention dans les sujets moins abondants. Un soir que je fis l'essai de cette vérité dans mon lit, je fus surpris par le sommeil, et un songe me tira d'affaire. C'était un de ces songes méthodiques qu'on ne trouve que dans les livres et qui me fut inspiré, je crois, pour instruire les vivants par la sottise et par la sagesse des morts. Je me trouvai tout d'un coup aux Champs Elysées et j'y parcourus en peu de temps un grand nombre d'endroits séparés où les espèces différentes d'ombres bienheureuses jouissent d'un bonheur éternel. Je ne ferai pas une longue relation de ce que j'y vis et je rapporterai seulement une particularité que je remarquai dans ces bocages sacrés où, à l'ombre des lauriers, les princes se reposent des travaux où le soin des peuples et l'amour de la véritable gloire les avaient engagés.

A peine y rencontrai-je un seul de ces grands hommes qui sont redevables à leurs fausses vertus de l'immortalité de leur nom. Achille, Thésée, Hercule, Ulysse, Alexandre, César, Antoine, autant de noms ignorés dans ce tranquille séjour. Le sage Minos a jugé avec autant d'équité que de bon sens.

> Que de ces lieux la paix profonde
> Ne devait point calmer l'esprit tumultueux
> D'un héros qui se fit un métier malheureux
> De troubler le repos du monde.

Les juges infernaux n'ont accordé cette tranquillité parfaite qu'à ces princes

20. See number IX.

ignorés du reste de la terre qui avaient déjà goûté pendant leur vie les délices des Champs Elysées en les faisant goûter à leurs sujets dont ils faisaient les délices eux-mêmes.

Loin de songer à étendre les bornes de leur domination, ils n'avaient pensé qu'à conjurer les orages qui menaçaient leurs pays, aimant mieux charmer l'orgueil des conquérants par quelques soumissions peu réelles que d'irriter leur fierté par une résistance souvent vaine et toujours pernicieuse même à ceux qui résistent avec succès.

Ce n'est pas à ces véritables pères de leurs peuples qu'on est redevable de ces systèmes nouveaux de gouvernement et de ces lois raffinées que la vaine gloire a introduites dans les Etats avec si peu de nécessité. Au contraire, amateurs d'une raisonnable simplicité, ils n'avaient eu d'autre but que de faire observer, par leur équité et par leur exemple, un petit nombre de lois que leur propre bon sens, ou celui de leurs prédécesseurs, avait puisées dans la nature et dans le véritable intérêt des hommes. Enfin, leur modestie avait servi de voile à leur vertu qu'elle avait perfectionnée.

> Laissant de crime en crime un conquérant monter
> Au faîte glorieux du Temple de Mémoire,
> Ils avaient immolé la gloire
> Au plaisir de la mériter.

Il y a plus loin qu'on ne pense de la demeure de ces rois à celle des beaux esprits; j'y vins cependant, je ne sais comment. Le bel esprit trouve plus de protection dans l'autre monde que dans celui-ci; car, au lieu qu'ici les auteurs les plus estimés n'occupent souvent qu'un galetas, je les trouvai très proprement logés dans les Champs Elysées. Ils sont séparés en plusieurs petits cantons dont la situation se rapporte au génie de leurs ouvrages et, de temps en temps, ils s'assemblent pour consulter quelque nouveau débarqué sur la destinée de leurs écrits dans les différents siècles.

Le premier poète qui me frappa les yeux fut Orphée qui, pleurant au bord d'un ruisseau, tirait de sa lyre la même harmonie touchante qui autrefois avait forcé Pluton à une pitié qui ne lui était pas ordinaire et à rompre en faveur de ce musicien et de sa chère Eurydice les lois austères de l'empire.

> 'Mais pourquoi pleurer?' dira-t-on.
> 'Quelle douleur pouvait troubler son âme?
> N'avait-il pas trouvé sa femme?'
> Eh justement, en voilà la raison.

Oui, voilà pourquoi Orphée pleurait à chaudes larmes. Quand il perdit son épouse, il ne la connaissait pas encore. Ce n'est pas un petit ouvrage que de connaître une femme! Il avait eu tout le loisir d'être instruit de l'humeur de la sienne depuis qu'il était avec elle aux Champs Elysées, et il prendrait, à l'heure qu'il est, autant de peine pour la perdre qu'il en prit autrefois pour la retrouver. Je me souviens même que toutes ses chansons finissaient par ce refrain-ci,

> J'ai trouvé ma femme, quelqu'un la veut-il?

'Quelle bévue! quelle contradiction! de donner du chagrin à une âme destinée à une tranquillité pure et sans mélange.' Voilà ce que m'objectera apparemment un critique qui ne s'apercevra pas que c'était pour faire plaisir au Chantre de Thrace qu'on donnait matière à sa mélancolie naturelle et qu'il était de ces gens qu'on ne saurait tirer, sans les mortifier, d'une tristesse dont ils font leurs délices.

Les plaisirs des hommes sont aussi différents que bizarres. L'un se fait un charme de rire, qu'il en ait sujet ou qu'il n'en ait pas; l'autre se plaît à soupirer et à se plaindre avec aussi peu de raison. Il y en a qui ne troqueraient pas le plaisir d'enrager contre les voluptés les plus délicates. Voyez la prude Célimène. Quel malheur! voilà une journée entière qui se passe sans trouver la moindre raison d'enrager contre ses domestiques; sa bile l'étouffe, elle va mourir d'une rétention de mauvaise humeur. Quelle bénédiction! on casse une porcelaine; Célimène reprend vigueur, elle éclate, tonne, foudroie; jamais elle ne passa une soirée plus délicieusement. Contentez-vous de cette raison-là, Messieurs les Critiques. Ce n'est qu'un songe que je vous raconte; faut-il tant raisonner sur un songe? Encore un coup, il n'y a rien de si bizarre au monde que la manière de se divertir. Pindare, par exemple, s'était choisi, dans le séjour des lyriques, l'endroit le plus raboteux qu'il y pût trouver et il se plaisait à courir comme un enragé d'un vallon sur une colline et d'une colline dans un vallon. Ce qu'il y avait de plus plaisant, c'est qu'à tout moment il donnait du nez en terre à faire croire qu'il n'en relèverait jamais. Mais, semblable au célèbre Antée à qui ses chutes donnaient de nouvelles forces, il se relevait tout aussitôt plus gaillard que jamais et, se donnant un nouvel élan, il grimpait avec une espèce de rage poétique contre les rochers les plus escarpés. D'ordinaire il faisait la culbute avant que d'être à la moitié de leur hauteur, et si quelquefois il en gagnait le sommet, ce n'était que pour faire sa chute plus grande et plus risible.

Boileau, nouvel habitant de l'Empire des Morts,[21] regardait les courses impétueuses de Pindare avec admiration: cette admiration devint bientôt extase, l'extase se change en rage poétique, le voilà qui prend l'essor et qui suit à toutes jambes l'objet de son admiration. Mais il culbuta d'abord trois ou quatre fois d'une manière si rude que jamais il ne se serait tiré de ces lieux inégaux s'il n'avait gagné le canton des satiriques.

> Par des routes inconnues
> A l'auteur de St. Paulin.[22]

Horace riait comme un fou de tout ce manège-là et, jugeant à propos d'apostropher son ami infortuné, il se mit à lui chanter l'ode célèbre que voici:

> 'Pindarum quisquis studet aemulari,
> Iulli, ceratis ope Daedalea
> Nititur pennis, vitreo daturus
> Nomina Ponto.'[23]

Mais je n'ai garde d'hérisser mon ouvrage de latin; je prétends bien être lu des ignorants et du beau sexe et, par conséquent, je ferai mieux de dire en français ce qu'Horace chantait dans sa langue au téméraire imitateur de Pindare:

---

21. Boileau died on 13 March 1711, the year of the publication of the *Misanthrope*.
22. C'est par ces vers satiriques que Boileau finit une ode qu'il a faite à l'imitation de celles de Pindare. (Note in the 1726 edition.) This is the 'Ode sur la prise de Namur'. Van Effen's quotation is slightly inexact. Boileau indicates: 'Et des sources inconnües / A l'Auteur du Saint Paulin'.
23. Horace, *Odes*, IV, 2. Van Effen's imitation follows.

Qui veut d'un vol égal à celui de Pindare
  Au vil peuple se dérober,
  Cher Boileau, ce nouvel Icare,
  Ne s'élève que pour tomber.
Pareil à ce torrent dont le bruit effroyable
  Est suivi de fort peu d'effet,
  Pindare fait un bruit de diable
  Et ce bruit c'est tout ce qu'il fait.
Le phébus ampoulé fut toujours son partage;
  Et quand, sans rime et sans raison,
  Il chante Bacchus et sa rage
  D'un air qui sent fort la boisson,
Et quand, des immortels empruntant le langage,
  Cet amateur du merveilleux
  Abîme dans son verbiage
  Les exploits des rois et des dieux;
Soit qu'il suive, couvert d'une noble poussière,
  Des héros à vaincre obstinés
  Et que, bronchant dans la carrière,
  Sa Muse se casse le nez;
Soit qu'il chante les pleurs d'une fille nubile
  Qui perd sa future moitié,
  Et que son sujet et son style
  Nous fassent doublement pitié;
Ce téméraire esprit, se plaisant dans les nues,
  S'élève à la source du jour,
  Mais ses phrases mal soutenues
  N'y font pas un fort long séjour.
Les beaux vers qu'à grands flots précipite sa veine
  A leur auteur ne coûtent rien,
  Mais s'ils sont vers à la douzaine
  Ils ne s'en vendent pas moins bien.[24]
Avec peine, avec choix, l'abeille industrieuse
  Tire son miel des fleurs des champs.
  Et moi, pour faire une ode heureuse,
  Je veux des soins, je veux du temps.

Ce poète lyrique, qui savait si bien dauber les autres, ne laissait pas d'avoir ses petits caprices aussi. Souvent, quand ses amis se faisaient un plaisir de le suivre dans les chemins où il les engageait lui-même, il se dérobait à leurs yeux et s'égarait dans des routes riantes à la vérité, mais très éloignées de celles où ses admirateurs s'étaient promis de l'accompagner.[25] Dans le temps que j'étais tout étonné d'une de ses escapades, je vis, à mon grand contentement, Anacréon couché nonchalamment sous l'épais feuillage d'un arbre. Cet agréable débauché n'avait jamais laissé échapper à sa paresse délicate que des vers où son cœur, jaloux de ses droits, exprimait, sans le secours de l'esprit, la tendre mollesse de ses sentiments que la nature même avait soin de rendre toujours touchants, toujours nouveaux. Je me mis à le supplier d'accorder sa lyre pour quelqu'une

---

24. Pindare était d'une avarice sordide et vendait ses vers fort cher aux vainqueurs des Jeux Olympiques. (Note in the 1726 edition.)
25. Horace dans ses odes, pour l'ordinaire, s'écarte de son sujet. (Note in the 1726 edition.)

de ses aimables chansons, mais, en levant négligemment la tête, il me répondit d'un ton indolent:

> Comment voulez-vous que je chante?
> De ces vers que l'esprit enfante
> Je n'ai jamais connu le tour.
> Depuis que j'ai perdu le jour
> Mon âme est toujours indolente;
> Je suis sans vin et sans amour,
> Comment voulez-vous que je chante?

Voilà tout ce que je pus tirer d'Anacréon. Mais je fus dédommagé de sa paresse par l'illustre Sappho dont les sentiments plus vifs s'exprimaient aussi d'une manière plus animée. Après avoir préludé par quelques soupirs, voici ce qu'elle chanta aux échos d'un sombre bocage où elle se promenait toute seule:

> Charmant repos, douce béatitude
> De ce séjour délicieux,
> Un cœur dont la raison fait la sublime étude
> Méprise dans ton sein le brillant sort des dieux.
> Mais pour moi, dont l'amour est la douce habitude,
> Ton calme ne vaut pas les troubles amoureux.
> Si ton pouvoir s'étend sur cette solitude,
> Amour, dont le flambeau trouble la paix des cieux,
> Rends-moi d'un cœur touché l'aimable inquiétude.

Tous mes sens étaient suspendus par la charmante voix de Sappho et par le tour passionné de sa chanson, quand je fus tiré de mon extase par un bruit confus de cris et d'applaudissements. ...

IV · [8 juin 1711]

De grâce, M. le *Libraire*, si vous souhaitez que mon petit ouvrage réussisse, ayez un peu l'œil sur l'impression; et si, par une fatalité chagrinante, il faut que deux ou trois fautes se glissent dans une demi-feuille, du moins qu'elles ne soient pas si grossières qu'un esprit commun n'y puisse suppléer. Ma bile s'échauffe quand je vois un sens entièrement renversé par le changement de quelques lettres et quand un endroit que tous mes amis avaient trouvé joli dans ma copie est devenu un galimatias insupportable par l'inexactitude ou l'ignorance d'un imprimeur. Entendez-vous ce que veut dire cette période vers le milieu de la seconde page du premier *Misanthrope*: 'Je n'irai pas, imitateur de sa frénésie, féliciter un Alcibiade moderne de services que je vois croître tous les jours pour la perte de sa patrie?'[26] Pour moi je ne l'entends pas, et si un autre était auteur de cette pièce, j'aurais bien de la peine à m'imaginer qu'il y eût dans sa copie, 'de ses vices que je vois croître pour la perte de sa patrie.'

Cette inattention crie vengeance et ne peut que mortifier extrêmement un

---

26. De la première édition; cela a été redressé dans celle-ci, page 2. (Note in the 1726 edition.) Alcibiades (450?-404 B. C.) was an Athenian diplomat and general.

auteur, tendre père de ses productions qu'il voit estropier cruellement par les mains d'un bourreau d'imprimeur. Vous avez bien entendu parler, Monsieur, d'un poète de l'antiquité qui, pour se venger d'un potier qui avait écorché ses vers, mit en pièces un grand nombre de vases de celui dont sa Muse avait été si maltraitée et qui crut être en droit de gâter l'ouvrage de celui qui avait défiguré le sien. J'ai bien envie d'imiter cet acte de justice, et si jamais j'entre dans la boutique de l'auteur de mon chagrin, je pourrais bien y faire un désordre dont il ne perdrait pas facilement le souvenir. Mais le pauvre homme n'en peut mais, peut-être, et ceci m'a assez la mine d'être un vrai tour de correcteur qui aura voulu faire le bel esprit aux dépens de mon bon sens. Je sais que parmi ceux qui s'adonnent à cette profession ennuyeuse et stérile, il se trouve des personnes d'un mérite distingué et dont le génie serait digne d'une toute autre destinée. Peut-être bien que celui qui se mêle de mon ouvrage est de ce nombre, malgré la bévue en question, mais en général ces messieurs sont nés pour chagriner les auteurs et pour gâter leurs ouvrages. Un étymologiste me soutint un jour qu'on ne les appelle point correcteurs à cause du soin qu'ils ont de corriger les livres, mais à cause de leur application à corriger les écrivains de l'envie de se faire imprimer. Je ne manquai point d'applaudir à cette espèce de bon mot et, en sa faveur, je passai à mon savant un bon nombre de folies qu'il se trouva obligé, en conscience, de me débiter en qualité d'étymologiste.

> Pour humilier les auteurs,
> Le Dieu du Parnasse en colère
> A su leur rendre nécessaire
> Le dangereux secours d'ignorants correcteurs.

Se souvenir que *Timon*, ce fameux misanthrope d'Athènes, dit un jour à l'aimable et vicieux *Alcibiade* en l'embrassant, 'Courage, *mon Fils*, vous allez un jour causer bien du mal à ce peuple,' c'est chercher les choses trop loin.

Plutarque et d'autres auteurs ont donné à *Alcibiade* une place parmi les grands hommes. Attribuer des vices à un héros de cette réputation-là! cela ne se peut point. Mettons *services*; il faut bien que ce soit là le sens de l'auteur et qu'il n'en soit plus parlé.

Voilà la manière de raisonner de la plupart des correcteurs, et c'est ainsi qu'on fait des *vices* de notre *Alcibiade* 'des *services*, qu'on voit croître pour la perte de sa patrie.' Juste ciel! si un pareil endroit se trouvait dans *Homère*, dans *Hésiode* ou dans *Horace*, qu'il vous coûterait des peines et des sueurs, Messieurs les Savants! La belle occasion de feuilleter un nombre infini d'auteurs et de débiter heureusement tout le fatras que vous pourriez contraindre de venir à propos à ce passage obscur! Le vaste champ que ce serait pour faire les habiles critiques, pour changer les points et les virgules, pour retrancher un mot et pour en mettre un autre à la place! Le beau sujet d'entretenir parmi vous des haines aussi bien fondées que les vôtres! Et la digne matière des injures savantes dans lesquelles votre bile s'évapore d'ordinaire avec tant de justice! Je crois même qu'il y en aurait parmi vous qui trouveraient du sacrilège à vouloir changer quelque chose au texte et qui, s'obstinant à y trouver un sens, y en trouveraient aussi. Faisons une petite supposition: cet endroit obscur se trouve dans *Aristophane*, page tant d'une telle comédie. Ce passage est charmant sans contredit, et sous une obscurité apparente un savant familiarisé avec le style des Anciens y découvre une pensée vraie et juste qui frappe d'autant plus qu'elle se dérobe d'abord à l'esprit sous un dehors de fausseté. Ramassez tout ce que les historiens ont dit d'*Alcibiade*, vous verrez que les services qu'il a rendus à sa patrie en ont véritablement causé les plus grands malheurs. Lorsqu'il s'agissait de conquérir la Sicile, n'est-ce pas lui qui par ses soins infatigables arma une flotte la plus belle que jamais la république eût mise en mer; et l'armée qu'il y embarquait, n'était-elle pas capable d'exécuter les plus épineuses entreprises! Qu'arrive-t-il? Les Athéniens, fiers de ces forces, donnent tête baissée dans cette expédition, et la mauvaise réussite de leur descente en Sicile pense causer la ruine entière de l'Etat le plus florissant de la Grèce.

Ce même général, rappelé de son bannissement, attaque les Lacédémoniens et remporte victoire sur victoire; cependant, bien loin que ses concitoyens en tirassent quelque avantage, leurs chefs et leurs soldats, enflés d'orgueil, s'endorment dans une fatale sécurité; *Lysandre*, profitant de leur indolence, surprend leur flotte et se rend maître d'Athènes même. Il est donc très vrai de dire, 'que les services d'Alcibiade ne faisaient que croître tous les jours pour la perte de sa patrie.' Voilà comment tout est forcé d'être excellent dans un écrivain d'une réputation établie, et comme souvent il aurait moins de gloire s'il s'était exprimé avec précision, ou si ses *copistes* avaient été exacts.

S'il fallait de nécessité des transitions pour lier les matières d'un ouvrage comme celui-ci, je pourrais dire que les amants ont pour les objets de leur tendresse la même indulgence que les savants ont pour un auteur ancien: tout est beau dans une maîtresse, et ses imperfections se cachent sous le voile des perfections auxquelles elles ont quelque rapport.

> 'La salope sur soi de peu d'attraits chargée
> Est mise sous le nom de beauté négligée;
> La grosse est dans son port pleine de majesté;
> La maigre a de la taille et de la liberté;
> La pâle est aux jasmins en blancheur comparable;
> La noire à faire peur, une brune adorable.
> La géante paraît une déesse aux yeux;
> La naine un abrégé des merveilles des cieux;
> L'orgueilleuse a le cœur digne d'une couronne;
> La fourbe a de l'esprit; la sotte est toute bonne.
> La trop grande parleuse est d'agréable humeur,
> Et la muette garde une honnête pudeur.
> C'est ainsi qu'un amant dont l'ardeur est extrême
> Aime jusqu'aux défauts des personnes qu'il aime.'[27]

27. Molière, *Le Misanthrope* (Paris 1962), II, iv, ll.717-30. All further references are to this edition. Van Effen has slightly altered this quotation:
> La pâle est aux jasmins en blancheur comparable;
> La noire à faire peur, une brune adorable;
> La maigre a de la taille et de la liberté;
> La grasse est dans son port pleine de majesté;
> La malpropre sur soi, de peu d'attraits chargée,
> Est mise sous le nom de beauté négligée;
> La géante paraît une déesse aux yeux;
> La naine, un abrégé des merveilles des cieux;
> L'orgueilleuse a le cœur digne d'une couronne;

Les dames ne sont pas moins aveugles à l'égard de leurs adorateurs qui ont trouvé le secret de leur plaire par quelque bonne qualité, et quelquefois par une mauvaise.

> De fades compliments Alcidas nous assomme,
> Au gré de sa Philis c'est un fort galant homme;
> L'emportement d'Arcas et sa farouche humeur
> Est dans l'esprit d'Ismène une noble candeur.
> La noire hypocrisie a le nom de prudence;
> On donne au vain babil le titre d'éloquence;
> On nomme généreux les sentiments altiers;
> L'insolent petit-maître a les airs cavaliers;
> Le prodigue indiscret a l'âme libérale;
> L'impertinent bouffon est d'humeur joviale;
> L'esprit de bagatelle est un esprit joli;
> L'adulateur infâme est un homme poli;
> L'effronté patineur aime le badinage;
> L'étourdi devient vif, le niais devient sage.
> Enfin, si les attraits sont cause de l'amour,
> L'amour sait prodiguer des charmes à son tour.

Je doute pourtant si ce qui plaît dans les hommes paraît aussi aimable au beau sexe que ce qui charme dans les dames est touchant pour nous. Qu'une femme, pour qui même nous ne sentons rien de tendre, ait quelque chose de fort aimable qui nous frappe d'abord, tous ses défauts, pourvu qu'ils ne soient pas essentiels, se mettront d'abord à l'abri de cette qualité aimable; on ne les voit plus, ou du moins on les excuse.

> Iris, dont mille amants adorent les beautés,
> Chante sans voix et sans cadence;
> Chantez pourtant, aimable Iris, chantez,
> Votre beauté sauve la dissonance.

L'esprit surtout est quelque chose d'infiniment touchant dans les femmes; elles l'ont souvent d'un tour si délicat, si naturel, si aisé, qu'on chercherait en vain chez les hommes quelque chose qui en approchât.

> Climène quand je vous regarde,
> Vous ne m'inspirez point d'ardeur;
> Mais vous parlez, quel danger pour mon cœur!
> Climène votre esprit vous farde.

On peut dire, au pied de la lettre, que les charmes de la conversation d'une femme répandent quelque agrément sur son visage. L'air spirituel est déjà une beauté des plus touchantes; cet air m'a souvent causé une agréable illusion, et mes yeux, en cela les dupes de mon esprit, ont trouvé quelquefois l'œil d'une femme plus grand et sa bouche plus petite à mesure qu'elle me parlait.

> La fourbe a de l'esprit; la sotte est toute bonne;
> La trop grande parleuse est d'agréable humeur;
> Et la muette garde une honnête pudeur.
> C'est ainsi qu'un amant dont l'ardeur est extrême
> Aime jusqu'aux défauts des personnes qu'il aime.

Molière has Eliante speak this tirade which he has adapted from Lucretius, *De natura rerum*, IV, ll.1149-65. Van Effen's imitation follows.

On voit encore souvent dans le sexe une certaine naïveté qui devient incomparable, accompagnée d'un air de jeunesse.

> Par vos appas personne n'est tenté,
> Votre esprit n'a pas trop de charmes;
> Cependant, dans mon cœur vous causez des alarmes;
> Votre aimable naïveté
> Vaut bien l'esprit et la beauté.

Quelquefois, pour rendre un homme amoureux à la folie, il suffit qu'une femme lui marque adroitement qu'elle le trouve aimable et qu'elle le prévienne par certaines manières obligeantes dans lesquelles la tendresse paraît s'échapper à [sa] vertu austère. Rien n'est plus capable de nous charmer que ce qui nous donne sujet de nous estimer, de nous aimer davantage, et rien n'est aussi propre à causer cet effet que la satisfaction d'inspirer de l'amour à une personne sage et qui paraît peu susceptible de cette passion.

> Dorinde autrefois si sévère,
> A qui rien ne plaisait, change aujourd'hui d'humeur;
> Elle m'admire en tout, j'ai su toucher son cœur;
> Si je lui plais, peut-elle me déplaire!

Mais une femme savante pourrait-elle toucher un homme raisonnable? Ce problème vaut bien la peine qu'on le résolve. *Molière*, dans ses *Femmes savantes*, donne aux admiratrices de *Trissotin* une double dose de ridicule: l'ostentation d'un savoir pédantesque et l'affectation d'un bel esprit précieux et destitué de goût. Chacun de ces défauts à part est capable de gâter tout le mérite d'un homme, et à plus forte raison celui d'une femme. Un tour d'esprit aisé et naturel est plus particulièrement le caractère de son sexe que du nôtre, et, par conséquent, elle sort de son naturel plus que nous par la pédanterie et par les discours qui sentent le cabinet. Il y a déjà longtemps que toute l'Europe, dont les judicieuses plaisanteries de *Molière* ont entraîné les suffrages, a prononcé une sentence décisive contre ces savantes précieuses. Si l'on en veut croire le bon sens, le public n'aura pas plus de peine à décider en faveur de celles qui sont savantes comme il faut l'être.

Le beau sexe a une raison; peut-on le blâmer de la cultiver et d'y puiser une vertu qui, par là, n'est plus une espèce de passion, un effet du tempérament, mais le fruit d'une sérieuse réflexion sur ses devoirs? Les femmes ont une mémoire; font-elles mal de remplacer, par des connaissances aussi utiles que curieuses, un nombre infini de bagatelles qui l'occupent d'ordinaire?

Il n'est pas nécessaire, justement, qu'une femme fasse des commentaires sur *Anacréon* et sur *Pindare*; je la dispense de citer les pères; elle peut se passer de parler toujours Scudéry, Racine et La Bruyère, mais je ne vois pas qu'étant faite pour plaire elle ait besoin de l'ignorance pour remplir sa destinée et qu'elle soit obligée à cacher comme un crime la supériorité de son génie. Cette loi, que les hommes lui imposent du haut de leur autorité, est extravagante, et la raison ne veut jamais qu'on se fasse une honte d'une chose louable. Il suffit qu'une savante raisonnable en agisse comme un savant modeste qui ne se pare pas mal à propos de ses lumières et qui ne les cache pas non plus quand il peut les faire briller sans affectation. Je conclus, donc, qu'une raison épurée, un esprit cultivé, une

mémoire plutôt enrichie que chargée par la lecture doivent de nécessité contribuer au mérite du sexe. Madame *Deshoulières*, qui, sans contredit, a été un des
plus beaux esprits de son siècle, n'en avait pas un mérite moins touchant. Au
contraire, si une dame de son caractère était capable de me donner des marques
de sa tendresse par des sentiments délicats et exprimés avec tout le naturel
imaginable, en dépit de ma misanthropie et de mon âge, je deviendrais bientôt
aussi galant que le spirituel duc de *St. Aignan*, et comme lui, je dirais avec plaisir
à cette seconde *Deshoulières*:

> 'Si ma personne à tendresse n'invite,
> Mes sens du moins ne sont point refroidis
> Par aucuns maux mon humeur n'est bourrue;
> Et peu m'en chaut, si j'ai tête chenue,
> Car j'aime encor comme on aimait jadis.'[28]

V · [15 juin 1711]

Si j'ai réussi, Lecteur, à vous donner un peu de curiosité pour ce bruit que
j'entendis aux Champs Elysées,[29] vous allez être satisfait tout à l'heure. Guidé
par ces cris et ces applaudissements dont je vous ai parlé, je me trouvai bientôt
dans le canton des poètes épiques. C'est un lieu fort propre à des écrivains qui
aiment à battre beaucoup de pays. Là je vis un bon vieillard appuyé sur son
bâton, comme un aveugle qu'il était, et soutenu des deux côtés par quelques
commentateurs qui lui servaient de lumières en lui faisant apercevoir un nombre
infini de choses que, sans eux, il ne se serait jamais avisé de remarquer. Il ne
faisait pas quatre pas, le bon homme, qu'il ne marquât par quelque signe de
tête fort naturel qu'il avait grande envie de dormir, et par cette démarche
particulière il faisait bâiller toute la multitude qui l'environnait. Mais tout en
bâillant ils ne laissaient pas de crier comme des enragés, 'O l'habile homme!'
'Le divin poëte!' 'L'incomparable auteur!' 'Le génie merveilleux!' 'L'admirable
philosophe!' 'Le sublime orateur!' Enfin, il n'y a sorte de titre qui ne fût prodigué
à l'illustre, à l'immortel *Homère*.

Ce pauvre vieillard vous aurait fait pitié si vous aviez vu combien il était
honteux de l'excès de sa gloire. En vain il voulait se dérober à la troupe
importune qui l'environnait; ces maudits commentateurs n'étaient pas gens à
lâcher prise; ils forçaient toujours le modeste *Homère* à rougir des hommages
qu'il ne croyait pas mériter. Semblable à *Sosie*, il se tâtait de temps en temps
pour savoir s'il était bien lui-même, et à peine pouvait-il comprendre comment
son voyage aux Enfers avait pu faire un si prodigieux changement dans sa

28. Paul de Beauvillier, duc de Saint-Aignan (1648-17), was very attached to Louis XIV and a
close friend of the poet Mme Deshoulières. Saint-Aignan wrote this response to a ballad by Mme
Deshoulières whose refrain is, 'On n'aime plus comme on aimait jadis.' See the *Mercure galant* for
January 1684, p.180; Saint-Aignan concludes his fourth strophe:

> Et quand plus fort aurois teste chenüe,
> J'aime toujours comme on aimoit jadis.

29. Voyez le discours III. (Note in the 1726 edition.)

réputation. Avouons qu'il n'avait pas tort. Pendant sa vie toute sa gloire avait consisté à être le premier chantre des ponts-neufs[30] de la Grèce, et il n'avait jamais considéré la poésie que comme son gagne-pain dont encore il vivait très maigrement. Il est étonnant que ces Grecs, qui n'avaient pas voulu accorder à *Homère* un petit coin dans quelque hôpital pour y faire les courses de sa Muse ambulante, lui aient accordé des honneurs divins après sa mort et qu'ils aient su réduire toute la postérité à n'oser pas être d'un sentiment contraire au leur. Je faisais à peu près ces réflexions en compatissant au malheur de ce bon homme quand, fatigué par les importunités de ses admirateurs, il se prépara à chanter quelqu'une de ses éternelles chansons; éternelles, dis-je, car il y aura toujours des pédants et des collèges.

Il cracha et toussa en vieillard et en musicien et, ayant satisfait en ces deux qualités à ces devoirs indispensables, voici comme il débuta:

> Muse, raconte-moi de l'intrépide Achille
> L'impétueuse humeur, l'opiniâtre bile,
> Qui, peuplant les Enfers des plus vaillants héros,
> Livra leur corps en proie à la faim des oiseaux.
> La volonté des dieux causa son fier délire.
> Si tu ne le sais pas, je veux bien te le dire.[31]

A ces mots il fit une pause en bâillant d'une manière à faire naître l'envie de dormir à l'insomnie même, et par là il me donna le temps de percer le cercle attentif qu'on formait autour de lui. Dès que je l'eus joint, 'De grâce,' lui dis-je, 'inimitable *Homère*, dites-moi, pourquoi voulez-vous informer de la cause de cette guerre une déesse qui ne doit rien ignorer et que vous priez même de vous dicter tout ce que vous avez à nous chanter de merveilleux. Quelque mystérieuse beauté, sans doute, est cachée aux yeux vulgaires sous cette apparence de ridicule.'

'Ce n'est pas moi qu'il faut interroger là-dessus,' me répondit-il du ton du monde le plus naïf. 'Demandez à ces messieurs; ils vous feront bien voir que j'ai eu mes raisons pour dire ce que j'ai dit.'

Ces messieurs n'étaient pas si débonnaires que l'illustre Aveugle qu'ils conduisaient; ils trouvèrent de la dernière insolence la liberté que j'avais prise de lui demander quelque éclaircissement et se mirent à me prodiguer plus d'injures que n'en dit le vaillant *Achille* à l'équitable *Agamemnon* dans le premier livre de l'*Iliade*. Qu'y pouvais-je répondre, moi qui, grâces à Dieu, ne suis ni héros de l'antiquité, ni commentateur, ni régent de collège, ni harengère? Pour toute vengeance je leur appliquai quelques vers de *Boileau*, après les avoir parodiés tant bien que mal de cette manière-ci:

> Qui n'aime pas *Homère* est infidèle au roi,
> Et, selon vous, il n'a ni Dieu, ni foi, ni loi.[32]

---

30. From the seventeenth century the Pont-Neuf was a place where popular songs were sung. The term has a pejorative connotation.

31. C'est le commencement de l'*Iliade*, fidèlement traduit jusqu'au sixième vers qu'on y a ajouté pour marquer le défaut qu'on trouve dans le cinquième. (Note in the 1726 edition.)

32. Cf. Boileau, 'Satire IX', ll.305-306:
> Qui méprise Cotin, n'estime point son Roi
> Et n'a, selon Cotin, ni Dieu, ni foi, ni loi.

Alors *Boileau*, voyant que je me servais de ses armes pour repousser les insultes des défenseurs du divin *Homère*, marcha contre moi d'un air fier et se promit bien de m'accabler sous cette terrible épigramme:

> 'Pour quelque vain discours sottement avancé
> Contre *Homère*, *Platon*, *Cicéron* ou *Virgile*,
> Caligula partout fut traité d'insensé,
> Néron de furieux, Hadrien d'imbécile;
>   Vous donc, qui, dans la même erreur,
> Avec plus d'ignorance, et non moins de fureur,
> Attaquez ces héros de la Grèce et de Rome,
> Damon, fussiez-vous empereur,
> Comment voulez-vous qu'on vous nomme?'[33]

Je ne sais si l'air qu'on respire dans cette bienheureuse demeure est mêlé d'exhalaisons poétiques, ou bien si

> La colère suffit et vaut un Apollon.[34]

Tant y a que je n'eus nulle peine à répondre à cette épigramme par une autre qui peut-être n'est pas moins extravagante; la voici:

> Pour avoir mis l'opinion
> A la place de la raison,
> *Claude* eut le nom d'un tyran en délire;
> De barbare on traita *Néron*;
> *Tibère* fut nommé la peste de l'empire;
> Son successeur infâme, un monstre de fureur;
> *Domitien*, l'horreur de Rome;
> *Boileau*, fussiez-vous empereur,
> Comment voulez-vous qu'on vous nomme?

Pour le coup je fus bien heureux de n'avoir à faire qu'à des ombres dont la fureur était aussi peu à craindre que mal fondée; sans cela j'eusse indubitablement succombé sous le nombre de tant de mains *modernicides* qui furent levées sur moi dans le même instant. La burlesque colère de ces ombres poétiques me fit plus de plaisir que de peur, et le dépit qu'ils en eurent me vengea de leur sotte rage et les éloigna de moi au plus vite. De toute la bande il ne resta que *Virgile* et *Lucain* qui avaient disputé ensemble avec tant d'animosité qu'ils n'avaient rien entendu du bruit qu'avaient fait leurs compagnons de poésie. Le sujet de leur querelle, comme on s'imagine assez, était l'estime que chacun faisait de ses ouvrages au mépris de ceux de l'autre.

Ils étaient tous deux si persuadés de leurs sentiments, et leur vanité leur donnait des transports si violents que l'un en perdait son sang-froid naturel et l'autre sa gravité espagnole. Leur dispute n'étant pas encore prête à finir, je me mis à les écouter; mais comme le dialogue de ces deux morts était assez étendu, je vous le garde, ami Lecteur, pour une autre fois.[35] Je ne ferais pas mal encore

---

33. This is Boileau's poem, 'A Monsieur P... sur les livres qu'il a faits contre les Anciens'. The poem attacks Charles Perrault (1628-1703), author of the *Parallèle des Anciens et des Modernes*. Van Effen, a Modern, has replaced 'P...' [Perrault] with 'Damon'. His parody of these famous lines follows.

34. Boileau, 'Satire I', l.144.

35. See number X.

d'interrompre ici mon songe qui pourrait devenir ennuyeux et de m'éveiller pour un peu de temps, quitte à reprendre le fil de ma narration une autre fois si je remarque qu'elle n'a pas déplu, et, résolu de ne pas rêver de ma vie si je vois que les découvertes que j'ai faites dans l'autre monde n'ont pas les mêmes charmes pour le public que pour moi.

J'appris, il y a quelque temps, qu'en Angleterre on allait mettre une taxe sur chaque livre qui devait voir le jour et qu'ainsi on ne serait plus auteur dans ce pays-là qu'en le payant bien.[36] Mon imagination, charmée de tout ce qui peut modérer la fureur d'écrire, approuva d'abord cet expédient comme utile à l'Angleterre autant qu'à la République des Lettres. Mais ma raison ne fut pas de cet avis, et je compris bien que cette taxe ferait mourir de faim les bons auteurs pauvres et vendrait aux mauvais auteurs opulents le droit d'écrire des sottises. En vérité, ce droit est commun à tous les hommes, et on ne saurait sans injustice en faire un privilège particulier pour les riches. Il est permis, et très permis, d'être méchant écrivain à quiconque le veut, et je me veux du mal d'avoir combattu cette thèse dans mon premier discours.

Je me rétracte, Messieurs les Auteurs; vous faites fort bien de faire de mauvais livres; donnez-vous-en au cœur joie; fournissez la carrière qui vous est ouverte; allez du libraire chez l'épicier, et là, allez dans la cuisine charmer quelque bel esprit marmiton et fournir à sa tendresse des armes sûres contre les rigueurs d'une aimable sous-cuisinière; il ne manquera pas de vous avoir obligation du succès des fleurettes qu'il aura puisées dans vos ouvrages. Pouvez-vous en attendre un prix plus proportionné au degré de perfection où vous savez les faire monter? Oui Messieurs, remplissez votre glorieuse destinée, que le papier renchérisse sous vos mains et que le nombre et le volume de vos écrits fasse peur à la critique la plus déterminée! Aussi bien un esprit un peu raisonnable ne peut se résoudre facilement à courir la carrière épineuse du bel esprit. Quelle récompense peut-il attendre de ses veilles laborieuses? Ce n'est pas la fortune au moins.

> '*Ménard*, qui fit des vers si bons,
> Eut des lauriers pour récompense.
> O siècle maudit! quand j'y pense,
> On en donne autant aux jambons.'[37]

La gloire seule peut tenter un honnête homme à entrer dans cette lice, et le plaisir de passer pour un excellent génie est sans doute un plaisir délicat. Mais est-il bien facile de jouir de cette volupté flatteuse? Hélas non! Trouvez une pensée neuve et brillante où la justesse et la vivacité unies ensemble aient tout le mérite de la rareté; fatiguez votre esprit pour y donner un tour heureux et pour l'exprimer par des termes propres et bien choisis; après l'avoir vingt fois refondue, faites-en un endroit merveilleux et qu'alors votre vanité se baigne dans la beauté de votre génie. Cette satisfaction sera bien la seule que vous tirerez d'un travail si pénible; les sots ne remarqueront pas seulement que cette

---

36. A tax on printed material was finally passed in England in August 1712. One immediate result was a drop in the circulation of journals such as the *Spectator*.

37. François Ménard or Mainard (1582-1696) was a poor, melancholic poet of the early seventeenth century.

pensée a plus de beauté qu'une autre. Un fou décisif la trouvera commune s'il l'entend et obscure si elle échappe à sa mince intelligence. Un bel esprit l'appellera un vol fait à quelque Ancien ou, négligeant ce que vous y aurez mis d'art et de génie, il y trouvera des finesses où vous n'aurez seulement pas songé. Enfin, pour vous dédommager de tant de mortifications, un bon esprit, un esprit juste, qui se trouve si rarement, reconnaîtra, par un 'Voilà qui est bien joli,' le mérite d'un endroit qui vous a tant fait suer.

VI · [22 juin 1711]

Je fais donc du fracas dans le monde? J'en suis bien aise. On me blâme, on me loue; je suis un téméraire, un médisant, un misanthrope outré, un pitoyable petit satirique. Tournez la médaille: j'ai du bon sens, un esprit de réflexion, mon goût est sûr, mes raisonnnements sont solides, et mon entreprise est de la dernière utilité au public. Tant y a que l'on parle de moi, que je fais des cabales parmi les gens d'esprit et parmi les sots et que, si ma vanité courait seulement après une réputation bonne ou mauvaise, elle aurait grand tort de ne pas être satisfaite. Inquiet du succès de mon petit ouvrage, je fus hier, contre mon ordinaire, dans le célèbre café de Furbiani pour savoir ce qu'on y disait de moi sans me connaître. J'y vis d'un côté un bon nombre de ces joueurs de profession qui, ayant commencé par être dupes, selon la maxime de Madame Deshoulières, finissent par être fripons, et qui ne dérident leur visage sombre qu'à la vue de l'air neuf et pécunieux d'un jeune étranger.[38]

D'un autre côté, des pelotons taciturnes de fainéants, aussi importuns aux autres qu'à eux-mêmes, promenaient leur nonchalance odieuse de table en table et, après avoir suspendu leur ennui par la vue de quelques coups bizarres de la fortune, ils sortaient d'un pas lent pour aller achever la ronde des cafés de la ville. C'est là le métier de ces sortes de gens; c'est pour l'exercer qu'ils furent créés, qu'ils ont une imagination, un cœur, une âme raisonnable. Ce que je trouvais de plus divertissant dans ce lieu, c'était le flux et le reflux des PETITS-MAITRES qui ne semblaient se montrer que pour disparaître et ne disparaître que pour se montrer encore. Pour peu qu'on examine le caractère de ces messieurs, on verra qu'ils se font une étude sérieuse de l'extravagance et qu'ils mettent le bon air dans une souveraine brutalité. Se baiser les uns les autres, se

---

38. See the *Poésies de madame Deshoulières*, I, xiv, 128-29:

> Les plaisirs sont amers d'abord qu'on en abuse:
>   Il est bon de joûer un peu,
> Mais il faut seulement que le jeu nous amuse.
>   Un joûëur d'un commun aveu,
> N'a rien d'humain que l'apparence,
> Et d'ailleurs il n'est pas si facile qu'on pense
> D'être fort honnête homme & de joûër gros jeu.
> Le désir de gagner qui nuit & jour occupe
>   Est un dangereux éguillon.
> Souvent, quoi-que l'esprit, quoi-que le cœur soit bon,
>   On commence par être dupe,
>   On finit par être fripon.

dire des injures, se donner des coups de canne par manière de conversation, se vanter de leurs combats, de leurs bonnes fortunes et de leurs autres crimes, souvent aussi faux que leurs bonnes fortunes et leur combats; voilà leur manège. Ne trouver rien de plus honteux que la vertu, rien de plus niais que la modestie, rien d'aussi sot que la sagesse, rien de si odieux que la vérité; voilà leurs sentiments. Plaire au beau sexe par ce qu'ils ont de plus haïssable, faire l'admiration des sots et la honte du siècle, chagriner les bourrus et divertir les gens d'esprit par leurs comédies ambulantes; voilà leur destinée.

Celui de cette troupe dont la folie me parut la plus réjouissante était un jeune Français, fait dans la dernière perfection et d'un air tout à fait aisé et naturel. Il entre en sifflant l'air d'une nouvelle danse, fait trois ou quatre pas et autant de cabrioles et prend vingt fois de suite du tabac de sa poche, qui est à présent la tabatière la plus à la mode. Enfin, il semble sortir d'un profond sommeil et reconnaît tout à coup cinq ou six de ses amis que son attention fixée sur lui-même l'avait d'abord empêché d'apercevoir. Aussitôt il court à eux avec empressement, il les embrasse et leur parle à tous l'un après l'autre tout d'une haleine et d'une rapidité prodigieuse.

'Tu étais bien fou hier, mon pauvre Marquis. Bonjour Milord, m'as-tu vu l'autre jour avec cette petite brune? Elle est aimable cette carogne-là. Eh, mon pauvre Chevalier, comment te portes-tu? Auras-tu bientôt achevé de plumer ta vieille? Diable soit du nigaud! cela n'aurait jamais duré quinze jours entre mes mains, ou la peste m'étouffe. Ah! te voilà aussi Baron; viens, gros Diable, viens te soûler avec moi, tu es le seul de mes amis que je n'aie pas mis sur le carreau cet hiver.'

Après cette enfilade d'impertinences cavalières, mon homme, au lieu d'écouter celles qu'on lui répond, se remet à siffler, voltige sur une table, se débraille, admire sa belle jambe, donne trois coups de peigne à sa perruque, la met d'un côté et son chapeau de l'autre, saute en bas et décampe sans dire mot à personne.

Cet original me fit souvenir d'une farce que le marquis d'E. donna un jour au milieu de l'église. C'était le polisson du monde qui eût le plus d'esprit, et le caractère d'extravagant lui était si naturel qu'il eût fait pitié avec de la sagesse. Il entra dans cette sainte assemblée, au milieu du sermon, avec les mêmes airs étourdis dont il entrait tous les jours à l'opéra. Ayant d'abord jeté les yeux sur une dame fort aimable, il se plaça sans façon dans un même banc avec elle et se mit à lui conter ses fleurettes bouffonnes si haut que je n'en perdis pas un mot.

La dame, surprise au dernier point de cette insolence comique, lui dit qu'elle n'était pas accoutumée à s'entendre tenir de pareils discours, surtout à l'église, et le pria de permettre qu'elle leur préférât ceux du prédicateur.

'Il est vrai, Madame, qu'il prêche bien,' répondit le marquis, 'je me donne au diable si ce n'est un fort habile homme. Mais, mon Aimable, vous pourrez l'écouter une autre fois, et pour moi ce n'est pas de même; ma foi, vous feriez bien de profiter de l'occasion. D'ailleurs, ma morale est tout autrement touchante que celle de cet homme-là, et pour l'insinuer, que je sois exterminé si vous avez jamais rencontré un homme de ma force.'

La dame prenant le bon parti dans cette affaire donna bientôt par son silence le coup mortel au babil du marquis qui, voyant le peu d'effet de son éloquence polissonne, quitta prise et voulut sortir. Mais par malheur, il avait étourdiment fermé la porte du banc après lui, et son pis-aller fut d'écouter le sermon. L'impatience était peinte sur son visage, et il l'exprimait par tous les mouvements de sa petite figure. Enfin, après avoir déclamé cent fois contre la longueur du ministre, assez haut pour l'interrompre, il saute par-dessus le banc, laisse tomber son chapeau et sa perruque, les remet et, sans marquer la moindre confusion, il sort de l'église comme il y était entré. Tant qu'on ne se fera point une affaire de former la raison des jeunes gens, on verra toujours des marquis d'E. dans le monde et l'on fera toujours parade d'une impiété cavalière.

Mais revenons aux petits-maîtres de notre café. Plusieurs de ces *effrontés de profession* fixèrent tout à coup leur légèreté naturelle et firent succéder à leur babil et à leurs mouvements impétueux le silence et le repos qu'ils évitent d'ordinaire avec tant de soin; aussi l'affaire valait bien la peine qu'ils sortissent de leur caractère. On était rangé autour d'un oracle du libertinage qui, par son esprit dégagé du joug de la prévention, prétendait battre en ruine les sentiments de religion qui pendant tant de siècles ont effrayé sottement, selon lui, les esprits servils et crédules des mortels. On m'avait parlé de cet esprit fort comme d'un de ces génies dangereux capables de perdre la raison la plus sûre dans l'embarras de leurs difficultés et dans l'abîme de leurs doutes. Mais j'ai fort bien fait d'appeler d'abord ce *virtuoso* un oracle et j'aurais dû, pour plus d'une raison, rester davantage dans cette métaphore. A son manque de raisonnement, à ses décisions aussi téméraires qu'absurdes, au respect religieux dont on écoutait ses pauvretés gravement débitées, on ne pouvait le prendre que pour un oracle dans les formes.

Quel fut mon étonnement quand j'entendis cet esprit supérieur battre les lieux communs de l'athéisme et ne se tirer d'affaire qu'en établissant un doute universel! Je remarque pourtant, à présent, que cela était plus fin que je ne pensais d'abord et qu'il avait grand intérêt à nier l'évidence de tout principe. En effet, s'il faut douter de tout, on ne peut plus assurer que Furbiani est un fripon, un impie, un pervertisseur de la jeunesse, un voluptueux raffiné, en un mot, un scélérat de distinction.

D'où vient que notre esprit, naturellement ennemi de l'incertitude et porté à se fixer à quelque opinion, se résout si facilement au parti de l'irréligion et du doute si contraire à son penchant et à sa tranquillité? C'est la vanité, c'est la paresse qui sont les sources de cette conduite déréglée. On veut s'élever au-dessus du commun des hommes par une habileté distinguée, mais il est trop long, trop pénible de remonter au premiers axiomes du raisonnement pour en établir l'évidence; il est trop long, il est trop pénible d'accoutumer son esprit à ne perdre jamais son principe de vue et à descendre par une enchaînure de propositions qui se soutiennent mutuellement à des conclusions aussi sûres que la vérité dont elles découlent.

Il faut des siècles avant que de pouvoir s'élever au rang des grands hommes par cette route épineuse. Un quart d'heure suffit, au contraire, pour y parvenir par la prétendue force d'esprit; cinq ou six décisions effrontées, accompagnées d'autant de malheureuses turlupinades, font un esprit fort complet, et d'un petit-maître à un esprit fort il n'y a que la main. En vérité, Messieurs les Petits-Maîtres, vous êtes de fort jolis hommes; le vice et le ridicule vous sont bien redevables; à l'abri de vos airs aisés ils ont occupé la place de la sagesse et du mérite, et vous avez si bien su faire qu'avec de la sagesse et de la modestie on ne saurait plus faire figure parmi les *honnêtes gens*.

Permettez-moi, pourtant, de vous donner un petit conseil. Ne raillez plus de l'indocilité des femmes, si vous m'en voulez croire, vous n'en sortiriez pas à votre honneur. Molière a voulu réformer les précieuses et les marquis: les précieuses sont d'abord rentrées dans le style commun, et à peine voit-on encore quelque antiquaille de la vieille cour qui s'embarrasse dans ses termes ampoulés et qui ose composer un dictionnaire de ses phrases extravagantes.

Pour vous, Messieurs, vous avez bravement morgué la fine plaisanterie et la critique judicieuse de ce comédien philosophe et, au lieu de vous *démarquiser*, vous avez doublé la dose de votre ridicule, et vous voilà PETITS-MAITRES.

'Mais,' me dira-t-on, 'vous êtes allé au café pour savoir ce qu'on y disait du *Misanthrope*, et par un écart d'esprit plus ridicule que ceux que vous reprochez à Horace,[39] vous laissez là le *Misanthrope* et vous ne nous parlez que des petits-maîtres.'

Il est vrai, Lecteur, qu'il y a loin d'un petit-maître au Misanthrope, mais est-ce ma faute si je n'ai vu chez Furbiani que de la jeunesse ridicule et si je n'y ai entendu rien dire de mon ouvrage?

VII · [29 juin 1711]

SCENE ITALIENNE

Faite à l'occasion de la comédie
intitulée,

ARLEQUIN MISANTHROPE[40]

LEANDRE	*Jeune Homme*
ARLEQUIN	*Misanthrope*

L. Me permettrez-vous bien, Monsieur, de vous venir consulter sur le parti que je dois prendre pour faire fortune à Paris?

A. Vous voudriez faire fortune à Paris! Le ciel vous en préserve.

L. Comment, Monsieur, la fortune est-elle donc une chose si odieuse?

A. Ce n'est pas la fortune qui est odieuse, mais la manière de faire fortune à Paris doit paraître fort odieuse à tout homme un peu délicat sur l'honneur.

L. Je ne vous comprends pas, je l'avoue.

A. Vous ne savez donc pas que pour faire fortune à Paris il faut être faquin, mais faquin au suprême degré?

L. Quoi! Je suis bien fait, j'ai les manières aisées, je sais mes exercices, j'ai du cœur, de l'esprit, du savoir raisonnablement; quelque prince me donnera de l'emploi et, enfin, il payera mes services par une bonne charge que son crédit

---

39. See number III.
40. *Arlequin misanthrope* (1697), a comedy in three acts by Brugière de Barante.

me fera obtenir. Où trouvez-vous le faquin dans tout cela, s'il vous plaît?

A. Il est vrai, le faquin n'y est pas, et c'est par cette raison que la fortune n'y est pas non plus. Que vous connaissez mal les grands, mon cher Monsieur! Croiriez-vous que ce prince, qui vous donnera de l'emploi, fera mille fois plus de cas de son cuisinier que de vous? Verrez-vous avec plaisir qu'un homme, dont le métier consiste à préparer sous le titre spécieux de *ragoûts* un poison qui mine peu à peu la santé de ses maîtres, sera mieux payé de sa profession assassine que vous des services les plus importants que votre application, vos lumières et votre fidélité rendront à ce prince capricieux?

L. Serait-il bien possible qu'un homme de distinction, bien élevé, qui a du goût, du discernement, des sentiments nobles …

A. Ah! parbleu oui, du discernement, des sentiments nobles à un grand! Et dans Paris encore! Vous me feriez rire. Croyez-moi, vous connaissez mal les routes de la fortune. Mais répondez: savez-vous manier adroitement un peigne et un rasoir? Savez-vous donner le bon tour à une perruque? Rasez-vous d'une main légère?

L. Moi, savoir des choses si basses! Eh morbleu, Monsieur, songez à ce que vous dites!

A. Tant pis, si vous ne savez pas ces salutaires bassesses; si vous y étiez un peu habile, on ferait quelque chose de vous; on vous placerait chez quelque seigneur ou chez quelque fermier général où, après avoir porté trois ou quatre ans une utile bigarrure ….

L. Que je devienne laquais, moi! Vous m'outragez, Monsieur, je suis gentilhomme, et si … .

A. Bon! seriez-vous le premier gentilhomme qui eût porté la livrée? On ne voit autre chose dans le siècle où nous sommes. Après ces trois années d'apprentissage, il vous ferait son homme de chambre; vous mettriez une taxe sur l'honneur de le voir, et après avoir amassé dans cinq ou six années par cet honnête trafic une douzaine de mille écus, il vous accorderait, peut-être, avec le nom de son maître d'hôtel, le privilège de le ruiner.

L. Vous raisonnez assez juste, Monsieur; on m'a parlé même d'un homme fort qualifié qui, étant sur le point de mourir, conseilla à son fils de se faire le maître d'hôtel de celui qui avait été autrefois le sien afin de le ruiner par représailles et de rentrer de cette manière dans les biens de ses pères. Mais pour moi qui, grâces au ciel, me pique d'être honnête homme et qui ne voudrais pas acheter la plus éclatante fortune par la moindre lâcheté, laquais, valet de chambre et maître d'hôtel sont des degrés de friponnerie par où je ne monterai jamais à la fortune.

A. Si vous étiez assez philosophe pour aspirer à une vie agréable et innocente sans la chercher dans la grandeur et dans l'opulence, j'aurais un bon conseil à vous donner. Mais vous m'avez tout l'air de préférer ce qu'on croit faussement les causes d'une agréable vie à l'agrément de la vie même, et en ce cas-là, franchement, vous devez vous défaire de vos sentiments délicats et vous conformer au goût du siècle et de Paris.

L. Je suis plus philosophe que vous ne croyez, Monsieur; l'agrément d'une vie innocente est l'unique but de mes désirs, et si vos conseils pouvaient m'y mener par une autre route que par celle de la fortune, vous verriez que l'ingratitude n'est pas mon vice.

A. Est-il possible que vous raisonneriez assez juste pour cela? Quoi! vous aimeriez autant la commodité aisée d'un petit appartement que la vaste étendue d'un palais dont chaque pierre, chaque ferrement eût coûté des pleurs à quelque misérable accablé sous le poids de votre fortune?

L. Sans doute.

A. Vous pourriez vous passer de l'insolence de six coquins, nourris à vos dépens, dont les friponneries se retrancheraient dans vos livrées contre la vengeance du peuple et contre la rigueur de la justice?

L. Assurément.

A. Voudriez-vous, désenivré de votre noblesse, renoncer à la satisfaction de vous croire plus éclairé qu'un autre parce que vous êtes de plus grande qualité?

L. N'en doutez point; je sais trop que la noblesse n'influe point sur le raisonnement,

> Je sais trop que, pour l'ordinaire,
> Chez nos messieurs de qualité,
> En dépit de leur vanité,
> La raison est fort roturière.

A. Bon, vous faites des vers, tant mieux, ce talent ne sera pas inutile aux vues que j'ai pour vous. Seriez-vous indifférent au plaisir d'apprendre, dans une épître dédicatoire, que vous savez un nombre infini de sciences où vous ne vous appliquâtes jamais?

L. Vous pouvez compter là-dessus.

A. Avez-vous l'esprit assez fort pour ne pas préférer un faquin en broderie d'or à un homme de probité en guenilles?

L. Très certainement.

A. Oh bien, puisque vous êtes dans de si bonnes dispositions, je veux bien vous ouvrir mon cœur. Faites-vous comédien.

L. Pour ne point être faquin! pour vivre avec autant d'agrément que d'innocence, il faut être comédien, dites-vous! Parbleu! ce beau conseil valait bien la peine de faire un si long prélude.

A. Pas tant de précipitation, s'il vous plaît; je ne parle pas d'un comédien qui n'a pour tout mérite que sa mémoire et sa déclamation. J'entends un acteur qui sait puiser ses gestes et ses tons dans la nature même, qui sait, en cas de besoin, être aussi bon auteur qu'habile comédien, qui sait rendre admirable, par le naturel de son action, la beauté de ses propres pensées, en un mot, qui, marchant sur les traces de *Molière* et de *Dominique*,[41] sait mériter une place parmi les grands hommes de son temps.

L. Eh fi, Monsieur, ce métier déshonore un honnête homme, et pour un comédien qui ébauche faiblement le génie d'un *Dominique*, on en voit mille qui s'écartent de sa sagesse et de sa probité.

A. Il suffit que les caractères d'honnête homme et de comédien ne soient pas

41. Joseph Biancolelli (1640-1688), known as Dominique for his role in the comic theatre.

incompatibles, et plus ils se trouvent rarement unis, plus votre mérite sera remarquable. Croyez-moi, Monsieur, quand on est honnête homme, on n'en est que meilleur comédien. Un stupide, un faquin ne saurait décrier le vice, ni tourner la sottise en ridicule avec le même naturel qu'un homme d'esprit et de probité qui ne fait que parler d'après ses sentiments et qui n'a pas besoin d'entrer dans un caractère qui lui est étranger. Quel charme, d'ailleurs, d'oser se dédommager sur le théâtre du silence respectueux sous lequel on est contraint de laisser passer dans le monde les impertinences consacrées par le rang de ceux qui les commettent! Quel plaisir d'oser dire en face leurs vérités les plus odieuses à ceux dont on respecte autant la brutalité que l'élévation! Quelle satisfaction d'être payé par leurs propres mains des soins que vous avez de les satiriser et de vivre agréablement aux dépens de leurs sottises du revenu de vos censures! Encore un coup, Monsieur, faites-vous comédien.

L. Je conviens de tout ce que vous dites; je sais même qu'un excellent comédien est applaudi et caressé par les personnes les plus distinguées, mais il en est méprisé dans le fond.

A. Que vous importe l'estime de ceux pour qui vous avez vous-même tout le mépris qu'ils méritent! Ils vous traiteront comme s'ils vous estimaient; en voulez-vous davantage? Pour vous mettre avec eux sur un pied familier, pour être de tous leurs plaisirs, vous n'aurez besoin ni de louanges étudiées, ni de basse déférence pour tous leurs caprices; sans rien craindre de leur mauvaise humeur, vous pourrez vous servir à leur table des droits du théâtre et vous y ferez passer sans peine les critiques les plus hardies à la faveur du sel comique dont vous saurez les assaisonner. Adieu, Monsieur, réfléchissez sérieusement sur mon conseil, je n'en ai pas de meilleur à vous donner.

Fin de la scène

Etes-vous curieux, ami Lecteur, de voir une déclaration d'amour à la cavalière? Cette pièce et la réponse me sont tombées heureusement entre les mains, et je suis bien aise de pouvoir vous en régaler. Voici la déclaration.

> Iris je quitte la boisson
> Où je puisais et vers et prose;
> Si je perds encor la raison,
> J'en veux une plus noble cause.
>
> Fatigué d'être toujours gris,
> Je vais faire une autre folie,
> Et je fais vœu, charmante Iris,
> De vous aimer jusqu'à la lie.
>
> Pardon, en termes de buveur,
> Si mon amour vous rend hommage,
> Vous apprendrez bien à mon cœur
> A tenir un autre langage.
>
> Votre cœur peut être un peu vain
> De la tendresse qui me grille;
> Je suis fort bon gourmet en vin
> Mais bien meilleur gourmet en fille.
>
> Si vous débauchez à Bacchus
> Un vrai buveur à l'allemande,

Se peut-il de gloire plus grande
Et pour Iris et pour Vénus?

J'aime à l'excès tout ce qui brille;
Vous me convenez tout à fait;
Et chez vous certain œil pétille
Plus que le meilleur vin clairet.

Je vous conviens aussi, la Belle,
Toujours content, de belle humeur,
Et mes soupirs et ma langueur
Ne vous rompront point la cervelle.

Je veux, apprenti amoureux,
Passer bientôt le plus habile,
Mais en un mot autant qu'en mille,
Vous devez répondre à mes feux.

Y topez-vous, Beauté cruelle?
C'en est fait, je suis votre amant;
Sinon, adieu, Mademoiselle,
Voilà mon verre qui m'attend.

REPONSE

Je vois fort bien qu'en la boisson,
Thyrsis, vous puisez vers et prose,
Et quand vous perdez la raison
Que vous ne perdez pas grand-chose.

Parlez-moi d'un ton ingénu,
Dites, Monsieur le Petit-Maître,
N'aviez-vous pas un peu trop bu
Lorsque vous fîtes votre lettre?

Chacun, au sentiment d'Iris,
Doit s'en tenir à sa folie;
La vôtre est d'être toujours gris?
Fort bien, buvez jusqu'à la lie.

La mienne est de chercher un cœur
Tendre, discret, fidèle et sage;
Et l'amour qui parle en buveur,
A mon gré, tient un sot langage.

Quittez donc votre beau dessein,
Bel Amateur de ce qui brille;
Quand on se connaît tant en vin,
On ne se connaît guère en fille.

Si dans nos jours dame Vénus
Ne suivait la mode allemande,
Jamais sa cour ne serait grande
De ceux qui désertent Bacchus.

Thyrsis, en un mot comme en mille,
Poussez vos hoquets amoureux
Chez quelque beauté plus facile;
Chez nous on se rit de vos feux.

Passé Maître en ivrognerie,
Aussi bien qu'apprenti Amant,

Noyez-moi votre tendre envie
Dans ce verre qui vous attend.

VIII · [6 juillet 1711]

Rien n'est plus conforme à la raison et à l'humanité qu'une entière liberté de conscience. Le simple sens commun découvre une extravagance monstrueuse dans la conduite d'un persécuteur aussi ridicule que barbare qui prétend que la raison, que le raisonnement n'est pas l'unique moyen de détourner quelqu'un de ses opinions erronées et que la conviction peut être un effet légitime de la violence des tourments.

D'un autre côté, rien n'est plus conforme à la raison et à la prudence que la sévérité d'un magistrat qui regarde, comme punissable par les lois, un libertin assez insolent pour débiter des opinions contraires à l'ordre, au repos et au bonheur de tout le genre humain. Rarement on pousse cette sévérité jusqu'à condamner ces sortes de scélérats au dernier supplice, mais seraient-ils en droit de se plaindre si la justice étendait sa rigueur jusque sur leur vie? Je n'en crois rien et j'ose soutenir que de tous ceux que les lois condamnent aux plus affreux châtiments, il n'y en a point qui puissent accuser leurs juges avec si peu de raison qu'un libertin qui dogmatise sur l'athéisme ou qui tâche de l'insinuer par des railleries profanes. Je prouve cette proposition de cette manière-ci: ou cet athée dogmatisant croit que la vertu est quelque chose de réel, quoiqu'il n'y ait aucun Etre supérieur dont la nature et la volonté soient la source et la règle de cette vertu; ou bien, il traite la vertu de chimère et il conclut que les hommes, n'ayant point de *Législateur*, ne sauraient être obligés à suivre aucune loi.

Dans le premier cas supposé, cet athée doit être sûr qu'on ne saurait porter de plus rudes coups à cette vertu, dont il reconnaît la réalité, qu'en délivrant les hommes d'une salutaire crainte qui les empêche de prendre un amour-propre grossier et brutal pour l'unique règle de leurs actions. Par conséquent, son crime, tendant non à offenser un seul homme, une seule république, mais à mettre un désordre pernicieux parmi tout le genre humain, ce crime ne saurait être puni par des supplices trop rigoureux.

L'athée que je combats ne saurait m'objecter qu'il suffit de démontrer aux hommes que la vertu, étant d'une nécessité absolue à la société, oblige par cela même tous les hommes à la pratiquer. Il sait trop bien que tous les hommes ne sont pas capables de se mettre dans l'esprit un système suivi du droit naturel, et quand ils auraient cette capacité, il est clair qu'on suit moins la vertu à cause de sa réalité et de son utilité si reconnues que par respect pour un Etre tout puissant qui s'intéresse dans cette vertu et dont la vengeance est redoutable à ceux qui s'opposent à sa volonté. Les athées mêmes sont si convaincus de cette vérité que la persuasion de l'existence d'un Dieu ne passe dans leur esprit que pour l'effet de l'adresse des magistrats qui n'ont su trouver de moyen plus efficace pour donner de la vigueur aux lois et de l'autorité à la magistrature.

Dans le second cas, un libertin dogmatisant croit toute action également indifférente. Chez lui l'équité et la justice ne sont que de vains fantômes, et la raison du plus fort est la seule bonne. Par conséquent, il ne saurait se plaindre d'un magistrat qui, ayant le pouvoir en main, s'oppose à des dogmes incompatibles avec ce pouvoir et qui détruit les prôneurs d'une doctrine selon laquelle il faut le considérer plutôt comme un usurpateur que comme l'image sacrée du Souverain de l'univers qui l'ait fait l'administrateur de sa justice et le dépositaire de ses droits.

Je suis le plus trompé du monde si cet argument n'est démonstratif et je prie ceux qui pourraient se sentir combattus par sa force de réfléchir avec attention sur la dangereuse extravagance de leur conduite. Ils sont assez aveugles et assez vains pour croire tout l'univers dans une erreur dont leur raison les a délivrés. Qu'ils comprennent, du moins, que la vérité prétendue de leur opinion est infiniment plus pernicieuse aux créatures raisonnables qu'une salutaire illusion qui rassure l'homme sur l'avenir et qui le rend propre à concourir au bonheur et à la tranquillité de tous les êtres semblables à lui.

Si la vertu n'est jamais outrée, si elle évite toujours les extrémités comme vicieuses, c'est qu'elle ne fait que suivre la route que la raison lui trace. Cette raison rend la véritable vertu aussi éloignée de l'irréligion que de la ferveur aveugle d'une piété mal entendue. Ce zèle indiscret, meilleur sans contredit dans sa source que l'athéisme, est pourtant beaucoup plus pernicieux dans ses effets que le libertinage le plus odieux. Souvent un athée, raisonnant juste sur un mauvais principe, ne cherche qu'à se conduire tout doucement jusqu'à l'abîme du néant où il croit devoir un jour rentrer. Il laisse penser aux autres ce qu'ils trouvent à propos et ne raisonne mal qu'à ses propres dépens.

Mais un faux dévot, croyant toujours combattre sous les étendards de Dieu, se ferait un crime de demeurer dans l'inaction; il croirait trahir la cause de son Maître si ses cruelles persécutions ne détruisaient, par un principe de vénération et d'amour pour Dieu, l'image respectable de cet Etre dont la charité est aussi infinie que la puissance. Je sais bien que tous les faux dévots ne sont pas assez sanguinaires pour en vouloir à la vie de ceux qui n'approuvent pas leurs sentiments; il y en a de plus raffinés qui, sans raccourcir les jours des *prétendus ennemis de la Divinité*, se contentent d'en noircir la réputation par de saintes calomnies et de les rendre odieux à leur prochain dont l'amitié pourrait faire un des plus essentiels agréments de leur vie.

La charité, la candeur, la droiture deviennent des crimes énormes dès qu'elles choquent la fausse dévotion. Devant son tribunal, raisonner juste c'est être hérétique; faire briller dans toute sa conduite la modération dont le divin Maître des fidèles a fait le caractère de ses véritables imitateurs, c'est être du nombre des tièdes que Dieu vomit de sa bouche. Préférer une vertu intérieure et raisonnée aux grimaces équivoques d'un dehors composé, c'est faire ouvertement parade d'un effronté libertinage.

Ariste, le plus cher de mes amis, vénérable par son âge, mais plus vénérable encore par sa droiture, sa franchise, son indulgence évangélique et son amour pour la vérité, Ariste, ce respectable vieillard, vient de faire une rude épreuve de ce dont est capable la race des bigots.

Entraîné par sa mauvaise étoile dans une compagnie dévote, il ose prendre le parti d'un ami déclaré hérétique par cabale et il a le malheur de raisonner si juste qu'on ne trouve rien à lui répliquer. A peine est-il parti qu'on retrouve la parole qu'on avait perdue par ses raisonnements.

'D'où vient,' dit l'un, 'qu'Ariste défend toujours avec tant de chaleur ceux qu'on soupçonne d'hérésie? Dès qu'on reprend quelqu'un de la nouveauté dangereuse de ses opinions, on a d'abord affaire à Ariste qui ne manque jamais de se déclarer contre l'orthodoxie.'

'Bon!' répond un autre, 'ne sait-on pas bien la source de cette charité apparente et de cet esprit indulgent d'Ariste? C'est un libertin politique qui ne nous prêche toujours l'indulgence que parce que ses sentiments en ont grand besoin et qu'on en verrait toute l'horreur pour peu qu'on les examinât sévèrement.'

Voilà le vertueux Ariste déclaré libertin. Toute la troupe dévote signe sa sentence. Belise, la sage Belise, sa meilleure amie, imbue du venin de cette calomnie, est sur le point de rompre tout commerce avec l'homme du monde que jusque-là elle a estimé le plus. Chagrin de l'injuste crédulité de cette amie, Ariste lui a adressé ces vers.

> Belise, est-il donc vrai qu'un injuste suffrage
> Confirme de ta part un arrêt qui m'outrage?
> Tu me trouvas toujours un cœur droit et pieux;
> Pour croire tes dévots, ne crois-tu plus tes yeux?
> Mais que reprend en moi cette troupe indocile?
> Quoi! jamais à grands flots répandu de mon style
> Un poison dangereux infecta-t-il les mœurs?
> Et défenseur subtil de grossières erreurs,
> M'a-t-on vu pallier, par un brillant sophisme,
> Les doutes inquiets d'un affreux athéisme?
> Mes profanes écrits ont-ils dans quelque lieu
> Repu l'hôte des mers de l'image de Dieu?[42]
> Ont-ils jamais fait voir aux âmes alarmées
> Au même rang Neptune et le Dieu des armées?
> Non, non, à ces horreurs jamais mon cœur n'eut part.
> J'abhorre trop l'état d'un malheureux vieillard
> Qui, tout prêt à toucher à son heure dernière,
> D'utiles vérités évite la lumière.
> Mais il ferme sans fruit les yeux à leur clarté;
> Le vrai, bientôt vainqueur, perce l'obscurité
> Dont il enveloppa sa raison qu'il redoute.
> Il poursuit l'insensé, le saisit dans le doute
> Et le traîne, ébloui de son éclat vengeur,
> Vers l'Etre de ses jours trop véritable Auteur.
> Il se trouble, il pâlit, son bourreau c'est son crime.
> D'infructueux remords cette impure victime
> Sous les douces vapeurs d'une utile boisson
> Va, pour calmer son âme, endormir sa raison.
> Mais sa raison bientôt sortant de ce nuage
> Au jour des vérités rouvre un affreux passage;

42. *Gueudeville*, qui a écrit quelque temps la *Quintessence* de La Haye et pendant quelques années *L'Esprit des cours*, n'était pas capable de cacher ses sentiments libertins; dans une de ses feuilles volantes il dit, pour exprimer les tristes effets d'un naufrage 'que les poissons avaient fait grand-chère de l'image de Dieu', dans un autre endroit, en faisant le récit de quelque avantage que les Français avaient remporté par mer, il dit 'que Neptune leur était favorable, mais que le Dieu des armées les attendait sur terre'. Cet auteur était un grand ivrogne et dans les dernières années de sa vie les liqueurs les plus fortes lui tenaient lieu d'Hippocrène. (Note in the 1726 edition.)

Dans le sein des plaisirs qu'il appelle au secours,
Elle le suit, l'atteint et le serre toujours.
Mon sort est plus heureux: dès ma plus tendre enfance,
De mon père éclairé la sage vigilance
Préserva mon esprit de ce fatal poison
Et contre ces erreurs sut armer ma raison.
Dès lors, je te connus, ô Raison salutaire!
Et je reçus ton joug de la main de mon père.
Heureux! si cette main, me l'ayant imposé,
Eût pu me soutenir sous le fardeau baissé.
Hélas! je fus privé de ce père estimable
Dans l'âge dangereux où le cœur intraitable
Sans cesse bouillonnant d'impétueux désirs
Fait ramper la vertu sous le faix des plaisirs.
Suivant pour guide alors le feu de ma jeunesse,
Je marchais au hasard et m'égarais sans cesse;
De passion toujours courant en passion,
Les yeux de mon Iris devenaient ma raison.
Je ne consultais qu'eux; de l'aimer, de lui plaire,
Mon cœur à mon esprit fit un devoir austère.
Mais par ces faux plaisirs peu de temps amusé,
Par mon propre imposteur je fus désabusé.
Oui, l'amour, en son sein nourrit tant d'injustices,
Mêle tant d'amertume à ses tendres délices
Que contre lui lui-même il arme la raison
Et qu'il est de lui-même un sûr contrepoison.
Par cinq lustres à peine eus-je compté mon âge
Que la vertu sur moi reprit son avantage;
Depuis, cherchant partout le Monarque des cieux,
La moindre fleur des champs le peignit à mes yeux.
De respecter le Ciel je m'acquis l'habitude;
Moi-même je devins l'objet de mon étude;
Dans ma raison j'appris à puiser mon bonheur;
L'innocence entretint un doux calme en mon cœur.
La folle ambition, la richesse inutile
Se liguèrent en vain contre ce cœur tranquille;
Heureux par ma vertu, sans honneurs, sans trésors,
Je goûtai des plaisirs respectés des remords.
Mon bonheur dure encor, et mon âme ravie,
Sans redouter la mort, prend plaisir à la vie.
Si le fardeau des ans fait chanceler mes pas,
Ma raison se soutient et ne chancelle pas.
Si, semblable aux ruisseaux dans sa rapide course,
Notre âge ne saurait remonter vers sa source,
Etre jeune une fois, n'est-ce pas bien assez?
Quoi! pesant mes plaisirs et mes dangers passés,
Prêt à gagner le port, échappé du naufrage,
Voudrais-je de nouveau m'exposer à l'orage!
Non, je songe au passé, sans regret, sans horreur;
Au présent sans dégoût, au futur sans terreur.
Sous de modiques maux ma santé languissante
Toujours à mon esprit tient la Parque présente;

> Et d'abord que je crois la sentir sur mes pas,
> Je vais à sa rencontre et je lui tiens les bras.[43]

IX · [13 juillet 1711]

J'ai soutenu que le sens commun est la chose du monde la plus rare[44] et je ne doute point que ceux qui combattent le plus cette vérité ne soient ceux-là même dont toute la conduite est une démonstration suivie de mon paradoxe. N'est-il pas sûr que bien des gens mettent la beauté de leur génie et la force de leur esprit à s'écarter des notions ordinaires qu'on appelle sens commun?

Par cela même que le sens commun est le partage de tous ceux qui raisonnent, il devient méprisable, et l'homme, courant toujours après le plaisir de se distinguer, ne manque pas de se faire des règles particulières de raisonnement, règles dont la bizarrerie passe souvent à la faveur de la nouveauté. Mais

> 'Ces propos,' diras-tu, 'sont bons dans la satire
> Pour égayer d'abord un lecteur qui veut rire,
> Mais il faut les prouver en forme.' J'y consens.
> Réponds-moi donc, Lecteur, et mets-toi sur les bancs.[45]

En quoi consiste le sens commun? En quelques règles de se conduire que la raison découvre sans peine à tous ceux qui sont capables d'y faire la moindre attention; telles sont les maximes que voici: 'Un grand intérêt doit être préféré à un moindre.' 'Il faut tâcher de se rendre heureux.' 'Les choses doivent être estimées à proportion de leur valeur reconnue.' 'Ce qui n'est d'aucun usage ne mérite pas d'être recherché.' 'Une chimère ne doit point l'emporter sur une réalité.' 'Un nom est fort différent d'une chose.' Etc.

Proposez les principes du sens commun à tous ceux qui pensent, personne n'en disconviendra; exigez-en la pratique de ces mêmes personnes, un très petit nombre voudra s'y conformer. Venons-en à l'expérience, examinons la conduite des hommes, et tous les moments de notre vie ne feront que nous confirmer dans le sentiment que je viens d'avancer. Voyons le tour d'esprit de la jeunesse: dites à Damon qu'il est brutal, peu sociable, effronté, mauvais plaisant et, qui pis est, petit-maître; à peine Damon fera-t-il quelque attention à des reproches si cruels. Mais dites-lui qu'il a la jambe mal faite, Damon sera au désespoir de cette *insulte*; il se couperait la gorge avec vous si les duels étaient à la mode. Tout jeune homme est presque Damon sur cette matière: dans leur esprit une belle chevelure, une taille fine, une jambe bien tournée, sont infiniment au-dessus de l'agrément des manières, de la noblesse des sentiments et de la beauté de l'esprit.

Le vieux Cléante a un raisonnement banal dont il croit mettre en déroute tout ce qu'on peut opposer de plus raisonnable à son vain babil, qui ne fait que croître avec son âge.

43. The 1712-13 edition concludes with the following note: 'Si le lecteur me trouve trop sérieux cette fois-ci, je lui promets du comique dans huit jours.'

44. Voyez la fin du *discours* II. (Note in the 1726 edition.)

45. Boileau, 'Satire VIII', 'A M. M[orel], Docteur de Sorbonne', ll.15-18. The last line is slightly altered: 'Réponds-moi donc, Docteur, et mets-toi sur les bancs.'

'Savez-vous jeune homme,' dira-t-il, 'que c'est à vous à vous taire quand je parle; c'est bien à une jeune barbe comme vous à me contredire; savez-vous que j'ai soixante et dix ans bien comptés?'

Grand bien vous fasse, M. Cléante, on ne vous envie ni votre esprit, ni votre âge. Croyez-vous que vivre longtemps et avoir de l'expérience sont des expressions synonymes? L'expérience n'est pas le fruit d'un grand nombre de moments que l'on a vécu, mais d'un grand nombre de moments où l'on a réfléchi, et à ce compte, c'est vous qui êtes une jeune barbe, et celui que vous rudoyez tant est peut-être un homme d'âge. La raison de presque tous les vieillards est mise à la chaîne par cette ridicule prévention pour leur âge, et ils préfèrent les ans qui peuvent donner de l'expérience à l'expérience même, une chimère à une réalité.

Monsieur V. W., célèbre *médecin* de L. H., ajoute ce titre à celui de vieillard pour être plus autorisé à choquer le sens commun. On commençait à désepérer d'un de ses malades quand un magistrat, homme fort sensé quoique habile chimiste, offrit aux parents du *patient* un remède dont il avait reconnu l'excellence par plusieurs cures fort heureuses. Les parents n'osèrent employer ce remède sans l'aveu du médecin, et le magistrat voulut lui-même lui en aller demander son avis. A peine eut-il commencé à expliquer la nature de son *spécifique* que le médecin l'interrompit en lui demandant s'il était de la faculté.

'Non,' répondit ce monsieur.

'Vous n'êtes pas médecin! Je n'ai rien à vous dire; sortez de ma maison au plus vite. Vous n'êtes pas de la faculté et vous vous mêlez de donner des remèdes! Sortez d'ici, vous dis-je.'

Hélas! Il l'aurait fait sortir du monde s'il en avait trouvé l'occasion, tant il était outré qu'un homme s'ingérât de faire le médecin sans avoir donné trois cents florins pour en obtenir le titre. Cependant, à bien prendre la chose, le sage magistrat ne songeait pas seulement à empiéter sur les droits de M * *. Son remède, selon toutes les apparences, aurait tiré le malade d'affaire d'une tout autre manière que M. V. W. ne l'a fait.

La réputation et le sens commun ne se trouvent pas toujours dans un même sujet. Ce M. V. W. nous prodigue tous les jours des preuves de cette maxime. Un autre de ses malades était réduit à la dernière extrémité par une rétention d'urine. Dans cette conjoncture délicate, il fut assez modeste pour consentir à une consultation et pour joindre à ses lumières celles d'un de ses collègues. L'autre médecin vint, et après que M. V. W. eut passé avec lui une demi-heure dans une autre chambre à causer sur les affaires du temps, il approche gravement du lit du malade.

'Monsieur,' lui dit-il, 'après avoir mûrement réfléchi sur les causes de votre maladie, nous avons trouvé qu'il faut vous comparer à un tonneau. (Remarquez qu'il avait ses raisons pour tirer ses comparaisons de là.) Tant qu'un tonneau est exactement rempli, la liqueur n'en coulera jamais par en bas, et il faut de nécessité lui donner de l'air par en haut pour en faire sortir le vin par la route ordinaire. Cela étant posé, il est démontré que la saignée seule pourra vous tirer d'affaire et que vous urinerez dès que par ce moyen nous aurons donné de l'air à votre corps. A peine eut-il lâché ce mot que l'exécuteur de la sentence fit couler le sang innocent du pauvre malade. Mais il eut beau couler, la nature se moqua de la démonstration du médecin qui vit avec étonnement partir son malade pour l'autre monde, et qui pis est, partir sans avoir uriné.

Chrysophile s'était senti dès sa plus tendre jeunesse un penchant à la friponnerie qu'il n'a jamais combattu. Tandis qu'il a rampé dans la route des scélérats vulgaires, il s'est attiré la haine et le mépris de tous ceux qui l'ont connu. Un de ses saluts aurait déshonoré un honnête homme, et la justice seule aurait eu quelque commerce avec lui s'il n'avait eu la prudence de l'éviter. Lassé à la fin de se voir le rebut de tout l'univers, sa friponnerie ambitieuse a pris l'essor, et, soutenu par son heureux naturel pour les crimes, il a su bâtir une fortune éclatante sur les ruines de vingt familles aussi distinguées à présent par leurs misères qu'elles l'étaient autrefois par leur opulence. Le mépris qu'on a eu pour lui s'est-il augmenté à proportion de ses crimes? Point du tout. Non seulement il s'est retranché contre la justice derrière un rempart de pistoles, il a acquis encore des amis, des maîtresses, de la réputation, de la naissance, de la probité même. Tout le monde du moins en agit avec lui comme avec un parfaitement honnête homme. Bientôt, un poète lui donnera dans une préface toutes les qualités de Mécénas, et Madame D. N.[46] le déclarera innocent aux yeux de tout l'univers et aux yeux de ces malheureux mêmes qui sont les témoignages vivants de l'abominable conduite de cet illustre scélérat. Le comble de l'extravagance de Chrysophile, c'est qu'il commence à se croire homme de probité à force de se l'entendre dire. S'il s'en était tenu à la centième partie de ses fraudes abominables, peut-être aurait-il charmé, par une fin tragique, ceux qui applaudissent à présent à ses vertus, et à l'heure qu'il est, il est devenu honnête homme à force d'être fripon dans un degré éminent:

> Du sens commun la lumière brillante
> Est disparue à l'éclat radieux
> De l'or qu'il étale à nos yeux;
> De ses crimes nombreux l'énormité criante
> Est de la probité, qu'un tas d'amis affreux
> Lui donne, et que lui-même il se donne après eux,
> La cause abominable autant qu'extravagante!

Qui de vous, Lecteurs, peut ne pas connaître une espèce de parasites dont les grands ne sauraient se passer et sans lesquels ils ne sauraient manger bien ni boire délicieusement. Ces juges de la bonne chère ont asservi le goût à des règles bizarres et se sont fait une ridicule science d'une chose qui dépend absolument de la nature. Le sens commun nous dicte que la bonté d'un mets consiste dans le plaisir qu'il fait au palais, disposé d'une manière à en être touché agréablement. Mais ce n'est plus cela; c'est de la décision de ces arbitres de la table que dépend la délicatesse des plats. On mange d'un ragoût bizarre, la nature y répugne; on ne saurait s'empêcher de grimacer. La nature a tort; ce ragoût est à la mode en France, il paraît sur les tables les plus délicates. Voilà qui est fait, le gourmet a décidé, jamais on n'a rien mangé de plus délicieux. On verse à boire, le vin chatouille le palais et répand une agréable chaleur dans tout le corps. Cependant, le palais doit suspendre son jugement et n'ose trouver encore

---

46. Anne-Marguerite Petit Du Noyer or Dunoyer (1663?-1720), editor of the *Quintessence des nouvelles* from 1711 and other journals. Voltaire fell in love with her youngest daughter 'Pimpette' during his stay in Holland in 1713.

bon ce qu'avec un peu de sens commun il trouverait excellent. Le parasite y goûte; dans le temps qu'il roule artistement cette liqueur dans sa bouche, tous les yeux des convives sont fixés sur lui, et ils attendent impatiemment qu'il prononce sur la destinée du vin.

'Il est trop commun,' dit-il. 'Il n'a pas assez de sève; il a trop de liqueur. Saint Evremond n'a jamais approuvé les vins de ce côteau-là, et je n'en ai jamais vu sur la table d'un tel prince.'

Voilà le vin condamné, et il faut attendre à boire avec plaisir qu'il plaise aux fantaisies du gourmet de le bien vouloir permettre. Ce n'est pas tout; ce faquin se liguera avec la mode pour tyranniser les festins, et cette mode accordera tantôt aux vins de Bourgogne, tantôt aux vins de Champagne le privilège d'être les meilleurs vins du monde.

> O vous qui recelez sous le chaume rustique
> Du rare sens commun les restes précieux,
> Venez heureux manants d'un maître sourcilleux
> Admirer avec moi l'esclavage comique.
>   Renonçant aux plaisirs aussi permis que doux
> Que fit exprès pour lui la prudente nature,
> Il asservit ses sens à l'infâme imposture
> D'un faquin qui s'érige en censeur des ragoûts.
>   Pour imposer au goût une loi souveraine,
> Il nourrit à sa table un tyran entêté
> Qui, bien payé du soin de le mettre à la chaîne,
> Fait ramper son patron sous un joug acheté.
>   Fortunés villageois, pour faire bonne chère
> A votre propre goût vous osez vous fier;
> Mille fois moins soumis à votre maître altier
> Qu'il ne s'assujettit à son vil *mercenaire*.

Approchez, Alcantor, j'ai un mot à vous dire; écoutez bien. Un voleur fut condamné un jour à être fouetté de la main du bourreau. A peine eut-il achevé de gémir sous la rigueur de son supplice que, se tournant vers un des assistants, il lui demanda s'il n'y avait pas moyen d'entrer la nuit dans une telle boutique? Si le vieux Lysidor ne se relâchait en rien sur l'exacte garde de ses coffres-forts? Et si la foire de la Haye ne fournirait pas matière à la subtilité de ses doigts? En un mot, le dos encore ensanglanté, il chercha aux yeux mêmes des spectateurs de son châtiment les occasions d'en mériter un plus rude. Que dites-vous de cet homme-là, Alcantor?

'Il était trop brouillé avec le sens commun,' direz-vous, 'pour être traité comme un scélérat. *C'était un enragé qu'il fallait mettre aux petites-maisons.*'

Oui, Monsieur, hé bien, allez vous y mettre de ce pas avant qu'un autre y occupe une place que vous méritez si bien.

Vil esclave de vos plaisirs, malheureuse victime de vos débauches, vous avez trouvé le fatal secret d'avoir quatre-vingts ans à l'âge de soixante. Affaissé sous les infirmités que vous avez achetées des biens immenses de vos pères, vous allez promener vos fleurettes banales de ruelle en ruelle et répandre partout le venin subtil de vos médisances sur tous ceux que choque l'impertinence de votre conduite, c'est-à-dire, sur tous les gens de bon sens et de probité.

'Mais ce n'est pas là,' dites-vous, 'l'histoire du voleur.'

Non, mais la voici:

> Lorsque l'impitoyable goutte,
> Mal qu'on s'attire et qu'on redoute,
> Suspend pour quelque temps tes infâmes plaisirs,
> Combien de pleurs versés! Quels sanglots, quels soupirs,
> Que de cris pousses-tu vers le Ciel, qui t'écoute,
> Mais qui se rit des vœux de ces impurs martyrs
> Qui veulent la santé pour suivre encore la route
> Où, sourds à la raison, les traînent leurs désirs.
> Le Ciel pour un moment suspend-il tes supplices!
> A peine es-tu sorti des mains de tes bourreaux
>   Que le souvenir de tes vices
> Retrace à ton esprit leurs funestes délices.
> A tes amis, témoins de tes cris, de tes maux:
>   'Comment,' dis-tu, 'gouvernez-vous Catos?
>   Est-elle toujours bien aimable?
> Toujours à si haut prix met-elle son honneur?
>   Et cent ducats bien comptés sur sa table
> Ne pourraient-ils pas bien adoucir sa rigueur?'
> Alcantor, du voleur n'est-ce pas là mon conte?
>   Vil jouet de tes passions,
> Va cacher à nos yeux ta folie et ta honte
>   Au fond des petites-maisons.

X · [20 juillet 1711]

DIALOGUE

entre

VIRGILE et LUCAIN[47]

Virgile. Il vous sied bien, petit versificateur, de vous comparer à un poète de ma réputation. Savez-vous bien qu'il n'est pas permis d'être habile homme sans soutenir que l'*Enéide* est excellente et que la *Pharsale* n'est qu'un tissu d'extravagances?

Lucain. Savez-vous bien que les habiles gens dont les suffrages vous donnent tant de vanité ne sont que des sots. A la raison, M. Virgile, à la raison; je ne veux point d'autre arbitre de notre différend.

V. Je vous conseille vraiment d'appeler la raison à votre secours, elle ne manquera pas de nous faire voir que vous avez fort bien fait de nous donner une histoire en vers au lieu d'un poème épique.

L. Une histoire en vers n'est donc pas un poème épique, à votre avis?

V. Ne voilà-t-il pas de nos gens qui veulent faire des ouvrages sans en savoir seulement les règles fondamentales! Tout ce qu'une histoire en vers et un poème épique peuvent avoir de semblable, c'est qu'ils sont l'un et l'autre en vers. Votre

---

47. Qu'on a promis dans le V discours, page 39. (Note in the 1726 edition.)

Pharsale n'est pas seulement de la poésie, ce n'est qu'une prose mesurée où les boutades d'une imagination espagnole tiennent lieu de ce génie poétique et de ce feu divin qui anime mes ouvrages.

L. Apparemment que vous auriez donné tout un autre tour à ma matière, vous qui vous croyez si habile?

V. N'en doutez point. Commencer votre prétendu poème par le passage du *Rubicon*, c'est bien l'entendre. Il fallait entamer cette affaire-là par les préparatifs de cette bataille qui devait décider de la destinée de l'univers. Un roi allié, par exemple, se trouve dans la tente de Pompée qui lui fait le récit de l'origine des troubles qui déchirent la république. On vient annoncer que César lève son camp; Pompée interrompt sa narration pour aller tomber sur son ennemi qui se retire; la bataille se donne; Pompée est vaincu; ce roi tombe entre les mains de César, il devient son ami; le confident de César lui achève l'histoire de la guerre civile. Enfin, il fallait embrouiller vos matières autant qu'il vous était possible; c'est là la règle.

L. Je me moque bien de votre règle! Voilà une règle fort sensée vraiment!

V. Vous vous en moquerez si vous voulez, mais lisez Homère, vous verrez qu'il s'y est pris de la sorte aussi bien que moi et que tous ceux qui après moi ont composé des poèmes de cette nature.

L. C'est que vous avez mieux aimé prendre pour guide Homère que la raison et que vos imitateurs ont eu la même folle complaisance pour vous.

V. C'est que pendant dix-sept siècles on a compris qu'on ne pouvait réussir sans prendre Homère et Virgile pour modèles et qu'on a bien vu qu'on s'égarait, comme vous, à mesure qu'on s'écartait de notre méthode. Entendez-vous, M. Lucain?

L. Assurément, j'aurais tort de ne me pas rendre à des raisons de cette importance! Mais de grâce, le bon sens veut-il qu'on mette ainsi sa matière en capilotade et qu'on se fasse un mérite d'un désordre extravagant?

V. Le voudrions-nous si le bon sens ne le voulait pas? Ce qui nous rend si admirables aux yeux de la postérité, c'est le bon sens, et d'ordinaire, l'on n'en a qu'autant qu'on profite de l'étude de nos ouvrages. N'est-il pas sûr que le but de tout auteur, c'est de se faire lire? Et qu'on ne se fait lire qu'en tenant en haleine la curiosité du lecteur jusqu'à la fin de l'ouvrage? C'est ce qu'on ne fait jamais mieux que par cette interruption des récits et par ce beau désordre qui est l'effet de l'art le plus raffiné.

L. Je conviens que l'art de tenir toujours l'esprit d'un lecteur en haleine est très nécessaire à un auteur qui n'a que des fadaises à dire; il faut des liens bien forts pour attacher l'attention d'un homme sensé aux courses d'un fat à qui l'on fait dire un bon nombre d'impertinences et commettre tout autant de lâchetés. Pour moi, je n'ai pas besoin de tout cet artifice; les actions que je raconte sont si grandes, si héroïques, je les soutiens par une manière de penser si sublime et par un tour d'expression si animé et si fort qu'un lecteur ne saurait quitter des héros qui agissent avec tant de courage, qui pensent d'une manière si grande et qui parlent avec tant de noblesse.

V. Il est vrai, il est vrai,

> Tout a l'humeur gasconne en un auteur gascon,
> Et Pompée et Lucain parlent du même ton.[48]

Vous croyez faire un beau présent à vos illustres Romains en leur donnant votre fierté espagnole; tout ce qui s'éloigne de votre style fanfaron vous paraît bas et rampant, et les actions qui ne partent pas de l'orgueil comique de vos compatriotes sont chez vous autant de lâchetés. Mais répondez-moi, y a-t-il la moindre fiction dans votre ouvrage? Cependant, c'est la fiction qui fait le poète, et par conséquent, malgré l'enflure de votre style, vous n'êtes qu'un mince historien. Pour moi, mes fictions donnent un tour fleuri et majestueux à tout mon poème et y répandent partout le merveilleux qui est l'âme de la poésie épique. Une tempête n'a pas permission de troubler la mer si Junon ne sait mettre Eole dans ses intérêts en lui reprochant fort poliment les morceaux qu'il mange souvent à la table de Jupiter et en lui donnant le choix de quatorze nymphes, toutes plus belles les unes que les autres. Le calme ne succède point naturellement à l'orage; non, il faut que le Dieu de la mer sorte pour cet effet de son flegme naturel:

> C'est Neptune en courroux qui fait taire les vents.[49]

L. C'est-à-dire que pour réussir dans ce genre de poésie, il faut avoir le cerveau déréglé et pousser l'extravagance jusqu'aux petites-maisons. N'est-il pas bien difficile, et bien sensé en même temps, de remuer toujours le ciel et l'enfer pour tirer ses héros d'intrigue? N'est-il pas beau d'être réduit à tout moment à dire, avec cette endiablée de Junon,

> 'Flectere si nequeo superos, Acheronta movebo.'[50]
> Si je n'émeus le ciel, j'armerai les enfers.

Convenez-en, mon pauvre Virgile, les dieux de votre façon et de celle d'Homère parmi bien du mauvais ont cela de bon qu'ils tirent souvent un pauvre poète d'embarras quand il ne sait plus où donner de la tête et que le seul moyen qui lui reste de pallier les crimes de ses héros, c'est de les autoriser par le ciel.

V. Je vous trouve extraordinaire en vérité; vous voudriez que dans un poème épique on se fît un plan suivi et qu'on l'exécutât ensuite avec exactitude. Alors, j'en conviens, les divinités ne seraient pas d'un grand usage dans nos vers. Mais un véritable poète, maîtrisé par son génie, commence son ouvrage à tout hasard et, entraîné par l'impétuosité de son imagination, il s'embarrasse quelquefois avec elle dans un abîme dont les dieux seuls sont capables de les tirer. Didon, par exemple, exerce *dans un degré éminent* tous les devoirs de l'hospitalité envers Enée et ses compagnons de fortune; cependant, il faut qu'il suive ses destinées qui l'appellent en Italie; il faut qu'il quitte sa bienfaitrice. Cette conduite serait

---

48. Cf. Boileau, *Art poétique*, 'Chant III', ll.129-30:
> Tout a l'humeur Gascone en un Auteur Gascon;
> Calprenede et Juba parlent du mesme ton.

Gautier de Costes de La Calprenède (1610-1663) wrote *Cléopâtre* (12 vols., 1648-1662), of which Juba, King of Mauritania, is one of the heroes defeated by Caesar in 46 B.C.

49. Cf. Boileau, *Art poétique*, 'Chant III', ll.185-86:
> Que Neptune, en couroux s'élevant sur la mer,
> D'un mot calme les flots, mette la paix dans l'air.

50. Virgil, *Aeneid*, VII, l.312.

indigne de ce dévot personnage si l'autorité de Jupiter ne le forçait à sacrifier la reconnaissance qu'on doit aux hommes au respect qu'on doit aux ordres de la divinité. Sans cette fiction, le moyen de le faire sortir de Carthage?

L. Il ne fallait pas l'y faire venir. Il était bien nécessaire, en vérité, d'aller troubler l'ordre des temps pour faire aborder Enée à Carthage avant que Carthage fût bâtie, afin d'y faire mourir de désespoir la pauvre Didon deux ou trois cents ans avant qu'elle fût au monde. Passe encore si vous aviez fait grâce à l'une et à l'autre de ce vilain antre qui fut le *non plus ultra* de la sagesse de cette bonne reine et si Jupiter avait empêché son petit-fils de profiter du mauvais temps et de la frayeur de sa maîtresse. Avouez-moi que la plus mauvaise qualité de votre héros, c'était sa piété. Aimer et respecter des êtres extravagants et scélérats, n'est-ce pas une extravagance et un crime?

V. Sans tous ces raisonnements-là, on sait fort bien le mépris que vous avez pour les dieux.

> Les dieux sont pour César, et Caton suit Pompée.
> 'Victrix causa Diis placuit, sed victa Catoni.'[51]

L. Puisque vous mettez les dieux au-dessous des hommes les plus infâmes, quel tort fais-je à ces belles divinités en mettant au-dessus d'elles des hommes vertueux et intègres? Mais je ne veux pas me servir contre vous des armes que vous me fournissez vous-même; mon but ne fut jamais d'élever Caton au-dessus des dieux; j'ai voulu dire seulement que César et Pompée trouvaient chacun des raisons plausibles pour prouver la justice de leur cause, que l'un alléguait en sa faveur la constante protection des dieux et que l'autre se faisait fort de l'intégrité de Caton qui s'était déclaré pour lui. Il est sûr même que le raisonnement de Pompée était plus concluant que celui de César. Pour favoriser pendant quelque temps l'injustice, les dieux peuvent avoir des raisons qui se cachent dans l'abîme de leur sagesse, mais un homme de probité ne saurait jamais se dispenser de suivre le parti le plus juste, et quand il joint, comme Caton, un esprit éclairé à une âme droite, il rend plus que probable la justice de la cause où il s'attache.

V. Je suis bien sûr que ce n'est pas là le sens de ce passage et qu'aucun de vos commentateurs ne l'aura entendu de la sorte.

L. Bon! les commentateurs n'ont-ils pas juré de ne trouver jamais dans les paroles le sens qui s'y offre naturellement et d'en *extorquer* au contraire une pensée où l'auteur lui-même ne songea jamais?

V. Monsieur, Monsieur Lucain, laissons les pauvres commentateurs en paix, je vous en prie; ce sont de bonnes gens à qui nous avons bien de l'obligation. S'ils nous rendent quelquefois un peu ridicules en nous prêtant leurs pensées, ce n'est pas faute de vouloir nous rendre service; ce sont des modèles de charité que ces messieurs-là, et ils savent toujours trouver un bon sens dans nos paroles, quelque peu susceptibles qu'elles en puissent être. Ils auraient même, j'en suis sûr, fait un poème de votre *Pharsale* s'ils y avaient trouvé la moindre possibilité. Mais cela ne se peut, et je vous défie vous-même de me montrer dans cette belle production le moindre caractère de la poésie épique.

L. Le merveilleux, vous le dites vous-même, est l'âme de ces sortes d'ouvrages.

---

51. Lucan, *Pharsalia*, I, l.128.

Ce merveilleux n'éclate-t-il pas partout dans le mien? Mon sujet est le plus grand et le plus vaste qui ait jamais occupé un poète; mes vers sont majestueux; mes expressions sont aussi justes que hardies; mes pensées ont de la noblesse, et on voit dans mes tours autant de bonheur que de nouveauté. Mais voici surtout par où je prétends au titre de poète, c'est par la force de mon imagination par laquelle je sais sortir de moi-même pour entrer dans le caractère de mes héros. Que dis-je, entrer dans leur caractère! Je ne dépeins point Pompée, Caton, Scipion, César, Labiénus; non, je deviens moi-même tour à tour Labiénus, César, Scipion, Caton, Pompée. Si avec toutes ces qualités-là vous voulez que je ne sois encore qu'un historien, je me ferai une gloire de ce nom et je vous laisserai avec plaisir le titre de poète.

V. Pour moi, dussiez-vous appeler mille fois extravagance cette divine ivresse qui transporte les véritables favoris d'Apollon, je me ferai toujours une gloire du nom que vous me cédez. Serviteur à M. l'Historien.

L. Très humble valet à M. le Poète.

(Peut-être que tout le monde ne goûtera pas ce dialogue, faute de connaître assez les ouvrages qui en font le sujet. Mais voici quelque chose qui pourra convenir à plus de lecteurs.)

ODE ANACREONTIQUE

Oui mon cœur est sans alarmes,
Iris m'a trop maltraité;
Je sais oublier ses charmes
Et songer à sa fierté.
      Aux grâces de son visage
Je me suis trop arrêté.
Mais enfin je me dégage
En songeant à sa fierté.
      Son air, qui dans sa mollesse
Ne marquait rien d'affecté,
N'a plus rien qui m'intéresse
Quand je songe à sa fierté.
      De sa chevelure blonde
On admire la beauté,
Mais le plus beau blond du monde
Se jaunit par la fierté.
      Son sein, que ma tendre audace
N'a pas toujours respecté,
A mes yeux n'a plus de grâce
Quand je songe à sa fierté.
      Sa prunelle est-elle noire,
Pleine de vivacité?
J'en ai perdu la mémoire
En songeant à sa fierté.
      A grand-peine sais-je encore
Si son teint en sa beauté,
Plus vif que celui de Flore....
Mais songeons à sa fierté.
      Pour un rival de mérite
Iris a de la bonté.
Faut-il que je m'en dépite

Si je songe à sa fierté?
        Le cœur du charmant Clitandre
De son Iris enchanté,
Bientôt deviendra moins tendre
En éprouvant sa fierté.
        Je me ris, Beauté cruelle....
Ah! mon cœur, tu m'as flatté;
Je songe encore à la belle
Quand je songe à sa fierté.

XI · [27 juillet 1711]

Vous me pardonnerez, Lecteur, si, dans un ouvrage destiné à tourner en ridicule les vices des hommes, je me fais aujourd'hui une triste occupation de pleurer un illustre mérite que la mort vient de nous ravir. Par un coup imprévu de la Providence, le charmant, l'estimable Prince d'Orange vient de finir sa belle vie, et mon esprit, pénétré d'une profonde douleur, n'est rempli que de cet accident funeste; ma plume ne saurait s'exercer sur un autre sujet.

Mais que dirai-je sur cette matière déplorable? Tâcherai-je de soulager ma douleur en la nourrissant? Entreprendrai-je l'éloge de ce prince pour faire sentir à tous mes concitoyens quelle foule de vertus ils viennent de perdre? Me ferai-je un plaisir lugubre de faire de leurs larmes, unies aux miennes, un sacrifice aux mânes d'un jeune héros qu'on n'a jamais assez estimé pendant sa vie et qu'on ne saurait trop pleurer après sa mort? Mais dois-je attendre de mon génie, dédié à la censure, un panégyrique bien tourné? Et ne serait-il pas honteux de faire un éloge commun d'un mérite si distingué?

Et quand même mon esprit aurait assez de délicatesse pour assaisonner, comme il faut, une louange, le mensonge et la fiction n'ont-ils pas épuisé pour la fausse vertu tous les tours que la vérité exige de moi pour une vertu aussi solide qu'extraordinaire?

Je m'alarme en vain; laissons à la fiction toute sa vaine parure, ses pensées ingénieuses, ses tours brillants, ses expressions énergiques, ses figures hardies. Quand il s'agit de louer dignement l'illustre Prince d'Orange, la souveraine éloquence consiste dans une parfaite simplicité, et c'est un raffinement de l'art que de rejeter tous les secours que l'art pourrait fournir.

Je crois fort inutile pour mon dessein de faire un dénombrement pompeux des ancêtres de mon héros. Il a reçu moins d'éclat de ces empereurs et de ces princes dont le sang a coulé dans ses veines qu'il n'en donnera à ses descendants si la Providence, qui songe d'ordinaire à la guérison longtemps avant qu'elle inflige des plaies, a résolu de modérer la douleur de la malheureuse Princesse d'Orange par la naissance d'un fils.

Les vertus de ces glorieux Nassau n'appartenaient à mon prince qu'autant qu'il les avait imitées; et si la grandeur de ses pères ne lui avait frayé le chemin à l'élévation où il s'est trouvé, peut-être n'eût-il pas été prince, mais du moins tout l'univers eût reconnu qu'il méritait de l'être.

Il suffit de considérer ce prince en lui-même, indépendamment de l'éclat qui l'environna pendant sa vie, pour le trouver digne de toutes sortes de louanges. S'il faut mettre la beauté au nombre des choses qui rendent les héros recommandables, qu'y avait-il de plus aimable que mon prince? Sa beauté aurait eu même quelque chose de trop délicat s'il ne s'était fait un plaisir d'acquérir un air martial dans les fatigues de la guerre, honteux en quelque sorte de sentir l'âme du Dieu des combats dans le corps du Dieu de la tendresse. Sa grande et belle chevelure ajoutait de nouveaux agréments à son visage. Il ne se rendit jamais l'esclave efféminé de cette parure naturelle; il ne la sacrifia pas non plus à une mode qui tyrannise la nature.

La beauté de ce jeune héros était relevée par cette grâce d'une physionomie heureuse, bien préférable à la beauté même et sans laquelle elle serait languissante et sans vie.

Jamais homme n'eut un air plus doux et en même temps une mine plus haute. Par la majesté peinte sur son visage, il paraissait né pour commander aux hommes. Par la douceur qu'on y voyait briller, il paraissait né pour leur plaire et pour s'en faire chérir. En un mot, toute sa physionomie annonçait et prônait ses vertus à ceux qui ne les connaissaient pas encore.

Son esprit, naturellement grand et vaste, n'avait point été négligé. Il suffit, pour le faire croire, que c'est le grand Guillaume de glorieuse mémoire qui a eu l'œil sur son éducation. Ce roi qui savait de quel secours est la raison à un prince, qui la doit sans cesse opposer aux coups de la fortune; ce roi, qui par sa raison a autant signalé sa valeur et sa prudence dans ses défaites que les autres héros dans leurs victoires; ce roi, si humain et raisonnable, avait voulu que son illustre parent sût être homme et prince avant que de connaître les devoirs de soldat et de général. L'âme de mon héros avait donc été fortifiée par les sciences les plus utiles contre la brutalité presque inséparable de la profession de soldat, et les études en embellissant son esprit avaient donné en même temps un nouveau lustre aux vertus que la nature lui avait rendues familières.

Jeune, prince, guerrier, conquérant, quels obstacles pour la raison! Et quel triomphe pour mon prince de les avoir surmontés!

Jeune, il ne s'est jamais senti de l'entêtement et de l'indolence de la jeunesse; il considérait moins le rang de ses conseillers que la sagesse de leurs avis, quelque contraires qu'ils fussent à ses sentiments; sa raison savait s'arracher à l'amour-propre pour ne s'attacher qu'à ce qui était raisonnable.

Prince, il ne fut jamais enivré de sa grandeur; il ne l'a sentie que pour en faire un bon usage; il ne l'a fait sentir aux autres que par la facilité qu'elle lui donnait de leur prodiguer les marques de sa générosité.

Guerrier, il ne trouvait point un spectacle agréable dans le sang et dans le carnage. La guerre ne passait chez lui que pour une nécessité indispensable où l'engageait la défense d'un peuple jaloux de sa liberté, et toujours il sauva des combats ses inclinations humaines et la douceur dont il avait fait son caractère particulier.

Conquérant, les victoires ne lui faisaient jamais désirer les occasions d'en remporter de nouvelles, et ses conquêtes contentaient moins son amour pour la gloire que son amour pour la paix. En un mot, jeune, prince, guerrier, conquérant, il était docile, modeste, humain, paisible. Ce sont ces grandes qualités qui le firent chérir de tout le monde, et s'il s'est fait craindre de quelques-uns, ce n'est que parce que ces grandes qualités étaient si propres à le faire chérir.

On l'a vu à la tête des armées s'acquitter des devoirs de général avant que les autres s'instruisent dans les devoirs de soldat. Peu semblable à ces fantômes de généraux que nous avons vus plusieurs fois sur nos frontières, plus propres à embarrasser un camp qu'à conduire une armée, mon héros animait les conseils par sa prudence et les combats par sa valeur.

Il a commandé dans les batailles, il a dirigé des sièges, il a forcé des places invincibles; sa conduite en sapait les murailles, et son courage les faisait tomber. Faible portrait de la vertu guerrière du Prince d'Orange! Mais ma plume ne l'a qu'ébauché, et les voix confuses de toute une armée sont seules capables de l'achever.

Faut-il un modèle de valeur? L'éloquence militaire ne saurait citer que le Prince d'Orange.

S'agit-il de comparer la bravoure d'un guerrier de distinction? La valeur du Prince d'Orange fournit les comparaisons les plus fortes et les plus nobles.

'C'est ici qu'on vit notre cher prince couvert du sang de ses domestiques; là, son exemple ranimait pour l'assaut le soldat rebuté par l'opiniâtre résistance des ennemis. Ici, la honte de ne pas suivre notre cher prince fit plus en nous que le courage; là, notre tendresse pour lui fut fatale aux bataillons parmi lesquels sa valeur l'avait engagé. Dans cet endroit, nous le vîmes environné de bayonnettes et de sabres, couvert de flammes; enveloppé de l'image de la mort, nous le vîmes garder un visage serein, tandis qu'insensibles pour nous-mêmes, nous tremblions pour une vie si précieuse.

Dans cet autre endroit, il se saisit d'un drapeau, il marcha devant les troupes que la crainte avait glacées et, par cet exemple d'intrépidité, il leur redonna le mouvement et la vie.'

Ce prince n'est plus; une mort aussi cruelle qu'imprévue l'arrache à la tendresse des hommes dans le printemps de son âge.

Sa vie a été plus courte et plus glorieuse que celle d'Achille. Si les héros ne vivent que pour s'acquérir une gloire immortelle, ta vie fut assez longue, grand Prince, et qui comptera tes vertus et tes victoires ne croira jamais que vingt et quatre ans sont les bornes de tant de prodiges de bonté, de tant de miracles de valeur.

C'est pour nous, grand Prince, que ta vie est courte, pour nous, à qui le Ciel paraît n'avoir montré tes vertus que pour nous en rendre la perte sensible et douloureuse, pour nous qui ne craignions que les dangers attachés à ta profession sans songer seulement qu'un autre péril pourrait exiger de toi le tribut que nous devons à la nature.

Quel plaisir n'était-ce pas pour la vertueuse Princesse d'Orange que des raisons plausibles tirassent pour quelque temps son cher époux d'entre les bras de Bellone! Elle bénissait les affaires épineuses qui suspendaient les coups dont une tête si chère était menacée à tout moment. Mais hélas! respecté des flammes où l'impétuosité de sa jeunesse l'exposait peut-être un peu légèrement, il trouve la mort dans un élément dont il ne craignait rien. Je n'entreprendrai pas de dépeindre la douleur de cette sage et malheureuse princesse. Elle en est trop accablée elle-même pour en sentir [toute la force; son affliction se confond avec] toutes les facultés de son âme. La douleur et elle paraissent une même chose.

Jugeons du déplorable état de son âme par les pleurs de toute une armée inconsolable de la perte qu'elle vient de faire. Nos soldats pleurent; les guerriers, dont les plus affreux spectacles ont endurci le cœur contre la compassion, deviennent sensibles à la mort du jeune héros qui les menait toujours à une victoire assurée. Accoutumés à nager dans le sang des ennemis, ils se baignent dans les larmes que cette mort leur arrache. Rien ne les effraie, rien ne les étonne; ils marchent sans horreur, sans émotion, sur des milliers de morts que leur main immole au bien de la patrie, et ils ne sauraient soutenir l'idée de ce cadavre sur lequel ils voudraient attacher encore leurs derniers regards, mais que les flots impitoyables ont dérobé à leur tendresse. La dureté s'amollit, la férocité pleure, la cruauté même pousse des soupirs pour cette perte irréparable. Que ne fera point une femme? Une épouse vertueuse? L'épouse de l'aimable Prince d'Orange!

Et vous, grand Roi, pardonnez si je donne à ce héros des titres que vous lui disputiez, peut-être avec justice. Il n'est plus; vous le pleurez; voilà les excuses de ma hardiesse. Jamais je ne l'ai loué pendant sa vie de peur de gâter le plus beau naturel du monde par des louanges d'autant plus dangereuses qu'elles étaient véritables. Je ne lui donne qu'après sa mort l'hommage que je dois à son mérite. Fasse le Ciel que je ne rende que tard les mêmes devoirs à vos vertus; ou plutôt, fasse le Ciel que je ne loue jamais le seul roi digne des louanges d'un Misanthrope.

XII · [3 août 1711]

Puis-je souffrir encore que le siècle soit la dupe d'une espèce de savants à qui on accorde ce titre par préférence à tous les autres qui osent y aspirer?

Le savoir, c'est ce qu'il y a au monde de plus estimable.

Le savoir, c'est ce qu'il y a au monde de plus ridicule.

Ces propositions contradictoires sont toutes deux également vraies, grâces aux idées confuses qu'on attache aux termes et à la sotte habitude de parler sans s'entendre soi-même. Celui qui mérite véritablement le nom de savant est un homme qui sait un grand nombre de choses utiles qui, digérées par la méditation, peuvent fortifier son raisonnement et le rendre plus éclairé sur ses devoirs, en un mot, qui peuvent lui faire passer sa vie avec agrément et avec sagesse.

Celui qui est en possession du titre de savant s'est embarrassé l'esprit, sans discernement et sans choix, des plus inutiles vétilles de l'antiquité; il sait donner une généalogie à chaque mot; chez lui tout terme est arabe, chaldaïque, phénicien, et c'est nous faire grâce quand il veut bien se contenter de le faire grec. Il corrige ou gâte à tout hasard un passage obscur et pâlit nuit et jour sur l'inscription d'une médaille que le temps ne paraît avoir respectée que pour mettre son esprit à la torture. Enfin, il néglige d'apprendre ce qu'aucun homme raisonnable n'est en droit d'ignorer pour se faire un mérite d'être instruit de ce que peu de personnes savent et que tout homme de bon sens voudrait oublier s'il l'avait jamais appris.

Lorsqu'à la fin son cerveau est dûment affaissé sous ces rares connaissances, le titre de grand homme n'est pas trop beau pour lui; il regarde en pitié tous ceux qui sont capables d'employer leurs veilles à des choses véritablement importantes. Il ne daignerait pas seulement se comparer à un homme qui, se faisant une étude sérieuse de la conservation de son prochain, sait trouver les sources des maladies dans ce labyrinthe merveilleux de muscles, de veines, d'artères et d'autres parties du corps humain dont la moindre est une démonstration vivante de la sagesse infinie de son Architecte.

C'est un objet de mépris pour lui qu'un philosophe qui travaille à rendre à sa raison sa pureté primitive et à se délivrer de l'esclavage des sens, des passions et des préjugés.

Il compte pour des heures perdues celles où l'on s'occupe à connaître les devoirs mutuels des êtres raisonnables et à leur assigner des principes dans la raison et dans le véritable intérêt de la créature intelligente. C'est du fatras que tout cela; il vaut bien mieux savoir au juste comment étaient faites les robes des Romains et les manteaux des Grecs, quelle était la figure de leurs castagnettes, comment les nourrices berçaient leurs enfants, si l'*Iliade* est un amas confus de différentes chansons ou une pièce suivie, et si *poltron* vient de *pollice truncatus*. C'est en faisant des volumes épouvantables sur des sujets de cet ordre qu'on acquiert un nom immortel et qu'on s'assure du plus haut rang dans le Temple de Mémoire avec les *Scaliger*, les *Saumaise*, les *Dacier* et les autres grands hommes de ce rang.[52]

Je voudrais bien raisonner un peu avec vous, illustres Personnages, si je découvrais dans vos productions le moindre principe de raisonnement et si votre esprit n'était pas enseveli sous les *variae lectiones* et sous les vénérables ruines de l'antiquité. Mais comme je désespère qu'il s'en débarrasse jamais, j'aime mieux vous faire trouver ici un petit trait d'histoire qui pourra vous instruire, si tant est que vous daigniez jeter sur une feuille volante ces regards accoutumés à se fixer sur des volumes dont la seule grosseur effrayerait des personnes moins laborieuses que vous.

Alexandre, à sa marotte de conquérant près, ne manquait pas de bon sens; il aimait les sciences, et tous ceux qui se distinguaient par leur génie pouvaient trouver à sa cour un asile contre le destin qui, déjà dès ce temps-là, était brouillé avec le bel esprit. Jamais prince ne fut plus libéral; c'était le mortifier que de ne pas recevoir ses gratifications, et l'on peut dire de lui ce que Salluste dit de César qu'il ne refusait que ce qu'il trouvait indigne d'être donné.[53] On peut bien croire que la mortification d'offrir des bienfaits inutilement ne le troublait guère et que force savants, force illustres tâchaient d'employer sa médiation pour se réconcilier avec la fortune. Un *virtuose* le vint trouver un jour pour le rendre témoin d'un art merveilleux que personne n'avait possédé avant lui. Ne croyez pas que je veuille parler de cet architecte qui promit de faire du Mont Athos une statue d'Alexandre qui tînt dans une de ses mains une grande ville et qui répandît un fleuve de l'autre. Cette pièce-là aurait été assez curieuse,

---

52. These are all renowned Latin and Greek scholars: Jules César Scaliger (1484-1558) and his son Josephe Juste (1540-1609), Claude de Saumaise (1588-1653), André Dacier (1651-1722) and his wife Anne Lefebvre Dacier (1654?-1720).

53. See Sallust, *Bellum Catilinae*, LIV, 4.

mais c'était une bagatelle au prix des prodiges d'adresse dont était capable l'artisan en question. Il avait acquis, par une longue étude, le rare talent de jeter un grain de millet par le trou d'une aiguille et il en fit l'épreuve devant toute la cour macédonienne. Alexandre parut frappé du miracle, et dans cet air d'admiration mon homme lisait déjà sa bonne fortune prochaine quand le roi commanda qu'on lui fît présent d'un grand nombre d'aiguilles et de quelques sacs de millet afin qu'il s'exerçât toujours à perfectionner l'art qu'il avait inventé avec tant de bonheur. C'est là toute la récompense qu'Alexandre destina à une invention qui, toute curieuse qu'elle était, ne pouvait être d'aucune utilité au genre humain. Je ne vous raconte rien qui vous soit inconnu, Messieurs. Mais, en lisant cette histoire, avez-vous bien compris que c'est à vous qu'Alexandre a fait présent de ce millet et de ces aiguilles? Et que le tour d'esprit de l'homme qui faisait l'objet du mépris et de la raillerie d'Alexandre est justement le vôtre? Toute la différence que j'y trouve, c'est que pour exécuter le projet de cet homme il fallait une adresse dont tout autre n'est pas capable; au lieu que tout autre que vous, quelque lourdaud qu'il soit, pourra lire jour et nuit et faire un recueil monstrueux de ses remarques faites à tort et à travers. On peut dire même que la pesanteur d'esprit est presque une qualité requise pour un travail si assidu, si sec et si stérile. De bonne foi, Messieurs, quel fruit les hommes peuvent-ils tirer de vos veilles laborieuses? Trouverai-je dans vos écrits de quoi rendre mon esprit plus beau, mon âme plus raisonnable, mon cœur plus vertueux? Un roi y apprendra-t-il l'art de gouverner son peuple comme un père également prudent et tendre? Le sujet y puisera-t-il de la docilité pour les ordres d'un prince raisonnable? Enseignez-vous au père de famille le secret de former le cœur et l'esprit d'un fils sur lequel il fonde ses plus douces espérances? Enfin, tous les hommes s'instruiront-ils chez vous de l'art de trouver leur bonheur dans eux-mêmes et de l'exiger de leur raison comme un dépôt que la Providence lui a confié? Songez-y, Messieurs, de grâce; avez-vous reçu cette précieuse raison pour passer une courte vie à commenter Cicéron et pour expirer sur votre onzième volume?

Croyez-moi, l'homme ne fut point créé pour trouver des mystères dans les rêveries des poètes et pour ôter l'embarras aux périodes de Pindare et d'Horace. Il ne vous faut pas un grand effort de raisonnement pour trouver ma censure bien fondée, et je vous conseille d'employer tout ce que vos études vous ont laissé de bon sens à comprendre que vous devez rougir d'un savoir qui, jusqu'à présent, a fait le sujet de votre estime pour vous-mêmes et de votre mépris pour les autres. Qu'on ne croie pas que je haïsse les belles-lettres. Je n'en hais que l'abus. Je veux savoir l'histoire pour réfléchir sur la conduite des hommes et pour tirer de leur prudence et de leur témérité des règles pour me conduire avec une sage précaution. J'ai besoin d'une idée générale des mœurs des Anciens pour n'être pas arrêté à tout moment dans la lecture de leurs ouvrages. La connaissance des langues m'est utile à peu près pour la même raison. Je lis les vers excellents pour y admirer la beauté de l'esprit, la grandeur des sentiments, la richesse de l'imagination, la force des termes et l'harmonie de la cadence. En un mot, je veux rapporter l'usage de ma lecture à une solide utilité, ou du moins à un plaisir raisonnable, et non pas suer misérablement sur l'obscurité d'un passage qui, éclairci à la fin, ne m'offrira pour prix de mon travail qu'une pensée peut-être commune, peut-être contraire au bon sens. N'épuisons pas cette matière, il vaut mieux y revenir une autre fois.[54]

Il n'y a rien de si joli que d'être auteur sans être connu et de pouvoir hardiment trouver son propre ouvrage ridicule ou charmant selon qu'on veut se conformer aux décisions des autres. La boutique de M. *Johnson* est d'ordinaire le tribunal souverain devant lequel le pauvre Misanthrope est tous les lundis sur la sellette. La plupart de mes juges trouvent que j'écris assez passablement, mais ils se persuadent que mon ouvrage ne se soutiendra pas.

'La matière que j'ai choisie est traitée avec succès,' disent-ils, 'par tant de différents auteurs que de l'entreprendre après eux est le moyen de dire peu de choses assaisonnées du sel de la nouveauté. La Bruyère,' ajoutent-ils, 'est à blâmer pour avoir fait bien des mauvais copistes.'

Mais vous, Lecteurs, qui en jugez ainsi, avez-vous oublié que le vice et le ridicule sont des sources intarissables de critique? Et ne puis-je pas bien m'en fier à vous du succès de mon ouvrage à cet égard-là?

Qu'on ne m'objecte pas que toutes les sottises qu'on fait à présent peuvent être rangées dans les classes qu'on a censurées déjà avec autant d'esprit que peu de succès. Il est sûr qu'on est tout autrement sot et vicieux à présent qu'on l'était du temps de Molière et de l'imitateur de Théophraste[55] et que les nouveaux travers d'esprit, les nouvelles modes d'être extravagant et scélérat méritent bien des censures nouvelles.

'C'est dommage,' dit un autre, 'que cet auteur s'abaisse à faire un petit ouvrage qu'on confondra, sans le lire seulement, avec la *Gazette* et avec la *Quintessence*;[56] pourquoi ne pas faire un livre suivi?'

A celui-là je n'ai rien à répondre, sinon qu'il n'a qu'à garder toutes mes feuilles volantes pendant un an entier et qu'à les faire relier ensemble; cet assemblage fera un volume presque aussi gros que La Bruyère; plût au Ciel qu'il fût aussi bon! Mais voici le plus fort sujet de plainte qu'on croit avoir contre moi. J'ai trop bien attrapé apparemment le caractère de certaines personnes, et celles-là trouvent dans mon ouvrage une noire malice, une médisance diabolique. Les souverains, selon eux, devraient empêcher l'impression d'une pasquinade pareille, et un libraire a fort mauvaise grâce de mettre à profit l'abominable malignité d'un esprit satirique. N'aura-t-on jamais des idées justes des choses et ne comprendra-t-on pas qu'un prédicateur pieux et zélé n'est pas plus éloigné de la médisance que moi? Je ne fais pas de portraits en l'air, il est vrai; les bons prédicateurs ne le font pas non plus, et s'ils ne se réglaient pas sur quelques originaux, qui voudrait se reconnaître dans un miroir qui ne lui représentât pas ses véritables traits? Et qui se corrigerait d'un vice qu'il ne se connût point?

La médisance a son principe dans la maligne joie d'un cœur qui se baigne dans les défauts d'autrui, et l'essence de ce vice consiste dans l'intention de rendre les personnes mêmes odieuses et méprisables, au lieu de s'attacher à les corriger de tout ce qui peut les rendre indignes de notre amour et de notre

---

54. See, for example, number LXXV on etymology.

55. That is, La Bruyère, author of the *Caractères*, who was also called 'le nouveau Théophraste'.

56. Two contemporary newspapers, *La Gazette* was begun in 1691 by Jean Tronchin Dubreuil, and *La Quintessence des nouvelles historiques, critiques, morales, politiques et galantes* first appeared in 1688, founded by Jean-Maximilien Lucas.

estime.[57] La misanthropie attaque le vice ouvertement; sûre de l'innocence de sa conduite, elle décrie sans détour la grossière hypocrisie de ceux qui logent dans des hôpitaux magnifiques une partie des malheureux qu'ils ont eu soin eux-mêmes de mettre dans la rue. Mais la médisance, charmée des crimes qu'on offre à sa soif de satiriser, enveloppe la malignité de son venin dans un dehors doucereux:

> 'Alcidas,' dit un fourbe, 'il est de mes amis,
> Je l'ai connu laquais avant qu'il fût commis;
> C'est un homme d'honneur, de piété profonde,
> Et qui veut rendre à Dieu ce qu'il a pris au monde.'[58]

Mais, Lecteurs, si vous ne voulez point qu'on attaque vos vices et si vous ne sauriez vous résoudre à vous corriger, je vais vous instruire d'un moyen sûr de me faire rentrer dans le silence: dédommagez M. *Johnson* de ce que ma misanthropie pourrait lui faire gagner. Vous êtes en si grand nombre, cotisez-vous et faites-lui une petite pension de mille écus par an; il se contente de peu de chose, comme vous voyez.

> Pour que mon silence autorise
> Du siècle extravagant les bizarres abus,
> Mille écus par an, mille écus,
> Ce n'est pas seulement un denier par sottise.

Une autre fois je répondrai à quelques autres objections.[59]

XIII · [10 août 1711]

Les histoires nous parlent d'une certaine nation, la plus sage et la plus heureuse qu'on ait jamais trouvée dans l'univers. Ce peuple avait rendu habitable, par un travail sans relâche, un petit coin de la terre que la nature semblait n'avoir destiné qu'aux horreurs de la solitude. Bientôt cette commune mère des hommes, qui ne refuse rien à la diligence, vit les marais devenir fertiles et les bois se changer en prairies riantes. Les habitants de ces lieux savaient trouver l'abondance où des peuples plus raffinés eussent à peine trouvé le nécessaire. Ils adoucissaient leurs travaux par l'agréable innocence des plaisirs naturels, et ces plaisirs, devenus sensibles et touchants par la fatigue qui les précédait, leur faisaient couler dans un profond repos des jours parfaitement heureux. Le laitage, les légumes et les fruits, ces mets que la nature même assaisonne, fournissaient à leur appétit des repas agréables, sains et frugaux. L'aimable simplicité, compagne de l'innocence, cachait à ce peuple, composé de ses plus chers nourrissons, les vices que les manières raffinées répandent à pleines mains; sans finesse d'esprit, ils avaient un bon sens admirable qui brillait surtout dans la sagesse de leur politique intègre.

---

57. See also van Effen's discussion of slander in number XVII.
58. Boileau, 'Satire IX', ll.161-64. The first line is slightly altered: 'Alidor!' dit un fourbe, 'il est de mes amis.'
59. See number XIV.

Ils n'étouffaient pas ce bon sens par des connaissances plus curieuses qu'utiles et qui n'ont aucun rapport à l'ordre et au bonheur du genre humain. Ce solide bien leur était plus précieux que le faux brillant des modes et qu'une vaine politesse qui n'a point son principe dans la raison. C'est cette politesse qui arrache à la raison son empire légitime pour exercer sur elle une tyrannie pernicieuse, et c'est cette politesse qui leur était heureusement inconnue. Ils ne suivaient dans leurs manières qu'une nature innocente; leur candeur, leur bonne foi ne se démentaient jamais; il ne leur venait pas seulement dans l'esprit que la parole pouvait servir à tromper quelqu'un; ils ne songeaient pas à employer à la perfidie et à la trahison un talent qui nous fut donné pour entretenir parmi nous la douceur d'un commerce mutuel par la facilité de nous communiquer nos pensées. Incapables de la plus innocente tromperie, ils n'en soupçonnaient jamais les autres. Ils redoutaient plus la défiance peu charitable que le malheur de se laisser tromper; être malheureux leur paraissait moins rude que d'être coupable. On ne connaissait pas parmi eux une tendresse asservie à une mode criminelle; ils ne se faisaient pas une étude sérieuse de plaire au sexe en leur corrompant l'esprit et le cœur par l'orgueil qu'inspire la délicate lâcheté de la flatterie.

A quoi leur aurait servi le raffinement de cet art? Ils ne voulaient se rendre aimables qu'aux yeux d'une seule femme, pour partager avec elle les plaisirs que leur procuraient leur vertu et les peines inséparables du sort des hommes.

Leurs paisibles maisons étaient fermées aux funestes désordres de l'adultère; l'époux ne songeait de jour qu'au soin de sa famille et le soir il se faisait un bonheur de se délasser de la fatigue du jour dans les bras de sa tendre moitié dont la naïveté touchait plus que les dégoûtantes *mignardises* des femmes du siècle qui, cherchant l'art de plaire, trouvent le secret de se faire mépriser. Par une aimable prévention, par un heureux aveuglement, l'épouse, toute occupée de sa tendresse pour son époux, ne trouvait que lui seul d'aimable. Une sœur ne regarde pas d'un autre œil son frère que ces épouses regardaient tout homme qui n'était pas leur mari. Une heureuse égalité, qui fait le vrai bonheur d'une république, leur faisait chérir leur liberté autant que leur vie. Amateurs de la paix, délivrés de l'extravagante fantaisie d'étendre leurs Etats, ils n'allaient pas acheter par mille crimes le soin inquiet de gouverner des peuples malgré eux, mais une ardeur généreuse les animait dès qu'on en voulait à leur impayable liberté. Ils étaient tous également intéressés au bien de leur patrie, et quand il fallait, ils accouraient tous avec un zèle égal à sa défense. Jamais peuple ne fit de plus grandes actions, et jamais on ne vit plus évidemment que la liberté est la source de la valeur. La bonté cordiale, qui paraît si ridicule dans ce siècle, était le caractère particulier de ce peuple chéri du Ciel: tous les malheureux, tous les persécutés venaient de tous les coins de la terre chercher dans cette république un asile assuré. Bientôt devenus membres de ce même corps, ils recevaient un bonheur pur et sans mélange des mains de la simplicité et de l'innocence qui régnaient dans cet Etat bienheureux. Ils apprenaient avec plaisir à obéir à des lois qui ne tendaient qu'à entretenir parmi eux les sources de leur bonheur, à des lois qui se faisaient plutôt écouter par leur utilité intéressante que par les supplices dont elles menaçaient les transgresseurs. Les magistrats qui veillaient au maintien de ces lois si sages en étaient eux-mêmes les plus religieux observateurs; ils ne se distinguaient de leurs sujets que par leur sagesse, par leur prudence, par leur fermeté dans les périls et par leur tendresse pour la république. On ne les voyait pas étaler aux yeux de leurs compatriotes un luxe odieux, ni faire la matière de leur magnificence du fruit des travaux et de la sobriété de ceux qu'ils gouvernaient. S'ils étaient au-dessus des autres, ce n'étaient que pour leur donner des exemples de frugalité et de modestie; le bonheur de la patrie était le but et la récompense des soins de ces véritables pères de leur peuple.

Cette heureuse, cette sage nation n'est plus; la politesse et les trésors superflus ont été la guerre et la peste qui l'ont effacée de dessus la surface de la terre. Messieurs les Français, reconnaissez-vous dans le portrait que je viens de vous tracer les ancêtres de ceux qui, gardant encore quelques restes de leur ancienne cordialité, vous ont soulagés dans vos malheurs et que par reconnaissance vous avez achevé de corrompre?[60] Il est vrai que par le bon air et par la politesse vous avez remplacé les vertus que vous leur avez fait perdre, et à ce troc ils ont gagné indubitablement.

Avant que de vous connaître, ces bonnes gens ne savaient pas seulement ce que c'étaient que les fourchettes et ils mangeaient avec leurs doigts que la nature rustique leur avait donnés pour ces sortes d'usages; qui pis est, ils buvaient brutalement tous d'un même verre. Quelle grossièreté! Dans leurs manières de s'habiller, ils consultaient plutôt la commodité et la pudeur que le luxe et la vanité; ils aimaient mieux suivre dans leur air et dans leur démarche les avis de la nature que les leçons d'un maître à danser. Quelle impolitesse!

Voilà comme on raisonne quand on ne sait pas distinguer l'impression que fait sur nous la coutume d'avec ce que nous dicte une raison éclairée. Supposez, de grâce, que je sois un de ces Bataves, aussi naturel dans mes manières que dans mes habits et dans mes discours, et démontrez-moi que la politesse, que le bon air, consiste dans les choses où vous les faites consister. Faites-moi voir que j'agis contre la raison et contre l'humanité en ne me gênant point dans un habit qui me met à la torture. Prouvez-moi que, répandant mon sang pour ne pas dépendre d'un prince étranger, je dois me faire l'esclave de ma chevelure. Ou, ce qui est plus ridicule, prouvez-moi que je dois changer ces ornements naturels contre l'extravagant édifice de cheveux étrangers qui s'élèvent comme deux cornes au-dessus de ma tête et que nous trouverions la plus sotte chose du monde si nous les voyons aux Iroquois et aux Topinambous. Démontrez-moi que la généreuse hardiesse d'une franchise raisonnée doit céder à la douceureuse faiblesse d'un complimenteur qui, pour unique règle de ses discours, n'a que l'envie de plaire à ceux dont il nourrit les vices par ses flatteries. Ou bien, démontrez-moi qu'elle est inférieure, cette candeur vertueuse, à l'impudence brutale d'un *petit-maître*, qui n'ouvre la bouche que pour offenser son prochain par des vérités choquantes que la vertu ni la raison n'exigent pas de lui. Faites-moi comprendre encore qu'il est raisonnable d'affecter dans toutes ses manières une délicatesse efféminée et de n'avoir de la force et de la vigueur que pour les débauches les plus infâmes, qu'un air modeste et posé est plus contraire à la

60. Holland welcomed political refugees from England during the turbulent revolutionary period of the 1680s and religious refugees from France after the revocation of the Edict of Nantes in 1685.

dignité d'un être raisonnable, que ces *airs cavaliers* qui veulent que devant tout le monde on chante, on danse, on siffle, on s'embrasse, en un mot, que ces airs qui n'ont du mérite qu'autant qu'ils ont de la folie. Il me serait bien plus facile à moi de démontrer que ce bon air, cette politesse, ne fait qu'abâtardir le bon sens, qu'elle amollit le courage, en un mot, qu'elle ôte aux hommes tout ce que leur cœur et leur esprit ont de généreux et de mâle et qu'elle les assujettit à leurs propres chimères et à celles des autres. Heureux mille fois dans leur impolitesse les anciens Belges!

On ne vit point ramper dans ce vil esclavage
Les magnanimes cœurs des Bataves altiers
Qui, de la même main qui pressait leur laitage,
Savaient au champ de Mars moissonner des lauriers.

Par leurs travaux Cérès devenait plus féconde,
Leur valeur la gardait d'ennemis inhumains.
Ils arrêtaient, vainqueurs des conquérants du monde,
Dans leur rapide vol les aigles des Romains.

De ces héros sortit cette jeunesse austère
Qui, joignant le courage à la simplicité,
Sut venger l'univers de l'orgueil de l'Ibère
Et secouer le joug d'un maître détesté.

Mais bientôt de la paix naquirent les délices,
On méprisa les biens de ses simples aïeux,
Et les vaisseaux chargés de trésors et de vices
Déchargèrent aux ports leurs faix pernicieux.

L'innocence bientôt eut le nom de rustique,
On se rit du bon sens des Bataves bergers,
Et le solide prix de leur sagesse antique
Disparut au brillant des vices étrangers.

Cultivant dès l'enfance une beauté naissante,
Une fille, à ses yeux, apprit l'art d'enflammer
Et, courant au plaisir de paraître charmante,
Rencontra le malheur de se laisser charmer.

D'un seul cœur où régnaient et mérite et tendresse
Elle crut mal payés ses attraits orgueilleux
Et, pour traîner d'amants une foule traîtresse,
Fit agir ses faveurs au défaut de ses yeux.

L'épouse surannée à l'époux mercenaire
Vit par de faux serments profaner les autels
Et ses trésors servir à ce jeune adultère
Pour fournir aux besoins de ses feux criminels.

'Que n'ont point altéré les temps impitoyables?
Nos pères, plus méchants que n'étaient nos aïeux,
Ont eu pour successeurs des enfants plus coupables
Qui seront remplacés par de pires neveux.'

(On avertit le public que ce n'est que pour les petites folies que le Misanthrope veut recevoir des contributions, car pour les grosses il ne prétend pas les souffrir en aucune manière. Ainsi, tous ceux qui en sont atteints sont priés de s'en corriger incessamment, sous peine d'être traités selon leur mérite.)

XIV · [17 août 1711]

Dites qu'à son époux Iris est infidèle,
Qu'elle est bizarre et sans cervelle,
Que son babil vous étourdit,
Mais ajoutez qu'Iris est belle,
Que tout plaît, que tout charme en elle.
Iris est contente. Il suffit,
Iris est belle.

Ne peut-on pas dire que d'ordinaire les auteurs en agissent à l'égard de leur esprit comme le sexe à l'égard de sa beauté?

Dites qu'Arcas à chaque page
Etale de ses mœurs l'affreux libertinage,
Que sa médisance noircit
La plus pure vertu, la raison la plus sage;
Ajoutez qu'il a de l'esprit:
Arcas, content de ce suffrage,
Se moque du reste. Il suffit,
Arcas a de l'esprit.

Je sens avec bien de la satisfaction combien je suis éloigné de la bizarrerie d'un pareil sentiment; l'esprit n'occupa jamais le premier rang dans mon estime. Un jugement solide, une érudition bien entendue, une humeur agréable et facile, une vertu où il entre plus de raison que de tempérament, voilà ce qu'il faut estimer le plus digne de l'approbation et de l'amour des honnêtes gens. Pour l'esprit, il ne faut le considérer que comme une qualité qui rend la vertu plus agréable et le vice plus hideux. Fondé sur ce principe, j'avoue que je ne suis pas satisfait de la bonne opinion que quelques lecteurs ont de mon esprit et je trouve à propos de répondre aux accusations de plusieurs personnes qui ont un tout autre but que celui de me disputer l'honneur d'écrire joliment.

C'est d'abord à mon jugement que l'on en veut. J'ai dit dans ma première feuille volante que celui que j'appelle *misanthrope*, 'ne découvre que par un principe d'amour pour les hommes et toute la noirceur de leurs crimes et toute l'extravagance de leur ridicule.' On prétend que j'ai fait en cet endroit une faute contre le bon sens. *Misanthrope* vient de deux mots grecs et signifie proprement un *ennemi des hommes*. Le moyen qu'un ennemi du genre humain fasse quelque chose par un principe d'amour pour ce genre humain qui est l'objet de sa haine. Voilà qui est bien fort, et jamais raisonnement fondé sur une étymologie ne fut plus démonstratif. Parlons sérieusement! Ne faut-il pas avoir bien peu réfléchi sur la destinée des expressions pour ignorer que souvent un mot perd sa signification primitive et en acquiert une autre fort différente de la première et fort éloignée de son origine. Examinons le premier mot qui nous viendra dans l'esprit. *Bon* vient du mot latin *bonus* qui, joint au mot *homme*, exprime un homme de probité, un homme intègre. En faut-il conclure que c'est manquer de bon sens que de donner le titre de bon homme à un époux assez lâche pour voir d'un œil content la mauvaise conduite de sa femme et pour vivre du revenu de son infamie?

Le mot de bel esprit fut d'abord appliqué dans son sens propre à ces génies excellents qui joignaient dans leurs productions un raisonnement exact à la beauté de l'imagination et à l'heureuse précision des termes. Dans ce sens, *La Bruyère, Pascal, Racine* et *La Motte* sont de beaux esprits.

Après cela, ceux-là même qui n'écrivaient point, mais dont le goût sûr et fin savait distinguer dans les ouvrages d'esprit les bons endroits d'avec les mauvais, furent désignés par le même titre, et c'est ainsi que *Conrard*[61] était un bel esprit.

Dans la suite, cette expression a été appliquée généralement à tout auteur, bon ou mauvais, à tout homme assez fou pour barbouiller du papier et pour faire rouler la presse, et dans ce sens, elle convient à *Ménage*, à *Cotin*[62] et à moi.

A présent, chez les personnes qui savent s'exprimer avec politesse, on n'appelle plus tout cela *bel esprit*. *La Motte* est un excellent écrivain; *Conrard*, un fin critique; *Ménage*, un auteur. On ne saurait appeler bel esprit qu'un homme qu'on veut bien offenser, et ce nom ne se donne qu'à un auteur absolument mauvais, ou bien à un fat qui fait de son effronterie un voile à son ignorance et qui sait dire d'un air cavalier, 'que ceci peut passer et que cela ne vaut pas le diable.' Dans ce dernier sens le mot de bel esprit pourrait désigner les critiques que je réfute ici.

Pourquoi le mot de *misanthrope* ne serait-il pas sujet aux mêmes révolutions que les autres? Croit-on que l'usage respecte un terme dont la racine est grecque et n'oserait exercer son empire sur la signification d'un mot qui vient de si loin?

Consultons cet usage qui a seul droit de décider de la juste application d'un mot. N'entend-on pas tous les jours appeler misanthrope un homme de probité qui se rend incommode par la liberté de sa raison, par la fermeté de sa franchise et par la raideur de sa vertu? Cet homme, dont l'intégrité est estimée de ceux-là même qui ne sauraient la souffrir, ne hait point le genre humain; cette haine ne saurait compatir avec sa vertu; ce ne sont que les manières des hommes qui lui sont odieuses, et il serait charmé de rendre son prochain plus digne de son estime et de sa tendresse.

Mais voici une accusation bien plus atroce. J'attaque *Boileau*, quelle insolence![63] Après sa mort, quelle malice noire! Il y a de la bassesse dans cette conduite assurément, et la fable du lion et de l'âne paraît exprès faite pour moi.[64] Si je voulais me défendre contre mes accusateurs par *Boileau* même, j'aurais bientôt cause gagnée. *Ronsard* et *Théophile*[65] n'étaient-ils pas morts quand il les a traités de méchants poètes? Selon les propres maximes de Boileau, la comparaison de Ronsard à lui ne saurait lui faire tort. Il soutient dans ses réflexions qu'on ne saurait juger du mérite d'un auteur dans le siècle où il vit et que c'est l'approbation suivie de la postérité qui décide de la beauté de ses ouvrages.[66] Selon cette règle, il est encore indécis si Boileau vaut mieux que

---

61. Valentin Conrard or Conrart (1603-1675), critic and 'father' of the Académie française.

62. Giles Ménage (1613-1692), wit, critic, and grammarian, and Charles Cotin (1604-1684), counsellor to the King and member of the Académie française.

63. See van Effen's depiction of Boileau in the 'songe' of numbers III and V.

64. See La Fontaine, 'L'âne vêtu de la peau du lion', *Fables* (Paris 1904), v.21. All further references are to this edition.

65. Pierre de Ronsard (1524-1585) was the renowned poet of the sixteenth century; Théophile de Viau (1590-1626) was a poet of the seventeenth century.

66. Boileau, *Réflexions critiques*, vii.523: 'Il n'y a en effet que l'approbation de la Posterité qui puisse établir le vrai mérite des Ouvrages.'

Ronsard et peu sûr de ce que penseront nos neveux de l'un et de l'autre; je suis en droit de juger de leurs ouvrages par raisonnement en attendant qu'on puisse en juger par prévention.

Mais ma méthode de raisonner sur les ouvrages d'esprit n'est pas celle de *Despréaux*, et la réponse qu'il me fournit contre ses protecteurs zélés ne me satisfait pas. La beauté d'un ouvrage, selon moi, est réelle; elle dépend absolument de la raison qui, n'étant point sujette au changement, doit nécessairement sentir toujours cette beauté dont elle est le principe et la règle.

Je crois *Despréaux* un très excellent poète, sans m'embarrasser de ce qu'en croira la postérité. La beauté de ses vers est l'effet d'une imagination vaste et riche, réglée par un esprit éclairé autant que juste. Les siècles à venir, qui ne sauraient rendre sa raison moins exacte ni dérégler son imagination, ne sauront tirer non plus son ode de son enflure pindarique ni son épigramme contre *Perrault* de son extravagance;[67] leur approbation ne fera jamais en sorte que les titres de barbare, d'imbécile et de furieux aient été donnés à des empereurs romains pour avoir méprisé Homère et Virgile. Et si elle pouvait rendre ce fait vraisemblable, on n'en conclura jamais que les Français auraient dû imiter la folie des Romains et que *Perrault* devait s'attendre à être confondu avec *Caligula* et *Néron*.

Je n'ai point attaqué *Boileau* pendant sa vie. Je n'écrivais pas alors; en veut-on d'autres raisons? Au reste, on voit assez que mon but n'est pas de faire des ruines de sa réputation les fondements de la mienne; je veux seulement faire voir que les plus grands hommes peuvent faire les plus grandes bévues. Qu'étourdis par l'encens qu'on leur prodigue de tous côtés, ils ne sont plus en garde contre les travers d'esprit et qu'alors ils disent souvent des sottises par cela même qu'ils se croient incapables d'en dire.

'Nunc vero venio ad gravissimam querelam,' voici une accusation de la dernière importance. 'J'ai mis dans mon premier *Misanthrope* Oronte au lieu d'Alceste.' Il est vrai, 'c'est une bévue;' j'en conviens. 'Elle est indigne d'un homme qui s'érige en auteur, et on ne saurait rien attendre de bien écrit d'un homme capable de dire Oronte au lieu d'Alceste.' Je n'en conviens point et je trouve ce raisonnement assez propre à augmenter mes réflexions sur le sens commun. Pour déclarer de la sorte un homme indigne des applaudissements du public, il faudrait pouvoir le convaincre d'une faute de jugement et d'une de ces fautes de jugement qui caractérise le dérèglement de l'esprit. Ma bévue est-elle de cette nature? Et mon jugement aurait-il pu découvrir quelque propriété dans le nom d'Alceste qui le déterminât à désigner un misanthrope plutôt que le nom d'Oronte? Il est certain que non, et par conséquent, toute ma faute consiste à avoir manqué de mémoire. La mémoire d'ordinaire est un peu gasconne; elle ne révoque pas seulement en doute les choses dont elle croit être persuadée. Ne pourrait-on pas pardonner à la mienne un défaut qu'elle a de commun avec

---

67. Voyez le discours V, page 34. (Note in the 1726 edition.) Boileau's attack against Perrault is a major episode in the Quarrel of the Ancients and the Moderns. Perrault provoked this literary dispute by reading his pro-Modern poem, 'Le Siècle de Louis-le-grand', at the Académie française in 1687. The following year, he began giving his *Parallèles* between Ancient and Modern authors. Boileau, defender of the Ancients, attacked Perrault and other Moderns in his *Discours sur l'ode* and his *Réflexions sur Longin*.

celle de presque tous les hommes et avec la raison de ceux qui m'ont déclaré si légèrement déchu du privilège de bien écrire?

Le libraire se plaint aussi de moi, mais le sujet de sa plainte me fait honneur et plaisir. 'Je n'écris que pour les gens d'esprit,' dit-il, et comme le nombre en est fort inférieur à celui des sots, il doute du débit de mon ouvrage. Et fi! M. Johnson, vous n'y pensez pas; permettez-moi seulement de plaire aux gens d'esprit et tout ira bien. Si le nombre des sots est grand, ceux qui veulent passer pour gens d'esprit ne sont pas moins nombreux. Et en achetant le *Misanthrope*, ils ne manqueront pas de prouver par là, papier sur table, qu'ils ont le goût fin et l'esprit délicat. Si cette raison ne vous paraît pas convaincante, imprimez un recueil des productions de l'abbé B.[68] et s'il se débite mieux que mon ouvrage, je vous promets de réformer mon style.

Mais je me suis brouillé avec tout le sexe qui ne saurait me pardonner les pleurs que j'ai fait verser à Orphée après qu'il eut retrouvé sa chère Eurydice. Votre colère est très bien fondée, Mesdames, et je vous avouerai naturellement que dans l'endroit qui excite votre indignation, entraîné par le ridicule plaisir de dire un bon mot, j'ai sacrifié mes propres maximes et l'estime que j'ai pour vous au désir de briller à vos dépens; tant il est vrai que la vanité est dangereuse à la raison et qu'il est difficile de ne se pas écarter du bon sens en courant trop après l'esprit!

Je ne vous estime que trop, charmant Sexe, et plût au Ciel que je fusse d'un âge à ne m'en pas tenir avec vous à l'estime; je ne balance pas seulement à vous mettre au-dessus des hommes qui vous rendent si peu justice. C'est bien à nous, franchement, à vanter la force de notre raison: où est le philosophe, le misanthrope, qui a l'esprit assez fort pour résister à vos charmes? Vous résistez mille fois mieux à ce que nous pouvons avoir d'agrément. Sans combattre, nous allons au-devant de notre défaite, et vous, vous ne vous rendez point du tout, ou du moins vous ne vous rendez qu'après quelque résistance. Vos vices, sur lesquels nous nous récrions le plus, sont justement ceux que nous nous efforçons de faire naître dans votre cœur. Pour un moment de faiblesse dans vingt années de vertus, nous vous déclarons infâmes. Avec une sagesse qui ne se dément point, vous n'êtes chez nous que des prudes. Notre injustice donne des noms également odieux à vos faiblesses et à vos vertus dans le temps qu'elle travaille à encenser à nos sottises et à nos crimes les plus lâches. Quelle gloire pour un homme, après avoir été longtemps à l'affût d'un moment favorable, d'en avoir profité et d'avoir ruiné d'honneur une aimable personne qui n'a été faible que par l'opinion qu'elle avait de la vertu de son perfide! Elle aurait encore sa chère réputation si elle avait été moins tendre et plus défiante, si elle avait eu le cœur moins bien placé et si la vertu même n'avait été en quelque sorte la source de sa faiblesse. Condamnée à rougir éternellement de son malheur plutôt que de son crime, elle voit son scélérat, vain d'une action aussi criminelle que celle de corrompre l'innocence, chercher de nouvelles occasions de signaler ses détestables fourberies; il s'en fait une profession, un honneur. Ce n'est rien encore, on ne saurait venir à bout de la vertu d'une femme, on s'en dédommage sur sa réputation, et le prix de votre vertu la plus pure, malheureux Sexe, est de voir

---

68. The 1712-13 edition indicates 'Abbé Bouquoy'. I have not identified this author.

souvent succomber votre gloire sous les calomnies du témoin de votre sagesse. La plupart des hommes sont des malheureux, ils se piquent de l'être, et j'ose attribuer les trois quarts des infamies qu'on débite de vous à la noire médisance de nos jeunes gens, qui ne rougiraient de rien s'ils n'avaient honte encore quelquefois d'être surpris par leurs compagnons dans une action raisonnable ou vertueuse. Pour la délicatesse des sentiments, on ne songe pas seulement à vous la disputer, et on ne trouve rien de si sot, de si impertinent, que la tendresse désintéressée, la discrétion et la fidélité.

XV · [24 août 1711]

Dans une des capitales des Provinces-Unies, un pauvre mari vient de découvrir l'infidélité de sa femme d'une manière si particulière qu'elle vaut bien la peine qu'on en fasse part au public. C'est une histoire où l'on pourrait mettre bien de la broderie pour la faire paraître plus nouvelle et plus singulière, mais je la trouve d'elle-même assez assaisonnée du sel de la nouveauté pour la donner au public *in puris naturalibus*.

Un bon bourgeois d'*** avait épousé une femme un peu trop jolie pour ses péchés. Si de son côté il l'adorait, elle avait pour lui toutes les complaisances qu'une épouse tendre et une coquette fieffée prodiguent d'ordinaire à leurs époux par des motifs différents. En un mot, on a rarement vu dans une famille autant de marques d'une parfaite union et d'une tendresse conjugale du vieux temps. Le bon homme croyait son épouse aussi sage que belle, et cette bonne pâte de femme, n'étant pas d'humeur à répondre à la bonne foi de son mari par une sagesse réelle, voulait du moins le récompenser de sa confiance par une sagesse affectée. Elle eut la bonté de conduire si prudemment ses intrigues que M. de La Frisure aurait peut-être porté ses cornes en terre, sans s'en apercevoir, si le hasard n'avait eu l'indiscrétion de lui découvrir son infortune.

Un jour, il annonça à son épouse qu'une nécessité indispensable le contraignait de faire un petit voyage et de passer une nuit hors de la maison. La fine pièce en pleura de joie et eut l'habileté de faire passer ses pleurs pour des larmes de douleur et de tendresse, en les accompagnant de toutes les grimaces nécessaires pour faire croire à son époux qu'il était le plus heureux des maris. Ses tendres emportements n'étaient guère moins vifs que ceux d'Anne la perruquière quand elle tâche de retenir auprès d'elle le perruquier, l'Amour prêt à lever, dans une église, un lutrin qui devait être la base de mille saintes querelles.[69]

> 'Ah cruel! Si du moins à ton devoir fidèle
> Tu veillais pour orner quelque tête nouvelle,
> L'espoir d'un juste gain consolant ma langueur
> Pourrait de ton absence adoucir la longueur.'

Je ne sais si quelque raison obligea l'époux de notre Lucrèce à différer son

---

69. L'époux dont il s'agit est perruquier, aussi bien que le héros du *Lutrin*. (Note in the 1712-13 edition.) 'Anne la perruquière' is a character in Boileau's *Lutrin*; see 'Chant I'. The following lines are from 'Chant II', ll.17-20; the first line is slightly altered: 'Perfide, si du moins à ton devoir fidele.'

voyage, ou bien s'il acheva ses affaires plus vite qu'il n'avait pensé, mais je sais bien qu'il vint au logis au commencement de la nuit, tout enchanté de l'agréable surprise qu'il allait causer à sa femme. Après qu'il eut fait trembler la porte sous des coups redoublés pendant un assez grand espace de temps, on ouvre enfin; il monte, trouve déjà son épouse couchée et se couche auprès d'elle. Si elle lui fit des caresses, il est aisé d'en juger par ce que j'ai dit de l'habileté de cette belle; c'est le seul principe dont on le puisse conclure, à moins de l'avoir vue.

A peine fut-il dans le lit, bien résolu de se refaire de la fatigue de la journée par un bon somme, qu'il fut traversé dans ses bonnes intentions par les soupirs entremêlés de cris du chaste objet de sa tendresse. Il s'alarme, lui demande la raison de ses gémissements, et après qu'on lui eut fait attendre la réponse autant qu'il le fallait pour augmenter son empressement, il apprend que mademoiselle est tourmentée d'une furieuse colique. Ce fut assez pour que le tendre et crédule mari se jetât hors du lit, s'habillât au plus vite et s'en fût dans le voisinage chercher quelque liqueur capable de soulager les prétendues douleurs de sa fourbe.

Quel fut son étonnement quand, mettant la main dans sa poche pour payer sa voisine, il en tira une belle montre d'or et une bourse bien garnie de pistoles. La rencontre était agréable à coup sûr et cette trouvaille n'était point à mépriser, mais elle donna lieu à bien des réflexions inquiétantes, et il ne fallait pas être fort clairvoyant pour saisir le nœud de toute cette intrigue.

Ce nœud ne vous échappe pas non plus, Lecteur, pour peu que vous soyez pénétrant; vous comprenez bien qu'un riche galant avait pris la place de l'époux, que dans l'épouvante de l'arrivée du mari il s'était caché sans songer à ses habits, que le bon homme avait pris les culottes du galant pour les siennes et, qu'ainsi, sa bonne fortune lui avait annoncé son malheur. On dit qu'il avala la pilule en homme qui sait vivre et que, sans dire mot à sa femme, il résolut de cacher soigneusement son or et ses cornes. Le galant, qui apparemment s'en était allé avec le haut-de-chausses de l'époux, quelque malheureux troc qu'il eût fait, ne s'avisa pas de redemander sa montre ni sa bourse. Et peut-être n'aurais-je jamais diverti le public de cette aventure si la voisine avait été aussi discrète que le galant et l'époux. Mais comme elle avait des raisons moins fortes qu'eux de s'en taire, quoique femme et voisine, elle raconta bonnement et sans songer à mal l'histoire de la montre et de la surprise du voisin à quelques commères, qui la communiquèrent avec un peu moins de bonté d'âme à quelques amies, qui la communiquèrent à tout le monde. Cependant, l'époux a soutenu si noblement le caractère de cocu raisonnable qu'il a intenté un procès d'injure à la voisine qui aurait été contrainte de lui faire réparation d'honneur si elle n'en avait été crue sur le serment qu'elle offrit de faire. Le pauvre diable a donc été condamné aux dépens, et bien lui en a pris d'avoir trouvé dans la poche de l'auteur de sa disgrâce de quoi fournir aux frais des procédures burlesques dont le dernier, quelque coupable qu'il soit d'ailleurs, est la cause innocente.

'Conter toujours,' dit *La Bruyère*, 'c'est le caractère d'un petit esprit.'[70] Tâchons

---

70. *Les Caractères* (Paris 1951), 'Des jugements', p.52: 'L'une des marques de la médiocrité de l'esprit est de toujours conter.' All further references are to this edition.

de mettre la vérité de cette maxime dans tout son jour.

Ou ce sont les choses que nous avons apprises d'ailleurs qui sont les sujets de nos contes, ou bien ce sont celles qui nous sont arrivées à nous-mêmes. Si on se fait une habitude de conter toujours ce qu'on a lu ou entendu dire, on voit bien que c'est l'effet d'une petitesse d'esprit et qu'on court risque de rebattre les oreilles des gens de ce qu'ils peuvent savoir aussi bien que nous. Si on ne puisait la matière de ses contes que dans les choses dont la connaissance est parvenue à nous par des routes particulières et si de cette matière on ne choisissait encore que ce qui est véritablement digne d'attention, il est très clair qu'on conterait fort rarement.

Il est encore plus ridicule de fatiguer toujours ceux que nous fréquentons par le récit de nos propres aventures. Il y a d'abord dans cette coutume un amour-propre choquant et importun, et dès que vous vous mettez une fois dans une compagnie sur votre propre histoire, vos auditeurs ne font semblant de vous écouter que pour être en droit de se faire le sujet de la conversation à leur tour. Chacun se dispense de prêter attention aux autres et, pourtant, il a la ridicule pensée qu'il a lui seul le privilège d'attacher à ses récits l'oreille de toute la compagnie.

Remarquons encore que souvent notre amour-propre nous fait trouver touchant et particulier ce qui paraît froid et commun à ceux qui, n'étant pas intéressés dans nos aventures comme nous, les regardent de tout un autre œil.

Une seconde raison qui doit empêcher un homme de bon sens de conter toujours, c'est qu'il n'y a rien de si difficile que de conter bien. Il ne suffit pas d'avoir de l'esprit et de l'imagination pour faire un conte agréablement; il faut avoir un génie tout particulier pour y réussir.

Un conte roule d'ordinaire sur quelque action ou sur quelque bon mot, et pour faire sentir ce que cette action a d'extraordinaire ou ce que ce bon mot a de fin, il faut rapporter justement un certain nombre de circonstances qui préparent l'esprit à comprendre à la fin du conte, sans difficulté et sans confusion, la délicatesse du bon mot ou le merveilleux de l'action dont il s'agit. A-t-on l'esprit trop vif? On court risque de négliger quelqu'une de ces circonstances nécessaires, et le meilleur conte pourra devenir froid et insipide. Manque-t-on de feu? On ira trop tâtonner après ses expressions, on les pèsera trop avant que de leur donner l'essor, et la compagnie, fatiguée de cette lenteur ennuyeuse, laissera parler tout seul le fade historien qui, à la fin de son traité, sera forcé de rire ou d'admirer tout seul. C'est bien pis encore si l'on manque de discernement; dans ce cas, quelque vivacité d'esprit, quelque richesse d'imagination qu'on ait, on ne finit point un conte, et plus les routes où l'on s'égare sont riantes, plus on s'égare loin de son sujet. D'où peut venir que ceux dont l'esprit est destitué de solidité sont toujours si étendus dans leurs narrations, et qu'au contraire, ceux qui ont accoutumé leur raison à une rigidité géométrique répandent trop de sécheresse sur tout ce qu'ils racontent? En voici, ce me semble, la raison. Pour peu que nous prenions garde à notre manière de penser, nous sentirons que dans notre imagination les idées qui ont quelque liaison ou quelque rapport ensemble s'excitent l'une l'autre tellement, qu'à l'impression qu'un tel mot fera sur notre cerveau, une telle idée naîtra presque toujours. Par exemple, on me parle d'Arcas, compagnon de débauche de Lysidor. Dès que le mot d'Arcas frappe mes oreilles et passe de là à mon cerveau, je ne saurais m'empêcher de penser à Lysidor. Et parle-t-on de Lysidor? Je songe aussitôt à Arcas. Or en faisant quelque récit, un homme d'un esprit exactement solide ne choisira de ces idées excitées que celles qui sont absolument nécessaires pour son récit. En empêchant son imagination de s'égayer un peu, ses contes ne sauraient avoir cet air aisé et libre qu'une raison sévère, sans le secours de l'imagination, ne leur saurait jamais donner. Au contraire, un homme sans aucune solidité laisse agir son imagination seule, une idée en fait naître une autre, il n'en rejette aucune et c'est un grand hasard si par un cercle d'idées il en revient au sujet de son conte. Veut-il nous parler d'une aventure qui s'est passée sur la fin d'un repas? Cette idée de repas lui rappelle celle de tous les conviés, il nous en dira le nom, nous contera leurs principales aventures et, sans interrompre le cercle de ses idées, il en viendra aux mets, de là au cuisinier; heureux s'il songe au dessert, le seul chemin qui peut le ramener à son histoire.

C'est de cette manière que bien des gens nous promettent un seul conte et nous en donnent cinquante, et qu'après trois heures de babil, ils viennent au fait parce que leur mémoire épuisée ne fournit plus matière aux écarts de leur esprit.

La maxime de M. de *La Bruyère* est donc pleine de sens, et il est sûr qu'il y a de la petitesse d'esprit à conter toujours. Il est remarquable encore que tel qui fait bien un conte de vive voix et sur le champ ne fait rien qui vaille quand il le médite et quand il le met par écrit, et que tel autre narre très mal sur le champ qui charme quand il a le loisir d'écrire. Je ne connais point d'auteur de notre temps qui compose mieux une petite histoire que *Mme du Noyer* et *M. du Fresny*. La dame l'emporte sur le monsieur par le naturel; elle ne cherche point les expressions, elles s'offrent d'elles-mêmes et se rangent dans leur lieu; tout autre mot n'y viendrait pas si bien. Pour lui, il choisit ses termes et les choisit judicieusement; son style est plus vif et plus serré que celui de la dame, et il donne du relief à sa matière par de petites réflexions concises et fines que le sujet même lui fournit et qu'il ne fournirait pas à tout autre. A propos de cet auteur, dans son *Mercure* du mois de novembre, page 341,[71] il a proposé des bouts-rimés à remplir. Voici ce qu'on a envoyé au libraire là-dessus:

> 'Arcas qui si souvent moissonna des - *lauriers,*
> Qui remplit les devoirs des plus braves - *guerriers,*
> De retour au village anime sa - *musette*
> Et passe doucement le temps avec - *Lisette.*
>
> Jamais il n'envia la gloire des - *Césars;*
> C'est toujours malgré lui qu'il suit les - *étandards,*
> Pour l'épée à regret il quitte la - *houlette*
> Et laisse avec chagrin sa bergère - *follette.*
>
> Qui croirait, en voyant son - *intrépidité,*
> Qu'il préféra toujours à l' - *immortalité*
> De pouvoir en repos écouter les - *ramages*
> Dont chez lui les oiseaux animent les - *bocages.*'[72]

71. 1710. (Note in the 1726 edition.)
72. Charles Rivière Dufresny or Du Fresny (1648-1724) began editing the *Mercure galant* in 1710 when the founder, Jean Donneau de Visé, died. He edited this journal from 1710 to 1713, and again from 1721 until his own death. Dufresny was also a poet and playwright. Addison attacks 'bouts-

Monsieur du Fresny, dans son *Mercure* de juin,[73] propose cette question: 'Que conseilleriez-vous à un mari qui aime trop sa femme pour s'en séparer, mais qui ne l'aime pas assez pour souffrir toutes ses impertinences?' On me mande de la Haye qu'un homme d'esprit y a répondu de la manière qui suit.

> 'Pour éviter le fracas et le bruit
> De votre femme impertinente et belle,
> Passez avec elle la nuit
> Et passez tout le jour sans elle.'

Cette réponse est assez ingénieuse, mais elle ne satisfait pas trop bien à la demande, et il serait à craindre que l'épouse en question, peu satisfaite de la compagnie de son mari pendant la nuit, n'en cherchât quelque autre pour la désennuyer pendant le jour. Ce n'est pas tout; il y a de l'apparence qu'elle serait de bonne humeur pendant la journée et qu'elle garderait ses impertinences pour la nuit. Voici encore une autre solution du même problème.

'Je conseille à ce mari de cacher avec soin à sa femme qu'il l'aime trop pour s'en séparer et qu'il lui fasse sentir fortement qu'il ne l'aime pas assez pour souffrir ses impertinences.'

Ce dernier conseil me satisfait davantage que les deux qu'on trouve dans le *Mercure* de juillet. Celui d'être encore plus impertinent qu'une femme impertinente est très mal raisonné; il serait assez difficile à un époux impertinent par raison de gagner le dessus sur une femme impertinente par naturel, et c'est là tout au plus le moyen de faire naître un *conflit d'impertinence* dans lequel, vainqueur ou vaincu, le pauvre époux sera toujours fort à plaindre.

Une femme qui redouble sa patience et sa douceur à proportion qu'un époux redouble sa brutalité n'a pas mieux trouvé, à mon sens, le nœud d'une question qui avec justice regarde autant les emportements déraisonnables d'un mari que la mauvaise humeur d'une femme, et pour me servir du premier proverbe qu'on aura trouvé dans le *Misanthrope*, c'est se faire brebis pour être mangée du loup.

Une femme qui se trouve dans cette fâcheuse conjoncture est bien plus à plaindre qu'un homme affligé du même malheur, qui n'est d'ordinaire qu'une juste punition de son *avarice* ou de son *imprudence*.

Méritez-vous ma compassion, Epoux mercenaire, qui, les yeux fermés sur les mauvaises qualités d'une fille, ne les avez eu ouverts que sur son or? N'avez-vous pas ce que vous avez toujours cherché? L'or est la source de l'agrément de la vie, du repos de l'esprit, d'un bonheur parfait et sans mélange; vous avez de cet or à foison, et rien ne saurait troubler votre félicité.

'Plût au Ciel!' dites-vous; 'j'ai beau m'entourer d'un retranchement de pistoles, je ne me trouve point en sûreté contre les cris d'une femme en furie.'

Permettez-moi de vous féliciter des défauts de votre épouse qui vous corrigent des vôtres et qui rectifient vos idées sur le véritable bonheur. Le remède est

rimés' as false wit in his *Spectator* number 60 (9 May 1711). He cites this example from Dufresny's *Mercure galant*, but offers no resolution. See also van Effen's discussion of 'bouts-rimés' in number LXIV.

73. 1711. (Note in the 1726 edition.)

violent, mais l'avarice est une maladie qui en demande de très rudes. Faites un bon usage de vos découvertes, et si le Ciel accorde à votre repentir un veuvage bienheureux, n'enfermez pas votre bon sens dans un coffre-fort; on en a besoin quand on veut faire un mariage fortuné.

Et vous, Monsieur le Damoiseau, qui, après avoir filé le parfait amour avec votre Climène, en avez fait enfin votre coquette et impérieuse moitié, vous plaindrai-je? Vous êtes la victime des vices de votre épouse qui devraient s'attirer votre respect comme votre propre ouvrage. Vous prétendez que, contente de votre tendresse, tout le reste de la terre lui soit indifférent; de quel droit, s'il vous plaît? Combien de fois ne lui avez-vous pas juré, quand vous étiez son amant, que l'amour est un hommage que tous les cœurs doivent à ses charmes? Ses yeux font-ils mal de se prévaloir de leurs droits et d'exiger un tribut que vous-même vous leur avez adjugé? Si elle veut faire fléchir votre raison sous ses décisions ridicules, prenez-vous-en à vous qui lui avez mille fois prôné l'infallibi-lité de son jugement et ne pensez pas lui persuader que le mariage ait affaibli les lumières de son esprit. Elle exige de vous une obéissance que le sens commun ne saurait limiter; a-t-elle tort? Autrefois respectée de vous comme une divinité, elle a exercé un empire souverain sur vos penchants et sur votre raison même; ses fantaisies étaient vos lois. Voulez-vous qu'à présent elle apprenne à vous obéir et qu'elle sacrifie à ses devoirs la douce habitude de régner?

Je suis convaincu que le meilleur moyen de s'assurer un hyménée tranquille, c'est de faire l'amour d'une manière un peu misanthropique: point de lâche flatterie, point de complaisance déraisonnable, point de soumissions extravagan-tes. Qu'on étale à sa maîtresse un amour délicat, je le veux, mais en même temps, qu'on lui montre dans toutes ses actions la noble droiture d'une franchise inaltérable. Cette conduite, il est vrai, choquera la plupart des femmes, mais celles-là n'ont pas le vrai goût du mérite, et il vaut mieux déplaire amant que de déplaire époux. Si, au contraire, vous rencontrez une personne d'un esprit assez fort pour soutenir la rigidité de votre candeur et pour trouver même quelque chose de grand dans votre intégrité, vous pouvez être sûr d'épouser une femme raisonnable; l'égalité de votre conduite en qualité d'amant et de mari vous peut répondre en quelque sorte de l'égalité de la tendresse qu'aura pour vous votre épouse sous ces titres différents.

A cette précaution contre la mauvaise humeur et contre la coquetterie d'une femme, il faut ajouter encore, pour être heureux époux, une grande confiance sur sa vertu et se bien mettre dans l'esprit que rien n'est plus équivoque que la fidélité d'une épouse. La femme la plus innocente peut quelquefois paraître criminelle, et une femme criminelle trouve souvent le secret de tirer de ses infidélités mêmes de quoi les colorer et de quoi paraître innocente.

> Que n'ai-je, cher Lecteur, du naïf La Fontaine
> L'élégant badinage et la facile veine!
>   J'irais Bocace dépouiller[74]
>   Et d'un conte vous régaler,
>   Qui ne serait un conte à la douzaine.
>   Mais que sait-on? Peut-être la fontaine

74. Cf. Boccaccio's *Decameron*, 7th day, 6th story, in which the main characters are Isabella, the young Leonetto, and (Sir) Lambertuccio.

Où ce rimeur a bu de l'Hippocrène
Sera-t-elle pour moi d'assez facile accès;
    Et j'y pourrai boire à longs traits
De la liqueur qui fait que l'on rime sans peine
    Et que les termes faits exprès
    Se viennent offrir par douzaine
    Partout où le sujet nous mène.
Hasardons. Aussi bien, sans une âme un peu vaine,
    Jamais auteur n'écrit avec succès.
    Dans une ville d'Italie,
Où malgré les jaloux on fait mainte folie,
    Où la jalousie et l'amour,
Toujours se combattant, triomphent tour à tour,
    Fut une dame très jolie
    Dont le corsage fait au tour
    Et l'œil plus vif que l'œil du jour
    Donnaient aux femmes de l'envie,
    Donnaient aux hommes de l'amour.
    Certain seigneur de conséquence
    Qui, par son rang, par sa naissance,
    Se croyait propre à tout charmer
La vit, l'aima, s'en voulut faire aimer.
    Mais pour les dames enflammer
Ces qualités souvent sont de peu d'importance;
    De peu d'importance surtout
Si pour un autre amant une belle a pris goût.
    En vain le sire employa tout
    Pour toucher cette beauté fière:
    Tendres efforts, présents, prière;
    Ses vœux ne furent exaucés,
    Ses présents furent refusés,
    Ses tendres efforts repoussés.
    Pour excuser cette rudesse
    La belle allégua sa sagesse,
    Ses devoirs envers son époux
    Qui, tendre quoiqu'un peu jaloux,
    Méritait toute sa tendresse.
    En un mot, Thérèse allégua
    Ce qu'on allègue en ce cas-là
    Aux amants qui ne plaisent guère
    Et dont jamais on ne parla
    Aux amants qui savent plaire.
    Thérèse n'en parla jamais
    A Léandre qui, jeune et frais,
    Couvrait sa naissance obscure
    Sous sa blonde chevelure
    Et sous sa belle encolure,
    Et dont, grâce à la nature,
    L'air, la démarche, les traits
    Etaient de fort bon augure.
    Thérèse, depuis longtemps,
    Passait de fort doux moments
    Avec ce blondin aimable
    Et savait à son époux

Jaloux,
Dérober des rendez-vous
Dont l'air mystérieux rendait plus agréable
Ce que l'amour a de plus doux.

Un jour l'époux, pour quelque affaire,
Avait quitté la maison,
Et d'abord le beau garçon
Y vint à son ordinaire.
Mais tôt après la soubrette Alison
Troubla l'amoureux mystère.
C'est qu'à sa dame elle annonçait
Que Messire Jean montait;
C'était l'amant qu'on rebutait.

Dans ce danger comment faire?
L'amant effrayé se tapit
Sous un lit,
Pendant que son rival à sa maîtresse fit
Cette harangue cavalière:
'Madame, je suis averti
Que votre époux pour sa terre est parti.
Vous savez bien que je vous aime.
Et sans répondre à mon amour extrême
Vous me faites languir, mon martyre vous plaît.
A présent avec intérêt
Je prétends me payer de mes peines passées.
Ne me lanternez pas de vos phrases usées
De vertu, de devoir, d'autres billevesées.
Si vous ne contentez ici ma passion,
Je vous perdrai de réputation;
Et si vous voulez, au contraire,
Me satisfaire,
Assurez-vous de ma discrétion.
Choisissez.' Sur tel choix une dame avisée
N'est pas longtemps embarrassée.
D'abord celle-ci choisit,
Et son pauvre amant entendit,
Sous le lit,
Tous ces discours; entendit davantage.

Mais bientôt un nouvel orage
Suspendit de nouveaux désirs
Et troubla de nouveaux plaisirs.
Alison, toujours attentive,
Vient dire que monsieur arrive,
Qu'il va descendre de cheval
Et que s'il vient tout ira mal.
C'est dans un cas si difficile
Que l'esprit est un meuble utile;
L'amour et la nécessité
Toujours au sexe en ont prêté.
Notre belle en avait et par un coup de maître
Le fit paraître.

'Allons,' dit-elle à son amant,
'Mets-moi vite flamberge au vent,
Enfonce le chapeau, fais voir sur ton visage
      La colère et la rage;
   Frappe du pied et sans répondre rien,
   Dis seulement, 'Je l'attraperai bien.'
Ainsi dit, ainsi fait; il descend en furie,
      Frappe du pied, tempête, crie,
      Passe devant Sire Emmeri
      (C'était là le nom du mari
      Que plutôt j'aurais dû vous dire)
Et sans répondre aux questions du sire,
      'J'attraperai bien ce maraut
      Et l'étrillerai comme il faut,'
      Dit-il et ne dit autre chose.
   Sire Emmeri, ne sachant pas la cause
De ces tons furieux, de cet emportement,
      Et concluant de sa voix rauque
      Et de sa rougeur équivoque
Qu'il était agité d'un courroux véhément.
      Il s'en va trouver promptement
Thérèse, qui feignait être à demi pâmée.
      'Que veut dire tout ce bruit-ci?'
      Dit-il. 'Hélas! mon cher Mari,
J'en suis morte à moitié, tant j'en suis alarmée.
      Un jeune homme dans ce moment
      Vient se jeter dans mon appartement.
   Messire Jean, tout bouillant de colère,
      L'a suivi, l'épée à la main,
      Et sans mon sexe qu'il révère,
Je ne sais bonnement quel était son dessein.
      Pour le jeune homme, où l'a fourré sa crainte
      Je n'en sais rien.' L'époux dans cette feinte
      Donna d'abord; qui n'y donnerait pas?
      'Holà! qui que tu puisses être,
Sors de là, ne crains rien.' Le blondin de paraître
   Tout en tremblant. 'D'où vient cet embarras?
Pourquoi Messire Jean veut-il donc ton trépas?
Contre toi quelle offense excite sa colère?'
      A cela le godelureau,
      Aussi rusé qu'il était beau,
Entrant dans les desseins de la fine commère,
   Répond ainsi: 'Qu'aurais-je pu lui faire?
   Onc ne le vis, et plût à tous les saints
Qu'onques ne l'eusse vu. Je passe, il m'envisage,
      Il pâlit, hérisse les crins,
      Prend sa rapière en écumant de rage
      Et me poursuit d'un pas précipité.
      Lors moi, pour éviter ma perte,
      Voyant ici la porte ouverte,
      Dans cet endroit me suis jeté;
      Et, grâce à cette bonne dame,
Je vis encor. Que puisse en paradis son âme
      En recevoir le loyer mérité.'

Tout ce discours du fourbe habile
Du bon époux fur cru comme évangile;
Il tâche de calmer sa peur
Et, tout surpris de ce malheur,
Dit qu'on doit l'avoir pris, à coup sûr, pour un autre;
Auquel avis se rangea notre apôtre.
Thérèse encor fut de ce sentiment;
Et son cocu, tant il a l'âme humaine,
Jusque chez lui le damoiseau ramène
De peur d'un second accident.
Epoux, après cela, trouble-toi la cervelle
Pour t'assurer d'une femme fidèle
En faisant ce qu'on peut pour conserver son cœur;
Le croire bonnement, c'est toujours le meilleur.
Voyez Thérèse, en faut-il davantage?
Son époux eût été sûr de son cocuage
S'il l'eût surprise avec un amoureux;
Et l'ayant surprise avec deux,
Son époux la crut toujours sage.

XVII · [7 septembre 1711]

Il y a quelque temps que je fus introduit par un de mes amis dans une compagnie où l'on m'avait dit qu'on tenait une espèce de bureau d'esprit et où je ne devais rencontrer que des personnes d'un mérite distingué. Quoique j'eusse été souvent attrapé à ces sortes de promesses, j'avais bien voulu encore, pour cette fois, courir le risque de cette visite.

Après les compliments ordinaires je pris un fauteuil qu'on m'offrait et, selon ma coutume, avant que d'entrer dans la conversation je me mis à étudier le caractère de ceux qui composaient la compagnie. Je remarquai bientôt un petit-maître; ces messieurs se font d'abord remarquer partout où il sont; ils font assez de bruit pour cela. Celui-ci n'était pas pourtant un de ces jolis originaux de la cour; c'en était une espèce de copie bizarre, moitié marchand, moitié cavalier, un certain composé des minauderies d'un courtaud de boutique et des singeries d'un jeune seigneur. D'un côté, il était débraillé méthodiquement, il se vautrait dans un canapé, il avait des distractions brusques, il essuyait ses souliers aux jupes des dames, il peignait sa perruque sur les habits de l'une et, en la remettant, il en donnait dans le nez à l'autre. D'un autre côté, il disait des quolibets et des pointes, il avait un soin ridicule de ses hardes, il rajustait à tout moment les plis de sa cravate et, ce qui était le plus extravagant, il était continuellement occupé à frotter un castor noir et lustré. On sait, pourtant, que selon les premiers rudiments de l'air cavalier, il faut avoir un chapeau vieux et poudré qu'à peine un Juif, ou un vieux avare, voudrait ramasser dans les rues.

Auprès de cet Adonis, je vis une coquette entre les deux âges, toujours attentive à faire faire le manège à une gorge indocile qui faisait le plongeon de temps en temps et ne se remontait qu'après bien du travail et de la sueur. L'occupation de cette belle ne ressemblait pas mal, à mon avis, au travail de

Sisyphe, condamné à rouler sans cesse vers le sommet d'une montagne un fardeau qu'il ne fait monter que pour le voir retomber aussitôt. Revenons à la coquette. On voyait répandu sur tous ses habits un air de printemps qui manquait à son visage, et jamais ajustements ne furent bigarrés par des couleurs plus vives et plus brillantes. A quarante pas de distance on l'aurait prise à coup sûr pour une poulette de seize ans, ou pour une actrice dans ses habits de théâtre.

C'était, d'ailleurs, un des principaux suppôts de la mode, et pour vous en donner une seule preuve, c'est que je la croyais d'abord coiffée en cheveux, et ce ne fut enfin que par le secours de ma lunette que je m'aperçus qu'elle avait une coiffure à l'anglaise.

Vis-à-vis de celle-ci, je remarquai l'antipode de son humeur et de ses manières; je veux dire une dévote qui n'avait rien de commun avec elle que l'âge et l'envie outrée de plaire. C'était du linge uni le plus beau du monde, des habits aussi magnifiques que modestes, une propreté appétissante et une simplicité étudiée où l'art s'était épuisé pour la rendre gracieuse et riante. Ses discours et son air répondaient entièrement à cet ajustement équivoque. De temps en temps, elle levait vers le ciel de grands yeux noirs qui sûrement en voulaient par bricole à la terre, et si elle avait ses raisons pour cacher son sein de peur de scandale, elle en avait d'autres pour faire paraître, par une sainte négligence, un bras à manger tout propre à faire faire de certaines conjectures.

Outre celle-là, il y avait encore une jeune niaise qui ne parlait que pour dire une sottise et qui paraissait être là pour faire un conflit de fatuité avec le petit-maître *amphibie* dont je vous ai dépeint les manières.

A peine eus-je entendu parler ces quatre personnes que je découvris en elles quatre caractères différents de médisance et de calomnie, vices qui, quoique distingués véritablement, se trouvent pourtant toujours dans les mêmes sujets. Jamais conversation ne fut plus animée; jamais on ne brilla plus aux dépens du prochain, et je puis vous assurer que le plus sot de la compagnie dans cette occasion avait de l'esprit comme un ange, ou pour mieux dire, comme un diable. Je n'avais pas prêté une demi-heure d'attention à cet entretien peu charitable que je vis un peu à l'écart un personnage dont jusque-là je ne m'étais pas encore aperçu; son air était austère, chagrin et même bourru; appuyé sur le coude, il regardait fixement et sans dire mot les acteurs de cette scène. De moment à autre, il haussait les épaules et marquait par tous ses gestes qu'il écoutait impatiemment et avec horreur tout ce qui se disait. Je remarquai qu'il redoubla ses grimaces misanthropiques dès qu'on commença à se mettre sur la draperie d'un homme auquel il paraissait s'intéresser. Aussi le repassa-t-on vigoureusement, et jamais la malignité ne fournit des tours plus fins pour donner aux vertus un air de vice et pour revêtir les simples faiblesses de l'extérieur des crimes les plus odieux.

On commençait justement à le traiter du plus fâcheux et du plus importun personnage du monde quand, tout-à-coup, la dévote s'écria, 'Ah ciel! le voilà!' Il entre. On court à sa rencontre, peu s'en faut qu'on ne lui saute au cou.

'Ah Monsieur, vous voilà! Que j'étais grosse[75] de vous voir! Que vous me

75. Anxious, impatient.

faites un vrai plaisir de me faire voir que vous ne m'oubliez pas encore entièrement! Nous en étions justement sur votre chapitre, ces dames et moi, et nous nous dédommagions du moins du chagrin de ne vous pas avoir par le plaisir de vous faire le sujet de la conversation.'

A ces mots, mon Alceste (et non pas Oronte) se lève, l'indignation peinte sur le visage.

'Eh! Monsieur un tel,' dit-il au nouveau venu, 'ne soyez point la dupe des cajoleries de ces dames. Il n'y a qu'un moment qu'elles ont épuisé tout le poison de la calomnie pour envenimer vos moindres actions. Croyez-moi, sortons de ce maudit gouffre. Serviteur, Mesdames, exercez-vous sur moi dès que j'aurai passé le pas de la porte; je vous avertis que j'aurai tous les vices qui peuvent rendre les hommes abominables.'

Il part aussitôt, et quoique je trouvasse quelque chose de trop brusque dans son emportement, je sortis en même temps, fort aise de profiter de la confusion de ces flatteurs médisants pour leur cacher mon départ précipité.

Je me suis confirmé par cette aventure dans l'opinion que la flatterie et la médisance sont inséparables et que plus les flatteries de ces sortes de gens-là sont douceureuses, plus leurs médisances ont du fiel et de l'amertume. Il ne laissait pas d'y avoir quelque chose de curieux dans les différentes méthodes de calomnier dont se servaient les quatre différents membres de cette société odieuse.

Pour les discours du petit-maître, ils devaient plutôt être taxés de brutalité que de médisance, et je crois fort, si les objets de ses calomnies avaient été présents, qu'il les aurait tout aussi peu ménagés qu'il le faisait dans leur absence, à moins qu'on ne veuille s'imaginer qu'il ignorait les premiers principes de sa profession.

La jeune niaise ne médisait proprement que pour soutenir la conversation et pour montrer qu'elle savait desserrer les dents; la malignité de son cœur, cependant, avait quelquefois assez l'air de la finesse de l'esprit, et elle portait de temps en temps des coups fourrés qu'on aurait cru partir d'une main de maître.

Pour la coquette, sa médisance taillait en plein drap dans la conduite des hommes; on aurait dit qu'elle avait à user de représailles sur la réputation de tout l'univers, et particulièrement sur celle de tout son sexe. Aussi est-il vrai que l'entreprise n'était pas trop vaste pour un aussi beau génie que le sien; elle y réussissait à merveille. Il ne faut pas s'en étonner, elle y était portée par son intérêt autant que par ses inclinations. Qu'on applaudît à ses calomnies ou qu'on les réfutât, elle y trouvait toujours son compte. En effet, si toutes les femmes sont sujettes à des aventures, il ne faut pas lui faire un grand crime de ce qui est en quelque sorte essentiel à son sexe, et si on en disculpe quelques-unes des histoires scandaleuses qui leur sont imputées, elle peut espérer qu'on aura la même facilité pour tout ce qui paraît scabreux dans sa conduite.

Quelquefois, pour tracer un portrait d'importance, ils unissaient tous quatre leurs efforts et leur savoir-faire, et alors, je remarquai que la niaise l'ébauchait, le petit-maître y donnait quelque ornement par ses pointes polissonnes et par ses proverbes bourgeois, la coquette l'étendait davantage et rendait les traits plus marqués, mais la dévote y donnait les coups fins et elle seule paraissait être en droit d'en faire des pièces achevées.

La première fois que je lui entendis ouvrir la bouche, je m'attendais à un sermon dans les formes contre la médisance. Et pour vous montrer que je n'avais pas tort de donner dans le panneau, voici à peu près le discours qu'elle fit d'un ton de nez fort essentiel à la dévotion.

> Médire! juste ciel! l'abominable crime!
> Faut-il d'un tel poison qu'un Chrétien s'envenime!
> Quel crime est plus affreux? Quel crime est moins humain?
> Plus contraire à l'amour qu'on doit à son prochain?
> Mortel, la charité, cette vertu suprême,
> Devrait en tout mortel te découvrir toi-même,
> Et tu devrais cacher, plein de compassion,
> Sous un voile d'amour son imperfection.
> Mais, détournant les yeux de l'horreur de tes vices
> A dévoiler les siens, tu trouves des délices;
> Et ton esprit adroit par ton cœur infecté
> Sait les offrir aux yeux de leur plus noir côté.
> Hélas que l'homme est faible! On voit de saintes âmes
> De ce crime goûter les agréments infâmes,
> Et ce vice subtil en vertu déguisé
> S'est dans un cœur dévot assez souvent glissé.
> Vous connaissez Belise. Ah! quel parfait modèle
> D'humilité, de foi, de piété, de zèle.
> Si dans ses jeunes ans son cœur s'est égaré,
> Par ses remords son crime est assez réparé.
> Plus le péché pour elle eut autrefois de charmes,
> Plus ce même péché remplit son cœur d'alarmes.
> Mais son zèle souvent, aveugle en sa faveur,
> Ne sait pas du péché distinguer le pécheur.
> On entend quelquefois sa coupable éloquence
> Par des traits médisants blâmer la médisance;
> Par un détour adroit on la voit, tout surpris,
> Passer de la morale aux débauches d'Iris.
> Je sais qu'elle a raison d'en blâmer la conduite;
> De ses défauts, comme elle, on est chez nous instruite.
> Sur son luxe, son jeu, ses amours effrontées,
> Je sais qu'on peut à peine outrer les vérités.
> Je sais que la fureur de son libertinage
> Dans son cœur déréglé se redouble avec l'âge
> Et que de ses appas les malheureux débris
> Sont de faibles motifs pour convertir Iris.
> Mais Belise, entre nous, devrait bien par prudence
> Sur ces faits avérés rester dans le silence
> De peur de retracer elle-même à nos yeux
> D'un scandale passé le portrait odieux.
> Une bonne mémoire est fort peu nécessaire
> Pour savoir que déjà plus que sexagénaire,
> Par ses dérèglements, Belise avec Iris
> Partagea du public la haine et le mépris.
> Et puisque l'on a vu se convertir Belise,
> Iris au bon chemin peut être aussi remise.

Espérons-le, et toujours par de sincères vœux
Offrons aux soins du Ciel les pécheurs malheureux.

XVIII · [14 septembre 1711]

Chez toutes les nations, les hommes ont des plaisirs proportionnés à leur âge, et ce changement de leur goût est un effet presque nécessaire de la raison et de la nature. Chez la plupart des Français, la raison et la nature ont cédé toute leur autorité à l'habitude et à la mode, et cette habitude et cette mode veulent que tout âge soit pour eux l'âge de la bagatelle.

Ce n'est presque que parmi nous qu'on voit des vieillards faire profession d'une galanterie délicate, s'attacher à des maîtresses et filer, comme on dit, le parfait amour. Cependant, à bien examiner la chose, ce qu'il y a au monde de plus ridicule et de plus infortuné, c'est peut-être un vieillard amoureux, et si on ne voyait pas tous les jours des personnes d'esprit et de mérite donner tête baissée dans cette extravagance, il y aurait du paradoxe à soutenir qu'avec un grain de bon sens[76] on pourrait travailler ainsi à augmenter les chagrins que les ans traînent après eux.

Il faut avouer que dans l'amour il se trouve des plaisirs animés et touchants qui ne se trouvent point ailleurs; l'habitude de ces plaisirs donne à l'âme une délicatesse, ou plutôt une mollesse, qui lui fait rejeter comme dégoûtants et insipides tous les agréments de la vie qui n'ont pas leur source dans la tendresse. Quand la raison ne nous apprend pas de bonne heure à préférer à ces plaisirs vifs et sensibles des plaisirs plus solides et plus satisfaisants, le cœur revient rarement d'une délicatesse si pernicieuse pour la vertu, et dès qu'on a vu écouler la plus grande partie de sa jeunesse parmi les touchantes folies de l'amour, c'en est fait, on est ridicule et malheureux pour tout le reste de sa vie. On rencontrera l'ennui dans tous les lieux où l'on ne rencontrera pas de jolies femmes. L'utile amusement de la lecture, la douceur de l'amitié, tout cela paraîtra languissant et glacé; la solitude surtout sera mortelle, à moins qu'elle ne serve à nourrir les rêveries extravagantes qu'inspire la plus sotte de toutes les passions.

C'est cette habitude dangereuse qui est la source de ces amants sexagénaires, aussi soigneux à cacher leur vieillesse qu'à découvrir leur ridicule, de ces piliers des ruelles qui bénissent tous les jours la mode d'avoir introduit l'usage de la perruque, qui croient se rajeunir en renchérissant sur les puérilités de la jeunesse et qui paraissent persuadés qu'une forte dose de folie fait perdre à un extrait baptistaire toute son autorité.

Qu'ils sont aimables, ces messieurs-là! quand, se soutenant à peine, ils se piquent encore de la belle danse; quand, sur le point de mourir de vieillesse, ils protestent par mille serments qu'ils vont mourir d'amour, et quand ils veulent à toute force brûler au milieu des glaces de l'âge. Ils sont bien à plaindre en vérité, quelque réussite que puissent avoir leurs entreprises amoureuses.

---

76. Dans la première édition l'imprimeur ou le correcteur avait changé 'un grain de bon sens' dans 'un grand bon sens.' (Note in the 1726 edition.)

> Quand chargé d'ans un amant langoureux
> Veut fléchir par ses vœux la beauté qu'il adore,
> S'il ne réussit pas, son sort est malheureux;
> S'il réussit, c'est cent fois pis encore!

Qu'on ne me dise pas que ces sortes d'amants pourraient trouver leur compte auprès de certaines femmes, trop vertueuses pour faire un usage criminel de leurs adorateurs et contentes du plaisir qu'on trouve dans un innocent commerce de sentiments. Qu'il y a telle femme même qui n'en demande pas tant, qui ne veut rien sentir de tendre, qui ne souhaite des amants que pour en voir ses charmes reconnus et adorés et dont, par conséquent, un galant sexagénaire peut être le fait.

Cette conséquence ne me paraît pas juste. Je sais trop bien que ces femmes si retenues, qui véritablement ne veulent faire servir à leurs plaisirs que le cœur et l'esprit de leurs amants, sont bien aises pourtant de former de ces amants une *idée complète*. Une idée d'amant où il n'entrerait que le cœur et l'esprit ne remplirait pas assez leur imagination. Si je me trompais dans ce que je viens d'avancer, ces femmes vertueuses, mais pourtant femmes, seraient aussi touchées des fleurettes d'une personne de leur sexe que des cajoleries d'un homme; ce qui pourtant est très éloigné de la vérité.

Un de ces vieillards malheureux, qui, malgré ce ridicule, se fait estimer de tous les honnêtes gens, s'était attaché à l'enjouée Dorimène. Elle est à la fleur de son âge, essentiellement vertueuse, mais assez étourdie pour ne se pas mettre fort en peine d'avoir tout l'extérieur et toute la réserve de la sagesse. Son mari, qui l'aime aussi tendrement qu'il en est aimé, se fie en sa vertu, la laisse faire et se divertit à entendre de sa propre bouche le récit de ses aventures. Depuis deux ans elle régale cet heureux époux des tendres folies du bon Ariste. Ce vieux damoiseau a l'esprit charmant, une grande routine de savoir vivre et toutes les manières polies et flatteuses de la vieille cour. A soixante-dix ans il a paru aussi sérieusement fou de Dorimène que s'il n'en avait eu que vingt et cinq. Tendres billets, vers, sérénades, soupirs, larmes, tout a été de la partie. L'épée même a joué son jeu; il a feint jusqu'à deux fois de s'en vouloir donner jusqu'aux gardes, et il l'a feint si naturellement que la belle en a eu de la frayeur et qu'elle a fait tous ses efforts pour l'empêcher d'empiéter sur les droits de son âge. Elle avait une véritable pitié de l'extravagance d'un homme qu'elle estimait d'ailleurs, et voici le biais qu'elle prit du consentement de son mari pour rendre son amant raisonnable, biais assez imprudent que peu de femmes en pareil cas eussent pris et que moins de maris eussent encore approuvé.

La première fois qu'Ariste lui étala encore la grandeur de sa passion et qu'il employa contre elle les sophismes les plus propres à triompher de la vertu d'une femme, Dorimène fit semblant de céder à une tendresse si pressante; elle affecta tout l'air d'une femme qui se rend et elle l'affecta d'une manière si peu équivoque qu'en vain le pauvre homme eût voulu feindre de ne pas entendre le français.

A la naissance d'un moment si souhaitable pour un homme à la fleur de son âge et si fort à craindre pour un vieillard, le pauvre Ariste resta confus, muet et désespéré. Il s'en va à la fin, et c'était le seul moyen de cacher son embarras et sa honte aux yeux de celle qui avait remporté sur lui une si prompte victoire en faisant semblant d'être vaincue elle-même. Cependant, pour ne se pas ruiner de réputation auprès de sa maîtresse, il voulut payer de la plume, et voici le billet qu'il lui écrivit.

'Tant que vous avez résisté à ma tendresse, *Madame*, votre résistance a si fort animé ma passion que je n'avais pas le loisir de songer à rappeler ma vertu pour ne plus combattre la vôtre, mais dès que cette résistance a paru se relâcher en ma faveur, ma raison a fait un effort sur mon amour et m'a fait voir la lâcheté de ma conduite à l'égard d'une personne vertueuse à qui je m'efforçais d'ôter un titre si précieux et si rare. Je n'ai pas remporté cette victoire sur moi-même sans de violents combats, et peut-être ne la dois-je qu'à mon départ précipité. Je vous prie, *Madame*, de croire que ce seul moment de faiblesse ne détruit pas dans mon esprit l'estime que vous y avez établie par tant d'années de vertu. Quel malheur eût été le vôtre si vous aviez eu affaire avec quelque jeune étourdi qui, selon l'usage du siècle, se serait fait une gloire de la brutalité de ses sentiments!

Je suis, etc.'

Dorimène, aidée de son mari, a répondu à ce
billet par les vers qui suivent.

En effet, je suis fort heureuse
D'avoir Ariste pour amant,
Ah! que son âme est généreuse!
Qu'il sait écrire joliment!

Vous avez fait, mon pauvre Ariste,
Vers la raison un prompt retour
Et vous êtes bon casuiste
Dans le plus violent amour.

Ce que je trouve d'admirable,
C'est que dans une occasion
Qui rend fou le plus raisonnable
Vous vainquez votre passion.

A la nature rendons grâce
D'avoir fait nos cœurs à rebours,
Et que l'un soit rempli de glace
Dès que l'autre est rempli d'amour.

Tandis que j'étais vertueuse,
Vous vouliez être vicieux;
Dès que je parais vicieuse,
Vous voilà d'abord vertueux.

Convenez-en, Berger fidèle,
Ma bonté vous attrapa bien,
Et je vous parus bien cruelle
Quand je ne vous refusai rien.

Le moyen de vous satisfaire,
Vous pestez contre mes rigueurs,
Et quand je deviens débonnaire
Vous enragez de mes faveurs.

N'enragez plus; à la sagesse
Recourez enfin tout à fait,
Et je bénirai ma faiblesse

D'avoir causé ce bon effet.

Ou si près d'une autre maîtresse
Vous voulez encor coqueter,
Qu'elle vous signe une promesse
De ne jamais vous bien traiter.

Si ma raison, toujours fidèle,
Dans ce besoin me planta là,
Tout autant sur vous que sur elle
Avec droit elle se fia.

Peut-être un peu trop fanfaronne
Elle croit tels écarts permis.
Faut-il qu'on se précautionne
Contre de faibles ennemis?

Mais je gage bien que Clitandre,
Ce grand fils dont on ne dit rien,
N'aurait jamais pu me surprendre
Sans ma houlette et sans mon chien.

Si je raille un peu votre flamme,
Vous n'en serez pas trop fâché;
En pareil cas chez mainte femme
En est-on quitte à ce marché?

Vous me pardonnez ma faiblesse,
C'est se conduire en esprit fort;
Je vous passe votre sagesse,
Et c'est faire un plus grand effort.

XIX · [21 septembre 1711]

Tous les hommes sont presque dans deux préjugés contraires à l'égard des poètes. Les uns regardent ces sortes de beaux esprits comme des prodiges de la nature: il n'est pas nécessaire d'être excellent poète pour s'attirer leur admiration; le tout c'est d'être poète; ils trouvent dans le talent de faire des vers quelque chose de si éloigné de la portée du vulgaire qu'il suffit de savoir donner au discours une certaine cadence et terminer les lignes par des sons semblables pour être dans leur esprit des hommes merveilleux et dignes des plus profonds respects. Tous les gens du commun sont presque dans cette prévention. Au contraire, la plus grande partie de ce qu'on appelle beau monde ne distingue pas seulement un excellent poète d'avec un poète médiocre, ni même d'avec un rimeur pitoyable. Faire des vers, c'est être extravagant, et on mesure cette extravagance au nombre des vers qu'un auteur compose plutôt qu'à leur qualité.

Cette dernière opinion, quoiqu'elle ne soit pas raisonnable dans toute son étendue, est pourtant très vraie dans la plupart des cas. Si un homme qui fait des vers n'a pas toujours l'esprit un peu déréglé, il arrive du moins rarement que dans un grand nombre de cas il ne soit très insupportable. Je veux bien, en faveur de ceux qui aiment la poésie, distinguer les rimeurs en deux classes et m'en tenir à une distinction qui sépare le caractère d'un homme qui fait des vers d'avec le caractère d'un poète.

On appelle poète un homme qui fait parade de ce titre et qui se fait un métier et une profession de le mériter. Non content du fréquent commerce qu'il a avec sa Muse dans son cabinet, il la traîne avec lui dans les cercles et dans les ruelles et s'en fait une compagne incommode et fâcheuse. Méprisant les discours vulgaires, il se plaît uniquement au langage divin que lui dicte son génie poétique, ou bien, lecteur perpétuel de ses productions, il fourre ses vers dans la conversation de toutes les compagnies où la soif des louanges le conduit. On ne fait pas grand tort à ces sortes de rimeurs en leur attribuant une forte dose de folie. A en juger par leurs grimaces burlesques, leurs mouvements convulsifs, leurs distractions comiques, leurs yeux hagards, leur langage ampoulé, leur malpropreté dégoûtante et leur manière singulière de se mettre, à en juger, dis-je, par tout cet extérieur ridicule, il n'est pas possible de se tromper sur l'égarement de leur esprit. Passe encore s'ils nous donnaient dans leurs ouvrages de quoi nous indemniser du désagrément de leurs manières, mais je mets en fait qu'un rimeur de métier doit absolument faire un grand nombre de sots ouvrages, quelque propre qu'il puisse être naturellement à en faire d'excellents.

Pour peu qu'on ait essayé de rimer, on sait qu'Apollon a ses heures du berger aussi bien que l'Amour, qu'il faut se saisir des moments heureux pour versifier avec succès et que ces moments sont rares. Lorsqu'on voudra les forcer à venir, on fera, peut-être, des vers où il y aura du bon sens et de l'esprit, mais on n'en fera point où brilleront la facilité et le génie; ainsi, quiconque se fait une loi de

> 'Mettre tous les matins vingt impromptus au net,'[77]

jouera d'un grand bonheur si, parmi ces vingt, il ne s'en trouve que dix-neuf d'absolument mauvais.

Les malheureux rimeurs de cette classe jouissent d'un grand bonheur quand la récompense des peines qu'ils se donnent va au-delà du plaisir de s'admirer eux-mêmes et des louanges sèches et infructueuses que peuvent leur accorder quelques connaisseurs, mais quelle mortification pour eux quand, au lieu de ces louanges dont ils sont si affamés, ils ne trouvent que des critiques sensées et terrassantes.

> Que je jette un œil pitoyable
> Sur un rimeur si misérable.
> Dans un cercle attentif de rigides censeurs
> Il prétend remporter un triomphe honorable
> Sur l'austère bon sens des plus fins connaisseurs.
> Vingt fois à l'entretien il donne la torture
> Pour trouver une conjoncture
> Favorable au récit d'un ouvrage nouveau
> Qui dispute le prix à La Motte, à Boileau.
> Vingt fois trompé dans son attente,
> Il voit naître à la fin l'occasion charmante
> De donner l'essor à ses vers;
> Il tire son cahier et, d'une voix tremblante,
> S'efforce de jeter cent préjugés divers

---

77. Cf. Boileau, *Art poétique*, 'Chant II', l.200: 'Il met tous les matins six Impromptus au net.'

Dans l'esprit de son auditoire.
    Déjà son ouvrage a la gloire
De plaire à tels, à tels, à Damon, à Lysis,
Les plus chers favoris des Filles de Mémoire.
    Et c'est la vérité notoire
Que Johnson a voulu les imprimer *gratis*
Et que D… en offre un raisonnable prix.
Après avoir fini ce burlesque prélude,
    Mon fat se fait une nouvelle étude
De tirer du secours, du geste et de la voix,
S'arrête au bel endroit, le répète vingt fois,
Regarde tout le monde et de l'air des visages
    Tâche à recueillir les suffrages.
Mais, hélas! Il n'y voit qu'une morne froideur
Qui condamne la pièce et qui siffle l'auteur.
    Il se mord la lèvre, il enrage.
    Mais c'est en vain, personne ne dit mot.
    A la fin le rimeur capot
    S'efforce à rompre le silence
        De l'assistance.
Quel désastre pour lui, surtout si l'auditeur
    Se pique d'un peu de candeur.
L'un trouve le sujet trop sec et trop stérile,
    L'autre se jette sur le style,
    Celui-là trouve tout commun,
Et celui-ci, critique encor plus importun,
    En blâme le trop d'étendue,
Trouve par-ci, par-là, passables quelques vers,
Mais conseille à l'auteur d'en faire la revue.
[Et de tâcher de les réduire au tiers]
Conseil trop odieux! Quoi! d'une âme inhumaine
Immoler au bon sens les enfants de sa veine,
Et la plume à la main pourra-t-il, sans horreur,
En effaçant ses vers percer son propre cœur?
    Non, le dépit sur le visage,
La douleur dans les yeux et dans le cœur la rage,
Il quittera bientôt ces amis odieux
    En les traitant d'ignorants, d'envieux,
Quoiqu'il ait éprouvé de cent et cent manières
    Leur probité, leur goût et leurs lumières,
Et de là chez des sots, et qu'il connaît pour tels,
Il court à son génie élever des autels.
    A duper leur crasse ignorance
    Il épuise son éloquence.
Il leur dira qu'eux seuls d'un vers savent le prix
Et qu'eux seuls au bon sens mesurent les écrits.
Voilà mes sots charmés qu'un savant les admire,
Qui trouvent déjà beau ce qu'on va bientôt lire,
Point de vers aussi plat dont le tour ne soit vif,
Le phébus est sublime et le fade est naïf;
    Chacun s'écrie à chaque phrase,
    A chaque rime on se met en extase,
On lance vers le ciel un regard égaré,
Ce qu'on entend le moins est le plus admiré.

Alors mon fou, dont l'orgueil s'autorise
D'un suffrage à des sots arraché par surprise,
Sur la foi de leur mauvais sens
Croit ses ouvrages excellents,
De soi-même enchanté se respecte, s'adore
Et va sur nouveaux frais versifier encore.
Que je compatis au destin
De cet auteur toujours à la folie en proie,
Moins à plaindre dans son chagrin
Qu'il n'est à plaindre dans la joie.

Disons un mot de ceux qui, sans se faire une occupation sérieuse de la versification, se laissent maîtriser quelquefois par leur génie et qui goûtent dans cet amusement un des plaisirs du monde les plus doux et les plus vifs.

Il n'est pas impossible que ceux-là ne soient des personnes sensées et d'un agréable commerce, et à consulter sur leur chapitre la raison plutôt que l'expérience, je ne vois pas qu'ils ne puissent ressembler au portrait que je vais tracer.

Un versificateur de cette espèce est un honnête homme qui, sans donner dans une vanité excessive, ose trouver ses vers bons et les lire à ses amis quand ils n'ont rien de meilleur à faire que de les écouter; il reçoit leurs critiques d'une manière docile et, dégagé d'un amour paternel qui aveugle les auteurs sur les défauts de leurs ouvrages, il ne laisse agir dans l'examen de ses pièces que sa seule raison. Enfin, il n'estime pas davantage son talent qu'il ne vaut et ne regarde pas chacun de ses vers comme un service important rendu à sa patrie.

C'est dommage que le caractère que je viens de dépeindre ne soit qu'un être de raison, qu'une image riante dont l'original ne subsiste point.

S'il se trouve quelquefois un génie poétique assez sage pour ne faire des vers que rarement et pour les sauver même de l'écueil de l'impression, je n'en ai jamais trouvé d'un esprit assez fort pour soutenir la critique, surtout quand, débarrassée d'une politesse flatteuse, elle va droit au fait et déclare hardiment mauvais ce qu'elle trouve contraire au bon sens.

Quiconque lit ses propres vers paraît avoir fait une convention tacite avec ceux qui l'écoutent d'en être loué; s'il ne fait pas éclater son chagrin contre ses censeurs, rarement conviendra-t-il de la justesse de leurs remarques et toujours il leur saura mauvais gré d'une franchise qu'il ne devrait considérer que comme une forte preuve de leur amitié.

On peut passer cette folie à des ignorants, mais le moyen de l'excuser dans les véritables connaisseurs de la poésie? Je leur demanderais volontiers s'ils ont jamais lu vingt vers de suite où il n'y eût quelque sujet d'une critique raisonnable? S'ils veulent être de bonne foi, ils ne le soutiendront pas, et le nombre des choses qu'il faut pour rendre les vers parfaits m'est caution qu'ils ne le sauraient soutenir avec fondement. Pourquoi donc leur amour-propre s'alarme-t-il tant de quelques censures qui ne font que les confondre avec les plus excellents poètes et qui roulent sur des inexactitudes dont il faut autant s'en prendre à la poésie qu'au poète?

Ce n'est pas tout. Je n'ai jamais vu de rimeur qui ne fût plus vain d'avoir fait une jolie épigramme ou un bon sonnet que ne l'est Marlborough d'avoir trompé la vigilance de Villars.[78] Cependant, qu'y a-t-il de plus creux que cette vanité poétique? Le talent de faire des vers ne produit aucune utilité solide ni au poète, ni au lecteur, et tout l'honneur qu'on en puisse tirer, c'est celui de réussir dans la bagatelle et d'amuser agréablement ceux qui aiment mieux le bon sens gêné par la mesure et par la rime que le bon sens délivré de cette contrainte, et par cela même plus agréable à d'autres.

XX · [28 septembre 1711]

SUITE

DE MES REFLEXIONS

Sur le sens commun[79]

Le prodigue Ménandre aurait dissipé, par ses débauches continuelles, les biens considérables que l'avare Lycophron paraît n'avoir amassés que pour la perte de ses enfants si les débauches lucratives de son épouse n'avaient fourni aux plaisirs ruineux d'un mari qui n'épargne rien pour satisfaire à la délicatesse de sa volupté. En un mot, Ménandre était un homme perdu s'il avait eu une honnête femme. Cependant, loin de savoir quelque gré à une épouse qui a si fort au cœur les affaires de sa famille et qui est assez habile pour vendre des plaisirs aussi cher que son époux les achète, il ne cesse de déclamer contre sa conduite et de lui prodiguer les noms les plus odieux, dans le temps que lui-même il se prévaut du titre d'honnête homme comme d'un droit que personne ne s'avisera jamais de lui disputer. Peut-on nier que Ménandre ne soit aussi ennemi du sens commun que de soi-même?

Néron se plaisait aux plaisirs tumultueux; il aimait à faire le personnage de comédien et passait des jours entiers à toucher des instruments devant ses sujets, ou bien à conduire lui-même un char dans la carrière du cirque. Domitien se faisait un délice de s'enfermer dans son cabinet dans lequel, bien loin de former le plan de quelque conquête glorieuse au peuple romain, il se contentait de faire la guerre aux mouches. Si l'on met à part ce qu'il y a dans ces amusements d'indigne d'un empereur, on trouvera peut-être Néron plus raisonnable dans le choix de ses plaisirs que Domitien, ou du moins, on égalera la folie obscure et inanimée de l'un à la folie vive et brillante de l'autre.

Je ne doute pas que le sérieux Ariste ne soit de mon sentiment sur cette affaire; cependant, il ne manque jamais de s'emporter contre les plaisirs du bal, de l'opéra, de la comédie, dans le temps qu'il passe lui-même la moitié de sa vie dans sa chambre à arranger des bagatelles pour les déranger après. M. B... hait tout autant le tumulte de la société qu'Ariste et il ne s'applaudit pas moins que lui de la tranquillité de ses divertissements. A peine est-il jour qu'il va voir dans

---

78. The English general John Churchill, Duke of Marlborough (1650-1722), took Bouchain from under the eyes of his French adversary Louis-Hector Villars (1653-1734), but his ultimate victory was thwarted by subsequent military successes of Villars and by the Peace of Utrecht (1713).

79. Voyez le IX discours. (Note in the 1726 edition.)

son jardin une tulipe qui est la chose du monde la plus rare; son esprit se perd dans la contemplation de cet objet merveilleux.

N'allez pas croire que cette fleur divertit la vue par la diversité riante de ses couleurs, point du tout; elle n'a rien de beau, et tout son mérite consiste en ce qu'elle est unique en son espèce et qu'elle a coûté quatre cents francs. Cependant, M. B... passe cinq heures de suite à l'admirer et revient dîner chez lui fort content de sa matinée; il a vu une tulipe.

Toute la différence que je trouve entre les plaisirs tumultueux et les amusements tranquilles dont je viens de parler, c'est que les premiers, faisant des impressions violentes sur les passions, en émoussent la pointe et qu'ils sont bientôt suivis de la fatigue et de l'ennui, au lieu que les autres, n'affectant l'âme que faiblement, n'y produisent ni lassitude ni dégoût. Il arrive de là qu'un tel, qui se dissipe aujourd'hui dans les divertissements les plus animés, s'occupera peut-être demain à quelque chose d'utile et de sérieux, et que M. B..., qui contemple aujourd'hui sa tulipe, contemplera encore demain sa tulipe.

Pour montrer encore mieux la rareté du sens commun, faisons voir qu'il y a des maximes généralement reçues de tous les hommes et qui ont pris dans leur esprit la place de sens commun, quoique rien au monde n'y soit plus contraire. Il en est de ces maximes comme de certains objets de physique. Rien n'est plus merveilleux que la lumière, et cependant, rien n'excite moins l'attention des hommes du commun. Depuis qu'ils respirent, ils ont vu cette lumière admirable, elle ne les frappe point; la lumière c'est la lumière, voilà tout ce qu'on en sait et tout ce qu'on en veut savoir.

De la même manière, il y a certains préceptes que les enfants ont entendu répéter mille et mille fois par des personnes dont l'autorité leur tenait lieu de raison; ils se sont fait une habitude de trouver ces préceptes indubitables, et, quelque propres qu'ils soient par leur bizarrerie à exciter l'attention, on ne daigne pas seulement y songer. L'idée de ces maximes et l'idée du bon sens sont si étroitement unies dans l'imagination que l'une entraîne toujours l'autre, et la raison, accoutumée à cette union, ne s'en défie pas et les laisse passer sans le moindre examen.

Voici, par exemple, une règle dictée par le sot orgueil; elle est de tous les pays et de tous les âges; on l'inculque à la jeunesse comme la maxime la plus sensée et en même temps la plus utile: 'Il faut toujours fréquenter les gens qui sont au-dessus de nous.'

D'abord, cette règle est impossible dans la pratique. Si on la voulait suivre, le bourgeois courrait après le gentilhomme, qui s'échapperait pour joindre le marquis; celui-là ne voudrait hanter que des ducs, qui à leur tour ne voudraient fréquenter que des princes; les princes ne voudraient du commerce qu'avec les rois, et les rois, qui déjà ne jouissent pas trop des douceurs de l'amitié, en seraient privés absolument.

D'ailleurs, rien n'est plus injuste que de vouloir inspirer une pareille conduite à ceux qui n'ont déjà que trop de penchant à se livrer à une vanité impertinente. Est-ce dans le rang qu'il faut chercher le fondement du commerce mutuel qui doit unir les hommes? Et des titres qui paraissent autoriser le mépris qu'on a pour ceux que la nature nous a rendus égaux, sont-ils propres à servir de base à la sociabilité? Point du tout, c'est l'humanité et non pas la noblesse qui doit être la source de l'amitié, et pour être ami il ne s'agit pas d'être duc ou comte, il suffit d'être homme et d'être exact dans les devoirs qu'exige de nous la sociabilité.

Je veux croire qu'une des raisons qui donnent quelque poids à la règle que je combats, c'est la supposition que plus on est de naissance, plus on a de l'éducation, des dispositions à la vertu et plus on peut être utile à former le cœur et l'esprit de ceux qu'on fréquente. Je veux croire même que cette supposition est vraie; la maxime n'en sera pas moins fausse. L'humanité veut qu'on soit aussi prompt à faire du bien qu'avide d'en recevoir, et, par conséquent, il est juste que je hante mes inférieurs pour leur rendre le même service que me rendent ceux qui sont au-dessus de moi en m'honorant de leur commerce.

Tout le monde convient qu'une faute qui procède de la faiblesse humaine est plus pardonnable qu'une mauvaise action qui a son principe dans la malignité, et cette opinion est parfaitement conforme au sens commun. Cependant, dans la pratique tout le monde s'écarte presque d'une distinction si raisonnable.

Dorinde avait reçu de la nature une beauté aussi dangereuse pour elle-même que pour les hommes qui trouvaient dans ses charmes l'écueil de leur repos; son esprit n'était pas moins beau que son corps, et sa sagesse égalait ses attraits et en relevait l'éclat. Elle avait toujours résisté au plaisir pernicieux de se faire des adorateurs, et bien loin d'aller au devant de ce péril, elle avait eu toujours la prudence de l'éviter. Le seul Polémon, parfaitement honnête homme, l'avait emporté dans le cœur de cette sage beauté sur le rang et sur la richesse de ses rivaux, et après six années de persévérance (rare prodige!), il est devenu époux de la charmante et vertueuse Dorinde. Mais à peine six mois se sont-ils écoulés depuis cette heureuse union que Dorinde s'est vue mère. Voilà la médisance déchaînée contre cette pauvre femme; on ne lui sait plus gré de toute sa sagesse passée; on ne compte pour rien toutes les victoires qu'elle a remportées sur l'amour-propre, sur la tendresse d'une foule de galants et sur son tempérament doux et porté à la compassion. Un seul moment de faiblesse pour un homme amoureux, aimable, aimé, un seul moment de faiblesse décide de toute sa réputation.

Quoi! un homme parfaitement sobre perd-il ce titre pour avoir pris une fois quelques verres de vin de trop? N'est-on plus bon philosophe quand on est tombé une fois dans un sophisme? Perd-on la réputation d'homme sage pour avoir fait une folie? Et doit-on refuser le titre de bon général à ceux qui, après cent victoires, se sont laissés une seule fois surprendre par l'ennemi? Nullement. Et pourquoi donc Dorinde passera-t-elle pour peu vertueuse parce qu'une seule fois sa vertu a été surprise hors de garde? Ajoutons encore qu'une faiblesse est pardonnable à mesure qu'il est facile d'y succomber. Eh! quoi de moins facile que de résister toujours aux tendres empressements d'un homme qu'on estime trop pour oser s'en défier! Pardonnez-moi, vous Mesdames qui trouvez tant d'infamie dans la conduite de Dorinde, pardonnez-moi si j'ose soupçonner que peu d'entre vous eussent échappé au péril que Dorinde n'a su éviter. Vous avez de la vertu, je n'en doute point, mais plus vous vous assurez sur cette vertu et plus vous êtes faibles; il n'y a que la seule défiance de vos forces qui puisse être chez vous le fondement d'une conduite qui ne se dément pas. Croyez-vous que la sagesse consiste à triompher de la tendresse d'un homme aimable à qui vous donnez l'occasion de vous voir [en] tête-à-tête? Vous vous trompez fort, la sagesse consiste à ne le point combattre. Quand on combat ce qu'on aime, on succombe tôt ou tard, et plus on a de la pudeur, plus on est novice, moins on est aguerrie et plus facilement on cède la victoire. De grâce, Mesdames, examinez-vous un peu. Supposez un homme bien fait qui sache assaisonner la tendresse de ses sentiments par des expressions touchantes et naturelles, qui par mille détours ingénieux vous étale une passion délicate et dont tout l'air ne soit qu'une perpétuelle déclaration d'amour. Supposez encore que cet amant vous plaise; l'une de ces suppositions mène assez à l'autre. Ne vous feriez-vous pas un plaisir de le voir seul, et dans cette aimable solitude, auriez-vous bien toujours la force de ne pas payer toute son ardeur d'un seul baiser? Un baiser est tout pour un amant un peu entreprenant; cette faveur, quelque innocente qu'elle soit, le rendra plus tendre; sa tendresse redoublée augmentera la vôtre; sans qu'il le veuille et sans que vous vous en aperceviez, il vous prendra des faveurs plus grandes, il mêlera à des actions peu respectueuses des serments de respecter toujours votre innocence, il trouvera le secret de les faire croire, et, qui plus est, ses serments seront sincères. Mais sa passion l'égare, sa raison s'étourdit, et par la faute d'un seul baiser vous voilà l'un et l'autre les dupes d'une confiance imprudente. Vous voyez combien il est difficile d'éviter ces sortes de malheurs quand on n'en évite pas l'occasion, et telle d'entre vous qui dira tout haut que je ne suis pas raisonnable de soutenir de tels paradoxes se dira tout bas que je n'ai pas tout le tort.

N'est-ce donc pas une injustice criante et un manque visible de sens commun de se déchaîner avec tant de fureur contre la pauvre Dorinde, dans le temps qu'on se fait complice d'une troupe médisante dont la malignité est charmée de la prise que cette dame vient de donner sur elle et dont le plaisir serait entier si la perfidie de Polémon avait été, selon la mode, une suite de la faiblesse de Dorinde?

XXI · [5 octobre 1711]

Une des préventions les plus dangereuses à la raison, c'est celle de croire qu'on ne saurait rien penser que d'autres n'aient déjà pensé avant nous;[80] s'il n'y avait pas de temps en temps des génies hardis qui secouassent le joug de ce préjugé, elle seule serait capable de rendre la raison inutile aux hommes et de les plonger dans un abîme d'ignorance dont rien ne serait capable de les tirer. D'ailleurs, elle est si fausse que j'ose dire que sur les matières les mieux éclaircies on peut répandre encore un nouveau jour, pourvu qu'on ait l'esprit assez vigoureux pour se dégager des chaînes de l'autorité et pour oser raisonner de son propre fond. Ce n'est pas tout; il arrive encore souvent que, sans un assez grand examen, on suppose certains sujets entièrement approfondis par nos ancêtres quoiqu'à peine ils les aient entamés; sur ce fondement chimérique, on ne songe pas

80. *Les Caractères* by La Bruyère begin with the following commentary on 'Des ouvrages de l'esprit': 'Tout est dit, et l'on vient trop tard depuis plus de sept mille ans qu'il y a des hommes, et qui pensent' (I).

seulement à toucher à ces matières et on les laisse là comme absolument épuisées.

Telle est, par exemple, l'éloquence. Tout le monde croit presque qu'on n'en saurait plus rien dire qui soit en même temps nouveau et raisonnable, et cependant, on peut avancer, sans être trop téméraire, qu'on n'en a donné jusqu'ici que des règles vagues, faute d'en former une idée juste et précise.

'Comment,' me dira-t-on, 'l'illustre père Rapin n'a-t-il pas fait un long discours sur l'éloquence?'[81]

Oui, fort long. Pour être court il faut concevoir sa matière, et ce père paraît n'avoir écrit que pour nous montrer qu'il ne la concevait pas.

Après avoir fait un dénombrement fort étendu de tout ce qu'il croit être requis pour l'éloquence, il avoue lui-même qu'il n'est pas satisfait encore de toutes ses recherches; il se trouve forcé de dire qu'il est presque impossible de définir son sujet et que le cœur le peut mieux sentir que l'esprit ne saurait le concevoir. On peut dire que de cette lecture-là on sort un peu plus incertain qu'on n'y était entré, et j'aime autant le raisonnement d'Arlequin qui, ayant cité sur un point de médecine Hippocrate et Galien, dit que le premier n'en dit rien et que pour l'autre, il ne l'a jamais lu.[82]

La raison pourquoi on a parlé de l'éloquence d'une manière si embrouillée, c'est qu'on n'a pas pris la peine de distinguer avec exactitude la véritable éloquence de la fausse et qu'on ne l'a jamais considérée qu'en général comme l'art de persuader tout ce que l'on veut.

Un homme éloquent, selon l'idée qu'on en a presque toujours formée, est un fourbe adroit qui se ligue avec les passions et les préjugés de ses auditeurs pour aveugler leur esprit et pour les conduire à ses fins, c'est-à-dire que c'est une espèce de malhonnête homme à qui on passe ses mauvais sentiments en faveur de son esprit.

Tous ceux qui se mêlent d'écrire devraient se mettre fortement dans l'esprit qu'on ne saurait jamais traiter bien une matière de raisonnement si on ne la définit, ou du moins si on n'en rend la définition facile à ses lecteurs. Une bonne définition vaut mieux quelquefois qu'un traité tout entier, et celle que M. de La Motte a donnée du sublime m'instruit et me satisfait davantage que tout le livre de Longin.[83] Oserais-je imiter cet illustre Moderne et hasarder ici une définition de la véritable éloquence? La voici: 'La véritable éloquence est l'art d'exprimer avec clarté, dans un style convenable au sujet, des raisonnements solides mis dans un ordre naturel et facile.' Je prétends que cette définition donne une idée complète de son sujet. Le but de la vraie éloquence est de convaincre. On ne saurait convaincre que par le raisonnement, et le raisonnement est sans effet s'il est obscur, s'il est embrouillé et si on ne le fait sentir par un ordre naturel et par des expressions claires et convenables à la matière. Il n'entre donc proprement que deux choses dans l'éloquence: l'exactitude du raisonnement et l'art de mettre ce raisonnement dans tout son jour.

---

81. René Rapin (1621-1687) wrote several critical works including his *Réflexions sur l'usage de l'éloquence de ce temps* (1672).

82. I have not identified this.

83. See La Motte, *Œuvres*, i.35, 'Discours sur la Poësie en général, & sur l'Ode en particulier:' 'Je crois que le Sublime n'est autre chose que le vrai & le nouveau réünis dans une grande idée, exprimés avec élégance & précision.'

'Mais,' me dira-t-on, 'vous n'avez défini qu'une partie de l'éloquence. Il ne suffit pas de convaincre la raison, il s'agit encore de toucher le cœur et, par conséquent, il faut ajouter le *pathétique* au raisonnement si l'on veut donner de votre sujet une idée complète.'

Je conviens que le but de la véritable éloquence doit être aussi de toucher le cœur, et l'idée qu'on en voudrait donner serait à coup sûr vicieuse si on n'y faisait entrer le *pathétique*. Mais on verra bien que ma définition n'en est pas moins bonne quand on voudra bien examiner en quoi consiste le *pathétique* et ce que c'est que de toucher le cœur.

Toucher le cœur n'est autre choses qu'y exciter certaines passions avantageuses pour le sentiment qu'on tâche de faire embrasser, et le pathétique est propre à y faire naître ces passions en faisant voir que notre opinion est intéressante et qu'il est utile, honnête ou agréable de la suivre.

Or on m'accordera facilement qu'il faut commencer par convaincre la raison et non pas par toucher le cœur. Le but de l'éloquence en question est de faire raisonner juste, et le cœur troublé, ému, ne laisse jamais la raison dans une liberté qui lui est absolument nécessaire pour la justesse de ses opérations. Personne ne doute que les passions du cœur ne soient la source des préjugés de l'esprit, et travailler à faire naître des préjugés, ce n'est pas convaincre, c'est tromper, et c'est tomber visiblement dans la fausse éloquence.

Il est donc sûr qu'il faut montrer qu'une opinion est vraie avant que de faire voir qu'elle est intéressante, mais comment faire voir qu'elle est intéressante si ce n'est par le raisonnement?

Or si les raisonnements dont on se sert pour cette fin ont de l'exactitude et de la solidité, on voit clairement que le *pathétique* entre dans ma définition; si, au contraire, ils cachent leur fausseté dans un dehors éblouissant, ils appartiennent à la fausse éloquence et ne sont que l'effet d'une fourberie indigne d'un homme de probité.

Si on voulait mesurer l'éloquence à ce peu de règles que je viens d'en établir, peut-être que plus rarement on payerait d'une figure quand il s'agit de donner une raison; peut-être laisserait-on passer quelquefois un terme sans lui donner une épithète; peut-être encore aimerait-on mieux exprimer une chose par un seul mot bien choisi que de l'enterrer sous quatre synonymes, et l'on préférerait un mot connu de tout le monde à une expression qui ne commence qu'à entrer en vogue. En un mot, il y a de l'apparence qu'on rejetterait comme superflu tout ce qui ne contribue point à rendre sensible la force d'un raisonnement.

Mais voici du sérieux plus qu'il n'en faut; on n'est pas à mon âge aussi gai que l'on voudrait bien; faisons un effort pourtant.

> Oui, je veux égayer mon style,
> Le sérieux toujours fut en ennui fertile,
> La bagatelle est toujours de saison
> Et des contes surtout on en veut à foison.

> Certain adorateur de l'aveugle fortune
> Avait été longtemps dans la troupe importune
> De ces laquais bien vêtus, bien nourris,
> Dont l'usurier infâme embarrasse Paris.
> Ayant enfin avec sa bigarrure

Dépouillé sa roture,
A son maître bientôt il se vit égalé.
Aux bourgeois malheureux par lui fut étalé
Le fruit pompeux de leur misère.
Grâce à leur indigence il faisait bonne chère,
Et le public, tremblant dans ses nombreux laquais,
Voyait toute une pépinière
De la canaille sous-fermière.
Traitée avec indignité
Par ce scélérat d'importance,
Une dame de conséquence
Va le trouver et fait à ce bourreau
De ses crimes affreux un fidèle tableau.
Pendant qu'elle parlait, l'insupportable engeance
Des valets du faquin faisait un bruit affreux
Et contraignait leur maître sourcilleux
D'employer sa voix menaçante
A mettre le holà dans la troupe insolente.
Puis, se tournant vers la sage Amarante,
'Excusez,' lui dit-il; 'ces gueux
Sont toujours des marauds fâcheux.'
'Oui,' dit-elle, 'il est vrai, mais c'est chose avérée
Qu'ils sont encor plus odieux
Quand ils ont quitté la livrée.'

'Eh fi donc, ce conte est plus vieux
Qu'une relique;
En prose, en vers, on le voit en tous lieux,'
Me dira, sans doute, un critique.
Mais, Monsieur le Censeur, tout beau,
Sachez que cette histoire, à coup sûr peu nouvelle,
Doit ici seulement servir de parallèle
A quelque conte plus nouveau.
Grapillon, depuis sa jeunesse
Fourbe de la plus noire espèce,
Dans plus d'un métier différent
Avait signalé son talent,
Et d'un froc à la fin il sut avec adresse
Couvrir sa scélératesse.
Le froc trompeur à tels emplois
A servi mille et mille fois.
Mais bientôt son cœur détestable,
Perçant les saints dehors d'un habit respectable,
Au grand jour se fit voir et, dans d'autres pays,
Le faquin fut changer et de culte et d'habits.
Pour les mœurs, non; en fourbe, en impudence,
Il se pique de constance.
Chez le sage Lysis un jour il se fourra.
Par hasard, ou par choix, l'entretien y roula
Sur le moine et sa manigance.
L'un en disait ceci, l'autre en disait cela.
L'un dit, 'Son caractère est la cagoterie.'
L'autre dit, 'C'est la fourberie.'
Mon maraud à son tour parla

Et décida que c'est l'effronterie.
'Oui,' répondit Lysis, 'juste, voilà le hoc
    De cette affaire.
Mais c'est bien plus son caractère
Quand une fois il a quitté le froc.'

XXII · [12 octobre 1711]

Quand on se met à parler de l'esprit, comme le bonhomme Damis triomphe sur cette matière!

'Un tel a l'esprit grand,' dira-t-il; 'un tel l'a délicat; celui-ci a l'esprit vaste; celui-là l'a joli; cet autre l'a fleuri et brillant.'

Enfin, on dirait qu'il a des balances de la dernière justesse par le moyen desquelles il connaît la juste valeur de toutes sortes de génies. Cependant, demandez à ce sage éclairé ce que c'est que l'esprit.

'Ce que c'est que l'esprit,' répondra-t-il, 'c'est …, mais il n'y a personne qui ne sache cela.'

Insistez pour en savoir son sentiment, il vous quittera plein d'indignation et regardera vos instances comme autant d'insultes que vous faites à ses lumières.

Mais s'il s'examine, il trouvera qu'il n'a jamais songé seulement à se faire cette demande à lui-même, que, faute de cette défiance de son habileté, il n'a que des idées très confuses de l'esprit et que les différentes épithètes qu'il lui donne partent plutôt de sa mémoire que d'un choix raisonné de son jugement.

Ce qui rend la signification de ce terme si peu précise, c'est qu'on y attache plusieurs idées différentes qu'on ne s'efforce pas assez de débrouiller.

Tantôt on donne le nom d'esprit à la pénétration, tantôt à la justesse du raisonnement, tantôt à la beauté de l'imagination, et dans ce dernier sens on l'oppose quelquefois à la solidité du jugement sans courir grand risque de faire une bévue. Pour faire un esprit véritablement grand et beau, toutes ces trois qualités sont requises, et par là, il est facile de comprendre combien ces sortes de génies du premier ordre doivent être rares.

Parmi nos auteurs, en matière de bel esprit, on en trouve beaucoup dont l'imagination est belle et vaste et dont l'esprit est vif et pénétrant; mais on en trouve très peu qui, à l'aide d'une raison exacte, savent user comme il faut de la dangereuse beauté de leur génie et s'empêcher de mêler aux beautés les plus sublimes des petitesses pitoyables.

Du petit nombre de ces esprits aussi sensés que fleuris sont, à mon avis, Pascal, Fontenelle, La Bruyère et La Motte. Pour le sens et pour la pensée, rien ne cloche presque dans les ouvrages de ces grands hommes. On peut voir chez quelques-uns d'entre eux un mot hasardé, une période mal arrondie, mais on n'y verra point un sophisme grossier, une équivoque fade, une pensée fausse, un galimatias pompeux.

Fontenelle surpasse encore les autres écrivains dont je viens de parler par la netteté et par l'élégance de son style; ses termes sont aussi choisis et ses périodes aussi coulantes que son goût est sûr et que ses pensées sont brillantes et justes.

Tout ce qu'on pourrait censurer peut-être dans sa manière d'écrire, c'est qu'il a trop d'esprit et qu'il donne quelquefois dans le précieux.

Il en est à peu près du titre d'hommes d'esprit comme il en était chez les Grecs et chez les Romains des récompenses qu'on donnait aux actions signalées des grands hommes. D'abord, ces récompenses étaient rares et fort glorieuses, et après cela, très communes et très méprisées. De la même manière on donnait autrefois le titre d'homme d'esprit à très peu de personnes et on le considérait extrêmement, et, à présent, il n'y a rien de si commun et rien dont on fasse moins de cas. On n'entend parler que de l'esprit, tout le monde en a, et ce n'est plus par l'esprit qu'on se distingue avantageusement du vulgaire.

Célimène passe pour avoir de l'esprit, et du plus délicat. En effet elle parle bien, les termes dont elle se sert sont du bel usage, et, élevée auprès des personnes de bon goût, elle dit quelquefois de jolies choses que le hasard offre à sa mémoire. Mais percez un peu la superficie brillante de son génie, vous verrez qu'il n'y a rien de si sec, rien de si destitué de bon sens et de raison, et si elle en impose à ceux qui n'ont pas un plus grand fond qu'elle, ceux qui ont de la pénétration ne sauraient que la confondre avec les adorateurs de son génie.

Les études sérieuses de Clitophon sont quelques recueils et le *Mercure galant*; son esprit fatigué de cette lecture se délasse dans le théâtre italien. Il est tout farci des phrases burlesques d'Arlequin et de Pasquariel; rien au monde n'est plus plaisant ni plus drôle que cet homme-là. 'Il ne faut que lui seul pour divertir toute une compagnie.' Peut-on, sans une injustice criante, refuser le titre d'homme d'esprit à un si joli bouffon dont la seule vue excite des éclats de rire? Il entrera dans une compagnie inconnue en faisant des grimaces et des postures, et toute la différence entre Dominique et lui, c'est que le dernier était un véritable Caton hors du théâtre et que le masque lui servait plus à cacher une honnête pudeur qu'à proportionner l'air de son visage au comique de ses gestes et de ses discours.

L'aimable homme, le charmant tour d'esprit que M. Furet; il ne se passe point d'histoire dans la ville qu'il ne sache sur le bout du doigt. Il vous dira tout le détail de la querelle de Doris et d'Ismène sur leur qualité et vous fera un détail exact de toutes les injures de harengère qu'elles se sont dites pour prouver la beauté du sang qui coule dans leurs veines et qui naturellement se devrait communiquer à leur cœur. Il n'ignore aucun des avantages qu'une cour étrangère se vante, peut-être avec un peu trop de justice, d'avoir remportés sur nos dames. Si les arbres d'un bocage pouvaient parler, ils ne raconteraient pas d'une manière plus circonstanciée que lui les promenades galantes de Lysidor et d'Artamise. Et quand M. Furet lui-même aurait été un de ceux qui ont troublé par leur présence inopinée le tendre cours des plaisirs de ces amants, il ne saurait pas mieux dépeindre leur surprise et leur embarras. Les compagnies peuvent-elles se passer d'un si agréable historien? Et n'est-il pas juste de lui pardonner son sot silence dès qu'il a débité tout ce qu'il sait de nouveau sur l'histoire scandaleuse du siècle?

Néophile n'est pas homme d'esprit seulement, c'est un bel esprit du premier ordre; jamais homme ne fut plus curieux de la nouveauté des mots; tous les jours il va à la chasse des termes à la mode et qui commencent seulement à se mettre en vogue; dès qu'il en a attrapé quelques-uns, il part de la main pour les débiter tout chauds dans la première compagnie qu'il veut honorer de sa conversation. On ne l'entend pas la plupart du temps, il est vrai, mais aussi ne parle-t-il pas dans ce dessein-là. Il est ingénieux à faire naître l'occasion de faire parade de ses phrases de nouvelle édition et pour les mettre à toutes sauces.

'Voilà une grande soupe,' dirait-il d'un potage qu'il trouverait à son gré, et il louera exprès un ragoût et du vin pour dire 'que l'un est joli et que l'autre est charmant.' 'Ces sottises-là ont encore leur mérite,' dira-t-il de quelque autre mets dont il voudra faire l'éloge, et chez lui les dames n'ont jamais un beau visage, un esprit agréable, un cœur bien placé, de belles manières. Non, leur esprit est *gracieux*, leur manières sont *gracieuses*, etc. Ce mot lui plaît infiniment et vaut chez lui les pensées du monde les meilleures. Lui fait-on quelque compliment. 'Ah! *Madame*, vous me gracieusez,' dit-il. 'Vos louanges, *Mademoiselle*, me confusionnent. Vous me gonflez d'honneur, *Monsieur*, et vos gracieusetés sont capables de m'enthousiasmer de mon mérite.'

Après ces beaux discours, il s'en va de peur de tomber dans l'expression ordinaire, et il emploie le reste de la journée à promener dans toutes les assemblées la nouveauté brillante de ses phrases.

Philologue paraît né pour soutenir la conversation; il s'est acquis un art merveilleux de parler longtemps sur la moindre bagatelle. Chez lui le plus grand malheur dans un entretien n'est pas de dire une sottise, c'est de n'avoir rien à dire, et il défie le philosophe le plus taciturne de démonter son caquet, quand même il ne répondrait qu'en monosyllabes qui sont l'écueil ordinaire de l'impétuosité de ces sortes de génies. S'agit-il de raisonner, il croit argumenter mieux qu'un autre en criant plus fort. Avec cela il gesticule, il se démène, il marque par tout son air qu'il dit quelque chose de délicat. A le voir parler, on dirait qu'il parle bien, et bien des gens n'en jugent que par la vue.

Mais tous ces beaux esprits de nos jours sont infiniment plus supportables qu'Ariste, quoique véritablement il ait le génie beau et le raisonnement juste. C'est le fléau de la société; on frissonne quand on le voit entrer dans une compagnie; il y vient toujours accompagné de toute la supériorité de son esprit dont il accable impitoyablement ceux dont les lumières sont plus bornées que les siennes. On ne peut pas dire une fadaise qu'il ne la relève, pas une pointe dont il ne fasse sentir le faux brillant. Bientôt il est contraint de parler seul ou de s'en aller pour rendre la parole à des gens que le feu de son esprit a glacés et que la force de ses raisonnements a étourdis.

Ce n'est pas tout. Il ajoute à l'importunité de sa critique les railleries les plus piquantes et ne respecte ni la simplicité de l'un, ni les bonnes qualités de l'autre, ni l'amitié que lui marque un troisième. Ariste est né pour briller, il faut qu'il brille, dût-il être son seul ami, dût-il s'attirer la haine de tout le monde, et la société ne dût-elle pas avoir pour lui le moindre agrément. Lui qui raisonne si bien ne fera-t-il jamais quelque réflexion utile sur l'extravagance de ses manières? Ne songera-t-il jamais à modérer l'éclat de son esprit pour le rendre supportable à tout le monde? Ne sait-il pas qu'on ne vit et qu'on ne respire que pour le genre humain et que rien n'est estimable qu'autant qu'il a du rapport au bonheur et à l'agrément de la société à qui nous devons tâcher de plaire aussi bien par devoir que par intérêt? Le Ciel ne nous donne point des talents extraordinaires afin que nous nous rendions odieux à nos prochains, et si le caractère essentiel d'un esprit supérieur était d'être importun et insupportable, la sottise accompagnée de quelque bonté serait infiniment plus digne d'estime que le génie du monde le plus transcendant.

XXIII · [19 octobre 1711]

Rien n'est plus propre à former la raison que le commerce de lumières qu'on entretient par une dispute modérée où les parties, n'ayant pour but que la connaissance de la vérité, s'écoutent avec attention et d'un esprit tranquille et prennent autant de plaisir à se désabuser d'une fausse opinion qu'à voir succomber leurs antagonistes sous la force de leur raisonnement. Mais par malheur la dispute perd toute son utilité et devient même pernicieuse par la faute de ceux qui n'y portent pas un désir sincère de s'instruire, une raison attentive et un cœur tranquille, dispositions sans lesquelles ces sortes d'entretiens non seulement augmentent l'incertitude des opinions, mais deviennent encore fatales à l'amitié.

Pour peu qu'on réfléchisse sur les principes de ce malheur, on verra qu'on le peut déduire des sources que voici: l'ignorance, la fausse honte, l'esprit de chicane, la vivacité excessive, la distraction et l'emportement.

Lysis ne sait pas les premiers principes de l'art de raisonner; cependant, fondant l'opinion de son habileté sur les années qu'il a passées aux académies, il veut toujours disputer et trouve toutes les matières également propres à la dispute. Il n'y a rien de fixe dans ses sentiments; il ne sait ce qu'il croit, et à proprement parler il ne croit rien parce qu'il ne conçoit rien d'une manière nette et distincte. Il sait, pourtant, réduire au silence tous ceux qu'il attaque et qui ne lui ressemblent pas; leurs raisonnements ne font rien sur l'esprit d'un homme qui n'en sent pas la force; on les répète vingt fois, et vingt fois on s'attire de lui la même réponse. On se tait, et Lysis se retire, charmé de la solidité de ses arguments et des victoires qu'ils lui font remporter.

Damon a l'esprit un peu plus pénétrant; cependant, par je ne sais quel défaut de raisonnement, il a le cœur assez bas pour se croire de beaucoup plus stupide qu'il n'est, et cette espèce de lâcheté le rend absolument incapable de revenir de ses erreurs. Il conçoit vos raisonnements et, quoiqu'il n'y voie pas le moindre sujet de doute, il n'ose y ajouter foi, persuadé que les habiles gens qui sont de son opinion répondraient sans peine à des difficultés qui lui paraissent indissolubles.

Un troisième caractère des disputes qui ont la vogue parmi les ignorants consiste à raisonner en l'air et à donner à un même terme de différentes significations. C'est par ce défaut de méthode que souvent après avoir criaillé deux heures, on s'avise de définir ses expressions et, terminant ainsi la dispute par où il fallait la commencer, on est tout étonné de n'avoir combattu que des chimères et d'être tous d'un même sentiment.

Le docteur Nicophile se croirait perdu d'honneur s'il avait succombé dans un combat de raisonnement; on lui arracherait plutôt la vie qu'un aveu de sa défaite. Quoiqu'il n'y ait rien au monde de plus orthodoxe que lui, on l'a vu, faute de vouloir céder, soutenir les opinions les plus erronées et les paradoxes les plus extravagants. Tout ce qu'il craint, c'est d'être poussé à bout, et dès qu'une fois on enfile comme lui les routes de l'absurdité et de l'impertinence, on échappe à coup sûr aux poursuites de l'ennemi du monde le plus acharné. Vanité mal entendue, s'il y en eût jamais! Si vous cherchez la vérité, Nicophile, cédez de bonne foi dès que vous en sentez la force, et si vous ne courez qu'après la gloire, cédez encore. Rien n'est plus glorieux que de savoir avouer de bonne grâce qu'on a tort, et dès qu'on voit un homme capable d'une telle force d'esprit, on se persuade par cela même qu'il est rarement réduit à de pareilles confessions.

Chrytippe est rompu dans les ruses de la logique et il s'est fait dans les écoles un art et une habitude de faire de la vérité le jouet de la finesse de son esprit. Quand vous le croyez tenir, il vous échappe adroitement, et à la faveur d'un terme équivoque ou d'un *distinguo* subtilement chimérique, il passe du sujet de la question à une matière toute différente, et l'on est tout surpris de disputer avec lui sur un sentiment qu'on n'a jamais songé à lui contester. Pour peu qu'on soit raisonnable, on le laisse s'applaudir de sa mauvaise foi sans lui envier des lauriers aussi méprisables que les subtilités frivoles qui les lui font moissonner.

Le jeune Cléandre est ennemi mortel de la chicane et de l'entêtement, mais sa vivacité le rend absolument incapable de disputer avec fruit. A peine ouvrez-vous la bouche qu'il sait déjà ce que vous allez dire et qu'il réfute des raisons qu'on ne songea jamais à lui alléguer. En vain voudrait-on lui prêcher un esprit plus patient, il s'obstinera toujours à deviner vos raisonnements, à se répondre et à se répliquer lui-même.

On voit encore d'autres personnes dont la méthode de raisonner est bonne et dont l'esprit a de la solidité; ils laissent parler leurs adversaires à leur tour et même ils ont tout l'air de réfléchir sérieusement à ce qu'on leur répond. Mais leur air attentif en impose, ils n'entendent pas le mot de tout ce qu'on oppose à leurs raisonnements, et, dans le même temps qu'on s'efforce de les renverser, leur esprit ne s'occupe qu'à les mettre dans un plus grand jour et en tirer de nouvelles conséquences. Ils reprennent enfin la parole, et on leur voit avec étonnement bâtir un système sur des fondements qu'on vient de détruire.

Heureux encore si toutes ces disputes infructueuses ne sont pas suivies de la colère et de l'emportement, mais il est rare qu'on se sauve de cet écueil. On commence bientôt à se traiter d'opiniâtres, d'ignorants, de pitoyables raisonneurs; l'esprit, aigri par ces titres odieux, laisse là la recherche de la vérité et ne s'occupe plus qu'à rendre injure pour injure à ceux dont il voit son amour-propre si cruellement mortifié. Ce n'est pas tout. Bien souvent une haine immortelle est l'effet d'une dispute sur une matière dont il importe aussi peu d'être instruit que de savoir 'si le bon larron était un honnête homme.'

> Qu'entends-je, justes dieux! quel tumulte! quels cris!
> Quelle aveugle fureur transporte les esprits!
> Serait-ce des dévots dont le funeste zèle
> De Gomare et d'Armin ranimât la querelle?[84]

84. François Gomare or Gomar (1565-1641), a Flemish theologian at the University of Leiden, zealously attacked Arminians or 'remontrants' for their stand on predestination. Jacobus Arminius (1560-1609), a Dutch theologian at the University of Leiden, affirmed the doctrine of Free Will as opposed to the Calvinist doctrine of fatalistic predestination. Arminius was opposed by strict

Ou d'avocats normands un essaim emporté
Voudrait-il par ces cris chasser la vérité?
Non, six pédants fougueux, à l'entour d'un Homère
Que Dacier en français prostitue au vulgaire,
Sur ce grave sujet se chicanant entre eux,
Font trembler sous leurs pieds un cabinet poudreux.
Pour s'en faire écouter l'Arbitre de la terre
Sur leurs têtes en vain roulerait son tonnerre.
Tous parlent à la fois; leurs poumons épuisés
Ne sauraient plus fournir à leurs palais usés.
Le seul Stentor triomphe et dans ce doux silence
Sa voix infatigable étale sa puissance.
'Quoi!' dit-il, 'cent grimauds sans grec et sans latin
Jugeront désormais de cet auteur divin!
Et contre les raisons d'une troupe indocile
Le savoir ne peut plus nous fournir un asile!
Si de ses ennemis l'illustre Despréaux,
Retranché dans le grec, repoussa les assauts;
Cet heureux temps n'est plus; sans science et sans guide
De ces vers merveilleux le seul bon sens décide.'
'Eh bien, soit le bon sens,' dit Passor, 'la raison
Suffit pour trouver beaux les vers de Salomon!
Ce roi, dont les trésors égalaient la sagesse,
Courut, sans feu ni lieu, rimailler dans la Grèce.
C'est Barnes[85] qui le dit.' 'Bon Barnes est un sot.'
Au son séditieux de ce terrible mot
Passor tremble, pâlit, et bientôt le visage
De l'emporté Stentor est témoin de sa rage.
Lui, voyant de deux coups l'un sur l'autre donnés
Un sang fumant et noir découler de son nez,
Va sur son ennemi, d'un regard le menace,
Il le prend aux cheveux, l'ébranle, le terrasse;
Sous ses coups redoublés l'agresseur aux abois
Eût défendu Dacier pour la dernière fois
Si des autres savants la troupe pitoyable
Ne l'eût tiré des mains du vainqueur redoutable.
Mais par ce furieux un coup mal dirigé
A ces fiers combattants joint Bartole outragé.
La gloire des pédants, l'effroyable Bartole
Qui, la férule en main fait trembler son école
Par mille et mille coups appliqués à dessein,
Se venge sur Stentor d'un crime du destin.
Le fracas se redouble et la même infortune
Fait d'un combat de deux une cause commune.
Le Démon de la guerre allume leur courroux
Dans la foule sans choix tous confondent leurs coups.
Tel Cadmus vit tomber les enfants de la terre
Par l'aveugle fureur d'une confuse guerre.
Bartole en tout objet croit rencontrer Stentor?
Pour Stentor tout le monde est Bartole ou Passor.

Calvinists, such as Gomar and other 'contre-remontrants'.
    85. Un Anglais qui prétend faire voir qu'Homère était Salomon. (Note in the 1726 edition) Joshua
Barnes (1654-1712) was an English scholar and professor of Greek.

Rien ne s'oppose plus à leur rage barbare,
La seule lassitude à la fin les sépare;
Et tous en même temps, et vainqueurs et vaincus,
Restent sur le carreau sans vigueur étendus.
Là, l'on voit sous le faix des tables renversées
Une écritoire à terre et des tasses brisées.
Là, d'encre et de café d'épais et noirs ruisseaux
Mêlent leurs flots amers au sang de nos héros.
Bartole décoiffé pour comble de disgrâce
Dans ce Cocyte affreux voit nager sa tignasse.
Passor plaint d'un habit les lambeaux emportés
Et ses cheveux toujours du peigne respectés.
De bosses maint guerrier a la tête couverte,
Malgré sa dureté plus d'une autre est ouverte.
Stentor sans haut-de-chausse au spectateur paraît;
De cent pièces de drap cet économe adroit,
Appelant au secours l'épingle officieuse,
Lui-même composa cette œuvre industrieuse;
Et ces lambeaux, réduits à leur premier état,
Couvraient tout le plancher à la fin du combat.
Leur maître tout confus se lève, les ramasse
Et cache d'un manteau sa risible disgrâce.
Il descend, on le suit, et déchirés et las,
Tous vont en clopinant gagner leurs galetas.

XXIV · [26 octobre 1711]

La manie des bibliothèques est une des plus régnantes dans le siècle où nous
sommes. Ce ne sont pas seulement les gens de Lettres qui se plaisent à amasser
un nombre prodigieux de livres, dont ils n'ont acheté la plus grande partie que
pour pouvoir dire qu'ils les ont; les plus ignorants mêmes se croiraient mal
meublés s'ils n'avaient quelques appartements tapissés de livres, qu'on arrange
avec tant d'art qu'il est aisé de découvrir qu'ils ont été destinés plutôt à
l'ornement qu'à l'usage.

L'opulent Polycrate prodigue des trésors de prince pour avoir la réputation
de posséder une bibliothèque magnifique; aussi celle qu'il a formée répond-elle
parfaitement bien à ses vues. Pour l'enrichir, il semble que les auteurs de tous
les siècles et de toutes les nations aient donné la torture à leur esprit et que les
Etienne et les Elzevier aient pris tant de soin à rendre leurs éditions exactes et
curieuses.[86] Polycrate passe des jours entiers avec ses livres; il y a de l'apparence
que toutes les langues lui sont familières, que son savoir est universel et qu'il
s'est approprié, en quelque sorte par la méditation, tout ce que ces volumes
nombreux ont d'intéressant et d'utile. Mais ce n'est qu'une apparence trompeuse
s'il y en eut jamais; toute son habileté consiste à savoir les titres des livres,
l'année qu'ils sont imprimés et quelles éditions passent pour les meilleures. Sa

86. The Etienne or Estienne and the Elzevier were two well-known families of printers and
booksellers in France and Holland.

profession, c'est d'acheter volume sur volume; son plaisir, de les arranger, et tout le fruit qu'il doit attendre de tant de fatigues et d'une dépense si prodigieuse, c'est d'être nommé après sa mort à la tête d'un catalogue, *vir eruditissimus.*

D'autres, qui, avec quelque espèce de vraisemblance, se croient bien plus sages que ceux que je viens de dépeindre, se piquent de n'avoir qu'une petite bibliothèque bien choisie dont tous les volumes soient tour à tour l'objet de leur étude et de leur divertissement. Mais ils s'applaudissent si fort de la bonté de leur choix, et bien souvent ce choix mérite si peu d'être le fondement de leur orgueil, qu'ils ne sont pas moins dignes de quelque coup de satire que ceux qui ne respirent que pour augmenter des bibliothèques et qui quitteraient la vie avec moins de regret si un manuscrit qu'ils attendent d'Italie était déjà arrivé.

Il y a quelques jours que, venant à parler dans la boutique d'un libraire avec M. D..., gentilhomme allemand, il m'invita à venir voir ses livres français. Il prétendait s'y connaître mieux qu'homme au monde parce qu'il avait passé six ans à Paris, et selon lui, un homme qui avait parlé à des membres de l'Académie française ne pouvait pas manquer d'avoir le goût sûr et délicat. Je prends mon homme au mot et j'entre avec lui dans son cabinet où, à travers de très belles glaces de Venise, je vis quelques centaines de volumes reliés de la dernière propreté. Le premier éloge général que M. D... en fit, c'est que tout cela était reliure de Paris. Quand il en ouvrait un, il s'y prenait avec autant de précaution comme s'il maniait des porcelaines; ses yeux se baignaient dans la beauté du caractère et, pour parler proverbialement, on eût dit qu'il mordait à la grappe.

A proportion qu'il tirait ses livres de leurs niches, il en disait son sentiment d'une manière qui me divertissait fort et qui pourrait bien divertir aussi mes lecteurs.

Ce qui lui tomba d'abord entre les mains, c'étaient les œuvres de M. Le Noble.[87] A son avis, c'était un des plus grands génies qui ait jamais fait honneur à la France puisqu'il a réussi universellement dans tous les genres d'écrire.

'Voyez son *Ecole du monde,*' me dit-il, 'la morale que l'on y trouve est de la dernière solidité. Quelque étendu que soit ce livre, il n'y a pas un mot de trop, et pour savoir se conduire dans le monde, cette lecture vaut autant que trois années de séjour à Paris. Voyez-vous ses *Entretiens du diable borgne et du diable boiteux*; se peut-il au monde une satire plus neuve et plus délicate? Il n'y a pas une seule période où l'on ne sente le sel de la nouveauté, et s'il était permis d'y trouver quelque chose à redire, ce serait le soin que prend ce grand homme d'avertir qu'il est l'auteur de ce petit ouvrage. On sait assez qu'il n'y a que lui au monde qui écrive de cette force-là.'

'Voici les ouvrages de Bellegarde,' continua-t-il; 'jamais homme n'a mieux approfondi les matières et n'a mieux su les rendre intelligibles.[88] Et ce qu'il y a de particulier dans sa manière d'écrire, c'est que j'ai vu des femmes très

---

87. Eustache Lenoble (1643-1711) wrote *L'Ecole du monde* (1694) and the *Dialogue entre le diable boiteux et le diable borgne* (1707).

88. Voyez les *Nouvelles de la République des Lettres* de juin 1707, p.681, et de décembre 1708, p.675. (Note in the 1726 edition.) Jean-Baptiste Morvan de Bellegarde (1648-1734), commonly referred to as abbé de Bellegarde, was a Jesuit who translated many of the Church fathers. He also wrote a *Histoire générale des voyages.*

ignorantes qui l'entendaient en perfection et des hommes très habiles qui ne l'entendaient pas.'

J'interrompis ce panégyrique en prenant moi-même un petit volume où je trouvai le titre de l'*Eloquence du temps par M., de l'Académie française.*

Le seul titre était, au sentiment de M. D..., un garant sûr du mérite de cette production: 'Ce petit livre vaut son pesant d'or et son auteur doit être un homme d'étude. Je me souviens que la rhétorique que j'ai apprise à l'école est précisément la même chose, mais il a su la mettre dans un si beau langage et il en a si bien relevé le mérite par les galanteries qu'il dit de temps en temps à Madonte[89] que, quoiqu'on n'y puisse rien apprendre de nouveau, on est pourtant charmé d'en faire la lecture, ne fût-ce que par cet air savant qu'il sait répandre jusque sur ses compliments et sur ses fleurettes.'

L'éloge de l'*Eloquence du temps* fut suivi par celui du prodigieux amas des traductions de Du Ryer, et il m'assura 'qu'il n'y à point de traducteur plus fidèle que lui, ni qui sache mieux conserver à ses copies toute la beauté et la force de ses originaux.'[90]

'Voici vos auteurs de théâtre,' dis-je en l'interrompant; '*Œuvres de Corneille le jeune*, de *Campistron*, de *Poisson*, de *Dancourt*, le *Théâtre italien*, *Molière*.[91] C'est pour la bonne bouche apparemment que vous avez mis Molière le dernier.'

'Pardonnez-moi,' me répliqua-t-il, 'j'ai donné dans ma bibliothèque à peu près le même rang aux auteurs qu'ils occupent dans mon esprit. A quelques pièces près, comme *Scapin*, le *Médecin malgré lui*, *George Dandin*, etc., Molière a plutôt fait des entretiens de morale que des comédies. Voilà qui était bon dans le temps qu'on avait déclaré la guerre aux pointes, mais on revient à présent de ce mauvais goût, car à dire vrai, c'est la pointe qui fait l'essentiel du style comique, et ceux qui ont le vrai goût de l'antiquité préféreront toujours les jeux de mots d'Aristophane, de Plaute et de Dancourt au froid bon sens de Térence et aux caractères de Molière. Voyez de ce côté-ci mes poètes,' continua-t-il, 'Théophile, Benserade, Scudéry, le Poète sans fard ....'[92]

'Le Poète sans fard,' dis-je, 'je ne connais point ce nom-là, mais il est bien trouvé; il promet quelque chose.'

'Est-il possible,' me répliqua M. D..., 'que vous soyez à connaître le plus déterminé satirique du siècle? Diable! c'est un second Boileau. Il est vrai qu'il n'a pas ces termes emphatiques, ces épithètes qui valent des pensées, ces tours nouveaux, mais c'est le style du monde le plus coulant; on jurerait qu'on lit de la prose. D'ailleurs, cet auteur est un homme qui, par sa fermeté, mérite l'estime

89. Madonte, a character in the pastoral romance *L'Astrée*, was in love with Damon; see especially parts II, III, and IV. Madonte was also the subject of tragedies by Pierre Cottingnon de La Charnays (?-?) and by Auvray (?-1633?).

90. Pierre Du Ryer (1606-1658) was a poet, playwright, and translator.

91. Thomas Corneille (1625-1709), Jean Gilbert de Campistron (1656-1723), Raymond Poisson (1633?-1690), and Florent Carton, sieur d'Ancour (1661-1725) are all relatively minor French dramatic authors. The Comédie-Italienne represented various troups from Italy during the sixteenth and especially the second half of the seventeenth century.

92. François Gacon (1667-1725) was a rather mediocre satirical poet; he wrote a successful collection of epistles and satires entitled *Le Poète sans fard* (1696) and the *Anti-Rousseau* (1712), in which he attacks the French poet Jean-Baptiste Rousseau. In reaction to this comment by van Effen, Gacon wrote a stinging epigram against the *Misanthrope* and published it in the *Quintessence*. See number XXVI for van Effen's rebuttal.

de tous les honnêtes gens; car, quoiqu'il ait prévu,

> Qu'un jour, comme à Delosme,[93] on viendrait sur son dos
> Payer tout à la fois le prix de ses bons mots,

il ne s'est pas arrêté pour cela dans la carrière de la satire, et l'on ne saurait, sans injustice, lui refuser son coin dans le martyrologe des écrivains qui ont souffert pour la vérité.'

Là-dessus, ouvrant le volume, 'Comment diantre!' m'écriai-je, 'ce poète a des liaisons avec Boileau; il ne faut que cela pour me donner bonne opinion de ses vers.'

'Il y a des malins,' répondit M. D..., 'qui disent que les louanges qu'il prodigue à Despréaux sont des hommages qui partent du même fond dont les Chinois adorent le diable afin qu'il ne leur fasse point de mal. Mais pour moi, je crois qu'il a eu ces déférences pour son confrère en satire en qualité de son traducteur, car à proprement parler, il n'a fait que traduire son langage pompeux et obscur dans un langage plus humanisé et plus à la portée du vulgaire.'

Ensuite, je parcourus des yeux un bon nombre de romans, entre lesquels ceux de M. [de] Scudéry étaient les préférés pour avoir su donner la galanterie française et la politesse de la vieille cour, non seulement aux Grecs et aux Romains, mais encore aux Scythes et aux Massagètes.[94] Pour les nouvelles et les petites historiettes, je n'en vis pas une. Le contenu de ces pièces ressemble trop, au gré de M. D..., à ce qu'on voit arriver tous les jours. Pour lui, il y voulait de l'invention et du surprenant, et rien ne lui paraissait si beau que de voir un prince épouser au douzième tome une maîtresse qu'on a vu morte et enterrée à la fin du premier.

Les nouvelles étaient remplacées par une grande tirade de recueils de pièces curieuses, d'apophtegmes et de bons mots, entre lesquels les plus estimés étaient le Gasconniana et les *Pensées ingénieuses des pères de l'Eglise* où le feu de l'imagination et la justesse du raisonnement s'accordent, selon M. D..., de la manière du monde la plus étonnante.

'Je vous en crois, Monsieur,' lui répondis-je, 'mais quel est ce grand nombre de *Mercures galants* que je vois là? Il n'est pas possible que M. du Fresny en ait déjà tant fait.'

'Aussi n'en ai-je pas un de cet auteur,' répliqua-t-il; 'ceux-ci sont de M. Devisé.[95] Jamais je ne me suis donné la peine de lire les autres et je suis très persuadé que ce ne sauraient être que de faibles imitations [des] premiers. J'aime les originaux, moi, et si j'écris un jour, je prétends bien choisir des sujets qu'avant moi personne n'aura entamés.'

Là-dessus, apparemment, il m'allait communiquer les plans de quelques pièces originales dont il a dessein de surprendre le public, mais il fut traversé

93. Jacques Delosme or Losme de Monchesnay (1666-1740) composed a number of plays during this period. Gacon addresses his verse in the *Poète sans fard* (Libreville 1698), 'Satire I', 9:
    Un soir comme à Delôme on viendra sur mon dos
    Payer tout à la fois le prix de vos bons mots.
94. Madeleine de Scudéry first published under her brother's name *Artamène ou le Grand Cyrus* (10 vols, 1649-1653), in which she describes the savage Scythae and Massagetae as 'jolis et galants'.
95. Jean Donneau de Visé (1640-1710) began the *Mercure galant* in 1672 and wrote it until his death. Thereafter, it was edited by Du Fresny. See our note in number XV, p.71.

dans cette louable intention par son valet qui venait nous apporter du café et du vin. Ces deux liqueurs furent les sources de quelques autres discours de la même nature dont je pourrai bien faire part à mes lecteurs dans quinze jours d'ici si je trouve qu'ils en vaillent la peine.

Je remarque que je viens de faire une équivoque et que 'si je trouve qu'ils en vaillent la peine' peut s'entendre et de mes lecteurs et des discours dont je veux leur faire part. Je vous avoue que je n'évite pas ces sortes de fautes assez scrupuleusement, surtout quand je vois que l'équivoque est dans les termes et non dans le sens. Mais comme le sens ne détermine pas celle-ci, je m'explique et je suis bien aise de dire que c'est des *discours* que je parle et non pas des *lecteurs*.

XXV · [2 novembre 1711]

LETTRE D'UN INCONNU
A l'auteur du *Misanthrope*

'Je viens vous consulter, *Monsieur*, sur une affaire de la dernière importance. Vous avez un certain air de franchise qui me plaît, et les amis, dans le siècle où nous sommes, nous conseillent d'ordinaire de prendre le parti vers lequel ils nous voient le plus pencher. Venons au fait. Une vieille me fait l'amour, l'épouserai-je ou non? Qu'en dites-vous? Vous irez d'abord à la négative, où j'irais bien aussi de par tous les diables s'il n'y avait certaines circonstances qui rendent l'affaire problématique. Je suis pauvre, glorieux, grand amateur d'équipage et de bonne chère, en un mot, je suis Gascon à votre service, mais quoique Gascon, assez honnête homme pour ne me pas laisser tellement maîtriser par l'intérêt que je ne donne encore quelquefois un peu d'empire sur moi à la bienséance. Je suis un des plus chauds amis de la fortune que la Garonne ait jamais vu naître, et si je n'avais pas un peu trop d'intégrité, je suis sûr que je serais du dernier bien avec cet aimable objet de ma tendresse. Mais sans mêler à son savoir-faire une petite dose de fourberie un peu forte, un honnête homme a bien de la peine à parvenir dans le monde. Qui le sait mieux que moi? J'ai cherché la fortune dans les voyages, mais dès que je mettais le pied dans un endroit, zest, la voilà qui décampait. J'ai cru qu'à la guerre je lui donnerais la chasse avec plus de succès, mais serviteur très humble, je ne l'ai jamais rencontrée, ni dans le triple retranchement de Malplaquet,[96] ni dans les contrescarpes d'une douzaine de villes, quoiqu'elle s'y soit laissé trouver par des gens qui ne me suivaient que de bien loin. Enfin, elle a trouvé à propos de se nicher dans les rides d'une vieille, et il ne tient qu'à moi de m'en mettre en possession. Voyez, Monsieur, cette beauté surannée à soixante ans, mais elle a soixante mille écus, faisant justement cent quatre-vingt mille francs qui, de mémoire d'homme, n'ont été vainement offerts à un cadet de Gascogne. D'ailleurs, les

96. In 1709, Marlborough and Prince Eugène joined forces to defeat Villars in this important battle.

campagnes sont de longue haleine, et par deux mois de complaisance annuelle pour cette bonne dame-là je n'achèterais pas trop cher, ce me semble, la possession d'un coffre-fort aussi richement meublé que le sien. La guerre pourra bien durer encore quatre ou cinq ans, et, par conséquent, ce sera bien tiré si ma future peut aller jusqu'à la paix. Enfin, le parti est des plus avantageux, si je ne me trompe, et tout ce qui pourrait m'en éloigner, c'est le soupçon qu'il pourrait bien être plus incompatible avec la probité qu'avec l'intérêt. Ces sortes de scrupules sont aussi peu de chez nous que les lettres de change, cependant, j'en suis capable, comme vous voyez, et si vous pouviez les lever, vous seriez le plus joli homme du monde.

   Je suis, etc.'

  Je vais répondre à cette lettre le plus catégoriquement qu'il me sera possible. Et je déclare d'abord que je crois bien que des honnêtes gens ont fait quelquefois ces sortes de mariages, mais je soutiens en même temps qu'alors ils n'ont agi ni en honnêtes gens ni en gens raisonnables. Je dis plus, ces sortes d'unions bizarres ne méritent pas seulement le titre de mariage puisqu'elles ne tendent à aucun des buts pour lesquels cette liaison étroite entre l'homme et la femme a été introduite dans le monde. A coup sûr, ce n'est pas à la conservation du genre humain que l'on songe en s'unissant à une épouse d'un âge si disproportionné, et il n'est pas moins clair qu'on aurait tort de le faire dans le dessein de se munir par là contre l'incontinence. Un cavalier de trente ans, comme vous êtes peut-être, Monsieur, marié avec une épouse sexagénaire, bien loin de mettre un frein à la concupiscence et d'éteindre sa passion d'une manière légitime, est en quelque sorte forcé de conserver tous ses désirs et de les détourner de sa désagréable moitié vers un objet plus touchant et plus digne de sa tendresse. Il en est à peu près de ces sortes de malheureux époux comme d'un homme qui, n'ayant chez lui qu'un mauvais ordinaire, ne saurait voir sans un appétit violent une table délicate et bien servie. Vous avez de la probité, vous le dites, et je le veux croire; mais si cette probité est accompagnée de quelque réflexion, pouvez-vous, sans horreur, jeter les yeux sur ce qu'il y a de criminel à épouser une personne que vous ne sauriez aimer et à lui jurer de la manière du monde la plus solennelle une parfaite tendresse dans le temps que vous ne sentez pour elle que du dégoût et de l'aversion?

  Je suis bien fâché, Monsieur, de ne pouvoir point en conscience vous délivrer de vos scrupules et d'être obligé de vous faire considérer la fortune attrapée dans les rides d'une vieille comme une fortune très mal acquise. Mais en y renonçant, y perdriez-vous beaucoup, Monsieur? Je veux laisser là la conscience pour n'examiner votre affaire que du côté de l'agrément et de l'utilité. Vous imaginez-vous que cette dame veuille vous partager avec la gloire et qu'elle soit contente de ne jouir de vous que quelques mois de l'année? Croyez-moi, le premier article de votre contrat de mariage vous obligera à quitter les travaux de Mars pour ne vaquer qu'à ceux de l'Amour, et qui pis est, la paix pourrait bien venir sans vous apporter un fortuné veuvage, qui sera sans doute l'unique but de vos désirs. Il est vrai qu'en attendant ce veuvage bienheureux vous jouirez de toutes les commodités de valets, de meubles précieux et surtout d'une table excellente que jamais Gascon ne regarda d'un œil indifférent.

  Mais apporterez-vous à ces délices apparentes un cœur satisfait et tranquille sans lequel les plaisirs les plus délicats sont absolument insipides?

Qui dit une femme surannée, dit une femme jalouse, et quelque destituée de sens que puisse être une épouse sexagénaire, rarement pousse-t-elle sa folie jusqu'au point de se croire aussi propre à fixer un mari qu'elle l'était à l'âge de vingt ans. Dites à un valet quelque mot à l'oreille, regardez par hasard une servante un peu jolie, voilà votre vieille qui prend l'alarme, qui chasse son domestique, et vous voilà réduit à n'oser pas faire un signe à vos laquais et à ne voir que des servantes hideuses qui semblent n'être chez vous que pour faire une symétrie de désagrément avec votre femme. La moitié de votre vie s'écoulera à faire naître des soupçons sans le vouloir et vous passerez l'autre en travaillant à les dissiper. Plus vous êtes honnête homme et plus vous serez le malheureux martyr d'un intérêt mal entendu. Si quelquefois encore vous savez vous dérober aux yeux de votre surveillante, ne croyez pas pouvoir goûter avec vos amis cette satisfaction précieuse que l'amitié ne saurait faire sentir qu'à des cœurs tranquilles. Vous songerez toujours qu'au sortir de cette agréable société vous devez rejoindre votre femme, et l'attente de ce malheur futur fera sur vous des impressions plus violentes que ne saurait faire la présence de ce même malheur. Quel nouveau chagrin pour vous quand, à l'approche de la nuit, vous vous verrez condamné par votre propre suffrage à un supplice qui ne diffère pas beaucoup de celui que le cruel Mézence[97] infligeait aux objets de sa cruauté qu'il faisait attacher tout vifs à des cadavres? Peut-être encore qu'après avoir langui dix années, vous mourrez de chagrin de voir votre femme obstinée à prolonger sa vie et vos malheurs, et cette mort hâtée sera tout le prix des soins que vous aurez rendus à votre désagréable moitié, ou pour parler plus juste, cette mort sera la juste punition de la bassesse de votre conduite. Renoncez plutôt au mariage, Monsieur; ou, si votre tempérament ne le permet pas, épousez plutôt une aimable personne, fût-elle plus pauvre que vous. Je sais que cet avis est fort contraire aux sottes maximes du siècle qui traitent de la dernière extravagance les mariages entre des personnes qui n'ont rien, mais cette belle morale suppose ou que celui qui n'a point les biens de la fortune doit aussi avoir le cœur vide des désirs qu'inspire la nature, ou bien qu'un célibat qui peut nous faire tomber dans le crime doit être préféré à un mariage qui peut nous faire tomber dans le malheur. Deux suppositions dont la fausseté est également visible. D'ailleurs, quand on est honnête homme et laborieux, on ne court pas facilement le risque de manquer du nécessaire, et quand on a le nécessaire, de la raison et une femme de mérite, on peut jouir d'un bonheur parfait.

> Ce savetier matineux,
> Quoiqu'aux bords de la disette,
> Ne se croit pas malheureux;
> Il est époux de Lysette.

> S'il travaille nuit et jour,
> Son âme [en] est satisfaite,
> Quand il songe, plein d'amour,
> Qu'il travaille pour Lysette.

97. Mezentius was a cruel warrior described in book X of Virgil's *Aeneid*.

Son habit déguenillé
Nullement ne l'inquiète;
Quoiqu'il soit mal habillé,
Il est aimé de Lysette.

Assez grande est à son gré
Sa petite maisonnette.
Peut-il être trop serré
Avec sa chère Lysette?

Son ordinaire est petit,
Mais il fait chère parfaite;
Car il a bon appétit
Et soupe avec sa Lysette.

Sans des draps bien savonnés
Il se plaît en sa couchette,
Trouvant tous lits bien ornés
Où l'on couche avec Lysette.

XXVI[98]

'Un fat,' selon la définition de M. de La Bruyère, 'est celui que les sots croient homme de mérite et qui, s'il pouvait craindre de mal parler, sortirait de son caractère.'[99] Ce mot dans sa première origine a signifié tout autre chose, et puisque *Maître François*[100] est si fort en vogue, voyons comment le définit *Maître François*: 'Fat est un vocable de Languedoc et signifie non salé, sans sel, insipide, fade; par métaphore signifie fol, niais, dépourvu de sens, éventé de cerveau.' On peut voir par ces différentes idées qu'en différents temps on a attaché à ce même mot que le *fat* de Rabelais est aussi distingué du *fat* de La Bruyère que celui du dernier est différent du *niais*, auquel fort souvent il est directement opposé. En effet, le caractère du *niais* est d'être embarrassé de sa personne et de marquer dans toutes ses actions une lâche timidité, au lieu que la présomption ridicule qui fait l'essence du *fat* se répand sur son extérieur et lui donne un air libre et assuré. Il suit de là que la *fatuité* n'est pas incompatible avec l'esprit et qu'elle n'a son principe que dans une vanité mal entendue qui nous fait tomber dans le ridicule, faute de nous faire croire que nous y puissions tomber comme les autres. Mais y a-t-il de la différence entre un petit-maître et un fat? Il y en a sans doute, et si tout petit-maître est fat, il est pourtant sûr que tout fat n'est pas petit-maître. Le caractère du dernier approche davantage de celui

98. *Le Misanthrope* for 9 November 1711, was omitted from the 1726 and later editions. See the appendix for this number. The 1712-13 edition begins with the following notice: 'Je ne prétends pas, Lecteur, vous continuer chaque semaine le récit de mon voyage; vous n'en aurez la suite que de quinze en quinze jours; en attendant, nous parlerons d'autre chose.'

99. Cf. *Les Caractères*, 'Des jugements', 45: 'Un fat est celui que les sots croient un homme de mérite.' La Bruyère also discusses this 'caractère' in numbers 46-51.

100. Rabelais. (Note in the 1726 edition.) François Rabelais (1494-1553). Cf. the following definition in Rabelais's *Cinquième livre* (Paris 1955), p.749: 'Fat est un vocable de Languegoth et signifie non sallé, sans sel, insipide, fade; par mesme mot on siginifie fol, niais, despourveu de sens, d'entendement et de cerveau.'

d'impertinent dont La Bruyère fait cette description-ci: 'L'impertinent est un fat outré; le fat lasse, ennuie, dégoûte, rebute; l'impertinent rebute, aigrit, irrite, offense, il commence par où l'autre finit.' Tout ce qui manque encore à un impertinent pour devenir petit-maître, c'est que le premier peut tomber dans son caractère par un défaut d'éducation ou par une brutalité de tempérament, au lieu que le dernier est impertinent par étude et par affectation; il se croirait ridicule s'il ne s'efforçait à l'être. Je vous donnerai, peut-être, une autre fois une division exacte de toutes les espèces dans lesquelles on peut ranger les petits-maîtres; pour à présent, j'ai envie de supplier l'Académie française d'enrichir la langue de deux mots desquels je ne crois pas qu'on puisse se passer.

REQUETE

Plaise aux arbitres du langage,
Dont les voix en fixent l'usage,
Faire quelque réflexion
Sur ce qu'avec soumission
A leur illustre corps ma Muse suppliante
Trouve bon que je représente.
Nous voyons que depuis longtemps
Du *fat* l'importun caractère
Devient aux dames ordinaire
Autant qu'il l'est à leurs amants.
Cependant, ce qui m'embarrasse,
C'est qu'au terme de *fat*, qui n'est que masculin,
Vous n'avez pas encor voulu faire la grâce
De lui donner un féminin.
Ce n'est pas tout. Depuis quelques années
Dans l'air modeste trop bornées,
Quelques dames ont affecté
D'un jeune officier éventé
Les airs extravagants, les brutales manières
Que d'un mot adouci l'on nomme cavalières.
C'est pour ces *esprits forts* un objet de mépris
Que la pudeur sage et timide
Dont la nature avait fait une bride
A leur désirs trop étourdis.
Renonçant à la tendresse
Pour leur réputation,
Elles traitent de faiblesse
La peur du 'Qu'en dira-t-on?'
Voyez Phillis; dans sa verte jeunesse,
Ne comptant pour rien ses appas,
Elle affecte des airs soldats,
De prendre du tabac fait rage
Et, tout en barbouillant son linge et son visage,
Conte d'un ton de Fierabras
Qu'elle a passé la nuit à boire
Et, qu'au champ de Bacchus remportant la victoire,
Elle a fait demander quartier
A tel comte, à tel chevalier.
Qui pis est, la belle se pique
De fumer comme un marinier
Et de crainte de la colique

Du plus fort *persicot* vide un flacon entier.
A jurer avec grâce elle est originale.
Et sans se débrailler puisqu'en vain on étale
    L'air d'un petit-maître parfait,
    Il n'est point de jeune cadet
    Qui mieux que Phillis se débraille,
    Peut s'en faut qu'elle ne ferraille;
    On dit même qu'elle le fait.
Puisque de ces Phillis nombreuse est la cohorte,
O vous des mots nouveaux qui réglez le destin,
    Ne sauriez-vous emprunter du latin
Un mot qui désignât d'une manière forte
    Un petit-maître féminin?
    Vous voyez bien que le langage
Ne peut pas d'un tel mot se passer davantage.
    Obscénité, tout comme *urbanité*,
    Par vos faveurs s'est glissé dans l'usage
    Avec moins de nécessité.

Si au lieu de finir mon placet par demander un féminin pour petit-maître je l'avais fini par en demander un pour le terme de *fat*, j'aurais peut-être passé à l'article suivant par une transition plus naturelle. Mais à propos ou non, voici une lettre du *Poète sans fard* qu'il a écrite à Madame du Noyer en lui envoyant une épigramme contre le *Misanthrope*, laquelle on peut avoir vue dans une des dernières *Quintessences*.[101]

Lettre du Poète sans fard à Mme du Noyer,
imprimée exactement sur l'original.

'MADAME,

Quand même le Misanthrope, en vous mettant en parallèle avec le Sr Dufresny, ne vous eût pas traitée injustement et, qu'en vous accordant les grâces du style, il ne vous eût point ôté le mérite de bien penser, je ne doute point que vous n'eussiez accordé un peu de place dans votre *Quintessence* pour faire connaître au public l'extravagance d'un pareil auteur. Voici comme il parle au roi de Prusse à l'occasion de la mort du prince de Frise, c'est dans sa 11e feuille tout à la fin.

'Et vous, grand Roi, pardonnez si je donne à ce héros des titres que vous lui disputiez, peut-être avec justice. Il n'est plus; vous le pleurez; voilà les excuses de ma hardiesse. Jamais je ne l'ai loué pendant sa vie de peur de gâter le plus beau naturel du monde par des louanges d'autant plus dangereuses qu'elles étaient véritables. Je ne lui donne qu'après sa mort l'hommage que je dois à son mérite. Fasse le Ciel que je ne rende que tard les mêmes devoirs à vos vertus, ou plutôt, fasse le Ciel que je ne loue jamais le seul roi digne des louanges d'un Misanthrope.'

Voilà, Madame, un échantillon des sottises de ce censeur ridicule qui se charge de l'oraison funèbre des rois et qui ne veut point louer les princes de peur de gâter leur beau naturel. Je ne dis rien de l'équivoque insolente du *peut-être* de la première période.

---

101. Mme Du Noyer later refers to this incident in her *Lettres historiques et galantes*, iii.437-38.

Quel fondement y a-t-il à faire sur un écrivain si peu sensé et dont les vers sont encore plus médiocres que sa prose? Il se mêle cependant de juger du mérite des poètes et croit avoir raillé finement le Poète sans fard en le faisant traiter de traducteur de Boileau par un Allemand, mais ce nouveau misanthrope doit craindre les traits d'un satirique, disciple d'un homme qui sait si bien relever le ridicule des mauvais auteurs. En attendant, voici une épigramme que je vous prie d'insérer dans votre *Quintessence*.

> Enfant bâtard de Calliope[102]
> Faux plaisant, fade Misanthrope,
> Tu prétends te railler du Poète sans fard
> Qui, regardant Boileau comme un maître en son art,
>   Tâche de le suivre à la piste.
> Mais apprends, pauvre esprit, auteur bas et vénal,
>   Qu'il vaut mieux être bon copiste
> Que d'être, comme toi, mauvais original.'

J'ai vu avec plaisir le peu de peine qu'a eu Madame du Noyer à pénétrer dans le sophisme par où le Poète sans fard commence sa lettre; elle a aussi peu conclu qu'accorder à quelqu'un les grâces du style c'était lui ôter le mérite de bien penser que je conclus moi que notre poète pense bien, parce qu'à mon avis il écrit mal. Toute la colère de cet illustre vient de ce que j'ai introduit dans un de mes *Misanthropes* un Allemand qui lui donnait des éloges. Il s'imagine apparemment que je n'ai fait que les prêter à un Allemand imaginaire. Mais il se trompe; je n'ai fait que copier mot à mot les louanges véritables que lui a données un Allemand réel. Ces sortes de louanges ne plaisent point à nous autres auteurs français, et, en cela, il n'est pas impossible que nous ne soyons un peu ridicules. Mais quoi qu'il en soit, je n'ai point trempé dans cette affaire-là:

> Non, ce n'est pas à vous que ma plume se joue,
>   Mon cher Gacon, vivons en paix.[103]
> Si plus d'un Allemand vous loue,
> Soyez sûr que je n'en puis mais.

Si cette satisfaction ne vous contente pas encore, je m'offre moi-même à servir votre vengeance et à mettre dans le *Misanthrope* toutes les épigrammes que vous voudrez lancer contre moi. Ne croyez pas que c'est mon propre intérêt que j'ai en vue en vous faisant cette offre; car, si vos ouvrages mêlés aux miennes peuvent me procurer l'avantage d'être lu dans la ville que vous honorez de votre séjour, considérez, s'il vous plaît, que d'un autre côté ils me feront courir le risque d'être moins lu partout ailleurs. Au reste vous seriez bien de mes amis si vous saviez les efforts que je fais pour défendre votre épigramme contre les critiques dont quelques gens prétendent l'accabler. On dit, par exemple, qu'en m'appelant *enfant bâtard* d'une Muse, vous donnez un terrible soufflet à la réputation de ces déesses qui ont toujours passé pour fort honnêtes filles.

---

102. Calliope, the Muse of epic poetry.
103. 'Le Poète sans fard' is the pen name of François Gacon. See our note in number XXIV, p.103.

> Mais je montre fort bien qu'un tel censeur s'abuse;
> Et je lui soutiens qu'une Muse
> Qui s'est prostituée au Poète sans fard
> Peut avoir un *enfant bâtard*.

Un autre dit que je ne *prétends* pas me railler de vous, mais que je le fais véritablement et que ce *prétends* n'a d'autre mérite dans les vers où il se trouve que celui d'y apporter ses deux syllabes. Un troisième encore a cru me faire bien du plaisir en faisant cette épigramme-ci contre la cinquième ligne de la vôtre.

> C'est bien en vain, pauvre copiste,
> Vous qui rimez à petits frais,
> Que vous suivez toujours Despréaux à la piste,
> Vous ne l'attraperez jamais.

Celui-ci trouve un esprit pauvre comme le mien préférable à un esprit riche des trésors d'autrui dont il a l'art de faire des pauvretés. Celui-là soutient qu'en vous donnant la qualité de bon copiste, vous supposez ce qui est en question, et prétend sottement qu'un homme qui ne parle que par *impromptus* s'amuse à raisonner juste. Mais c'est en vain qu'on se déchaîne contre ce pauvre ouvrage; je n'en démords point, je m'obstine à le trouver bon, et quand les raisons me manquent, je me prévaux du droit des poètes, je chante pouille à ceux dont les raisonnements m'embarrassent et je les traite tous d'*âmes basses et vénales*. Il est vrai que je ne donne ces beaux titres qu'à ceux que je connais et qu'on trouve qu'en me les appliquant à moi sans me connaître vous courez risque de faire mépriser votre cœur à ceux-là même qui sont capables d'estimer votre esprit. Mais bagatelle que tout cela; la fiction et le mensonge ont tant de rapport ensemble que de franchir le pas de l'un à l'autre ne doit passer tout au plus que pour une licence poétique. Tout ce que je trouve à redire à votre épigramme, c'est que la pointe en est un peu émoussée à force de servir. Mais vous n'êtes pas encore en train et, pourvu qu'on patiente jusqu'à ce que vous en ayez fait une centaine, je suis sûr qu'on en trouvera quelques-unes dans le nombre qui ne seront pas mauvaises. Adieu, Monsieur. Si le *Misanthrope* doit succomber un jour sous les traits 'd'un satirique si bien instruit dans l'art' de relever le ridicule des mauvais auteurs, il se consolera de sa défaite:

> 'Aenea magni dextrâ cadet.'[104]

XXVII · [23 novembre 1711]

'Une nation habillée à la siamoise à quelques lieues de la Haye! Cet homme-là nous prend pour des dupes.'[105] Un peu de patience, ami Lecteur; je vous assure, foi de Misanthrope, que je vous dis la vérité toute pure. Vous savez bien que

---

104. Cf. Virgil, *Aeneid*, X, l.830: 'Aeneae magni dextra cadis' (You fell by great Aeneas' hand).

105. L'auteur avait dit ailleurs qu'il était arrivé dans une ville où il avait trouvé cette nation. (Note in the 1726 edition.) The city referred to is Leiden. Van Effen discusses the first part of his trip in the *Misanthrope* of 9 November 1711, which was omitted from the 1726 and later editions. See the appendix.

souvent toute la différence qu'il y a entre [une] histoire et un roman, c'est que la première contient des vérités destituées de vraisemblance au lieu que le dernier contient des fictions auxquelles l'esprit a su ménager un air de vérité. Vous n'avez qu'à appliquer cette maxime à l'affaire en question et à suspendre votre jugement jusqu'à ce que vous soyez mieux éclairci.

D'ailleurs, il ne faut pas tant s'étonner de voir des habits à la siamoise parmi des peuples civilisés, puisque sans aller fort loin on peut remarquer parmi eux des mœurs dont l'extravagance surpasse tout ce qu'on raconte des coutumes des Iroquois et des Topinambous.

Il faut faire un voyage de trois ou de quatre mois pour trouver une nation qui accorde la dignité royale à la force du corps ou à la hauteur de la stature sans songer que la force de l'esprit et la droiture de l'âme font le vrai mérite de celui qui doit gouverner un Etat. Mais combien de chemin croyez-vous bien qu'il faille faire pour trouver un peuple chez lequel on élève aux charges les plus importantes des personnes dont tout le mérite consiste à s'être abruti l'esprit par l'usage continuel d'une boisson pernicieuse sur laquelle ils ont enfin gagné une insensibilité qui les rend nécessaires dans les débauches qu'ils animent par leur exemple?

Venons au fait. Comme je n'avais jamais été dans la ville où j'étais abordé, je trouvai bon de m'y faire conduire par un guide qui non seulement me montrât le chemin, mais qui me donnât encore des instructions sur les choses étonnantes qui pourraient m'y frapper. Le premier objet qui me fit avoir recours aux lumières de mon conducteur fut une nombreuse jeunesse tout habillée de longues robes de satin ou de toile-peinte. Les uns les portaient ouvertes et les laissaient traîner à terre, et les autres les avaient ceintes d'une courroie qui pouvait aussi servir à soutenir une épée. J'en vis qui étaient coiffés d'une petite perruque d'abbé et d'un chapeau avec un grand bord d'or ou d'argent, au lieu que quelques autres ne portaient que des bonnets qui me paraissaient être mieux assortis à leur *robe traînante*.

'Tirez-moi d'embarras,' dis-je; 'est-ce là une colonie qui d'un pays étranger, s'est venue établir ici et qui, aussi idolâtre de ses manières que nous le puissions être, nous autres Français, des nôtres, s'obstine à ne se point habiller comme la nation à laquelle elle s'est unie?'

'Je ne sais,' me répondit mon guide, 'si l'on pourrait donner à cette jeunesse le nom de colonie. Toujours est-il sûr que c'est un assemblage d'étrangers de presque toutes les nations de l'Europe destinés à être, pour un petit nombre d'années, membres d'une société qu'on peut appeler à juste titre une république [dans une république]. En effet, elle n'est point soumise aux lois qui obligent les autres habitants de ces lieux. Elle a ses magistrats particuliers, et peu s'en faut qu'une souveraine licence ne lui tienne lieu de loi. Si d'un côté on a soin de fournir à petits frais aux membres de ce corps tout ce qui peut les conduire aux débauches et aux désordres les plus odieux, d'un autre côté, on est d'ordinaire assez équitable pour les dispenser des punitions que, dans tous les autres Etats policés, le crime traîne après lui.'

'La ville,' continua-t-il, 'qui renferme cette république dans l'enceinte de ses murailles a mérité autrefois, en se défendant courageusement contre ses ennemis, le privilège de loger ces hôtes insolents et d'en souffrir patiemment les insultes les plus outrageantes.

Au reste, cette république est appelée *académie* ou bien *université*, et les plus sages de ses sujets se font une occupation sérieuse d'aller tous les jours dans de certaines assemblées qu'on nomme *collèges* pour y troquer tout ce que leur esprit et leurs manières ont de naturel contre une certaine érudition qui depuis longtemps s'est brouillée avec la nature. C'est là qu'on apprend à laisser là les tons de voix qui répondent aux différents mouvements de l'âme pour prendre ceux de la déclamation qui, dégageant la parole de l'empire du cœur, l'asservit à certaines règles bizarres qui sont d'autant plus admirées qu'elles s'éloignent de l'usage ordinaire. C'est là qu'on se fait une habitude de respecter aveuglément la vénérable antiquité et d'imposer silence à la raison et au sens commun dès qu'on entend parler un Ancien ou son interprète. Enfin, c'est là qu'on apprend à soutenir un sentiment jusqu'au dernier souffle de ses poumons et à se faire une gloire de prouver par des raisonnements également plausibles tantôt qu'une chose est et tantôt que cette même chose n'est pas.'

'J'en reviens toujours à cet habillement,' dis-je à mon guide; 'à quoi bon se distinguer de la sorte des autres habitants de ces provinces? Se pourrait-il que cette robe fût une espèce de déshabillé? Et serait-ce la coutume de ces messieurs de s'aller coucher à présent, ou bien de sortir à cette heure du lit?'

'Il est vrai,' me repartit-il, 'que plusieurs d'entre eux ont assez bu hier pour ne se lever qu'à présent et que quelques autres ont déjà fait assez la débauche aujourd'hui pour être obligés d'aller cuver leur vin, mais la seule raison de s'habiller de la sorte, c'est la commodité qu'ils préfèrent, en véritables philosophes, à l'embarras des modes. Il en est à peu près de cette longue robe comme du manteau des anciens sages qui était toujours commode et toujours de saison: elle peut servir la nuit de couverture, le jour d'habit et dans le mauvais temps de casaque; s'il fait chaud, on l'ouvre; fait-il froid, on la resserre, et s'agit-il de casser les vitres ou de rosser le guet, on la retrousse.'

Tout en discourant de cette manière, nous nous trouvâmes devant un grand bâtiment vieux et de mauvais air où le mélange confus de cent voix différentes faisait un tintamarre si effroyable qu'on eût juré que tout au moins une vingtaine de personnes s'entr'égorgeaient là-dedans. La curiosité m'y fit entrer et j'y démêlai, au travers d'une épaisse fumée de tabac, un bon nombre de jeunes gens qui, en criant de toute leur force, trouvaient moyen d'avaler, celui-ci du café, celui-là du chocolat, tandis que plusieurs autres s'abreuvaient d'eau de vie pour se préparer l'estomac à une débauche solennelle. Elle se devait faire chez un jeune homme qui voulait célébrer avec ses compagnons l'honneur d'avoir été reçu ce jour-là parmi les *pédants titrés*, qui sont autorisés par lettres patentes de cette république à manquer de sens commun toutes les fois qu'ils en trouveront l'occasion.

On eût dit que dans ce lieu enfumé toutes les langues de l'Europe se fussent donné un rendez-vous pour se disputer la gloire de fournir les termes les plus énergiques aux jureurs les plus déterminés. Le jeu, qui donne d'ordinaire les plus belles occasions d'exercer l'art de jurer pathétiquement, n'y manquait pas. A trois différents billards où l'on faisait paraître en même temps son adresse pour le jeu et son talent pour la chicane, on voyait souvent les masses et les billes[106] voler en l'air pour le coup le plus facile à décider. Mais après avoir bien tempêté et s'être dit des injures qui, selon le cours ordinaire des affaires du monde, devaient être suivis des effets les plus violents, ces prudents élèves de Minerve, se réglant sur les instructions qu'elle avait autrefois données au turbulent Achille, laissaient là prudemment les voies de fait; ils n'allaient pas même *bouder*, comme fit ce héros devant les murs de Troie. Ils se calmaient entièrement et se remettaient à jouer avec toute la tranquillité possible. Modération très louable si elle venait d'un principe de christianisme.

Pendant que dans cet endroit-là il régnait un mélange confus de paix et de guerre, j'entendis d'un autre côté de grands éclats de rire qui me firent prêter attention à ce qui pouvait en être la cause. C'était un grand Flandrin qui s'érigeait en diseur de bons mots à la faveur de quelques vieux contes qui, depuis plus de cinquante ans, avaient embelli l'*Almanach* et fait rire les laquais et les savetiers. Son éloquence avait assemblé autour de lui un cercle attentif d'admirateurs qui l'écoutaient la bouche ouverte et qui se faisaient une loi de rire à gorge déployée aussitôt que le grand nigaud qui les amusait leur en donnait le signal en riant le premier. Celui qui aurait gardé un air froid au milieu de la joie générale aurait passé pour le plus stupide des hommes, et pour peu qu'on eût soin de sa réputation, il fallait s'épanouir la rate[107] comme les autres. Tout ce que les railleries de notre bel esprit avaient de fin, c'était des obscénités exprimées sans détour et capables de dégoûter quiconque n'était pas absolument destitué de pudeur et de politesse. Si vous avez remarqué, Lecteur, qu'un peuple entier dont on admire à juste titre le bon sens et l'habileté dans des affaires importantes confond avec la finesse de la raillerie les équivoques les moins honnêtes, vous ne vous étonnerez pas d'apprendre que ceux qui, dans ces lieux tumultueux, se plaisaient à ce burlesque infâme étaient justement les plus civilisés qu'on y trouvait. On voyait quelques-uns de cette dernière classe habillés à la manière ordinaire, mais on voyait aisément qu'ils n'y étaient pas accoutumés et on les aurait pris pour des Moscovites travestis qui eussent mis un habit à la française pour la première fois de leur vie. Ils ne laissaient pas d'être magnifiques, mais les différentes pièces qui composaient leur habillement étaient si mal assorties qu'ils semblaient avoir voulu représenter sur eux un conflit des couleurs les plus opposées. C'étaient des habits rouges, des vestes bleues, des bas blancs et des souliers avec des oreilles rouges ou jaunes; ajouter à cela une grande perruque et un petit chapeau, ou bien un grand chapeau et une petite perruque, une longue épée ceinte par-dessus l'habit, ou du moins par-dessus la veste, et un air moitié pédant, moitié bretteur, et vous vous formerez une idée complète d'un de ces cavaliers dans ses habits de cérémonie. Tandis que je réfléchissais sur ce goût bizarre, deux étourdis, après s'être jeté un *damier* et des dames à la tête, en étaient venus aux coups de poing, mais étant séparés, ils prirent une résolution plus martiale et, suivis d'une centaine de personnes, ils mirent flamberge au vent en pleine rue. Jamais jeunes gens ne se battirent avec plus de précaution, et quelque longues que fussent leurs brettes, il y avait toujours une bonne aune de distance entre la pointe de l'un et l'estomac

---

106. 'Masses' and 'billes' are cues and balls used in billards.
107. Be amused, make merry.

de l'autre. Cependant, un de ces prudents guerriers reçut une égratignure à la main par le plus grand hasard du monde, après quoi on se jeta entre deux et on les reconduisit en triomphe comme des héros de la première classe. Je les laissai là et, croyant avoir assez examiné les mœurs de ce peuple, je résolus de continuer mon voyage.

XXVIII · [20 novembre 1711]

Vous voilà donc de retour, Messieurs les Guerriers; je m'en réjouis fort; soyez les très bienvenus. Quel plaisir pour les dames qui ont tremblé pendant l'été à chaque apparence de bataille, quel plaisir de vous revoir pleins de santé, brillants de gloire et tout prêts à donner tête baissée dans la galanterie! Quel charme pour vous, Messieurs, de pouvoir faire à vos Phillis le récit intéressant de vos grandes actions et de les voir pâlir d'un péril dont vous êtes échappés, ou bien qui ne vous a pas menacé seulement et que vous trouvez pourtant à propos d'insérer dans le roman de votre illustre vie. Pour peu que ces belles soient affectionnées à l'Etat, elles se trouveront obligées en conscience de vous dédommager par leurs faveurs des fatigues de la campagne, et vous allez à présent goûter à longs traits les agréments du quartier d'hiver, qui sont la seule douceur de la malheureuse profession que vous avez embrassée. Toujours dans la fatigue, souvent dans la disette, à tout moment environnés de la mort, est-il concevable[108] que vous ayez l'esprit assez imbécile pour affronter une si grande foule de malheurs sans y faire réflexion, ou que vous ayez l'esprit assez fort pour y réfléchir et pour les affronter pourtant?

On peut ranger dans quatre classes ceux qui se font un emploi de tuer leur prochain. Il y en a qui le font par amour pour la patrie, et ceux-là sont en très petit nombre. Il y en a,

> Que l'affreuse disette livre
> Aux misères d'un pareil sort,
> Et qui vont chercher de quoi vivre
> Dans le sein même de la mort.

Il y en a qui s'abandonnent, par ambition, à ce parti si éloigné de l'humanité, et enfin, on en trouve dont l'unique motif est le désir de s'acquérir, avec le titre d'officier, une espèce de droit de se donner des airs pendant trois ou quatre mois de l'année. J'admire les premiers, je pardonne aux seconds, je plains les troisièmes et je me ris de l'extravagance des derniers, qui achètent si cher la maigre satisfaction d'étaler des airs ridicules entés sur un plumet et sur un habit galonné. Cependant, à examiner l'affaire de bien près, les ambitieux ne seraient-

108. Van Effen indicates the following corrections and commentary at the end of the *Misanthrope* for 7 December 1711: 'Dans le Misanthrope précédent, page 229, ligne 24, lisez, "concevable"; p.234, l.5, lisez, "Où l'aimable repos se dérobe à nos yeux"; l.9, lisez, "L'autel ensanglanté du chimérique honneur." Je ne sais par quel hasard on a mis, à la place de ces vers, ceux que l'on y voit; peut-être sont-ils meilleurs que les miens; j'en laisse le jugement aux connaisseurs et je remercie ceux qui les ont faits de leur bonne intention, en leur priant pourtant, bien humblement, de ne se plus mêler de mon ouvrage.'

ils pas aussi extravagants que ces amateurs du bel air dont je viens de parler?
Il est vrai qu'on s'est plus familiarisé avec le ridicule des premiers et qu'on a
donné depuis longtemps des couleurs brillantes à l'amour de la gloire et de
l'élévation, la peste la plus pernicieuse de l'univers, au lieu que le ridicule de
cette jeunesse, qui ne considère la qualité de guerrier que par le plumet et la
dorure, n'a pas encore, à la faveur de l'éloquence fleurie des orateurs et des
poètes, acquis le privilège de passer pour grandeur d'âme.

Supposons que quatre guerriers poussés par ces différents motifs se trouvent
sur une brèche, menacés de tous côtés d'un prompt trépas. Le premier se
tranquillisera par l'assurance qu'il fait son devoir et qu'il n'agit que par un
principe digne d'un homme de probité. Le second pourra se flatter que, s'il se
tire de là, ses maîtres équitables donneront du moins du pain à un homme qui
s'expose à mille morts pour leur service. L'officier du bel air se consolera de
l'état violent où il se trouve par l'idée du plaisir qu'échappé de ce danger il
goûtera l'hiver à briller dans les assemblées et à éblouir les yeux du beau sexe
par un mérite dont on s'enveloppe le matin et dont on se dépouille le soir. Et
l'ambitieux se soutiendra par l'espérance que les hasards qu'il affronte avec
intrépidité lui procureront l'agrément d'avoir sous sa conduite quelques centaines de coquins de plus.

> 'Et qu'il pourra, bravant une mort indiscrète,
> De sa folle valeur embellir la gazette.'[109]

Je connais des guerriers de cette dernière espèce qui jouissent d'une fortune
médiocre et qui, contents d'un habit modeste, d'une maison commode et d'une
table frugale, pourraient couler leur vie dans le calme et dans l'agrément. 'Mais
quoi! *rester chez soi à planter des choux*, cela ne se peut pas; il faut s'élever aux plus
hautes dignités militaires, *il faut faire une fortune éclatante*.'

Voilà le langage de tout le monde: *il faut faire fortune*; il semble que tous les
talents les plus beaux du corps et de l'âme ne soient donnés aux hommes qu'afin
qu'ils fassent fortune et qu'il n'y ait point de salut pour ceux qui n'y aspirent
point. Il faut avouer que nous méritons peu cette raison inestimable qui nous
serait d'un si grand secours si nous en faisions le principe et la règle de toutes
nos actions au lieu d'en faire un ressort asservi aux fausses maximes d'un intérêt
mal entendu. Ceux qu'on appelle sages dans le monde ne s'y distinguent pas
d'ordinaire des fous en s'habituant à examiner la véritable valeur des choses
par les principes les plus clairs et les plus indubitables du bon sens. Point du
tout, ils ont de commun avec les insensés la bassesse de n'oser pas examiner les
opinions vulgaires, et tout ce qu'ils ont de plus excellent qu'eux, c'est de
raisonner conséquemment sur des principes aussi faux qu'universellement reçus.

Il semble que l'homme abhorre les soucis et les inquiétudes et tend au repos
et à la tranquillité, non seulement par un principe de raison, mais encore par
une espèce d'instinct. Tout le monde fait de cette tranquillité le but de ses
travaux et de ses peines, mais tout le monde travaille à reculer toujours ce but
pour avoir le plaisir d'y courir toujours et de n'y parvenir jamais.

Ce marchand qui pourrait trouver le repos dans une richesse médiocre

---

109. Boileau, 'Satire VIII', ll.95-96. The first line is slightly altered: 'Et cherchant sur la brèche
une mort indiscrete.'

s'obstine à l'attendre des Indes dans des coffres remplis d'or et de pierres précieuses. Ce guerrier paraît croire qu'un cœur tranquille n'a droit de loger que dans un corps mutilé et couvert de cicatrices. Ils s'efforcent, l'un et l'autre, à trouver la félicité où ils aspirent dans les choses étrangères où elle n'est pas et ne la cherchent pas dans leur raison dans laquelle seule ils pourraient la trouver.

Douce paix de l'esprit, heureux repos de l'âme,
Source des vrais plaisirs, seul et parfait bonheur,
Le mortel vous détruit tandis qu'il vous réclame
Et, pour vous acquérir, vous bannit de son cœur.

L'avare vous poursuit et d'un fol espoir ivre
Il court vous abîmer dans les gouffres des flots.
Bien loin de vous atteindre, aux troubles il se livre
Pour amasser matière à des troubles nouveaux.

Qu'il creuse, affamé d'or, ces avares abîmes
Où les dieux l'ont caché par de sages arrêts;
Il y pourra trouver cette source des crimes,
Mais la tranquillité ne s'y trouva jamais.

Non, pâle Adorateur de l'altière abondance,
N'attends pas ce trésor de ses prodigues mains;
De sa corne qui verse un ruisseau d'opulence
Ne vois-tu pas couler des fleuves de chagrins!

Sous un rustique toit se trouve la retraite
Où l'aimable repos se dérobe à nos yeux,
Mais de soucis ailés une troupe inquiète
Vole autour du lambris des palais orgueilleux.

L'ambitieux souvent encense par le crime
L'autel ensanglanté du chimérique HONNEUR;
A mesure qu'il monte il se creuse un abîme
Dont l'aspect effrayant trouble et glace son cœur.

Que le peuple ébloui d'une apparence vaine
Admire le bonheur de ses fiers souverains:
Portraits vivants des dieux, leur amour ou leur haine
Est l'arbitre du sort des timides humains.

Mais serrée autour d'eux leur garde redoublée
Du peuple calme en vain les flots tumultueux,
Elle n'arrête pas dans leur âme troublée
Des désirs inquiets le flux impétueux.

Le voyageur veut fuir le trouble qui l'agite
Et sous un autre ciel croit trouver le repos,
Mais, triste compagnon du malheur qu'il évite,
Il traîne en tous climats la source de ses maux.

[Le généreux effort d'un coursier indomptable
Ne saurait l'arracher à ses soucis rongeants,
Et d'un château flottant la masse redoutable
Ne saurait l'en défendre en ses murs foudroyants.]

Et toi qui, sur les pas des fiers héros du Tibre,
A ta folle valeur immoles l'équité
Et, trouvant criminel quiconque ose être libre,
Montes de crime en crime à l'immortalité,

Tu mesures ta gloire aux malheurs qu'elle cause,
Dans l'univers en feu tu cherches ton encens;
Vois croître tes lauriers, plus ta main les arrose
Des pleurs des malheureux, du sang des innocents.

Scélérat admiré dont les crimes deviennent,
A l'abri du succès, les titres du héros,
Dans le chemin sanglant où tes fureurs t'entraînent,
Quel objet poursuis-tu? Quel objet! Le repos.

Le repos! Mais toujours l'insatiable gloire
Aux plaisirs du triomphe arrache les guerriers
Et ne leur fait jamais trouver dans la victoire
Qu'une route aplanie à de plus beaux lauriers.

Mortel infortuné rampant sous la chimère,
Veux-tu toujours servir, né pour la liberté?
Ton bon sens du repos est le dépositaire
Et l'arbitre absolu de ta félicité.

D'un bien toujours futur que l'attente peu sage
Cède au choix d'un bonheur sûr, présent, accompli,
En bornant tes désirs étends ton héritage,
Un désir resserré vaut un désir rempli.

Oui, va jouir des droits de ton indépendance,
De ta seule raison esclave bienheureux,
Dans ta modicité va trouver l'abondance
Et tire ta grandeur des bornes de tes vœux.

Couvert de ta vertu, Philosophe intrépide,
Alors tu peux braver les orages du sort,
Saisir de chaque instant l'utilité solide
Et goûter des plaisirs affranchis du remords.

Pour moi j'ose, nourri des préceptes d'Horace,
M'élever au-dessus du peuple forcené
Et n'en point distinguer, sage dans mon audace,
Un roi de ses désirs esclave couronné.

Pour calmer mes chagrins assez souvent j'allie
L'amusement des vers à l'effort des raisons
Et du double coupeau la touchante folie
Fait l'effet sur mon cœur des plus sages leçons.[110]

XXIX · [7 décembre 1711]

Après avoir fait encore un voyage de huit à neuf lieues, je me trouvai dans une ville qui ne le cède à aucune autre de l'univers pour le commerce, pour la sagesse de ses lois et pour la magnificence de ses bâtiments.[111] Mais ce qu'on y peut

110. Imitation vague de la 16e ode du 2e livre des odes d'Horace. (Note in the 1726 edition.)
111. This essay follows number XXVII. The city referred to is Amsterdam. The following portrait of animal-men may have inspired Jonathan Swift's *Gulliver's travels*. See Pienaar, p.135: 'A striking correspondence of Van Effen and Swift in caustic irony is found in *Misanthrope*, I, no. xxx, which gives a somber picture of busy mercantile Amsterdam and depicts the inhabitants as for the most part a species of debased animal. Van Effen never again clouded over his satire so darkly, and gave but a foretaste of that Yahooland with which the English wit was to shock the world later.'

d'abord remarquer de désagréable, c'est que l'air y est très épais et mêlé de certaines vapeurs grossières, aussi dangereuses pour l'esprit que pour le corps de ceux qui le respirent.

Cette superbe ville est habitée moitié par des créatures humaines et moitié par de certains animaux qui, pour l'extérieur, ressemblent extrêmement à des hommes, mais qui, au lieu d'être animés par un esprit raisonnable, n'ont qu'un instinct aveugle qui les pousse vers les richesses comme les autres brutes sont poussées vers les choses nécessaires à leur conservation.

Si l'on n'a jamais remarqué que le simple instinct mène les êtres destitués de raison vers leurs fins par des moyens plus ingénieux que n'en saurait inventer la raison même la plus éclairée, on pourra l'observer facilement dans ces brutes à figure humaine dont je viens de parler.

Ils possèdent au suprême degré tous les arts qui peuvent contribuer à remplir leurs coffres d'un argent dont tout l'usage consiste à en gagner encore d'autre et qu'ils laissent à leurs héritiers sous la condition tacite qu'ils ne s'en serviront jamais et qu'ils tâcheront encore de l'augmenter. Ne dirait-on pas que la richesse fût un dépôt qui leur fut confié par la fortune et auquel, comme fidèles dépositaires, ils se fissent un cas de conscience de toucher? Parmi ces hommes apparents, l'amitié et les autres liens de la société humaine sont absolument comptés pour rien. Ils se font une espèce de gloire de la lâcheté de leurs sentiments et traitent de faiblesse le généreux désir qu'ils remarquent aux hommes véritables d'employer leur bien à procurer de l'utilité et de l'agrément à leurs prochains, et surtout à leurs amis. Ils débitent comme la sentence la plus grave et la plus raisonnable que l'*amitié ne doit point aller jusqu'à la bourse.*

Les plaisirs innocents qui délassent les personnes sensées des travaux que leur profession exige d'eux sont presque inconnus à la classe d'habitants dont je dépeins ici le caractère et la conduite. Les seuls divertissements qui soient du goût de la plupart d'entre eux, ce sont les plus infâmes débauches qu'une volupté brutale puisse inventer. Ils ne trouvent rien de solide que le gain, et rien d'agréable que le crime.

On ne connaît point parmi eux le plaisir tranquille et satisfaisant qu'on goûte dans la compagnie de quelques amis de mérite qui se communiquent leurs lumières par des entretiens où le mélange du sérieux et de l'enjoué occupe et délasse tour à tour.

On n'y voit point ces sociétés où les deux sexes, animés par un désir louable de plaire, font des efforts pour polir leurs manières et où ils acquièrent l'un et l'autre cet air libre et dégagé, sans lequel le mérite le plus solide rebute bien souvent au lieu de se rendre agréable. La plupart des assemblées qu'on y trouve sont composées, d'un côté, de filles que leurs mères ont gardées dans la maison jusqu'à l'âge de dix-huit à vingt ans sans leur faire voir aucune compagnie et sans leur apprendre rien que les maximes les plus raffinées d'une savante lésine et, de l'autre côté, de jeunes gens qui ont appris leur monde à l'académie de L.[112] en se soûlant régulièrement tous les soirs, en en courant les rues toutes les nuits et en se faisant éviter du beau sexe par la brutalité qui règne dans toute leur conduite.

112. That is to say, Leiden, the university city referred to in number XXVII.

Imaginez-vous des coqs et des poules qu'on lâche les uns contre les autres qui, se voyant pour la première fois de leur vie, ne savent s'il faut approcher ou reculer et à qui la nature fait prendre enfin le parti de s'approcher réciproquement. Il en est tout de même de ces jeunes gens. D'abord ils ont, en se voyant, un certain air interdit et embarrassé, duquel ils passent bientôt à une familiarité impolie qui les confond avec la plus vile populace. Les cavaliers, peu accoutumés à quelques égards pour le sexe, animent d'ordinaire la conversation par les manières de jurer les plus grossières, qui tiennent lieu de l'esprit et du badinage agréable qu'on voit briller dans les sociétés polies; on se met en train de plus en plus; les plus impertinentes équivoques se mêlent aux juremens; le jeu de main suit de près ces spirituelles railleries, et l'âne de la fable, qui, pour baiser son maître, lui jeta impertinemment ses pattes sur les épaules, dépeint assez au naturel les caresses dont ces jeunes gens régalent les compagnes de leurs divertissemens.[113]

Après ce beau prélude on se met à jouer, et quoi que ce soit d'ordinaire pour très peu de chose, ces tables dressées pour le jeu sont autant de théâtres où l'on représente, de la manière du monde la plus vive, toute l'infamie d'une âme basse et intéressée. A la moindre perte, on voit le chagrin peint sur le visage de ceux qui ont des millions dans leurs coffres, et le moindre gain leur inspire une joie insultante qu'ils font éclater sans aucun ménagement.

Il ne faut pas s'étonner qu'on ait donné si peu d'éducation à cette partie du peuple de laquelle je tâche de faire ici un fidèle tableau; une meilleure ne serait à ces jeunes gens d'aucune utilité. Leurs pères ne les élèvent pas pour avoir de la politesse dans leurs manières, du goût dans l'esprit et des sentimens généreux dans l'âme; nullement; on leur trouve l'âme belle à proportion de l'avidité naturelle qu'ils ont pour le gain et on est content de leur esprit à mesure qu'on y voit de la disposition à ne pas laisser infructueux leur noble penchant pour les richesses. Leur mérite est taxé selon les biens qu'ils sont censés de posséder, et, supposé que trois de ces êtres entrent dans une compagnie où le bruit de leurs trésors les a devancés, vous verrez par l'accueil qu'on leur fera non qui a le plus de probité, non qui a l'esprit le plus sociable, mais qui a cent mille francs, qui deux cent mille et qui trois cent mille. Ce n'est pas tout; leurs propres manières indiquent leurs richesses; leur orgueil et leur air froid et méprisant, proportionnés au nombre de leurs pistoles, paraissent dire à tout le monde,

'Dans un coffre rempli de rare qualités
J'ai cent mille vertus en écus bien comptés.'[114]

Est-il concevable que des gens, qu'on confond avec des créatures raisonnables et qui ont des vues pour leur intérêt qui approchent si fort du raisonnement, fondent l'estime qu'ils font d'eux-mêmes et des autres sur un certain nombre de pièces de métal qui n'auraient aucune influence sur leur intérieur si elles ne produisaient dans leur âme certains sentimens par lesquels ils sont essentiellement distingués des hommes véritables? On peut assez comprendre que, parmi

113. Cf. La Fontaine, 'L'âne et le petit chien', *Fables*, iv.5.
114. Van Effen has slightly altered the text by Boileau, 'Epître V', ll.91-92:
Dans mon coffre tout plein de rares qualités,
J'ai cent mille vertus en loüis bien comptés.

des créatures de cette espèce, il ne saurait règner cette galanterie qui est l'effet d'une vanité délicate. Leurs mariages font une partie principale de leur négoce, et l'on ignorerait presque entièrement parmi eux tout commerce de tendresse si quelques filles, à l'aide des commis de leurs pères, ne faisait souvent leurs preuves de fertilité avant que d'être reçues.

Il semble que les étrangers, qui se viennent fixer dans ce lieu et qui ont eu quelque humanité en y entrant, changent de nature pour être assortis à ce corps dont ils vont devenir membres, et l'on dirait que les sentiments humains n'y sauraient avoir droit de bourgeoisie. Pour être persuadé de la vérité de ce que je viens d'avancer, on n'a qu'à entrer dans un endroit nommé le Café Gascon et examiner attentivement les discours de ceux qui s'y assemblent. Si l'on veut voir encore un échantillon de la jeunesse originaire de cette ville, qu'on ait la patience de passer une heure dans le Café Royal où les fils des plus riches citoyens viennent étaler leurs vestes de brocard d'or et faire les honneurs des magasins de leurs pères. Je ne me serais jamais attendu à voir l'air petit-maître répandu sur la figure de ces messieurs qu'assurément la nature n'a point destinés à être ridicules de cette façon-là. Cependant, ils sont petits-maîtres, ou du moins ils font tous leurs efforts afin de paraître tels, et, avec un air déhanché, un pied tourné en dedans, des bras dont ils ne savent que faire et les manières du monde les plus gauches, ils affectent des phrases cavalières et des airs évaporés. Mais bien loin de se rendre, à l'exemple de leurs originaux, d'agréables fous, ils réussissent si mal à les copier qu'ils deviennent des sots dégoûtants et insupportables.

Je ne sais par quel travers d'esprit les nations étrangères veulent de toute force prendre le ridicule de nos jeunes Français pour un modèle du bon air et du savoir-vivre. On devrait prendre garde que *n'est pas petit-maître qui veut* et que, de même que le naturel doit s'unir avec l'étude pour faire les grands génies, il faut aussi que ces deux choses concourent pour composer le caractère de petit-maître. Or la nature n'a donné qu'aux Français le privilège de le devenir sans peine et elle paraît leur avoir départi, préférablement aux autres nations, toutes les qualités requises pour une brillante extravagance. Nos jeunes gens naissent avec un cerveau éventé, un air aisé et prévenant, une effronterie cavalière et une vivacité d'esprit qui rend leur folie plus propre à plaire que la sagesse même des autres nations. Pour peu qu'ils cultivent ces heureuses dispositions, ils sont bientôt perfectionnés dans l'art d'être impertinents sans choquer par là que les seules personnes raisonnables, qui sont en si petit nombre qu'elles ne méritent pas d'entrer en ligne de compte. Les autres peuples ont reçu en partage un bon sens naturel, un flegme propre à les faire agir par réflexion et un air grave et posé, digne de l'excellence de leur nature. Avec toutes ces qualités ils peuvent se former un caractère original de sagesse. N'ont-ils pas tort de le négliger pour copier faiblement un caractère dont ils devraient s'efforcer de sortir, s'il leur était naturel?

AVERTISSEMENT

On trouvera peut-être que cette pièce n'est qu'un tissu de contradictions et que j'y donne continuellement un esprit et une âme à des êtres que j'exclus du nombre des hommes, mais j'avertis le lecteur que je ne suis pas cartésien et que j'admets l'âme des bêtes.[115]

D'honnêtes gens ont cru que le caractère que j'ai donné aux habitants de la ville en question est faux en plusieurs de ses parties. Ils s'en sont formé cette idée en partie par leur faute et en partie par la mienne. Ils n'ont pas pris garde à une distinction que je pose d'abord comme la base de tout mon discours. Je divise tous ces habitants en deux portions égales: l'une de ces classes est composée d'hommes véritables et l'autre de certains êtres qui n'ont de l'homme que la figure. Il n'y a point de ville dans l'univers à qui une pareille distinction ne fît honneur. Mais je ne l'ai pas fait sentir assez dans tout le corps de cette pièce; je remédie à cet inconvénient dans cette seconde édition. On verra même sans peine qu'en retouchant ce discours, j'ai adouci un grand nombre d'expressions trop crues, et même outrées.

XXX · [14 décembre 1711]

Réflexions sur le BON MOT

Le bon mot est proprement la saillie d'un esprit vif, dans laquelle la nouveauté et la justesse sont réunies dans une même idée exprimée avec force et avec précision. Il emprunte la plus grande partie de son agrément de l'A-PROPOS.

On peut donner le titre de bon mot, d'une manière générale, à toutes les saillies à qui ma définition convient; cependant, on ne l'applique d'ordinaire qu'aux saillies que le sel de la raillerie assaisonne.

Le bon mot est plutôt imaginé que pensé; il prévient la méditation et le raisonnement; l'esprit qui vient de le concevoir ne voit souvent qu'après coup le tour heureux de cette pensée et le sens étendu et fin qu'elle renferme. Il est tout étonné d'avoir si bien réussi.

C'est d'ordinaire le hasard qui fait naître le bon mot, comme il découvre souvent les plus beaux diamants à ceux qui ne les cherchaient pas; mais les pierres précieuses ne se trouvent d'ordinaire que dans les mines, et le hasard ne fait guère briller le bon mot que dans un esprit vif et dans une imagination riche.

La même pensée conçue et exprimée de la même manière est souvent une sottise chez un sot et un bon mot chez un homme d'esprit. Cette maxime n'est pas de moi, et toute la gloire qui m'est réservée ici, c'est d'en développer le sens et d'en faire voir la vérité.

La plupart des bons mots consistent dans les tours d'expression qui, sans la moindre gêne, offrent à l'esprit deux sens également vrais, mais dont le premier, qui saute d'abord aux yeux, n'a rien que d'innocent, au lieu que l'autre, qui est plus caché, renferme souvent une malice ingénieuse.

Cette duplicité de sens n'est autre chose dans un homme destitué de génie qu'un manque de précision; il ne sait pas exprimer ce qu'il pense par des mots

---

115. The following note to the above 'Avertissement' was first added to the 1726 edition; later editions include it as well.

qui ne soient susceptibles que d'une seule signification.

Dans un homme d'esprit, cette même duplicité de sens est une adresse par laquelle, sans donner dans le faux, il sait faire naître deux idées différentes dont la plus cachée dévoile, à ceux qui ont la finesse d'y pénétrer, une satire délicate qui demeure cachée à une pénétration moins vive.

Quelquefois ce qui fait le bon mot n'est autre chose que l'heureuse hardiesse d'une seule expression appliquée à un usage peu ordinaire. Souvent la force d'un bon mot ne consiste point dans ce qu'on dit, mais dans ce qu'on ne dit pas et qu'on fait sentir comme une conséquence naturelle de nos paroles sur laquelle on a l'adresse de porter l'attention de ceux qui nous écoutent.

Tous les bons mots ne sont pas capables de soutenir le récit, et encore moins la presse. Ils ne doivent souvent leur mérite qu'aux circonstances qui les ont accompagnés et qu'il est plus aisé de sentir que de dépeindre.

Rarement le bon mot part-il d'un esprit rassis; il est d'ordinaire l'effet de quelque passion de l'âme qui communique sa chaleur au cerveau. Il faut une espèce d'enthousiasme pour les bons mots, comme il en faut pour la belle versification.

C'est surtout l'enjouement qu'inspire la bonne chère qui est la source de ces ingénieuses saillies; les esprits que les aliments nouveaux font bouillonner dans nos veines et les subtiles vapeurs d'un vin pris sans excès sont très capables de causer ces agréables transports. Le moyen de dire des bons mots à jeun?

Il est certain que pour dire des bons mots il faut de l'esprit et de l'imagination; il est plus certain encore qu'on ne saurait que manquer de sagesse quand on se fait une profession de dire des bons mots. Ceux qui briguent ce vain honneur ne manquent jamais de nous faire essuyer mille pauvretés pour trois ou quatre saillies marquées au coin du bon goût.

J'ai déjà dit que la réflexion et l'étude n'entrent point dans l'essence des bon mots; par conséquent, ceux qui cherchent le hasard qui les offre à l'esprit, au lieu de l'attendre, doivent étourdir leur raisonnement et se livrer à une imagination échauffée qui, n'ayant que la fortune pour guide, s'égarera vingt fois dans des conceptions frivoles contre une seule fois qu'elle rencontrera la rare harmonie du *juste* et du *nouveau*.

Tout ce qu'ils disent n'est presque que tours bizarres, pensées tirées, termes hasardés, phrases précieuses et froides allusions. Tout ce mélange fait un jargon obscur et ridicule qui révolte le bon sens et ne rencontre des admirateurs que parmi ceux qui trouvent beau ce qu'ils n'entendent point.

Quoique le bon mot ne soit pas l'effet de la méditation, il est sûr pourtant que les saillies de ceux qui se sont habitués à une exacte méthode de raisonner se sentent de la justesse de leur esprit.

Ces personnes ont enseigné à leur imagination, quelque vive qu'elle soit, à obéir à la sévérité de leur raisonnement, et leur vivacité, dans le temps même que leur raison n'y préside pas, accoutumée à être restreinte dans de justes bornes, s'y tient par une espèce d'habitude.

C'est, peut-être, faute de cette exactitude de raisonnement que les Anciens se sont si fort trompés sur la nature des bons mots et de la fine raillerie.

Parmi les traits d'esprit que leurs admirateurs ont transmis à la postérité, il y en a très peu qui soient dignes du titre de bon mot; la plupart ne sont que des équivoques froides qu'à peine le Pont-Neuf pardonnerait à un tabarin.[116]

Un Ancien de réputation disait, qu'il 'ne s'étonnait pas que l'or était d'une couleur si pâle, puisque tant de gens couraient après.'

Un autre a dit à l'occasion d'un voleur nommé *Chalcus*, c'est-à-dire cuivre, 'qu'il fallait bien qu'il se fît de grands vols à Athènes, puisque les murailles n'y étaient que de terre dans le temps que les voleurs y étaient de cuivre.' On croira, peut-être, que cette dernière pointe est partie du faux esprit de quelque sophiste grec et l'on aura de la peine à l'attribuer à l'illustre Démosthène. C'est pourtant lui qui en est l'auteur. Oui, ce génie du premier ordre, dont l'éloquence était l'âme du peuple athénien et l'arbitre de tous les mouvements de ce vaste corps composé de tant de parties différentes, échouait souvent contre l'écueil de la raillerie.

> Dans le sens puéril de ses bons mots étiques,
> On ne reconnaît point l'auteur des *Philippiques*.[117]

Cicéron, peu content de s'être élevé par son génie supérieur aux plus hautes dignités de l'empire romain, voulut briguer encore le titre de diseur de bons mots, mais sa prodigieuse vanité avait encore plus d'étendue que son esprit, et tout le fruit de cette ambition fut de dire force mauvaises plaisanteries qui lui attirèrent un bon nombre de puissants ennemis.

Après une rencontre où Pompée avait eu du désavantage, un sénateur de son parti s'en consolait sur ce qu'il restait encore sept aigles dans leur camp. 'Cela serait admirable,' répondit Cicéron, 'si nous faisions la guerre aux pies et aux corneilles.' Il y aurait eu du sens dans cette repartie si les aigles qui servaient de drapeaux aux légions romaines n'avaient pas été d'argent et, par conséquent, très mal propres à faire la guerre à des oiseaux.

Une autre fois, voyant un orateur qui avait le cou fort enflé: 'On voit bien,' dit-il, 'que cet homme-là est trop enflé dans ses harangues.' Enfin, la plupart de ces lumières de la Grèce et de Rome, sachant peu l'art de railler finement, nous ont laissé des rébus et des quolibets déguisés sous le nom spécieux d'urbanité et de sel attique.

Je m'étonne fort que les Dacier et les autres savants croient bien défendre les jeux de mots de Plaute contre les critiques sensées d'Horace en alléguant en faveur de ce poète comique le suffrage de Cicéron. Ne voit-on pas assez que cet orateur, en lui donnant tant d'applaudissements, a prodigué de l'encens à son propre tour d'esprit?

Dans le temps que messieurs Bautru et de Roquelaure avaient à la cour la brillante réputation d'être diseurs de bons mots, il ne leur était pas permis de parler naturellement, et l'on avait résolu de trouver bon mot tout ce qu'ils disaient.[118] On ne les croyait pas diseurs de bons mots parce qu'ils raillaient

---

116. Antoine Girard (1548-1633) became famous for his farces as 'Tabarin'.

117. This is a parody of Boileau's famous jibe at Molière in *Art poétique*, 'Chant III', ll.289-90:
> Dans ce sac ridicule où Scapin s'enveloppe
> Je ne reconnois plus l'Auteur du *Misanthrope*.

118. Two seventeenth-century wits, Guillaume, comte de Bautru (1588-1665) was a friend and confident of cardinal Richelieu, and Gaston Jean-Baptiste, chevalier de Roquelaure (1617-1676) was a courtier known for his impiety.

finement, mais on trouvait leurs railleries fines parce qu'on les supposait diseurs de bons mots.

C'était le premier de ces messieurs, si je ne me trompe, qui dit un jour pour désigner un homme dissimulé, 'qu'il était baptisé de faux sel, qu'il n'entrait que par de fausses portes, qu'il se servait toujours de faux-fuyants,' à quoi il ajouta encore toute une tirade de semblables phrases dont je n'ai pas trouvé à propos de me charger la mémoire. Il y a de l'apparence qu'il n'a donné cette fadaise que pour une fadaise. On a voulu cependant à toute force que ce fût un trait d'esprit et l'on dirait qu'il fut défendu d'imprimer un recueil de bons mots sans y accorder une place à celui dont je viens de parler.

Non content d'accorder à ces messieurs une aveugle admiration, tout le monde s'efforçait à les imiter. On n'entrait jamais dans une compagnie sans cinq ou six bons mots qu'on avait eu soin de composer chez soi. Mais, après avoir été des heures entières dans un état violent sans pouvoir accoucher de ses *saillies étudiées*, après avoir remué ciel et terre pour tourner la conversation du côté dont les bons mots devaient partir, on se retirait souvent avec le chagrin de n'avoir pu s'en délivrer, ou bien, de n'avoir pas réussi à faire admirer le fruit de sa méditation.

J'aurais eu de la peine à ajouter foi à ce trait d'histoire si je ne connaissais un poète qui ne se produit jamais dans une compagnie sans avoir fait auparavant provision de dix ou douze impromptus choisis dans son portefeuille. Mais il se prend plus finement à débiter ses vers que les diseurs de bons mots ne débitaient leur prose et il ne manque jamais de mener avec lui un ami stylé à faire naître l'heure du berger pour ses impromptus. Aussi, quand par hasard cet ami lui manque, c'est un homme dépaysé, sa vivacité est éteinte, et sa veine tarie.

Peut-être que l'esprit le plus fécond en bons mots n'en a jamais dit six en sa vie qui méritent l'approbation d'un homme raisonnable. On n'a qu'à consulter les meilleurs recueils de ces traits d'esprit, on verra que la définition que Martial donne d'un livre en général leur convient d'une manière toute particulière. Voici à peu près comme ce poète s'exprime:

> En vain d'un sot orgueil un écrivain s'enivre;
> Bien du mauvais, un peu de bon
> Et du médiocre à foison,
> Voilà ce qui s'appelle un livre.[119]

XXXI · [21 décembre 1711]

Je vous ai promis, Messieurs les Savants, de vous adresser quelquefois la parole et je prétends bien m'acquitter de cette promesse. Ce n'est pas que j'espère de vous désabuser de votre mérite; je sais trop bien que vous ne raisonnez pas et qu'on est incorrigible quand, pour se tirer de ses erreurs, on ne se laisse pas

119. Martial, *Epigrams*, I, 16, ll.1-2:
> Sunt bona, sunt quaedam mediocria, sunt mala plura
> Quae legis ...

guider par les lumières de la raison. Tout mon dessein ne tend qu'à faire voir aux autres hommes les faibles fondements sur lesquels ils fondent l'estime qu'ils ont pour vous et les titres glorieux qu'ils vous prodiguent. Je vous ai entretenus une autre fois sur l'inutilité des sciences qui sont l'objet de vos travaux et je crois avoir montré suffisamment que votre attachement pour les minuties de l'antiquité, votre recherche de l'origine des mots, les soins que vous employez à déchiffrer les médailles, en un mot, que toutes vos études n'ont guère plus de mérite qu'une parfaite fainéantise.[120]

'Le moyen,' dites-vous, 'de comparer un homme qui mène une vie oisive à un savant laborieux qui passe régulièrement tous les jours douze heures dans son cabinet sans se permettre la moindre relâche?'

Douze heures, Messieurs! C'est beaucoup en vérité; quand même vous vous attacheriez à des études véritablement utiles, je ne m'étonnerais plus que l'esprit et le bon sens fussent si rares parmi vous. Quel feu d'imagination ne s'éteindrait pas par un travail si assidu? Quelle pénétration d'esprit n'en serait point émoussée? Vous vous imaginez, sans doute, que plus on étudie et plus on fait de progrès, et que dans douze heures on apprend davantage qu'en six. Je ne suis pas de votre sentiment et je vous soutiens qu'en six heures on apprend davantage qu'en douze. Le paradoxe est fort, mais il n'en est pas moins véritable.

Vous devez savoir par expérience que les forces de l'esprit, comme celles du corps, sont sujettes à s'épuiser; vous n'ignorez pas encore que les progrès qu'on fait dans les études, dépendant de la justesse et de la pénétration de l'esprit, s'affaiblissent à mesure que l'esprit se lasse. Vous me permettrez bien de conclure de ces deux vérités que, quand on pousse l'étude plus loin que ne peuvent aller les forces de l'âme, cette application est vaine et qu'on cesse d'apprendre. Ce n'est pas tout; je soutiens encore qu'alors on désapprend et que les idées dont on surcharge le cerveau ne servent qu'à embrouiller et même à effacer en partie les idées que la mémoire pouvait contenir auparavant avec facilité. Il en est à peu près de ceci comme d'un vase rempli de quelque liqueur jusqu'aux bords: si vous y versez encore quelque liqueur nouvelle, non seulement celle-ci s'enfuira, mais elle entraînera encore une partie de l'autre qui, sans cela, serait facilement restée dans le vase.

Je ne parle ici que de la plus saine partie des savants, c'est-à-dire de ceux qui veulent arranger dans leur cerveau quelque chose de ce qu'ils lisent, et j'avoue que mon raisonnement ne conclut point contre ceux qui travaillent seulement pour leur recueil et non pas pour leur mémoire. Ces derniers peuvent donner au public de gros volumes et passer pour auteurs du premier ordre; cependant, ils ne savent rien; tout ce qu'il ont de savant c'est leur recueil, et si quelque malheur les en privait, à peine garderaient-ils une teinture légère du fruit de leurs veilles. Ils s'attachent plutôt à un métier qu'à l'étude et n'ont garde de fatiguer leur esprit dont ils ne se servent presque point. Un forgeron, un charpentier peuvent travailler des journées entières; rien n'empêche ces savants d'en faire de même.

Pour moi qui ne connais point d'étude sans pénétration, je ne saurais m'enfermer toute ma vie dans un cabinet; j'aime mieux que, par une vicissitude aussi

120. See number XII.

agréable qu'utile, le sérieux de l'étude me fasse goûter davantage les plaisirs innocents et que l'agrément de ces plaisirs m'entretienne dans l'enjouement nécessaire pour étudier avec fruit.

> Pour aujourd'hui c'est bien assez d'étude.
> Ne la poussons jamais jusqu'à la lassitude.
> Mes chers livres, adieu, je vais à l'opéra
>   Sans savoir ce qu'on y jouera;
> Car de ces grands acteurs la troupe un peu hardie
> Tour à tour représente opéra, comédie
>   Et tragédie.
>   Mais on jouera
>   Ce qu'on voudra,
> De l'humeur dont je suis tout me divertira.
> Loin la sotte raison qui n'est jamais contente!
> Entrons à tout hasard. Pas une âme vivante
> N'est encore au parterre, et pourtant, il est tard;
> Dans les loges personne, excepté ce vieillard
> Qui, toujours échauffé d'imaginaires flammes,
> Attaque impunément la vertu de ces dames.
> On dit que tête-à-tête il ne s'y risque plus;
> Il sait ce qu'il en coûte à des amours perclus
> De trouver un objet dont la malice noire
> Pour les faire enrager leur cède la victoire.
>   Voici, pourtant, dix ou douze officiers,
> Du parterre trop large ordinaires piliers.
>   Des coiffes j'en vois trois ou quatre
>   Dans les déserts du sombre amphithéâtre.
> Actrices, je vous plains, chacune de sa part
> A peine payera ses mouches et son fard.
>   Cependant, la toile est levée,
>   Je vois paraître une grosse crevée
>   Brûlant en vain pour les divins appas
>   De cet Adonis gros et gras.
> Que son air emporté peint bien la jalousie!
> Et qu'elle a bonne grâce à faire la harpie!
>   Peut-être un peu d'original
>   Entre-t-il dans cette copie.
>   Enfin, elle ne fait pas mal.
> Convenons-en encor, le Sieur de Touv...[121]
>   Est bon acteur, a la voix belle;
> Je lui souhaiterais fort des charmes moins dodus
>   Et la taille d'un pied plus haute.
> Je sais, s'il ne l'a pas, que ce n'est pas sa faute;
>   Ce n'est pas la mienne non plus.
>   Quelle Vénus! Ciel! Quelle buse!
> Quel air embarrassé! Quelle mine confuse!
>   Par ces gestes déconcertés
> Que les jeux et les ris sont mal représentés!
> A cette inaction n'est-il point de remède?

---

121. Touvenelle, an actor in the opera, is identified in number LV. See van Effen's comments in the preface to the 1712-13 edition.

La Belle, on te prendrait pour Petit-Jean qui plaide.[122]
Eh! que font là ces bras pendus à tes côtés?
Mais quelle affreuse dissonance?
Ciel! L'orchestre n'y songe pas,
Il est du moins d'un ton trop bas,
Et l'acteur en courroux en maudit l'ignorance.
Bachiche en vain fait signe à ces brouillons
Et du concert troublé veut bannir la discorde.
Et fi! Messieurs, allez racler vos violons
Chez les danseurs de corde.
Se pourrait-il que D…
N'entendît pas ces sons irréguliers?
On dirait qu'à toute aventure
Cet illustre bat la mesure.
Mais non! Ce diseur de rébus,
Qui non sans droit d'habileté se pique,
Sait de cet opéra confus
Aussi bien régler la musique
Qu'il en règle les revenus.
Voyez un peu la nonchalance
Dont le Sieur Alexandre danse.
Croit-il, le sot cabrioleur,
En dansant devant nous nous faire trop d'honneur?
Et l'ambition de nous plaire
Ne saurait-elle entrer dans son cœur mercenaire?

Mais voilà l'opéra fini, j'en suis en vérité bien aise; quelque disposition que j'aie à me divertir de tout, l'opéra est un plaisir trop peu naturel pour m'attacher longtemps.

A moins qu'on ne soit savant dans la musique, ces roulements perpétuels, ces accords languissants et trop uniformes rendent le cœur attentif sans le toucher; cette attention le lasse peu à peu; le dégoût suit de près la lassitude, et je me serais déjà endormi plus de vingt fois sans l'harmonie éveillée des chœurs. A dire vrai, c'est cet agréable tintamarre qui me plaît le plus de tout l'opéra et qui excite dans mon cœur ces mouvements de gaieté qui doivent faire le principal but d'un raisonnable musicien, s'il s'en trouve de cette sorte-là.

J'ai tort de n'être pas plus habile et de ne pas prêter à ces accords difficiles une oreille plus savante, j'en conviens. Mais avec la permission des maîtres de l'art, il me semble qu'ils ne devraient pas tant composer dans le dessein de plaire aux profonds musiciens, comme eux, que dans la vue d'agréer à tous ceux qui ont un cœur et des oreilles.

Il est bien sûr que les règles de la musique ne sont point arbitraires, et au lieu de se faire une gloire de la bizarrerie laborieuse de ses accords, un habile compositeur devrait mettre son art à savoir toucher le cœur de ceux-là même qui ignorent s'ils sont touchés selon les règles ou non.

C'est assez de raisonnement;
Ecoutons la petite pièce.
Quel est donc cet objet charmant
Avec un air d'Agnès de la plus sotte espèce?

122. Petit-Jean is a porter in *Les Plaideurs* by Racine. See especially act III, scene iii.

Son ton de voix niais gâte ce qu'elle dit.
    Quoi donc, Monsieur de Touv...
Ne sauriez-vous à l'aimable Isabelle
        Donner un peu d'esprit?
    Il faut encore que je glose
Sur l'animal qui fait le rôle d'amoureux.
    Quelle mémoire! Il est si malheureux
Qu'il n'y saurait fixer quatre ou cinq mots de prose;
De sa bouche sans peine un sens ne peut couler,
Et jusqu'à 'Je vous aime,' il lui faut tout souffler.
        Si la raison et la mémoire
        Sont toujours en divorce entre eux,
        Il est fort naturel de croire
        Que cet homme est judicieux.

        Voici paraître Colombine,
        Tout charme en elle, tout ravit,
        Visage, port, voix, taille, [mine,]
        Avant qu'encor elle ait rien dit,
    Tout parle en elle et parle avec esprit.
        Veut-elle faire la soubrette,
Son babil étourdit et, cependant, il plaît;
        Et quand elle fait la coquette
        Elle paraît l'être en effet.
        Qu'elle est, surtout, charmante actrice
        Quand elle pleure, en Bérénice,
De Titus Arlequin les comiques rigueurs!
        Souveraine de tous les cœurs
        Dès qu'elle gémit et soupire,
        Elle nous arrache des pleurs,
Et dès que l'enjouement succède à ses douleurs,
        Elle nous fait pâmer de rire.
Pour toi qui fais ici les rôles des benêts,
    Crois-moi, renonce au bonheur de nous plaire;
        Tu parais encore trop niais
        Pour copier ton propre caractère.

        [De quel ton de voix enfantin
        S'exprime cette fine mouche?
Allons, la belle Enfant, ouvrez un peu la bouche;
Pour votre âge cet air est un peu trop badin.
        Déjà plus d'un amant s'empresse,
        L'aimable Fille, autour de vous;
Et si vous vous passez jusqu'ici d'un époux,
        Ce n'est pas par trop de jeunesse.][123]

        Ceux que le rare tour d'esprit
        De Dominique autrefois divertit
De tes gestes encor, Arlequin, daignent rire,
        C'est beaucoup dire.
    Mais tu devrais t'étudier
A prononcer les vers sans les estropier.
On ne saurait qu'à tort exercer la critique
Sur ce petit acteur tant qu'il fait le comique.

---

123. This strophe from the 1712-13 edition was omitted from later editions.

Mais dès qu'il veut me faire fondre en pleurs,
Chaussant le cothurne tragique,
D'un air burlesque il dépeint ses malheurs
Et me fait, malgré moi, rire de ses douleurs.

XXXII · [28 décembre 1711]

J'étais encore dans l'âge où la vanité l'emporte d'ordinaire sur la prudence quand un jour je me hasardai à lire dans une compagnie des vers de ma façon.[124] Ils furent généralement approuvés par la grande raison que l'auteur était présent. De cette lecture, comme il était naturel, la conversation se tourna sur la poésie et me donna occasion de soutenir, d'une manière peu circonspecte, une maxime très véritable qui confond les vers médiocres avec ceux qui sont absolument mauvais. On me demanda là-dessus malicieusement si je croyais mes vers au-dessus du médiocre. La demande m'embarrassa; cependant, préférant une sincérité orgueilleuse en apparence à une fausse modestie, je répondis que des vers, sans être tout à fait mauvais et sans être dans le genre médiocre, pouvaient bien ne pas être excellents, que la poésie médiocre, n'ayant ni grandes beautés ni grands défauts, n'était pas propre à toucher le cœur ni à révolter le jugement et ne pouvait que plonger dans l'ennui un lecteur sur lequel elle ne faisait aucune impression.

Qu'il y avait, au contraire, des vers qui, par leurs beautés et par leurs défauts, étaient tour à tour la cause du plaisir du lecteur et l'objet de sa critique, que par là, ils l'empêchaient de tomber dans une inaction languissante et méritaient, selon moi, d'être préférés à ce qu'on appelle vers médiocres.

On parut content de ma réponse; cependant, je sus après qu'elle avait déplu comme pleine de vanité et qu'on aurait souhaité que j'eusse répondu modestement que mes ouvrages étaient médiocres, et même qu'ils ne valaient rien du tout.

En effet, cette repartie aurait été dans les règles de la bienséance, quoique impertinente au suprême degré devant le tribunal de la raison, puisqu'il est impossible qu'un homme fasse des vers quand il est persuadé qu'il en fait de mauvais. Il se peut que l'on danse, quoiqu'on soit convaincu que l'on danse mal; on peut y être forcé par une bienséance raisonnable dont on aurait mauvaise grâce à se vouloir dispenser. Mais rien ne peut forcer à rimer un homme en dépit de son peu de génie, et il n'est pas croyable qu'on fasse, sans aucune contrainte et de propos délibéré, une action par laquelle on est sûr de se rendre ridicule.

Les fausses idées qu'on se forme de la modestie extérieure, qui se répand sur les manières et qui se fait sentir dans les discours, ont leur source dans l'erreur où l'on est sur la modestie de cœur sans laquelle le plus parfait mérite ne nous arracherait qu'un peu d'estime sans réussir à s'attirer notre amour.

On s'imagine d'ordinaire que la modestie ne consiste que dans une opinion

---

124. Cf. van Effen's discussion of poets in number XIX.

désavantageuse de nous-mêmes qui nous cache notre mérite, ou du moins qui ne nous en laisse entrevoir qu'une partie, et l'on n'est modeste, selon ce sentiment, qu'à proportion qu'on s'aveugle sur les bonnes qualités dont la nature nous a véritablement favorisés. Conformément à cette règle, une fille bien faite doit, par modestie, donner un démenti à son miroir et n'avoir pas pour elle seule ni le teint frais ni les traits réguliers. Et un homme d'esprit sera modeste quand il se croira à peine distingué d'un esprit vulgaire.

Sérieusement, il est honteux de réfléchir si peu sur ses devoirs dans le temps qu'on va sottement s'élever jusqu'aux astres qui n'ont rien de commun avec nous. On en mesure avec exactitude la hauteur et la distance, tandis qu'on prend pour règle de sa conduite des chimères qui révoltent la raison dès qu'elle daigne y jeter les yeux. Se peut-il qu'on veuille dégager la vertu de l'empire de la raison et qu'on se fasse un devoir de former des idées fausses sur quelque sujet que ce puisse être? S'il y a du mérite à savoir donner à chaque chose son véritable prix, comment peut-il y avoir de la vertu à ne se pas connaître soi-même et à ne point accorder à ses bonnes qualités l'estime qui leur est due? La justice, cette vertu si éclairée par laquelle on donne à chacun ce qui lui appartient, renverse entièrement ces fausses idées de la modestie; être injuste à l'égard de soi-même, c'est la plus déraisonnable de toutes les injustices. Nous sommes, nous-mêmes, les premiers objets des devoirs qui nous sont imposés, et c'est envers nous-mêmes que nous sommes le plus fortement obligés à pratiquer toutes les vertus.

L'homme s'estime naturellement au-delà de son mérite, et c'est sans doute par cette raison qu'on a cru devoir le jeter dans une extrêmité contraire pour faire entrer son cœur machinalement dans le juste milieu de la vertu. Mais laissons aux jardiniers à se servir de cet art pour redresser la tige d'un arbre courbé. Il faut, autant qu'il est possible, dégager la vertu du mouvement machinal. Pour rendre l'homme vertueux, il ne s'agit pas de le jeter dans de fausses maximes; il s'agit de l'éclairer et de le faire raisonner juste; c'est là l'unique méthode de le corriger digne de l'excellence de sa nature. Voici la manière dont je voudrais définir la modestie raisonnable.

'La modestie est une estime qu'on fait de soi-même, exactement proportionnée à son mérite et fondée sur une parfaite connaissance de ses vertus et de ses vices.'

Qu'on ne craigne point que ce ne soit pas là cette modestie que nous prêche le christianisme et que l'orgueil puisse jamais naître d'une estime que nous faisons de nous-mêmes à laquelle notre mérite sert de règle et de mesure. L'exacte connaissance de soi-même n'embrasse pas seulement nos bonnes qualités, elle embrasse aussi nos défauts. Surtout elle ouvre les yeux aux plus parfaits des hommes sur leur inexactitude à s'acquitter des grands devoirs qu'exigent d'eux leurs talents extraordinaires. Celui qui ne se connaît point cette paresse à répondre par sa conduite à ses bonnes qualités ignore son plus grand défaut. L'opinion qu'il forme de son mérite est disproportionnée, il ne saurait passer pour modeste.

La connaissance de soi-même, telle que je viens de la dépeindre, est plus propre à nous mortifier qu'à nous inspirer du mépris pour notre prochain; elle rendrait l'homme le charme et l'agrément de la société. L'homme d'esprit avec elle ne serait ni railleur piquant ni critique outré; son humanité adoucirait ce que la critique a naturellement de rude, et jamais il ne ferait briller des traits d'esprit que ceux qui peuvent plaire innocemment. Avec elle le savant, sans fermer les yeux sur ses lumières acquises par de grands travaux, se contenterait de former de justes idées de son savoir et ne mépriserait pas les autres hommes à proportion du temps qu'il a la patience de rester dans son cabinet. Enfin, avec cette parfaite connaissance de soi-même, on posséderait cette modestie raisonnée qui renferme presque toutes les autres bonnes qualités.

J'avoue que l'opinion vulgaire sur la modestie est plutôt ridicule que dangereuse et qu'il n'y a que quelques sots de la plus basse espèce qui forment d'eux-mêmes une opinion trop désavantageuse que cette lâche modestie seule est capable de justifier en quelque sorte.

Si la raison veut que cette estime proportionnée à notre mérite loge dans nos cœurs, il est raisonnable encore qu'elle se fasse sentir dans nos discours quand nous sommes forcés à parler de nous-mêmes, et je soutiens que, dans cette occasion, il y a une espèce de grandeur d'âme à oser dire sans détour ce que l'on pense. Ce n'est point être modeste que d'exténuer nos avantages. Eviter de parler de soi-même en bien et en mal, c'est là le caractère de la véritable modestie. Celui qui à tout moment fait sonner haut le terme orgueilleux de *moi* fait indubitablement trop d'estime de ses vertus et ne méprise pas assez ses défauts. Ceux qui parlent toujours à leur désavantage ne diffèrent de ceux qui se louent toujours qu'en ce que leur orgueil a pour compagne la dissimulation et qu'ils ont un vice de plus que les sincères admirateurs d'eux-mêmes. Nos propres vices dont nous affectons de nous accuser sont d'ordinaire des vertus excessives que nous espérons qu'on prendra au rabais et qu'on réduira à leur juste valeur en les dégageant de notre modestie. Si l'on avoue le peu de soin qu'on a de son bien, on espère que cette idée de *prodigalité*, passant dans l'esprit de ceux qui nous écoutent, sera rectifiée et ne deviendra que celle de *libéralité*. Le dessein de celui qui s'appelle étourdi ne tend qu'à faire concevoir la vivacité de son esprit; celui qui convient de sa vanité la veut effacer par cet aveu, et peut-être ne veut-il faire penser qu'au mérite sur lequel sa vanité se fonde. Mais ces énigmes de l'amour-propre n'en imposent à personne, et tout le monde en trouve la clef dans ses propres sentiments.

Il y a d'autres personnes qui déclarent leurs défauts avec candeur, sans vouloir les faire passer pour des vertus, et qui même s'attachent à en montrer le ridicule et l'extravagance. Mais les vices à l'égard desquels on agit de cette manière sont de ces vices qui n'engendrent point le mépris et qui, en dépit de la raison, sont quelquefois plus estimés que des vertus. On avouera, par exemple, qu'on est chatouilleux sur l'honneur; on prouvera même que rien n'est moins raisonnable que cette petitesse d'esprit, mais on n'aura garde d'avouer qu'on manque de courage et qu'après avoir reçu un soufflet, on ne voudrait point s'exposer encore à se faire tuer. On déclarera cavalièrement qu'on n'a pas beaucoup de piété et qu'on est très criminel de ce côté-là, mais on ne conviendra jamais qu'on manque de probité et qu'on est indigne du titre d'honnête homme. Bien des gens s'attaqueront sans rougir sur leur attachement pour la grandeur et pour les dignités dans le temps qu'ils cacheront avec soin leur attachement pour les richesses, attachement tout aussi méprisable que l'autre et beaucoup plus méprisé.

Vanité plus raffinée encore que tout cela: on *confesse* les défauts de cette nature pour faire croire qu'on n'en a que de ce caractère et que notre âme n'est susceptible que de beaux vices qui en caractérisent la grandeur et l'élévation.

Encore un coup, une marque indubitable de modestie, c'est de se taire sur son propre chapitre et d'abandonner aux autres l'examen de ses vertus et de ses défauts. Mais les discours d'un homme raisonnable contraint à parler sur son propre sujet sont des images fidèles de ses sentiments; il sait accorder sa modestie avec sa candeur et ne croit point devoir fonder une vertu sur les ruines d'une autre.

XXXIII

Réflexions sur le caractère des esprits forts et des incrédules[125]

M'étant proposé de faire quelques recherches sur la nature de la religion, je crois utile de commencer par développer le caractère de ceux qui en sont les ennemis déclarés. Ce sont ces personnes qui ont réussi à rendre odieux le terme d'*esprit fort*, qui désigne naturellement la plus haute perfection de l'âme. Ce sont ces personnes qui font parade de deux opinions les plus monstrueuses qui soient jamais sorties de la bizarrerie de l'imagination humaine. En un mot, ce sont ceux dont les uns forcent leur raison à entrer dans les chimères d'*Epicure* et dont les autres s'abîment dans les obscurités impénétrables de *Spinoza*.[126]

Je prie très humblement un tas de petits-maîtres qui se donne un air d'irréligion de ne se pas imaginer que je leur fasse l'honneur de les avoir en vue. Il n'y a rien à démêler dans leur caractère qui saute aux yeux. S'ils n'avaient pas rompu tout commerce avec le sens commun, ils verraient eux-mêmes, de la manière du monde la plus claire, qu'ils sont les êtres les plus méprisables qui puissent être produits par un concours fortuit d'atomes, ou par une aveugle fatalité, loi unique d'un *monde éternel* où rien n'est cause et où tout est effet. Fonder son incrédulité sur la crédulité la plus vaste pour un athée dogmatisant; croire en *Toland* ou en *Bayle*[127] pour ne pas croire en Dieu; décider sur les choses les plus importantes sans examen, sans recherches, sans idées; tourner en ridicule

125. This long treatise (numbers XXXIII to XXXVIII) replaces and greatly expands van Effen's discussion of 'esprits forts' published on 17 October 1712; it appears for the first time in the 1726 edition. See also the author's attack on 'esprits forts' in numbers VI and VIII.

126. The Greek philosopher Epicurus (342?-270 B.C.) was a follower of the materialistic atomism of Democritus. Epicurus believed that man should lead a life of pleasure regulated by morality, serenity, and cultural development. The Dutch philosopher Baruch or Benedict de Spinoza (1632-1677) was generally denounced as an atheist until the nineteenth century. His *Tractatus theologico-politicus* is the first modern historical interpretation of the Bible.

127. John Toland (1670-1722) was an English deist who wrote, among others, *Christianity not mysterious* (1696) and *Pantheisticon* (1720). Pierre Bayle (1647-1706) wrote the *Pensées diverses sur la comète de 1680* (1682) and the *Dictionnaire historique et critique* (1697), among other polemical works.

tous les gens éclairés qui ont été l'admiration de tous les siècles; insulter à la Divinité même avec l'insolence la plus brutale; enfin, suppléer à son ignorance et à sa sottise par la nouveauté des railleries que l'impiété fournit et se procurer ce détestable agrément au mépris des plus affreux dangers: voilà les traits qui forment le caractère d'un libertin du bel air, caractère qui fait l'opprobre du genre humain et dont on pourrait considérer l'extravagance comme souverainement risible si elle n'était pas déplorable au suprême degré. Ceux qui se trouvent dans un égarement si funeste se dévoilent à quiconque a le simple sens commun. Il serait très nécessaire de les dévoiler à eux-mêmes. Mais la raison peut-elle avoir prise sur des gens qui sont les dupes de sophismes si grossiers? Le seul moyen de les ramener est caché dans les trésors inépuisables de la miséricorde et de la longue attente de Dieu.

Pour les honnêtes gens, touchés du triste sort de ces malheureux, ils sont portés, par un principe de charité, à former pour eux des vœux qu'on regarde d'ordinaire comme des malédictions. Humainement parlant, ces victimes de la plus détestable vanité ne sauraient être sauvées des terribles catastrophes que la mort doit leur attirer un jour, si non par la pauvreté, la misère, la maladie, la douleur, en un mot, par tous les châtiments dont la Divinité se sert pour faire rentrer les hommes en eux-mêmes.

Ceux que je voudrais développer à leur propre raison et à celle des autres sont des incrédules d'une espèce plus noble en apparence. Ils prétendent mépriser la religion par connaissance de cause; selon eux, ils ne décident qu'après un mûr examen; ce n'est que par les plus profondes recherches que la supériorité de leur esprit a saisi le moyen de secouer le joug des opinions vulgaires; ils n'admettent rien qui ne soit démontré; en avançant avec précaution dans la route de la vérité, ils suivent pas à pas des idées claires et distinctes et ils s'arrêtent dès que le flambeau de l'évidence ne les guide plus. Voilà les traits sous lesquels ils se peignent eux-mêmes et sous lesquels ils sont admirés par leurs sectateurs comme des génies du premier ordre, comme les seuls sages. Voyons avec impartialité si des éloges si magnifiques ne leur font pas trop d'honneur.

En général, on considère ces messieurs comme des génies doués d'une rare pénétration et d'une force de raison peu commune. Je ne m'en étonne pas. Les hommes vulgaires ont les yeux trop faibles pour distinguer entre l'*extraordinaire* et le *merveilleux*, entre le *nouveau* et l'*excellent*. Ils doivent naturellement supposer de vastes lumières à un homme qui ose quitter les routes battues, se faire un système à part et tenir tête lui seul à tout ce que le genre humain a jamais produit de plus savant et de plus sensé. Des objections, qui ne se sont jamais offertes à leur esprit et qui tirent un air plausible de l'incompréhensibilité de certaines matières doivent les éblouir, les étonner et les porter à ne considérer qu'avec le plus profond respect ce philosophe si hardi et si clairvoyant.

Ce respect et cette admiration pour ce docteur de l'athéisme lui font des disciples de ceux qui ont un cœur corrompu ou une tendresse excessive pour la *nouveauté*, tandis que d'autres petits esprits, dont la raison est plus timide ou dont les mœurs sont plus innocentes, se contentent de plaindre un si grand homme de ce qu'il fait un si mauvais usage de son génie et de déplorer le sort de la religion destituée d'un pareil défenseur.

Il serait utile d'arracher des esprits communs une prévention d'autant plus dangereuse qu'elle leur est naturelle, et il serait facile d'y réussir pourvu qu'ils daignassent prêter attention à des raisonnements qu'on peut comprendre, sans avoir des lumières fort étendues.

Je dis que cette prévention est dangereuse, elle l'est indubitablement. Il est probable que la vérité se trouve dans les âmes qui ont le plus de force, dans les génies les plus transcendants. Si elle peut être possédée, il est naturel qu'elle le soit par des personnes qui ont les plus grands talents pour la démêler d'avec les apparences trompeuses. Par bonheur ce préjugé est destitué de tout fondement et il suppose évidemment ce qui est en question. Sans doute qu'il y a de la supériorité d'esprit à résister au torrent des *opinions* reçues et à se frayer des *routes* nouvelles si ces *opinions* sont des erreurs et si ces *routes* mènent à des vérités clairement démontrées. Mais pour être en droit de reconnaître, dans la singularité des sentiments d'un *esprit fort*, le caractère d'un génie supérieur, il faut premièrement se prouver à soi-même que ces sentiments sont les fruits d'un raisonnement exact, d'une pénétration qui ne pousse point ses recherches au-delà de la netteté et de la clarté des idées. Si l'on voit distinctement que la *singularité* des opinions des *esprits forts* a ce sceau de l'évidence, je conviens que l'admiration, dont on les honore, est juste. Mais quelle raison a-t-on d'en avoir de si grandes idées s'ils n'abandonnent les routes ordinaires que pour s'égarer dans des chemins particuliers? L'audace et la vanité caractérisent-elles une raison peu commune, un génie transcendant? S'il en est ainsi, que d'habiles gens dans le monde! Que notre siècle a bien raison de s'arroger le titre d'éclairé! Qu'il est aisé de se distinguer par les talents de l'esprit!

J'avoue que l'*esprit d'examen*, cette noble hardiesse qui nous porte à ne puiser nos sentiments que dans nos propres recherches, est une qualité très digne de l'excellence d'une créature raisonnable. J'avoue encore que cette qualité peut se trouver en ceux qui suivent des routes singulières, qu'ils s'égarent ou non. Mais premièrement, cette noble hardiesse est plutôt une dispositon du cœur qu'une qualité de l'esprit; elle marque moins une grande étendue de raisonnement qu'un certain courage, qu'une certaine fermeté. D'ailleurs, de quel droit refuser cette généreuse disposition à ceux qui admettent le système de la religion? Est-il contradictoire qu'un grand nombre de personnes ait une conviction éclairée de l'existence d'un Dieu et de la nécessité de l'honorer par un culte religieux? L'examen ne peut-il pas aboutir à approuver une opinion aussi bien qu'à la rejeter?

Disons quelque chose de plus: je crois qu'il est aisé de prouver qu'il n'y a pas plus de supériorité d'esprit dans celui qui adopte d'une manière raisonnable un *sentiment vrai et singulier* que dans celui qui adopte d'une manière raisonnable une opinion *vraie et commune*. Supposons qu'ils examinent, l'un et l'autre, d'une manière digne de l'excellence de leur nature deux sentiments différents reçus par la multitude. Supposons que l'un, découvrant le *faible* de l'opinion qu'il examine, s'écarte et que l'autre, sentant le *vrai* de l'opinion dont il recherche la nature, l'admette et l'enchaîne à ses notions rectifiées. Supposons, enfin, que l'examen de ces deux sujets demande un égal degré de lumières. Quelle différence imaginable y a-t-il dans la conduite et dans l'opération de ces deux esprits? Quel mérite, quel génie peut-on attribuer à l'un qui ne convienne précisément et dans le même degré à l'autre?

On me dira, peut-être, qu'un examen impartial fait par l'esprit humain dans un parfait silence des passions approche de l'impossibilité. 'Celui qui, par le moyen de l'examen, reste dans une opinion commune mais vraie peut avoir tiré du secours, pendant ses recherches, de l'autorité du grand nombre, de l'amour de sa réputation et de l'attachement qu'il a pour sa fortune; mais celui qui s'écarte des idées vulgaires n'a pas un pareil appui, et il faut mettre sur le compte de sa supériorité d'esprit toute la force qu'il n'a pu emprunter de son intérêt.'

Je conviens que cette objection est plausible. Quoique la vérité soit entièrement indépendante de nos intérêts, il peut arriver néanmoins qu'un amour-propre presque imperceptible se glisse dans les opérations de notre esprit lors même qu'il se persuade qu'en cherchant la vérité il est uniquement animé par l'amour de la vérité. Dès qu'on souhaite qu'un sentiment soit vrai, on lui donne un certain degré de probabilité qui n'est point du ressort de l'évidence, laquelle seule doit être l'arbitre de nos opinions. Si, par bonheur, un tel souhait a pour objet une *vérité*, il peut contribuer à nous la faire sentir et à nous en convaincre, et toute la facilité qu'il donne à nos recherches doit être retranchée de la justesse et de l'étendue du génie.

Mais ceux qui trouvent la *vérité* dans des routes inconnues au vulgaire ne seraient-ils aidés dans leurs découvertes par aucune passion, par aucun intérêt? Leur raison est-elle de nécessité dans un parfait équilibre pendant tout le cours de l'examen? Ils se trompent fort s'ils se l'imaginent. Le désir de passer pour orthodoxe et d'établir ou de conserver par là sa fortune est-il la plus forte passion d'une âme qui se pique de supériorité d'esprit? Nullement. Ceux qui veulent passer pour des génies d'un certain ordre trouvent d'ordinaire, dans cette vanité, leur passion dominante. Cette passion, très criminelle quand on ne la renferme pas dans de justes bornes, a quelque chose de noble et de sublime qui défend l'âme contre les impressions de tout intérêt grossier. Un homme amoureux de l'étendue de ses lumières verra quelquefois, avec la plus généreuse insensibilité, la ruine de toute sa fortune et sera atterré par la mauvaise réussite d'un ouvrage dont il avait conçu une haute opinion qu'il se flattait de communiquer au public et d'étendre jusqu'aux races futures. Une ambition si impétueuse, si maîtresse de l'âme, serait-elle absolument étrangère à ceux qui déterrent la vérité à l'écart et loin des yeux vulgaires? Ne peut-elle pas leur prêter les secours les plus puissants et faciliter considérablement leurs recherches? Persuadés que l'opinion que je combats ici est l'opinion générale des hommes qui ont de la peine à ne pas attacher une idée de supériorité d'esprit à la singularité des sentiments, ils doivent naturellement mettre à profit cette chimère du public et s'en servir pour prendre le rang sur les autres philosophes. Ce désir ardent de se distinguer peut leur ouvrir les yeux sur ce qu'il y a de faux dans un sentiment reçu et rendre leur vue plus perçante et plus capable de développer la vérité d'une opinion peu commune ou entièrement nouvelle. Jusqu'ici, par conséquent, les choses sont du moins égales, et celui qui trouve la vérité hors du chemin battu trouve dans sa vanité un secours équivalent à celui qu'un autre peut puiser dans le désir d'établir sa fortune en passant pour *orthodoxe*.

Ce n'est pas tout. Je me crois en état de démontrer que, dans le cas dont il s'agit ici, la supériorité d'esprit doit être naturellement du côté de ceux qui s'attachent aux opinions reçues.

Si, de ceux qui aiment la singularité dans les sentiments, j'ai écarté cette populace vicieuse ou extravagante qui ne se pique de libertinage que par air, si je n'ai ici en vue que les docteurs de l'irréligion, il me doit être permis, d'un autre côté, de ne faire attention qu'aux défenseurs éclairés des sentiments reçus et de perdre de vue la multitude aveugle et paresseuse qui s'imagine de *croire* et qui, à parler proprement, *ne croit rien*. En opposant ainsi gens éclairés à gens éclairés, je soutiens qu'il faut infiniment plus de génie et de connaissances pour faire briller ses lumières dans la religion que pour se distinguer par elles hors de la religion.

Je prends ici le terme de *religion* dans son sens le plus étendu pour la doctrine qui nous enseigne l'existence d'un premier Etre et la nécessité de l'honorer. Cette doctrine subsiste de tout temps; elle a été universellement reçue dans tous les siècles, par toutes les nations civilisées; elle paraît avoir une convenance naturelle avec l'âme humaine qui est capable de la déterrer en elle-même, ou du moins qui la reçoit d'ordinaire sans effort dès qu'on la lui propose. C'est là l'unique raison qu'on puisse rendre de sa grande étendue. On ne saurait guère défendre cette doctrine que par des armes usées. Les arguments dont on s'est le plus servi pour l'appuyer sont précisément les preuves les meilleures. Celui qui en veut être un défenseur brillant et distingué et qui aurait honte d'emprunter ses opinions de l'autorité et du hasard doit avoir passé ces preuves en revue. Il faut qu'il n'y ait mis le sceau de son approbation qu'après l'examen le plus scrupuleusement exact. Après en avoir développé toute la force, il voit que la gloire de l'invention lui est presque inaccessible et qu'il ne saurait guère avoir que le mérite de mettre dans un meilleur jour ce qu'on a pensé avant lui. On a d'ordinaire de ce mérite des idées trop basses. Il faut avoir plus de génie qu'on ne pense pour développer toute la force d'une preuve, pour la présenter de toutes ses différentes faces, pour en faciliter la conception par le secours d'une méthode naturelle et aisée et pour en exprimer les différentes propositions dans un style clair et débarrassé. Il faut se connaître en raisonnement pour avoir de cette sorte d'habileté la haute opinion qu'elle mérite.

On aurait tort cependant de s'imaginer que cette matière soit entièrement épuisée et qu'elle ne puisse plus fournir de raisonnements nouveaux. L'esprit humain n'épuise jamais un sujet. Se le mettre dans l'esprit, c'est donner dans une erreur dont notre paresse naturelle n'aime que trop l'intéressante illusion. Mais c'est ici que brille véritablement la supériorité de génie; il s'agit de renchérir sur tout ce que l'univers a jamais produit de grands hommes; il s'agit de pénétrer dans sa propre nature, de fouiller dans ce qu'elle a de plus caché et de faire de ses facultés les plus secrètes des routes qui nous mènent à l'Etre suprême; il s'agit de percer plus avant que n'ont fait tous les philosophes des siècles passés dans les entrailles de la nature et de démêler partout un dessein et des vues qui marquent un Auteur infiniment bon, sage, puissant. Voilà des travaux dont le succès marque évidemment un génie vaste et un raisonnement aussi exact qu'étendu.

Des esprits de cet ordre trouvent encore de nouvelles occasions de se distinguer en défendant le système de la religion contre les attaques toujours nouvelles des libertins. Il faut les suivre dans les abîmes du doute et tâcher de les fixer à quelques principes. Il faut continuellement démêler le faux des sophismes les plus séducteurs. Il faut sans cesse leur faire sentir que l'incompréhensibilité de certains sujets est l'unique base de leurs difficultés les plus imposantes et qu'ils péchent contre leurs propres maximes en fondant leurs preuves sur des termes destitués d'idées.

Telle est, par exemple, la fameuse objection contre la création du monde. 'On ne saurait produire ce qu'on ne possède pas; par conséquent, il est impossible qu'un Etre, qu'on suppose immatériel, ait donné l'existence à cette vaste étendue de corps qui nous environnent.' Une distinction métaphysique et obscure ne détruit point cette espèce de preuve; elle se détruit elle-même dès qu'on y prête attention. Pour être en droit de faire cette objection, il faut la fonder sur une idée nette et distincte. Il n'est pas question ici de *produire* comme les êtres créés *produisent* en donnant à la matière qui existe déjà une nouvelle forme, un nouvel arrangement de parties. Il s'agit de *faire exister ce qui n'existait pas*. Les êtres bornés ne sauraient donner ce qu'ils n'ont point parce qu'ils n'ont pas la vertu de *créer* ou de *produire*. Mais pour soutenir qu'une Intelligence toute puissante ne saurait donner ce dont elle est destituée elle-même, il faut avoir une idée nette de la *faculté de créer*, de la *vertu productrice*, et il est certain que notre esprit est entièrement inaccessible à cette idée dont nous ne découvrons pas la moindre image dans tout l'univers.

Mais il s'agit ici de peindre les esprits forts et non de les réfuter. Nous avons vu quel degré de supériorité de génie il faut pour défendre, d'une manière distinguée, la doctrine généralement reçue touchant la réalité de la religion. Examinons s'il est besoin du même degré d'habileté pour lui porter des attaques et pour briller dans l'incrédulité. Pour faciliter cet examen, qu'il me soit permis d'entrer dans une discussion un peu étendue.

Il y a beaucoup d'apparence que la doctrine de l'existence d'une Cause première et de la nécessité d'un culte religieux a été d'abord répandue parmi les hommes par tradition et qu'on n'a pas eu besoin pour les en convaincre d'un grand effort de raisonnement. Cette doctrine paraît toute faite pour l'homme; elle répond à ses désirs et à l'amour invincible qu'il a pour son existence et pour son bonheur. Il y a un fond inépuisable d'espérances; dans quelque état désespéré qu'il se trouve, il ne saurait se résoudre à se reconnaître malheureux sans ressource; il a de l'horreur pour l'anéantissement et il s'ouvre sans peine aux idées flatteuses d'un Etre aussi infini en bonté qu'en puissance, capable de tarir la source de ses misères ou de l'en dédommager dans une autre vie. D'ailleurs, il voit que cette idée, fondant la distinction entre le vice et la vertu, bride les puissants, soutient les faibles et affermit l'ordre nécessaire dans la société. Ses penchants les plus naturels, appuyés de ses réflexions sur la nécessité de l'ordre, sont encore soutenus par mille preuves qui sautent aux yeux et que la contemplation de la nature prodigue à la moindre attention. Tant de forces réunies lui font embrasser, sans peine, la vérité de cette doctrine. Il ne la trouve point abstruse ni d'une recherche difficile, non plus que d'autres vérités qui en découlent et qui, ayant de la liaison avec l'intérêt général de tout le genre humain, doivent naturellement, si elles sont fondées, être accessibles aux moindres efforts de raisonnement.

Je crois qu'elles doivent paraître telles à tout esprit ennemi du préjugé et dépendant uniquement de l'évidence. Je suis persuadé que si les hommes avaient voulu embrasser le *vrai* qui va pour ainsi dire à leur rencontre, au lieu de s'en éloigner pour avoir le plaisir de le chercher dans des routes inconnues, la raison de tous les hommes aurait tiré des mêmes principes les mêmes conséquences, au moins dans les matières les moins épineuses.

Malheureusement, la vanité humaine ne s'est point accommodée de cette uniformité de sentiments. Ceux qui ont prétendu briller par leur esprit, voyant avec indignation leurs lumières perdues dans celles de la multitude, las de croire les mêmes choses avec de vils artisans, avec de simples laboureurs, ont voulu faire bande à part et se donner un éclat qui leur appartînt en propre. Ils ont mis la subtilité à la place du bon sens et, à force de pousser leurs raffinements et de leur ménager un air plausible, leur vanité les leur a fait considérer avec admiration, avec extase. En maniant toujours les mêmes idées, ils se sont familiarisés avec ce qu'elles avaient de bizarre et, de cette manière, ils sont devenus les premières dupes de leurs sophismes. La petitesse de l'esprit humain et la mince valeur de tout ce qui nous occupe le plus nous donnent pour la nouveauté un goût vif que nous étendons sur les matières les plus importantes et les plus dignes de fixer notre humeur légère. Par conséquent, il a fallu de nécessité que les inventeurs de nouveaux systèmes se soient attirés de l'admiration, du respect et des sectateurs. Par là, il est arrivé dans la suite des temps qu'on a perdu de vue certaines vérités qui découlent du sens commun et que les sentiments les plus naturels sont devenus les plus extraordinaires. C'est alors que le même orgueil qui avait jeté dans l'erreur ceux qui aiment avec excès à se distinguer a pu rouvrir les routes unies de la vérité à des personnes d'un semblable caractère. Ceux qui ont été si heureusement conduits par leur vanité, soutenus en même temps et par la nouveauté et par la nature, ont dû entraîner l'esprit de la plupart des hommes et leur dessiller les yeux sur le faux éclat des opinions uniquement fondées en de vaines subtilités. Mais la gloire d'un si heureux rétablissement ne saurait tomber en partage qu'à un petit nombre de personnes. Quel parti reste-t-il à prendre à d'autres qui se sentent possédés d'un désir égal d'acquérir une haute réputation? Leur suffira-t-il d'être simples approbateurs des opinions les mieux démontrées? Se contenteront-ils de l'honneur subalterne d'en appuyer les preuves ou de les affermir par quelques raisons nouvelles? Non, les premières places sont prises; les secondes ne sauraient satisfaire leur ambition. Semblables à César, ils aiment mieux être les premiers dans un bourg que les secondes personnes de Rome; ils briguent l'honneur d'être chefs de parti en ressuscitant de vieilles erreurs ou en cherchant des chimères nouvelles dans une imagination que l'orgueil rend vive et féconde.

On voit aisément par là que la singularité des sentiments marque moins un esprit supérieur qu'un violent désir de le paraître. J'avoue, pourtant, que la force et l'étendue d'esprit peuvent briller dans la singularité des opinions lorsqu'elle est systématique, qu'elle pose des principes, qu'elle en tire des conséquences et qu'elle forme un corps de sentiments. Il faut certainement du génie pour arranger des idées quoique fausses, pour leur donner une espèce de liaison, une certaine consistance. Il faut du génie et posséder l'art de raisonner pour défendre cet édifice branlant contre les attaques d'un bon sens exercé et sûr de lui-même.

En est-il de même de la singularité des *esprits forts*? En aucune manière. Ils n'adoptent aucun système, ils n'ont rien à défendre, ils ne sauraient se distinguer qu'en attaquant les systèmes des autres. Pour bien soutenir un système, il faut en avoir une idée totale; il en faut connaître toutes les parties et leurs différentes relations. Mais pour l'attaquer d'une manière un peu brillante, il suffit d'y découvrir quelque faible réel ou apparent et de ramasser toute la force de son esprit pour mettre quelque difficulté dans tout son jour. C'est là un vaste champ d'attaques toujours nouvelles, toujours variées. L'esprit humain est renfermé dans des limites si étroites qu'il n'y a point de matière accessible à notre raison, et même à nos sens, qui ne soit sujette à des difficultés dont jusqu'ici il a été impossible de se débarrasser entièrement. On ne saurait répondre à ces sortes d'objections qu'en avouant qu'on n'a pas une idée complète et totale de son sujet, et cette espèce d'aveu d'ignorance rend tout un système suspect à la multitude trop peu clairvoyante pour avoir la moindre idée des bornes de notre raison et de la prodigieuse étendue de presque toutes les matières. Je conviens que ces objections, lorsqu'elles sont démontrées et qu'elles ont pour base une idée claire, prouvent nécessairement la fausseté d'un système ou détruisent toute *évidence*. Mais elles ne méritent pas la moindre attention lorsqu'elles empruntent toute leur force de l'incompréhensibilité d'un sujet et qu'elles posent pour principe certains termes où l'on croit d'abord entrevoir une idée qui disparaît à mesure qu'on fait des efforts pour la développer et pour la saisir.

Voulez-vous à votre tour attaquer l'incrédule, comment prétendez-vous que vos arguments aient prise sur lui? Pour entrer avec lui dans une dispute réglée, il faudrait trouver des principes qu'il admît comme vous, mais la plupart de ces messieurs n'en reconnaissent aucun. S'ils vous combattent, ils se servent de vos propres principes et ils tâchent de vous conduire de conséquence en conséquence à quelque absurdité. Mais dès que vous entreprenez de fonder quelque argument contre eux sur les mêmes vérités fondamentales, ils refusent de les reconnaître et ils échappent à la force de vos raisonnements dans les labyrinthes du doute où il vous est impossible de les atteindre.

C'est ainsi que ces *philosophes par excellence* brillent à peu de frais et qu'ils trouvent moyen de se faire une vaste réputation sans avoir besoin de rien approfondir. Aussi y en a-t-il, parmi ces habiles gens, un bon nombre dont le nom même serait absolument ignoré s'ils n'avaient puisé leur gloire dans la source bourbeuse de l'irréligion. Que de veilles, que de méditations épargnées quand on veut parvenir à l'habileté par cette route facile!

XXXIV

Suite des
réflexions sur le caractère
des esprits forts et des
incrédules

J'ai déjà dit que tout ce qui donne cet air brillant à l'incrédulité, c'est le penchant invincible que les faibles mortels ont pour le *nouveau* et pour l'*extraordinaire*. J'ai avoué que cet *amour de la nouveauté* était très naturel à la faiblesse de l'esprit humain, mais il n'en est pas moins déraisonnable. Des gens qui n'admettent aucun principe, pour peu qu'ils aient d'imagination, doivent posséder une source inépuisable de nouvelles idées, mais on trouve la même fécondité dans l'extravagance qui est mille fois plus riche en nouveautés qu'une imagination assujettie au bon sens.

Je ne nie pas, au reste, que parmi ces professeurs de l'irréligion il n'y ait des personnes qui se distinguent par la vivacité de leur esprit, mais un génie transcendant, un esprit supérieur, consiste moins dans les brillantes saillies de l'imagination que dans l'étendue du raisonnement. Cependant, le vulgaire confond souvent ces deux choses et même il préfère la plupart du temps la vivacité de l'esprit à la force de la raison; la première de ces qualités est plus à sa portée, et son indolence s'en accommode davantage. En suivant un raisonnement, il s'instruit d'une manière pénible, mais il est diverti par une saillie vive en recevant simplement dans son cerveau une image riante et nouvelle. Dans ces dispositions, il est très naturel de se laisser éblouir par l'esprit des incrédules, qui doivent toujours plus briller que ceux-mêmes qui ont un degré supérieur d'imagination, mais qui respectent un premier Etre.

Si l'irréligion est inépuisable en raisonnements nouveaux, elle le doit être encore en saillies nouvelles. Un homme qui admet un Dieu et une religion peut exercer son esprit et le faire briller sur un grand nombre de matières, mais il n'ose franchir les respectables barrières que les choses saintes opposent au badinage de son imagination.

Pour les libertins, leur bel esprit a, pour ainsi dire, les coudées franches, et la religion leur fournit un champ aussi vaste que nouveau. C'est là que le *nouveau* et l'*extraordinaire* s'offrent d'eux-mêmes de toutes parts; c'est là que des traits d'esprit, des bons mots et des railleries, répandant un air ridicule sur les choses que le genre humain considère comme les plus respectables, forment des contrastes qui surprennent, qui étonnent et qui excitent l'admiration la plus vive.

Cette sorte d'*extraordinaire* emprunte encore un nouvel éclat de la malice et de la corruption du cœur humain. Il est naturel de trouver beau tout ce qui flatte le plus nos penchants vicieux. C'est par là qu'une satire médiocre est plus admirée de la multitude que le panégyrique le plus beau et qu'une pièce galante, à peine passable, trouve un plus grand nombre de lecteurs que les discours de morale où les raisonnements les plus justes sont embellis par les images les plus nobles. On peut dire, sans rien outrer, que le nombre des gens de bien est très limité. J'entends par *gens de bien* ceux qui non seulement admettent la religion, mais qui en connaissent la nature et qui l'aiment comme la source de la véritable félicité.

Un bon nombre de gens, accoutumés à l'idée de la religion ou forcés à se douter de sa réalité par des preuves qui les embarrassent, ne l'admettent qu'avec répugnance. Bien loin de l'aimer, ils la considèrent comme une triste servitude; ils sont agréablement flattés par les railleries qu'on fait contre elle et qui les vengent en quelque sorte de la pesanteur d'un joug qui leur paraît insupportable.

Il y a encore une autre raison tout aussi mal fondée que celles que je viens de réfuter et qui contribue, pourtant, beaucoup à procurer aux esprits forts le titre de *génies supérieurs*.

S'il y a quelque chose au monde dont le caprice ne devrait pas décider et dont il décide pourtant avec insolence, c'est la réputation. A peine peut-on la considérer encore comme un tribut que la raison paye au mérite. On y parvient par mille moyens bizarres. Une indigne charlatanerie usurpe les droits de la véritable habileté; quelque grossière que soit cette charlatanerie, elle manque rarement de parvenir à son but. Certaines gens passent pour illustres, pour des savants du premier ordre, simplement parce qu'ils ont l'effronterie de soutenir qu'ils le sont. A force de répéter leurs propres éloges, ils ont le bonheur de se faire croire sur leur parole. Phénomène presque incompréhensible, mais dont l'expérience ne nous permet point de douter. Combien de gens ne voit-on pas qui, par le moyen d'un artifice si grossier, sont crus grands mathématiciens, physiciens profonds, théologiens du premier rang, quoiqu'à peine ils aient une idée des sciences dont ils font profession d'avoir sondé tous les abîmes. Le cœur humain, qui d'ordinaire n'est pas excessivement bon, l'est quelquefois jusqu'à la stupidité. Le moyen de ne pas ajouter foi à un homme qui dit hardiment qu'il a employé tout le temps de sa vie à l'étude d'une science et qu'il a eu le bonheur de la développer infiniment mieux que tous les savants qui l'ont précédé? Se pourrait-il qu'un tel homme ne sût pas seulement les premiers principes de cette science? Il n'est pas possible que l'impudence soit poussée à un pareil excès. Voilà comme le vulgaire raisonne sur l'ostentation d'une fausse habileté. Ce raisonnement acquiert un nouveau degré d'évidence par la manière méprisante dont ces charlatans traitent les personnes les plus respectées dans le monde savant. Ils haussent les épaules quand on prononce devant eux le nom d'un *Newton* ou d'un *Saurin*.[128] Ils font plus; ils prétendent démontrer que l'un n'est pas seulement physicien et que l'autre n'a point de logique. Là-dessus ils vous prononcent d'un ton ferme un discours qui n'est qu'un tissu de termes scientifiques et auxquels une obscurité impénétrable ménage un air de profondeur. L'auditeur attentif, qui ose à peine respirer, voit aisément que le harangueur est plus habile que lui, et il croit pouvoir en conclure qu'il est 'très habile, aussi habile qu'il est possible de l'être.'

'Mais,' dira-t-on, 'comment un ignorant, convaincu qu'il n'a jamais examiné ces sortes de matières, ose-t-il, sur la foi d'un galimatias pompeux, décider de l'habileté de cette espèce de charlatans?'

La chose est surprenante, j'en conviens, mais elle n'en est pas moins réelle;

---

128. Physicist and mathematician, Isaac Newton (1642-1727) is the father of natural philosophy and, among his greatest works, wrote *Principia* (1687) and *Optics* (1704). Jacques Saurin (1677-1730) was a writer and one of the most famous French Protestant preachers of the time.

n'en voit-on pas tous les jours des exemples des plus frappants? L'homme le plus idiot ne dit-il pas tous les jours que tel homme a plus d'esprit que tel autre, qu'un sermon est pauvre, qu'un autre est excellent, que tels vers sont plats, que tel poème est merveilleux? Toute la multitude paraît croire que pour briller dans une science, il faut l'avoir étudiée, mais que la simple nature nous donne assez de lumières pour juger de tout.

Le caractère imposant que je viens de tracer convient aux *esprits forts* dans toute l'étendue imaginable. A les entendre parler, ils sont les seuls sages, les seuls philosophes dignes de ce nom. Ils possèdent eux seuls l'art d'examiner la vérité, ils sont seuls capables de tenir leur raison dans un équilibre parfait qui ne saurait être détruit que par le poids de preuves. Tous les autres hommes, esprits paresseux, cœurs serviles et lâches, rampent sous le joug de l'autorité et se laissent entraîner sans résistance par les opinions reçues. La haute idée que ces messieurs ont d'eux-mêmes est peinte dans tout leur air et exprimée par leurs attitudes et par leurs gestes. Entrent-ils en dispute, c'est avec une mine imposante. Ils paraissent sûrs de la victoire avant que d'avoir combattu. Leurs sourires railleurs, qui sont autant de pétitions de principe, leur érigent déjà des trophées. Un silence moqueur, une grimace insultante leur suffit de reste pour renverser la démonstration la plus forte. Où est l'ignorant, où est le demi-savant même qui ne soit la dupe d'une charlatanerie si soutenue et si bien ménagée?

Cependant, rien de plus indigne que de déguiser les éloges qu'on se prodigue à soi-même [et d'ériger] certains gestes et certains airs de tête en autant de sophismes impénétrables à la stupidité du vulgaire! Le philosophe véritablement habile tâche de convaincre et non pas de tromper; il rougit d'une estime, d'une admiration gagnée par surprise. Rien de plus honteux d'un autre côté que de se laisser prendre dans un panneau si grossier. La pudeur est plutôt la livrée du vrai mérite et de la vraie supériorité d'esprit qu'une insolente effronterie, par laquelle on remplace une noble confiance qu'il est permis aux grands talents d'inspirer et qui n'est nullement contraire à la modestie. C'est à la raison et non pas aux yeux ou aux oreilles à décider des lumières d'un homme. Elles brillent, non dans des tons de voix et dans des attitudes, mais dans la netteté, dans la solidité et dans la profondeur du discours. Ceux qui ne savent que voir et qu'écouter n'ont pas le moindre droit à juger du mérite. La raison seule fait sentir les degrés de raison. La seule pénétration peut démêler jusqu'où un esprit doit être pénétrant pour pousser ses recherches jusqu'à un certain point.

Ce que je viens de dire me paraît plus que suffisant pour faire revenir de la haute opinion qu'on a des *esprits forts* ceux qui savent suivre une preuve; ajoutons-y pourtant quelques réflexions. Le titre de *beau génie* ne convient pas à des personnes qui ne brillent que sur un seul sujet. Un esprit assez médiocre, qui concentre toute la force de sa raison dans l'étude d'une seule science, peut y parvenir à un très haut degré d'habileté; c'est une vérité de fait, confirmée tous les jours par une expérience constante. Un esprit véritablement supérieur, un génie transcendant ne s'emprisonne pas et ne saurait même s'emprisonner dans un seul genre de connaissances. Ce qui le charme le plus en lui-même, c'est la force et la beauté de sa raison; ses premiers efforts vont à donner à cette faculté plus de justesse et plus d'étendue. Dans sa raison ainsi affermie et développée, il trouve, pour ainsi dire, la clé de toutes les sciences. Tout ce qui est du ressort de l'entendement humain semble s'ouvrir à ses recherches, et il se fait un plaisir vif de pénétrer du moins dans la nature de tous les objets qui ont quelque rapport à son caractère et à ses inclinations; il a ses études favorites, mais il ne saurait se refuser la satisfaction d'avoir quelque idée de tout ce qui lui paraît digne d'être su.

Appliquons cette vérité au caractère que nous avons en main; laissons pour un moment aux *esprits forts* l'opinion flatteuse qu'ils ont de leurs lumières à l'égard de la religion, et voyons si l'on trouve chez eux cette marque d'un génie véritablement grand. Voit-on dans ceux-là mêmes qui occupent parmi eux la première place cette variété de connaissances qui brille dans plusieurs défenseurs zélés de [la] religion? Ont-ils su se rendre propre tout ce qui peut régler, étendre, orner leur esprit? Que dis-je! Qui est-ce d'entre eux qui ne renferme pas toute son habileté dans l'art de pallier les doutes du libertinage? En voit-on beaucoup qui se distinguent dans une seule science où la force et la beauté du raisonnement puissent éclater? Y en a-t-il un grand nombre qui développe les premiers principes qui fondent les droits de la société humaine? Se sont-ils distingués par quelque nouvelle découverte dans la physique? Ont-ils creusé les profondeurs de la géométrie ou de l'algèbre? Est-ce à leurs lumières qu'on doit ces idées aussi justes que surprenantes qui concernent les liaisons de mouvement qu'on découvre dans ces mondes qui roulent sur nos têtes? Certainement, pour soutenir la grande idée qu'ils veulent nous donner de leur esprit transcendant, ils devraient bien sortir quelquefois de la sphère bornée de leur activité; ils devraient nous aplanir quelques nouvelles routes dans les sciences que le genre humain considère comme les plus importantes. Mais cette manière de se distinguer leur coûterait trop quand même ils en seraient capables; il vaut mieux parvenir par surprise à une haute réputation sans prendre la peine de sortir du sein de la paresse.

On pourrait demander encore si ces habiles gens du premier ordre brillent réellement sur leur matière favorite. Remarque-t-on dans ce qu'ils croient avoir écrit de plus fort contre la religion une logique bien sûre? Y découvre-t-on un art particulier de bien établir l'état d'une question, de bien débarrasser et de bien affermir un principe, de mettre une preuve dans tout son jour, d'en développer toute la force et de la rendre sensible par le secours d'un arrangement clair et aisé? Il me paraît que non, et je crois pouvoir dire sans partialité que leurs chefs-d'œuvre sont du moins aussi dignes de pitié que d'indignation. J'ose avancer, et je me fais fort de le prouver, que presque toutes ces qualités d'un bon ouvrage manquent aux leurs et qu'avec un talent médiocre de raisonner il serait aisé de donner plus de force aux preuves qu'il croient nous avoir exposées de la face la plus triomphante.

J'ai toujours été étonné d'une particularité qu'on remarque dans la conduite de ces messieurs et qui dément, ce me semble, la haute idée qu'ils ont de leurs lumières. Ils savent que de très habiles gens ont écrit un grand nombre de volumes dans lesquels ils ont prétendu démontrer l'existence d'un Etre suprême et la réalité d'une religion. Ils savent que des philosophes du premier ordre se sont efforcés à fonder la vérité et la divinité de la religion chrétienne sur des faits plus incontestables en toute manière que tous les événements dont nos propres sens n'ont pas été les témoins. D'où vient que nos *esprits forts*, ces grands hommes par excellence, ne se sont pas donné la peine de réfuter pied à pied les plus forts de ces ouvrages et d'y développer le faible de chaque preuve? C'était là le vrai moyen d'abîmer pour jamais la religion. C'est par cette route que ces libérateurs prétendus de la raison humaine, ces patrons de la liberté de penser devraient briser un joug qui ne paraît que trop insupportable à la multitude peu judicieuse. C'était là l'unique méthode dont il fallait se servir pour délivrer les hommes d'une terreur panique et pour s'assurer le titre d'esprit supérieur. Mais si ces messieurs se résolvaient à suivre cette route, ils devraient se souvenir que pour triompher il ne suffit pas de renverser quelques preuves et qu'ils ne sont pas victorieux tant qu'il reste à leurs adversaires le retranchement d'une seule démonstration. Une seule preuve nette, claire, concluante, fondée sur une idée distincte, doit entraîner la conviction tout aussi bien qu'un grand nombre de preuves de la même évidence. C'est une maxime que jamais il ne faudrait perdre de vue quand on écrit sur des matières controversées par le noble motif de chercher la vérité et non dans le dessein indigne de s'acquérir une vaine gloire. Malheureusement, la plupart des écrivains polémiques semblent écarter de leur esprit cette utile vérité, et un lecteur peu sensé, ou peu attentif, ne manque guère d'être leur dupe. On ne se jette que sur quelques endroits faibles d'un ouvrage qu'on veut décréditer; on découvre un défaut de liaison dans quelques conséquences; on développe l'incertitude de quelques principes débités comme incontestables, et, fier d'un si grand succès, on triomphe, on prend des airs insultants quoique de pareilles attaques n'aient pas seulement ébranlé le corps du système qu'on prétend avoir renversé. Peut-être cette victoire apparente n'en imposerait-elle pas au public si l'orgueil de celui qui craint de passer pour vaincu ne contribuait à affermir les lecteurs dans l'opinion de sa défaite. Pour les désabuser, il n'aurait qu'à abandonner généreusement à son adversaire le terrain qu'il a gagné sur lui et qu'à se renfermer dans la force réelle de son système. Mais il perd de vue son opinion; il s'agit de défendre sa gloire; il ne saurait soutenir l'idée d'être considéré comme un homme qui ne raisonne pas toujours également bien; il ne veut rien perdre; il a résolu que toutes ses preuves fûssent de la même force; il les défend souvent par des absurdités palpables, et quoique victorieux dans le fond, il érige lui-même, dans l'esprit du public, des trophées à son faible antagoniste.

Je viens de dépeindre la méthode générale d'attaquer un système, soutenue et accréditée par la mauvaise manière de le défendre. C'est là surtout la méthode favorite des incrédules. On ne les voit point s'efforcer à détruire la base d'un ouvrage systématique pour le faire crouler sur ses propres fondements; ils se contentent de saisir quelques dehors peu importants et, satisfaits de si minces conquêtes, ils s'arrogent insolemment la victoire. Encore ne font-ils pas d'ordinaire ces sortes d'attaques d'une manière directe; ils déguisent leur dessein; on dirait qu'il n'en veulent point à la religion. Quelquefois même, c'est sous prétexte de la défendre qu'ils la combattent; ils énervent nos preuves en les déguisant par l'expression et en les exposant d'une face qui en cache la force; ils se contentent de les rendre suspectes par de malignes insinuations. Dans tout ce procédé, ils paraissent eux-mêmes peu sûrs de la bonté de leur cause. A voir les détours et les biais qu'ils prennent, un homme un peu éclairé est forcé de croire qu'ils songent plus à tromper qu'à vaincre. Peut-on douter qu'ils n'aient un pareil but quand on les voit avancer avec une suffisance effrontée des faits de la dernière fausseté, comme s'ils étaient d'une certitude reconnue? C'est une adresse indigne dont se servent ceux d'entre eux qui sont les plus admirés par leurs imbéciles disciples. Je pourrais le prouver par des exemples aussi nombreux que frappants. Je n'en alléguerai que deux qui, selon moi, sont capables d'inspirer la plus vive indignation à tous ceux qui mettent quelque différence réelle entre le vice et la vertu. Si ces deux exemples ne prouvent pas que ces messieurs sont des fourbes, il feront voir du moins qu'ils sont souverainement ignorants et stupides.

Le traité de la *Liberté de penser*[129] passe parmi les libertins pour le chef-d'œuvre de la raison humaine, et les incrédules apprentis se cachent derrière ce redoutable volume comme si c'était l'égide de Minerve. Cependant, cet ouvrage, qui a été assez heureux pour jeter l'épouvante dans l'âme d'un grand nombre de Chrétiens, fourmille de ces traits imposteurs lancés sur la religion avec une hardiesse également ridicule et infâme. On voit évidemment dans ce traité que ces termes *liberté de penser* ont deux sens, l'un général, l'autre borné. Dans le premier, ils signifient cette généreuse force d'esprit qui lie notre persuasion uniquement à l'évidence. Dans le second, ils expriment le seul effet que, selon ces messieurs, on peut attendre d'un examen libre et exact, je veux dire l'*irréligion*. Quoique je sois persuadé que ces deux sens cachés dans les mêmes expressions n'échappent pas à un lecteur attentif, j'avoue que je ne saurais démontrer que l'auteur ait voulu les y mettre pour se sauver à nos attaques en se servant tantôt de l'un de ces sens et tantôt de l'autre. Ces sortes de choses, quelque sensibles qu'elles soient, ne sont pas susceptibles de démonstration. Mais ce que je crois pouvoir démontrer, c'est que dans cette équivoque il y a une finesse scélérate ou bien une pitoyable extravagance. Supposons contre toute probabilité que le but de l'auteur soit de nous faire prendre les termes en question dans leur sens général, et voyons si cette supposition serait avantageuse pour son raisonnement.

Afin d'annoblir sa secte, il nous étale une longue et imposante liste de grands hommes parmi les Anciens qui, selon lui, se sont distingués par la liberté de penser, *Socrates, Platon, Epicure, Cicéron, Virgile* etc. Quels noms séducteurs pour des gens qui asservissent leur raison à l'autorité! Mais qu'une pareille autorité est mal assortie au plan d'un philosophe qui veut nous porter à penser librement!

Pour faire voir que ces illustres Anciens ont pensé librement, il cite quelques passages de leurs écrits où ils s'élèvent, selon lui, au-dessus des opinions vulgaires touchant une vie future. C'est supposer qu'une recherche libre de la vérité doit nécessairement aboutir à l'irréligion et, par conséquent, c'est supposer ce qu'il s'agissait de prouver. D'ailleurs, s'éloigner des opinions généralement reçues, est-ce un caractère distinctif d'une raison asservie à la seule évidence? Je l'ai déjà fait voir: la paresse et le respect aveugle pour l'autorité ne sont pas les seules entraves de l'esprit humain. La corruption du cœur, la vaine gloire, l'ambition de s'ériger en chef de parti n'exercent que trop souvent un pouvoir tyrannique sur notre âme qu'elles détournent avec violence de l'amour pur de la vérité.

Pour se persuader que ces grands hommes de l'Antiquité ont été entièrement

129. Anthony Collins (1676-1729) published his *Discourse on free thinking* in London in 1713.

libres dans leurs recherches, il faudrait avoir pénétré dans les secrets mouvements de leur cœur dont il est impossible que leurs ouvrages nous donnent une connaissance suffisante. Si l'auteur est capable de cette force incompréhensible de pénétration, j'avoue qu'il est fort habile. Mais s'il ne l'est pas, il est constant que, par un sophisme très grossier qui suppose évidemment ce qui est en question, il veut nous engager à respecter comme d'excellents modèles des sages prétendus dont l'intérieur lui est inconnu comme au reste des hommes. A peine le philosophe qui s'examine avec l'attention la plus exacte et la mieux soutenue sait-il lui-même s'il pense librement et si l'intérêt de la vérité est le motif unique et indépendant de ses recherches. C'est, par conséquent, une audace extravagante de prétendre démêler les routes par où les anciens philosophes sont parvenus à leurs opinions. Dans ces opinions, nos *esprits forts* croient nous faire trouver leurs propres sentiments; je le veux, que m'importe. 'Mais ces Anciens ont pensé comme nous, ils ont donc pensé librement.' C'est là un argument dont la force ne saute pas aux yeux. Je serais ravi de savoir quelle méthode les *esprits forts* pourraient suivre pour nous démontrer qu'ils pensent librement eux-mêmes.

L'auteur en question ne se contente pas de nous donner pour modèles de la liberté de penser quelques-uns des plus fameux sages du paganisme; il étale encore à nos yeux des auteurs que nous appelons inspirés et que nous avons cru jusqu'ici fort orthodoxes, quoique nous soyons très persuadés qu'ils ont pensé librement. Il veut, cependant, prouver qu'ils ont pensé librement parce qu'ils ont rejeté la religion dominante. Je viens de réfuter cette conséquence, mais il vaut bien la peine d'examiner la manière dont il prétend nous persuader de la singularité des opinions de ces saints hommes.

Je ne m'attacherai qu'à une seule preuve sur laquelle il veut établir un sentiment si extraordinaire et si peu croyable. 'Les prophètes se sont déchaînés contre les sacrifices du peuple d'Israël; donc, les prophètes ont été des patrons de la liberté de penser.'[130]

Je conviens avec lui qu'il y a dans les livres des prophètes des passages très pathétiques dans lesquels ils semblent déclamer contre le culte extérieur de la religion et reprocher aux Juifs leur attachement pour les cérémonies de la loi. Mais y a-t-il au monde un homme assez stupide pour ne pas comprendre le véritable sens de ces reproches? Pour en être la dupe, il faut n'avoir pas la moindre idée de la religion judaïque; il faut s'être contenté de lire à tout hasard quelques lambeaux détachés des livres du Vieux Testament. Les Juifs, qui croyaient ces auteurs inspirés, se sont-ils jamais mis dans l'esprit que ces passages tendissent à détruire le culte lévitique? Ont-ils jamais pu prendre ces reproches dans le sens en question et se persuader que ces saints hommes voulussent les détourner des sacrifices de la part du même Dieu qui les avait institués d'une manière si solennelle par le ministère de Moïse? Non, certainement. Si le peuple d'Israël eût soupçonné seulement que ces prophètes méprisassent la loi cérémonielle, il les aurait considérés comme criminels de lèse-majesté divine, et rien n'aurait pu les dérober aux plus cruels supplices. C'était donc un

---

130. Collins writes, pp.153-54: 'The *Prophets* [...] were great *Free-Thinkers*, and have written with as great *liberty* against the *establish'd Religion of the* Jews (which the people looked on as the Institution of God himself) as if they believ'd it was all Imposture.'

autre sens que les Israélites donnaient à ces foudroyants passages, et il est presque puéril de vouloir redresser là-dessus des gens qui ne sont pas abîmés dans la stupidité et dans l'ignorance. Qui ne sait qu'outre les lois qui regardaient le culte extérieur les Juifs avaient une loi morale qui devait régler toute leur conduite? Qui ne sait que Dieu exigeait d'eux la piété et toutes les vertus qui sont les liens de la société humaine? Ce peuple ne l'ignorait pas, mais, semblable à tous les peuples de l'univers, il voulait capituler[131] avec le Ciel et, en outrant les cérémonies de la loi, dérober leurs passions favorites au joug de la loi morale. C'est contre une conduite si honteuse que déclament les prophètes, comme les ministres de l'Evangile attaquent un culte extérieur destitué des sentiments de l'âme. Ce que les prophètes veulent faire entendre dans ces passages est la même chose que David exprime au *Psaume 51*. Il y soutient que la pénitence expie les péchés et non pas les sacrifices, mais il dit que les sacrifices sont agréables à Dieu, dès qu'il est réconcilié avec les pécheurs repentants.

S'il y a rien de clair dans un livre, c'est le sens de ces passages qui n'a jamais donné le moindre embarras à quiconque sait suivre l'esprit d'un auteur. D'où vient donc qu'on ose nous débiter le plus sérieusement du monde qu'en vertu du droit de penser librement les prophètes se sont éloignés de la religion de leurs pères et des sentiments de toute la nation? Serait-il possible que l'auteur dont je parle fût d'une imbécillité et d'une ignorance assez distinguées pour croire tout de bon que ces saints hommes eussent voulu détourner le peuple d'Israël du culte lévitique? J'avoue que j'ai trop bonne opinion de cet écrivain pour le soupçonner d'être si mal éclairé sur la nature et sur le véritable esprit de la religion judaïque. Mais en tâchant de sauver ses lumières, que faut-il que je pense de son cœur? S'il sait lui-même qu'il ne nous débite ici que des sophismes et des faits d'une fausseté palpable, peut-on assez s'étonner de l'insolence de sa fourberie? Cruelle alternative! C'est ou le plus idiot et le plus imbécile de tous les hommes ou le fourbe le plus impudent. Qu'il choisisse entre ces deux caractères.

'Mais,' dira-t-on, 'à quoi peut servir un piège si grossier? Il est découvert par la connaissance la plus bornée de la théologie, et il n'y a que les ignorants du plus bas ordre qui puissent y donner.'

Il est vrai et il y a beaucoup d'apparence qu'il n'a été tendu qu'à ces sortes de gens. Un petit-maître, dont le cœur est aussi plein de penchants vicieux que son esprit est vide d'idées, ne songe pas seulement à examiner la religion, mais, dès qu'un nouveau livre lance quelques traits contre les opinions généralement reçus, il le cherche avec avidité, il le lit avec toute l'attention dont il est capable, et son ignorance adopte, avec la crédulité la moins soupçonneuse, tous les faits qui y sont débités. Y répond-on, des preuves incontestables font-elles sentir la fausseté de ces faits, il ne daigne pas y jeter les yeux, persuadé qu'on ne saurait répondre rien de bon aux arguments invincibles du docteur du libertinage. C'est ainsi que les professeurs de la liberté de penser parviennent à leur but et que le venin dont ils empoisonnent des âmes imbéciles ne saurait jamais en être chassé par les antidotes les plus infaillibles.

Rien ne paraît d'abord plus bizarre ni plus incompréhensible qu'une pareille

---

131. Strike a favourable bargain or pact.

conduite dont il semble presque impossible de démêler les motifs. Quelle gloire, quel plaisir, un cœur un peu bien placé peut-il trouver à mettre par de lâches fourberies au nombre des partisans de ses opinions des gens qui ne jouent aucun rôle dans le monde et dont les suffrages ne sont propres qu'à décréditer une secte? Je conçois parfaitement qu'un homme de bien peut se faire une douce satisfaction de communiquer à la multitude ignorante ses sentiments qu'il croit également vrais et salutaires. Mais bien loin de vouloir y réussir en répandant des ténèbres dans les esprits, il ne songe qu'à les éclairer et à les rendre capables d'un raisonnement juste; il met sa raison, en quelque sorte, au niveau de celle de ses disciples; il veut bien bégayer avec eux et mettre ses arguments, par une exposition simple et nette, à la portée de tous ceux dont le sens commun n'est pas obscurci par un épais nuage de préjugés. Ce ne saurait être un principe de vanité qui le porte à donner à ses opinions des prosélytes si méprisables; il aime les hommes; il veut être leur bienfaiteur en agrandissant leur âme, en l'enrichissant de notions claires et rectifiées qui puissent la rendre plus noble, plus sage et plus heureuse.

Mais un tel motif ne peut avoir lieu dans une espèce de philosophe qui veut tromper l'imbécillité de ses disciples par des sophismes, qu'il croit lui-même tels et qui ne sauraient contribuer en rien à leur félicité, comme j'espère de le faire sentir ailleurs. Il faut donc chercher un autre principe d'un procédé si contraire à la raison. Je crois le trouver dans l'incertitude même où sont les docteurs de l'irréligion par rapport à leurs propres sentiments, et je crois avoir démêlé ce principe dans plusieurs autres branches de leur conduite. Ces messieurs prétendent avoir assez de lumières pour énerver les preuves sur lesquelles nous établissons la réalité d'une religion. Mais ils n'ont jamais porté la suffisance jusqu'à soutenir qu'ils sont en état de démontrer que la religion n'est qu'une chimère; ils agissent comme s'ils en étaient sûrs; la certitude paraît dans leurs actions, mais elle n'est pas dans leurs idées. Cet état doit être d'autant plus violent qu'il est plein de contrastes affreux. Douter s'il y a un premier Etre et agir comme si certainement il n'y en avait point, c'est se démentir, c'est s'abîmer dans des inquiétudes; il faut s'étourdir, il faut sortir d'une situation si fâcheuse en se dupant par ses propres sophismes et en donnant de propos délibéré dans une prévention qu'on se plaît le plus à tourner en ridicule dans les autres. La solitude effraie, on veut se soutenir par les suffrages de la multitude; on emploie tout pour la gagner, jusqu'aux artifices les plus lâches et les plus indignes. Y a-t-on réussi, on oublie la méthode dont on s'est servi pour s'attacher uniquement à l'effet qu'elle a produit; on écarte de sa mémoire qu'on en a imposé à des ignorants; ce dont on se souvient, c'est que plusieurs personnes ont embrassé l'opinion dont il s'agit, et l'on conclut qu'elle doit être bien probable si elle n'est évidente.

Quelque grossier que soit ce sophisme, il n'est rien moins qu'étranger au cœur humain, et je pense qu'il y a peu d'hommes, quelque raisonnables qu'ils soient, qui n'aient pas donné quelquefois dans un égarement semblable. Tous les hommes cherchent à se faire estimer pour avoir le plaisir de s'estimer eux-mêmes de plus en plus, et presque tous ils veulent se faire estimer au-delà de leur juste valeur. Ils font ostentation de lumières, de qualités et de talents qu'ils n'ont point, ou qu'ils n'ont pas dans le degré dont ils font étalage; leur fourberie réussit souvent. Ils savent qu'ils ont employé la fourberie, mais ils oublient cette vérité; ils l'écartent de leur imagination et ils s'estiment hardiment eux-mêmes à proportion du mérite que leur trouvent ceux qu'ils ont trompés. Le cas est, comme on voit, parallèle, et je m'imagine qu'il y a peu de personnes qui, en sondant leur cœur, n'y découvrent que ce cas n'est pas chimérique. Cette incertitude inquiétante porte encore les *esprits forts*, et même ceux du premier ordre, à se rassurer par un autre sophisme qui n'est pas moins indigne d'un bon esprit et d'une âme vertueuse. Il est presque impossible d'attribuer à quelque motif raisonnable les turlupinades et les blasphèmes dont ces messieurs accablent, sans la moindre nécessité, un *premier Etre* et une *religion* qui, dans la situation où il sont, doivent du moins leur paraître possibles. Quel agrément, quelle utilité se proposent-ils en insultant à des objets qui, quoique simplement possibles à leur égard, devraient pourtant leur paraître souverainement respectables? Le seul fruit qu'ils en attendent, c'est de s'étourdir sur les inquiétudes du doute et de persuader du moins à leur imagination qu'ils ne doutent point. J'en ai vu quelquefois qui se servaient des occasions les plus éloignées pour vomir contre tout ce qu'il y a de plus saint des blasphèmes propres à remplir d'horreur une âme religieuse et qui faisaient éclater ensuite, dans tout l'air de leur visage, la joie la plus maligne. Je ne sais si je me suis trompé, mais il me semblait alors que j'étais présent aux opérations secrètes de leur âme; je croyais les entendre raisonner ainsi: 'Si j'étais incertain sur l'existence d'un premier Etre, il ne serait pas naturel que je l'insultasse par les discours les plus outrageants, mais je l'insulte avec la dernière intrépidité. Il faut donc que je sois bien persuadé qu'un tel Etre n'existe point et que je n'ai rien à craindre de sa justice.' Voilà un sophisme que j'ai cru démêler dans cette bizarre conduite de certains incrédules. Je ne donne pas cette découverte pour absolument certaine, mais je suis en droit du moins de prier ces messieurs de m'indiquer un principe plus vraisemblable qui puisse être la source de tant de railleries profanes, de tant de blasphèmes affreux.

Je sais bien que les docteurs de l'incrédulité ne manquent pas de prétextes pour justifier les attaques indirectes qu'ils donnent à la religion et pour faire croire aux esprits peu pénétrants que ce n'est pas faute de supériorité de génie qu'ils ne suivent pas une méthode plus naturelle.

'Je me rendrais coupable,' dira quelqu'un de ces docteurs, 'de la plus haute imprudence si j'allais heurter de front les opinions du vulgaire. Je m'attirerais par là la haine implacable d'un clergé puissant qui ne dispose que trop souvent du bras séculier, auprès duquel il a trouvé sa dernière et sa plus forte démonstration. Quand j'éviterais ce danger, comment sauverais-je mon repos de l'animosité d'un peuple aveugle qui mesure d'ordinaire son zèle à son ignorance et qui défend avec le plus de fureur ce qu'il entend le moins?'

Ces raisons offrent d'abord à l'esprit quelque chose d'assez imposant, mais on n'a qu'à les considérer de près pour en découvrir le faux. Si quelqu'un attaquait la religion d'une manière ouverte et naturelle, on pourrait le croire ennemi de la religion, mais on serait forcé aussi de le considérer comme un ennemi généreux et noble qui donne occasion à ses adversaires de se défendre dans les formes et qui ne les traite pas avec un mépris insultant. Par là, il éviterait la haine de ce qu'il y a de plus humain parmi les théologiens et de plus éclairé parmi le peuple. Mais ces messieurs s'exposent à la juste indignation de tout le monde en accablant la religion et ses partisans de railleries dédaigneuses et en employant les plus lâches pour dérober à l'Etre suprême les plus simples et les plus idiots de ses adorateurs. Il est vrai qu'en attaquant nos opinions les plus sacrées d'une manière indirecte, ils se préparent des subterfuges pour se sauver de la rigueur des lois que certains souverains ont faites pour imposer silence aux incrédules dogmatisants. Mais il y a d'autres moyens pour éluder ces édits. On peut se mettre à l'abri des poursuites de la justice en se cachant dans des dissertations anonymes dont fort souvent on ne découvre les auteurs que par leur propre indiscrétion, effet de leur vanité. C'est déjà la méthode favorite de ces messieurs; le public les soupçonne, mais un soupçon n'est pas une preuve.

Il y a encore une autre méthode à suivre qui seule est convenable à un honnête homme qui doute de bonne foi de la certitude des principes de la religion; c'est en même temps la seule qui ne saurait choquer aucun homme de bon sens. Je ne crois pas que qui que ce soit puisse trouver le doute un état agréable et réjouissant. Au contraire, j'ai vu des incrédules plus sensés que les autres qui en paraissaient très mortifiés et qui protestaient qu'il seraient ravis de pouvoir croire avec la multitude. Il est naturel à un tel homme de chercher les moyens de se tirer d'une situation si gênante. Mais comment faut-il qu'il s'y prenne? Il faut qu'il propose ses difficultés d'une manière douce, modeste et éloignée de toute insolence, de tout mépris; il faut qu'il témoigne du respect pour des opinions embrassées de tout temps par tout le genre humain, qu'il marque de la bonne foi et de la docilité, qu'on sente dans tout son ouvrage le caractère d'un homme de bien que le seul amour de la vérité anime et qui est prêt à l'embrasser dès qu'il l'aura trouvée.

Où est le mortel assez destitué de sens commun et d'humanité pour se passionner contre un homme qui se déclarerait plutôt disciple qu'adversaire de la religion? Où est le docteur de l'Evangile qui, bien loin de le persécuter, ne fût charmé de trouver une occasion favorable de répandre la lumière de la religion dans un esprit si bien disposé? Un tel incrédule serait digne de l'estime de tous les honnêtes gens, et la force de ses difficultés le rendrait encore plus estimable parce qu'elle découvrirait la bonté et l'étendue d'un esprit digne d'être conduit vers la vérité.

Si la plupart des professeurs de l'irréligion n'ont pas ce beau caractère qui devrait être celui de tous les incrédules raisonnables, qui les empêche de s'en masquer et d'attaquer à l'abri de cet extérieur, sans s'exposer au moindre danger, une religion dont ils ne doutent que parce qu'elle leur est odieuse? S'ils s'obstinent à ne pas suivre cette route, qu'ils nous permettent de ne pas convenir de la supériorité d'esprit qu'ils se donnent avec tant d'effronterie et que leurs admirateurs leur reconnaissent avec une bonne foi si imbécile.

XXXV

Suite des
réflexions sur le caractère
des esprits forts et des
incrédules

Après avoir examiné si les *esprits forts* s'arrogent avec droit le titre de génies transcendants, voyons si naturellement ils doivent être des gens fort vertueux. Je sais bien qu'il y en a parmi eux qui s'en piquent, et dans la conduite extérieure desquels il paraît y avoir très peu de choses à censurer. On en voit qui font parade de leur tendresse pour le genre humain, de leur dévouement pour la vérité, de leur amour pur et désintéressé pour la vertu. Mais il est pourtant certain que la plupart de ces messieurs s'abandonnent à leurs penchants vicieux d'une manière effrénée et autant qu'ils le peuvent sans s'exposer à la sévérité des lois. Les désordres de leur conduite sautent tellement aux yeux de tout le monde qu'on croit d'ordinaire que le grand nombre dans cette espèce de secte n'a secoué le joug de la religion qu'afin de pouvoir marcher sans contrainte dans les routes qui mènent à l'intérêt ou à la volupté. Tel est du moins le caractère général de certains étourdis, de certains petits-maîtres qui se précipitent dans l'irréligion sans avoir rien examiné et même sans être capables de la moindre recherche.

Il semble que naturellement ce mépris de ce qu'on nomme *vertu* devrait régner dans la conduite des plus éclairés mêmes d'entre les incrédules s'ils raisonnaient juste sur leurs principes et si leurs raisonnements étaient les seules règles de leurs sentiments et de leurs actions. S'il n'y a point de Législateur, il n'y a point de loi; s'il n'y a point de loi, il n'y a pas la moindre distinction réelle entre le *vice* et la *vertu*; il en doit suivre que toutes les actions sont parfaitement indifférentes. Et je défie les plus habiles de ces messieurs de donner quelque raison plausible seulement pourquoi il vaut mieux témoigner de la tendresse à son bienfaiteur que de lui plonger un poignard dans le sein. S'il n'y a point de Dieu, un amour-propre très grossier doit être le motif général de toute notre conduite, et le moindre effort qu'on fait pour être *sage* et *vertueux* est une haute extravagance.

Je sais bien que les docteurs de l'irréligion ne conviennent pas que l'unique source possible de la vertu se trouve dans la volonté d'un Dieu, maître absolu des hommes en qualité de leur créateur. Selon eux, il y a un autre principe qui nous conduit raisonnablement à la vertu; c'est la *sociabilité* qui se soutient par la vertu et que le vice détruit nécessairement. 'Quand on est équitable, juste, modéré, on contribue au repos et à la félicité du genre humain; mais si les hommes exerçaient des brigandages mutuels, s'ils assassinaient leurs bienfaiteurs, la société ne saurait subsister, tout l'univers ne serait qu'un gouffre affreux de désordres et de malheurs.' Que vous importe, Messieurs, si la société subsiste ou si elle croule sur ses propres fondements? Vous admettez une règle générale de devoir. C'est qu'il faut travailler au bien de la société. Mais sur quelle base cette règle est-elle fondée? De quelle source découle-t-elle? Ce n'est pas de l'amour qu'une Raison souveraine a pour des êtres raisonnables dont il souhaite le repos et la félicité. Vous vous riez de l'existence de cet Etre suprême. Ce principe universel de la vertu ne saurait donc se trouver que dans l'amour naturel et invincible que nous avons pour nous-mêmes, dont le bonheur est lié à celui de tout le genre humain et plus étroitement au bonheur de la société particulière où nous vivons.

Il suit évidemment de ce principe que l'unique base raisonnable de la vertu, c'est l'amour que chaque individu humain a pour son repos et pour son bonheur. Il s'ensuit encore de là que piller, que commettre des adultères, que tuer son bienfaiteur ou son père par le fer ou par le poison, et même détruire toute la société seraient des actions parfaitement *indifférentes* si elles ne renversaient pas notre propre bonheur. Il en suit même qu'elles seraient *vertueuses* si elles pouvaient contribuer le moins du monde à affermir notre félicité ou à l'étendre.

Je crois que c'est là une démonstration; quelqu'un de ces messieurs en conviendra peut-être. 'Mais,' me dira-t-il, 'cette preuve est inutile; elle est appuyée sur une supposition impossible. Notre bonheur ne saurait être détaché de celui de la société; si elle se délie, si elle devient malheureuse, il faut de nécessité que les particuliers soient malheureux, ou du moins est-il certain qu'ils courent très grand risque de l'être. D'un autre côté, si les particuliers sapent les fondements de la société, il faut nécessairement qu'elle se délie et qu'elle enveloppe dans sa ruine les auteurs de ce désastre.'

Pour faire une pareille réponse, il faut ignorer comment la société subsiste. Elle serait parfaitement heureuse si tous les hommes s'acquittaient de tous leurs devoirs dans un degré parfait. Elle serait parfaitement malheureuse si tous les hommes, ou du moins la plus grande partie, avaient un mépris général pour tout ce qu'on appelle *devoir* et *vertu*. Mais ni l'un ni l'autre de ces cas n'existe. Une *vertu dominante* fait fleurir certaines sociétés particulières. Des *désordres supérieurs* en détruisent d'autres. Et la société générale subsiste toujours quoiqu'en se traînant, pour ainsi dire, parmi un amas confus de vertus imparfaites et de vices timides qui n'osent pas se porter aux excès les plus pernicieux. Une société particulière, tout un peuple, se trouve quelquefois dans un état languissant, quoique les scélérats mêmes, dont les crimes causent cette langueur, mènent en repos une vie aisée et voluptueuse. Quelquefois un Etat fleurit quoiqu'il nourrisse dans son sein une assez grande quantité de malhonnêtes gens. Un certain nombre de vols, de brigandages, d'adultères, de viols et d'assassinats ne renversent pas une société de fond en comble. Il n'y a que les crimes généralement répandus, ou bien certains crimes d'éclat, qui produisent cet effet et qui enveloppent dans les ruines de toute une nation les innocents et les coupables. Mais pourvu qu'il y ait dans un peuple un nombre suffisant d'honnêtes gens, ou de demi-honnêtes gens, et que les particuliers ne trament pas de funestes trahisons contre tout le corps de leurs compatriotes, un petit nombre de gens peut aller à un certain degré de scélératesse sans courir grand risque de causer un malheur public et de s'enterrer sous les ruines de leur patrie. Selon le principe des libertins, cette *scélératesse* devient par là *indifférente*; elle sera même *vertueuse* pourvu qu'elle contribue quelque chose à la félicité de ceux qui s'en rendent coupables.[132]

Il est donc évident par les principes des *esprits forts* que, puisque toute la *vertu*

---

132. Cf. Bernard Mandeville's idea of 'private vice, public virtue', best developed in his *Fable of the bees* (1723). It should be noted that van Effen also translated Mandeville's *Free thoughts* in 1722.

par rapport à chaque individu humain consiste dans l'intérêt de cet individu, tous les crimes qui ne sont pas dangereux pour leurs auteurs ne méritent pas le nom de *crimes* et peuvent même être des *actions vertueuses*. Par conséquent, l'unique précaution que doit prendre un *esprit fort* qui suit ses principes, c'est d'éviter les actions qui peuvent lui faire trouver son malheur particulier dans le malheur général d'un Etat et celles qui pourraient l'exposer à la rigueur des lois ou lui attirer quelque désastre, de quelque nature qu'il soit.

Si un *esprit fort* a du penchant à la volupté, quel motif peut l'empêcher de débaucher la fille ou la femme de son prochain et de réduire des familles entières à traîner, dans le chagrin et dans l'infamie, tous les moments d'une vie malheureuse?[133] Est-il fort probable que, dans un siècle aussi poli que le nôtre, son crime lui attire quelque désastre de la part des magistrats? Court-il même [le] risque de perdre par là l'estime de ceux qui savent vivre? Lui disputera-t-on le titre d'honnête homme? Point du tout. Ce n'est qu'une simple galanterie qui le fera considérer comme un homme aimable et qui a les talents requis pour toucher le cœur des femmes. Il n'est pas impossible encore que son crime ne lui établisse, chez le beau sexe, une réputation propre à lui frayer la route à de nouvelles bonnes fortunes. Un *esprit fort* est-il avare, pourquoi ne sacrifierait-il pas à son amour pour les richesses tout ce qu'on nomme dans le langage vulgaire candeur, équité, probité, justice? Quelle raison imaginable peut le détourner de garder un dépôt qu'on lui aura confié sans témoins? Pourquoi payera-t-il une dette s'il peut éluder les prétentions d'un créditeur qui a eu trop de confiance en lui pour s'assurer contre sa perfidie un appui dans les formalités de la justice? Qu'est-ce qui l'empêche d'employer toutes les ruses de la pernicieuse chicane pour s'engraisser du sang de la veuve et de l'orphelin? Que lui peuvent coûter les serments les plus solennels quand les lois y attachent le gain d'un procès? Qu'est-ce qui l'empêche de former son âme à la dissimulation la plus profonde et la mieux soutenue? N'agira-t-il pas prudemment en se ménageant, dans une longue suite d'affaires de peu d'importance, une réputation de probité capable de lui faire attraper, pour ainsi dire, d'un seul coup de filet des richesses immenses? La banqueroute est un chemin à la fortune si aisé et si uni pour un homme qui a le talent de se faire croire homme de bien, pourquoi un libertin avare ne s'avancerait-il pas lentement et sûrement dans cette route pour en sortir tranquille possesseur des trésors de vingt familles ruinées?

'Mais,' me répondra-t-on, 'en jouissant aux yeux du public des fruits d'une pareille scélératesse, il doit perdre naturellement l'estime des hommes, qui est un avantage très réel et très fécond en agréments.'

Je l'avoue. Mais les richesses sont un avantage bien plus réel et des sources bien plus abondantes de délices. Vous êtes dans l'opulence, qu'importe de quelle manière vous avez trouvé l'art d'y parvenir. Vous ne serez pas estimé peut-être, mais vous serez considéré, vous serez environné de respects et de soumissions. Quel intérêt trouvez-vous dans une estime véritable et intérieure que la raison des hommes peut accorder à ce qu'elle considère en vous comme mérite? Le grand nombre vous prodiguera toutes les marques extérieures d'une estime véritable, n'en voilà-t-il pas assez pour l'agrément de la vie? Il arrivera même

---

133. Cf. van Effen's portrait of Chrysophile in number IX.

qu'un usage un peu généreux que vous ferez de vos trésors mal acquis vous les fera adjuger par le vulgaire et surtout par ceux avec qui vous partagerez le revenu de vos fourberies. Il est vrai qu'une classe peu nombreuse de personnes, que leurs vertus et leurs lumières tirent de la foule, osera vous marquer tout le mépris dont vous êtes digne. Mais si vous suivez noblement vos principes, l'idée qu'elles auront de votre caractère ne troublera ni votre repos, ni vos plaisirs. Ce sont de petits génies indignes de votre attention et de celle de la multitude; vous êtes les maîtres d'éviter leur commerce, autant qu'elles fuiront le vôtre.

Je sais bien que plusieurs de ces messieurs veulent nous persuader qu'ils aiment la vertu parce qu'elle a une beauté essentielle qui la rend digne de l'amour de tous ceux qui ont assez de lumières pour la connaître. Je sais même qu'ils se vantent d'être d'autant plus généreux amateurs de la vertu que nous, que leur dévouement pour elle se soutient sans l'espoir des récompenses. Il est assez étonnant, pour le dire en un mot, que les personnes qui outrent le plus la piété et l'irréligion s'accordent dans leurs prétentions touchant l'amour pur de la vertu. Mais que veut dire dans la bouche d'un libertin 'que la vertu a une beauté essentielle?' N'est-ce pas là une expression vide de sens? Comment prouveront-ils que la vertu est belle? Et que, supposé qu'elle ait une beauté essentielle, il faut l'aimer lors même qu'elle nous est inutile et qu'elle n'influe pas sur notre félicité? D'où vient que des gens qui ne parlent que d'évidence et de démonstrations reçoivent comme des axiomes des maximes si vagues et si destituées de preuves? Si la vertu est belle essentiellement, elle ne l'est que parce qu'elle entretient l'ordre et le bonheur dans la société humaine; la vertu ne doit paraître belle, par conséquent, qu'à ceux qui par un principe de religion se croient indispensablement obligés d'aimer les autres hommes et non pas à des gens qui ne sauraient raisonnablement admettre aucune loi naturelle sinon l'amour-propre le plus grossier; le seul égard auquel la vertu peut avoir une beauté essentielle pour un incrédule, c'est lorsqu'elle est possédée et exercée par les autres hommes et que, par là, elle sert, pour ainsi dire, d'asile aux vices du *libertin.* Ainsi, pour s'exprimer intelligiblement, les incrédules devraient soutenir qu'à tout prendre la vertu est pour chaque individu humain plus utile que le vice et plus propre à nous conduire vers le néant d'une manière commode et agréable. On n'ose guère contester cette maxime aux *esprits forts*; l'amour que les gens de bien ont pour la vertu, base de toutes leurs espérances, leur donne un certain penchant à accumuler sur elle tout ce qu'ils peuvent penser de grand et de sublime. Des théologiens éclairés donnent rarement des idées assez nettes des avantages qui sortent du sein de la vertu considérée en elle-même; ils sont bien souvent un peu trop sujets à varier leurs idées selon la matière qu'ils ont en main. S'agit-il de faire voir que, sans l'espérance d'une autre vie, les gens de bien seraient les plus malheureux des hommes? La vertu perd toute sa grandeur, tous ses avantages naturels. Est-il question d'un passage des livres sacrés qui fait l'éloge de la vertu? Ils perdent la première idée absolument de vue; la vertu acquiert le droit de nous rendre heureux par sa propre nature; elle devient elle-même sa récompense; indépendamment d'un Etre suprême et d'une immortalité bienheureuse, elle peut nous procurer des agréments supérieurs à tous les avantages que le vice est capable de nous prodiguer. Ces sortes de déclamations marquent une raison petite et faible qui se laisse séduire par les différents sujets, et elles ne répandent dans l'esprit du peuple que des notions confuses et détachées des principes généraux de la vérité.

Il me semble qu'à examiner attentivement la nature de la vertu, on découvre qu'elle n'est belle et utile que parce qu'elle est liée à l'idée d'un Dieu qui l'aime, qui a promis de la récompenser et qui veut qu'en la pratiquant nous contribuions à la félicité du genre humain. C'est dans cette relation qu'on peut soutenir avec raison qu'à tout prendre, même dans cette vie, la vertu est plus propre que le vice à fonder notre félicité. C'est dans cette relation qu'elle est féconde en sentiments délicieux dans quelque état que l'homme de bien puisse se trouver. C'est la ressource la plus étendue dans l'adversité et dans la misère; c'est l'appui le plus solide de la prospérité. Se peut-il rien de plus capable d'entretenir dans notre âme la satisfaction la plus douce que la ferme persuasion que dans le Créateur de l'univers nous trouvons un Protecteur qui ne nous perd jamais de vue, un Père infiniment sage, puissant, bon, qui veille sur nous et qui veut que toutes choses, l'adversité même, travaillent à notre bonheur? L'homme de bien est-il dans une situation où il faut sacrifier à la vertu ses penchants favoris, ses passions les plus impérieuses, toute sa fortune, sa réputation même! Il sent bien qu'il perd des plaisirs véritables, des avantages réels. Mais il en est dédommagé dans le moment même; il sait que par cette noble force d'esprit, il satisfait son Législateur, qu'il plaît à son Père et qu'il s'attire la bienveillance de celui qui lui a donné l'existence, le mouvement et la vie; il s'affermit dans l'espérance d'une bienheureuse immortalité; la certitude d'avoir préféré raisonnablement un intérêt infini et durable à un avantage mince et passager répand dans son âme un calme, un contentement, une joie pure qui surpassent tous les sentiments délicieux qu'il aurait pu attendre de sa fortune, de sa réputation, de la satisfaction de ses plus vifs désirs.

Par là, on voit sans peine que dès que la vertu est détachée de la religion, elle perd la partie la plus considérable de son utilité. La question est, s'il lui en reste assez pour être préférée au vice. Je crois qu'il est bon de distinguer ici. Si jamais le parti de la vertu est préférable à celui du vice, c'est lorsque la sagesse a déjà pris le dessus dans l'âme, lorsque les passions sont déjà renfermées dans les limites que la raison leur prescrit, lorsqu'habitué au devoir on ne s'en acquitte plus par de pénibles efforts, mais qu'on préfère la vertu sans peine et par une espèce de goût.

Mais quelle différence entre une sagesse tranquille, sûre d'elle-même, et une vertu naissante qui tâche à se former, qui lutte encore contre les obstacles, qui à chaque pas se trouve arrêtée, traversée par un tempérament indocile et par des passions fougueuses, une vertu, enfin, dont mille objets séducteurs débauchent l'attention et qui, tantôt victorieuse et tantôt vaincue, ne trouve et dans ses défaites et dans ses victoires que des sources de nouvelles guerres dont elle ne prévoit pas la fin? Une telle situation n'est pas seulement triste et mortifiante, il me semble même qu'elle doit être insupportable, à moins qu'elle ne soit soutenue par des motifs de la dernière force, en un mot, par des motifs aussi puissants que ceux qu'on tire de la religion.

Par conséquent, quand il serait vrai qu'une vertu qui jouit tranquillement du fruit de ses combats serait plus aimable et plus utile que le vice, il serait presque impossible qu'un incrédule y pût jamais parvenir. Plaçons un tel homme dans l'âge où d'ordinaire le cœur prend son parti et commence à former son caractère. Donnons-lui, comme à un autre homme, un tempérament, des passions, un certain degré de lumières. Il délibère avec lui-même s'il s'abandonnera au vice ou s'il s'attachera à la vertu. Dans cette situation, il me semble qu'il doit raisonner à peu près de cette manière.

'J'ai une idée confuse que la vertu tranquillement possédée pourrait bien être préférable aux agréments du vice. Je sens d'ailleurs que le vice est aimable, utile, fécond en sensations délicieuses; je vois, pourtant, que, dans plusieurs occasions, il expose à de fâcheux inconvénients. Mais la vertu me paraît sujette, en mille rencontres, à des inconvénients du moins tout aussi terribles. D'un autre côté, je comprends parfaitement bien que la route de la vertu est rabotteuse et qu'on n'y avance qu'en se gênant, qu'en se contraignant. Il me faudra des années entières avant que de voir le chemin s'aplanir sous mes pas et avant que je puisse jouir des effets d'un si rude travail. Ma première jeunesse, cet âge où l'on goûte toutes sortes de plaisirs avec le plus de vivacité et de ravissement, ne sera employée qu'à des efforts aussi rudes que continuels. Quel est donc le grand motif qui doive me porter à tant de peines et à de si cruels embarras? Seront-ce les délices qui sortent du fond de la vertu? Mais je n'ai de ces délices qu'une très faible idée, je ne les connais que par ce que j'en ai entendu dire à des gens qui peut-être me trompent. D'ailleurs, je n'ai qu'une espèce d'existence d'emprunt. Si je pouvais me promettre de jouir, pendant un grand nombre de siècles, de la félicité attachée à la vertu, j'aurais raison de ramasser toutes les forces de mon âme pour m'assurer un bonheur si digne de mes recherches. Mais je ne suis [point] sûr de mon être durant un seul instant; peut-être que le premier pas que je ferai dans le chemin de la vertu me précipitera dans le tombeau. Quoi qu'il en soit, le néant m'attend dans un petit nombre d'années; la mort me saisira peut-être lorsque je commencerai à goûter les charmes de la vertu, et toute ma vie se sera écoulée cependant dans le travail et dans le désagrément. Ne serait-il pas ridicule que, pour une félicité peut-être chimérique et qui, si elle est réelle, n'existera peut-être jamais pour moi, je renonçasse à des plaisirs présents vers lesquels mes passions m'entraînent et qui sont de si facile accès que je dois employer toutes les forces de ma raison pour m'en éloigner? Non. Le moment où j'existe est le seul dont la possession me soit assurée; il est raisonnable que j'y saisisse tous les agréments que je puis y rassembler. *Mangeons et buvons, car demain nous mourrons.*'

Il me semble qu'il serait difficile de trouver, dans ce raisonnement d'un jeune *esprit fort*, un défaut de prudence ou un manque de justesse d'esprit. Il vient de déclarer qu'il n'a qu'une faible idée des avantages qui mettent au-dessus du vice une vertu déjà formée, et ce sentiment que je crois lui avoir prêté avec justice doit être un des motifs les plus forts qui le détournent des pénibles travaux que la vertu exige de la plupart des tempéraments. Mais ne serait-ce pas manque de lumières et d'expérience qu'un *incrédule novice* aurait une opinion si mince de l'utilité d'une vertu victorieuse des passions? J'en doute fort et je crois qu'on pourrait soutenir que le vice le plus effréné même n'est guère plus contraire à la félicité qu'une vertu rigide destituée de l'idée d'un Rémunérateur infini. Pour le prouver, il faudrait faire une longue énumération des avantages et des désagréments qui accompagnent l'un et l'autre, et il ne me paraît pas qu'il soit d'une nécessité absolue pour mon dessein d'entrer ici dans ce détail. Il suffira de faire voir que le vice ménagé avec un peu de prudence l'emporte infiniment sur une vertu exacte qui n'est point soutenue de la consolante idée d'un Etre suprême.

XXXVI

Suite des / réflexions sur le caractère
des esprits forts et des / incrédules

Un *esprit fort*, sage économe du vice, peut jouir, selon moi, de tous les avantages qu'il est possible de puiser dans la vertu considérée en elle-même et, en même temps, il peut éviter tous les inconvénients attachés au vice imprudent et à la rigide vertu. Epicurien circonspect, il ne refusera rien à ses désirs, de quelque nature qu'ils soient, pourvu qu'il puisse les satisfaire sans s'exposer à des dangers probables. Aime-t-il la bonne chère? Il contentera sa friandise autant que sa fortune et sa santé le lui permettront et il se fera une étude de se conserver toujours en état de goûter les mêmes plaisirs avec le même ménagement. La gaieté que le vin répand dans l'âme a-t-elle de grands charmes pour lui? Il essayera les forces de son tempérament et il observera jusqu'à quel degré il peut soutenir les délicieuses vapeurs d'un commencement d'ivresse. En un mot, pour ce qui regarde les mets et la boisson, il se formera un système de tempérance voluptueuse qui puisse étendre sur tous les jours de sa vie des plaisirs non interrompus. Son penchant favori le porte-t-il aux délices de l'amour? Il peut se servir d'une économie semblable et ménager une exacte proportion entre ses plaisirs et sa santé.

Il est vrai qu'il aura besoin d'efforts assez difficiles pour résister au torrent de ses passions et pour les renfermer dans les bornes de son intérêt, mais en récompense, il est dispensé de les gêner par l'équité et par la justice. Pourquoi songerait-il à mettre ses plaisirs en sûreté dans le sein d'un légitime mariage? Le dégoût en émousserait trop tôt la vivacité que la seule grâce de la nouveauté peut entretenir dans la même force. D'ailleurs, à quoi bon se jeter dans le fâcheux embarras d'un ménage et de s'exposer à toutes les tristes suites d'une union si souvent fatale? Par quel motif détournera-t-il sur une femme publique des désirs qui se sont fixés sur une fille innocente dont le peu de prévoyance et la crédulité lui promettent une conquête facile? Rien ne saurait le porter à cette espèce de sagesse que la crainte d'une famille puissante capable de lui faire payer trop cher des délices de courte durée. Quelle raison aura-t-il surtout de respecter le sacré lien du mariage? Se fera-t-il un risible scrupule de dérober à un mari le cœur de son épouse dont un contrat autorisé par les lois l'a mis seul en possession? Nullement. Son intérêt veut qu'il se règle plutôt sur les lois de la mode et que, profitant des agréments du mariage, il en laisse le fardeau au malheureux époux. Qu'y risquera-t-il au fond? Voit-on dans nos jours des adultères punis par la justice? N'est-il pas même d'ordinaire de la dernière difficulté de prouver la réalité de ces sortes de crimes? Les preuves les plus convaincantes ne sont guère à cet égard que de fortes probabilités.

Dans toutes les autres branches de la conduite d'un *esprit fort* une prudence d'assez facile pratique suffit pour se procurer sans risque mille agréments, en manquant à propos de candeur, de justice, d'équité, de générosité, d'humanité, de reconnaissance et de tout ce qu'on respecte sous l'idée de vertu. Qu'avec toute cette enchaînure de commodités et de plaisirs, dont le vice artificieusement conduit est une source intarissable, on mette en parallèle tous les avantages qu'on peut se promettre d'une vertu qui est guidée par toute la prudence possible, mais qui se trouve bornée aux espérances de la vie présente; il est vrai que cette vertu a, dans un certain degré, de commun avec le vice, tel que je viens de le dépeindre, la prudente jouissance des plaisirs des sens. Mais combien de sources de ces plaisirs n'est-elle pas obligée de boucher? Combien d'occasions de les goûter ne se contraint-elle pas de négliger et d'écarter de son chemin? Si elle se trouve dans la prospérité et dans l'abondance, j'avoue qu'elle y est assez à son aise. Il est certain pourtant que, dans les mêmes circonstances, le vice habilement mis en œuvre a encore des libertés infiniment plus grandes. Mais l'appui des biens de la fortune manque-t-il à la vertu? Rien n'est plus destitué de ressources que cette triste sagesse. Jetons les yeux sur un jeune homme qui se trouve dans la plus grande vigueur de son âge; il est assujetti aux mêmes penchants que les autres hommes; le beau sexe fait sur lui les plus vives impressions. Mais à peine sait-il se procurer de quoi subsister seul d'une manière un peu douce; la considération que les richesses se sont acquises lui interdit presque absolument l'espérance de trouver une femme dont le bien et le mérite lui promettent une double félicité. Supposons en même temps que ce jeune homme se soit dévoué à une vertu destituée de l'appui de la religion. Ira-t-il confondre les idées du bonheur et de la fortune et ensevelir ses désirs dans les rides d'une femme surannée? Non, il n'a garde de se procurer une source infinie de dégoût et de promettre un attachement fidèle et tendre à une personne dont la figure ne lui donne que de l'aversion. Il a en horreur l'adultère, il frémit à la seule idée d'un plan de ruses scélérates dressé exprès pour réduire une fille d'honneur à l'infamie, et peut-être à la fatale nécessité d'entasser, pendant toute sa vie, actions honteuses sur actions honteuses. Se résoudrait-il, au risque de sa santé et de sa vie même, à se forcer à la brutalité de s'adresser aux rebuts de la débauche publique? Un vertueux incrédule peut n'y pas trouver de crime. Mais peut-il se permettre une imprudence si dangereuse? Peut-il soutenir l'idée souverainement choquante d'objets si odieux et si infâmes? Non. La seule ressource qui lui reste, c'est ou de lutter sans relâche contre des désirs d'autant plus difficiles à vaincre qu'ils sont, dans leur nature, bons, convenables et utiles, ou bien de préférer le danger d'être misérable à celui de renoncer à sa sagesse, de se lier à une personne sans fortune et de s'exposer à procurer des enfants menacés des mêmes inconvénients qui ont répandu de l'amertume sur la vie de leur malheureux père.

Dans mille autres situations la vertu d'un *esprit fort* ne peut qu'être sujette aux plus fâcheuses traverses et le priver de mille avantages très réels et très dignes de s'attirer son amour. J'avoue que si la masse générale des hommes était beaucoup plus éclairée et dévouée à la sagesse, une conduite régulière et vertueuse serait un moyen assez sûr de parvenir à une vie douce et commode.

Mais il est certain que le vice et l'ignorance l'emportent, dans la société humaine, sur les lumières et sur la sagesse. C'est là ce qui barre le chemin de la fortune aux gens de bien et qui l'élargit pour une espèce de *sages vicieux*. Un *esprit fort* se sent un amour bizarre pour la vertu, il s'aime pourtant; la bassesse, la pauvreté, le mépris lui paraissent des maux véritables; le crédit, l'autorité, les richesses s'offrent à ses désirs comme des biens dignes de ses recherches. En achetant pour une somme modique la protection d'un grand seigneur, il peut se procurer contre la défense des lois une charge propre à lui donner un rang dans le monde, à le faire vivre dans l'opulence, à établir et à soutenir sa famille. Mais peut-il se résoudre à employer un si coupable moyen de s'assurer un destin brillant et commode? Non. Il est forcé de négliger un avantage si considérable qui sera saisi avec avidité par un homme qui détache la religion de la vertu ou par un autre qui, agissant par principe, secoue en même temps le joug de la religion. Un prince, un ministre d'Etat est ostentateur d'un mérite qu'il n'a pas; on ne saurait vaincre sa dureté sans se liguer avec son orgueil; sa faveur est pourtant une féconde source d'emplois et de biens; une adulation un peu ingénieuse peut facilement nous en mettre en possession. Pour s'insinuer dans cet esprit faible, notre incrédule vertueux obtiendra peut-être de lui-même quelques efforts de politesse et de complaisance qui n'iront pas jusqu'à la fourberie. Mais sa raideur se pliera-t-elle jusqu'à la bassesse d'une flatterie indigne?

'Quoi,' dira-t-il, 'je sacrifierais à mes intérêts particuliers une grande partie de la félicité publique! J'irais nourrir les vices de ce seigneur en les déguisant à ses propres yeux! Mes éloges augmenteront dans son âme un orgueil dont tout un peuple aurait à souffrir! En enflant dans son imagination l'idée qu'il a de ses talents et de ses lumières, je lui ferais rejeter les avis les plus utiles et, par là, je contribuerais à lui faire tirer de sa pernicieuse suffisance des mesures capables d'inonder de malheureux tout un Etat! Je ne saurais me résoudre à être opulent et élevé à ce prix. Loin de moi une fortune fondée sur une base si exécrable!'

Je n'étalerai pas ici une liste étendue de semblables situations dans lesquelles la vertu est obligée de rejeter des biens très réels que le vice adroitement ménagé s'approprierait sans peine et sans danger. Mais qu'il me soit permis de demander à un incrédule vertueux, par quel motif il se résout à des sacrifices si tristes? Qu'est-ce que la nature de sa vertu lui peut fournir de propre à le dédommager de tant de pertes considérables? Est-ce la certitude qu'il fait son devoir? Je crois avoir démontré que son devoir ne consiste qu'à bien ménager ses véritables intérêts pendant une vie de peu de durée. Mais je viens de prouver que la vertu l'empêche, à proprement parler, de s'acquitter de son devoir réel. Il sert donc une maîtresse bien pauvre, ou bien ingrate, qui ne paie ses services les plus pénibles d'aucun véritable avantage et qui, pour prix du dévouement le plus parfait, lui arrache les plus flatteuses occasions d'étendre sur toute sa vie les plus doux plaisirs et les plus vifs agréments.

Il me dira peut-être [que] l'équivalent de tout ce qu'il sacrifie à ce qu'il considère comme son devoir se trouve non dans la nature de la vertu, mais dans l'ombre de la vertu, dans la *réputation*.

Je ne veux pas examiner ici jusqu'à quel point l'amour de l'estime publique est sensé et convenable à un homme qui proportionne ses attachements au prix véritable que sa raison découvre dans les objets. J'avoue qu'à plusieurs égards la *réputation* est un bien réel et que la tendresse invincible que nous avons pour nous-mêmes doit exciter naturellement tous les hommes à rechercher l'estime de leurs semblables. Les idées avantageuses que les autres hommes ont de nous ne peuvent que chatouiller agréablement la vanité qui, renfermée dans certaines bornes, est en nous une source pure et légitime de sentiments délicieux. L'amour de la *réputation* subordonné à celui de la vertu est surtout naturel à des hommes qui admettent une religion et un Etre suprême qui les obligent à aimer leurs prochains et à contribuer à leur félicité. Il n'est guère possible d'aimer et d'estimer quelqu'un et de se mettre peu en peine de sa tendresse et de son estime. D'ailleurs, un homme qui, par un principe d'amour pour la Divinité, se croit obligé d'être, autant qu'il est possible, bienfaiteur du genre humain doit trouver dans la *réputation* un sûr moyen de faciliter et de faire réussir tous ses efforts de bonté et d'humanité. Il est certain encore que l'amour de la *réputation* est d'une grande utilité pour un homme qui tire l'idée de la vertu de l'idée d'un Etre suprême. C'est un principe auxiliaire qui soutient et qui anime les efforts de sa raison et qui l'aide à surmonter les obstacles qui lui barrent le chemin de la véritable sagesse.

La *réputation* ne laisse pas d'être aussi un avantage pour un incrédule vertueux, et l'on ne saurait soutenir que son amour pour elle ne soit raisonnable. Mais c'est pour lui un avantage bien faible quand c'est l'unique récompense qu'il attend de sa stérile vertu. Outre les plaisirs que la vanité tire de la *réputation*, tout l'avantage qu'un *esprit fort* en peut espérer n'aboutit qu'à l'amitié, qu'aux caresses et qu'aux services de ceux qui ont formé de son mérite des idées avantageuses. Mais qu'il ne s'y trompe point: ces douceurs de la vie ne trouvent pas une source abondante dans la *réputation* qu'on s'attire par la pratique d'une exacte vertu. Dans le monde fait comme il est, la *réputation* la plus brillante, la plus étendue et la plus utile, s'accorde moins à la vraie sagesse qu'aux grands talents, qu'à la supériorité d'esprit, qu'à une profonde érudition. Que dis-je! Un homme de bien se procure-t-il une estime aussi vaste et aussi avantageuse qu'un homme poli, complaisant, badin, qu'un bon vivant, qu'un fin railleur, qu'un aimable étourdi, qu'un agréable débauché?

Il est vrai que presque tous les hommes débitent que la vertu est préférable à tout et que c'est le plus estimable des objets. Je ne veux pas croire qu'ils lui donnent ce magnifique éloge afin de faire concevoir une bonne opinion de leur dévouement pour elle. Je m'imagine qu'ils parlent sincèrement, mais ils n'en ont cette grande idée que lorsqu'ils considèrent la vertu en elle-même d'une manière métaphysique et abstraite. Ils la regardent de tout un autre point de vue quand ils la placent dans un homme et quand ils l'opposent à d'autres qualités qui frappent, qui éblouissent leur imagination et qui étourdissent leur raisonnement. Cette vérité est tous les jours confirmée par mille exemples sensibles. Quelle utile *réputation* la plus parfaite vertu s'attire-t-elle lorsqu'elle a pour compagnes la pauvreté et la bassesse? Quand, par une espèce de miracle, elle perce les ténèbres épaisses qui l'accablent, sa lumière frappe-t- elle les yeux de la multitude? Echauffe-t-elle les cœurs des hommes et les attire-t-elle vers un mérite si digne d'admiration? Nullement. Ce pauvre est un homme de bien, on se contente de lui rendre cette justice en très peu de mots et on le laisse jouir tranquillement des avantages faibles et peu enviés qu'il peut tirer de son stérile mérite. Il est vrai que ceux qui ont quelque vertu préserveront un tel homme de l'affreuse indigence; ils le soutiendront par de modiques bienfaits. Mais lui donneront-ils des marques éclatantes de leur estime? Se lieront-ils avec lui par les nœuds d'une amitié que la vertu peut rendre féconde en plaisirs purs et solides? Sera-t-il admis familièrement à leur table et dans leurs conversations? Si cette vertu paraît soutenue par quelques lumières et par quelques talents, feront-ils des efforts pour la tirer de la poussière et pour la placer dans une situation où elle puisse influer sur le bonheur public? Ce sont là des phénomènes qui ne frappent guère nos yeux, *virtus laudatur et alget*.[134] On accorde à la vertu quelques louanges vagues et la plupart du temps on la laisse croupir dans la misère. Si, dans les tristes circonstances qui l'environnent, elle cherche du secours dans son propre sein, il faut que par des nœuds indissolubles elle se lie à la religion qui seule peut lui ouvrir une source inépuisable de satisfactions vives et pures.

Je vais plus loin. Je veux bien supposer les hommes assez sages pour accorder l'*estime la plus utile* à ce qui s'offre à leur esprit sous l'idée de la vertu. Mais cette idée est-elle juste et claire chez la plupart des hommes? Le contraire n'est que trop certain. Le grand nombre dont les suffrages décident de la *réputation* ne voit les objets qu'à travers ses passions et ses préjugés. Mille fois le vice usurpe chez lui les droits de la vertu. Mille fois la vertu la plus pure, s'offrant à son esprit sous le faux jour de la prévention, revêt une forme désagréable et hideuse. Combien de fois les suffrages du public ne condamnent-ils pas la candeur à passer pour brutalité, une sage douceur pour lâcheté et pour mollesse, la constance pour obstination, la justice pour cruauté, une noble et juste fierté pour un orgueil odieux et ridicule? Combien de fois ces mêmes suffrages n'adjugent-ils pas le titre de politesse à l'indigne adulation, celui de clémence à la basse connivence pour le crime, celui d'humilité et de modestie à une vanité qui se cache pour mieux parvenir à son but, celui de prudence à la noire dissimulation, celui de zèle à l'emportement et à la fureur? Une partie de la multitude se laisse séduire par la première apparence des objets et se risque dans ce faible jour à en juger de travers. Une autre partie prend pour les premiers axiomes de la vérité les opinions qui ont la vogue, et elles ne lui deviennent suspectes que quand la mode commence à ménager du crédit à d'autres maximes. Enfin, une grande partie de ce public qui dispense la *réputation* raisonne, pour ainsi dire, plutôt par la *volonté* que par l'*entendement*; les objets se présentent à son esprit non tels qu'ils sont dans leur nature, mais tels qu'elle souhaiterait qu'ils fussent, et bien souvent ces trois différents bandeaux aveuglent la même raison.

La considération de cette méthode populaire de raisonner peut fournir, à mon avis, des preuves faciles et claires pour démontrer que la vertu la plus parfaite est moins propre que le vice prudent et rusé à se saisir de la *réputation* qui lui est due à elle seule.

La véritable vertu est resserrée dans des bornes extrêmement étroites. Toutes les règles que la raison lui prescrit sont fixes et déterminées. A droite et à gauche

---

134. Cf. Juvenal, 'Satire I', l.74: 'Probitas laudatur et alget.' (Honour is praised and left to shiver.)

de sa route ainsi limitée se découvre le vice. Par là, elle est forcée à négliger mille moyens de briller et de plaire et à s'exposer à paraître souvent odieuse et méprisable. Elle met au nombre de ses devoirs la douceur, la politesse, la complaisance. Mais ces aimables moyens de gagner les cœurs des hommes sont subordonnés à la justice. Ils deviennent vicieux dès qu'ils s'échappent de l'empire de cette vertu souveraine qui seule est en droit de mettre à nos actions et à nos sentiments le sceau de la vertu.

Il n'en est pas ainsi d'une fausse vertu faite exprès pour la parade par le vice ingénieux qui trouve son intérêt à se cacher sous ce voile imposteur. Elle peut s'arroger une liberté infiniment plus étendue. Aucune règle inaltérable ne la gêne. Elle est la maîtresse de varier ses maximes et sa conduite selon ses intérêts et de tendre toujours, sans la moindre contrainte, vers les récompenses que la gloire lui étale. Il ne s'agit pas pour elle de mériter la *réputation*, mais de la gagner de quelque manière que ce soit. Rien ne l'empêche de se prêter aux faiblesses de l'esprit humain. Tout lui est bon pourvu qu'elle aille à ses fins. Est-il nécessaire, pour y parvenir, de respecter les erreurs populaires, de courber sa raison sous les opinions favorites de la mode, de changer avec elle de parti, de se prêter aux circonstances et aux préventions publiques? Ces efforts ne lui coûtent rien; elle veut être admirée, et pourvu qu'elle réussisse, tous les moyens lui sont égaux.

Remarquons encore que la véritable vertu est en général assez simple et assez unie. Il n'y a pour elle qu'un petit nombre d'occasions d'étaler, d'une manière frappante et propre à entraîner l'admiration, toute sa force et toute sa beauté. Dans toutes les autres circonstances, sa force et sa grandeur consistent à se renfermer dans les bornes d'une nature perfectionnée qui n'a rien d'étonnant, et c'est justement cette simplicité raisonnable qui l'avilit et qui la fait paraître petite et commune aux yeux du public. Par une vieille erreur qui sort du fond même de l'imbécillité humaine, tous les peuples de tous les âges ont mieux aimé se laisser saisir par un étonnement machinal que d'accorder à ce qui est réellement beau une admiration raisonnée.

'Régler, corriger la nature, c'est l'ouvrage de petits efforts ordinaires. Pour en être capable, il ne s'agit que de le vouloir. Ce qui est véritablement grand et merveilleux, c'est de s'élever par un noble effort au-dessus de la nature, de n'aspirer à rien qui ne soit extraordinaire et qui ne tienne du prodige, d'aller bien plus loin que le simple devoir auquel une raison exacte dérobe si souvent tout éclat, enfin, de se livrer à une espèce de *beau* dont le *bon* n'est pas la base.'

Cette fausse idée n'est pas seulement une erreur populaire, elle a dominé de tout temps dans les différentes sectes de religion et dans toutes les écoles des prétendus sages. La seule doctrine de Jésus Christ et de ses disciples en a rejeté l'éclat imposteur; elle a mis la sagesse au niveau de la nature, et son grand but a été d'assujettir à l'ordre les utiles penchants avec lesquels les hommes sont nés. Mais cette divine philosophie n'a pas pu résister longtemps à l'amour outré que l'imagination humaine a pour l'extraordinaire. On l'a bientôt déshonorée par l'ostentation d'austérités impertinentes. On a voulu détruire l'homme pour le rendre vertueux, et les excès d'une brillante bigoterie se sont élevés sur les ruines d'une sagesse naïve dont toutes les branches, formant une heureuse symétrie, s'étendent vers le bien de la société. Ce n'est d'ordinaire que sur ces fausses et pernicieuses maximes qu'on règle l'admiration qu'on a pour la vertu.

Qui daignera admirer le mérite uni et sociable d'un homme qui, se conformant aux salutaires règles d'une nature épurée, vivra paisiblement dans le sein de sa famille, tendre et fidèle époux, père appliqué, travaillant avec les efforts les plus suivis à rendre ses enfants d'utiles citoyens, maître facile, voisin commode? Ce ne sont là que de petites vertus obscures et bourgeoises qui méritent à peine la plus légère attention.

Voulez-vous ménager à votre vertu de la pompe et de la magnificence? Produisez-vous dans le public d'un air grave et nébuleux; qu'un air sombre annonce à vos spectateurs les profondes et sérieuses méditations de votre âme; qu'une sainte pesanteur engourdisse et votre ton de voix et tous les mouvements de votre corps; dérobez-vous à la société profane de ceux qui se permettent la licence d'un éclat de rire ou d'un discours badin; terrassez, foulez aux pieds vos penchants naturels les plus innocents; que le seul nom de *plaisir* creuse davantage les rides de votre front; que la raison n'ait rien à démêler avec votre morale; mesurez-en l'élévation à ce qu'elle a de rigoureux, d'austère, d'épineux, de contraire aux désirs naturels du cœur humain; cherchez des ennemis pour les combattre; que la faim, la soif, les veilles vous dessèchent continuellement et entent sur votre tempérament une mélancolie philosophique, une respectable morosité. Vous voilà un prodige de vertu. Quand vous négligeriez les devoirs roturiers de la vie civile, on y connivera[135] sans peine; il doit être pardonnable à un mérite si sublime et si supérieur à la nature de ne pouvoir pas se baisser jusqu'à ces minuties peu considérables.

Je sais bien que le vice artificieux ne s'accommoderait pas d'une vertu si inhumaine. Mais si une vaste et éclatante *réputation* est utile à ses intérêts, pourquoi ne revêtirait-il pas les apparences de ce mérite étonnant? Pourquoi n'en donnerait-il pas le brillant spectacle au public, quitte à s'en dédommager dans le particulier? Pourquoi n'imiterait-il pas ces acteurs qui descendent du théâtre pour dépenser dans la débauche le produit des sentiments héroïques dont ils ont charmé le parterre?

Il me semble que toutes les raisons que je viens d'alléguer pour prouver qu'un *esprit fort* ne saurait être vertueux par principe sont d'évidence qui approche bien fort de la démonstration. Je les crois si palpables que lorsqu'un incrédule qui sait un peu raisonner soutient que ses principes le disposent suffisamment à la vertu, il est très probable qu'il n'exprime par ce mot que la tempérance et la force d'esprit nécessaire pour éviter certains excès nuisibles.

XXXVII

Suite des / réflexions sur le caractère
des esprits forts et des / incrédules

Il s'agit encore de forcer nos adversaires dans leur dernier retranchement où la malheureuse conduite de la multitude, qui admet une religion, semble les mettre

---

135. To hide or pretend ignorance of wrongdoing; to connive.

à l'abri de toutes nos attaques. Un philosophe de cette secte appuie souvent ses prétentions sur la vertu par le raisonnement que voici.

'Je veux supposer avec vous qu'un homme qui n'admet ni *Cause première* ni *religion* ne trouve en lui-même aucun principe qui puisse le déterminer à cette disposition qu'on appelle vertu. Mais quand cette supposition serait une vérité démontrée, qu'y gagneriez-vous? Est-ce par principe que les hommes se conduisent? Le soutenir, n'est-ce pas tomber aveuglément dans une erreur qui se découvre à la moindre attention sur les actions du genre humain? Quoi! Cette multitude d'hommes qui font profession d'adhérer aux préceptes de Jésus Christ et qui marquent même un amour ardent pour leurs opinions donne-t-elle, dans sa conduite, à la vertu quelques degrés de supériorité sur le vice? La persuasion où ils sont, que leurs actions décideront de leur bonheur et de leur malheur éternel, paraît-elle influer en rien sur les déterminations de leur volonté? Un frein si terrible retient-il la fougue de leurs passions et les détourne-t-il d'un précipice qui conduit, selon eux, à un abîme d'infamie et de douleur? Non. On dirait que ce frein échauffe leur ardeur pour le crime et que les obstacles, que leurs opinions opposent à leurs désirs, ne font qu'irriter ces désirs et leur prêter une nouvelle force. Que peut-on conclure d'une vérité si frappante sinon que les maximes qu'on a dans l'esprit laissent les sentiments du cœur dans une parfaite indépendance et que la seule cause qui donne la forme à la différente conduite des hommes sont les différents degrés d'un tempérament, heureux ou malheureux, qui naît avec nous et qui est l'effet physique de la constitution de nos corps. Conformément à cette vérité d'expérience, s'il y a des gens qui naissent amis de la propreté et de l'ordre et d'autres qui se plaisent dans le désordre et dans la négligence, il s'en trouve qui viennent au monde avec une inclination naturelle pour la justice et pour l'équité, tandis que d'autres paraissent entrer dans la société humaine accompagnés de la dureté, de la malice et de la fourberie. D'ailleurs, presque tous les hommes naissent avec plus ou moins de respect pour les vertus qui lient la société. N'importe d'où puisse venir cette utile disposition du cœur humain, elle lui est essentielle; un certain degré d'amour pour les autres hommes nous est naturel, tout comme l'amour souverain que nous avons chacun pour nous-mêmes. De là vient qu'il est presque aussi rare de voir la scélératesse poussée aux derniers excès que la vertu élevée jusqu'au plus haut degré de perfection. Il y a des gens qui avancent dans le crime, tranquillement et sans effort, jusqu'à un certain point, mais qui dans la suite, quoique placés dans des circonstances où leur intérêt exige qu'ils achèvent la carrière, trouvent dans le fond de leur nature quelque chose qui les effraie, qui les arrête et qui fait échouer leurs pernicieux desseins.'[136]

Si l'on voulait disputer le terrain pas à pas aux *esprits forts*, on pourrait leur nier que leurs principes les autorisent à croire qu'il y ait des semences de vertu dans le fond de la nature humaine. Quand nous leur soutenons que l'idée d'un Dieu et d'une religion, idée familière à tous les peuples et à tous les âges, marque dans l'âme humaine une disposition naturelle à embrasser cette opinion, ils se dérobent, je ne dis pas à cette preuve démonstrative, mais à cette forte probabi-

---

136. Cf. Pierre Bayle's description of a peaceful society of atheists in his *Pensées diverses sur la comète de 1680* (1682).

lité, en mettant à la place de la nature les préjugés presque invincibles de l'éducation. Quelles raisons peuvent-ils avoir pour ne pas raisonner de la même manière sur la vertu et pour ne pas attribuer ces principes de sociabilité aux premières impressions de l'autorité sur l'esprit docile et flexible de l'enfance? Si l'une de ces suppositions n'est pas plus absurde que l'autre, pourquoi la même force d'esprit qui sait se débarrasser du joug de la religion ne pourrait-elle pas encore briser les chaînes d'une chimérique vertu? D'un autre côté, s'ils croient avoir des raisons convaincantes pour trouver, dans la constitution même de l'homme, quelque principe de vertu, ne devraient-ils pas du moins soupçonner que des moyens qui vont si sûrement au but fixé de la conservation de la société n'ont pas leur source dans un concours fortuit d'atomes, ni dans une certaine *fatalité*, expression inventée pour ne signifier rien du tout? Ces moyens n'indiquent-ils pas plus naturellement la sage direction d'un Etre intelligent qui aime les hommes, mais qui, dans l'assemblage impénétrable de tous ses attributs, trouve des raisons pour ne rendre pas les hommes plus heureux sur cette terre et pour faire que cette vie soit pour eux un rude et fâcheux apprentissage?

Mais venons au nœud de la difficulté qui ne tire un air éblouissant que des affreux désordres qui ravagent la société malgré la crainte et l'espérance dont la raison semble barrer nos inclinations vicieuses. J'avouerai d'abord comme une vérité palpable que le tempérament de l'homme est pour lui une féconde source de motifs et qu'il a une influence très étendue sur toute sa conduite. Mais ce tempérament forme-t-il seul notre caractère, détermine-t-il tous les actes de notre volonté? Sommes-nous absolument inflexibles à tous les motifs qui nous viennent de dehors? Nos opinions vraies ou fausses, la vue d'un intérêt réel ou apparent, sont-elles incapables de rien gagner sur nos penchants naturels? Rien au monde n'est plus évidemment faux, et pour le soutenir il faut n'avoir jamais démêlé les ressorts de sa propre conduite. Nous sentons tous les jours que la réflexion sur un intérêt considérable nous fait agir directement contre les motifs qui sortent du fond de notre naturel. Il arrive tous les jours que l'idée d'un gain, seulement probable, inspire de l'assiduité et de l'application à un homme dévoué par son tempérament à l'indolence et [à] l'amour des plaisirs. Une sage éducation ne fait pas toujours tout l'effet qu'on pourrait s'en promettre, mais il est rare qu'elle soit absolument infructueuse. Supposons dans deux hommes le même degré d'un certain tempérament et de génie, est-il sûr que le même caractère éclatera dans toute leur conduite? L'un aura été fait et, pour ainsi dire, laissé là; dès son enfance il n'aura eu d'autre guide que son naturel; son esprit enrouillé dans l'inaction n'aura jamais opposé la moindre réflexion à la violence de ses penchants; toutes les habitudes vicieuses dérivées de son tempérament auront eu le loisir de se former; elles auront asservi sa raison pour jamais. L'autre, au contraire, aura appris dès l'âge le plus tendre à cultiver son bon sens naturel; on lui aura rendu familiers des principes de vertu et d'honneur; on aura fortifié dans son âme la sensibilité pour le prochain, de laquelle des semences y ont été placées par la nature; on l'aura formé à l'attention sur sa conduite et à la force de faire quelque résistance à ses désirs les plus impérieux. Ces deux personnes seront-elles nécessairement les mêmes? Cette idée peut-elle entrer dans l'esprit d'un homme qui ne s'est pas entièrement brouillé avec le sens commun?

'Les hommes *n'agissent point par principe*' est une phrase qu'on peut laisser passer quand on ne s'en sert que pour exprimer fortement le peu d'attention que font les hommes à leurs lumières. Mais quand on veut nous en faire un axiome exprimé dans les termes les plus propres, ce n'est rien moins qu'une maxime incontestable. Il est vrai qu'un trop grand nombre d'hommes n'arrachent que trop souvent leur conduite à l'empire légitime de leurs principes pour s'asservir à la tyrannie de leurs passions. Mais ces mêmes hommes n'ont pas dans toutes les occasions une conduite également étourdie; leur tempérament n'est pas toujours excité avec la même violence. Si un tel degré de passion détourne leur attention de la lumière de leurs principes, cette passion moins animée, moins fougueuse, peut céder à la force de la réflexion quand elle offre à l'esprit un intérêt plus grand de toutes manières que celui qui nous est promis par nos penchants. Il est constant que jamais la volonté ne se détermine que vers le parti qui à tout prendre paraît le meilleur dans le point fixe de la détermination de la volonté. Si dans ce point nous croyons trouver ce *bien supérieur* en obéissant à nos passions, elles emportent nécessairement la balance, et si ce même *bien* s'offre du côté de nos principes, nous nous y soumettons avec la même nécessité. Notre tempérament a sa force, et nos principes ont la leur. Selon que ces forces sont plus ou moins grandes de côté et d'autre, notre conduite varie. Un homme qui n'a point de principes opposés à ses penchants suivra toujours indubitablement ce que lui dicte son naturel. Et un homme dont le tempérament est combattu par les lumières fausses ou véritables de son esprit doit être souvent en état de prendre le parti de ses idées contre les intérêts de ses penchants.

La conduite des *esprits forts* prouve même qu'ils sentent que les idées qu'on a dans l'esprit influent sur les déterminations de la volonté. Quel peut être leur but en déclamant contre la persécution, l'intolérance, les fourberies du clergé et contre le zèle indiscret qu'il inspire à la brutale populace? Ne tâchent-ils pas de gagner les esprits en y plaçant des idées justes et raisonnables? Et à quoi leur servirait-il d'éclairer ainsi la raison si elle n'avait pas la moindre influence sur le cœur et sur la conduite? Un incrédule manquera-t-il assez de bon sens ou de pudeur pour pousser la chicane jusqu'à avancer que tous les motifs ont une certaine force sur le naturel, excepté les seuls qui ont leur principe dans la religion? Rien ne serait plus absurde. La force de tous les motifs consiste dans l'intérêt qu'ils offrent à notre esprit, et, certainement, il n'est point d'intérêt plus grand ni plus général que celui que la religion étale à l'amour que l'homme a pour lui-même.

Mais comment expliquer, cependant, les désordres généraux qui désolent et qui déshonorent les sociétés qui admettent une religion? C'est ici que je suis obligé d'entrer dans une triste discussion, mais qui, à ce que j'espère, sera intéressante et de quelque utilité.

Pour que la religion soit un motif propre à porter les hommes à la vertu, il faut qu'on la croie et d'une manière qui anime l'homme à préférer son devoir aux fougues de son tempérament. Malheureusement, il y a peu de gens parmi ceux qui se parent du titre de Chrétiens qui croient réellement leur religion, et moins encore qui la croient d'une manière qui puisse influer efficacement sur leur conduite. S'il y a des athées de réflexion, il y en a aussi un grand nombre qui sont, pour ainsi dire, athées d'inattention. Que de brutes parmi la populace de toutes les nations! Que de gens dont l'esprit, accoutumé à croupir dans l'indolence, devient léthargique et absolument incapable de réfléchir sinon sur les besoins qui se présentent à leurs sens d'une manière directe et immédiate! De cette foule d'hommes indignes de ce nom sort principalement cette classe malheureuse de scélérats qui mettent leur honneur à braver l'honneur même, qui sont en exécration à ceux-là mêmes qui sont vicieux avec quelque ménagement. Ils font du crime leur profession; tout le genre humain est leur ennemi public; c'est pour eux que sont introduits dans le monde les roues, les gibets, les bourreaux; ce sont des espèces de monstres, autant au-dessous des brutes par l'abus de leur raison que la nature les avait placés au-dessus d'elles.

On peut mettre en parallèle avec ces prodiges de scélératesse un nombre considérable de grands seigneurs qui trouvent leur perte dans leur oppulence ou dans leur élévation. Objets eux-mêmes d'une espèce de culte; enivrés des caresses et de l'adulation de leurs inférieurs; éblouis par leurs équipages, par leurs palais, par leurs meubles superbes; accablés, énervés par les plaisirs; perdus dans les vastes plans de leur ambition; asservis à un honneur qui n'a pour règle que la bizarrerie de la mode, ils n'ont ni le loisir ni l'esprit assez libre pour songer à leur origine et à leur fin. Selon un des plus beaux esprits de France, on leur fait trop d'honneur en s'imaginant qu'ils croient qu'il n'y a point de Dieu; ils n'y pensent pas seulement.[137] On m'avouera sans peine qu'inférer de la conduite de ces viles espèces d'hommes que la religion est inutile à la vertu, c'est soutenir que le soleil se lève en vain sur l'horizon puisque sa lumière est incapable de guider les aveugles.

Il y a une autre classe d'hommes beaucoup plus étendue qui se persuade fortement qu'elle croit un Etre suprême et une religion. Ces gens ont reçu dans leur enfance des mains de leurs pères ou de leurs maîtres un système de dogmes et de préceptes qui, imprimé dans leur mémoire par des répétitions continuelles, leur est devenu propre et presque essentiel. Mais jamais ils n'ont été formés à l'examen; on leur en a même fait peur; on les en a détournés comme d'une féconde source d'erreurs pernicieuses et damnables. Les preuves dont on attaque leurs opinions ont beau leur paraître invincibles; au lieu d'ébranler leur système, elles ne font que les irriter et les opiniâtrer à s'y fortifier davantage. Ils n'apprennent jamais à distinguer la démonstration d'avec le sophisme; ils sont accoutumés à ne point croire par évidence, mais à croire parce qu'ils croient. Pour qu'un docteur de la religion mérite leur attention et leurs applaudissements, il doit se garder de poser des principes, d'en tirer des conséquences et de les conduire, par une route unie, des vérités les plus simples à la connaissance sûre des vérités plus abstruses; ils ne l'écoutent pas; ils se plaisent à marcher dans les ténèbres. Vouloir porter devant eux le flambeau de l'évidence, c'est leur déplaire, c'est les offenser. Dès la définition du sujet, l'ennui les saisit; ils abandonnent le docteur philosophe et, en rêvant à leurs affaires et à leurs projets, ils accourcissent l'intervalle qu'il y a entre l'exorde et la fin du discours. Pour les attacher à vos

---

137. Cf. La Bruyère, *Les Caractères*, 'Des esprits forts', 16: 'L'athéisme n'est point. Les grands qui en sont le plus soupçonnés, sont trop paresseux pour décider en leur esprit que Dieu n'est pas; leur indolence va jusques à les rendre froids et indifférents sur cet article si capital, comme sur la nature de leur âme, et sur les conséquences d'une vraie religion; ils ne nient ces choses, ni ne les accordent; ils n'y pensent point.'

paroles et pour leur persuader qu'ils en profitent, il faut prendre tous leurs préjugés pour des axiomes, bâtir là-dessus une frivole déclamation, remuer leur cerveau par une foule d'images différentes, étonner, étourdir leurs sens, troubler leur cœur. C'est là le moyen de les renvoyer contents et sûrs que les motifs d'être gens de bien viennent d'acquérir chez eux une nouvelle force.

Je suis convaincu que cette religion, quoique reçue avec un indigne aveuglement, n'est point du tout sans force sur l'esprit humain pourvu que la morale qu'elle enseigne soit saine. Je suis sûr même qu'elle fait souvent des gens de bien de ceux qui, sans ce salutaire contrepoids, auraient été entraînés dans l'habitude du vice par un tempérament qui se serait fortifié tous les jours. Mais je ne saurais m'imaginer qu'elle aura le même succès sur un naturel extrêmement indocile qu'une religion raisonnée qui s'offre toujours à l'âme accompagnée des preuves auxquelles un examen exact et scrupuleux plusieurs fois recommencé a trouvé le poids nécessaire. Quand, muni uniquement d'une religion ténébreuse, on est réduit à lutter contre une passion qui offre à l'âme un intérêt considérable, ce principe a, pour m'exprimer ainsi, trop peu de consistance pour résister longtemps aux efforts d'un penchant qui sort de la nature et qui promet un bien réel. On est porté à souhaiter, en ce cas, que ce principe soit faux; on est intéressé à le croire tel. En y jetant la vue dans cette disposition, on voit sans peine qu'on l'a admis à tout hasard, et en l'abandonnant une seule fois, il arrive souvent que le charme de la prévention se détruit et qu'on y renonce pour jamais.

Un système de religion accepté aveuglément est bien plus inutile encore à la vertu et peut devenir même très pernicieux quand ce système est défectueux en lui-même et destitué d'une morale qui se rapporte au bien de la société. Les extravagances de l'esprit humain sont presque incompréhensibles à cet égard. Combien n'y a-t-il pas de gens qui, d'une manière ou d'autre, détachent la vertu de la religion? Ceux-ci se mettent dans l'esprit que, pour être bon Chrétien, il ne s'agit que de croire promptement et vigoureusement, de se passionner pour leurs opinions, de les confondre avec la gloire de la Divinité, de haïr cordialement ceux qui ne croient pas comme eux et de mesurer à cette haine leur amour chimérique pour l'Etre suprême. Ils ne sont pas seulement trop indolents ou trop fougueux pour examiner; ils s'en feraient un crime. Plus ils s'aveuglent de propos délibéré, plus ils croient leur foi méritoire; ils pensent s'assurer une félicité éternelle en sacrifiant à la religion, non leurs penchants vicieux, mais leurs lumières. D'autres croient pouvoir capituler avec le Ciel et lui donner, au lieu d'actions et de sentiments, une dévotion extérieure, des cérémonies et des attitudes du corps. Cette bizarre imagination fait l'esprit dominant d'une secte nombreuse où il y a mille moyens de se sauver indépendamment de la vertu, et même très capables de se lier avec la plus grande scélératesse. Dans cette secte, la ressource des pauvres, c'est d'aller au ciel par la route de la sainteté, ou pour mieux dire, par la route de la dévotion. 'Les richesses y ont les promesses de la vie présente et de la vie à venir,' et, à s'en rapporter à la foule des ministres de cette religion, il n'est presque pas possible qu'un homme opulent, qui aime assez son âme pour faire quelque dépense pour elle, ne réussisse à lui procurer un bonheur illimité. Qu'y a-t-il de plus naturel à ceux qui sont assez faibles pour suivre les maximes populaires de cette secte que d'employer jusqu'aux crimes les plus noirs pour se mettre en état d'acheter le pardon de ces mêmes crimes et de forcer l'entrée du paradis comme si c'était une tour de Danaé?[138]

Il y a une force tout autrement efficace dans une religion étroitement liée à la vraie sagesse et affermie dans l'âme par un examen attentif et suffisamment réitéré. Je crois même que lorsqu'une telle religion se présente à la raison comme évidente et démontrée, il faut de nécessité qu'elle fasse plier à la fin le naturel le plus impérieux et qu'elle conduise peu à peu son heureux prosélyte à l'habitude de la vertu. L'amour que l'homme a pour lui-même le porte invinciblement à préférer à un moindre bien un bien que sa raison lui étale comme plus grand et comme certain. Il est vrai que quelquefois une passion fougueuse détourne son attention de ce bien supérieur et que, pour ce temps-là, le motif perd toute sa force. Mais cette passion étant satisfaite et cet intérêt particulier et passager ne subsistant plus, l'intérêt constant et général sort des ténèbres dont la passion l'avait enveloppé et se montre avec des lumières plus vives et avec une nouvelle force. Dans cet état, celui qui sait qu'il a manqué à son devoir, qu'il a sacrifié à un vil intérêt le plus grand que l'esprit humain puisse concevoir, ne peut réfléchir sur sa chute qu'avec une douleur amère. La religion étale à son âme sa certitude, ses promesses, ses menaces; il ne saurait qu'en frémir. Il faut de nécessité que, pour se réconcilier avec lui-même, il prenne une forte résolution de s'épargner à l'avenir un chagrin si cruel et d'attacher avec de plus grands efforts son attention à la lumière qui le guide vers une souveraine félicité. Si la même passion qui l'avait tyrannisé pour quelque temps revient, elle doit lui rappeler naturellement le souvenir de son égarement et de ses suites funestes; s'il s'écarte encore de son devoir, c'est du moins avec plus de résistance; le calme succédant à ce nouveau désordre répand encore dans son âme plus d'amertume qu'auparavant et y excite par là un nouveau degré d'attention; son motif général et constant se fortifie de jour en jour, il gagne du terrain sur son naturel et, à la fin, sait associer et allier à sa vertu cet ennemi de ses lumières.

Je sais bien que le règne de toutes les passions n'est pas de si courte durée. Il y en a qui, négligées dans les commencements, asservissent l'âme pour un temps considérable, usurpent toute notre attention, nous arrachent entièrement à nos principes et nous traînent de désordre en désordre. Mais il est vrai aussi que lorsque la violence de cette passion s'est usée, sa force et sa durée sont égalées par la force et par la durée de la honte et de la douleur avec lesquelles nos lumières sorties d'esclavage nous font considérer une conduite si lâche et si contraire à nos plus grands intérêts. Cette situation affreuse pour une âme raisonnablement convaincue de la réalité de la religion doit la porter efficacement à s'attacher à ses principes, à veiller sans relâche sur les faiblesses du tempérament, à fuir avec soin les occasions de rechutes et à entretenir toujours ses lumières dans leur force et dans leur pureté. Je ne parle pas ici des secours puissants que la religion peut tirer de l'assistance de Dieu; je suis sûr qu'ils sont fort éloignés d'être chimériques, mais je plaide la cause de la religion contre les incrédules qui traitent de fantômes de l'imagination humaine tout ce qu'ils sont incapables de concevoir et de sentir. Je me contente de prouver les influences

---

138. Danaë was the daughter of Acrisius, King of Argos, and Eurydice. According to Greek mythology, an oracle said that Acrisius would be killed by a son of Danaë, so she was locked away in a tower to prevent this. But Zeus loved her and appeared to her in a shower of gold. She conceived Perseus. Danaë and Perseus were set afloat by Acrisius, but later saved by Zeus.

utiles de la religion sur la vertu par la considération de la nature de la religion et de la nature inaltérable de l'homme.

'Mais,' me dira-t-on, 'ce que vous venez d'avancer semble démontrer que la conviction raisonnée d'une religion qui tend à une exacte vertu n'existe qu'en idée. Si elle était réelle, elle offrirait à l'esprit des avantages si grands, si généraux, si supérieurs à tout autre intérêt qu'elle devrait d'abord entraîner la volonté invinciblement et se l'attacher pour jamais. Elle triompherait dans l'instant du naturel sans avoir besoin d'efforts redoublés pour fonder péniblement et lentement la vertu sur les ruines du vice.' Voici ce que j'ai à répondre à cette objection.

La religion telle que je l'ai définie est d'abord réellement victorieuse d'une certaine manière; elle inspire d'abord de nécessité à l'homme un désir sincère et ardent et une forte résolution de s'attacher à son plus grand intérêt et à lui sacrifier tous les autres. S'il ne réussit pas à exciter tout d'un coup ce raisonnable et généreux dessein, c'est, comme je l'ai déjà insinué, que ce motif si puissant n'est pas toujours présent à son âme. La grande difficulté consiste à se dérober à toutes sortes de distractions et à fixer continuellement son attention sur ce principe sûr et lumineux qui devrait être le seul guide de nos actions. Il n'y a que l'attention qui puisse faire valoir la force d'un motif, et ceux qui savent démêler les ressorts de leur conduite savent combien l'attention est vagabonde, avec quelle facilité elle échappe à nos efforts, combien il faut d'actes redoublés pour acquérir sur elle un empire constant.

Ce qui augmente encore considérablement la difficulté d'asservir l'attention au principe dont il s'agit, c'est que l'intérêt qu'il étale à l'âme, quelque grand qu'il soit, est éloigné et ne tombe pas sous nos idées. Il est certain qu'un bien présent à nos yeux attire avec bien plus de force notre attention qu'un bien qu'on n'attend qu'après un certain nombre d'années. Nous voyons d'un autre côté que, dans une seconde vie, la religion nous procurera des plaisirs parfaits et éternels, mais nous ne concevons pas la nature de ces plaisirs. Si nous en avions une idée juste, si nous savions par quels moyens ils inonderaient nos âmes de sensations délicieuses, notre attention s'y attacherait avec ravissement et nous les ferait en quelque sorte goûter d'avance; il nous faudrait des efforts pour en dessaisir notre âme; il est même très apparent que cette connaissance, absorbant toute notre attention, nous rendrait presque absolument inutiles pour les différentes occupations que la vie présente exige de nous.

Voilà les raisons pourquoi la religion ne fait pas, dès le premier combat, la conquête de notre tempérament et qu'elle est obligée de revenir toujours à la charge et de borner sa gloire à gagner toujours du terrain sur un ennemi qui a tant de ressources. Cette gloire lui est assurée. J'ai fait voir que ce principe lumineux et constant doit de nécessité se concilier de plus en plus l'attention de notre esprit. Ce motif si grand et si général devient de plus en plus familier à l'âme. A force d'y penser et d'y réfléchir, on se rend présent en quelque sorte les biens éloignés dont il nous promet la possession inestimable. Si la nature de ce bien nous est inconnue, nous nous accoutumons insensiblement à nous contenter de sa certitude. Nous apprenons à remplacer dans notre âme la connaissance du détail de la félicité céleste par la pensée que ce Dieu qui nous aime, qui veut nous rendre heureux, est ce même Dieu qui est la source de tous les plaisirs que nous pouvons goûter sur la terre, que c'est lui qui a su ménager cette agréable harmonie entre les autres créatures et nos sens, qu'il est le principe de tout ce qui nous plaît, de tout ce qui nous charme et que, par conséquent, il a un trésor infini de moyens pour exciter en nous les plus ravissantes sensations.

Je crois avoir répondu suffisamment à l'objection que les *esprits forts* tirent du prétendu empire souverain que le tempérament exerce sur la conduite de l'homme. Je n'ai pas nié que ce tempérament n'y influât beaucoup. J'avoue même qu'il n'est pas absolument impossible qu'un naturel d'un rare bonheur ne rende un *esprit fort* honnête homme et utile citoyen. Mais je n'aurais garde de me fier jamais à lui si je savais que son naturel, porté machinalement à la vertu, fût combattu par un intérêt un peu important.

Avant que de finir, j'ai encore un mot à dire sur le but de cette dernière dissertation. Celui de la première saute aux yeux. Rien n'est plus dangereux pour la religion que le préjugé qui suppose la supériorité de génie du côté de ceux qui rejettent cette religion. Rien de plus utile, par conséquent, que de détruire cette fausse idée et de prouver que la sagesse qui vient d'en haut n'est rien moins qu'amie des ténèbres et de la faiblesse d'esprit.

'Mais dans quelle vue,' me dira-t-on, 'vous êtes-vous attaché à prouver, dans un si grand détail, que la vertu périt presque entièrement dès qu'on la détache de la religion? Voulez-vous sonner le tocsin sur les *esprits forts* comme sur les ennemis communs de la société humaine? Votre dessein est-il de les exposer au zèle furieux de la populace et de porter les magistrats à dresser contre eux des gibets et des roues?'

Nullement. Une religion raisonnée porte à la douceur comme une religion machinale porte à la cruauté. Mon grand but a été d'empêcher les incrédules de tromper les esprits simples par l'ostentation d'un amour pur pour la vertu, ostentation capable de dérober l'incrédulité à toute l'horreur qu'elle mérite. J'ai voulu faire voir avec évidence que tous les principes de cette vertu sont chimériques et que la pratiquer, c'est se rendre coupable d'aveuglement et d'extravagance. Par là, j'ai voulu contrebalancer le poids des motifs qui peuvent entraîner les hommes dans l'irréligion. Si elle attire les esprits en leur promettant une sagesse supérieure à tous les préjugés populaires et une tranquillité qui triomphe de toute crainte par rapport à l'avenir, j'ai voulu leur proposer la religion comme souverainement aimable, comme la seule base solide de la vertu et comme l'unique soutien de l'ordre et du bonheur de la société humaine. J'ai cru, encore, qu'en développant les sophismes sur lesquels les incrédules appuient leurs prétendus droits à la vertu, je pourrais effrayer ces philosophes pernicieux, leur faire craindre l'indignation publique et les obliger à la prudence de garder pour eux leurs magnifiques lumières. J'ai été charmé de saisir, en passant, l'occasion de démêler la nature de cette religion qui mérite d'être considérée comme la féconde et pure source de toutes les vertus. J'ai fait voir que, pour produire avec certitude les plus heureux effets, elle doit être affermie dans l'âme par un examen scrupuleux qui suit avec précaution le flambeau de l'évidence. La place de cette religion salutaire est dans la raison et non dans l'imagination. Dans la raison elle est calme, pure, réglée, étroitement liée à tous nos devoirs. Dans l'imagination elle est vague, turbulente, passionnée, inconsidérée et capable de commettre les crimes les plus énormes par un principe de dévouement pour la Divinité.

C'est cette *religion de préjugé* qui a été de tout temps l'infâme principe de l'intolérance et de la persécution qui fournissent aux *esprits forts* un prétexte plausible de soutenir que la religion en général est plus pernicieuse pour le genre humain que l'athéisme même.

Quelle gloire ne méritent donc pas certains docteurs de l'*Evangile* qui distinguent avantageusement notre âge des siècles passés par le noble projet de mettre les hommes en état de se prouver à eux-mêmes les vérités qui doivent régler leur conduite? Quels avantages n'en reviendraient pas à la race future si ce projet était appuyé par tous les habiles gens, s'ils s'efforçaient tous ensemble à éveiller la logique naturelle dans les enfants dès l'âge le plus tendre, s'ils leurs enseignaient à ne croire qu'à proportion qu'ils conçoivent et s'ils les conduisaient pas à pas par la route de la lumière à une religion digne d'animer un être intelligent et convenable à la majesté de l'Auteur et de l'objet de la religion.

XXXVIII

Suite des
réflexions sur le caractère
des esprits forts et des
incrédules

J'ai tâché de démontrer dans mes précédents discours que la vertu doit être considérée comme une chimère par les *esprits forts* qui veulent bien se donner la peine de conformer à leurs principes leurs sentiments et leur conduite. Mon but est à présent de prouver qu'en réglant leur conduite sur leurs idées avec toute l'exactitude possible, ceux qui font le grand nombre parmi les *esprits forts* sont obligés de pratiquer tous les devoirs qui, selon ceux qui admettent une religion, découlent de la nature de Dieu et de celle de l'homme. Ces deux propositions paraissent diamétralement opposées. Elles ne le sont pourtant pas. L'on en sera persuadé dès que je les aurai mieux développées.

Je crois avoir démontré que la vertu doit passer pour chimérique dans l'esprit de tout homme qui a résolu de croire qu'il n'y a point de Dieu. Mais il est certain que tout homme qui pose ce monstrueux principe est fort éloigné de raisonner conséquemment à ses idées. S'il était en droit de rejeter un premier Etre et une religion, il serait autorisé à rejeter en même temps la vertu. Mais il est évident, selon moi, qu'aucun motif plausible ne saurait déterminer un *esprit fort* à soutenir positivement que l'existence d'un Dieu n'est qu'une invention de la politique des sages ou de la timidité du peuple extravagant et imbécile. Rien, par conséquent, ne saurait le mettre en droit de se conduire comme s'il était convaincu par des preuves démonstratives de la *non-existence* d'une Cause première. Quelle est dans le fond la prétention de la plupart des *esprits forts* qui se piquent de puiser leurs opinions dans l'évidence et de n'étendre pas leurs conclusions au-delà de leurs idées?

Ils voient les idées d'une Divinité et d'une religion universellement établie dans tous les siècles et presque chez toutes les nations qui se sont le plus appliquées à cultiver leur raison. Ce fait ne paraît pas à ces sages une démonstration. Ils veulent savoir si c'est sur des principes d'une évidence suffisante que cette opinion générale est appuyée. Les habiles gens d'entre ceux qui l'ont adoptée prétendent la fonder sur des preuves incontestables. Ils se sont efforcés à les mettre dans tout leur jour dans un grand nombre de volumes où ils ont ramassé toute la force de leur esprit et toutes leurs lumières acquises. Ils ont défié les incrédules les plus éclairés de renverser leurs raisonnements. Leurs adversaires l'ont essayé; si c'est avec succès ou non, c'est [ce] dont il ne s'agit pas ici. Il suffit qu'ils soutiennent que ces preuves n'ont pas le poids nécessaire et, qu'après les avoir examinées sans prévention, ils ne les ont pas trouvées convaincantes. Que faut-il qu'ils en concluent raisonnablement qu'une Divinité et une religion sont des chimères? Point du tout. Ils ne sauraient en inférer, sinon que ces propositions 'il y a un Dieu,' 'il y a une religion' sont des propositions douteuses et, par conséquent, ils doivent à cet égard rester dans l'incertitude jusqu'à ce qu'on leur allègue des preuves qui leur paraissent démonstratives ou qu'ils en trouvent eux-mêmes qui prouvent évidemment 'qu'il n'y a point de Dieu,' 'qu'il n'y a point de religion.' Je ne sache pas qu'ils se vantent d'avoir de ces sortes de démonstrations. Ils ne se mettent guère dans l'esprit de vouloir prouver directement un monde éternel ou un monde produit par le hasard. Ils se contentent de faire quelques difficultés contre notre système et de s'efforcer de nous y découvrir des absurdités. Ils s'obstinent à ne nous pas permettre de croire l'existence d'un Dieu, à moins que nous n'ayons des lumières aussi étendues que celles de la Divinité même.

'Si Dieu est souverainement bon, pourquoi agit-il ainsi? Si Dieu a une sagesse sans bornes, pourquoi ne dirige-t-il pas les choses d'une autre manière?'

Ils veulent qu'on leur réponde exactement à ces sortes de questions. Cependant, elles ne doivent pas causer le moindre embarras à un esprit raisonnable. 'Dieu le sait sans doute. Je n'en sais rien.' En voilà assez pour énerver toutes les difficultés de cette nature. Ma persuasion doit être fondée sur les idées que j'ai et nullement sur celles qui me manquent; rien au monde n'est plus clair que cette maxime. Mais supposons que les difficultés de cette nature doivent paraître embarrassantes, tout est-il uni dans le système d'un monde formé par un concours fortuit d'atomes ou dans un monde qui n'a point de commencement, dans un monde où l'on trouve une suite infinie d'effets sans dépendre d'aucune cause véritable? Les plus sensés d'entre les *esprits forts* ne le soutiennent pas. Par conséquent, difficultés de part et d'autre de leur propre aveu. De tous côtés, motifs pour rester dans le doute en attendant des lumières plus vives et moins limitées.

Or je soutiens que dans cette situation un homme sensé doit assez connaître ses propres intérêts pour respecter une *Divinité possible* et pour tâcher d'agir précisément dans toute sa conduite comme s'il était persuadé de l'existence d'un premier Etre, d'un Législateur suprême.

'Je ne sens point cette conséquence,' me dira peut-être ici un *esprit fort* assez malheureux pour flotter dans le doute à l'égard de la plus importante de toutes les vérités. 'Je ne saurais m'imaginer qu'il y puisse avoir du crime à ne point croire une Divinité et, par conséquent, je ne vois pas que le doute touchant l'existence de cette Divinité puisse me mettre dans l'obligation d'agir comme si cette existence était démontrée. Il ne saurait y avoir du mal à ne point se conduire comme si Dieu existait, si sans crime on peut ne pas croire qu'il existe.'

Cette dernière proposition me paraît hors de conteste. Si la Divinité est quelque chose de réel, comme j'en suis parfaitement convaincu, elle est certainement bonne, juste et, par conséquent, incapable de me rendre malheureux dans une vie future pour n'avoir pas fait l'impossible. Ce n'est point notre volonté qui dispose de nos opinions. Notre âme les reçoit d'une manière purement passive, de l'évidence véritable ou apparente. Je suis aussi peu criminel en ne sentant pas comme vrai ce qui paraît tel aux autres qu'un homme qui a la vue courte est coupable de ne pas voir les objets que d'autres discernent avec facilité. Je crois qu'on est moins malheureux dans l'impossibilité de croire une Divinité que de l'admettre et de la considérer comme le plus capricieux et le plus tyrannique de tous les êtres, capable de prescrire aux créatures raisonnables une conduite diamétralement opposée à la sienne.

Je conviens ingénument que ces idées sont absolument les miennes et que je les trouve trop raisonnables et trop dignes de la nature divine pour les cacher à des esprits faibles qui ne sauraient les considérer qu'avec horreur. Il y a des personnes d'ailleurs vertueuses et sages que l'idée d'un homme qui ose douter de l'existence d'un Dieu fait infiniment plus frissonner que l'idée d'un scélérat familiarisé avec les crimes les plus noirs et qui paraissent les plus volontaires. Leur aversion pour ce doute me paraît sage lorsqu'ils sont convaincus que la corruption du cœur ou la plus criminelle indolence a rendu la raison d'un *esprit fort* incapable de sentir la force d'un nombre infini de démonstrations palpables. Mais leur horreur me paraît marquer un esprit qui n'ose pas envisager la vérité telle qu'elle puisse être quand ils étendent cette horreur jusque sur des malheureux dont la raison est séparée des plus grandes vérités par des obstacles invincibles, sans qu'il y ait de leur faute.

Je sais bien qu'on prétend que ce cas est impossible. Mais on ne le prouve pas, et je doute fort qu'il soit possible de le prouver. Il est utile, par conséquent, et propre à perfectionner le mérite de ces personnes trop timides dans la recherche de la vérité, mais d'ailleurs très estimables, de les faire raisonner juste sur le caractère de ceux qui sont abîmés dans des erreurs invincibles, même sur les matières les plus importantes. Il est utile de mettre ces gens vertueux mais faibles en état de puiser une charité plus ferme et moins bornée dans des lumières plus développées et de leur faire considérer ceux qui leur ont paru détestables comme souverainement dignes de la plus grande compassion.

Sur quelque sujet que l'esprit humain puisse s'égarer, il est sûr qu'il n'y a point de mal moral dans l'erreur en qualité d'erreur. Je sais qu'une des plus grandes perfections de l'âme, c'est d'avoir des idées nettes et justes et que cette perfection est grande à mesure du nombre et du poids des sujets dont on se forme des notions exactes et entières. C'est là la richesse de la raison. L'ignorance et l'erreur en sont la pauvreté et la misère. Mais lorsqu'on ne s'est pas jeté dans ce triste état par des passions vicieuses, par inconsidération et par une coupable indolence, on n'est que malheureux sans être criminel et l'on ne saurait s'attirer des reproches sinon de la part de ceux qui sont cruels et inhumains, à moins qu'ils ne raisonnent de travers et qu'ils ne soient dans l'erreur eux-mêmes.

Quoi! un homme sera-t-il damné parce qu'il aura vu le jour à Pékin, à Constantinople, à Rome ou à Londres? Ce qui décide, pourtant, le plus souvent de nos sentiments en matière de religion, ce sont les idées qui ont la vogue chez les peuples au milieu desquels nous sommes nés. Il est vrai qu'il n'est pas absolument impossible qu'un esprit d'une force et d'une générosité peu communes se débarrasse des opinions que l'éducation et l'habitude ont presque rendues essentielles à son âme.

Mais que dira-t-on d'un laboureur turc humilié, abruti par un gouvernement tyrannique, condamné par sa misère aux plus rudes travaux du corps et, par conséquent, à la plus grossière ignorance? A peine a-t-il le loisir de former quelque réflexion passagère sur sa propre nature; tous les moyens de s'instruire lui sont absolument interdits. Cet homme presque brute ferait-il mal d'adhérer à la religion mahométane qu'on lui fait considérer comme l'unique route d'une vie plus heureuse? Ne faut-il pas dire plutôt qu'il fait bien et que dans sa conduite il observe les règles de la modestie et de la prudence? La seule chose qu'il n'ignore pas, c'est qu'il ne sait rien. N'a-t-il pas raison de se laisser conduire par des personnes qu'il est obligé de croire infiniment plus éclairées que lui, qui lui protestent que toutes les autres mènent à des misères éternelles? Voudriez-vous que cet homme se fît Chrétien sans avoir jamais entendu parler de la religion chrétienne? Voudriez-vous même qu'il prît cette résolution si, par hasard, il avait attrapé une idée vague d'un Christ et de sa doctrine? Certainement sa conduite serait présomptueuse, étourdie, capricieuse, extravagante. Il préférerait un motif de la dernière faiblesse à des motifs qui sont pour lui de la plus grande force et, en adhérant moins à la raison cultivée d'un prodigieux nombre de docteurs qu'à son esprit enrouillé dans l'inaction, il se rendrait coupable de la plus ridicule arrogance.

De quel point de vue faut-il considérer encore un homme né stupide, ou bien un homme dont la raison est gâtée pour jamais par des études mal dirigées? Un tel homme n'a point d'idée de l'évidence. Il ne sent point la force d'une démonstration; son attention ne s'étend pas à concevoir nettement le sens d'une seule proposition; ou, par une fausse subtilité d'esprit, il se détourne du sens qui s'offre de lui-même pour courir après un sens éloigné et faux; il ne sait point distinguer entre une preuve et la plus mince probabilité. Un ridicule jeté avec quelque adresse sur l'opinion la plus sensée le frappe davantage que le raisonnement le plus solide. Une difficulté lui paraît avoir tout autant de force que la base la plus ferme sur laquelle on élève tout un système. Enfin, cet esprit brute ou faux se détermine mal à propos vers le parti le moins raisonnable, mais où il croit pourtant démêler le plus de certitude. Peut-on avancer qu'il se conduit mal? Point du tout, il ne saurait faire autrement. On peut même soutenir qu'il s'acquitte de son devoir en adoptant les opinions qui s'offrent à son esprit comme vraies ou comme les plus probables. Peut-on prétendre qu'il embrasse celles qui lui paraissent fausse ou les moins probables? Une pareille prétention serait plus folle que les erreurs les plus monstrueuses.

Si un homme d'un tour d'esprit semblable, *balotté*, pour ainsi dire, par des arguments opposés, ne cède ni aux uns ni aux autres et qu'il se détermine vers le doute en attendant qu'une lumière supérieure l'éclaire davantage, il n'y a pas encore de mal moral dans son irrésolution; son doute vient d'une erreur; il se trompe sur la force des preuves. Il prend pour faux ou pour simplement vraisemblable ce qui est démontré. Mais dans cette situation, la crainte qu'il a de tomber dans l'erreur, en prenant pour guide une évidence apparente, est une espèce de *bien moral*. C'est prudence, c'est circonspection, c'est un sage respect pour la vérité.

Je crois que, fondé sur ce raisonnement, je puis accorder aux *esprits forts* que sans le moindre danger on peut être dans l'erreur touchant l'existence de Dieu pourvu qu'on y soit innocemment et après avoir cherché la vérité avec toute l'attention et tout le travail dont on est capable. Mais je ne crois point qu'il y ait le moindre nœud entre ces deux propositions. 'On peut sans danger douter de l'existence d'un premier Etre. Donc, sans danger on peut ne pas agir comme si cet Etre existait réellement.' Il n'y a entre ces deux propositions qu'une liaison apparente, et j'ose espérer de le faire voir de la manière la plus claire. Il me semble qu'un *esprit fort*, plongé dans le doute, mais d'ailleurs capable de réflexion, devrait raisonner sur son état de la manière suivante.

'C'est une opinion assez généralement reçue dans le monde qu'il y a un Etre suprême, souverain Législateur des hommes. Ce sentiment est embrassé par de grands génies qui n'ont rien négligé pour former et pour étendre leur raisonnement. Ils prétendent le démontrer par mille preuves évidentes. J'ai examiné leurs arguments avec toute l'attention et avec toute la liberté d'esprit dont j'étais capable. Cependant, soit manque de pénétration, soit supériorité d'esprit, je ne découvre point dans leurs raisonnements sur ce grand sujet une solidité convaincante. D'ailleurs, leur système me paraît sujet à des difficultés aussi embarrassantes que nombreuses qui m'en rendent la vérité suspecte. J'avoue d'un autre côté que je ne me sens pas en état de prouver formellement la fausseté de leur opinion ni la vérité des systèmes qui sont opposés au leur. Jusqu'ici, le parti le plus sage est pour moi sans contredit de suspendre mon jugement. Je sens, pourtant, toute l'importance du sujet et je crois agir raisonnablement en faisant tous mes efforts pour m'éclairer davantage et pour me mettre en état d'en former une idée distincte et sûre. Mais en attendant, comment dirigerai-je ma conduite? Si j'étais absolument convaincu de la non-existence d'un Législateur suprême, si une démonstration formelle m'enseignait que cette vie, qui m'est venue je ne sais de quelle manière, doit me conduire vers le néant, mon parti serait bientôt pris. Je chasserais de mon esprit la triste fin de ma carrière; je la parsèmerais de fleurs. Sans me mettre en peine d'ordre et de règle, je me procurerais toutes les satisfactions possibles. Rien ne modérerait mes désirs que la crainte de quelque malheur présent. Mais peut-être ce souverain Juge des hommes existe-t-il réellement. Si cela était, ma faculté de raisonner serait son ouvrage, aussi bien que l'amour invincible que je sens pour moi-même. Cette raison jointe à ce penchant enseigne de la manière la plus évidente que je ne dois pas négliger mes intérêts, que je suis dans l'obligation indispensable de préférer un plus grand intérêt à un moindre et de m'attacher avec fermeté au parti le plus sûr. Mais serait-ce pour moi le parti le plus sûr de choquer hardiment les règles de devoir qui passent pour être émanées de la Divinité? Il est vrai que je m'ouvre par là des sources de plaisirs fermées à ceux qui admettent une religion, mais que sais-je si dans une vie future cette hardiesse, qui me procurera des plaisirs imparfaits et de courte durée, ne m'abîmera pas dans d'affreuses misères? Quels funestes malheurs, au contraire, ai-je à craindre si j'emploie toute la force de mon esprit à suivre ce qu'on appelle les devoirs de l'homme? Cette conduite ne saurait me conduire à de grands inconvénients. S'il se trouve que Dieu n'existe pas, voilà quelques pénibles efforts de perdus. Ils sont dans le gouffre du néant, aussi bien que les délices qu'ont goûtés les personnes qui ont eu le bonheur de rencontrer mieux. Mais si cet Etre suprême, ce souverain Législateur existe, il est naturel de croire que mes efforts pour m'attacher à la vertu lui seront agréables et qu'il m'en récompensera. S'il s'aime lui-même avec sagesse, s'il prend toujours le parti le plus raisonnable, je l'aurai imité, je me trouverai semblable à lui autant que les bornes de ma nature le permettent. Cette ressemblance même sera pour moi un bonheur; cet Etre m'aimera parce qu'il s'aime et son amour doit être une source fertile de délices pour ceux qui en sont les objets. Si, au contraire, je me laisse entraîner à l'impétuosité de tous mes désirs et que, survivant à moi-même, je trouve qu'une Cause première existe réellement, des raisons pareilles me menacent de malheurs très grands dont je ne saurais deviner ni les degrés ni la durée.'

Il me semble qu'il est de la dernière évidence que telles devraient être les réflexions d'un homme sensé qui se trouverait dans l'incertitude par rapport à l'existence d'un premier Etre. Le doute en lui-même ne saurait déterminer notre conduite vers un parti plutôt que vers un autre. Dans cet état flottant il est permis, il est même raisonnable de prendre l'intérêt pour la seule règle de ses actions. Notre persuasion nous oblige à y conformer les déterminations de notre volonté, mais une absence de persuasion ne saurait être cause de rien; elle abandonne à la seule prudence les rênes de notre conduite.

Un des premiers effets de cette prudence doit être une continuelle application à chercher les moyens de sortir du doute, qui est de lui-même un état ingrat et contraire en quelque sorte à la nature de notre âme. Il ne suffit pas pour tranquilliser un *esprit fort*, tel que je l'ai dépeint, d'avoir fait de grands efforts pour démêler la vérité d'avec l'erreur. L'erreur innocente par elle-même peut devenir criminelle par le moindre travers d'esprit où l'on donne par sa propre faute. Il doit se demander à lui-même dans le silence de ses passions, s'il a lu d'un esprit attentif tout ce que les plus habiles gens ont écrit sur cette importante matière, s'il a eu soin de les consulter et leur faire des objections, s'il s'est efforcé à mettre sa raison en état de bien peser les preuves que les partisans d'une Divinité allèguent comme démonstration. Il est surtout obligé d'examiner d'un esprit tranquille si le faux honneur de passer pour plus habile que le vulgaire ne lui a pas aveuglé l'esprit et si le désir d'affranchir sa conduite de tout scrupule et de tout remords ne lui a pas déguisé l'évidence. S'il lui est possible de se calmer touchant ses efforts passés, il ne doit point en demeurer là. Il faut qu'il se fasse une étude continuelle de rectifier et d'étendre sa raison et de procurer à son attention une plus grande liberté et de nouvelles forces. J'ai bien de la peine à croire que la vérité s'obstinât à ne pas répondre à des soins si assidus et si louables, et s'ils ne réussissaient pas à le tirer de son incertitude, j'estimerais son doute tout autant que la conviction la mieux fondée, pourvu qu'il obéît à sa raison en cherchant sa sûreté dans la pratique de ses devoirs.

Je conviens que son motif pour s'attacher à la vertu a bien moins de poids que les raisons qui portent à la sagesse un esprit fortement et constamment persuadé de l'existence d'un Etre suprême et de l'utile réalité d'une religion. Mais du moins ce motif devrait-il être assez fort pour exempter sa conduite de certaines extravagances insolentes et honteuses qui nous étonnent dans un grand nombre d'*esprits forts* et qui nous rendent leur caractère en quelque sorte incompréhensible. Rien n'est plus ordinaire à un grand nombre de ces messieurs que de rire, du haut de leur génie supérieur, de la bassesse de cœur et de la faiblesse d'esprit de ceux qui sont assez lâches et assez imbéciles pour se laisser entraîner au torrent des opinions vulgaires. Rien ne plaît tant à ces grands hommes que de considérer leurs adversaires comme indignes d'un sérieux commerce de raisonnements, comme déjà atteints et convaincus d'extravagance et comme faits pour être en butte à la raillerie et aux turlupinades. La populace des incrédules se sert souvent de ces armes favorites de leur secte d'une manière grossière et pétulante; le mauvais cœur s'étale dans leurs brutales et fades railleries à l'égard du mauvais sens. Ils inspirent en même temps de l'horreur et de la pitié.

Méritent-ils seulement qu'on daigne prendre garde aux impertinents moyens dont ils se servent pour se donner un ridicule qu'ils destinaient aux autres?

Les héros de l'incrédulité s'y prennent d'une manière plus fine et plus insinuante. Ils savent si bien remplacer la force du raisonnement par le sel de l'esprit, si bien suppléer par des images neuves et badines au défaut de preuves sensibles et convaincantes, qu'ils acquièrent un air de conquérants sans combattre tout de bon et qu'ils réduisent à un silence semblable à une défaite formelle ceux qui ont souvent un meilleur esprit qu'eux avec une imagination moins vive et moins féconde. On croirait d'abord que ce procédé fût en quelque sorte pardonnable dans quelques *esprits forts* assez extraordinaires, assez singuliers pour se mettre dans l'esprit qu'ils se sont prouvé à eux-mêmes de la manière la plus victorieuse que l'existence d'un Dieu est absolument impossible et contradictoire. On pourrait encore le croire excusable dans des esprits assez faibles pour confondre le doute par rapport à l'existence d'une Divinité avec une démonstration de sa non-existence.

Il est vrai qu'en qualité d'insensés, les uns et les autres sont en droit d'exiger de nous les pardons les plus étendus. Mais puisqu'il est vrai qu'il se trouve des gens qui raisonnent invinciblement mal sur certains sujets et qui ne manquent pas, pourtant, de bon sens sur d'autres matières, il ne sera pas inutile de faire voir ici combien de nouvelles extravagances on voit étalées dans les railleries que [des] esprits ainsi disposés répandent sur la religion.

Quoique les idées de ces beaux esprits soient si différentes de celles des autres hommes, il est apparent que les sentiments fondamentaux de leur cœur soient les mêmes que ceux du reste du genre humain. Il est naturel de s'imaginer que ces messieurs s'aiment comme toute autre créature raisonnable et qu'ils ont du penchant à préférer l'estime et la tendresse de la multitude à sa haine et à son mépris. Quels êtres extraordinaires si l'on se trompait à cet égard! Mais qu'y a-t-il de plus propre à les rendre les objets d'une aversion générale et du mépris public que cette habitude qu'ils ont contractée de répandre, à propos ou non, du ridicule sur tout ce qui s'offre à l'esprit de la plupart des hommes comme sur ce qu'il y a au monde de plus sacré et de plus respectable? J'avoue que ce qui serait, dans ceux qui admettent une religion, profanation et blasphème ne l'est pas, à proprement parler, dans un homme qui se croit convaincu de la non-existence d'un *premier Etre*. Son dessein n'est pas d'outrager Dieu. Il n'insulte qu'à des idées qui, selon lui, sont impertinentes. Mais je n'accuse pas un tel homme d'impiété; je l'accuse d'indiscrétion, de folie et d'imprudence. Pourquoi faut-il qu'il mette son esprit à la torture pour s'attirer du chagrin et pour se priver de plusieurs agréments de la vie qui méritent d'être recherchés et qui découlent de l'amour et de l'estime qu'ont pour nous ceux avec qui nous sommes obligés de vivre? Ne sait-il pas que rien ne choque davantage l'amour-propre que d'être exposé à la risée comme un imbécile, comme un extravagant engagé dans les opinions les plus puériles par l'autorité ou par des terreurs paniques?

Ne sait-il pas que la plupart des hommes soutiennent mieux les censures les moins ménagées et les reproches les plus amers que des railleries qui les caractérisent comme ridicules?

Le ressentiment que ces sortes de railleries produisent d'ordinaire est ici soutenu, et justifié en quelque sorte, par la nature et la grandeur de leur objet.

'Quoi! je sens du dépit quand, devant moi, on a l'indiscrétion de turlupiner un homme pour qui j'ai quelques égards et je ne me passionnerais pas contre un insolent qui ose insulter cet Etre de qui je tiens l'existence, le mouvement et la vie, cet Etre qui me procure tout ce qui me rend cette vie agréable et dont j'attends une félicité sans bornes et sans fin? Le moyen de ne pas bannir de mon commerce un homme dont les discours me font frémir? Ne suis-je pas obligé même de faire connaître à tout le monde un esprit si dangereux, si peu fait pour la société, si déterminé à rompre en visière à tous les gens de bien?'

Mais peut-être ces railleurs si indiscrets en apparence attendent-ils de leur conduite des avantages capables de les dédommager de certains agréments de la vie qu'ils rejettent d'un air si aisé? J'avoue que je serais curieux d'avoir une idée d'avantages si rares sur lesquels il m'est impossible de former seulement une conjecture un peu plausible. Aurais-je déjà touché un de ces avantages dans un de mes discours précédents? Les *esprits forts* le trouveraient-ils dans la satisfaction de sortir d'un doute inquiétant en se mettant dans l'esprit que puisqu'ils osent insulter à la Divinité de la manière la plus outrageante, il faut de nécessité qu'ils soient fortement convaincus que cette Divinité n'existe pas?

Mais se pourrait-il une extravagance plus pitoyable que de fonder sa conviction sur la conduite, au lieu de régler sa conduite sur la conviction? Une logique si bizarre conviendrait-elle à des gens qui s'arrogent, à l'exclusion de tous les autres hommes, la liberté de penser et la force de suivre pas à pas l'évidence?

Serait-il possible que ces fins railleurs sacrifiassent au plaisir de passer pour esprits vifs et brillants la réputation d'être discrets, prudents, sociables? En vérité ils feraient trop d'honneur à l'esprit; ils en formeraient une idée bien disproportionnée au sujet. Qu'est-ce que l'esprit dans le fond? Ce n'est dans l'âme qu'une qualité auxiliaire propre à embellir ce que cette âme a d'essentiellement beau, mais tout aussi propre à rendre souverainement pernicieux ce qu'elle a de mauvais et contraire à l'intérêt de la société.

Peut-être croient-ils agir raisonnablement en foulant aux pieds toutes sortes de considérations dans la seule vue de plaire à leur parti qu'ils peuvent regarder comme le centre de la sagesse et comme composé des seuls mortels dont l'estime mérite d'être briguée? S'ils ont une idée si magnifique de leur cabale, s'ils y concentrent toute la fleur du mérite, on ne leur envie pas une vanité si basse et si méprisable. On ose seulement leur demander qu'il y ait quelque liaison dans leurs travers d'esprit et qu'ils s'attachent un peu à leurs propres notions. Si l'approbation de leurs partisans leur paraît seule digne d'être recherchée, qu'ils renoncent au commerce de cette multitude d'imbéciles incapables de goûter la vraie sagesse, qu'ils n'honorent de leur conversation que la petite bande de gens raisonnables par excellence, qu'ils y renferment l'étalage de leur belle imagination, que, pour y briller, ils ramassent une ample provision de tours d'esprit nouveaux et de railleries qui aient le sceau de l'invention.

'Mais une nécessité absolue nous force quelquefois à descendre à quelque familiarité avec les autres hommes. On les méprise, mais on a besoin d'eux.'

Fort bien. Mais si vous avez besoin d'eux, pourquoi leur marquer du mépris? Pourquoi les choquer, les offenser, les irriter? Est-ce là le moyen d'en obtenir ces secours et ces agréments dont la considération a rangé les hommes dans une société? Voulez-vous, en vous déclarant insociables, en vous faisant une gloire de l'être, jouir des fruits de la sociabilité? Cette prétention est d'une injustice outrée. Ménagez ceux qui sont avec vous membres d'un même corps ou renoncez aux avantages qui résultent des liaisons où une nécessité indispensable a engagé les hommes.

'Mais,' dira-t-on, 'mon ardeur pour la gloire n'est pas satisfaite du relief que la beauté de mon esprit me donne paisiblement dans le sein de ma cabale. Je veux que ma fierté et mon amour pour mon parti éclatent dans toute ma conduite. Mon ambition m'anime à m'ériger en champion de la liberté de penser. Je suis intéressé à me distinguer par mes courses perpétuelles sur les esprits crédules et à remporter des victoires suivies et brillantes sur la petitesse de leur génie.'

Je ne dirai pas que les armes de la raillerie sont journalières; messieurs les incrédules n'en sauraient douter, à moins que leur doute ne soit général et n'enveloppe leurs propres triomphes. Je les prierai seulement de considérer que s'il est évident que leurs railleries sont contraires au bon sens et à l'esprit de la société, leur gloire est de la même nature que celle des brigands qui brillent parmi leurs compagnons par leur hardiesse inconsidérée.

'Vous nous prêtez à loisir,' diront-ils peut-être, 'des motifs bien déraisonnables et bien bas, tandis que les traits railleurs que nous lançons sur la ridicule crédulité partent d'un principe très noble et très conforme à l'amour que nous devons au genre humain. Le but de nos railleries est de découvrir le faible des hommes à eux-mêmes, de briser le joug qui les accable et de les arracher à la servitude où ils sont retenus par leurs superstitieuses frayeurs. En un mot, nous voulons les mettre en état de goûter notre liberté et notre sagesse.'

Si c'est là effectivement le grand motif des railleries dont les incrédules prétendent nous accabler, s'ils ne nous tournent en ridicule que pour nous convertir, j'avoue qu'ils ne pourraient jamais choisir un moyen plus digne de la fin qu'ils se proposent, quoiqu'il ne soit rien moins que propre à y conduire.

Suite
du discours
précédent

La raillerie par elle-même ne prouve jamais rien. Il est vrai qu'à l'égard des matières unies et faciles un tour railleur peut convaincre un esprit raisonnable, mais ce n'est que parce que ce trait d'esprit enveloppe un raisonnement solide qu'il met dans son jour le plus vif et le plus frappant. Excepté ce cas, qui est assez rare, un badinage de l'imagination n'influe en aucune manière dans la recherche de la vérité. On peut mettre par là les rieurs de son côté, mais non pas la raison. Il faut être bien imbécile pour confondre une enchaînure plaisante d'images avec un juste arrangement des conséquences qui suivent d'un même principe. D'ailleurs, où est l'opinion, quelque raisonnable qu'elle puisse être, sur laquelle un génie un peu délié ne puisse répandre un air ridicule? 'La matière est divisible à l'infini, et chaque partie de la matière est encore divisible à l'infini,' voilà des propositions qui sont démontrées. Serait-il impossible à un esprit vif et badin de leur ménager un air d'extravagance? Rien ne serait plus facile. Mais ceux qui exercent sur des sujets pareils les talents que la nature leur a donnés pour la raillerie ne sont tout au plus que des fous qui ont beaucoup d'esprit.

Il semble en quelque sorte que ceux qui égaient par la raillerie les disputes qui roulent sur quelque matière sérieuse et importante se défient de la force de leurs armes; ils s'en servent, d'ordinaire, quand leurs raisonnements sont épuisés et qu'ils n'ont plus rien de bon à dire. Un disputeur qui commence à railler et un autre qui se met à dire des injures doivent donner à peu près la même idée; sans y penser, ils font l'un et l'autre un aveu de leur défaite. Mais

'.... Ridiculum acri
Fortius ac melius magnas plerumque secat res.'[139]

'La raillerie décide souvent d'affaires importantes d'une manière plus forte que les discours sérieux et véhéments.'

Horace est formel là-dessus, et son autorité doit être considérable. Je l'avoue; il a raison; mais il ne parle pas de vérités qu'il faut prouver, [mais] de vices pour lesquels la satire raisonnable doit inspirer aux hommes de l'aversion. Certainement sur des sujets de cette nature la finesse de la raillerie fondée en raison réussit mieux d'ordinaire que la force d'un argument et que la véhémence d'une invective. Un satirique n'a que faire, généralement parlant, de prouver aux vicieux qu'ils sont vicieux et qu'ils ont tort de l'être. Dès que leurs passions leur accordent le loisir d'y penser, ils en sont convaincus. Il s'agit de les engager adroitement à y porter la vue et de les couvrir de honte en leur faisant sentir l'extravagante opposition qu'il y a entre leur conduite et leurs lumières. Les hommes craignent davantage de se considérer comme ridicules que comme méchants, et la raillerie est le moyen le plus propre à les représenter sous cette première face.

C'est elle, par conséquent, qui est capable, mieux que les raisonnements les mieux suivis et que les censures les plus fortes, d'inspirer aux vicieux un utile

---

139. Horace, *Satires*, I, x, ll.14-15.

dégoût pour eux-mêmes et de les porter à se dérober à la risée par une conduite plus raisonnable. Mais payer de plaisanterie quand il s'agit de chercher la vérité par une tranquille et circonspecte comparaison d'idées, c'est tomber dans un dérèglement d'esprit que la raillerie seule serait peut-être en état de corriger. Je sais bien que ce dérèglement d'esprit parvient quelquefois au but qu'il se propose et qu'il réussit à procurer quelques prosélytes à l'incrédulité. Oui, un trait railleur, délicat ou vif, s'empare quelquefois de l'imagination de ceux qui n'ont rien approfondi, surtout lorsque la corruption du cœur ou l'amour excessif de la singularité y ont déjà préparé leur âme. Mais le moyen d'envier aux *esprits forts* de si indignes conquêtes? 'Ce bel esprit raille finement, donc la religion n'est qu'une chimère,' ne voilà-t-il pas des propositions bien liées? Se peut-il un genre de crédulité plus imbécile que de se mettre dans l'esprit que l'une soit renfermée dans l'autre?

Mais je veux que rien ne soit aussi propre que la raillerie à dissiper les préjugés, à calmer les passions et à mettre l'âme en état de découvrir la vérité. Je veux examiner seulement quels motifs plausibles peuvent porter les *esprits forts* à faire les convertisseurs et à ne rien épargner pour se faire des disciples. Quel mal leur font les idées du reste du genre humain? Quel bien leurs opinions sont-elles capables de faire aux autres hommes?

'Mais,' diront-ils peut-être, 'tous les êtres raisonnables sont obligés d'aimer la vérité qui, par sa nature, est belle et digne de leur attachement; tous les hommes sont en droit, et même dans l'obligation de défendre ce qui s'offre à leur esprit sous l'idée de la vérité. C'est leur devoir de faire tous leurs efforts pour communiquer à leur prochain les idées qui leur paraissent conformes à la raison. Ce sont là les privilèges et même les devoirs de tout homme en qualité d'être disposé par sa nature à chercher et à chérir le vrai. De quel droit nous séparer d'avec le reste du genre humain? Sous quel prétexte nous voulez-vous arracher une liberté que nous avons reçue comme vous des mains de la nature? Si la religion vous porte à des injustices pareilles, ne nous empêchez pas de la considérer de plus en plus comme pernicieuse à la société humaine.'

Ce raisonnement a pour base une idée très vague qui éblouit de loin et qui, examinée de près, disparaît entièrement. 'La vérité est belle par sa nature, digne de notre amour, digne par conséquent d'être communiquée à tous ceux qui raisonnent.' Ce sont là des expressions vides de sens. Tout ce que je trouve de beau par rapport à moi et dans la vérité et dans tous les objets imaginables, c'est l'*utile*. Tout ce qui ne m'offre pas un bien qui attire mon âme n'a pas pour moi la moindre beauté. Si la vérité est belle, c'est parce qu'elle est liée aux intérêts des hommes. Mais si, par hasard, elle est propre à nous rendre malheureux, elle perd tout son lustre. Une erreur utile est infiniment plus digne de notre estime et de notre amour. Je crois, il est vrai, que les deux branches de perfection d'un être raisonnable sont la vertu et la justesse des idées. Je suis sûr que ces deux qualités doivent être inséparables de la félicité, mais c'est par cela même que je crois fortement que toute idée, toute opinion qui peut lier la vérité et la vertu au malheur ne saurait qu'être fausse. De cette manière, la vérité est belle pour moi parce que je ne borne pas mes espérances à cette vie imparfaite. J'attends une vie plus entière où à mes yeux éclaircis la vérité s'offrira toujours et d'une nécessité indispensable comme compagne de la félicité et où l'étendue de mes connaissances exactes sera la mesure de mon bonheur.

La vérité n'est belle que parce que Dieu existe. Quelle beauté peut-elle avoir pour celui qui croit être convaincu que cet Etre n'existe point? Dans peu de jours, dans peu d'instants peut-être, il va devenir la proie du néant; que lui importe de raisonner juste? Il lui doit être indifférent de marcher pendant un temps borné parmi des réalités ou parmi des chimères. Pourquoi craindrait-il de rêver le jour comme la nuit, pourvu que ses rêves ne soient point effrayants et qu'ils fassent sur lui des impressions aussi agréables que ces objets réels?

Je suis très persuadé que les *esprits forts* (qui dans le fond ont le cœur fait comme les autres hommes), s'ils voulaient bien le sonder, avoueraient que la beauté de la vertu ne se trouve que dans son utilité. Supposons un de ces messieurs au lit de la mort, convaincu lui-même de la fin prochaine de sa vie; supposons qu'on lui démontrât de la manière la plus invincible que sa conduite passée va le précipiter dans une éternelle misère. Supposons encore qu'il lui soit impossible de se dérober à cette démonstration. Est-il naturel que dans cette occasion il trouve cette vérité belle? Ne l'envisagera-t-il pas plutôt avec horreur comme souverainement affreuse? Ne fera-t-il pas tous ses efforts pour la bannir de son âme et pour se raccrocher aux erreurs qui jusqu'alors l'ont tranquillisé?

Un *esprit fort* insistera peut-être. 'Je prétends bien,' dira-t-il, 'que les vérités dont je suis convaincu et dont je voudrais procurer la possession à tous les hommes leur doivent être d'une très grande utilité. La religion plonge l'homme dans de vaines et superstitieuses frayeurs qui engourdissent ses facultés, qui le rendent non seulement malheureux, mais qui, l'occupant sans cesse, le mettent hors d'état d'être un utile membre de la société; on ne saurait, par conséquent, lui rendre un service plus essentiel que de lui donner des idées saines qui le rendent à lui-même et aux autres hommes.'

Mais parmi les personnes qui admettent une religion, qui sont ceux qui sont obsédés par ces frayeurs dominantes, par ces tristes et sombres inquiétudes par rapport à l'avenir? Ce sont ou des fanatiques ou des gens vicieux. Pour les premiers, esprits faibles, malades, incapables d'ordinaire de regarder les objets sinon à travers les vapeurs qui obscurcissent leur cerveau, ce n'est pas dans la religion qu'ils puisent leurs idées noires et terribles. C'est l'indisposition de leur âme qui étend ces couleurs hideuses sur la religion. Chassez de leur âme, s'il est possible, un premier Etre, cesseront-ils d'être fanatiques? Non, leur fanatisme ne changera que d'objet. Ingénieux à se tourmenter, ils créeront d'autres fantômes pour s'effrayer et pour s'inquiéter. Je connais des fanatiques dans le sein du spinozisme le plus absolu. Persuadés qu'une fatalité brute gouverne l'univers, ils aiment pourtant la vertu et tâchent d'en pratiquer les préceptes avec une scrupuleuse sévérité. Ils ont horreur du vice. Ils le découvrent partout, souvent même où il n'est pas; leur mélancolie le multiplie à l'infini; ils sont au désespoir de voir le crime inonder toute la terre; bien loin de plier sous une nécessité destituée de raison et de se tranquilliser du mieux qu'ils peuvent, ils s'affligent d'autant plus que cette foule de maux est l'effet d'une aveugle fatalité et, par conséquent, inaccessible aux remèdes. Ce fanatisme est-il moins réel et moins triste que le fanatisme superstitieux qui, s'il n'est point incurable par sa nature, pourra être guéri par des idées saines concernant la religion, aussi bien du moins que par la persuasion que toutes les idées qu'on puisse former sur ce sujet sont impertinentes?

Les frayeurs par rapport à une vie future conviennent encore aux vicieux ou, ce qui est à peu près la même chose, à ceux qui flottent entre le vice et la vertu et qui ne daignent pas tirer d'eux-mêmes la force de prendre de vigoureuses résolutions pour régler leur conduite et pour s'ouvrir une féconde source d'espérances satisfaisantes. Mais serait-il bien possible que les *esprits forts* voulussent bannir de ces sortes de cœurs les inquiétudes que la religion y excite? Voudraient-ils déshonorer leur parti par des prosélytes de ce caractère? Rendraient-ils quelque service à la société en brisant le frein le plus efficace qui puisse retenir les désirs criminels de ces malheureux et les empêcher de s'emporter aux derniers excès? Mettre ces penchants vicieux en liberté n'est-ce pas les lâcher sur la société humaine? En vérité, dans des cœurs semblables, les craintes les plus mal fondées valent mieux que la tranquillité la plus sûrement appuyée sur la raison. Quelle charité monstrueuse que de calmer de pareilles gens aux dépens de la tranquillité publique! Je n'ai garde de prêter aux *esprits forts* des intentions si malignes; j'aime mieux supposer qu'ils s'érigent en convertisseurs par un principe de généreuse charité pour des gens vertueux et capables de raisonner avec justesse.

La vérité de cette supposition ne saute-t-elle pas aux yeux? Il est vrai que ces gens estimables n'ont pas de fortes raisons de craindre l'avenir. Mais ils se bercent de fausses espérances. N'est-il pas naturel d'avoir pitié de leur situation et d'employer arguments, railleries, tout ce que l'on peut pour les arracher à ces illusions flatteuses dont leur âme est le vil jouet?

Quel malheur pour eux quand, désabusés trop tard [et] précipités dans le néant, ils rougiront de honte d'avoir été pendant toute leur vie les dupes de leur stupide crédulité! Parlons sérieusement. Quel bien imaginable le système de l'incrédulité peut-il produire à un homme vertueux et ami du bon sens qui, jusque-là, a été fortement persuadé de l'existence d'un Dieu et de la réalité d'une religion?

'Imbu de ces principes, j'ai fait pendant tout le cours de ma vie de grands efforts pour rectifier mon tempérament, pour l'assujettir aux lois d'un premier Etre souverainement vertueux, souverainement Amateur de la vertu, et par cela même Rémunérateur de ceux qui s'y dévouent. A mesure que j'ai réussi dans ce dessein, j'ai senti la plus douce satisfaction de former en moi de plus en plus l'image de la perfection souveraine. Je me suis applaudi de devenir semblable à l'Etre suprême, de lui plaire, d'être l'objet de son amour; je me suis imaginé que cette situation même aussi bien que les promesses les plus positives de mon Créateur m'assuraient une félicité sans bornes. Cette idée flatteuse m'a soutenu dans les malheurs inséparables de cette vie imparfaite et elle a assaisonné pour moi d'un nouveau goût ces plaisirs que la bonté du premier Etre nous accorde sur cette terre, faibles images des délices qui m'attendent après ma mort. L'idée de cette mort si affreuse par sa nature ne trouble désormais que faiblement mon âme accoutumée à l'envisager comme un passage à une vie éternelle et parfaitement heureuse. Et vous venez m'annoncer qu'il n'y a rien de plus chimérique que des idées si satisfaisantes, sources d'un repos si doux, de sentiments si délicieux? Vous m'enseignez que tous les pénibles efforts que j'ai faits pour épurer et pour étendre ma vertu ne seront couronnés d'aucune récompense qui leur soit proportionnée. Qu'un même sort doit envelopper bientôt mon corps et cette faculté de penser et de sentir que j'appelais mon âme et que j'ai cru un être immortel. S'il vous était possible de démontrer votre système, je ne pourrais que haïr une démonstration qui me plongerait un poignard dans le sein. Eloignez de mon esprit des idées si désolantes; prétendant m'en convaincre, non seulement vous ne me proposez rien qui puisse m'être de quelque utilité, vous vous rendez coupable d'une inhumanité barbare en m'arrachant à des erreurs où je puisais toute la félicité de ma vie.'

En effet, je ne conçois pas comment les *esprits forts* ne sentent point que le zèle convertisseur enveloppe chez eux une cruauté manifeste. Pour eux, travailler à convaincre les hommes est déjà une espèce de persécution, et je me suis toujours imaginé que l'ardeur avec laquelle ces messieurs s'efforcent à nous communiquer leurs idées pourrait fort bien devenir un zèle persécuteur si jamais ils étaient quelque part les maîtres. Ce n'est pas, à ce qu'il me paraît, l'importance des sujets sur lesquels on dispute qui inspire le zèle persécuteur; elle ne lui donne qu'un prétexte plausible et la liberté de se donner carrière en dérobant aux yeux peu perçants ce qu'il a d'odieux et de ridicule. Des grammairiens se persécuteraient pour l'amour d'une virgule ou d'une lettre s'ils pouvaient disposer de l'épée du magistrat et s'ils ne craignaient pas d'exposer leur fureur à la risée publique. La véritable source de la persécution, c'est l'orgueil qui est presque toujours accompagné de cruauté. C'est une haute opinion qu'on a de soi-même et qui porte ceux qui en sont dominés à un violent désir de régner sur la raison des autres hommes, de la faire ramper sous leur prétendue supériorité d'esprit et de lui imposer le joug de leurs décisions. Leur ose-t-on refuser une obéissance si impertinente? A-t-on le courage de maintenir la liberté de son âme? On les choque, on les irrite, on s'offre à leur imaginagion comme des monstres qui, par une opiniâtreté concertée, par une rebellion volontaire contre l'évidence, se rendent indignes du moindre support et dignes des plus sévères supplices.

Les *esprits forts* sont-ils exempts de cet orgueil, sont-ils libres de cette impérieuse suffisance? Il serait difficile de le croire. A les entendre parler, ils sont les seuls sages. Tout le reste du genre humain est composé de gens stupides, superstitieux, esclaves de l'autorité, petits esprits, cœurs bas, sujets inépuisables de railleries méprisantes. Le *zèle convertisseur* est déjà chez ces grands hommes dans toute son étendue; Dieu nous préserve de leur *zèle persécuteur.*

C'est certainement cet orgueil qui est le principal motif qui les porte à ménager des prosélytes à l'incrédulité. Nous avons fait voir que rien n'est plus extravagant ni moins croyable que les autres principes qu'ils voudraient prêter à cette conduite. Ils ne soutiendront pas, j'espère, que leur système, généralement admis, contribuerait à l'ordre et au bonheur public. La fausseté de cette idée est frappante, et quand ils n'y songent pas ils le reconnaissent eux-mêmes. Lorsqu'on leur demande quelle peut être selon eux l'origine des idées dominantes dans l'univers touchant un premier Etre et une religion, que répondent-ils? Des gens d'une habileté supérieure ont voulu profiter de la poltronnerie naturelle des hommes; ils en ont fait une bride pour les mieux gouverner. Ils ont inventé une Divinité et des cérémonies religieuses, comme une espèce d'épouvantail propre à apprivoiser des peuples féroces et à les faire plier sous le joug des lois. C'est ainsi que Numa a su adoucir l'humeur farouche des Romains, amateurs outrés de l'indépendance à laquelle ils venaient de sacrifier leur premier roi. Il y réussit si bien en leur enseignant un culte public et en leur faisant craindre la Divinité qu'aucun trouble domestique ne détruisit le calme de son règne paisible et que même ses sujets et ses disciples furent respectés par leurs voisins, jusque-là si jaloux de leur grandeur naissante.

N'est-ce pas là reconnaître formellement que la religion et la crainte d'une Divinité sont d'une extrême utilité pour la société humaine? Et le reconnaître sans se laisser détourner par là du dessein de bannir du monde des idées si salutaires, n'est-ce pas se déclarer ennemi du genre humain?

N'est-ce pas sacrifier à l'amour-propre le plus excessif et le plus déraisonnable les considérations les plus fortes qui puissent être les motifs de notre conduite?

Je crois avoir démontré jusqu'ici que les traits railleurs et tout autre moyen employés à chasser la religion du cœur des hommes sont aussi extravagants que criminels dans un *esprit fort* qui se croit convaincu de la non-existence d'un premier Etre, mais ils seraient encore infiniment plus ridicules et plus coupables dans un homme qui, ne sentant pas la force de nos preuves, croit simplement que sur un sujet si respectable il doit suspendre son jugement et *douter* en attendant que des raisons d'un plus grand poids le déterminent. Je crois avoir prouvé qu'un tel homme a des motifs pour pratiquer la vertu, mais certainement ces motifs sont bien inférieurs à ceux qu'un homme religieux tire d'une forte et constante persuasion de l'existence d'un premier Etre. Il est bien à craindre que la prudence du premier ne soit incapable de tirer de son doute des forces suffisantes pour surmonter une grande tentation qui lui offre des plaisirs réels, des plaisirs qui trouvent dans sa nature même de quoi faire sur lui de fortes impressions. Mais il doit lui suffire d'avoir quelque bon sens et de n'être pas ennemi né de la vertu pour ne point inquiéter par ses arguments et pour ne point choquer par ses turlupinades ceux qui se tranquillisent dans le sein de la religion. Outre les raisons invincibles qui doivent en détourner des athées positifs et formels, il en a d'une égale force qui lui sont particulières. Rien n'oblige ces malheureux à avoir le moindre attachement pour la vertu. Ils doivent naturellement ne négliger aucune occasion de se divertir et se faire un plaisir très réel d'amuser leur vanité et d'applaudir à leurs lumières supérieures en étalant la force de leurs preuves et en lançant leurs traits railleurs sur les petits esprits. C'est une friande nourriture pour la haute opinion qu'ils forment de leur génie transcendant.

Mais d'abord, il n'y a pas matière à plaisanter pour un homme qui doute; l'orgueil railleur ne lui convient nullement: *douter*, c'est *ignorer*, tout comme c'est *ignorer* que de prendre à l'étourdie pour évident ce qui ne l'est pas. Mais celui qui doute sait qu'il ignore, et celui qui croit de travers ne le sait pas. Le dernier peut être fier d'une *ignorance* qu'il croit lumière, mais je ne vois pas que la présomption puisse naître d'une ignorance qu'on ne saurait prendre que pour obscurité. J'avoue que celui qui *doute* sur un sujet peut être plus pénétrant que celui qui *croit*, mais il se peut tout de même qu'il le soit moins. Je soutiens que je sens la force d'une preuve et vous soutenez que vous ne la sentez pas; vous soutenez même que vous sentez qu'elle n'a pas le poids nécessaire. Qui de nous deux a la raison la plus étendue? L'affaire est indécise. Si l'un a cultivé un bon génie qu'il a reçu de la nature au lieu que l'autre n'a ni études ni lumières, la probabilité est sans doute pour le plus habile. Mais vous qui doutez, en vain avez-vous de fortes raisons pour être content de votre savoir et de votre génie. Si vous avez à faire à des gens qui passent pour éclairés, pour esprits supérieurs, vous vous rendez coupable d'une risible vanité en supposant dans votre *incertitude* plus de pénétration, plus de force de raisonnement que dans leur *persuasion*. Peut-être n'avez-vous pas examiné avec assez d'attention; peut-être ne l'ont-ils pas fait eux-mêmes; peut-être aussi avez-vous l'esprit trop borné et incapable de considérer d'une seule vue tout le tissu d'un système qu'un nombre infini d'habiles gens adoptent comme démontré. Vous n'avez pas la moindre raison d'insulter à leur crédulité, mais vous en avez d'invincibles pour rester humble-ment dans le doute jusqu'à ce qu'un nouveau poids fasse pencher dans votre esprit la balance de côté ou d'autre.

D'ailleurs, le *doute* n'est rien moins qu'une situation réjouissante; c'est, au contraire, un état inquiet, humiliant, contraire en quelque sorte à la nature de l'âme qui n'est portée à l'examen que par l'espérance de parvenir à la certitude; le *doute* lui pèse; elle cherche à s'en défaire, et quand elle n'est pas extrêmement sur ses gardes, elle se hâte de croire étourdiment ou de se persuader qu'elle croit plutôt que de demeurer longtemps embarrassée, flottante. Un honnête homme peut-il se résoudre à des efforts pour traîner les autres hommes dans les mêmes malheurs où il se trouve abîmé?

> Par le malheur d'un autre adoucir son malheur,
> C'est un soulagement indigne d'un grand cœur.

C'est même une horrible méchanceté, une inhumanité criante. Mais quand même une indigne bassesse d'âme pourrait inspirer à un homme *qui doute* un dessein si noir et si malin, n'en devrait-il pas être détourné par le respect que sa prudence doit lui donner pour un *Dieu possible*? Peut-être une Cause première existe-t-elle. Peut-être après cette vie, ce qui pense en moi découvrira-t-il ce Législateur souverain, l'existence duquel je suis forcé à présent de révoquer en doute; puis-je être un objet digne de son amour et de ses bienfaits? Pendant qu'il a été caché à mes yeux, j'ai été assez inconsidéré pour me faire un plaisir bizarre de le dérober à la vue des autres, de lui débaucher ses sujets et ses adorateurs, de les priver du plus puissant motif qui pût les porter à la vertu et à la sociabilité. Une âme si déréglée, si déraisonnable, si contraire à ses véritables intérêts, pourrait-elle avoir la moindre union avec la raison suprême, avec l'ordre parfait?

On m'objectera, peut-être, que l'homme dont il s'agit ici doit, selon mes propres principes, faire le même personnage que s'il était animé du zèle convertis-seur. Il ne doit rien négliger pour sortir de sa situation mortifiante. Il doit consulter non seulement les lumières des plus habiles auteurs, il faut encore qu'il communique ses idées aux autres hommes, qu'il leur propose ses difficultés mises dans tout leur jour, exposées avec la plus grande force et, par conséquent, sans songer seulement à se faire des disciples, il ne peut qu'employer tous les moyens les plus propres à y réussir.

J'admets toute l'objection; je veux bien même y ajouter un nouveau poids. Je crois qu'il peut être permis encore aux bonnes intentions d'un incrédule qui est dans le doute de rendre ses objections publiques, pourvu qu'il s'y prenne en sincère et docile amateur de la vérité et qu'il n'appuie pas ses raisonnements de la raillerie et d'un air de mépris; sophismes et pétitions de principes aussi contraires à la bonté du cœur qu'à la justesse de l'esprit. C'est là un moyen de s'éclairer qu'un incrédule qui doute doit à l'amour qu'il a pour son bonheur, mais s'il voulait agir prudemment, il ne devrait l'employer qu'après s'être servi en vain de tous les autres moyens de sortir de son état embarrassant.

J'ai bien de la peine à m'imaginer que cette conduite donnât de pernicieuses atteintes à la religion. Je crois fort que pendant quelque temps elle jetterait dans l'inquiétude et dans les alarmes des personnes simples et même des demi-philosophes qui trouvent la religion aimable et qui s'y attache sans avoir suffisamment approfondi les raisons qui l'établissent. Mais je pense qu'une partie de cette nombreuse classe trop timide pour tout examiner n'oserait jeter les yeux sur de telles objections de crainte d'être entraînés dans l'erreur et d'être attachés à des opinions qui leur plaisent. D'autres, plus courageux amateurs de la vérité, ne resteraient pas longtemps dans leurs inquiétudes. J'ai assez bonne opinion de la solidité de mon système et de l'habileté de ses défenseurs pour être persuadé qu'ils en seraient bientôt tirés par des solutions satisfaisantes. De cette manière, ils y gagneraient; leur raison sortirait de cette épreuve plus pure, plus lumineuse, mieux fortifiée contre l'erreur et animée par de nouveaux motifs à se dévouer à la religion.

Pour ces hommes indignes de la raison et d'une âme immortelle, ces hommes que leur corruption intéresse à trouver la religion fausse, ils sont destinés à être tôt ou tard incrédules s'ils sont capables de le devenir par les objections dont j'ai caractérisé le tour. Ce qui les gagnera ne sont pas des arguments qui ne sont qu'arguments; le poids vrai ou faux d'une preuve unie leur paraît pesanteur, la simplicité d'un raisonnement sécheresse. Pour les entraîner, il faut se liguer avec leur imagination. Un air d'homme docile, de disciple, ne la frappe pas. Ils se rendent à coup sûr à l'ostentation bien ménagée de la supériorité du génie et au mépris caché dans les plaisanteries et dans les turlupinades. La hardiesse, la décision, le ton de docteur sont pour eux les caractères indubitables de l'évidence. Et pourquoi? C'est qu'en moins de rien ils peuvent s'emparer de cette évidence pour jamais et se rendre esprits tout aussi transcendants que leurs merveilleux professeurs. Tout ce qu'on peut exiger avec raison d'un incrédule qui doute, c'est qu'il n'aille pas promener ses difficultés dans les cafés et dans les cabarets, qu'il ne jette pas ses objections à la tête des gens les plus idiots, en un mot, qu'il ne s'érige pas follement en prédicateur des grands chemins et qu'il ne fasse pas le Don Quichotte de l'incrédulité. Une pareille conduite lui serait absolument inutile et elle ne pourrait avoir pour principe qu'une extravagance incompréhensible ou qu'une noire malignité. Il devrait bien se garder surtout de ces railleries destinées à tourner en ridicule l'essence et les attributs de la Divinité. Ce sont déjà des blasphèmes dès qu'on doute de l'existence d'un Dieu et qu'on avoue qu'on n'en saurait prouver l'impossibilité par des démonstrations formelles. Je ne prendrai pas la peine de le faire voir; ce sont des vérités qui sautent aux yeux.

Il me semble que la prudence que je viens de prescrire à l'incrédule qui est dans le doute devrait diriger les actions de presque tous les *esprits forts* dont, cependant, le grand nombre est éloigné de la prendre pour guide. Je l'ai déjà dit: en général, ils prétendent seulement ne pas trouver une force suffisante dans les preuves sur lesquelles nous établissons un *premier Etre* et une religion. En raisonnant conséquemment à leur incertitude, ils devraient pencher vers la vertu par respect pour une Divinité possible. Cependant, ces philosophes du premier ordre, ces docteurs qui prétendent n'étendre jamais leurs opinions que jusqu'où des idées nettes et claires les conduisent, passent d'ordinaire tous seuls du doute à l'athéisme positif. La gêne, la contrainte que leur donne l'incertitude détournent leur attention de ce manque de sens commun et leur fait sacrifier leur raison au désir de se tranquilliser à quelque prix que ce soit; j'ose les prier de vouloir bien se rappeler, pour peser avec cette liberté d'esprit dont ils aiment tant le nom, les raisonnements par lesquels j'ai tâché de les porter à donner plus de liaisons à leurs idées et à y soumettre plus exactement leur conduite. Il me semble qu'on peut exiger d'eux cette circonspection, et s'ils s'obstinent à la négliger, qu'il doit être permis de les regarder comme atteints et convaincus de folie ou de scélératesse. Certaines gens, qui ne sont pas destitués d'habileté, voudront peut-être que je donne plus d'étendue aux conséquences que je tire de mes principes et que je les applique à tous les incrédules, 'puisque parmi eux il est impossible qu'il y ait des athées positifs.' Pour moi, j'avoue que je ne sens pas trop bien cette impossibilité. Il y a des *esprits forts* qui disent nettement qu'ils croient la *non-existence* d'un Dieu. Est-ce à moi à pénétrer dans leurs opinions plus qu'ils n'y pénétrent eux-mêmes? *Ils peuvent mentir*, rien de plus vrai; mais il ne tient qu'à eux de soutenir qu'il est impossible de croire sérieusement un Dieu. Et quand nous leur assurons de la manière la plus forte que c'est là réellement notre opinion, il ne tient qu'à eux d'avancer sans preuve qu'il n'est pas possible que nous disions la vérité. Paroles en l'air de part et d'autre, reproches faciles à rétorquer.

Il n'est pas probable, j'en conviens, qu'un homme qui se donne la peine de raisonner un peu puisse trouver dans le système de la religion des difficultés qui renversent entièrement ce système et qu'il n'en trouve point dans les différents systèmes de l'irréligion. Il n'est pas naturel de ne rien voir, je ne dis pas d'embarrassant, mais de contradictoire, dans un monde formé par un accrochement fortuit de particules de la matière? Il n'est pas naturel de découvrir une contradiction palpable dans un 'univers produit de rien' et de n'en point démêler dans 'un monde où il y a une infinité de suites infinies d'effets sans cause et où le rien fait et règle tout.' Certainement l'idée d'une semblable manière de raisonner ne se lie pas aisément avec celle d'un être raisonnable. Mais par malheur, l'expérience nous force à croire que ce phénomène n'est pas seulement possible, mais encore qu'il n'est rien moins que rare. Dès qu'une fois notre faible raison a perdu l'équilibre par quelque poids étranger, elle peut être déterminée vers les opinions les plus absurdes.

Ce triste dérangement de l'âme déshonore la religion comme l'incrédulité. Lorsqu'on a eu l'inconsidération de se livrer à l'habitude, ou bien à un désir violent de *croire* telle chose plutôt que telle autre, les plus faibles probabilités, les plus pauvres sophismes revêtent une apparence de démonstration. On admet tout. Les contradictions les plus manifestes n'ont plus rien de rebutant, et les routes qui mènent naturellement au doute universel conduisent à la persuasion la plus forte, la plus ferme, la plus opiniâtre. Il n'y a point de remède à une si triste maladie de l'esprit. Elle est absolument incurable. Si elle n'est pas dangereuse pour la tranquillité publique, on ne saurait que lui donner un libre cours. Il doit être permis de manquer de sens commun, pourvu que ce délire ne change pas en fureur et ne menace pas la société. S'il fait des efforts pour la déranger, il faut de nécessité arracher les armes aux furieux. Ce n'est pas l'ouvrage de la raison, c'est l'affaire de ceux à qui la Providence a commis le gouvernement des peuples. Il ne s'agit pas de punir des opinions; il est question de veiller à la sûreté publique. Un *esprit fort* qui dogmatise malgré toutes les raisons qui doivent l'en détourner et sans aucun motif plausible qui l'y porte ne doit être puni de son extravagance que lorsqu'elle est manifestement accompagnée d'une malignité formelle. Mais il est très juste de l'empêcher d'être pernicieux. Il y a dans la plupart des Etats des petites-maisons où l'on pourrait permettre au zèle convertisseur des docteurs de l'incrédulité de se donner carrière. Les y confiner ne serait point les persécuter. Un magistrat ne mériterait point le nom de *persécuteur* lorsqu'il séparerait du reste d'une nation des gens assez fous pour soutenir ouvertement que tous les biens sont communs et qu'il est permis à chacun d'en saisir sa portion dans la bourse d'un autre. Il ne persécuterait pas en bridant la fureur d'un homme capable de prêcher en public qu'il faut faire main basse sur tous ceux qui refusent d'embrasser ses opinions.

XXXIX

Touchant la charité qui concerne l'aumône[140]

Il n'y a point de vertu dont tous les hommes parlent plus avantageusement que de la charité. Tout le monde convient qu'il n'y a rien de plus nécessaire à la société humaine, rien de plus digne d'un bon cœur, rien de plus souverainement aimable. On en a une idée si belle et si magnifique qu'on se serait en horreur à soi-même si on pouvait se mettre dans l'esprit qu'on eût le cœur dur et insensible à la misère du prochain. Ceux-là mêmes qui n'ont jamais fait une action charitable déclament de très bonne foi contre cette indigne disposition de l'âme. Ils s'imaginent qu'ils sont tout prêts à remplir les nobles devoirs de l'humanité dès que des raisons satisfaisantes les détermineront. Jusqu'ici ils ont eu des motifs très forts pour rebuter ceux qui avaient besoin de leurs secours.

'Il fallait amasser quelque chose pour garantir leur vieillesse de l'affreuse pauvreté. Ils n'ont joui jusqu'à présent que d'une fortune assez bornée. Le premier objet de leur charité doit être leur propre famille; il a fallu thésauriser pour l'établir avantageusement. D'ailleurs, quelles personnes se sont adressées à l'humanité de ces gens vertueux? Des misérables, des vagabonds qui se font une profession de la mendicité, des paresseux, des débauchés, des jeunes gens imprudents sans la moindre conduite, des vieillards qui s'obstinent à ne pas vouloir travailler, des malades qui ont perdu la santé par leur vie déréglée, des

---

140. Number XXXIX and its 'suite' first appeared in the 1726 edition.

veuves qui, pouvant subsister en demeurant filles, ont eu la fureur de se marier et de mettre au monde un grand nombre d'enfants qui meurent de faim, des étrangers qui n'avaient qu'à rester dans leur patrie et à étourdir de leurs plaintes et de leurs gémissements leurs propres concitoyens. Pourquoi tous ces malheureux n'ont-ils pas fait comme nous? Si comme nous ils avaient été sobres, circonspects, vigilants, laborieux, habiles, ils ne se trouveraient pas dans une si fâcheuse situation; au lieu de fatiguer les riches, ils seraient eux-mêmes en état de faire du bien aux pauvres. Faut-il qu'un honnête homme se ruine pour des gens qui sont les auteurs de leur propre misère? A-t-il passé toute sa vie dans le travail le plus assidu pour en jeter le fruit au premier paresseux qui daignera tendre la main? Au bout du compte, si quelques-uns de ces pauvres méritent d'être secourus, que ne s'adressent-ils à des personnes qui sont tout autrement opulentes que nous, ou bien à ceux qui ont la direction des aumônes publiques?'

Voilà une partie des merveilleuses raisons dont les cœurs les plus lâches et les plus durs pallient leur cruelle inhumanité, qui les tranquillisent dans le sein de leur barbarie et qui leur cachent leur monstrueuse difformité. Toutes les raisons sont excellentes dès qu'on souhaite fortement qu'elles le soient. 'On ne saurait assister tout le monde' est même un principe qui prouve évidemment 'qu'il n'est pas besoin d'assister personne.'

Mon but n'est point de combattre ici de si grossiers sophismes du cœur; les exposer, c'est les réfuter suffisamment; le bon sens ne peut rien sur des âmes si dénaturées. Elles sont en quelque sorte indignes qu'on en fasse l'essai; si des gens si indignes reviennent jamais de leur lâche insensibilité, ce ne sera point par des motifs généreux. Leur cœur n'y saurait répondre. Il n'est pas possible qu'ils y produisent quelque agitation salutaire. Il n'y a que des motifs bas qui puissent remuer ces âmes basses. Il faut leur inspirer une servile crainte, il faut les étonner, les effrayer en leur étalant ce 'jugement sans pitié qui enveloppera tous ceux qui n'auront point été sensibles à la pitié.'

Mon dessein est de mettre dans tout leur jour certaines illusions plus subtiles que se font par rapport à la charité un grand nombre de personnes, d'ailleurs raisonnables et gens de bien, et de développer le faux de certaines maximes que les passions revêtent d'un air plausible et que, faute d'attention, on considère comme indubitables.

'La prudence doit toujours guider la charité,' c'est là une vérité incontestable, mais on en abuse horriblement. 'La prudence, par exemple, veut-elle que je fasse du bien à un scélérat?' Oui, elle le veut, mais elle veut qu'à son égard vous renfermiez votre charité dans des bornes plus étroites que celles que vous donnez aux généreux bienfaits qu'exige de vous le mérite tombé dans la misère; que le scélérat le plus détestable, noirci par les crimes les plus odieux, languisse dans l'état le plus déplorable, ses crimes nous dispensent-ils de le soulager et de le secourir? Il est homme et il souffre: en voilà assez pour qu'il soit l'objet de notre humanité! 'Mais un tel homme ne mérite pas de voir le jour. Il est digne du dernier supplice.' Je le veux, mais vous n'êtes pas son juge, vous n'êtes pas en droit de le punir, et c'est vous en quelque sorte qui lui donnez la mort en n'empêchant pas que la faim et la maladie le retranchent du nombre des vivants. S'il est évidemment de l'intérêt de la société qu'il meure et que son supplice serve d'exemple aux méchants, secourez-le en Chrétien et, en qualité de bon citoyen, faites-le tomber entre les mains de la justice. A cet égard, votre pitié pour lui serait cruauté pour le public.

Il y a d'honnêtes gens qui ne sont pas plus favorablement disposés pour des malheureux qui, sans être des scélérats du premier ordre, se sont ruinés par des débauches dont leur misère même n'interrompt pas l'habitude. Accorder à un pauvre de ce caractère des secours aussi étendus qu'à des gens réglés et de bonnes mœurs, ce serait une haute extravagance; ce serait lui fournir des moyens de s'opiniâtrer dans son train de vie. Ce serait en quelque sorte dérober des secours suffisants à des gens de mérite qui, par leur moyen, pourraient sortir de la poussière et devenir utiles membres de la société. Non, le vice et la débauche ne doivent point trouver une ressource sûre dans notre aveugle bonté. Mais il ne faut pas non plus que les *débauchés* trouvent inhumains et barbares des hommes faits comme eux et susceptibles des mêmes faiblesses. Ils sont les auteurs de leur misère, il est vrai, mais leur misère n'en est pas moins réelle, leurs désordres passés ne leur ôtent pas tout droit sur notre compassion; nous sommes obligés de leur procurer, selon notre pouvoir, les choses nécessaires à la vie; c'est même dans cet état accablant, humiliant, qu'on peut essayer sur des malheureux de cette espèce la force des conseils salutaires; c'est le véritable temps de les aider à sortir de l'esclavage de leurs habitudes vicieuses et de porter leur attention sur les puissants motifs de se corriger qui partent du fond de leur misère même.

Malheureusement dans la bouche d'un *honnête homme*, 'C'est un débauché,' 'C'est un homme sans conduite,' ne sont bien souvent que de tristes figures de rhétorique qui, bien appréciées, ne doivent signifier sinon 'cet homme a fait quelques débauches,' 'cet homme est tombé dans quelques irrégularités.' Ce n'est pas que celui qui donne dans cette cruelle éloquence ait formé positivement la résolution de calomnier son prochain; ce serait manquer de charité que de le croire. Non, il est fortement persuadé que, pour plaire à la *Charité infinie*, il faut être charitable. Sans des raisons suffisantes il n'ose pas suivre un malheureux penchant qui le porte à ne l'être pas. Il faut trouver des raisons; c'est une affaire bientôt faite. On ramasse quelques faits bien avérés; le cœur échauffe l'imagination qui, par des couleurs excessives, ménage à ces faits les apparences d'une habitude, et la raison, par une distraction de commande, ne se met pas en peine d'examiner la chose de plus près.

Recommandez à la charité du riche Cléobule une personne que vous croyez digne d'être secourue par les gens de bien, son front s'armera de gravité.

'Monsieur,' vous dira-t-il en branlant la tête, 'vous ne connaissez pas cet homme-là; ce ne sont pas des gens comme lui qu'il faille assister. Je sais de bonne part qu'il s'enivre et qu'il est joueur; d'honnêtes gens m'ont assuré qu'il a perdu des sommes considérables. Est-il naturel qu'à nos dépens cet étourdi joue et boive?'

Qui ne se rendrait à des arguments si spécieux? Cependant, ils n'ont qu'un air éblouissant. Il est vrai [que] la raison de cet homme s'est oubliée un petit nombre de fois dans le vin; il s'est laissé séduire par un faux honneur qui n'est que trop en vogue; il a eu la faiblesse de céder aux pressantes instances de ses amis. Il est vrai encore qu'inconsidéré, faute d'âge et d'expérience, il a hasardé au jeu plus d'argent qu'il n'était en état de perdre. Mais on a abusé de sa bonne foi et, par une passion naturelle courant après sa perte, il a perdu plus qu'il n'avait envie de risquer. Mais ce sont là des irrégularités passagères qui ne constituent point le caractère d'un homme. Voulez-vous que, pour être digne de votre secours, on porte la vertu jusqu'à la perfection absolue? Les personnes que vous fréquentez ne sont-elles jamais tombées dans quelques désordres semblables? Faut-il avoir plus de mérite pour être l'objet de votre charité que pour s'attirer l'honneur de votre amitié et de votre estime? Mais vous-même, Cléobule, vous qui êtes si fort dévoué à la vertu que vous en négligez la pratique à l'égard de ceux qui s'en sont quelquefois écartés, n'y a-t-il pas la moindre tache dans votre conduite? N'y a-t-il jamais eu quelque éclipse dans votre sagesse? Seriez-vous bien aise qu'on vous fît un caractère d'un petit nombre de vos actions qui ne vous font pas honneur? Croyez-moi, ce n'est que votre avarice et la pauvreté de celui qu'on vous recommande qui répandent sur ses fautes un air si hideux. S'il avait une table et un équipage, vous seriez à son égard le meilleur Chrétien du monde.

Ce qu'il y a de plus pernicieux dans la conduite des Cléobules, c'est qu'ils se croient obligés indispensablement, par une autre espèce de charité, de munir ceux qu'ils connaissent contre la pitié que pourrait exciter dans leur âme la misère d'un homme tel que je viens de le dépeindre. Ils se hâtent de communiquer à leurs amis le caractère de ce malheureux, tel qu'il vient d'être façonné par leur dureté ou par leur basse économie et, par là, ils fournissent à ces amis une *raison plausible* de le rebuter. 'Le moyen de lui faire quelque bien? Il en est indigne; on en est assuré par le témoignage d'un homme très croyable, d'un parfaitement honnête homme.' J'ai dit une *raison plausible*, parce que certainement une pareille raison n'est pas suffisante lorsqu'elle doit régler nos sentiments et notre conduite.

Le témoignage d'un homme d'une probité reconnue nous doit suffire quand il s'agit d'un fait qui ne le touche en aucune manière. Mais quand ce témoignage concerne une affaire dans laquelle il est intéressé, il n'en faut pas demeurer là; la prudence veut qu'on porte l'examen plus loin. Deux hommes ont eu quelque démêlé ensemble; ils ont chacun un ami; qu'on prête quelque attention à la manière dont ces partisans de côté et d'autre font le récit de cette affaire qui s'est passée en leur présence. Ils sont l'un et l'autre très croyables, pleins de probité. Ils diront tous deux à peu près les mêmes choses, mais ils exciteront dans votre âme des idées très différentes. Ils ne veulent pas vous tromper, ils peignent seulement les particularités du sujet comme ils en sont frappés eux-mêmes.

L'un passera légèrement sur une circonstance que l'autre développera avec soin et qu'il accompagnera de quelques réflexions. L'un placera un terme faible et peu expressif dans l'endroit que l'autre relèvera par une expression énergique qui traînera après elle des idées accessoires. Le ton même et le geste varieront les mêmes faits. Au lieu d'historiens, ils deviennent orateurs; sans s'en apercevoir, chacun plaidera la cause de son ami, et vous aurez besoin d'un témoin absolument désintéressé pour être en état de vous former de ce démêlé une idée exacte et juste.

Une autre raison en faveur de laquelle plusieurs honnêtes gens se permettent de n'être point charitables, c'est que ceux qui demandent leur secours 'sont jeunes et vigoureux, qu'ils n'ont qu'à travailler, qu'il est juste qu'ils se secourent eux-mêmes.' J'avoue que la charité la plus salutaire, la plus utile au public, c'est de mettre les pauvres en état de gagner leur vie sans être à charge à autrui. Mais voilà un homme qui se reconnaît obligé de travailler; il vous prie de lui en procurer le moyen. Vous le pouvez. 'Mais quoi! prendre dans ma maison un homme couvert de haillons et dont la malpropreté dégoûtera toute ma famille! D'ailleurs, me servir d'un homme que je ne connais pas et qui a une mine qui m'est bien suspecte, qui est peut-être un fripon, qui ne songe à s'introduire chez moi que pour me voler!' Mais si ces raisons sont bonnes chez vous, peuvent-elles être mauvaises chez d'autres? Et ne sentez-vous pas que vous envoyez ce pauvre au travail uniquement pour vous en défaire et pour ménager un prétexte à votre dureté?

J'ai vu quelquefois faire de cette excellente règle un usage encore bien plus mauvais. Je l'ai vu appliquée à des officiers cassés, honnêtes gens, gens d'une illustre naissance, mais, faute d'une éducation plus soigneuse, uniquement capables de leur profession. Dans le fond, on ne leur refusait pas ces aumônes qu'on accorde à des pauvres ordinaires, mais plusieurs personnes riches et dévotes même croyaient avoir de fortes raisons pour ne les pas assister plus noblement. 'Ils ont encore de la vigueur et de la jeunesse, que ne se mettent-ils à apprendre quelque métier.' J'ai vu une pareille défaite sortir indignement de la bouche d'un très pieux personnage dont on sollicitait la pitié pour un homme de condition. 'N'est-ce pas une honte à ce jeune homme d'aller mendier ainsi de ville en ville; je lui ai déjà trouvé, il y a quelques mois, jusqu'à cinq à six livres dans la bourse de mes amis, et il y revient encore? J'ai plus fait; je lui ai fourni un moyen de subsister honnêtement du travail de ses mains. Je l'ai recommandé à un honnête tisserand qui veut bien lui enseigner son métier. Mais notre gentilhomme est trop orgueilleux apparemment pour s'abaisser si fort. Qu'il renonce à cette vanité criminelle et qu'il s'aide lui-même s'il veut qu'on continue à l'assister. Qu'il sache qu'il n'y a point de métier plus vil que celui qu'il fait.'

Que répondre à des raisons semblables sinon 'que la pitié des méchants est cruelle?' Quelle compassion étendue un homme de qualité tombé dans la misère ne doit-il pas exciter dans une âme généreuse? Que la pauvreté et la bassesse doivent faire de cruelles et d'affreuses impressions sur un cœur qui n'a jamais eu occasion de se familiariser avec elle! Quelle mortification pour un tel homme d'obéir à sa misère en s'humiliant devant ses égaux, et même devant ses inférieurs, et de s'exposer à leurs refus atterrants, à leurs expressions dures et méprisantes!

Je conviens qu'à la rigueur il doit plutôt essayer ses mains sur le travail le plus vil que de continuer à emprunter sa subsistance de la libéralité d'autrui. Mais quels obstacles ne doit-il pas vaincre pour se mettre en état de suivre ce parti! De quelle force d'esprit n'a-t-il pas besoin pour se défaire des préjugés de l'éducation les plus enracinés! Il faut qu'il apprenne, tout d'un coup, que la nature a mis parmi les hommes une parfaite égalité, qu'il n'y a rien de réellement méprisable sinon le vice et qu'il faut soutenir avec fermeté les dédains qui découlent de toute autre source. Ce qui est plus difficile encore, son cœur doit acquérir tout d'un coup la vigueur nécessaire pour suivre ces nouvelles lumières de sa raison. Quelle foule d'autres difficultés ne rencontrera-t-il pas dans l'exécution de son dessein? Il se verra confondu avec la populace la plus vile, la plus grossière, la plus mal élevée, avec des gens qui, choqués de ses manières, lui donneront par les leurs un dégoût continuel; son peu d'adresse s'attirera les réprimandes déraisonnables et offensantes de ses maîtres et les dédaigneuses turlupinades de ses compagnons. En vérité, un homme d'une certaine naissance qui, à travers de tant d'épouvantables obstacles, marche d'un pas sûr et constant vers son devoir me paraît porter la vertu à sa plus sublime grandeur et se rendre digne des plus magnifiques éloges. Mais est-il bien naturel d'exiger des faibles mortels, sans distinction, une âme si docile à la raison, une force d'esprit si extraordinaire? Du moins devrait-il être permis, ce me semble, avant que de prendre une résolution si pénible, si répugnante à l'amour-propre d'essayer si, par le moyen d'âmes généreuses et sensibles, il serait possible de trouver une condition plus supportable, une manière de subsister plus commode et moins exposée au mépris. Pour n'en pas demeurer d'accord, il faut avoir une raison bien corrompue et bien défigurée par l'inhumanité ou par l'avarice.

SUITE
du discours
précédent sur la charité

Il y a un autre motif bien extraordinaire qui empêche plusieurs personnes, d'ailleurs vertueuses et raisonnables, d'assister généreusement leur prochain. 'Je ne saurais me résoudre à faire du bien à cet homme-là.' Et pourquoi? 'C'est que depuis peu il a embrassé ma religion.' Quoi! vous refusez votre secours à un homme qui vient de renoncer à une religion, selon vous, pleine de grossières erreurs pour faire ouvertement profession de la vôtre que vous considérez comme la seule raisonnable! Voilà un motif bien bizarre, bien révoltant, bien peu propre à se lier avec ce zèle que toutes les sectes ont pour leurs opinions.

'Mais,' dit-on, 'c'est conséquemment à une triste expérience que nous nous déterminons à un procédé qui paraît d'abord si peu raisonnable. Une infinité de pareilles gens se sont adressés à nous; nous les avons assistés généreusement; ils ont été les objets de la charité publique et particulière. Mais leurs vices se sont bientôt échappés à leur dissimulation, et les désordres de leur conduite nous ont fait rougir de notre crédule bonté. Voulez-vous qu'on soit éternellement la dupe du faux zèle de pareilles gens et que, mille fois attrapé, on s'expose tous les jours stupidement à être attrapé de nouveau?'

D'abord, il y a dans tout cela bien de la déclamation, bien des phrases outrées, bien de cette rhétorique des passions qu'on emploie pour se tromper soi-même et pour dérober sa conduite aux censures de sa propre raison. Il est vrai que depuis un certain nombre d'années un grand nombre de personnes est venu chercher dans notre patrie un refuge sous le titre de prosélytes et que plusieurs d'entre eux n'ont pas répondu à la charité des honnêtes gens par la régularité de leur vie, mais, malheureusement, ce sont ceux-là qui absorbent toute notre attention. Nous détournons la vue de ces prosélytes qui se sont noblement soutenus et dont les lumières et les vertus nous éclairent et nous édifient. La précieuse acquisition que nous avons faite de ce petit nombre de personnes estimables devrait seule nous exciter à faire un bon accueil aux prosélytes et à bannir de notre mémoire ces gens indignes qui, au sortir d'une autre religion, se sont venus confondre avec les scélérats qui étaient déjà dans le sein de la nôtre.

D'ailleurs, on enveloppe sous les mêmes titres odieux tous ceux d'entre ces prosélytes qui ont donné du scandale, quoique leurs fautes soient d'une nature très différente et que les unes caractérisent des gens dignes de tout mépris, tandis que d'autres ne marquent que la fragilité humaine.

Les plus suspects et les plus méprisés d'entre nos prosélytes sont des religieux, *des moines qui ont quitté le froc*. Il s'en est trouvé réellement de fourbes, de débauchés qui méprisaient assez la vertu pour dédaigner d'en sauver les apparences. D'autres, après avoir donné pendant quelque temps d'édifiantes preuves d'une sagesse conforme à leur religion, se sont démentis par quelques actions particulières; ils ont fait voir qu'ils étaient hommes, qu'ils avaient des passions et qu'ils n'en étaient pas toujours les maîtres. Les voilà d'abord privés de l'estime publique, décriés comme les derniers des hommes, fortement soupçonnés de n'avoir embrassé notre religion que pour secouer le rude joug de leur ordre et pour venir parmi nous se précipiter sans contrainte dans la débauche et dans le libertinage; c'est aller bien vite assurément. Il s'en faut bien qu'on ne regarde sa propre conduite de ce même point de vue. Quoi! un homme n'est pas absolument parfait, s'ensuit-il qu'il ne se soit pas converti de bonne foi? Ou bien, est-il absolument certain que la même force d'esprit par laquelle une personne délivre sa raison du joug des préjugés lui procure dans le même instant un empire despotique sur ses passions? Le cœur est-il soumis dès que l'esprit est éclairé? S'il en était ainsi, si les lumières de la raison épuraient d'abord l'âme, il y aurait parmi nous plus de gens d'une vertu parfaite.

Pour moi, il me semble que rien n'est plus aisé que de concilier une conversion faite par les principes les plus excellents avec des fautes passagères qui ne forment point une habitude. Un homme aime la vérité; il a la grandeur d'âme de peser à la balance de la raison les idées qui lui ont paru les plus solides; il les trouve légères; il découvre le poids de celles que jusqu'alors sa prévention avait rejetées; il se résout à une noble docilité pour ses lumières; il a trop de probité pour les renfermer dans son âme et pour les démentir par sa conduite extérieure. Il forme le généreux dessein de braver la haine de sa secte, de sacrifier au devoir les plus doux agréments de la vie et de chercher une autre patrie où la vérité ose se montrer au grand jour.

Pendant qu'il médite ce beau projet, qu'il arrange les moyens de l'exécuter et qu'il le met actuellement en exécution, un zèle ardent occupe toutes les facultés de son âme. La religion et la vertu qui en est inséparable absorbent toute son attention; le vice, les faiblesses le trouvent toujours sur ses gardes. Il est tout concentré dans l'importance d'un seul sujet. Cette belle disposition de son âme se soutient encore quelque temps après qu'il est venu à bout de sa noble entreprise. Mais son zèle n'a plus les mêmes obstacles à surmonter; l'ardeur de ce zèle se ralentit peu à peu dans l'inaction. Les passions étouffées pendant quelque temps se raniment; le héros chrétien s'évanouit et l'homme reparaît avec sa malheureuse fragilité. Ces révolutions du cœur ne sont que trop naturelles; il n'est pas permis d'en douter. Ne trouve-t-on que des gens d'une sagesse inaltérable parmi ceux qui ont immolé au devoir de professer publique-ment leur religion 'patrie, richesses, amis, dignités, parents, tout ce qui peut rendre la vie agréable?' Ces révolutions ne se remarquent-elles pas dans des sectes entières? Tant que la persécution les accable, ce n'est que grandeur d'âme, constance, parfait dévouement aux plus pénibles devoirs, piété, vertus poussées à l'excès. Mais le glaive persécuteur ne brille-t-il plus à leurs yeux, ont-elles le bonheur de respirer pendant quelque temps? Leur zèle se refroidit et, contentes de posséder ce qu'elles nomment la saine doctrine, elles confondent leurs mœurs avec celles des barbares ou, si l'on veut, des insensés qui ont été leurs bourreaux.

Faut-il donc trouver quelque chose de si affreux dans les faiblesses d'un prosélyte qui sortent du fond de notre tempérament, dans des faiblesses plus excusables peut-être dans un *religieux converti* que dans tout autre homme? Faut-il d'abord le regarder comme indigne de tout secours? Que savez-vous si des fautes, qui n'ont point altéré le beau caractère des plus saints hommes, n'excitent pas dans son âme le repentir le plus amer et le plus sincère? Que savez-vous si, plus digne de vos consolations que de vos invectives, il n'est pas résolu à *réparer ce scandale* par les moyens les plus édifiants? Etes-vous convaincu qu'il ira de désordre en désordre et que ni conseils ni censures ne pourront l'en détourner? Il y a de l'apparence que votre pénétration ne va pas si loin, et ce qui est bien certain, c'est que les premiers docteurs du christianisme, dont les lumières étaient bien supérieures aux vôtres, se sont conduits tout autrement à l'égard de ceux qui avaient embrassé la vérité sans se rendre absolument maîtres de leurs penchants vicieux.

Mais, crime inouï! crime d'un genre tout nouveau! Voilà un religieux qui a dissipé dans son esprit les nuages de la prévention. C'est un homme réglé, sobre, tempérant. La recherche de la vérité fait ses seules délices. 'Mais qu'on ne s'y trompe pas; qu'on se garde soigneusement de lui procurer même le nécessaire. Cet homme n'est point du tout de notre religion; je le crois déiste, ou s'il est Chrétien, il penche certainement vers l'arianisme. Il a même le front de ne s'en cacher pas; ses propres discours rendent la chose évidente.' Se peut-il quelque chose de plus petit et de plus puéril? De pareilles fadaises peuvent-elles se concilier avec le sens commun? Cet homme a préféré la voie de l'examen à celle de l'autorité; par ce moyen il a réussi à dissiper les préjugés de son enfance. Vous applaudissez à sa conduite; il a fait très sagement. Mais voilà l'examen fini, il doit désormais se soumettre au joug d'une nouvelle autorité. Est-il juste qu'il sorte d'un aveuglement pour entrer dans un autre et qu'il trouve humblement chez nous ce qu'il a quitté généreusement ailleurs? Encore un coup, est-il permis de s'abîmer dans un pareil chaos de contradictions? Quoi! vous prétendez que cet esprit philosophe qui, avec lenteur et avec la plus timide circonspection s'est vidé d'opinions absurdes, se hâte étourdiment de remplir son âme de sentiments nouveaux! Vous voulez qu'il se presse de jeter ses idées dans le moule de votre système? Vous voulez l'obliger à se charger de tout le faisceau de vos opinions, sans le délier et sans en rejeter rien? Vous méprisez cet homme parce qu'il n'est pas extravagant et ridicule; vous le méprisez, vous le haïssez par cela même qu'il mérite infiniment votre estime et votre amour? Voilà en vérité des travers d'esprit d'une espèce bien singulière! Oui, c'est par ces mêmes raisons qui vous rendent cet homme odieux que je me crois obligé de le trouver digne de ma tendresse. C'est par ces mêmes motifs que je soupçonne de mauvais sens ou de mauvaise foi ceux qui prétendent avoir découvert, en peu de temps, et l'erreur et la vérité. Ce sont ou des esprits faits pour l'esclavage, incapables d'une généreuse indépendance, ou bien des fourbes qui, par l'étalage d'une servile complaisance, veulent s'allier avec notre orgueil pour nous duper plus sûrement.

Au contraire, les prosélytes qu'il nous faut, ceux qui peuvent être l'honneur et le soutien de notre religion, ce sont ces sages amateurs de la vérité, indépendants de tout, excepté de l'évidence. S'ils viennent à nous encore embarrassés dans le doute, tant mieux. Ils ne *doutent* ni par libertinage ni par imbécillité; aidons-les à sortir de ce fâcheux état et, s'ils s'en débarrassent sans entrer précisément dans toutes nos idées qui nous paraissent les plus essentielles, ne trouvons pas mauvais qu'ils s'attachent à la secte qui leur convient le plus, mais considérons-les toujours comme nos frères et comme nos compagnons dans la glorieuse route de l'examen.

Mais enfin, je veux accorder plus qu'on ne me demande. Je veux que sans distinction tous nos prosélytes étrangers, tant qu'ils sont, aient abusé lâchement de notre facilité, que tous ils se soient indignement démentis, que pas un ne se soit converti de bonne foi et par de nobles principes. Cependant, en voilà un nouveau qui vient se recommander à notre charité. C'est un moine, c'est un Jésuite même si l'on veut, quel accueil faut-il lui faire? Est-ce sa faute qu'une infinité de scélérats nous aient pris pour dupes? Est-ce lui qui est la cause de leur indigne conduite? Leurs mauvaises mœurs ont-elles infecté son âme? Y a-t-il quelque liaison nécessaire entre son cœur et leur libertinage? Sera-t-il fourbe et débauché parce qu'ils ont été tels? J'avoue que [je] n'ai pas l'esprit assez pénétrant pour faire de si merveilleuses découvertes. Il est naturel, je n'en disconviens pas, il est naturel à un homme qui a été souvent trompé d'en devenir plus circonspect et plus défiant, mais il n'est jamais permis d'étouffer la charité par la précaution. Quelle circonspection imaginable doit nous empêcher de recevoir les nouveaux prosélytes avec une douceur engageante, avec une politesse chrétienne? Quelle barbare prudence nous oblige à les mortifier par la déclaration ouverte de nos soupçons désobligeants? [Ne] vaudrait-il pas infiniment mieux affermir ces personnes dans notre religion en leur faisant voir que nous l'avons réellement apprise d'un maître qui était *débonnaire et humble de cœur*? Cette politesse ne nous force pas à leur prodiguer inconsidérément nos bienfaits et notre estime. Elle s'allie sans peine à une légitime circonspection. Elle ne saurait nous détourner d'examiner ces prosélytes et de voir si leur conversion est fondée sur des raisons dont ils sentent assez la force. Elle nous permet de nous informer de leur conduite et de faire des recherches pour savoir si des motifs humains n'ont pas trop influé dans la résolution qu'ils ont prise. Notre religion n'est point d'une nature à exiger de nous le sacrifice de notre bon sens.

Il y a des gens qui prétendent que le moyen le plus sûr d'éprouver des *religieux prosélytes*, c'est de les exclure du *ministère de l'Evangile* et de les aider à subsister par quelque autre profession. Ce moyen est excellent sans doute à l'égard de ceux qui manquent de talents ou dont la conduite, quelque éclairés qu'ils puissent être, n'est pas assez régulière. Mais il me semble que l'humanité voudrait du moins qu'on les engageât dans des professions les plus convenables à un homme de lettres et les plus éloignées des métiers de la plus vile populace. Mais quelle raison plausible peut nous porter à tenir la même conduite par rapport à ceux dont l'érudition et les lumières sont secondées par une vertu suffisamment mise à l'épreuve? Il me semble que ces sortes de prosélytes sont infiniment capables de rendre de grands services à la religion. La vérité a une *force accessoire* bien considérable dans la bouche d'un homme qui n'emprunte pas cette vérité des préjugés de l'éducation, mais qui se l'est appropriée par un généreux et pénible examen.

Si toutes les raisons que j'ai alléguées n'ont pas un poids suffisant, je n'ai qu'une seule demande à faire. Que veut-on que fasse un *religieux* homme de bien, réellement dégagé de ses erreurs et porté par de bons motifs à sortir de sa patrie pour venir embrasser notre religion? Il sait qu'il va s'exposer à la haine de ceux qu'il abandonne, au mépris de ceux à qui il voudrait s'unir, à leurs cruels soupçons, à leur dureté. Peut-être se verra-t-il réduit à apprendre un vil métier au milieu d'une grossière et brutale populace.

'Ce qu'un tel homme doit faire? La chose parle d'elle-même. S'il est fortement convaincu de la vérité de notre religion, s'il croit que son salut dépend du parti qu'il prendra, il doit de nécessité aller à son but à travers les plus grands obstacles; il doit braver tout, haine, mépris, soupçons, misère.'

C'est son devoir, rien n'est plus sûr. Mais sent-on jusqu'à quel point ce devoir est rude et pénible? Comprend-on que pour le suivre avec une *généreuse* constance il ne suffit pas d'être vertueux, mais qu'il faut être capable de l'héroïsme le plus parfait et le plus sublime? Je crois concevoir qu'un sacrifice si contraire à nos penchants naturels les plus vifs égale le martyre, s'il ne le surpasse pas. Y a-t-il beaucoup de gens qui portent la piété jusqu'au *merveilleux*? Est-il juste que nous ne daignions nous associer qu'à des héros du premier ordre? Nous-mêmes, sommes-nous de cette classe distinguée? Faisons-nous toujours de généreux efforts pour fixer notre attention sur la règle fondamentale de la morale chrétienne, cette règle si naturelle, si raisonnable qui nous ordonne de nous détacher de l'amour-propre, de nous mettre à la place des autres hommes et de les traiter comme nous voudrions qu'ils nous traitassent dans les mêmes circonstances? Il est vrai que la plus sublime vertu sait aller au devoir par les routes les plus difficiles, les plus hérissées d'obstacles, mais songeons que ce n'est pas à nous à mettre les forces de cette vertu à une si terrible épreuve en jonchant d'épines ce rude et pénible sentier. C'est bien plutôt à nous de l'aplanir et, s'il était possible, de le parsemer de fleurs.

Je finirai ce discours après y avoir ajouté encore une seule remarque. Des personnes, d'ailleurs attachées à la vertu et à la raison, ont de l'éloignement pour les prosélytes, et surtout pour ceux qui ont été *prêtres* ou *moines*. La raison en est qu'elles en ont été souvent les dupes. Mais n'y aurait-il pas dans cette aversion un peu de dépit? Et ce dépit, cette indignation, n'auraient-ils pas leur source dans une vanité un peu criminelle? Nous n'aimons point à être trompés; notre amour-propre en souffre. J'ose prier ces personnes de porter la sonde dans leur cœur pour examiner si ce dépit n'entre pas considérablement dans les précautions excessives qu'ils prennent contre *les nouveaux prosélytes*. Pour moi, j'avoue que je le soupçonne fort. Dans le fond, ont-elles tellement prodigué leurs secours à ces imposteurs qu'elles en aient été incommodées et mises hors d'état d'assister des pauvres d'un plus grand mérite? Ont-elles lieu de craindre de manquer de charité pour elles-mêmes et de se ruiner si elles faisaient les mêmes efforts pour d'autres qui prétendent embrasser leur religion? On peut croire, sans trop courir risque de se tromper, que cette crainte n'est pas des mieux fondées. Il est assez probable qu'en retranchant quelque chose de leur superflu elles pourraient encore hasarder d'être dupées plusieurs fois. Une vanité un peu raisonnée ne devrait point les en détourner. Il est glorieux d'être trompé quand on ne l'est que parce qu'une généreuse humanité a défendu à notre prudence de pousser trop loin sa circonspection et qu'on n'a pas voulu permettre que dans notre âme l'*homme prudent* étouffât l'*homme chrétien*.

XL[141] · [18 juillet 1712]

Caractères et réflexions

I. Rouler tout un jour en carrosse sans avoir rien à faire, entrer dans vingt maisons simplement pour en sortir, faire l'exercice de l'éventail ou de la tabatière, écouter comme des nouveautés les choses qu'on vient d'entendre dans un autre endroit et qu'on va encore entendre dans un autre, parler sans avoir rien à dire, être ennuyé par ceux que l'on ennuie, voir cent visages dont on se soucie peu et qui se soucient aussi peu de nous, faire dans chaque maison dix compliments et trente révérences, voilà ce qui s'appelle s'occuper à faire des visites de cérémonie.

Tous les hommes font profession d'aimer la liberté et, pour peu qu'ils s'examinent, ils sentent qu'ils sont nés pour ne pas dépendre. Pourquoi donc établir ce commerce embarrassant de formalités si contraire à cette liberté chérie? Et puisqu'on a établi cette contrainte également odieuse à tout le monde, qu'y a-t-il de plus naturel et de plus raisonnable que de s'en affranchir par un consentement mutuel?

II. Les plaisirs des hommes peuvent découler de trois sources: de l'esprit, des sens et de l'imagination. La distinction des plaisirs du cœur et de ceux de l'esprit me paraît un peu chimérique. L'esprit ne sent jamais du plaisir sans quelque passion du cœur, et le cœur n'a point de passions agréables si l'esprit ne réfléchit pas sur ce qu'elles ont de touchant.

Certains plaisirs, il est vrai, ont leur source dans l'esprit et, de là passant au cœur, ils y excitent quelques passions; d'autres plaisirs ont leur principe dans quelque passion et se communiquent après à l'esprit. La satisfaction, par exemple, qu'on goûte en développant quelque vérité qui nous était auparavant inconnue ne devient un plaisir que lorsque nous nous applaudissons de nos lumières et lorsque cette augmentation de notre estime pour nous excite dans notre cœur quelque nouvelle tendresse pour nous-mêmes. D'un autre côté, l'amour ne serait jamais une passion agréable si la situation d'un cœur amoureux

---

141. Number XL consists of the *Misanthropes* first published on 18 July, 25 July, and 31 October 1712.

ne faisait naître dans l'esprit des idées flatteuses et satisfaisantes.

On voit assez que le premier de ces plaisirs commence par l'esprit et que l'autre a son origine dans le cœur; mais puisque le cœur et l'esprit y sont toujours mêlés, je ne vois pas qu'il soit nécessaire ici de faire une distinction.

Rien n'embarrasse davantage la raison que de ne pas distinguer assez et de distinguer trop. Les esprits paresseux et stupides donnent dans le premier de ces défauts: leur raison est toujours enveloppée de nuages épais qui en cachent la lumière; tout y est obscur et confus. Le trop de distinction, au contraire, nuit souvent aux esprits trop fins: ils se plaisent à la vétille et laissent là la solidité du raisonnement pour courir après de subtiles chimères.

Revenons aux plaisirs de l'esprit. C'est celui qu'on goûte proprement en qualité d'hommes, au lieu que les plaisirs des sens nous sont communs avec les animaux.

C'est aussi le plaisir de l'esprit qui l'emporte sur tous les autres, au gré de ceux qui sont capables de le goûter; on ne le goûte qu'à mesure qu'on raisonne et qu'on réfléchit, en un mot, à proportion qu'on est homme. Il en est ainsi surtout à l'égard de ces plaisirs qui naissent de l'esprit et qui de là font passer leurs agréments jusqu'au cœur.

Un homme raisonnable peut être touché pendant quelque temps d'un beau spectacle, mais il distinguera fort ce divertissement d'avec celui qu'on goûte dans une conversation animée et spirituelle. La beauté d'un spectacle n'amuse que l'animal et ne va point jusqu'à l'homme, au lieu que c'est purement l'homme qui se plaît à la douceur d'un agréable entretien. L'amour qu'on a pour soi-même, qui est la source de nos plaisirs les plus vifs, ne trouve point son compte dans le premier de ces divertissements, mais dans le second nous sommes en partie la source de nos plaisirs et nous nous sommes redevables de nous les savoir procurer à nous-mêmes.

Dans un concert de musique, les instruments et les voix s'entreprêtent de la force et de l'agrément, et, de la même manière, dans la conversation les esprits se soutiennent les uns les autres et se prêtent des charmes nouveaux.

On se sent animé d'une émulation continuelle; plus les autres plaisent et brillent, plus on plaît, plus on brille. Au sortir de ce divertissement, on a encore longtemps la satisfaction d'avoir su y contribuer, et les plaisirs que nous avons procurés aux autres ont un agréable retour sur nous-mêmes.

Du temps de Voiture et de Sarasin, le plaisir de l'esprit était fort en vogue;[142] on s'assemblait exprès pour le goûter; il n'était pas nécessaire de porter dans les assemblées de la richesse et de la qualité; il suffisait d'y porter un beau génie. Pour y être bien reçu, il valait mieux être Voiture que prince.

Ces cercles galants sont devenus peu à peu pédantesques et insupportables, et Molière leur a donné le coup mortel par ses *Femmes savantes*, pièce qui représente au vif la manière dont ces conversations spirituelles étaient dégénérées de son temps.

Ce n'est pas l'abus des conversations spirituelles qui choquerait à présent ce judicieux auteur, si notre siècle était assez heureux pour le posséder; c'est le

---

142. Wit and poet, Vincent Voiture (1598-1648) was a friend of the poet Jean-François Sarasin or Sarrasin (1603-1654). Sarasin wrote a funeral oration of his friend in verse and prose. The *Pompe funèbre de Voiture* first appeared in a posthumous edition of Sarasin's *Œuvres* in 1656.

mépris de ce plaisir aussi innocent qu'agréable qui s'attirerait ses critiques sensées. On aime mieux se divertir à présent en animal qu'en homme, et nous sommes plus obligés à la nature de nous avoir donné des sens que de nous avoir donné une raison. Qu'arrive-t-il dans nos jours dans les assemblées des personnes même du plus haut rang? Dès qu'on y entre on y voit dressées un grand nombre de tables de jeu, à peine a-t-on le temps de se dire deux mots; il faut d'abord saisir un jeu de cartes et se fatiguer l'esprit pendant quatre heures à une partie d'hombre,[143] qui ne permet pas la moindre conversation à ceux qui se piquent de jouer bien ce jeu rêveur. Dès que la séance est finie on se retire, fort content d'avoir dit pendant tout ce temps-là, 'Gano,' 'est-il permis?' 'matadors' et 'sans prendre.'

Ce plaisir est très indigne d'une créature raisonnable, et les personnes de distinction me paraissent fort à plaindre d'être obligées, par une bienséance presque indispensable, de perdre leur temps dans ces cohues où le faquin se glisse souvent à la faveur d'un habit magnifique et d'un beau nom, qui ne lui appartient pas davantage que son habit.

III. Les plaisirs de l'imagination sont ceux que goûte le riche Lucullus en regardant la magnificence de ses bâtiments et la pompeuse symétrie de ses jardins. Ses laquais jouissent comme lui de tout ce qu'il y a de réel dans sa satisfaction. Ils traversent des appartements spacieux, et la dorure des lambris frappe leurs yeux comme ceux de leur maître.

Ils sentent l'odeur agréable que répandent ses orangers et jouissent de l'air pur et frais qu'il respire lui-même à l'entour de ses cascades et de ses bassins. D'où vient que tandis qu'ils regardent toutes ces beautés d'un air indifférent, on voit la joie se peindre par les plus vives couleurs sur le visage de Lucullus? C'est que Lucullus, en contemplant ces merveilles, s'avertit de temps en temps qu'elles sont à lui et qu'il est le maître de tous ces lieux enchantés.

IV. Les divertissements de Criton ne sont pas plus réels. Il donne chez lui un magnifique concert où se trouvent assemblés les plus fameux joueurs d'instruments et les voix les mieux choisies. On le voit s'étendre gravement dans un fauteuil, et il paraît ramasser toute son attention pour ne pas perdre un seul accord, un seul passage.

Cependant, Criton n'entend pas la musique; il n'a point d'oreille seulement. Son divertissement consiste à croire que les autres sont persuadés qu'il se divertit. Il tomberait insensiblement dans l'ennui s'il ne faisait pas quelque effort pour ne point oublier qu'il doit avoir du plaisir, et il a besoin pour se divertir de se dire quelquefois à soi-même, 'Je me divertis.'

[25 juillet 1712]

V. On voit un grand nombre de gens se piquer d'une constance ridicule en exécutant les résolutions qu'ils ont une fois prises, quelque opposées qu'elles soient au bon sens et à leurs véritables intérêts.

Le riche Cléobule a trois fils. Avant qu'il pût encore juger de leur caractère,

143. Originally a Spanish card game with three players and forty cards.

il a résolu que l'aîné serait conseiller, le second, avocat et le troisième, homme de guerre. A présent que l'âge a développé les qualités de leur esprit et les inclinations de leur cœur, on voit que l'aîné est brave et petit-maître, qu'il aime la parure et l'équipage, en un mot, qu'il est fort propre aux emplois militaires.

Le second manque d'esprit et de génie, il ne saurait rien apprendre, à peine a-t-il le sens commun.

Le cadet, souverainement poltron, est malicieux et fin; il a de l'effronterie et la voix forte. Ces qualités mènent d'elles-mêmes droit au métier d'avocat. Toutes ces raisons, cependant, ne sauraient ébranler Cléobule qui s'obstine à suivre ses premières vues, quoiqu'en changeant de sentiment, les trois charges puissent tout de même entrer dans sa famille. Au premier jour, son cadet doit aller à l'armée s'attirer des coups de bâton par ses malices. Le second va fortifier les juges dans l'habitude de dormir à l'audience et de déterminer leurs décisions avant que d'entendre les plaidoyers. Je prévois encore que l'aîné entrera au barreau en chantant, en peignant sa perruque et en démentant, par ses airs cavaliers, la gravité de sa robe.

N'importe, leur père les déshéritera s'ils ne se conforment à ses desseins; il s'est engagé [à] lui-même à les exécuter ponctuellement, et il aimerait mieux mourir que de se manquer de parole.[144]

VI. La distraction est un défaut des savants et des philosophes, mais c'est un défaut pourtant, et même un défaut insupportable dans la société. En effet, la distraction n'est autre chose qu'une absence d'esprit qui nous empêche de réfléchir sur nos propres actions et sur celles des autres hommes. Ainsi, d'un côté le distrait paraît ridicule, dépourvu de sens et de raison, et de l'autre, il confond son air avec celui d'un homme superbe et dédaigneux.

Bien des gens, cependant, chagrins d'avoir un défaut de trop peu, affectent d'être distraits afin qu'on les croie génies supérieurs. Incapables de la profonde méditation des philosophes, ils en adoptent l'extérieur ridicule qu'il est bien plus facile d'attraper. Tout le monde ne peut pas fixer toute son attention sur des matières abstraites et affranchir pour un temps son corps de l'empire d'une âme toute concentrée dans la méditation, mais rien n'est plus aisé que d'attacher sur quelque objet une prunelle immobile et égarée: on peut sans peine faire des gesticulations et des grimaces, répondre de travers, se heurter contre un pilier et lui dire, 'Monsieur, je vous demande pardon.'

VII. Un des caractères les plus infaillibles du vrai mérite, c'est de savoir le connaître et l'estimer indépendamment de l'extérieur qui peut en relever ou obscurcir l'éclat; c'est d'avoir la grandeur d'âme d'honorer ce mérite partout où il se trouve et d'en faire une profession ouverte. Peu de personnes ont l'esprit assez fort pour développer ainsi la vertu d'avec l'extérieur; moins y en a-t-il encore qui ont le cœur assez bon pour lui rendre ouvertement l'hommage qui lui est dû, et d'ordinaire, il est plus avantageux dans le monde d'avoir un air prévenant que d'avoir un solide mérite.

Il faut avoir plus de raison qu'on ne pense pour revenir de la première impression que l'abord de quelqu'un fait sur notre âme. Certaines personnes

---

144. Cf. van Effen's discussion in *La Bagatelle*, 22 August, 25 August, and 1 September 1718. Van Effen ironically shows that it is also possible for doctors, ministers, and others to occupy hereditary positions; see *La Bagatelle*, 16 January and 19 January 1719.

ont reçu de la nature un charme secret qui s'empare de nous dans un instant et qui nous porte à examiner tout leur caractère avec indulgence.

Un air insinuant répandu sur toute leur personne nous farde leurs défauts et nous fait admirer ce qu'à peine on estimerait dans un autre. Il en faut convenir: une physionomie heureuse est la plus forte de toutes les recommandations.

A l'égard d'autres personnes moins favorablement traitées de la nature, il faut percer une certaine écorce désagréable pour aller jusqu'à leur mérite; souvent cette écorce nous arrête, et le mérite y reste enfermé.

Quand même il se développe par quelque action éclatante, on n'aime point à le reconnaître et on ne pardonne qu'avec peine à un air bas de cacher une âme élevée et un génie supérieur.

Si nous sommes souvent les dupes de l'extérieur, on peut le pardonner encore à la force que la machine a sur l'esprit, mais l'estime et la vénération qu'on doit au mérite sont quelquefois détournées par des causes si peu importantes qu'on ne saurait assez s'en étonner.

VIII. Polycrate voit par hasard dans une compagnie le jeune Lysis, qu'il trouve d'abord aimable; plus il l'entretient et plus il se confirme dans l'idée qu'il en a conçue. Il trouve ses manières insinuantes et remarque dans sa conversation une solidité aisée et un brillant qui ne s'écarte pas de la justesse. Polycrate est sur le point de l'honorer de son approbation, mais un scrupule vient à la traverse et suspend son estime toute prête à se donner.

Ne pensez pas qu'il veuille s'enquérir si toute la conduite de Lysis répond aux agréments de son entretien et s'il peut fonder son amitié pour lui sur une base solide; c'est la moindre de ses pensées. Polycrate demande à quelqu'un de la compagnie si Lysis est gentilhomme et il apprend qu'il n'est simplement qu'homme de mérite. Là-dessus il ne lui dit plus mot, à peine daigne-t-il le regarder. Une indifférence glacée succède à la chaleur qu'il commençait à se sentir pour un homme si aimable; il n'a garde d'encanailler son amitié.

Cléante est un peu plus raisonnable. Il estime Lysis et il ne saurait se défendre d'avoir pour lui une amitié assez tendre. Il fait plus, il le fréquente, mais c'est toujours à la dérobée. Il s'en cache presque comme d'un crime. Il ne le voit ni à la promenade ni en compagnie, et ce n'est que dans sa chambre qu'il jouit du plaisir de l'entretenir. Si quelque grand le prend sur le fait, il s'embarrasse, il se déconcerte et il ne se remet que pour faire passer la visite de Lysis pour une visite d'affaires.

Il faut que ce grand même remarque le mérite de Lysis et qu'il en agisse avec lui familièrement pour que Cléanthe reprenne avec lui ses manières ordinaires; c'est là le seul moyen de le faire revenir de la honte d'avoir été trouvé tête-à-tête avec un parfaitement honnête homme.

IX. Les habits contribuent beaucoup à l'estime qu'on marque aux personnes. Je me suis mis proprement pour aller en visite et je rencontre Ariste; d'aussi loin qu'il me voit, il quitte sa compagnie et court m'embrasser; il me jure une amitié inviolable et me présente à ceux qui sont avec lui comme une personne digne de leur considération.

Quelque temps après, je reviens d'un voyage habillé en voyageur. Je trouve encore Ariste en mon chemin avec des dames; il tourne la tête de peur de me saluer. Ne le soupçonnant pas d'une faiblesse pareille, je l'accoste; il rougit et se hâte de prévenir mon compliment en me demandant compte d'une commission qu'il m'avait donnée.

'Avez-vous vu à Bruxelles un tel de mes amis,' dit-il? 'Le général un tel se porte-t-il bien?' 'Madame la Marquise a-t-elle demandé de mes nouvelles?'

Enfin, il me parle de tout autre pour se dispenser de me parler de moi-même. Je ne doute pas que dès que je suis parti, il ne me fasse passer pour le valet de chambre d'un de ses amis. N'a-t-il pas raison de ne me pas connaître? J'ai laissé mon mérite dans ma garderobe.

Il faut rendre justice sur ce chapitre aux personnes d'une qualité distinguée; ils ne rougissent pas d'ordinaire de respecter le mérite dans les personnes qui leur sont inférieures ou qui le paraissent par leurs habits. Ce ridicule ne se trouve la plupart du temps que dans ceux dont la qualité est douteuse ou peu reconnue. Ils ont besoin d'étayer leur noblesse par celle de ceux qu'ils fréquentent et, en hantant des roturiers, ils craignent d'encourir le soupçon de roture.

[31 octobre 1712]

[X.] Quelques compagnies qu'on puisse fréquenter, on est sujet à y découvrir deux caractères fort opposés l'un à l'autre, quoiqu'ils aient également leur origine dans une excessive vanité.

Périandre se présente partout avec un air ouvert et rempli de confiance; rien ne l'embarrasse; rien n'est capable d'ôter à ses discours et à ses actions la liberté qu'y répand toujours un esprit satisfait de lui-même. Il ne trouve pas faisable seulement qu'il puisse déplaire avec des manières qui choquent tout le monde; il se croit privilégié ridicule.

S'il était capable de découvrir en lui-même ce qu'il trouve impertinent dans les autres, sa vanité n'en pâtirait pas. Il s'imagine avoir un je ne sais quoi qui pourrait servir de passeport à la fatuité et en faire même une espèce d'agrément et de mérite. On peut se moquer de lui hardiment et sans crainte de représailles. Périandre ne s'avisera jamais de croire que les railleries qui le regardent le plus directement puissent s'adresser à lui. Quand en sa présence on trace son portrait par les couleurs les plus vives, il s'éclate de rire et, dupe d'un nom emprunté, il applaudit à ses censeurs et se trouve lui-même le plus sot homme du monde. Enfin, il sort d'une compagnie avec la même confiance avec laquelle il était entré; il est content de tous les autres à force d'être content de lui-même.

Acaste, au contraire, porte une précaution timide peinte sur le visage; il y a une réserve désagréable dans toutes ses manières d'agir; sa civilité est concertée, et ce n'est qu'après une mûre délibération qu'il donne l'essor à chacune de ses paroles de peur de choquer quelqu'un et de s'en attirer des railleries. Si l'on rit, il s'imagine que c'est de lui; parle-t-on bas, la rougeur lui monte au visage; il prend feu à une raillerie qui ne le regarde pas, et toute une compagnie est surprise de le voir répondre à un discours que personne ne soupçonnait seulement de lui être applicable. Il trouve du venin dans le mot le plus innocent. Quand on le raille effectivement, on a beau s'y prendre avec toute la délicatesse qui peut rendre la raillerie supportable; Acaste ne se possède plus, et quoique d'ailleurs homme d'esprit, il réplique avec aigreur, avec grossièreté. N'a-t-il pas raison? Selon lui, on ne le raille pas, on l'insulte, on l'affronte, on le pousse à bout. En un mot, il croit être en butte aux bons mots de tout le monde et que tous ceux qui composent une nombreuse compagnie le regardent comme un ennemi assez redoutable pour épuiser sur lui seul toute la malice de leur cœur et toute la finesse de leur esprit.

Si l'on se met au-dessus de ses soupçons extravagants, on court risque de mettre dans une assemblée le désordre et le tumulte, et si l'on ménage ses discours avec une circonspection scrupuleuse, on ôte à la société cet air libre et aisé qui en fait l'agrément le plus délicat. Le ridicule d'Acaste est infiniment plus incommode et pour lui et pour les autres que celui de Périandre, et il y a autant de vanité dans la sotte défiance de l'un qu'il y en a dans la confiance impertinente de l'autre.

L'honnête homme tient un juste milieu entre le fat et le soupçonneux. Il ne croit pas être absolument à l'abri du ridicule et il sait qu'on n'en est jamais si près que lorsqu'on s'en croit extrêmememt éloigné.

Il veille à ses discours et à ses manières autant qu'il le peut, sans se jeter dans la contrainte; incapable de croire par une vanité raffinée qu'il vaille la peine que toute une assemblée s'unisse contre lui, il ne s'applique que les railleries qui le caractérisent. Il feint quelquefois de ne les pas sentir et, quelquefois, il tâche de mettre les rieurs de son côté par la vivacité et par la finesse de ses répliques. Bien loin de répondre encore plus grossièrement à ceux qui le raillent sans délicatesse, il sait se taire, persuadé que quand on se dispute le prix de l'impertinence, la honte est toujours du côté du vainqueur.

[XI.] Le caractère des médisants est un de ceux qui frappe le plus dans tous les endroits où l'on se trouve, mais j'en ai assez parlé ailleurs pour qu'il ne soit pas nécessaire d'y revenir.[145] Je dirai seulement qu'ils sont plus à craindre en sortant de leur naturel qu'en y restant et que leurs louanges font plus de tort à un honnête homme que leurs satires. Un médisant de profession est un animal si odieux et si méprisable que c'est en quelque sorte être sûr de l'estime des gens de bien que d'avoir le bonheur de lui déplaire. C'est, au contraire, plutôt un cœur vicieux qu'un rare mérite qui peut mettre quelqu'un à l'abri de la malice des calomniateurs, et leur estime est très propre à ruiner de réputation celui qui en est l'objet. S'ils louent sans faire de leurs éloges une route à la satire, s'ils paraissent louer de bon cœur, c'est ou parce qu'ils craignent une médisance supérieure dans ceux dont ils font l'éloge, ou parce qu'ils veulent médire d'un seul coup de tout le public en traitant de chimérique le jugement désavantageux qu'on fait de certaines gens universellement méprisées, ou bien, c'est parce qu'ils s'imaginent que le sujet de leurs louanges leur ressemble et qu'ils respectent dans quelque autre l'image de leurs propres mœurs qu'ils prétendent y trouver.

On verra facilement par là combien un médisant reconnu pour tel doit chagriner, par les témoignages de son estime, un homme jaloux de son honneur et que le cavalier dont je vais parler ne raisonnait pas trop mal:

> Damon, jeune homme d'humeur fière,
> Un jour à grands coups de bâton
> Fit presque mordre la poussière

---

145. See number XVII.

A quelque médisant fripon.
Le faquin s'écria pour calmer sa colère,
'Si j'ai médit de vous, je veux être roué.'
'Je ne le sais que trop,' dit Damon, 'au contraire,
Misérable, tu m'as loué.'

[XII.] Je connais une autre sorte de gens dont les louanges ne sont guère moins désagréables. Ce sont certaines bonnes âmes sans malice aussi bien que sans discernement qui, contentes et charmées de tout le monde, ont pris une forte habitude de louer tout. Si on veut les en croire, tout le pays n'est peuplé que de jolies gens, [de] gens d'esprit, intègres, officieux, en un mot, rien n'est plus pur que les mœurs de la plupart des hommes, et c'est une société d'anges que celle où nous vivons. Encens fade s'il y en eût jamais, et désagréable surtout pour ceux qui en méritent le plus, mais qui l'attendent d'une main moins prodigue et mieux dirigée. On ne saurait, sans dépit, se voir confondu avec un tas de gens sans esprit et sans probité, et s'il n'y avait pas d'autres panégyristes au monde que ceux que je viens de dépeindre, la louange nous dégoûterait plutôt de la vertu qu'elle ne serait capable de nous y exciter.

Ce caractère est dans le fond très rare, et s'il se trouve assez de gens qui aient toute la sottise qu'il faut pour une pareille conduite, on en voit peu qui aient cette bonté d'âme qui est la source de ces insipides panégyriques, mais qui, accompagnée d'un esprit de réflexion, deviendrait une louable humanité, une charité exemplaire.

[XIII.] Je ne saurais m'empêcher de dire aussi un mot de ceux qui traînent partout à leur suite une troupe désagréable d'infirmités, de migraines, de fièvres et de vapeurs. C'est là du moins l'unique sujet de leur conversation. Ils n'auraient rien à dire s'ils se portaient bien. On dirait qu'ils prétendent se faire valoir par leurs maladies et s'attirer de l'estime par des faiblesses et des maux de cœur. Quelque peu divertissants que ces discours doivent être pour des gens qui sont en parfaite santé, ils leur font souvent une histoire dans les formes d'une maladie qui a duré six ans; ils parleront de ses différents symptômes, des remèdes qu'ils y ont employés, de ceux qui ont eu un bon effet, d'autres qui ont augmenté le mal au lieu de le guérir; ils y ajoutent les sentiments des médecins et les raisons par lesquelles ils ont appuyé leurs opinions directement opposées; enfin, ils ne finiraient jamais si on les voulait écouter, et quand on a le bonheur de s'en défaire après deux heures d'entretien, on les laisse à la seconde époque de leur histoire tout prêts à l'achever à la première entrevue.

Il me semble qu'il ne faut pas traiter de la même manière tous les fâcheux de cette espèce, puisque leur importunité peut découler de différents principes. Il y a des personnes véritablement indisposées qui, entraînées par le penchant invincible de l'homme pour la société, ne sauraient se passer de se produire encore quelquefois dans le monde.

On sait, d'ailleurs, que les malades ont de commun avec les gens d'âge qu'ils s'attendrissent extrêmement pour eux-mêmes et qu'ils ramassent leurs inclinations répandues sur les objets extérieurs pour les concentrer toutes dans un amour-propre plus direct. Rien ne les touche qu'eux-mêmes, et il est naturel qu'ils parlent de ce qui les intéresse le plus. Le récit de leurs maux les soulage et les fait respirer. Ils adoucissent en quelque sorte le sentiment de leurs douleurs en le communiquant aux autres qui paraissent le partager par la pitié. Il paraît y avoir de l'humanité à ne leur pas refuser cette consolation. La charité chrétienne veut qu'on ait de la complaisance pour une faiblesse dont ils ne sont pas les maîtres et qu'on se fasse quelque effort pour prêter une oreille attentive aux discours qui leur paraissent seuls importants.

Il n'est pas de même d'un malade imaginaire qui, par une bizarre vanité, se fait une espèce d'honneur de ses maladies chimériques et qui, incapable de s'attirer l'estime des hommes par un vrai mérite, veut s'attirer leur compassion par de fausses souffrances. En vérité, ces gens-là sont trop ridicules pour ne leur pas faire sentir leur travers d'esprit par des railleries qui restent dans les bornes de la modération. C'est même leur rendre un vrai service de ne pas entretenir leur extravagance par une feinte pitié et de les faire renoncer à la profession qu'ils font de se porter mal.

[XIV.] Il est étonnant combien d'effets directement opposés coulent de la même source, de l'amour-propre. Certaines personnes, bien loin de se supposer des maladies du corps par une vraie maladie de l'esprit, ont le faible de ne vouloir jamais convenir de leur indisposition. C'est leur dire des injures que de leur trouver mauvais visage, et ils seraient au désespoir d'être crus capables de se porter mal. Ils trouvent des prétextes spécieux pour excuser leur air défait et ils pallient leur peu de santé comme le plus honteux des vices. La phtisie n'est chez eux qu'un peu de rhume; un épuisement de forces, un peu de fatigue, et une fièvre violente, une émotion passagère. Il y en a même qui vont assez loin pour aimer mieux être crus débauchés que malades et qui attribueront plutôt leur pâleur à des excès criminels, qu'ils n'ont pas commis, qu'à une délicatesse de constitution, à laquelle ils n'ont point contribué par une conduite déréglée.[146]

XLI · [7 novembre 1712]

> D'Adam nous sommes tous enfants,
>   La preuve en est connue
> Et que tous nos premiers parents
>   Ont mené la charrue.
> Mais, las de travailler, enfin,
>   La terre labourée,
> L'un a dételé le matin,
>   L'autre l'après-dînée.

Voilà ce qui fait à peu près la distinction de la roture d'avec la noblesse. Des gens sans ambition sont demeurés tranquilles sous leurs cabanes et ont sacrifié leurs travaux à la subsistance du genre humain en jouissant à peine eux-mêmes du bien qu'ils procuraient aux autres. Ceux qui avait l'esprit plus vif et plus inconstant ont laissé là la vie rustique avec ses peines et ses agréments; ils se sont rendus nécessaires à l'orgueil des princes et en ont reçu un vain titre pour

---

146. The following is the second number XL in the 1726 edition; it is indicated as XLI and subsequent numbers are changed accordingly.

récompense de leurs services, moins solides et plus brillants que ceux qu'on rend à un Etat par l'agriculture.

Depuis cette différence chimérique qu'on a commencé à mettre parmi les hommes:

> Donner des marques de roture,
> C'est dans sa destinée obscure
> Borner ses désirs innocents.
> C'est renoncer sans chagrin, sans murmure,
> Aux plaisirs criminels, aux vices séduisants.
> C'est, tranquille habitant des champs,
> Hâter la tardive nature
> Par les soins de l'agriculture.
> C'est, payé du mépris des paresseux humains,
> Travailler à leur subsistance
> Et, sans presque jouir de l'œuvre de ses mains,
> Répandre partout l'abondance.
> Enfin, c'est à ses fils laisser pour tous trésors
> Le repos de l'esprit et le travail du corps.
> Donner des marques de noblesse,
> C'est s'endormir dans un château
> Entre les bras de la mollesse,
> Des bourgeois être le fléau
> Et de ses manants le bourreau.
> C'est sans pitié puiser dans leur misère
> Ses plaisirs et sa bonne chère.
> C'est en faisant la guerre aux habitants des bois
> Au meurtre des humains aiguiser son courage;
> C'est, sous les étendards des rois,
> De cet affreux apprentissage
> Aller faire un funeste usage.
> C'est dans leurs orgueilleux exploits
> Seconder leur barbare rage.
> C'est à la paix préférer le carnage;
> Du seul Dieu des combats, c'est admettre les lois;
> Sur les peuples détruits, c'est élever sa gloire
> Et de ses cruautés embellir son histoire.

On voit bien par ces portraits qu'il n'y a rien de si juste que de respecter la noblesse qui fait d'ordinaire profession de détruire les hommes et qu'il n'y a rien de plus naturel que de confondre les villageois avec leur bétail qui, comme eux, contribue au bonheur du genre humain.

Il est vrai qu'un barbare peu instruit des manières européennes pourrait être la dupe de ces distinctions; il pourrait confondre ces termes de *roture* et de *noblesse* et attacher au premier une idée de respect et de grandeur, comme au second une idée de mépris et de bassesse. Je comprends bien qu'on sifflerait, sans doute, une manière si bizarre de concevoir les choses. Et peut-être qu'on ne trouvera pas plus raisonnable une difficulté qui me vient dans l'esprit sur la même matière.

'D'où vient que la vieille noblesse passe pour plus estimable que la nouvelle?' Il semble qu'il faut un certain nombre de siècles pour qu'elle soit en pleine maturité et que le temps, qui diminue le prix de presque toutes les choses, augmente, au contraire, la valeur de la noblesse.

Il en est à peu près comme de ces médailles que, malgré leur rouille et la perte de leur éclat, on estime pour leur vieillesse seule.

Je conçois bien qu'on peut mépriser avec droit la noblesse nouvelle quand on la reçoit de la fortune au lieu d'en être redevable à son mérite. Un homme doit être bien sot dans le fond d'acheter un titre qui lui attire également la raillerie des bourgeois desquels il se sépare et des gentilshommes avec qui il prétend se confondre.

Mais un noble de vieille race ne dédaignera guère davantage ces *ridicules marchands* que ceux qui doivent leur noblesse à la même cause à laquelle ses aïeux doivent la leur.

'Comment,' dira-t-il, 'cet homme voudrait s'égaler à moi! C'est un soldat de fortune qui n'est marquis, ou comte, que depuis quatre ans; j'ai porté ces titres au monde, et ma qualité m'est aussi essentielle que mon être. Pour lui, il a presque passé toute sa vie dans la roture; il ne s'est anobli que par cinquante ans de services qu'il a rendus à son prince.'

J'oserais presque avancer que c'est un exemple sensible de la manière dont l'habitude peut autoriser les opinions les moins sensées. Si la noblesse enrichit l'esprit ou le cœur de quelque qualité réelle, comme la plupart des gens distingués par leur naissance paraissent le croire, il semble que plus cet effet est près de sa cause, plus il doit être dans sa vigueur et que, descendant par une cascade continuelle jusqu'aux derniers neveux, il doit perdre quelque chose de sa force. Si, au contraire, on considère la noblesse comme un simple titre d'honneur par lequel un prince, content de la conduite d'un sujet, veut attirer et à lui et à sa postérité le respect de tout le monde, il semble que l'éclat de cette gloire doit être le plus vif dans celui qui s'en est rendu digne par son mérite. Il est naturel encore que l'exemple récent de la vertu d'un père fasse les plus fortes impressions sur ses plus proches descendants et, qu'étant les plus propres à imiter ses grandes actions, ils aient aussi le plus de droit à hériter de sa gloire. Si le lecteur veut bien me le permettre, je lui ferai voir quel était le sentiment de *Marius* sur ce sujet.

Cet illustre Romain était parvenu, malgré sa basse extraction, à la dignité du consulat, et même on avait confié à ses soins la guerre contre Jugurtha, roi de Numidie, prince rusé s'il en fût jamais. Ce prince avait depuis longtemps éludé la puissance romaine en corrompant les généraux qu'on envoyait contre lui, parmi lesquels étaient *Calpurnius* et *Albinus*, tous deux des premières familles de Rome. Ces nobles, qui avaient vendu à l'ennemi leur gloire et celle de l'Etat, ne cessaient de blâmer le choix du peuple et la bassesse de Marius, qui répond à leurs reproches à peu près de cette manière.

'Romains, si d'autres donnent quelque prise sur eux dans une charge aussi difficile que celle que vous venez de m'accorder, ils trouvent des ressources dans les grandes actions de leurs pères; le crédit de leurs amis et le nombre de leurs clients plaident pour eux. Privé de ces secours étrangers, je ne saurais me défendre contre les attaques de l'envie qu'en cherchant un asile dans mes services et dans mon intégrité. Dès mon jeune âge, entraîné par mon penchant, je me suis familiarisé avec la fatigue et avec le péril. A présent que je suis honoré de vos bienfaits, je n'ai garde de me relâcher, et ma reconnaissance va donner une nouvelle chaleur à mon inclination pour la guerre. Ceux que l'ambition a revêtu de vertus feintes ont bien de la peine à ne pas démentir leur conduite passée quand la passion pour leur grandeur est assouvie. Pour moi, l'habitude de me bien conduire, formée par les premières actions de ma jeunesse, me rend la vertu en quelque sorte nécessaire. Les nobles, cependant, sont indignés de ce que vous avez confié à ma conduite la guerre contre Jugurtha. Examinez, Romains, si vous devez vous repentir de votre choix et si vous seriez mieux de mettre en ma place quelqu'un d'une illustre origine à qui les titres de ses aïeux tinssent lieu d'expérience. Incapable de soutenir ce faix, il choisira sans doute quelque homme du commun pour lui servir de gouverneur et, indigne du nom de général, il sera contraint de se soumettre aux ordres de ses subalternes. J'en connais parmi ces grands hommes qui, d'abord qu'ils sont consuls, commencent à étudier l'histoire de nos ancêtres et l'art militaire de la Grèce, gens d'une imagination déréglée s'il en fût jamais. Il faut s'instruire avant que d'agir, et les préceptes viennent trop tard quand il faut les mettre en œuvre. Comparez leur conduite, Romains, avec celle d'un homme dont ils méprisent tant la bassesse. J'ai vu en partie ce qu'ils lisent, en partie je l'ai fait moi-même, et le fruit que j'ai tiré de mon expérience est sans doute plus réel que celui qu'ils tirent de leur lecture. Ils méprisent ma naissance, et moi, je méprise leur lâcheté; s'ils me reprochent un effet du hasard, je leur reproche leur infamie dont ils sont eux-mêmes les ouvriers.

La nature de tous les hommes est, à mon avis, également excellente, et la noblesse ne se trouve que dans le vrai mérite. Que ne puis-je m'en rapporter à leurs ancêtres mêmes et leur demander s'ils aimeraient mieux pour fils Marius ou bien *Albinus* et *Calpurnius*? Ils seraient ravis, sans doute, de voir leur sang dans le même sujet où ils découvriraient leur mérite.

S'ils ont droit de me dédaigner, qu'ils dédaignent aussi les auteurs de leur noblesse qui, comme moi, l'ont reçue des mains de la vertu. Ils sont jaloux de mon élévation, que ne le sont-ils aussi des moyens qui m'ont conduit à la grandeur qu'ils m'envient? Quel orgueil insupportable! Ils vivent comme s'ils méprisaient les dignités et ils les demandent comme s'ils avaient vécu dans une parfaite innocence. Ils veulent unir dans une même personne les plaisirs d'une vie oisive et les récompenses d'une vie laborieuse. Leurs harangues sont toujours enflées de l'ostentation qu'ils font du mérite de leurs aïeux et ils prétendent tirer de l'éclat des grandes actions auxquelles ils n'ont rien contribué. Mais plus la conduite des uns a été glorieuse, plus celle des autres est infâme, et la gloire de leurs ancêtres qui les environne ne fait que répandre de la lumière sur leur honte. Ils trouveront sans doute que je me vante trop, mais ceux qui sont si orgueilleux de la vertu d'autrui peuvent-ils trouver mauvais que je me fasse honneur de mon propre mérite? Ma noblesse est nouvelle, mais il vaut mieux la commencer que de la souiller après l'avoir reçue de ses pères. Au lieu de vous étaler les titres des miens, leurs consulats, leurs triomphes, je vous montrerai le prix dont mes généraux ont récompensé ma valeur. Je vous étalerai ma poitrine couverte de cicatrices. Je suis mauvais orateur, mais la vertu rejette le secours de l'éloquence; mes adversaires en ont besoin pour pallier l'infamie de leur conduite. J'avoue encore que je suis peu savant dans les sciences des Grecs, accoutumées à rendre meilleurs ceux qui les possèdent. Je suis instruit en des choses plus importantes pour l'Etat. Je sais souffrir en même temps le travail et la disette; j'ai appris à ne rien craindre qu'une mauvaise réputation. Je ne tirerai jamais ma gloire des travaux de mes soldats sans les partager, et c'est ainsi qu'il faut commander à des personnes libres. Car de vivre dans l'abondance et de laisser croupir ses troupes dans la misère, c'est agir en maître et non pas en général. Devenus nobles par une conduite semblable à la mienne, les ancêtres de mes envieux leur inspirent de l'orgueil sans leur inspirer l'envie de les imiter. Au contraire, ils en méprisent les imitateurs et tiennent au-dessous d'eux de mériter les emplois qu'ils croient dus à leur rang. Mais la vertu seule doit frayer le chemin aux charges, puisque sans elle on ne saurait s'en acquitter, et leurs aïeux n'ont pas été les maîtres de la leur laisser en héritage. On me reproche encore ma grossièreté; j'entends mal l'art d'ordonner un festin et je ne paie pas avec profusion des bouffons et des cuisiniers. Je me fais gloire de mériter ces reproches. L'honneur sert de richesse aux braves gens, et ils ont plus de soin de leurs armes que de leurs meubles. Que ces gens polis et magnifiques se contentent donc de leurs belles manières, qu'ils se livrent aux débauches et que la vieillesse ne serve pas même de borne à leurs voluptés, mais aussi qu'ils nous laissent les périls, les fatigues et les récompenses. Ce partage ne les contente pas. Fameux par leurs crimes, ils veulent arracher aux honnêtes gens le prix de leur vertu, et souvent ils y réussissent. C'est ainsi que les vices ne nuisent point à ceux qui les nourrissent dans leur sein et que la république seule doit pâtir de leurs dérèglements, dont elle n'est point coupable.'[147]

XLII · [4 janvier 1712]

Bon jour et bon an, ami Lecteur. Le compliment est un peu trivial, et vous avez attendu apparemment de moi quelque chose de plus singulier. Vous vous êtes trompé, comme vous voyez; j'aime autant à me confondre avec le vulgaire pour les bagatelles innocentes de la cérémonie que je serais ravi de m'en distinguer du côté de la réflexion et du raisonnement.

J'ai remarqué deux caractères bien opposés dans ceux qui m'ont souhaité une bonne année. Quelques-uns, en me rencontrant par hasard, sans chercher finesse, m'ont fait un compliment fort uni et fort ordinaire, et soit raison, soit amour-propre, j'ai trouvé dans cette simplicité la marque d'un bon esprit. Quelques autres sont venus chez moi d'une manière empressée m'étaler leurs compliments étudiés et circulaires et, par cette double affectation, ils caractérisaient doublement, à mon avis, la petitesse de leur génie.

Les gens qui prétendent passer pour avoir de l'esprit à la faveur d'un mot nouveau, d'un compliment particulier, d'une phrase peu usitée, en agissent tout de même que ceux qui, croyant se mettre du bon goût, donnent dans le *colifichet* et qui, par leurs petits rubans, leurs petites bagues et leurs petites cannes, se rendent plus ridicules que le vulgaire, bien loin de se confondre avec les gens du bel air.

147. C'est un extrait de la harangue de Marius dans la *Guerre jugurthine* de Salluste. (Note in the 1726 edition.) See Sallustus, *Bellum Iugurthinium*, LXXXV, for this speech by Marius.

On peut dire que le jour du nouvel an est celui de toute l'année où il se dit le plus de fadaises et où les gens de qualité ont le plus à souffrir s'ils ont le goût délicat et si les vœux qu'on fait pour eux ne sont pas suivis de quelque chose de plus solide qui en cache l'impertinence.

Pour moi, cher Lecteur, je ne vous souhaiterai rien que de bien profiter de la satire suivante sur le ridicule de nos vœux; je dis *de nos vœux*, car j'y suis pour mon compte aussi bien que vous.

SATIRE

Jusques à quand, Mortel, à te perdre empressé,
Le Ciel par tes désirs doit-il être lassé?
A l'utile bon sens donnant toujours atteinte,
Te livrant par caprice à l'espoir, à la crainte,
Tu perds ta triste vie en désirs inquiets.
Changer d'âge ce n'est que changer de souhaits.

Mais du courroux des dieux bien souvent la tempête
Par tes désirs formée éclate sur ta tête,
Et du sort des humains l'arbitre rigoureux
Sait punir tes forfaits en exauçant tes vœux.
'Vénus,' disait Pâris en partant pour la Grèce,
'Seconde mes projets, accomplis ta promesse;
Sensible à mon ardeur, qu'Hélène entre mes bras
Puisse oublier et Sparte et le fier Ménélas.'
La déesse l'exauce; il amène sa proie;
La vengeance des dieux avec elle entre à Troie,
Et du faible Priam les palais renversés,
Pâris, furent l'effet de tes vœux exaucés.

De l'univers entier la prière importune
Sollicite les dons de l'aveugle fortune,
Mais dans un vase simple une vile boisson
A caché rarement un funeste poison,
Et dans l'or imposteur la coupe ciselée
Offre avec le plaisir souvent la mort mêlée.
Eh, pourquoi donc chercher ces trésors précieux?
Pour que le doux sommeil s'éloigne de vos yeux?
Qu'une ombre, qu'une feuille au gré du vent poussée
Bannisse le repos de votre âme glacée?
Pour moi, pauvre et content, sans or et sans frayeurs,
Je possède ma joie au milieu des voleurs.

Quels vœux avait formé le moderne Alexandre
Du carnage amoureux dès l'âge le plus tendre?
Que le Dieu de la guerre excitât dans son cœur
Les dangereux transports d'une aveugle fureur;
Que la raison fuyant de son âme enhardie
Sur l'horreur du danger la laissât étourdie;
Que le doux mouvement de la tendre bonté
Ne servît point d'obstacle à sa noble fierté.
Ses vœux sont accomplis; les aquilons, la glace
Ne sauraient arrêter sa belliqueuse audace.
Ses efforts au succès paraissent enchaînés;
Les peuples sont vaincus, les princes détrônés;

Tout conspire avec lui, le ciel, la mer, la terre,
Rangés sous ses drapeaux, le suivent à la guerre,
Et le souffle inconstant des vents tumultueux
Entre en ligue avec lui, se fixe par ses vœux.
Héros, repose enfin, borné par la justice.
Non, ses désirs remplis lui doivent le supplice.
Du tyrannique honneur il écoute la voix,
Et pour lui l'équité n'a que de vaines lois.
Il aime les combats autant que la victoire,
Et le péril lui plaît à l'égal de la gloire.
Il tombe sous le faix de lauriers entassés,
Vaincu par des soldats mille fois terrassés.
Le sort pour l'avilir lui laisse encore la vie
Et la force à survivre à sa gloire ravie.

Un amant, insensé dans l'objet de ses feux,
Renferme ses désirs et concentre ses vœux.
Richesse, ambition, dans son cœur tout s'oublie,
Tout se perd englouti dans sa tendre folie.
Périsse l'univers pourvu que son Iris
Pour prix de son ardeur l'honore d'un souris.
Iris se rend enfin et, grâce à ses caprices,
Il plaît par ses vertus bien moins que par ses vices;
Son bonheur le ravit, mais le contentement
N'est qu'un bien passager dans le cœur d'un amant.
Bientôt de son Iris la tendresse importune
Répand un fiel amer sur sa bonne fortune;
Le cœur d'Iris du sien n'est jamais satisfait,
Plus elle l'aime et plus toujours il lui déplaît.
'S'il soupire, il fait mal; s'il rit, il est coupable;
S'il s'attache au bon sens, il est impardonnable;
Ses transports les plus vifs, sa plus tendre langueur,
Effets de son esprit, ne partent pas du cœur.'
Iris trop délicate et le trouble et le gêne,
Son amour est pour lui plus cruel que la haine;
Et pour être haï, lassé de tant de maux,
Il unit ses désirs aux vœux de ses rivaux.

Lysis demande au Ciel, sérieux frénétique,
Tous les ressorts secrets du flegme politique;
Pesant les intérêts de chaque potentat,
Il prétend s'ériger en pilote d'Etat.
"Dieux,' dit-il, 'donnez-moi cette âme grande et sage
Qui du danger instruite évite le naufrage;
Que mon air soit ouvert, mon cœur mystérieux;
Que l'obscur avenir se dévoile à mes yeux;
Que mon esprit soit prompt, sûr, vaste, infatigable;
Que je pénètre tout, moi-même impénétrable... .'
Mais, du bonheur public esclave ambitieux,
Suspens, pour m'écouter, de téméraires vœux.
Aux soins de ta conduite un peuple entier se fie,
Par tes rares talents son choix se justifie,
Je le veux; mais sais-tu, maîtrisant le succès,
Aux fougues du hasard dérober tes projets?
Le destin bien souvent d'un conseil téméraire

Au gré de son caprice en fait un salutaire;
Et fatal destructeur des plans les plus certains
S'il aime à se jouer de tes sages desseins,
Dévouée au succès, l'aveugle populace
Pour te trouver coupable au destin fera grâce.
Mais je te prêche en vain; porte un œil attentif
Sur cent tableaux divers d'un désastre instructif.
Là, l'appui de l'Etat, un vieillard déplorable
Tend au bras du bourreau sa tête vénérable.
Ici, tu vois périr deux frères admirés
Pour prix de leurs travaux du peuple déchirés,
Portrait où la fureur qu'un zèle aveugle irrite
Oppose une ombre affreuse au plus rare mérite.[148]
Ah! si le Ciel vengeur se prête à tes souhaits,
On peut te voir un jour puni de tes bienfaits,
Ajouté par ta chute aux exemples tragiques
De ta fin étonnante embellir les chroniques.

Mais quel est ce vieillard qui paraît à mes yeux?
Il traîne à pas tardifs son cadavre odieux;
Rendez-vous importun des fièvres, des coliques,
Les sens sont amortis dans ses membres étiques.
Le folâtre plaisir à son aspect s'enfuit,
Le chagrin l'accompagne et le dégoût le suit.
Cependant, de son cœur l'incroyable faiblesse
A ce corps chancelant attache sa tendresse;
Jouet infortuné de ses bizarres vœux,
Qu'il vive, il est content: 'Vivre, c'est être heureux.'
Ses désirs sont remplis et, d'année en année,
La Parque étend encor sa triste destinée.
Mais sous chacun des pas qu'il fait vers le tombeau
Le malheureux rencontre un désastre nouveau.
Son fils meurt dans ses bras au plus beau de son âge;
Sur la mer de l'amour sa fille fait naufrage.
La Parque se recule et, sourde à ses soupirs,
S'obstine à n'exaucer que ses premiers désirs.
Il ne touchera point à son heure dernière
Que ses maux n'aient du Ciel épuisé la colère.

Pour nous qui n'aspirons qu'à charmer l'univers
Par l'art ingénieux de bien tourner un vers,
Qui, dans les doux transports d'une aimable folie,
Prétendons seulement, avoués de Thalie,[149]
Faire rire un lecteur à ses propres dépens
Par un sel qu'avec art ménage le bon sens.
Songeons que bien souvent pour tout autre comiques
Ces traits railleurs pour nous se changent en tragiques,
Que sur tout ce génie y choque, offense, aigrit
Et que le corps souvent doit payer pour l'esprit.

---

148. This is a reference to the DeWitt brothers, John and Cornelius. John was a statesman and diplomat who helped conclude the Triple Alliance (17 January 1668) between England, France, and Sweden. The DeWitts opposed the House of Orange in favour of a more conciliatory position toward France, but when Louis XIV unexpectedly attacked Holland in 1672, the two brothers were turned over to the wrath of an angry Dutch mob.

149. Thalia, the Muse of comedy and pastoral poetry.

On méprise d'un fat l'obscure impertinence,
Ce serait l'anoblir que d'en prendre vengeance;
Jamais bâton vengeur pour de fades bons mots
D'un écrivain grossier ne fit plier le dos.
Crépin serait heureux si sa plume novice
Eût déployé sans art sa coupable malice,
Ou si ce fils trop vain d'un père cordonnier
Eût appris humblement son paisible métier.

    Au miroir dangereux une belle attentive,
Par ses propres appas à plaisir se captive,
Admire tour à tour ses attraits gracieux
Et de les augmenter ose prier les dieux.
Que fais-tu? Que plutôt un mal fatal aux grâces
Laisse sur ce beau teint ses odieuses traces!
Mais non. Un air plus fin anime tes attraits,
Ton œil est plus brillant, ton teint plus vif, plus frais.
Le plus farouche cœur devient bientôt ta proie,
Ton triomphe est parfait; mais modère ta joie.
Sais-tu que ces amants sur tes pas attirés
Sont autant d'ennemis contre toi conjurés?
Pourras-tu bien toujours, égale en ta sagesse,
D'un traître séducteur rebuter la tendresse?
Des abîmes partout sont ouverts sous tes pas,
Sur ce chemin glissant ne broncherais-tu pas?
C'en est fait, dans l'amour ta sagesse s'oublie,
L'amant favorisé lui-même le publie,
Et de son crime affreux ce cruel suborneur
Tire aux yeux du public ta honte et son honneur.
Dans un corps moins charmant ton âme retranchée
Se fut au fier devoir constamment attachée.
A présent condamnée à d'éternels regrets,
Tu reproches aux dieux leurs nuisibles bienfaits.

    Pour nous-mêmes le Ciel mieux que nous s'intéresse;
Laissons de ses présents le choix à sa sagesse.
Ou si l'âme toujours doit former des désirs,
Pour de solides biens réservons nos soupirs.
Demandons un corps sain, un esprit droit et sage;
Des vulgaires erreurs qui, perçant le nuage,
Jamais d'un faux éclat ne se trouve surpris;
Qui sache à chaque objet fixer son juste prix,
Un cœur grand, juste, ferme et qui suive intrépide
Le pénible sentier où la vertu le guide,
Que l'univers croulant ne puisse en écarter
Et que le vice ait seul le droit d'épouvanter.

XLIII · [11 janvier 1712]

Réflexion sur la finesse des Italiens

La fable du chêne et du jonc[150] me paraît fort applicable à la manière dont se
conduisait l'ancienne Italie et à celle dont se conduit l'Italie moderne.

150. See La Fontaine, 'Le chêne et le roseau', *Fables*, i.22.

Autrefois, elle s'opposait avec vigueur à ceux qui venaient porter la guerre dans son sein, et souvent après avoir longtemps résisté aux coups de la tempête elle se trouvait entièrement ébranchée, et même quelquefois sur le point de sa chute.

A présent, toute la ressource qu'elle trouve contre ceux qui viennent la ravager, c'est sa souplesse. A la moindre apparence d'orage elle plie avec prudence et, accoutumée à se voir le jouet de différents vents, elle se déclare toujours pour celui qui souffle.

Cette conduite n'est pas si propre à embellir les histoires et à s'attirer l'admiration de l'univers que celle des Italiens d'autrefois, mais elle est sensée, et ce qui est sensé vaut d'ordinaire mieux que ce qui est admirable.

Si les nations étrangères sont ainsi les maîtres dans l'Italie dès qu'il plaît à leur intérêt de les y envoyer, il faut convenir qu'elle sait en prendre vengeance d'une manière bien fine et que, dans un certain sens, l'Italie est toujours la maîtresse du monde.

Ce n'est pas qu'elle suive les traces de l'Italie ancienne qui, grossière ennemie de tous les endroits du monde où il se trouvait de l'or, allait, contre vent et marée, imposer des lois à des gens qui se conduisaient fort sagement par les lois du bon sens et de l'innocence. Ces manières de conquérir l'univers étaient bonnes pour ce temps-là, et les Italiens d'à présent, plus habiles que leurs aïeux, ne trouvent pas nécessaire d'avoir dans chaque province de leur domination un proconsul qui, accompagné de soldats et de licteurs, aille mettre dans tout leur jour l'orgueil et l'avarice de ses maîtres. Il y avait dans cette manière d'agir plus de faste que de sûreté, et quand ces gouverneurs de provinces tombaient entre les mains de quelque Arminius,[151] je crois que la gloire du sénat et du peuple romain n'était guère propre à les consoler de la rigueur de leur sort. Une grande partie du monde ne laisse pas d'être tributaire de l'Italie, et il ne lui faut que deux ou trois mille hommes pour aller lever partout les tributs qui lui sont dus légitimement.

Ce que j'avance là serait un paradoxe s'ils voulaient les extorquer de haute lutte, mais ils ne s'y prennent pas par la force; rien n'est d'ordinaire plus pacifique que cette nation, et elle paraît avoir compris tout le sens de cette maxime-ci:

> Lorsque l'on est poltron, on en vit plus longtemps.

De ces deux ou trois mille détachés, c'est assez d'un seul dans une grande ville, et même dans toute une province. Celui-ci pour parvenir sûrement à son but n'a besoin, pour tout équipage, que d'une chocolatière, de deux livres de tabac, de quelques tabatières de Venise faites à Amsterdam et de quelques bouteilles de ratafia ou d'eau de fenouillette.[152] Ce petit fonds rendu inépuisable par une rare industrie, voilà tout ce qu'il lui faut pour triompher de tout un peuple et pour faire encore en sorte que ce peuple lui ait obligation de sa servitude.

Leurs ancêtres exerçaient leur empire sur les corps de ceux qu'ils avaient

151. Chief of the Cherusci, an ancient Germanic tribe, Arminius (18 B.C.-17 A.D.) defeated Roman forces under Varus, but was later betrayed by his own countrymen.
152. Fennel-brandy.

vaincus, sans pouvoir en gagner l'esprit, mais ces messieurs-ci, par un triomphe infiniment plus glorieux, commencent par se rendre maîtres de l'esprit et du cœur, et de là, ils en viennent tout doucement à la bourse qui s'ouvre toujours devant un habile Italien, eût-elle résisté mille fois aux attaques du plus fin Gascon. On ne se croit pas dupé comme il faut quand on ne l'est pas de leur façon; n'auraient-ils pas tort de laisser l'adresse de leur esprit infructueuse? Tout le monde enrage d'être fourbé, ce serait manquer de charité que de refuser ce plaisir à son prochain, et je ne vois pas qu'en conscience on s'en puisse dispenser, surtout quand on y trouve aussi son petit compte. Celui-là même qui s'aperçoit d'avoir été l'objet de la charité de ces messieurs-là n'en fait que rire; ils n'ont fait que leur métier, et plus ils le font habilement, plus ils sont estimables.

Croirait-on bien qu'ils profitent des dépouilles des ennemis, quoiqu'ils soient fort éloignés d'aimer la guerre? Rien n'est plus vrai, et ces jeunes officiers, dont leurs maisons sont continuellement remplies, ne sont qu'autant de leurs émissaires qui vont piller l'ennemi par commission et qui viennent verser à leurs pieds tout ce qu'ils ont gagné pendant toute une campagne, souvent aux dépens de leur sang.

En vérité; cet hommage leur est bien dû; ils ont un génie si transcendant, ils savent si bien aplanir toutes les avenues qui mènent aux pièges les plus grossiers par eux-mêmes qu'il faudrait être Italien comme eux pour n'y pas donner. Veulent-ils, par exemple, vous débiter à un prix exorbitant du tabac dont les palefreniers ne voudraient pas pour rien, ils sauront d'abord mettre finement votre vanité dans leurs intérêts. Ils vous persuaderont que ce tabac n'est pas pour les nez vulgaires et qu'il faut avoir le *goût fin* pour en savourer toute la délicatesse et qu'il n'y a que les savants preneurs de tabac qui en connaissent tout le mérite. Vous voilà pris et vous êtes réduit à payer chèrement ce qui ne vaut rien ou à renoncer à la gloire d'avoir le nez plus habile que les autres. Pour peu que je fusse ami de la pagnoterie,[153] je dirais que cela s'appelle prendre les gens par le nez d'une manière bien fine.

Je sais bien que l'adresse de l'esprit qui sait se liguer avec la vanité des hommes pour les attraper mieux n'est pas si particulière à l'Italie, que d'autres pays n'en aient aussi leur bonne provision.

Mais la finesse des autres nations est gênée d'ordinaire par quelques restes de probité et par quelques scrupules incommodes qui l'empêchent de déployer ses talents avec une entière liberté. La conscience n'exerce guère son empire en Normandie, cependant elle n'y est pas encore entièrement détrônée. Les scrupules ne sont pas fort à la mode en Gascogne, et pourtant ils ne laissent pas d'y traverser quelquefois la louable intention de faire fortune aux dépens du prochain. Mais ils ne sauraient se faire un passage au travers des Alpes; c'est une gloire qu'ils doivent laisser à Annibal et au Prince Eugène.[154]

Dans un cœur italien l'industrie a les *coudées franches*; n'ayant aucun ennemi domestique à combattre, elle peut déployer toute sa vigueur contre les ennemis de dehors, et c'est soutenir qu'elle en vient d'ordinaire à bout que d'avancer

---

153. Punning, a play on words.
154. François-Eugène de Savoie-Carignan or Prince Eugène (1663-1736) was born in Paris. When his service was refused by Louis XIV, Prince Eugène became his constant enemy. An excellent general, he joined Marlborough against the French in the War of the Spanish Succession.

qu'elle ne saurait échouer que contre un cœur modeste et un esprit dégagé de la chimère.

On peut dire que la monarchie universelle des Italiens a eu trois différentes périodes. Dans la première, elle étendait son empire d'une manière dangereuse et brillante; une province conquise lui facilitait la conquête d'une autre, et ses forces s'augmentaient toujours à proportion qu'elles s'éloignaient de leur centre. Cet empire trouva enfin son plus fatal ennemi dans sa propre grandeur et tomba sous le faix de ses propres forces. De cette manière, la période des armes fit place à celui de la superstition. Alors un seul vieillard décrépit savait remplacer lui seul de nombreuses armées et, à la faveur des ténèbres de l'ignorance, exercer un pouvoir tyrannique sur les âmes des plus puissants monarques, qui se faisaient une gloire de leur faiblesse pour cette ridicule divinité. La raison des hommes, sortie enfin d'un profond sommeil, fut l'écueil de cette seconde monarchie, et les princes, devenus alors véritablement souverains, secouèrent en partie ouvertement un joug si méprisable et, en partie, ne le subirent qu'autant qu'il s'accommodait à leur intérêt.

L'Italie se dédommagea de cette seconde chute de son empire en tenant toujours les peuples asservis à la finesse d'esprit de ses habitants, et cette troisième période de leur monarchie universelle, moins sujet au changement que les autres, subsistera jusqu'à ce que le monde n'ait plus de dupes et qu'une autre nation, plus habile encore que l'italienne, leur ravisse un empire qu'ils ont exercé jusqu'ici si dignement.

Autrefois Virgile apostropha les Romains à
peu près de cette manière-ci:

D'autres peuples sauront d'une savante main
Animer mieux que vous et l'ivoire et l'airain;
Une masse sans forme à leur art asservie
De leur ciseau divin empruntera la vie.
Ils sauront mieux que vous, foudroyants orateurs,
Etourdir la raison et triompher des cœurs.
Des astres inconstants la course mesurée
N'aura rien de secret pour leur âme éclairée.
Votre art plus élevé, magnanimes Romains,
Est [d'imposer des lois au reste des humains
Et] de savoir ranger sous une même chaîne
L'univers qu'à vos pieds votre valeur entraîne.[155]

Si ce grand poète vivait à présent, il changerait indubitablement de style, du moins il est à croire qu'à la place des derniers vers il mettrait ceux-ci:

Votre art plus raffiné, Peuples ingénieux,
C'est d'enchanter le goût et d'éblouir les yeux,
C'est savoir par les tours d'une adresse féconde
Dans les mêmes panneaux attraper tout le monde.

155. Cf. Virgil, *Aeneid*, VI, ll.847-53.

On peut soutenir, sans craindre de se tromper, que la qualité qu'on appelle valeur est la cause des désordres les plus funestes qui soient arrivés dans l'univers et, en même temps, le plus brillant chemin pour parvenir à la gloire. C'est cette qualité qui a rendu immortels ces tyrans héroïques qui se sont fait un mérite de ravager tout le monde et qui ont été placés dans le ciel pour prix de leurs cruautés et de leurs injustices.

Ce n'est pas seulement l'ignorant vulgaire qui accorde aux héros son estime et son admiration; l'homme raisonnable même ne saurait s'empêcher de sentir pour eux quelques mouvements de respect quand sa raison n'est pas en garde contre une estime si mal fondée. On se laisse maîtriser par un certain plaisir secret dès qu'on entend parler d'un homme intrépide qui, à la tête d'un petit nombre de troupes, ose fondre sur des forces immenses et qui, insensible au danger comme à la fatigue, concentre toutes ses passions dans le désir d'assujettir le genre humain.

D'où peut venir ce penchant de notre cœur pour une admiration si peu raisonnée? Et par quel principe est-on forcé en quelque sorte d'aimer la chose du monde la plus contraire à l'humanité?

Le but général de la vertu, c'est le bonheur de l'homme, et il est naturel que le cœur d'une créature raisonnable devance la raison pour donner son estime à ces qualités salutaires qui tendent à conserver l'ordre et le repos dans cette société dont elle fait une partie. Mais à peine est-il concevable que le cœur sente ces mêmes mouvements de tendresse et de vénération pour une qualité qui ne sert qu'à bannir de la société ce *repos* et cet *ordre*.

Une des sources de cette estime aveugle que nous avons pour la *valeur*, c'est, à mon avis, notre amour-propre qui se mêle d'une manière presque imperceptible à nos actions, à nos pensées, à nos sentiments.

Dès que nous pensons à quelque action, nous sommes accoutumés de nous mettre à la place de celui qui en est l'auteur, et si nous la trouvons en même temps vicieuse et opposée à nos inclinations, nous sentons pour elle un profond mépris. Quand nous trouvons, au contraire, une action ou un sentiment, quelque vicieux qu'ils puissent être, conforme à notre penchant, sans consulter la raison nous avons de l'indulgence pour elle, et l'idée de nous-mêmes unie à celle de cette action ou de ce sentiment en couvre l'horreur et en efface l'infamie.

Appliquons cette maxime générale à ce qui est en question. Rien n'est plus naturel à l'homme que l'orgueil; sans faire un effort de raison, on ne saurait souffrir des égaux, et beaucoup moins des supérieurs. Il n'y a presque point d'homme qui, s'il en était le maître, ne voudrait dominer sur tout l'univers.

Dès que cette fierté, qui nous accompagne partout, nous fait jeter les yeux sur un héros, sur un conquérant, notre imagination nous met au lieu de lui à la tête d'une armée. C'est nous qui abattons tout, qui domptons tout; c'est nous qui allons chercher des esclaves dans les endroits les plus reculés du monde, qui faisons une vaste prison de toute la terre; c'est ainsi que, dans le temps que nous prodiguons l'encens à ces bourreaux du genre humain, nous sommes proprement nous-mêmes les objets de notre adoration.

Un second principe de l'estime des hommes pour les conquérants, c'est qu'en songeant à leurs actions éclatantes on détourne souvent son attention de ce qu'il y a dans leur conduite de cruel et d'injuste.

Ce que l'on y trouve d'intrépide fait de si fortes impressions sur le cœur qu'il devient insensible pour le reste.

Or l'intrépidité est du nombre des choses qui s'attirent une espèce de vénération parce qu'elles sont rares et qu'elles paraissent, en quelque sorte, au-dessus des forces du cœur humain.

L'homme est naturellement poltron, l'amour qu'il a pour lui-même lui fait chérir son existence et, par conséquent, celui qui affronte les dangers les plus affreux, qui semble prodigue de sa vie, franchit en apparence les bornes de l'humanité, il est quelque chose de plus que l'homme, et nous pardonnons au paganisme de le confondre avec la Divinité.

Voilà comme on se laisse éblouir d'un faux éclat. Pour peu qu'on se voulût donner le loisir de pénétrer dans la nature des choses, on verrait que ce qu'on croit au-dessus de l'homme est fort souvent au-dessous de lui et que l'*héroïsme* confond véritablement avec les brutes ceux qu'il paraît élever à la Divinité. Je dis plus: les bêtes les plus sanguinaires sont de beaucoup préférables aux plus illustres conquérants. Elles sont incapables de réflexion. On ne saurait leur reprocher leur insensibilité aveugle pour le péril; leur faim rend leur fureur excusable et cette faim assouvie met des bornes à leur cruauté. Un conquérant, au contraire, ressemble à un hydropique que la boisson ne fait qu'altérer davantage.

Le courage n'est-il donc pas la marque d'une véritable grandeur d'âme? Assurément. Mais d'ordinaire on en a des idées très confuses et l'on prend les effets d'une lâcheté méprisable pour les marques de la plus sublime valeur. Ces deux hommes, par exemple, qui de sang froid se vont égorger dans un duel, passent chez le vulgaire pour des gens courageux, quoiqu'on puisse soutenir avec justice qu'ils ne vont se battre que par une excessive poltronnerie.

Je veux qu'ils ne soient pas du nombre de ces faux braves qui, avant que d'aller sur le pré, paraissent avoir fait un accord de ne se point faire de mal, mais j'ose avancer qu'ils en sont d'autant plus poltrons. Oui, ce sont des lâches achevés; ils n'osent pas suivre les règles que la raison et l'humanité leur prescrivent. Ils n'ont pas assez de fermeté pour mépriser l'estime d'un tas de gens déraisonnables, et plus ils combattent avec fureur et plus ils font voir qu'ils ont une lâche crainte de perdre un honneur, de la conservation duquel ils devraient rougir.

Si l'on veut considérer le courage sous l'idée d'une vertu, on ne saurait le concevoir sinon comme la force d'une âme éclairée qui s'attache à ce qui est raisonnable sans en pouvoir être détournée par aucune considération. De cette manière, le courage s'étend sur toutes les vertus, et pour dire encore plus, toutes les vertus sont renfermées dans le courage. Toute action véritablement vertueuse part de cette noble intrépidité de l'âme; il n'y a point de vice qui ne soit une véritable poltronnerie, et c'est souvent l'effet d'un courage extraordinaire que d'oser conserver sa vie.

Si l'on applique cette idée du vrai courage à la conduite d'un souverain, on trouvera qu'un souverain sera véritablement courageux si, par un principe de raison, il se contente des Etats que la Providence lui a confiés et s'il achète même la paix par des actions que le vulgaire appelle basses et lâches parce qu'elles sont contraires à l'orgueil et au mauvais sens. Mais si le bien de ses sujets force enfin ce prince à prendre les armes et à se jeter dans les malheurs de la guerre pour éviter des malheurs plus funestes, il obéit sans balancer à la raison qui l'y détermine et n'aspire qu'à la réputation qui est le prix de la vertu. Tout ce qu'il craint, c'est de s'éloigner de son devoir qui a sur son cœur le même empire que la gloire exerce sur ces illustres enragés, dont on couvre l'infamie sous le titre pompeux d'héroïsme.

Il y a un nombre infini d'honnêtes gens qui connaissent l'extravagance de ce qu'on appelle d'ordinaire courage; mais leur esprit a beau se dégager du joug d'un préjugé si pernicieux, leur cœur y reste bien souvent assujetti; ils se font une gloire de ne point suivre là-dessus leurs lumières.

Peut-être que moi-même qui, paisible dans mon cabinet, fais ces réflexions, je serais assez lâche si j'étais offensé pour ne pouvoir pas résister à la crainte de passer pour poltron dans le monde; je crains bien que je n'eusse honte d'être plus raisonnable qu'un autre et que je ne commisse volontairement un crime de peur d'être méprisé par des créatures raisonnables.

Les gens de guerre sont surtout bien à plaindre par rapport à l'honneur qu'on met à se venger d'une injure reçue, et de quelque manière qu'ils fassent, ils sont toujours exposés aux derniers malheurs. S'ils suivent les lois du christianisme, ils passent pour les derniers des hommes, et s'ils obéissent aux lois de l'honneur, ils courent risque de porter la tête sur un échafaud. S'ils écoutent la raison et l'humanité, ils ne passent pas seulement pour infâmes dans l'esprit de leurs compagnons, leur sagesse est quelquefois punie par leurs souverains, et tel a été cassé par les ordres de son prince que ce même prince aurait fait pendre s'il avait lavé un affront dans le sang de son ennemi. Quel cruel défaut de sens commun n'y a-t-il pas dans cette conduite! Un guerrier offensé doit se battre ou ne se battre pas: il n'y a point de milieu. S'il fait mal en se battant, il fait donc bien en ne se battant point; le contraire d'une action punissable est sans doute innocent, et rien n'est plus naturel que de trouver infâme ce qui mérite la mort et digne de louange ce qui est opposé directement au crime. Mais on se forme des idées monstrueuses de tout, on attache la gloire au vice et l'infamie à la vertu et l'on prescrit aux hommes des lois qui les forcent à vivre déshonorés, ou bien à mourir glorieusement par la main du bourreau.

XLV · [25 janvier 1712]

J'avais promis aux dames dans mon premier *Misanthrope* de les entretenir quelquefois et je m'étais flatté même de leur dire certaines choses assez dignes de leur attention. Jusqu'ici, je ne me suis pas trop bien acquitté de cette promesse, et comme je me pique d'être religieux observateur de ma parole, je prends une forte résolution de réparer ma faute dans ce second volume de mon ouvrage. Je commence dès à présent, Mesdames, et je vous destine toutes les réflexions que je prétends faire cette semaine. Heureux! si je puis vous les rendre agréables et si, tirant mon style de sa sécheresse ordinaire, j'y puis répandre quelque chose de cette galanterie aisée qui distingue avantageusement Bussy d'avec le chevalier d'Her et d'avec Voiture.[156]

Un bon nombre de gens vous aiment, Mesdames, quand ils sont jeunes; ils vous aiment avec fureur. Mais, incapables de cette délicate tendresse qui ne tombe que dans les belles âmes, leur passion pour vous se perd avec l'activité de leur jeunesse. Souvent même vous leur devenez odieuses, et ils disent dans leur cœur au beau sexe: 'Je vous ai trop aimé pour ne vous point haïr.'[157]

Pour moi, je vous ai fort aimées aussi, et comme mon cœur et mon esprit ont eu toujours part à ma tendresse pour vous, je vous garde encore une estime tendre et délicate. Je fais plus et j'en devrais rougir en qualité de Misanthrope. Je suis chagrin d'être d'un âge à m'en devoir tenir avec vous à l'estime.[158]

Ne croyez pas que je sois de ces sots vieillards qui se font un plaisir de dire à tout moment qu'ils ont été des compères dans leur jeunesse et que peu de femmes ont pu résister à leur mérite; c'est tout ce que je puis pardonner au pauvre Abélard. Un peu de vanterie est permise aux malheureux du premier ordre.

Que l'amour-propre est ingénieux! Un homme d'âge, ne trouvant plus dans son extérieur de quoi plaire, veut du moins faire aimer l'extérieur qu'il a eu autrefois. Il appelle le passé au secours du présent et, enterré dans sa perruque, importuné par sa grosse figure, il se tue de répéter qu'il a eu la tête belle et la taille fine. Laissons-les là, ils me ramèneraient tout droit à la morale.

Quand j'étais jeune, je faisais de mon mieux pour vous être agréable et souvent, au défaut de vous plaire, je me faisais un plaisir d'examiner pourquoi vous me plaisiez et ce qui vous manquait pour me plaire encore davantage. Quelquefois même je me faisais un chagrin délicat de ne vous pas aimer aussi fortement que j'eusse souhaité et je me hasardais à vous donner des conseils aussi contraires à mon repos que favorables à vos charmes. Mais d'ordinaire, on avait peu d'égard à la bonté de mes intentions, et j'étais fort mal récompensé de ma franchise et de mon désintéressement. Mon malheur me donna lieu de remarquer que vous n'aimiez pas assez la candeur, ni dans vous-mêmes ni dans les autres, et que ce sentiment secondait mal votre beauté contre le cœur d'un honnête homme. Vous voulez des amants d'un mérite distingué, mais le moyen de leur plaire longtemps si vous ne ménagez la délicatesse de leur amour-propre? N'est-ce pas travailler à les éloigner de vous que de préférer aux louanges judicieuses que leur candeur vous dispense les éloges circulaires qu'un flatteur outré prodigue indifféremment à toutes les femmes? Les hommes ne sont pas de votre goût sur la franchise; ils ne l'aiment pas trop dans leurs amis et ils la chérissent dans leurs maîtresses, pourvu qu'elle n'ait rien de rude et d'injurieux et que vous l'adoucissiez par des manières polies qui, naturelles au beau sexe,

---

156. Three gallant writers of the seventeenth century: Roger de Rabutin, comte de Bussy (1618-1693), Bernard Le Bouvier de Fontenelle (1657-1757), who wrote the *Lettres du chevalier d'Her* (1686), and Vincent Voiture (1598-1648).

157. Cf. Racine, *Andromaque*, *Œuvres complètes* (Paris 1950), II, i, l.32: 'Ah! je l'ai trop aimé pour ne le point haïr.'

158. Van Effen, not quite 28 when he wrote this number, is following the character of his title-figure, the wise, elderly Misanthrope. Marivaux seems to have been inspired by this character; see his *Spectateur français*, numbers 1 and 17.

ne sont pas toujours incompatibles avec la sincérité. Ce que la candeur a
d'aimable en elle-même, joint à ce qu'elle a de rare parmi vous, est tout à fait
propre à vous attirer l'estime et la tendresse de tous ceux qui ont quelque goût
pour le vrai mérite.

Il n'est pas nécessaire d'être entré bien avant dans votre cœur pour savoir
que vous êtes fort sensibles à la perte de vos amants. Mais que vous seriez peu
exposées à ce malheur si vous saviez ménager vos agréments et notre tendresse!

D'ordinaire, vous rebutez vos amants par des caprices excessifs, ou bien vous
endormez leur passion par une languissante uniformité d'humeur. Votre empire
sur leur cœur serait bien plus durable si vous saviez donner à vos manières une
certaine irrégularité qui parût moins l'effet d'un esprit bizarre que d'une vivacité
propre à varier votre mérite et à le présenter toujours sous une face nouvelle.

Montrez à votre amant tantôt une petite fierté qui réveille, tantôt une
complaisance qui touche, une autre fois une crédulité qui s'insinue dans son
cœur, souvent un peu de jalousie qui l'anime; en un mot, faites-lui voir toujours
quelque chose de nouveau et de touchant dans vos sentiments et dans votre tour
d'esprit, et je vous réponds que son cœur entretenu dans une activité continuelle
n'aura pas le loisir d'être inconstant.

Ne croyez pas, Mesdames, que les hommes changent d'ordinaire par une
trahison concertée; leur amour est né bien souvent en dépit d'eux et il meurt de
même, faute de l'agréable nourriture que lui peut donner *le nouveau*. Prodiguez
cet aliment à leur tendresse, et vous leur ferez goûter dans le plus fidèle
attachement toutes les douceurs de l'inconstance.

Permettez-moi encore de vous dire, Mesdames, que d'ordinaire vous négligez
de cultiver votre esprit, ou bien que vous le cultivez trop ou mal. En général, la
nature ne rend guère ses productions achevées; elle laisse presque toujours
quelque chose à faire à l'art. Pour rendre votre tour d'esprit heureux et aimable,
il vous faut un peu de réflexion, un peu de lecture. Bien souvent il vous arrive
d'enrichir votre esprit par ces moyens, mais rarement vous appliquez-vous à
former votre raison. Changez de méthode si vous m'en croyez; donnez vos plus
grands soins à votre raisonnement, il en a plus à faire que votre esprit.

Gardez-vous bien, pourtant, de faire les philosophes. Si vous voulez nous
charmer par des raisonnements exacts, par des réflexions profondes, ménagez-
leur une expression aisée et naturelle; qu'elles ne sentent jamais l'étude et le
cabinet et qu'elles ne paraissent que l'effet d'un génie peu vulgaire. Le naturel
est votre partage, il fait votre mérite, et vous devez vous appliquer uniquement
à mettre ce naturel dans tout son jour et non pas à l'affaisser et à l'ensevelir
sous la science.

Certaines femmes, pour s'éloigner des mignardises par lesquelles une précieuse
prétend nous attendrir en sa faveur, croient s'attirer notre estime en s'élevant
au-dessus des faiblesses de leur sexe et en affectant la force de corps et d'esprit
qui caractérise les hommes. Mais, à mon avis, elles tombent dans une extrémité
tout aussi éloignée de l'aimable que celle qu'elles évitent.

Se piquer de négliger ses charmes et de ne point donner à sa beauté tous les
avantages qu'elle peut recevoir de l'art, affecter avec cela des airs robustes et
virils, c'est se piquer de nous déplaire.

Ce que nous aimons le plus dans une femme, c'est sa qualité de femme. Ce n'est proprement que ce qui caractérise son sexe qui nous touche et qui nous rend sensibles à son mérite. Ses belles qualités nous peuvent donner de l'estime et de l'amitié, mais elles ne nous donnent de l'amour qu'autant qu'elles sont entées sur la femme, s'il m'est permis de parler ainsi.

Quand je me suis amusé quelquefois à lire les *Rolands* et les *Amadis*, ce que j'y découvrais de plus éloigné de la vraisemblance n'était pas ces géants démesurés pourfendus par un homme ordinaire, ces palais bâtis par enchantement, ces armées défaites par un seul paladin; je trouvais mille fois plus extravagant que tout cela l'amour qu'on y donne aux héros pour des Marphises et des Bradamantes, qui prêtaient le collet au plus vaillant chevalier et qui de jour s'exposaient aux injures de l'air et couchaient sur la dure pendant la nuit.[159]

Si vous vouliez suivre mes avis, Mesdames, vous ne feriez point d'effort pour cesser d'être femmes, et quand même la nature vous aurait donné un tempérament robuste et viril, vous le cacheriez par l'affectation délicate d'un peu de faiblesse. Une femme a bonne grâce d'être un peu faible; elle doit seulement prendre garde de ne pas outrer cet agrément et de n'en point faire un vice, ou bien un ridicule. J'aime surtout qu'une dame daigne être aimable et qu'elle veuille bien prendre un peu de peine pour nous plaire. Mais ce conseil doit être pratiqué avec précaution, et bien souvent, Mesdames, vous prenez des mesures très fausses pour nous rendre sensibles à vos agréments. Il vous faut de l'ajustement, j'en conviens; il n'y a qu'une beauté achevée qui puisse soutenir le négligé, et ce négligé, pour être avantageux, a besoin encore d'une espèce d'art caché et surtout d'une propreté riante, sans laquelle les attraits les plus touchants ne sauraient que choquer notre délicatesse. D'ordinaire vous copiez, dans la manière de vous mettre, le ridicule d'un peintre de l'antiquité qui avait entrepris de faire un portrait de Vénus. Son imagination, n'étant pas assez forte pour ramasser dans son tableau toutes les grâces d'une belle nature, il chargea sa déesse d'habits magnifiques et de pierreries; il n'était pas assez habile pour la faire belle, il la fit riche.

Si la nature ne vous a pas été favorable, ne prétendez pas sauver votre laideur de nos réflexions à la faveur de votre parure, ni arrêter nos yeux par l'éclat de vos habits pour les détourner de vous-mêmes; toute la richesse qui vous environne ne sert qu'à mettre votre peu d'agrément dans tout son jour, et les beautés que vous empruntez de la fortune ne font que répandre de la lumière sur la laideur qui vous est naturelle. Combien de fois l'éclat d'un diamant a-t-il fait remarquer l'énorme grandeur d'une oreille à laquelle il servait de parure? Combien de fois la maigreur d'une gorge n'a-t-elle pas reçu de très mauvais services d'un collier de perles qu'on y avait mis pour tout un autre usage?

On ne saurait suppléer au défaut d'un extérieur revenant que par les senti-

---

159. See van Effen's advice against romances ('romans') in numbers L, LXIV, and LXXXVIII. These are all heroic characters from popular romances: Roland, nephew of Charlemagne and title-figure of the *Chanson de Roland* (circa 1080), was also celebrated in *Roland amoureux* and in *Orlando furioso* by Ariosto. Amadis de Gaule is the principal protagonist in chevalric romances by Garcia Rodriguez de Montalvo. Marphises or Marphise is the woman warrior and sister of the Sarrasin Roger. Bradamentes or Bradamante, another woman warrior, figures in several romances, including *Orlando furioso* and *Renaud de Montauban*; Bradamente is Renaud's sister.

ments généreux de l'âme, par l'agrément de l'esprit, par la facilité de l'humeur et par la politesse des manières.

Pour vous qui êtes aimables. ... Mais je vois mon cahier rempli; on ne finit point, Mesdames, quand on se met à vous parler; plus on dit de choses et plus on en trouve à dire. Aussi ai-je bien envie de renouer la conversation et de vous faire voir que j'ai fait des réflexions aussi justes sur la nature de l'ajustement que sur celle du vrai courage.[160]

XLVI · [1 février 1712]

Les énigmes sont si fort en vogue qu'il est bien juste que j'en dise un mot. Dès qu'on met le pied dans une compagnie, 'Ah, Monsieur, ou Madame,' vous dit-on, 'avez-vous deviné une telle énigme du *Mercure* ou de la *Quintessence?*' Là-dessus, l'énigme est lue trois ou quatre fois et bien des personnes, après avoir affecté de rêver profondément, devinent fort juste ce qu'ils ont déjà entendu deviner à quelques autres. Cependant, en voilà assez pour envoyer le nom d'une personne si habile à l'auteur du *Mercure* et pour surcharger son ouvrage de quelque *rébus*.

Ce n'est pas depuis peu de siècles que les énigmes sont en usage. Je suis fort porté à croire qu'on en a fait depuis que les hommes ont préféré les phrases obscures aux expressions claires et naturelles, c'est-à-dire, à mon avis, depuis que le monde est monde.

Les hiéroglyphes des Egyptiens n'étaient autre chose que des énigmes de morale, science qui a plus besoin d'être éclaircie que d'être enveloppée, et les premiers philosophes grecs cachaient sous des emblèmes leur physique, qui était elle-même une énigme et qui n'a pas encore tout à fait changé de nature.

Dans le vieux temps, les rois s'entr'envoyaient des ambassadeurs pour se proposer les uns aux autres des questions énigmatiques; ils rendaient tributaires, à coup d'énigmes, ceux qui leur cédaient en subtilité d'esprit et, dans le fond, cela valait mieux que de vouloir parvenir au même but par la voie des armes.

Si je voulais trancher du savant, je prouverais par cent autres exemples et par mille citations ce que je viens d'avancer touchant l'antiquité des énigmes. Je parlerais de celle qui fut proposée aux Philistins par Samson, qui ne songeait pas qu'une énigme cesse de l'être dès qu'une femme en sait le mot. Je ne manquerais pas de vous parler d'Oedipe et du Sphinx et je vous prouverais que la reine de Séba ne vint voir Salomon que pour éprouver son discernement par des questions obscures, qui ne sont autre chose que des énigmes. Surtout je vous ferais toucher au doigt et à l'œil que ces fables extravagantes, ces divinités ridicules d'Homère sont autant d'énigmes qui découvrent à ceux qui savent y pénétrer les trésors les plus précieux d'une profonde sagesse. Mais je laisse ce docte fatras à ceux qui s'y plaisent davantage que moi et j'aime mieux examiner si ceux qui s'en font accroire, pour avoir développé quelques énigmes, fondent leur vanité sur une base un peu solide. J'avoue que je suis pour la négative et

160. See number XLVII.

je crois même que pour réussir à résoudre ces espèces de problèmes la justesse de l'esprit nuit plus qu'elle n'y sert.

> 'Et tel qui de l'énigme a rencontré le mot
> Se croit un grand génie et souvent n'est qu'un sot.'[161]

Pour voir si je me trompe là-dessus, considérons ce qui se passe dans l'esprit d'un homme qui s'occupe à deviner une énigme. Il voit devant soi un grand nombre de caractères qui doivent tous convenir à un même sujet et auxquels on s'est étudié de donner une apparence de contradiction.

A chacun de ces caractères qu'il examine, les idées d'un grand nombre de différents sujets s'excitent dans son imagination; il passe tous ces sujets en revue et prend garde s'il peut trouver quelque rapport entre les sujets et le caractère qui est l'objet de son attention.

Supposons à présent qu'un esprit peu juste et un esprit exact tombent sur le même caractère, qu'ils le rapportent l'un et l'autre au même sujet et que ce sujet soit véritablement celui que l'auteur de l'énigme ait eu en vue. Le premier se contentera de trouver un accord apparent entre les objets de son examen et, parcourant les caractères suivants avec la même indulgence, il donnera dans le sens de l'auteur.

Il en sera tout autrement d'un esprit juste, accoutumé à examiner tout avec la rigueur scrupuleuse d'un discernement exact; s'il ne voit pas que le caractère en question convient avec la dernière justesse au sujet qui l'a d'abord frappé, il l'écartera de son esprit, il ira tâtonner après quelque autre sujet et s'égarera du but de l'auteur à force de justesse et de raisonnement.

Ce que je soutiens est d'autant plus vrai que de dix énigmes que nous voyons tous les jours, il n'y en a pas deux qui soient bien faites, et, par conséquent, pour les deviner il faut copier l'esprit faux de leurs auteurs.

D'ailleurs, un homme qui s'est fait une méthode de raisonner avec solidité n'est guère porté à prêter son attention à ce qui ne lui saurait apporter aucune utilité. N'est-ce pas dans le fond une véritable petitesse d'esprit que de se donner la torture pour deviner une énigme? Vous avez trouvé, par exemple, que tous les caractères d'une basse de viole convenaient à une basse de viole, qu'avez-vous gagné par là? Ne le saviez-vous pas bien auparavant?

Peut-être s'imagine-t-on qu'en s'appliquant à ces sortes de conjectures, on donne de l'ouverture à son esprit et qu'on le rend propre à faire des conjectures véritablement utiles sur les vues des hommes. En effet, il y a des énigmes de politique qu'il faut résoudre absolument pour gouverner une république avec succès, mais elles n'ont rien de commun avec celles qui sont l'objet de la curiosité ordinaire.

Pour démêler celles-ci, on n'a rien de fixe, rien de certain, on est enveloppé d'une obscurité perpétuelle et l'on n'y marche qu'en tâtonnant.

Mais pour les énigmes de politique, on peut dire que s'occuper à les deviner, c'est plutôt raisonner juste que faire des conjectures. Par exemple, 'L'Angleterre

---

161. Cf. Boileau, 'Satire IV', ll.7-8:
    Et qui de mille Auteurs retenus mot pour mot,
    Dans sa teste entassez, n'a souvent fait qu'un Sot.

fera-t-elle la paix, ou ne la fera-t-elle pas?'[162] C'est une espèce d'énigme, mais on n'y pénètre qu'en raisonnant conséquemment sur des principes fixes et indubitables. On réfléchit sur l'intérêt de cette république, sur l'humeur et sur la capacité du souverain, sur les inclinations de ceux qui sont à la tête des affaires, sur leur conduite passée, sur l'esprit de toute la nation et sur les moyens qu'elle a de continuer la guerre. De tous ces principes très sûrs, on peut conclure que l'Angleterre fera la paix ou qu'elle ne la fera pas, et l'on ne donne à cette conclusion que le degré de probabilité que la raison lui assigne précisément.

L'exercice qu'on donne à son esprit pour deviner les énigmes ordinaires ne saurait servir tout au plus qu'à donner plus d'étendue à l'imagination, ce qui serait très utile si la même occupation faisait le même effet sur le jugement. Mais rien n'est plus pernicieux qu'une imagination vaste avec un raisonnement borné; dans cette situation elle n'est qu'une source méprisable de fausses lumières, de travers d'esprit, de fades allusions, en un mot, c'est l'ennemie jurée du naturel et du bon sens.

Vous, Messieurs, qui jusqu'ici avez tant applaudi à la pénétration de votre esprit pour être venus à bout des énigmes les plus faussement conçues, je doute fort que vous changiez d'opinion en faveur de mes raisonnements; aussi ne les soutiens-je pas si démonstratifs qu'absolument il y faille déférer. Je n'aime pas à passer pour entier dans mes sentiments et j'aime encore moins à l'être. Voyons donc par expérience si véritablement l'application que vous avez donnée à votre esprit l'a rendu plus pénétrant et si vous seriez capables de résoudre une question énigmatique où l'on ne saurait pénétrer qu'à l'aide d'un discernement juste.

J'ai lu dans un historien arabe qu'un prince d'El Catif, nommé Emir Tachmas, était grand amateur de la vérité et qu'il punissait le mensonge avec la dernière rigueur. Je crois que ce prince avait bien à faire et que le naturel de ses sujets ne laissait guère sa justice oisive. Quoi qu'il en soit, Emir Tachmas résidait dans une ville où il y avait quatre portes, à chacune desquelles il avait placé une garde de soldats, un juge et deux muets qui faisaient l'office de bourreau.

Dès qu'un étranger voulait entrer dans la place, les soldats s'en saisissaient et le menaient devant le juge. Celui-là l'interrogeait exactement sur le dessein qui le conduisait dans les Etats de l'émir et, après avoir mis sa réponse par écrit, il le laissait aller.

On ne manquait pas cependant d'épier avec soin toutes ses actions, et si l'on trouvait qu'il eut répondu avec sincérité, on le logeait dans un caravansérail où, tant que ses affaires duraient, il était entretenu aux dépens du prince. Si, au contraire, l'étranger avait débité quelque mensonge, on le ramenait à la porte et, sans autre forme de procès, le juge qu'il avait trompé le faisait étrangler par les muets. Telle était la loi du souverain.

On peut s'imaginer facilement que les nouvelles de cette conduite de l'émir furent bientôt répandues par toute l'Arabie et qu'on répondait d'ordinaire avec franchise aux questions du juge. Il faudrait être bien enragé menteur pour ne pas dire la vérité quand par elle on peut parvenir au but où tendent la plupart des mensonges: ce but c'est l'intérêt. Cependant, un de ces mauvais plaisants,

162. This paper was written in 1712, during negotiations to end the War of the Spanish Succession. The Peace of Utrecht was concluded the following year.

qui s'exposeraient aux derniers malheurs pour avoir le plaisir de débiter une bouffonnerie, résolut de donner de l'embarras à un des juges de l'émir. Etant interrogé sur ce qu'il venait faire dans les Etats du prince, il répondit qu'il venait s'y faire étrangler et, en même temps, il alla vers les muets qu'il reconnut à la corde qu'ils avaient toute prête. Il avait résolu d'embarrasser le juge; il y réussit parfaitement et, certes, on serait embarrassé à moins. La loi, comme j'ai dit, ordonnait de laisser aller sain et sauf celui qui aurait dit vrai au juge et d'étrangler celui qui lui aurait menti. Par conséquent, si on étranglait cet homme-là, il avait dit la vérité; il fallait le laisser en vie et lui faire toutes sortes de bons traitements. Si on ne l'étranglait pas, il avait menti et, selon la loi, il devait être étranglé. En un mot, de quelque manière que tournât cette affaire, il semble qu'il fallait en même temps l'étrangler et ne l'étrangler pas.

Qu'auriez-vous fait à la place du juge, Messieurs les Déchiffreurs d'énigmes? Rêvez-y à loisir; je vous donne quinze jours pour me répondre. Si vous ne me répondez pas, je vous tiens pour atteints et convaincus de petitesse d'esprit. Et si vous me répondez, je vous promets, foi de Misanthrope, de peser vos réponses avec toute l'équité dont je suis capable. Vous n'avez qu'à vous adresser au libraire et exprimer vos solutions en aussi peu de mots qui se puisse; je les approuverai si je les trouve bonnes, sinon je ferai mes efforts pour en donner une meilleure. Jusqu'au revoir.

XLVII · [8 février 1712]

Je sais, Mesdames, que vous ne me voulez pas trop de bien et qu'une des raisons de votre ressentiment est tirée de la requête que j'ai présentée à l'Académie française pour lui demander des féminins pour *fat* et *petit-maître*.[163] Sérieusement, vous n'y pensez pas; songez, s'il vous plaît, que je n'ai point attaqué le beau sexe en général; mon but n'a été que de le préserver d'un ridicule qui fait l'infamie des hommes et qui est entièrement éloigné de votre caractère naturel. S'il y en a parmi vous, Mesdames, qui justifient ma critique par leur conduite peu raisonnable, bien loin de se fâcher contre moi qu'elles montrent que les hommes leur cèdent en docilité, qu'elles rentrent dans l'aimable modestie qui fait le plus grand agrément de votre sexe. Vous, au contraire, qui, par vos manières sages et polies, vous mettez à l'abri de mes reproches, applaudissez à votre raison qui n'a pas besoin de mes avis pour vous garder de l'imitation de nos extravagances et de nos vices.

Je reviens au sujet dont je vous ai entretenues il y a quinze jours.

J'ai fait voir que l'ajustement excessif n'est point avantageux aux personnes destituées des grâces d'une beauté naturelle. Cependant, on peut dire que nous leur avons obligation d'offrir à nos yeux quelque chose de moins désagréable qu'elles-mêmes. Pour vous qui êtes aimables, vous ne sauriez nous faire plus de plaisir qu'en débarrassant vos charmes d'une beauté étrangère qui ne fait que l'offusquer.

163. See number XXVI.

Ne consultez que votre amour-propre sur mon sentiment. Y a-t-il une vanité délicate à vouloir partager avec vos ajustements nos regards et notre admiration? Et croyez-vous préjudicier à votre gloire en n'ayant rien de si beau sur vous que vous-mêmes?

L'ajustement ne doit point faire un agrément à part qu'on puisse opposer aux grâces qui vous sont propres; il ne doit faire qu'un seul *tout* avec votre beauté. Ce n'est que vous que nous devons voir dans vos habits; ils ne doivent qu'aider vos appas, relever votre air, développer vos grâces, et s'il se peut, ils doivent fixer toute notre attention sur vos charmes, sans nous donner le loisir de songer à ce qui leur prête un nouvel éclat.

S'il faut justifier par quelque autorité d'importance mon sentiment sur la manière de s'ajuster, je ne vous allèguerai que le tendre, le galant, l'ingénieux Ovide. Il avait bien étudié le sexe et savait mieux qu'homme au monde ce qui est avantageux aux dames. Voici à peu près comme il parle aux femmes trop parées.[164]

> La grâce qu'à vos corps le Ciel a départie
> Est sous vos beaux habits souvent ensevelie;
> Vos soins mal entendus excitent mon courroux,
> Et votre vanité par eux est démentie.
> De tout ce que l'on voit en vous,
> La femme d'ordinaire est la moindre partie.

Peut-être croyez-vous, Mesdames, que votre qualité vous force quelquefois à vous distinguer du vulgaire par une parure magnifique. Mais, de grâce, pénétrez par un peu de réflexion dans le fond de votre cœur, vous sentirez bien qu'il s'intéresse plus tendrement pour vos charmes que pour votre naissance. Le respect, souvent forcé, qu'on donne à votre rang ne saurait vous toucher d'une manière si délicate que l'hommage qu'on accorde avec plaisir à votre beauté. Nous pardonnons fort facilement à une aimable femme l'obscurité de sa naissance, et rien ne nous paraît plus noble que les grâces d'un beau visage relevées par un ajustement bien entendu.

> Ne vous entêtez pas de vos aïeux altiers;
> La laideur chez le sexe est la seule roture,
> Et les charmes qu'étale une aimable figure
> Valent mieux que seize quartiers.

Je suis sûr, Mesdames, que vous êtes de mon opinion et que vous préféreriez toujours l'empire que le mérite exerce sur les cœurs à la puissance absolue qu'un monarque exerce sur la volonté de ses sujets.

> Une reine mal satisfaite
> Du peu d'éclat de sa beauté,
> Au mépris de sa majesté,
> Changerait son sceptre en houlette
> Pour devenir jeune et bien faite.

Mais il me semble que je ne combats ici qu'une chimère. Piquez-vous de qualité, Mesdames, tant que vous le voudrez, mais ne prétendez pas en donner

---

164. See *Ars amatoria*, III, l.129 and the following for Ovid's advice to women.

des marques par la magnificence de vos habits. On ne distingue plus, par là, la noblesse d'avec la roture; à peine met-elle quelque différence entre la richesse et la pauvreté.

Vous avez de tout autres moyens pour caractériser le beau sang dont vous êtes sorties. Il y a un certain air grand et noble que les sentiments du cœur répandent sur le visage; il y a des manières de qualité qui sont l'effet d'une éducation bien entendue; surtout, il y a une certaine honnêteté insinuante, une aimable affabilité, une fierté raisonnable: ce sont là les caractères véritables d'une illustre origine. Au contraire, un air farouche, une rudesse impertinente, un orgueil mal entendu font voir la bassesse du cœur et l'obscurité de la naissance au travers de la plus éclatante parure qui n'en impose qu'aux esprits vulgaires.

Permettez-moi, Mesdames, de vous rapporter ici un trait d'histoire. Je crois qu'il viendra à propos et j'ai résolu de l'exprimer d'une manière concise.

Entre les galants de la vieille cour se distinguait Bussy d'Amboise par son esprit et par son bon goût. Il savait que pour célébrer certaine fête tous les courtisans avaient fait des dépenses prodigieuses pour paraître avec éclat.

Pour lui, il fit faire à ses domestiques des habits de la dernière richesse, et le jour de la fête il parut à la cour dans un habit fort uni au milieu de cette troupe de valets magnifiquement déguisés. La nature avait fait tous les frais de son ajustement, et, paré seulement de sa bonne mine, il se fit reconnaître sans peine pour le maître de ceux qui l'accompagnaient. Ce n'est pas tout; quand il se fut mêlé parmi les autres seigneurs de la cour, on les prit tous pour des laquais et lui seul parut homme de distinction.[165]

La vanité de ce courtisan était fine et bien raisonnée, et je serais fort d'avis, Mesdames, que vous vous réglassiez sur un si bon modèle.

> Habillez vos filles suivantes
> De vos parures éclatantes;
> Parez-vous seulement d'un air de qualité,
> D'une aimable douceur, d'une noble fierté,
> Vous montrerez ce que vous êtes.
> Et, dupes de leur vanité,
> Les dames les plus satisfaites
> Du faux brillant d'un éclat emprunté
> Ne paraîtront que des soubrettes.

Le conseil que je viens de vous donner est d'autant meilleur que toutes les femmes qui ont de l'argent et du crédit peuvent se donner nombre de valets, un équipage brillant et des habits superbes, mais on n'achète pas le bon air. La richesse peut donner tout à ceux qui la possèdent; l'estime du monde même est souvent un présent de la fortune; mais l'air noble est une faveur de la nature, ou bien l'effet d'une habitude formée par une éducation heureuse. Cet air est charmant, et, dès qu'on veut le copier, on donne à coup sûr dans le ridicule.

La mode influe trop sur la manière de s'ajuster pour n'en pas dire un mot ici. L'empire qu'elle exerce sur les hommes est extravagant, j'en conviens, mais c'est une extravagance privilégiée; tout le monde en est coupable et l'on ne se

---

165. Saint-Evremond writes of this incident in a letter to the duchesse de Mazarin; see his *Œuvres* (Amsterdam 1726), iv.37-38. All further references are to this edition. Addison and Steele later comment on the incident in the *Spectator*, number 467 (26 August 1712).

peut distinguer des autres là-dessus sans affectation et sans bizarrerie. Dans le fond il est indifférent de quelle manière on s'habille, et puisque rien ne détermine la parure que la pudeur et l'agrément, je crois, Mesdames, que vous faites bien de suivre la mode autant qu'elle convient à ces deux règles. Vous feriez plus mal encore d'outrer la mode que de vous en écarter; il est bon même que vous ne vous y attachiez pas si scrupuleusement qu'elle préjudicie à votre beauté; vous feriez bien de l'assujettir, autant qu'il se peut, aux agréments qui vous sont naturels. Toutes les femmes ne sont pas bien avec une coiffure qui les allonge d'un pied; toutes n'ont pas bon air avec un bonnet qu'on ne voit qu'à peine; et surtout il y en a peu dont les épaules aient bonne grâce à s'exposer au grand jour. Celle qui secoue entièrement le joug de la mode passe pour capricieuse et particulière; celle qui l'outre, pour une provinciale qui copie les airs de cour. Mais celle qui peut trouver une heureuse harmonie entre la mode et sa beauté répand en quelque sorte son esprit sur son ajustement; elle seule possède l'art de se mettre de bon goût.

Ce que je vous ai dit, Mesdames, touchant l'effet qu'opère sur le cœur des hommes la *variété* de vos manières peut être appliqué aussi à votre ajustement; rien ne touche plus notre amour pour la nouveauté que votre industrie à diversifier votre parure.

Ce goût pour la variété ne fait pas notre éloge, il est vrai:

> Nous avons tort, je le confesse,
> Ce défaut est bizarre autant qu'il est commun,
> Mais enfin pour plaire à quelqu'un
> La sûre route est sa faiblesse.

J'ai parlé des avantages de la beauté dans des termes un peu forts, et l'on pourrait croire que c'est là le mérite que je considère le plus dans le beau sexe; cependant, on se tromperait fort. Les grandes beautés ne sont pas les plus touchantes; elles frappent, on les admire, mais souvent on en reste à l'admiration. Ce qui gagne le cœur, c'est l'agrément, et l'agrément résulte d'ordinaire de quelques traits irréguliers qui forment sur le visage une touchante bizarrerie. Je vais encore plus loin. Je crois qu'une femme, sans avoir rien de beau, entreprend rarement de plaire sans y réussir, pourvu qu'elle ait l'esprit adroit, le cœur bien placé et l'humeur agréable. Elle peut tirer de ces qualités une espèce de beauté qui ne fait pas des impressions si vives que l'agrément du visage, mais qui en fait de plus fortes et de plus durables. Soit que la nature se plaise à partager ses faveurs, soit qu'une belle femme se fie assez sur ses charmes pour négliger son esprit, la sottise est assez souvent compagne de la beauté. Frappé des attraits d'une jolie femme qu'on trouve dans une compagnie, on la préfère naturellement aux autres pour lier conversation avec elle et, souvent, on est la dupe de la première sottise qu'elle dit:

> Quelquefois on l'entend sans qu'on s'en effarouche,
> L'éclat de sa beauté rend notre esprit capot,
> Ce que la belle dit de sot,
> Passant par son aimable bouche,
> Se rectifie et devient un bon mot.

Mais si elle entasse fadaise sur fadaise, nous sentons un dépit secret de voir si peu d'esprit avec tant de beauté, et ce que la sottise a d'odieux paraît se communiquer à l'extérieur de cette belle niaise.

> Le cœur devient bientôt rebelle
> A l'empire de ses appas.
> La bouche peut-elle être belle
> Par où passe tant de fatras?

Rebuté enfin d'un entretien si mal soutenu, on cherche les grâces de l'esprit ailleurs et, souvent, on les trouve enveloppées dans un dehors peu revenant. A mesure que la conversation s'anime, il semble que nos yeux se dessillent peu à peu ou qu'un nuage qui environnait les attraits de cette personne se dissipe insensiblement. Nous remarquons avec plaisir qu'elle goûte les jolies choses que nous prétendons dire, et notre vanité s'accommode de ses lumières. Bientôt nous ne pourrons plus nous passer de sa conversation, et une dame qui sait se rendre nécessaire à l'amour-propre d'un homme n'est pas longtemps sans en être aimée.

XLVIII · [15 février 1712]

> 'Laissez nommer sa mort un injuste attentat:
> La justice n'est pas une vertu d'Etat.
> Le choix des actions ou mauvaises ou bonnes
> Ne fait qu'anéantir la force des couronnes;
> Le droit des rois consiste à ne rien épargner:
> La timide équité détruit l'art de régner.
> Quand on craint d'être injuste, on a toujours à craindre;
> Et qui veut tout pouvoir doit oser tout enfreindre,
> Fuir comme un déshonneur la vertu qui le perd
> Et courir sans scrupule au crime qui le sert.'

Voilà des leçons de politique que Corneille fait donner par un courtisan à Ptolomée, roi d'Egypte, lorsqu'il balançait à sacrifier à César la tête de Pompée.[166]

Ces vers seuls sont capables de caractériser le génie de ce grand poète. Ils montrent parfaitement bien que, pour réussir dans la poésie, il ne suffit pas d'avoir de l'imagination et de savoir donner de la cadence à un vers, mais qu'il faut encore posséder l'art de raisonner et avoir des idées nettes et distinctes de toutes les choses dont on s'ingère de parler. En effet, on ne saurait donner une image plus vive de la pernicieuse politique de ces princes qui font d'un intérêt grossier la règle de toutes leurs actions et qui regardent la vertu comme un crime dès qu'elle paraît s'opposer à leur utilité.

Il paraît assez par les histoires que cet *art de régner* est aussi vieux que l'ambition et que l'amour-propre déréglé, mais ce n'est que depuis peu de siècles qu'on dogmatise sur cette matière et qu'on a rédigé en système les moyens indubitables

---

166. *La Mort de Pompée*, *Œuvres complètes* (Paris 1950), I, i, ll.103-12. The last line is slightly altered: 'Et voler sans scrupule au crime qui lui sert.' This advice is given by Photin, chief counsellor of Egypt. All further references are to this edition.

de détruire parmi les peuples la confiance, le lien le plus fort de la société. Ceux qui savent le mieux profiter de ces leçons passent dans l'esprit des hommes pour malhonnêtes gens, mais, en même temps, on les croit politiques consommés et l'on admire presque autant leurs lumières qu'on déteste leurs sentiments. Pour moi, je ne trouve rien d'extraordinaire dans leur dextérité pernicieuse et je ne vois pas qu'il y ait un grand effort d'esprit à savoir en imposer dès qu'une fois on a pu se résoudre à renoncer à la probité et à la justice.

Je trouve dans les hommes deux sortes de *finesses* qui n'ont rien à démêler ensemble. L'une a sa source dans la pénétration, dans le raisonnement, dans la vivacité de la conception; l'autre tire son origine de la malignité d'un cœur corrompu qui, soupçonnant les autres de tout ce dont il est lui-même capable, sait se garder de leurs embûches et, débarrassé d'une vertu incommode, surprendre les plus habiles par des fourberies auxquelles on ne se serait jamais attendu.

L'expérience justifie tous les jours ce que je viens d'avancer. On voit souvent des personnes d'une pénétration distinguée qu'on trompe sans peine et qui n'ont pas l'adresse d'imposer aux autres. Plus souvent encore voit-on des esprits fort bornés à qui leur malignité tient lieu de lumières et qui sont très habiles fourbes.

Il y a des personnes qui croient raisonner très juste en établissant qu'une société de parfaits Chrétiens se détruirait plus facilement qu'une république d'athées.[167]

Je ne prétends pas réfuter leur opinion dans les formes; je veux seulement soutenir un paradoxe fort opposé à celui-là, mais dont la nouveauté ne saurait être dangereuse. Je soutiens que la politique la meilleure et la plus propre à conserver un Etat, c'est une probité scrupuleuse, une exacte vertu. Je commencerai à répandre de la lumière sur ce sentiment par cette réflexion générale: il y a une harmonie parfaite entre la vertu et le bonheur général du genre humain; tout ce qui est vertueux est avantageux au repos et à la conservation des hommes, et tout ce qui est véritablement utile à la société humaine est réellement conforme à la vertu. Le Créateur des hommes leur a donné à tous un penchant invincible pour la société et, en même temps, il les a obligés de conformer leur conduite à certaines lois qu'il leur a imposées. Est-il concevable que ces *lois* et cette *inclination*, qui partent toutes deux de la main d'un Etre infiniment sage, se détruisent naturellement? Nullement. C'est manquer de vénération à cet Etre parfait que de ne pas croire qu'il y a une liaison étroite entre ses ouvrages et que rien ne saurait mieux répondre à notre amour pour l'union que l'observation exacte de ses commandements.

Je ne conclus pas de là que dans tous les Etats la vertu est toujours suivie d'un bonheur effectif. Ce que j'en veux induire, c'est que la société particulière étant une grande partie de la société générale du genre humain, il est très probable que d'ordinaire l'*utile* doit être dans le gouvernement politique accompagné de l'*honnête*. J'espère de faire mieux sentir cette vérité en entrant dans un détail plus grand.

J'ai prouvé qu'il ne faut pas un grand effort d'esprit pour conduire adroitement une fourberie, quoique ce soit par là surtout que le vulgaire admire les politiques

---

167. See van Effen's discussion of 'esprits forts' at the beginning of number XXXVII.

de mauvaise foi. J'ajoute qu'il est presque impossible de tromper toujours d'une manière conforme à ses intérêts. La fourberie conduit à l'utilité par des routes obscures et remplies de précipices, au lieu que la politique vertueuse tend à ses fins par un sentier plus uni et moins hérissé de difficultés. Il est plus facile de connaître ce qui est juste que ce qui nous est utile. A l'aide du sens commun, on distingue d'ordinaire sans peine le bon d'avec le mauvais, et l'Auteur de notre raison a voulu que rien ne fût plus proportionné à nos lumières que la connaissance de nos devoirs. Mais il est bien pénible de raisonner juste sur ses intérêts. Ptolomée voyait d'abord clairement s'il était juste d'assassiner son *bienfaiteur*, mais il lui fallait de longues discussions pour savoir si ce crime serait avantageux à l'état de ses affaires. Tout prince ambitieux sait, de reste, qu'il est contraire à l'équité d'envahir le pays d'un peuple voisin, mais si une pareille entreprise aura d'heureux succès, c'est là ce qui l'embarrasse.

Considérons un prince intègre et un souverain de mauvaise foi à deux différents égards: par rapport aux peuples qui les environnent et par rapport à leurs propres sujets.

Il paraît d'abord que le dernier peut mieux réussir que l'autre avant que les secrets de sa politique soient encore découverts. En effet, il se peut qu'il s'empare sans beaucoup de peine d'un Etat voisin, leurré par un traité de paix dont on détourne le sens après l'avoir violé, et par ce moyen il peut augmenter sa grandeur en étendant les bornes de son empire. Mais en récompense, un prince juste et droit compte cette utilité pour rien; ses vues ne tendent qu'à rendre heureux le peuple que la Providence a confié à ses soins. D'ailleurs, un roi sans équité ne saurait se servir de ses ruses criminelles qu'un petit nombre de fois et, jetant ses voisins dans la défiance, il est obligé de la partager avec eux. Il est sûr encore que la probité d'un roi avant qu'elle soit reconnue lui peut rendre d'aussi grands services que la mauvaise foi en rend aux autres. Je m'explique. Supposons qu'il se soit engagé à exécuter tel ou tel projet. Ceux qui auront affaire avec lui, se fondant sur la politique presque universellement reçue, croiront souvent qu'il fera le contraire de ce qu'il aura promis, pour peu que ses intérêts paraissent l'exiger. Ils bâtiront leurs desseins sur cette opinion et, dupes de sa vertu, leurs mesures se trouveront fausses et leurs projets échoueront.

Je ne prétends pas faire entendre par ce raisonnement qu'il faille garder sa parole dans la vue d'en imposer par là. La probité dans ce cas ne serait qu'une double finesse et deviendrait une fourberie raffinée.

Peut-être croira-t-on que le prince que je viens de dépeindre esclave de sa foi serait menacé à tout moment de la perte de ses Etats, mais il faut songer que la droiture n'est pas incompatible avec la prudence et qu'il y a une certaine dextérité fort éloignée de l'injuste finesse.

Toutes les guerres ne tendent pas à la conquête d'un pays ennemi. Les républiques surtout ont rarement cette vue, et ce sont presque toujours d'autres motifs qui leur mettent les armes à la main. Si les deux princes que j'ai dépeints sont engagés dans une guerre de cette nature et qu'ils y aient du désavantage, celui sur la parole duquel on peut faire fond en sera quitte pour se soumettre à des conditions de paix un peu onéreuses. L'autre, reconnu pour un fourbe, obligera ses ennemis, en dépit d'eux, de le pousser sans relâche et de ne se confier qu'en sa totale ruine.[168]

Il est sûr encore qu'une lâche timidité est d'ordinaire compagne d'un esprit fourbe. Celui à qui la finesse, pendant son bonheur, a tenu lieu de fermeté et de constance n'aura recours dans l'adversité qu'à la même finesse, qui n'a plus de force sur des cœurs précautionnés. La probité, au contraire, fait le plus souvent son séjour dans des âmes fortes et généreuses; ces âmes nobles ont de grandes ressources en elles-mêmes, l'adversité ne fait qu'augmenter leur vigueur, et quelquefois les malheurs les plus funestes leur procurent seulement la gloire de les surmonter.

Considérons encore que la vertu arrache du respect aux cœurs les plus vicieux dont elle est capable d'arrêter les pernicieux desseins. C'est ainsi que Rome, qui avait été sous son premier roi l'objet de la haine de toute l'Italie, vit la rage de ses voisins suspendue pendant le règne de Numa, dont la vertu partout respectée servait de rempart à son peuple. Mais voici quelque chose de plus fort.

Les princes injustes seront rarement assez mauvais politiques pour assister un roi qui leur ressemble; ils craindront qu'en le secondant contre ses ennemis ils ne l'arment contre eux-mêmes et qu'ils ne l'aident à forger leurs propres fers. Au contraire, ils hâteront sa ruine autant qu'ils le pourront. Ils ont tout à craindre de lui; sa seule impuissance peut les rassurer. Mais ils verront sans chagrin la conservation d'un monarque équitable; sa vertu fait leur sûreté et la sienne. Je dis plus. Ils s'efforceront d'empêcher sa chute; ses Etats, tombant entre les mains d'un prince violent et fourbe, n'en ferait qu'augmenter la puissance et leurs alarmes. On peut soutenir même que les princes les plus scélérats ne sauraient se passer d'un roi puissant et intègre, car comme je l'ai fait voir, on ne leur accorde jamais la paix s'ils sont malheureux et on aspire à leur ruine totale.

Par cette raison, il leur est de la dernière utilité, quand ils ont affaire les uns aux autres, de pouvoir recourir à un voisin qui interpose sa foi pour eux et qui, s'il ne peut les rendre exacts à garder leur promesse, puisse du moins s'engager à les punir s'ils y manquent. Ils savent que ce roi vertueux fera une telle démarche avec plaisir et qu'il empêchera, autant que l'équité pourra le permettre, qu'un prince de mauvaise foi ne parvienne à une puissance excessive par l'abaissement de ses ennemis.

Il ne faut pas tant de raisonnements pour prouver que la vertu est la meilleure politique dont un prince puisse se servir à l'égard de ses sujets: la violence et la perfidie font détester un souverain de ses peuples. S'ils ont le cœur généreux, le règne d'un prince vendu à ses injustices leur sera insupportable; ils emploieront tous les moyens imaginables pour s'en délivrer. S'ils ont l'humeur servile, ils souffriront plus longtemps, mais enfin, ne connaissant point de milieu entre une soumission basse et lâche et un emportement furieux, ils s'abandonneront aux

---

168. This political discussion is doubtless directed against the bellicose Louis XIV who, in 1672, found a rather feeble excuse to attack Holland. Intermittent wars continued with Holland and other countries who joined against Louis XIV's expansionism. Many contemporary critics blamed Louis XIV's treacherous politics. See, for example, Fénelon's 'Lettre à Louis XIV', written probably in 1694. The timely significance of this discussion of current peace negociations for the War of the Spanish Succession should also be noted.

dernières violences contre un roi qui pousse leur patience à bout. C'est ainsi que les Turcs, la nation du monde la plus faite à la servitude, sortent souvent de leur naturel d'esclave pour entrer dans une rage qu'à peine la mort des conseillers de leur souverain, et celle quelquefois de leur souverain même, peut assouvir.

Un prince, au contraire, qui a fait voir par des actions réitérées qu'il ne veut point empiéter sur les droits que la nature et les lois ont donnés à ses sujets, établit entre eux et lui une confiance parfaite; ils ne craignent rien tant que de perdre un roi d'une vertu si rare, à peine leur vie leur est-elle plus chère que la sienne.

XLIX · [22 février 1712]

Il est sûr que la rusticité des manières est capable de répandre un ridicule sur le mérite du monde le plus achevé et qu'au contraire la politesse peut concilier l'estime et l'amitié de tout le monde à un mérite fort ordinaire. On peut induire de là, sans entrer dans de longues discussions, qu'il est digne d'un homme raisonnable de tâcher d'acquérir cette politesse. Ceux qui ont des lumières et des sentiments humains voient très clairement que les bonnes qualités ne doivent pas se rapporter uniquement à celui qui les possède, mais qu'elles doivent avoir encore de la liaison avec la société et avec le commerce du monde. Il faut donc avouer qu'il y a quelque chose de brutal et de cynique dans la conduite de ces philosophes qui veulent se dégager de la bienséance comme d'un joug incommode. Enivrés d'une sotte gloire, ils ne comprennent pas que la philosophie doit avoir surtout en vue de nous apprendre à nous acquitter de tous les devoirs de l'humanité et à rendre notre commerce doux et facile à ceux que nous fréquentons. D'un autre côté, il serait bon de raisonner un peu mieux sur la politesse et de s'en former des idées moins embrouillées.

Je crois pour moi que la véritable politesse que la raison autorise et prescrit n'est autre chose que 'l'art de conformer nos manières et nos actions au goût des autres hommes, autant que la vertu peut le permettre.'

On ne saurait réussir dans cet art sans une connaissance exacte du cœur humain et sans celle des coutumes et des mœurs de la nation parmi laquelle on se trouve.

On peut voit par là qu'il y a une politesse générale et une autre plus particulière. La première est fondée sur la raison qui tire de l'examen des inclinations des hommes certaines règles générales pour leur plaire; elle est de toutes nations et se peut trouver partout où l'on a l'usage du raisonnement et de la réflexion.

La seconde est déterminée par la coutume et par l'habitude; elle varie selon le goût, l'humeur et les préjugés différents de chaque nation. Ainsi, autre est la politesse française, autre l'italienne, autre l'espagnole, etc. Pour la politesse générale, elle est aussi sûre et aussi invariable que la raison même qui en est le principe; tous les hommes ont, en général, le cœur fait de la même manière, tous sont sensibles à l'amour-propre, susceptibles de vanité, portés à ne céder à personne et même à vouloir que les autres leur cèdent. Par conséquent, partout où l'on censurera impitoyablement les pensées et les expressions de ceux qu'on hante, partout où l'on voudra fonder ses opinions sur la ruine des sentiments d'autrui, enfin partout où l'on étalera un orgueil insolent, partout où l'on voudra étouffer le mérite des autres pour ne faire briller que le sien, on rendra indubitablement son commerce insupportable et l'on choquera les maximes de la politesse générale et raisonnée.

A l'égard de la politesse particulière de chaque pays, il faut bien prendre garde à ne la pas confondre avec celle dont je viens de parler; on voit bien qu'elles ne coulent pas d'une même source et qu'elles n'ont rien de commun ensemble. Faute d'avoir toujours cette vérité présente à son esprit, on donne dans un ridicule tout à fait odieux; on mesure la politesse des autres nations au goût et aux coutumes avec lesquelles on s'est familiarisé et l'on ne distingue point l'impression que l'habitude fait sur les sens d'avec l'impression que la raison fait sur l'esprit.

Que dirait-on à Paris si un Espagnol, tout rempli du génie et des coutumes de ses compatriotes, allait critiquer dans la capitale de France tout ce qui choquerait son goût habitué à des manières toutes différentes? Quel jugement en ferait-on s'il répétait à tout moment, 'Nous ne faisons pas ainsi en Espagne,' 'Ce n'est pas là la manière de Madrid'? On le sifflerait indubitablement et l'on considérerait ses critiques comme les effets naturels de l'arrogance espagnole. Cependant, la plupart des Français en agissent à peu près ainsi; ils supposent hardiment que leur nation est la plus polie du monde parce qu'il n'y en a pas d'autre qui sache pratiquer mieux qu'elle la politesse française.

Nous tirons les règles de la politesse de nos manières, et puis, en examinant nos manières à ces règles, nous les y trouvons parfaitement conformes et nous concluons que nous sommes les gens du monde les plus polis.

On peut voir sans peine combien d'extravagance il y a dans un pareil raisonnement. Un Moscovite, pourvu qu'il eût autant d'orgueil qu'un Français, pourrait prouver de la même manière qu'il n'y a rien de si poli que les Moscovites, parce qu'ils savent mieux que qui que ce soit accorder leurs manières et leurs actions au goût de leur nation.

Un Français ne manquerait pas de trouver cet argument bien moscovite, mais rien n'empêcherait le Moscovite, s'il était sage, de trouver notre argument bien français, et nous voilà à deux de jeu. Se rire des autres est un argument qu'on peut facilement rétorquer, et si l'on veut traiter quelque coutume étrangère d'impolie, il faut prouver par de bons raisonnements qu'elle choque la politesse générale et raisonnée dont nous avons parlé d'abord.

Ces preuves manquent d'ordinaire dans ces sortes d'occasions et, ne pouvant pas tirer du secours de la raison, on en appelle au goût. Mais le goût varie selon les temps et les nations; ce n'est qu'une chimère qui n'a rien de fixe, et, chimère pour chimère, celle d'un Moscovite vaut autant que celle d'un Français.

D'où vient donc que nos manières se sont répandues dans la plus grande partie de l'Europe et qu'elles sont goûtés et applaudies par nos ennemis mêmes?

La raison en saute aux yeux. C'est que notre politesse est vicieuse et qu'il n'y rien qui trouve l'esprit des hommes plus accessible que le vice, surtout quand il est assaisonné de quelque agrément. Il est permis de s'insinuer dans l'esprit du prochain, et même l'humanité nous y oblige, mais la raison et la candeur doivent être les limites de cette complaisance. Notre politesse a franchi ces bornes et elle est dégénérée en une infâme flatterie. Faut-il s'étonner après cela que nos manières soient goûtées universellement?

Je trouve encore une autre raison qui ne nous fait pas plus d'honneur que la première.

On ne voit que trop dans le monde certains charlatans qui, à force de prôner leur mérite et d'abaisser celui des autres, réussissent enfin à se faire ajouter foi. On est assez sot pour croire qu'il faut avoir une persuasion bien fondée de son habileté pour oser l'étaler d'une manière si ferme et si constante. Il en est tout de même des Français. En répétant continuellement qu'il n'y a rien de si poli qu'eux, que la cour de France est le centre de la politesse, que les autres peuples ne sauraient se défaire de leur grossièreté qu'à Paris, ils ont fait en sorte qu'on les en a crus sur leur parole. Ce sont de véritables charlatans de politesse à qui leur effronterie a donné la vogue.

Il faut pourtant convenir qu'il n'y a point de peuple chez qui la véritable politesse fait un effet aussi brillant que chez les Français. Ils ont d'ordinaire un air dégagé et libre qui les distingue avantageusement des autres nations et qui répand sur leurs manières des grâces qu'on ne trouvera guère ailleurs. Nous devrions être seulement moins fanfarons et plus raisonnables et, au lieu de chanter à tout moment dans les pays étrangers 'qu'on ne fait pas ainsi à Paris,' 'que ce n'est pas là la manière de France,' nous devrions adopter avec complaisance les coutumes de ceux parmi lesquels nous nous trouvons. Il y a une véritable rusticité et un orgueil odieux à choquer les manières des autres peuples en leur opposant toujours les nôtres. La politesse que la raison dicte nous ordonne de nous insinuer dans l'esprit des autres nations en nous conformant à leur goût et à leurs coutumes.

Si la raison ne saurait faire sentir aux Français que leur politesse particulière n'a rien de solide, j'en appelle à l'expérience qui le fera comprendre très clairement. Il est sûr que cette politesse est sujette au changement, comme les modes, et qu'à présent on serait tout aussi ridicule avec les manières de la vieille cour qu'avec des canons et des chapeaux pointus, marque certaine qu'il n'y a pas dans cette politesse une conformité réelle avec la raison qui agit par des principes fixes et immuables et qui, par conséquent, n'est pas sujette au changement.

Cependant, ces polis de la vieille cour avaient le même mépris pour la rusticité des autres peuples que ceux qui ont modéré la politesse antique et qui l'ont rendue plus aisée et moins gênante.

Je voudrais bien examiner ici un problème qui me paraît venir assez à propos.

'Quelles manières sont plus extravagantes, celles de nos petits-maîtres d'à présent, ou bien celles de ces complimenteurs de profession qui étaient de mise il y a une cinquantaine d'années?'

Les petits-maîtres, ayant senti le ridicule de la politesse qui était alors en vogue, se sont imaginés que la politesse en général n'était qu'une extravagance étudiée et ils se sont jetés inconsidérément dans une extrémité toute opposée. Ils ont agi à peu près comme ceux qui, élevés dans une religion déraisonnable, en aperçoivent le faible et qui, mesurant tout autre culte au leur, méprisent la religion en général et donnent dans le doute universel et dans le libertinage.

Le petit-maître ne dit la vérité que lorsqu'elle peut être offensante; au lieu de s'amuser à médire, il aime à insulter en face aux personnes et à leur dire à elles-mêmes tout le mal qu'il en sait.

En un mot, il se pique d'une franchise brutale et se fait un plaisir et une gloire de se rendre odieux.

Les polis de la vieille cour, au contraire, ne parlaient absolument que pour plaire et pour flatter; leurs entretiens n'étaient qu'un commerce de louanges outrées qui augmentaient l'impertinence des sots et révoltaient le bon sens des sages. Parmi eux, les paroles n'avaient point de sens fixe et n'excitaient aucune idée dans l'esprit de ceux qui connaissaient les manières dominantes.

A les entendre débiter leurs douceurs, toutes femmes étaient des beautés achevées, tout homme était fait à peindre, et toute production de l'esprit était miraculeuse; en un mot, dans ce temps-là entrer en conversation avec quelqu'un, c'était acquérir toutes les bonnes qualités imaginables. Le mérite, le pauvre mérite ne pouvait arracher à ces loueurs perpétuels que des éloges usés sur la sottise et sur le ridicule.

Il faut avouer que l'un et l'autre des caractères que je viens de dépeindre sont bien impertinents et bien peu dignes d'un homme qui pourrait raisonner s'il voulait s'en donner la peine; plus je les examine et moins je sais qui des deux mérite le prix de l'extravagance.

Cependant, si j'en osais décider, je soutiendrais qu'il y a plus de folie dans le caractère de petit-maître que dans celui de complimenteur, mais en récompense, je m'imagine que le dernier l'emporte sur l'autre pour la sottise.

L · [29 février 1712]

Je reviens encore à vous, Mesdames; je sais que vous avez goûté les conseils que j'ai pris la liberté de vous donner, et c'est votre approbation qui m'engage à vous les continuer. J'aurais grand tort certes de prétendre écrire pour le public si je ne m'adressais pas de temps en temps à la moitié du public la plus aimable.

Vous vous souvenez bien apparemment que je vous ai donné quelques avis pour prévenir le chagrin que vous cause la perte de vos amants.[169] Mes réflexions là-dessus ne sont pas entièrement épuisées, et en voici encore quelques-unes dont je vous prie de profiter.

Dès que vous vous croyez sûres du cœur d'un amant, vous ne manquez presque jamais d'exiger de lui une soumission qui tient de l'esclavage et vous n'applaudissez jamais davantage à votre mérite que quand vous faites sentir à un pauvre homme votre empire et sa dépendance. Vous voulez avec hauteur que votre volonté soit absolument la règle de la sienne, et, selon vous, c'est commettre un crime de lèse-tendresse que de ne pas prendre vos fantaisies pour autant de lois. Excusez-moi, Mesdames, si j'ose attribuer à cet empire trop absolu

---

169. Dans le XLIV discours. (Note in the 1726 edition.) This is number XLV in the present edition.

et trop rude la révolte d'un grand nombre de cœurs. On hait naturellement la dépendance, et il n'est pas plus naturel à l'esprit de penser que de vouloir être libre. Dès que vous voulez heurter de front cet amour de la liberté qui est essentiel aux hommes, vous mettez leur cœur dans une situation gênée et contrainte, et bientôt ils sortent d'un état violent pour rentrer dans la liberté qui leur est naturelle.

Cette conduite que vous tenez avec vos amants a sa source dans l'idée du respect et de l'hommage que votre sexe croit avoir droit d'exiger généralement du nôtre. On ne saurait vous désabuser de ce préjugé sans vous mortifier un peu. Mais d'ordinaire l'utilité qu'on tire de la raison est accompagnée d'un peu de chagrin, et ce n'est que par un peu de mortification qu'on parvient au bonheur de dissiper des opinions mal fondées qui offusquent le jugement.

De grâce, Mesdames, en vertu de quoi prétendez-vous qu'un homme doive avoir plus de respect pour votre sexe que pour le sien? Je ne connais que quatre sortes de respects. On appelle respect la soumission due à ceux qui sont au-dessus de nous par le rang. On donne ce nom à la vénération qu'on accorde à un mérite supérieur. On le donne encore à la condescendance qu'on a pour les personnes d'un âge avancé. Enfin, on nomme respect, d'une manière assez impropre, certains égards qu'on a pour la faiblesse d'esprit de ceux qu'on fréquente, et c'est de cette manière qu'on respecte les enfants et les imbéciles.

Vous pourrez prétendre aux deux premières sortes de respect, j'en conviens. Mais ce n'est pas en qualité de femmes, c'est en qualité de personnes distinguées par le rang et par le mérite. Pour les égards qu'on a pour l'âge et l'imbécillité, je crois que vous y renoncez de bon cœur; vous achèteriez le respect un peu trop cher s'il devait vous coûter votre jeunesse ou votre esprit.

Je vous rends assez de justice, Mesdames, pour croire que l'erreur où vous êtes sur les hommages que vous exigez de nous vous vient moins d'un travers d'esprit que de la conduite de vos amants. Faute de pouvoir gagner votre cœur par leur mérite, ils ont tâché d'y parvenir par la route de la flatterie et, ne pouvant pas vous donner une tendresse délicate et digne d'un honnête homme, ils ont voulu vous en dédommager par une lâche soumission.

Je m'imagine encore que la lecture des romans vous rend de mauvais services sur ce chapitre. Les héros avec qui votre imagination s'est familiarisée ont d'ordinaire un vrai caractère d'imbécillité, et leurs égards pour le beau sexe, poussés jusqu'à l'extravagance, vous ont mis dans l'esprit que tous les hommes doivent se régler sur ces modèles.

Mon raisonnement ne tend point à détourner vos amants des hommages qu'ils sont accoutumés de vous rendre, je sais bien que j'y tâcherais en vain; la raison ne trouve jamais accessible à sa force un cœur épris de vos charmes. Je veux seulement vous persuader de ménager mieux l'ascendant qu'un amant ne saurait s'empêcher de vous donner sur lui. L'homme hait naturellement la servitude, je le répète, mais rarement a-t-il l'esprit assez fort pour répondre par sa conduite à son amour pour la liberté. Par paresse et faute d'une force d'esprit suffisante, il se lasse bientôt d'être son propre maître, mais d'être esclave volontairement et d'obéir sans y être forcé lui tient lieu en quelque sorte de liberté et d'indépendance.

Il est donc de votre intérêt de manier le cœur de vos amants avec une dextérité si délicate que leur joug leur soit caché et, qu'en conformant leurs actions à votre volonté, ils ne croient suivre que les mouvements de leur propre cœur. De cette manière, votre empire sera doux et durable, au lieu qu'il serait de peu de durée s'il était absolu et violent.

Voilà pour la conduite que vous devriez tenir, ce me semble, avec les amants qui vous plaisent. A l'égard de ceux qui n'ont pas le même bonheur, je vous avoue que je suis souvent indigné des manières que vous avez avec eux. D'ordinaire, vous vous faites un plaisir de nourrir leur tendresse par un accueil favorable et par des espérances trop fortes, et ce manège adroit procure souvent une cour nombreuse qui flatte agréablement votre vanité.

Mais comment voulez-vous que cette manière d'agir puisse accommoder un amant délicat qui vous accorde toute sa tendresse et qui naturellement doit prétendre aussi toute la vôtre? Vos protestations lui seront toujours suspectes, et jamais il ne saura faire fond sur les marques les plus touchantes de votre estime pour lui. Une jalousie médiocre entretient l'amour et le rend plus vif, mais une jalousie trop forte, qui doit être nécessairement l'effet de la coquetterie, fait succéder tôt ou tard un profond mépris à la plus tendre passion.

Quelques autres d'entre vous se font un plaisir de maltraiter des amants qui sont assez misérables par leur tendresse infortunée. J'ai entendu des dames avouer sans façon que rien ne leur procurait un plaisir plus sensible que les chagrins d'une foule d'adorateurs malheureux. Ce sentiment n'est point du tout généreux; la bonté est la plus aimable de toutes les vertus, et si je crois qu'une dame est obligée d'ôter l'espérance à ceux qu'elle ne saurait aimer, je crois aussi que jamais elle ne doit leur marquer ni colère ni mépris. Ne vous imaginez pas, Mesdames, que ces rigueurs mal entendues puissent obliger votre amant favori s'il est honnête homme. Elles sont bien plus propres à vous faire perdre son estime; il ne la saurait accorder aux plus belles qualités du monde si elles ne sont pas accompagnées d'un cœur humain et généreux.

J'ai bien lieu de craindre que les réflexions que je viens de faire ne soient d'une nature à ne vous être pas agréables. On dit qu'un donneur d'avis est rarement bien venu chez vous; changeons de matière. Le libraire m'a communiqué une lettre qu'il a reçue de M. C… , reconnu pour un homme d'un esprit supérieur et d'un goût exquis; elle m'a fait un plaisir sensible, et je souhaite fort qu'elle fasse le même effet sur le lecteur.[170] La voici:

'A … , le 15 de février 1712

Monsieur,

J'ai vu avec un extrême plaisir le XLVI *Misanthrope* et le XLVII. J'ai été fort aise aussi de voir le texte pris de la tragédie de la *Mort de Pompée*, et il n'y a pas une ligne dans cette petite pièce qui ne mérite un éloge. Vous pouvez vous souvenir de ce que je vous dis sur celui qu'il a fait sur les bons mots lorsque je l'ai lu chez vous la première fois; c'est qu'il aurait pu y rapporter cet endroit de M. de La Fontaine.

'On cherche les rieurs, pour moi je les évite;
Cet art veut sur tout autre un suprême mérite.

---

170. M. C… seems to be Monsieur Caze. See our note in number LVII, p.273.

> Dieu ne créa que pour les sots
> Les méchants diseurs de bons mots.'[171]

Lorsque je lus l'histoire qu'il rapporte de la vieille cour sur la mine de Bussy d'Amboise, j'aurais bien souhaité qu'il eût appuyé ce qu'il dit aux dames là-dessus d'un madrigal que Marot fit pour Isabeau, princesse de Navarre, et qui se trouve fait dans le même esprit que toute la pièce de votre auteur, ainsi que vous l'allez voir.

> 'Qui cuiderait déguiser Isabeau
> D'un simple habit, ce serait grand simplesse,
> Car au visage a ne sais quoi de beau
> Qui fait juger toujours qu'elle est princesse.
> Soit en habit de chambrière ou maîtresse,
> [Soit en drap d'or entier ou découpé,]
> Soit son gent corps de toile enveloppé,
> Toujours sera sa beauté maintenue.
> Mais il me semble, ou je suis bien trompé,
> Qu'elle serait plus belle toute nue.'[172]

Voilà, ce me semble, qui aurait pu être enchâssé avec grâce dans cette jolie pièce; je vous en dirai une autre fois davantage, etc.'

Le dernier vers de ce joli madrigal paraîtra peut-être un peu gaillard, mais le siècle de Marot n'était pas si sage que le nôtre, pour l'expression s'entend. Je crois qu'à cela près, le public recevra le présent de M. C... avec reconnaissance. Pour moi, je lui en rends de très humbles grâces et je le prie de vouloir bien continuer à enrichir mon ouvrage de quelques-unes de ses réflexions; elles vaudront bien les miennes, et le lecteur ne perdra rien au change. Ce que j'en dis est entièrement conforme à ma pensée; on voit bien que si je me piquais d'une fausse modestie, je n'insérerais pas ici une lettre qui m'est si avantageuse. Je veux bien avouer la dette; je fais parade des louanges qu'elle contient. Celui qui me les donne ne me connaît point et il sait donner de l'encens avec discernement. Mon orgueil ne doit point surprendre les personnes qui connaissent le cœur humain. On sait assez qu'on n'écrit que par vanité et dans la vue de s'attirer de la réputation. Vouloir persuader qu'on se fait imprimer par un autre principe, c'est se rendre coupable d'une dissimulation dont personne n'est la dupe. Autrefois, tous les auteurs exposaient leurs productions aux yeux du public, en dépit d'eux. Ils avaient toujours quelque ami de commande qui leur jouait le tour de mettre leurs ouvrages sous la presse sans leur aveu.

Cette modestie affectée faisait la matière de toutes les préfaces, et le dégoût du public força enfin les auteurs à changer de style. Alors on commença à convenir de son orgueil, moins par amour pour la franchise que pour dire quelque chose de nouveau. Ce tour devient usé comme l'autre, et afin de varier les écrivains commencent à chanter pouille[173] dans leurs préface à tous ceux qui

---

171. 'Le rieur et les poissons', *Fables*, VIII, 8, ll.1-4. The first line is somewhat altered: 'On cherche les rieurs, et moi je les évite.'

172. This poem by Clément Marot, 'De madame Ysabeau de Navarre', can be found in his *Epigrammes*, edited by C. A. Mayer (London 1970), p.155.

173. To insult, affront, or offend.

ne goûtent pas leur manière d'écrire. Ce sujet est d'ordinaire assez fertile et peut fournir sans peine quelques centaines de pages.

Peut-être y aura-t-il des lecteurs qui me pardonneront de communiquer au public les éloges qu'on me donne lorsqu'ils considéreront que je n'ai point fait scrupule aussi d'insérer dans mon ouvrage les critiques du *Poète sans fard*.[174] Mais je les dispense de m'excuser par là. La modestie n'a point eu de part dans cette action; j'ai fait part au public des censures de cet auteur par le même principe qui m'excite à présent à lui communiquer l'approbation de M. C... :

> Oui, ce grand poète irrité
> Me donnait autant de fierté
> En me déchirant par sa rime
> Que C... en m'accordant l'honneur de son estime.

Addition du libraire

Après avoir remis à l'imprimeur l'original de ce *Misanthrope*, j'ai reçu une autre lettre de la même personne que celle qu'on a rapportée ci-dessus. En voici un extrait:

'Le no. 48 n'est point inférieur aux deux précédents, et M. D. B... et moi avons pris beaucoup de plaisir à la lecture qui nous en a été faite. Elle n'a pas été plutôt achevée que j'ai encore trouvé dans ma mémoire quelques vers de M. de La Fontaine par où l'auteur aurait pu finir fort agréablement; les voici:

> 'Se croire un personnage est fort commun en France.
> On y fait l'homme d'importance,
> Et l'on n'est souvent qu'un bourgeois:
> C'est proprement le mal français.
> La sotte vanité nous est héréditaire.
> Les Espagnols sont vains, mais d'une autre manière.
> Leur orgueil me semble en un mot
> Beaucoup plus fou, mais pas si sot.'[175]

Au reste, Monsieur, je commence à me persuader que Monsieur votre Misanthrope aura grand-peine à demeurer longtemps caché, mais ce sera toujours un grand avantage pour lui de pouvoir lever le masque avec honneur, etc.'

LI · [7 mars 1712]

Hier au soir, j'étais dans un fauteuil devant un bon feu, occupé à l'agréable lecture d'Horace. Je me fais un plaisir, à l'âge où je suis, de relire les auteurs que j'ai approuvés autrefois pour voir sans préjugé si le temps ne m'a pas changé le goût et s'ils me paraissent toujours avoir le même agrément. Je trouvai dans ce poète latin des beautés qui même jusque-là avaient échappé à mes réflexions; le sublime réglé de ses pensées, le choix de ses termes et la force et l'harmonie

174. See number XXVI.
175. 'Le rat et l'éléphant', *Fables*, VIII, 15, ll.1-8.

de ses vers lyriques me semblèrent également dignes d'admiration. Mais en partie l'application de mon esprit et en partie la chaleur du feu firent que je m'endormis tout à coup, et même je fus plongé dans une rêverie qui avait beaucoup de rapport à ce que je venais de lire.

> 'Somnia quae mentes ludunt volitantibus umbris,
> Non delubra deum nec ab aethere numina mittunt,
> Sed sibi quisque facit. Nam cum prostrata sopore,
> Urget membra quies et mens fine pondere ludit,
> Quisquid luce fuit tenebris agit… .'

> Bon! les songes capricieux
> N'ont pas leur source dans les cieux.
> Quand le sommeil se glisse en nos âmes lassées,
> Le cerveau dégagé du joug de la raison
> Prend l'essor sans contrainte et, mêlant nos pensées,
>   Fait une burlesque union
> Des images du jour dans la nuit retracées.[176]

Mon imagination qui se trouvait dans l'assiette que je viens de dépeindre me transporta sur le Parnasse que je trouvai entièrement conforme aux descriptions des poètes. Apollon était dans une espèce de tribunal, ayant à sa droite quatre Muses et autant à sa gauche; la neuvième était devant lui dans un siège plus bas pour s'acquitter de sa charge de secrétaire, et l'on voyait devant le tribunal un bon nombre de poètes latins et français séparés en deux bandes.

Les uns et les autres s'étaient plaints souvent de l'ennui que leur donnaient certains fâcheux qui, étant éloignés de leur goût et de leur tour d'esprit, les empêchaient de jouir d'une conversation plus agréable. Le Dieu des vers trouvait cette plainte bien fondée et les avait tous assemblés pour examiner leurs caractères et pour leur donner des compagnons à leur fantaisie. Avant ce jour, Pétrone essuyait sans cesse les pointes de l'auteur des *Amours, amitiés et amourettes*.[177] Boileau avait toujours à ses trousses son ennemi Lucain; Horace tâchait en vain d'éviter Ronsard. Virgile trouvait en Cyrano de Bergerac un fâcheux perpétuel et, lui-même, il voulait souvent chanter ses églogues à Fontenelle, qui ne s'y plaisait en aucune manière.

Mécénas était le conducteur de la troupe latine. Phébus lui avait ordonné de dépeindre le mérite de chacun qui s'offrait pour avoir un compagnon français, et moi, je fus choisi pour m'acquitter du même emploi à l'égard des Modernes. Il fallait rêver, comme je faisais, pour ne me pas croire indigne de cette grâce, mais, agréablement trompé par mon songe, je croyais le mériter de reste et je prétendais connaître exactement la juste valeur du mérite de tous nos poètes.

Mécénas fit d'abord avancer son bon ami Horace, dont il dépeignit ainsi le caractère:

176. Petronius, *Satyricon*, CIV (fragments). The 1712-13 edition includes the following verse:
Tel l'esprit plaisant de Scarron
Change le merveilleux du sublime Maron
      En aimables *billevesées*
      Et fait du plus beau sérieux
      Un badinage ingénieux.

177. René Le Pays Du Plessis-Villeneuve (1634?-1670) published his *Amours, amitiés et amourettes* (1664) in Grenoble.

> Favori des neuf Sœurs, l'incomparable Horace,
> Se livrant au beau feu de son heureuse audace,
> Tibre, fit le premier retentir sur vos bords
> De la lyre des Grecs les ravissants accords.
> L'épithète avec choix en ses vers enchassée
> Fait l'effet sur l'esprit de toute une pensée.
> Son goût exact et sûr par de sages bons mots
> Sut venger la raison des insultes des sots.
> Philosophe enjoué, son utile malice
> Sapa le ridicule et confondit le vice,
> Jamais d'un faux esprit la trompeuse beauté
> Ne fit voir dans ses vers le bon sens maltraité.
> Trop heureux si la Muse, à son sujet fidèle,
> Aux lois de la méthode eût été moins rebelle.

J'étais ravi de voir que l'amitié n'aveuglait point Mécénas jusqu'à lui cacher les défauts de son favori qui, souvent dans ses odes, s'abandonne à ses réflexions et néglige de nous parler de ce dont il a fait d'abord la matière de ses vers.

Personne ne me parut plus propre à être comparé à Horace que Boileau, et voici comme j'en fis le portrait:

> Despréaux, éclairé des lumières d'Horace,
> Donne à ses traits railleurs plus de tour, plus de grâce;
> Son fertile génie au bon sens épuré,
> Sur la route du vrai court d'un pas assuré.
> Jamais ce mâle auteur d'aucun mot inutile
> De ses vers châtiés n'embarrasse le style;
> Et la rime bizarre et l'exacte raison
> Contractent sous ses mains une heureuse union.
> Heureux si moins ravi du grand vol de Pindare
> Il eût mieux évité l'infortune d'Icare,
> Et qu'il n'eût point mêlé dans ses vers envieux
> Avec le fade auteur l'auteur judicieux.

A peine mon choix eut-il été approuvé d'Apollon et enregistré par la Muse secrétaire que j'aperçus La Motte et que j'eus regret de ne l'avoir pas donné pour compagnon au lyrique latin. Le Dieu du Parnasse, voyant mon embarras, me dit de ne me mettre en peine de rien et que La Motte ne manquerait pas de compagnie puisqu'il avait résolu de le garder auprès de lui.

Phèdre fut le second poète latin qui se mit sur les rangs; voici comme on rendit justice à son mérite:

> A l'esprit des Romains sa plume a retracé
> Les utiles leçons d'un esclave sensé.
> De ses termes choisis l'élégante justesse
> Sert chez lui de grandeur, de tour et de finesse.
> Sans tirer de l'esprit un éclat emprunté,
> Le vrai plaît en ses vers par sa simplicité.

Il ne fallait pas être bien habile pour trouver du rapport entre le génie de Phèdre et celui de La Fontaine. Voici quelle idée je crus pouvoir donner de son tour d'esprit:

> De l'agréable La Fontaine
> La rime orne les vers et jamais ne les gêne;

Tout ce qu'il dit paraît par les Grâces dicté.
Dans des chemins fleuris toujours il nous promène.
          De ses tours la fertilité
Donne à la fable ancienne un air de nouveauté,
          Et par une heureuse adresse
          Il sait rendre le naïf
          Compatible avec le vif.
Le bon sens de ses vers n'exclut pas la finesse,
          Et cet auteur sans égal,
          Quand il suit Phèdre à la piste,
          Prend un air original;
          Phèdre paraît son copiste.

Si les songes avaient quelque ordre, le portrait de Virgile aurait dû précéder celui de tous les autres. Mais il n'en fut pas ainsi, et cela n'importe guère pourvu qu'il soit ressemblant; vous en jugerez:

Virgile, sagement charmé du merveilleux,
Aux Romains dans le ciel sut trouver des aïeux.
En conduisant Enée à la riche Ausonie,[178]
Par les dieux mis en œuvre il soutint son génie.
Sublime, il ne va pas se perdre dans les airs,
Et simple, un terme bas n'avilit point ses vers;
A leur noble cadence une oreille attentive
Lie aux plus faibles sens la raison fugitive;
Mais il fait fondre en pleurs son malheureux héros.
D'abord que l'aquilon se rend maître des flots,
De son cœur trop humain l'excessive tendresse
A son pieux guerrier fait part de sa faiblesse
Et rend le petit-fils du Monarque des dieux
Aussi méchant soldat que bon religieux.

Le dernier vers me rappela dans l'esprit une pensée de Saint Evremond, qui trouve le bon Enée plus propre à fonder un couvent qu'à fonder un empire.[179] Chapelain, cependant, s'avança avec beaucoup de confiance, ne doutant point que le génie de Virgile et le sien ne fussent faits exprès l'un pour l'autre. Arrêtez, arrêtez, lui dis-je.

          Avec ce fameux modèle
          Par tes héroïques traits
Nous verrons si tu peux entrer en parallèle
          Quand la rustique Pucelle
          Saura mieux parler français.[180]

J'avoue que j'étais bien intrigué pour trouver parmi les Français un poète comparable à l'auteur de l'Enéide. Il est vrai que Télémaque est véritablement un poème épique, et pour m'exprimer avec M. de La Motte,

178. That is, Italy.
179. See Saint Evremond, Œuvres, ii.249: 'C'étoit un pauvre Héros dans le Paganisme, qui pourroit être un grand Saint chez les Chrétiens; fort propre à nous donner des miracles, & plus digne Fondateur d'un Ordre que d'un Etat.'
180. Cf. 'La Dissertation sur Homère et sur Chapelain', written by van Effen in 1707 and published in 1714.

> 'Notre âge retrouve un Homère
> Dans ce poème salutaire
> Par la vertu même inventé;
> Les nymphes de la double cime
> Ne l'affranchirent de la rime
> Qu'en faveur de la vérité.'[181]

Mais le génie de cet illustre prélat est tout à fait différent de celui de Virgile, qui lui cède indubitablement pour la richesse de l'imagination et pour la force du raisonnement. Cet esprit le plus beau de notre siècle a su envelopper les plus inestimables trésors de sagesse sous une fiction riche et soutenue, et je doute qu'il y eût eu rien de défectueux dans son ouvrage s'il n'avait pas mieux aimé s'endormir quelquefois avec Homère que de le surpasser toujours.

Dans l'embarras où je me trouvais, je jetai les yeux par hasard sur une troupe de tragiques français et je considérai qu'il faut à peu près le même tour d'esprit pour la tragédie que pour la poésie épique; en effet, l'une et l'autre demandent de l'élévation et de la force dans l'expression et dans la pensée. L'une et l'autre ont commerce avec les héros et les rois; toutes deux animent la passion par les caractères qu'elles dépeignent et, par des intrigues ménagées avec art elles attachent notre curiosité à la recherche du dénouement.

Entre tous ces poètes dramatiques, Racine me parut avoir le plus de rapport avec Virgile. Voici comme j'exprimai ce que je pense à son égard:

> Racine, aiguillonné du succès de Corneille,
> Sur la scène entassa merveille sur merveille;
> De son style plus pur la force et la douceur
> Par l'esprit satisfait pénètrent jusqu'au cœur.
> Réglée dans ses transports, son austère sagesse,
> S'éloignant du phébus, évite la bassesse;
> Egal en ses beautés, grand, fleuri, merveilleux,
> Jamais il ne renonce au langage des dieux.
> Mais du goût des Français l'habitude l'enchaîne,
> Il ne sait aux Romains donner l'âme romaine.
> Au lieu de revêtir la fierté de Titus
> Ou du vainqueur fameux des Persans abattus,
> Le Romain et le Grec, qu'un fade amour domine,
> Dans ses timides vers ont le cœur de Racine.

A peine eus-je achevé ce portrait qu'un petit homme tortu et bossu parut devant le trône d'Apollon.

> 'Un mot,' dit-il, 'Sire Phébus,
> Moi qui, bien que rimeur perclus,
> Ne suis rimeur à la douzaine
> Et fus, tandis que je vécus,
> Nommé malade de la reine,
> Dont j'exerçais avec peine
> L'emploi chétif pour mille écus.
>   Savez-vous bien que plus habile
> Que moi ne fut jamais un sot,
> Que souvent mon burlesque style

---

181. La Motte, 'Ode à Messieurs de l'Académie françoise' in his *Œuvres*, I, 3, ll.45-50.

Sut faire bouffoner Virgile
En le traduisant mot à mot?
Or je vous conjure, beau Sire,
Par votre sacré violon
Que ne me veuilliez éconduire.
  Et qu'à mon bon ami Maron,
Etant toujours son compagnon,
Je puisse apprendre l'art de rire. [182]
En ses vers toujours il pleura.
Mais, pourvu qu'il soit corrigible,
Mon humeur le corrigera;
Et s'il est animal risible,
Avec moi rire il lui faudra.'

Le Dieu du Parnasse avait bien de la peine à garder son sérieux à cette plaisante proposition; il ne laissa pas de l'approuver, convaincu que Scarron ne serait pas un compagnon inutile à ces deux auteurs sérieux.

L'art de savoir badiner de temps en temps donne au sérieux même un air aisé qu'une humeur toujours sombre lui ôte à coup sûr.

Pétrone se présenta alors d'un air indolent, et même un peu efféminé; il est difficile d'en attraper bien la ressemblance; voici pourtant comme Mécénas s'y prit:

Docte épicurien, débauché délicat,
L'effroi du pédant et du fat,
A la nature il laissait en partage
Le soin de régler ses désirs
Et croyait mériter le beau titre de sage
En raffinant sur les plaisirs.
Jamais des maux passés la pensée importune
Sous de noires vapeurs n'accabla son cerveau,
De l'obscur avenir il posait le fardeau
Sur les ailes de la fortune.
Un plaisir délicat et vif
De sa molle conduite était le seul motif.
Sa voluptueuse lecture
Sans s'attacher au fruit ne s'amusait qu'aux fleurs,
Et son indolente censure
Punissait la sottise et faisait grâce aux mœurs.
De se faire un effort son génie incapable
Aux douceurs du repos ne daignait s'arracher,
Il attendait le moment favorable
Que la verve le vint chercher.
Quand il étale la sagesse
D'une utile réflexion,
On penserait que sa raison
S'y laisse entraîner par paresse.
Avec lui-même il fut toujours d'accord.
Il vécut sans songer aux devoirs de la vie,
Et lorsqu'elle lui fut ravie,
Il se fit un jeu de la mort.

182. 'Maron' is Virgil, Vergilius Maro, Publius.

Saint Evremond me parut si propre à être comparé avec son cher Pétrone que le portrait de l'un me semblait être le portrait de l'autre.

> 'Paraissez,' dis-je, 'ami Saint Evremond,
> De Pétrone soyez le compagnon fidèle;
> Le savant Dieu du double mont
> Fit vos esprits sur le même modèle;
> Mais on peut bien être assuré
> Que ce modèle est égaré.'

Le reste de mon songe à une autre fois.

LII · [14 mars 1712]

Je prétends aujourd'hui ne m'attacher point à un seul sujet, obéir simplement à mon génie et m'abandonner à mes réflexions. Je commencerai mon ouvrage à tout hasard et je le finirai comme je pourrai.

On parle dans cette république, en des termes pleins d'admiration, de la sobriété des anciens Hollandais et de leur indifférence pour les richesses. On considère avec un profond respect la conduite de ces pères de la patrie qui, avant que de s'assembler pour le bien de l'Etat, prenaient un repas frugal à l'ombre de quelque arbre.

Cependant, à examiner la chose de près, il est probable qu'il y avait dans cette tempérance plus d'habitude que de raisonnement, plus de naturel que de vertu. Supposé même qu'ils aient connu l'usage des richesses, il ne faut pas une grande force d'esprit pour lui préférer la pauvreté quand on les considère l'une et l'autre en elles-mêmes et débarrassés des accessoires qui les accompagnent ordinairement. Une honnête pauvreté, qui n'exclut pas le nécessaire, laisse l'homme dans toute son indépendance, et les soins que traîne après lui le superflu le rendent esclave de ses trésors. De cette manière, il se peut qu'on fuie la richesse plutôt par indolence que par vertu. Ajoutons que du temps de ces sobres Bataves, la honte et le mépris étaient attachés aux usages les plus ordinaires qu'on fait des richesses, qu'il y avait de la gloire à ne point paraître au-dessus de ses concitoyens. Les charges, les dignités, l'estime et le respect étaient accordés au mérite et non pas aux trésors. La pauvreté ne faisait que rendre plus vénérable un homme vertueux et habile, et l'on pouvait en quelque sorte aimer la pauvreté par intérêt.

Les Aristide et les Phocion de l'antiquité étaient justement dans le même cas; ils rejetaient les trésors dont ils pouvaient se mettre en possession sans peine.[183] Faut-il s'en étonner beaucoup et leur sagesse était-elle de difficile pratique? Sans le secours de l'abondance, ils jouissaient de la considération de leurs compatriotes et gouvernaient la république d'Athènes avec une autorité presque absolue. La richesse leur aurait causé plus d'embarras que d'agrément. Ce n'est que depuis qu'on a détaché la honte du vice pour l'unir à la pauvreté que les personnes à

---

183. Aristides (520?-468? B.C.), called the 'Just', initiated a kind of state socialism in ancient Greece. Phocion (fl. 4th century B.C.) was, according to the Greek biographer Plutarch, prudent, responsible, and a model patriot.

qui l'avarice n'est pas naturelle ont couru après les trésors par un motif de gloire et qu'on a pu dire:

> 'L'or même à la laideur donne un teint de beauté,
> Mais tout devient affreux avec la pauvreté.'[184]

Quand je songe quelquefois à ma jeunesse, le souvenir d'un tendre commerce vient souvent se présenter à mon imagination avec tout ce qu'il a de plus flatteur pour la vanité; mon imagination, remplie de ces idées riantes, fait bientôt agir les ressorts les plus cachés de mon cœur; elle y cause un désordre délicieux, un mouvement tendre et vif dont j'ai de la peine à me défendre et auquel je me fais un plaisir de m'abandonner. Mais ma raison soutenue par mon âge ne laisse pas longtemps mon cœur en proie à cette dangereuse agitation; je m'efforce bientôt à rappeler dans mon esprit les chagrins que traîne après elle la passion la plus heureuse, même la bassesse qu'il y a dans la conduite d'un amant et l'extravagance de ces sentiments délicats dont il s'applaudit le plus. Ces images me ramènent bientôt du plaisir à la raison, et, revenu à ma première tranquillité, je me félicite de n'avoir pas attendu le secours de la vieillesse pour sauver mon cœur d'un trouble si cruel et mon esprit d'un dérèglement si funeste. Ma raison est alors contente d'elle-même, et cette satisfaction de la raison est une volupté qu'on ne saurait comprendre à moins d'en avoir goûté toute la douceur.

Un homme d'un âge avancé qui donne encore dans une tendresse formelle est rarement un brutal ou un sot. Il peut manquer de raisonnement, mais il a d'ordinaire l'esprit délicat et l'âme belle. Rarement s'aveugle-t-il assez pour ne pas connaître la faiblesse qu'il y a à loger un cœur amoureux dans un corps qui n'est plus aimable. Mais il prétend remplacer les agréments qu'il a perdus par des sentiments subtilisés et par une galanterie raffinée. Au défaut de se faire aimer, il fait en sorte que sa maîtresse s'aime davantage elle-même et il prétend qu'elle lui ait obligation des aliments qu'il fournit à son amour-propre. Saint Evremond a épuisé quelquefois pour Madame de Mazarin tout ce que l'esprit peut fournir de plus recherché et de plus flatteur à un cœur complaisant au suprême degré. Voici comme il parle à cette dame dans une de ses lettres.

'Demanderais-je que vous aimiez une personne de mon âge? Je n'ai pas vécu d'une manière à pouvoir espérer un miracle en ma faveur; si le mérite de mes sentiments obtenait de vous un regret que je sois vieux et un souhait que je fusse jeune, je serais content; la grâce d'un souhait est peu de chose, ne me la refusez pas. Il est naturel de souhaiter que tout ce qui nous aime soit aimable.

Il ne fut jamais de passion plus désintéressée que la mienne. ... Je regarde vos amants comme vos sujets au lieu de les haïr comme mes rivaux, et ce qui est à vous m'est plus cher que ce qui est contre moi ne m'est odieux. ...

Une réflexion sérieuse vient m'avertir que vous vous moquerez de tout ce discours, mais vous ne sauriez vous moquer de mes faiblesses que vous ne soyez contente de votre beauté, et je suis satisfait de ma honte si elle vous donne quelque satisfaction.

On sacrifie son repos, sa liberté, sa fortune; 'la gloire ne se sacrifie point,' dit

---

184. Boileau, 'Satire VIII', ll.209-10.

Montaigne.[185] Je renonce ici à notre Montaigne et je ne refuse pas d'être ridicule pour l'amour de vous. Mais on ne saurait vous faire un sacrifice de cette nature-là. Il ne peut y avoir du ridicule à vous aimer.'[186]

Voilà des sentiments bien délicats. Mais qu'est-ce que la délicatesse des sentiments quand elle n'a de ressource qu'en elle-même?

On se trompe d'ordinaire, selon moi, sur le caractère de philosophe. On donne souvent ce nom à un homme qui a lu un grand nombre de livres de philosophie, qui a quelque idée des différents systèmes et qui sait par cœur les arguments qui les appuient. Il sait comment Descartes prouve ses tourbillons et comment M. Locke renverse les idées innées; les rêveries de Platon et les ténèbres d'Aristote ont laissé dans son esprit quelques expressions vides de sens.

Pour moi, je n'appelle pas un tel savant philosophe; ce n'est proprement qu'un *littérateur de la philosophie*, si l'on peut s'exprimer ainsi.

Le titre de philosophe ne me paraît dû qu'à ceux qui raisonnent de leur propre fonds et dont le jugement agit plus que la mémoire. Ils pressent les arguments des autres, ils profitent de leurs découvertes; mais ils les digèrent par la méditation, ils savent les enchaîner à leurs propres idées et, gardant une indifférence entière pour les opinions d'autrui, ils ne les adoptent que quand leur raison en a décidé en dernier ressort.

Autre erreur sur la philosophie. On croit que c'est être philosophe que de ne s'occuper que des sujets qui paraissent au-dessus de l'élévation ordinaire de l'esprit humain.

Mesurer le cours des astres, fouiller dans les entrailles de la nature, se perdre dans les méditations abstruses de la métaphysique, voilà seulement ce qu'on croit du ressort de la véritable philosophie. Idées vagues qui ne caractérisent en aucune manière cette science merveilleuse.

Le vrai philosophe, plus avide de l'utile que charmé du curieux, rapporte toutes ses vues à l'excellence de sa nature et au but de son existence. Il sait qu'il n'est pas créé pour démêler les routes des astres, pour connaître la nature des météores. Il respire pour se procurer un véritable bonheur en conformant toutes ses actions à une raison pure et débarrassée des préjugés du peuple.

Sa principale étude, c'est de former sa raison, de la rendre éclairée et exacte, de pénétrer dans la nature de ses devoirs, en un mot, de concilier la vertu avec l'agrément de la vie et avec le bonheur des êtres semblables à lui. Il n'a commerce avec les autres sciences qu'autant qu'il en peut tirer des lumières pour celle que je viens de dépeindre, à moins qu'ils ne s'en veuille servir quelquefois comme d'un plaisir et d'un délassement.

On peut conclure de ce raisonnement que d'ordinaire c'est être philosophe que s'éloigner de ce que le vulgaire appelle philosophe.

> 'C'est l'erreur que je fuis, c'est la vertu que j'aime;
> Je songe à me connaître et me cherche en moi-même.
> C'est là l'unique étude où je veux m'attacher.

185. Cf. Montaigne, *Essais* (Paris 1962), I, xli, pp.286-87, 'De ne communiquer sa gloire': 'Toutes autres choses tombent en commerce; nous prestons nos biens et nos vies au besoin de nos amis; mais de communiquer son honneur et d'estrener autruy de sa gloire, il ne se voit guieres.' All further references are to this edition.
186. *Œuvres*, iv.67-70.

> Que, l'astrolabe en main, un autre aille chercher
> Si le soleil est fixe ou tourne sur son axe,
> Si Saturne à nos yeux peut faire un parallaxe.[187]
> Que Rohault vainement sèche pour concevoir
> Comment tout étant plein, tout a pu se mouvoir;
> Ou que Bernier compose et le sec et l'humide
> Des corps ronds et crochus errants parmi le vide.[188]
> Pour moi, sur cette mer qu'ici-bas nous courons,
> Je songe à me pourvoir d'esquif et d'avirons,
> A régler mes désirs, à prévenir l'orage,
> A sauver, s'il se peut, ma raison du naufrage.'[189]

La véritable philosophie embrasse toutes les actions de la vie, la conduite générale de l'homme; elle entre même dans son enjouement et dans ses badinages en y répandant les lumières d'un bon sens inaltérable qui met une différence essentielle entre les amusements d'un honnête homme et les bouffonneries d'un faquin.

Je trouve un traité sur quelque matière que ce soit absolument mauvais quand il ne facilite pas à l'esprit le moyen de définir exactement le sujet qu'on lui présente. Tel est le discours du père Rapin sur l'éloquence, tel est le traité de Longin sur le sublime, et tels me paraissent la plupart des traités que nous ont laissés les Anciens.[190]

Cicéron nous force d'admirer ses lumières et son génie. Il est aussi bon philosophe que grand orateur. Cependant, son *Traité de l'amitié*, qui charme l'esprit par un grand nombre de belles vérités, n'éclaire pas entièrement la raison, faute de cette méthode sûre de raisonner qui était encore inconnue de son temps. Il nous dépeint les devoirs d'un ami sans aller à la véritable source de l'amitié et sans nous exposer nettement la nature de cette union utile et délicieuse.

S'il nous avait fait sentir que la véritable amitié n'est autre chose qu'un 'contrat tacite entre deux personnes qui, touchées d'un mérite naturel et de la conformité de leurs humeurs, s'engagent, en partie par inclination, en partie par un intérêt raisonnable, à se rendre tous les devoirs que la raison et un amour-propre réglé peuvent permettre,' il aurait pu tirer de cette idée l'étendue et les bornes que l'amitié exige de nous; nous n'aurions point été embarrassés par des règles vagues et incertaines et, par son secours, nous aurions pu distinguer l'amitié raisonnable d'avec l'amitié fougueuse et déréglée qui dégénère en une véritable passion.

Je suis sûr que c'est ne pas savoir une chose que de n'en pouvoir pas ramasser toutes les propriétés dans une seule idée complète et distincte, qu'on appelle définition. On peut la placer à la fin ou au commencement d'un traité, et ces différentes méthodes peuvent plaire à différents tours d'esprit. Quant à moi, je

187. On voit bien que Boileau n'était pas astronome. L'astrolabe n'a pas l'usage qu'il lui donne. On peut encore le reprendre d'avoir fait 'parallaxe' masculin. (Note in the 1726 edition.)

188. Jacques Rohault (1620-1675) was a noted physician and Cartesian. François Bernier (1625-1688) was a famous traveller who also popularised the philosophy of Gassendi.

189. Boileau, 'Epître V', 'A M. de Guilleragues, Secrétaire du Cabinet', ll.25-38.

190. René Rapin (1621-1687) wrote *Du grand, ou du sublime dans les mœurs et dans les différentes conditions des hommes* (1686). Dionysius Cassius Longinus (213-273) wrote the treatise *On the sublime*.

suis pour la dernière, dès qu'on commence par donner au lecteur une idée générale et méthodique de tout ce qui va faire l'objet de son attention. Cette idée sera obscure d'abord, il est vrai, mais chaque pas qu'il avancera dans sa lecture éclaircira une partie de cette idée; il y rapportera tout comme à un centre qu'il ne perd jamais de vue; sa raison agira plus que sa mémoire, et, sans rien perdre de ce qu'il lit, il le trouvera à la fin entièrement concentré dans sa définition.

Je trouve l'autre méthode plus embarrassante pour l'esprit et plus fatigante pour la mémoire; avant que de parvenir à sa définition, on court risque d'avoir oublié quelque idée qui doit y aboutir, et souvent on est obligé de rebrousser chemin.

Les auteurs qui négligent ces méthodes me sont suspects de ne savoir pas leur matière à fond et d'écrire sans avoir fait un plan général de leur ouvrage. Cependant, à mon avis, il faudrait un plan dans une ode pindarique même, pourvu que les liaisons en fussent cachées avec art.

LIII · [21 mars 1712]

Je ne suis pas d'avis de donner encore la suite de mon songe. Je veux être premièrement instruit si le public en a goûté le commencement. Si je vois que les peines que m'a coûtées cet ouvrage n'ont pas donné quelque satisfaction au lecteur, je ne l'achèverai pas. S'il faut déplaire, il n'est pas besoin de donner pour cela la torture à son esprit; on y peut réussir à fort peu de frais. En attendant qu'on m'écrive le succès de cette pièce, je continuerai à donner quelques réflexions telles qu'il plaira à mon imagination de les fournir à mon raisonnement.

Je ne suis pas nouvelliste et je m'en applaudis fort; je ne saurais me faire une occupation sérieuse de courir la ville depuis le matin jusqu'au soir pour faire un commerce de nouvelles souvent fausses et toujours altérées. Je n'entends pas l'art de joindre mes réflexions sur un événement à l'événement même et de débiter ce mélange de vérité et de fiction pour m'être communiqué mystérieusement par une des premières têtes de l'Etat. Je ne saurais gagner sur ma raison de prêter une sotte crédulité à tout ce qui est avantageux à la patrie et de rejeter comme impossible tout ce qui lui est contraire. Bien moins encore puis-je me résoudre à ne me plaire au récit d'une victoire que lorsqu'elle a coûté beaucoup de sang, et je ne suis pas de ces gens ridicules qui craignent la paix comme une conjoncture stérile pour les nouvelles.

D'un autre côté, je ne voudrais pas donner dans la gravité extravagante de certains esprits forts qui regardent d'un œil tranquille tout ce qui arrive dans le monde de plus intéressant. Cela s'appelle être déraisonnable par un excès de raison et cesser d'être homme à force de vouloir être [sage. Je ne vois pas qu'on puisse être] parfaitement honnête homme sans être bon citoyen, sans aimer une société dont on fait partie et sans avoir de la chaleur pour ses intérêts. Cette chaleur n'est pas l'effet d'un esprit déréglé qui cherche à s'inquiéter mal à propos. Elle est absolument nécessaire pour la conservation d'un Etat et, par conséquent, c'est une qualité réellement estimable. Il faut seulement que la raison guide ce zèle et l'empêche de s'égarer dans des routes obscures qui ne mènent à aucune utilité. Qu'on se plaise à se réjouir d'un événement avantageux à la république; qu'on se fasse un devoir de s'affliger modérément d'un coup de la fortune qui ébranle l'Etat; qu'on soit inquiet d'un orage prochain qui paraît menacer la patrie: rien de plus naturel! Rien de plus humain! Mais gardons-nous bien de nous affliger, par une prévoyance outrée, d'un malheur éloigné dont la probabilité dépend d'une longue enchaînure de considérations politiques que le moindre hasard peut déranger.

Le moyen de regarder de sang froid l'impertinence des poètes et des auteurs d'épîtres dédicatoires qui, par leurs éloges, mendient la protection de quelque grand? Ils ne savent presque jamais employer que des louanges générales et outrées qui, pour m'exprimer proverbialement, sont des selles à tous chevaux et souvent même des bâts à tous ânes. A les entendre, tout magistrat est un Atlas infatigable dont les épaules seules peuvent porter le fardeau de l'Etat, tout homme de guerre est un héros du premier ordre, un modèle de prudence, un prodige d'intrépidité.

> Si du bon sens ainsi vous secouez le joug
> En élevant au ciel le moindre capitaine,
>   Que direz-vous du grand Eugène,
>   Que vous restera-t-il pour chanter Marlborough?

Non seulement il faut proportionner ses louanges au mérite de ceux qu'on loue; il faut encore entrer dans le caractère particulier de leur mérite. Tout habile homme d'Etat n'a pas la même sorte d'habileté que Richelieu ou que Heinsius.[191] Tout grand général ne l'est pas de la même manière, et il faudrait, avec dextérité, démêler ce que leur génie pour la guerre, quoique excellent chacun dans son genre, a pourtant de singulier et de différent.

Comparer, par exemple, le prince Eugène avec Alexandre, c'est plutôt le moyen de révolter sa raison que de captiver sa bienveillance.[192]

Qu'on trouve du rapport entre Alexandre et le roi de Suède, j'y consens.[193] Ils n'ont pas eu les mêmes succès, mais ils se ressemblent parfaitement dans la hardiesse et dans la vaste étendue de leurs projets. Mais on peut dire que le vainqueur de Darius n'a eu rien de commun avec Eugène que son intrépidité.

Si l'antiquité nous offre quelque chose de comparable à notre héros moderne, ce ne saurait être qu'Annibal, dont le seul nom emporte l'idée d'un capitaine achevé.

L'un et l'autre se sont frayé un chemin dans l'Italie par les Alpes; l'un et l'autre, dégageant leur conduite de l'empire de la fortune, n'ont dû leurs succès qu'à leur courage et à leur habileté consommée dans l'art militaire; ils se sont

191. Daniel Heinsius or Heins (1580-1655) was a Dutch statesman and scholar of classical Greek. Armand Jean Du Plessis, cardinal and duc de Richelieu (1585-1642) was a great French statesman under Louis XIII.

192. Cf. Steele's comparison of Prince Eugene and Alexander in the *Spectator*, number 340 (31 March 1712).

193. This is Charles XII. Van Effen gives an interesting portrait of this warrior-king in his 'Voyage en Suède' which was appended to the 1726 edition of *Le Misanthrope*. See letter XII.

également appliqués tous deux à connaître le naturel des généraux qu'on leur opposait et à mettre à profit leurs bonnes et leurs mauvaises qualités. Annibal n'a pas pénétré plus avant dans le caractère des Scipion, des Flaminius, des Varron et des Fabius qu'Eugène dans le génie de Catinat, de Villeroi, de Vendôme et de Villars.[194] Tous deux ont triomphé par la seule supériorité de leurs lumières d'un ennemi plus fort qu'eux, mieux fourni de toutes les choses nécessaires pour ses entreprises et plus à portée de se servir de l'avantage des lieux. Tous deux ont su devenir l'âme de leurs armées, composées de différents peuples et qui, souvent destituées de tout, n'avaient d'autres ressources que dans les lumières de leur général.

Enfin, ils ont su tromper l'un et l'autre, par une vigilance incroyable, les soins de leurs ennemis les plus expérimentés et en ont lassé la vigilance par une fermeté victorieuse de tous les obstacles. Voici la seule chose qui distingue le caractère de ces deux héros:

> Dans la carrière de la gloire
> Eugène court toujours de travaux en travaux.
> Et dans le sein de la victoire
> Annibal endormi goûte un lâche repos.

Un écrivain, fort habile à démêler par ses réflexions les caractères des grands hommes, trouve le principe de l'indolence d'Annibal à dompter entièrement les Romains dans la dangereuse nouveauté des plaisirs qu'il goûta alors pour la première fois. Dès sa première jeunesse, il avait toujours été dans les fatigues de la guerre; occupé uniquement de son amour pour la gloire, les projets de ses conquêtes ne lui laissaient pas le loisir de songer à la volupté; à peine en avait-il une idée.

Mais après la bataille de Cannes, son avidité pour la gloire, satisfaite en quelque sorte, lui donna du relâche. Il y eut alors du vide dans son cœur, et les plaisirs vinrent bientôt l'occuper en foule.

Capoue était une de ces villes où la douceur du climat, la fertilité du terroir et l'oisiveté d'une longue paix portent les habitants à raffiner sur la volupté. Annibal en opposa bientôt le charme séducteur à l'austère rudesse de sa vie passée.

Plus cette volupté se présentait à lui avec tout ce qu'elle a de riant, plus sa tempérance lui paraissait odieuse et fatigante. En un mot, il se livra aux plaisirs qui lui avaient été inconnus, et s'y livra avec fureur par cela même qu'ils lui avaient été inconnus.

Cette réflexion me donne lieu d'en faire une autre. Il n'y a rien de si dangereux que de ne s'être point familiarisé avec le plaisir dès sa jeunesse; j'entends ce plaisir qui ne devient criminel que par l'abus qu'on en peut faire.

---

194. These are all renowned military figures. Annibal or Hannibal met many worthy adversaries in his attacks against the Roman Empire. Hannibal defeated the great Scipio (235-183 B.C.), Flaminius (?-217 B.C.), and Terentius Varro (fl. 3rd century B.C.), but he was finally defeated by Fabius or Maximus Quintus Verrucosus (275-203 B.C.). Prince Eugène fought successfully against the French generals who served Louis XIV: Nicolas de Catinat (1637-1712), François de Neufville, duc de Villeroi (1644-1730), and Louis-Joseph, duc de Vendôme (1654-1712). Louis-Hector de Villars (1653-1734) had many military successes; his encounters with Prince Eugène were ended with the Peace of Utrecht in 1713.

Un esprit bien fait, qui s'est formé une habitude de se partager entre l'austérité des occupations sérieuses et l'agrément des plaisirs licites, se fait un charme de cette vicissitude. Le plaisir n'a pas pour lui cette nouveauté fatale qui surprend l'imagination et qui étourdit le jugement; il sort de l'agréable pour entrer dans l'utile avec la même facilité dont il abandonne pour quelque temps l'utile pour s'attacher à l'agréable.

Il n'en est pas ainsi de ceux qui, par humeur ou par un faux raisonnement, se sont toujours arrachés aux divertissements que la vertu autorise. Si une fois le plaisir peut surprendre leur sagesse hors de garde, il fait sur leur âme des impressions violentes, il en triomphe entièrement; leur raison qui leur en dérobe la jouissance leur devient odieuse; ils comptent pour perdu tout le temps qu'ils ont passé en des occupations destituées d'agrément. Leur cœur, entièrement rempli de leur nouveau penchant, n'est plus accessible au devoir.

Non seulement ils abuseront des plaisirs innocents par un attachement excessif; la douceur de ceux qui les ont agréablement flattés leur donnera une haute opinion de ceux dont ils n'ont pas encore fait l'essai. En un mot, ils seront semblables à un fleuve dont une digue a longtemps retenu l'impétuosité. Dès qu'une fois il a forcé cet obstacle, il se répand dans les campagnes voisines, il renverse tout, et rien n'en saurait arrêter la violence pernicieuse.

J'avoue que j'entends avec indignation des gens graves et pleins d'un solide mérite déclamer contre les divertissements innocents et les attaquer comme des crimes énormes. Qu'y a-t-il, par exemple, de si criminel dans un bal pour tant crier contre les bals? La danse dont on s'y sert ressemble-t-elle à cette danse *ionienne* qui, par des mouvements impudiques, tendait des pièges à la vertu? Point du tout. Notre danse n'est qu'un agréable mélange de mouvements aussi modestes que beaux qui, par un modique exercice, augmentent la disposition et la légèreté du corps en répandant la gaieté dans le cœur et dans l'esprit. Je suis vieux et d'une humeur sérieuse; je n'aime point la danse. Un autre est jeune et enjoué; la danse lui plaît. Mais l'humeur sombre et l'humeur gaie n'entrent point dans l'essence de la vertu, et si je trouve un délassement de l'esprit dans la bagatelle sérieuse, je ne saurais tirer de là un droit de condamner la bagatelle enjouée.

Je m'amuse dans mon cabinet à composer le *Misanthrope* du même fonds dont un jeune homme va montrer sa légèreté dans un bal: l'amour du plaisir, la nécessité d'en goûter quelquefois et une vanité permise font que je compose et qu'il danse; il est aussi autorisé par sa jeunesse à se divertir à sa manière que je le suis par mon âge à me plaire dans mes amusements.

S'il se faisait une occupation de courir les bals au lieu de s'en faire un divertissement passager, je le trouverais fort blâmable et je ne le serais pas moins si je donnais tout mon temps à un ouvrage où je ne travaille que par un pur motif de plaisir. Mais si, pendant un hiver, il va sept ou huit fois au bal et si je m'occupe quelques heures par semaine à faire le *Misanthrope*, je crois qu'on peut facilement nous le pardonner à l'un et à l'autre.[195]

[Je finirai par quelques vers irréguliers sur l'affaire d'Arras.

---

195. The 1712-13 edition concludes with the following poem and commentary.

Nous croyons attraper la France
En détruisant son magasin.
Mais des prudents Français qui connaît la vaillance
Sait bien qu'ils siffleront ce burlesque dessein.

Il est vrai qu'en campagne ils ne sauraient paraître,
Mais les en empêcher, c'est leur faire plaisir.
A quoi diantre sert de s'y mettre
Quand on ne s'y met que pour fuir?

On va leur prendre mainte place,
Mais s'ils étaient présents, les en prendrait-on moins?
Et n'est-ce pas leur faire grâce
Que de les dispenser d'en être les témoins?

Riez, Français, d'un coup dont on crut vous abattre,
C'est d'un franc Hollandais le bizarre projet
Qui seulement vous force à ne vous faire battre
Qu'au commencement de juillet.]

LIV · [28 mars 1712]

Je craindrais d'ennuyer si je répétais à tout moment 'un tel poète parut après un tel'; on le verra bien assez par la suite des portraits; voici celui de Juvénal:

Hardi déclamateur, sa colère fertile
Gourmanda sans détour le Romain indocile,
Et par son aigre humeur son génie entraîné
Osa livrer la guerre au vice couronné.
D'un siècle dissolu la luxure excessive
Anima de ses vers la mordante invective.
Vif, sublime, fleuri, facile, impétueux,
Son génie étincelle en ses portraits affreux.
Heureux s'il eût toujours, dans l'ardeur qui l'anime,
Ménagé la sagesse en punissant le crime.
Et si de ses tableaux l'infâme nudité
N'eût bravé la pudeur du lecteur rebuté.

A peine Mécénas eut-il prononcé ces vers qu'il se présenta un grand nombre de ces petits auteurs satiriques à qui la malignité tient lieu de génie. Chacun d'eux prétendait être le plus fondé en droit pour être mis en parallèle avec ce poète latin, et je vis le moment qu'une guerre civile allait naître parmi eux si je n'y avais mis le *holà* par ces mots:

Modérez-vous, Messieurs de la satire,
De vos talents vous jugez mal,
Si votre Muse au lieu de rire
Mord et déchire,
Ce n'est pas tout pour être égal
A Juvénal.

Il n'y a que Régnier, continuai-je, qui mérite d'être mis de pair avec ce poète.

Dans un siècle où le goût encor mal éclairé
Gênait peu le poète à sa verve livré,
Régnier, décréditant cette libre manie,
Puisa l'art de rimer dans son rare génie;
Et, mettant à profit Horace et Juvénal,
Il prête à sa satire un air original.
Le sel de son esprit et l'aigreur de sa bile
Dans ses écrits sensés font un mélange utile.
Fallait-il que ses vers, truchements de son cœur,
En termes débordés prêchassent la pudeur
Et que, d'après ses mœurs nous dépeignant le vice,
Des crimes qu'il censure il fût souvent complice?

Le patron des poètes latins fit alors avancer Plaute; il voulait en faire le portrait à mon avis plutôt pour y faire briller la justesse de son discernement que pour chercher un compagnon pour ce vieux goguenard. Le bon homme n'a jamais été fort délicat et, naturellement, il devait s'accommoder assez de toutes sortes de mauvais plaisants.

Portrait de Plaute

Ce *comique bouffon*, n'en déplaise aux savants,
A son grossier parterre immola le bon sens.
Chez lui d'un trait d'esprit la grâce déployée
Dans mille jeux de mots d'ordinaire est noyée;
Sans rime et sans raison il fait le goguenard;
La justesse en ses vers n'est qu'un don du hasard.
Si le valet souvent y parle d'un ton grave,
L'honnête homme y produit les pointes d'un esclave.
Enfin, par un seul trait pour le dépeindre en tout,
Il eut beaucoup d'esprit, peu d'art et point de goût.

A peine ces vers furent-ils récités qu'il se leva un murmure entre les défenseurs de l'Antiquité, qui savent plutôt alléguer vingt auteurs qu'une seule raison et chez qui une sottise, qui subsiste depuis deux mille ans, obtient par prescription la place de quelque chose de joli. Ils se mirent enfin à crier tous d'une voix:

'Cicéron l'approuva.' Mécénas répliqua aussitôt,
Tant pis pour Cicéron,
J'en veux croire plutôt Horace et la raison.'

Pendant que ces messieurs étaient aux prises, j'étais en délibération s'il fallait mettre Dancourt en parallèle avec Plaute. Il est vrai que cet Ancien paraît revivre dans les ouvrages qu'on débite sous le nom de Dancourt, mais je considérais d'un autre côté que ces pièces de théâtre ne sont propres au dernier que du côté du profit et qu'il ne fallait en aucune manière mettre sur son compte ce qu'il y a de bon et de mauvais. Je conclus donc que Poisson était plutôt mon homme; voici son portrait:

C'est ici le plaisant Poisson
Qui, par son style polisson
Au sérieux faisant la guerre,
Fit son plus grand bonheur d'égayer le parterre.
Bien souvent il y réussit,
Et ses burlesques traits ne manquent pas d'esprit.

Mais, se bornant à faire rire,
Il ne se pique point d'instruire.
Par les discours du *Sot vengé*
Jamais lâche mari ne se vit corrigé,
Et le bizarre sort du *Baron de La Crasse*
Dans l'esprit diverti ne laisse point de trace.[196]
Si sur cet auteur turlupin
Il faut qu'en un mot je m'explique,
Poisson fut très petit comique
Et très excellent tabarin.

Portrait d'Ovide

Tous les talents exquis des plus rares génies
Du tendre Ovide seul animèrent les vers,
Pour couronner son front les Muses réunies
Font trouver en lui seul cent poètes divers.
Qu'il sait bien désarmer les rigueurs d'une amante!
Quel cœur ne voudrait pas partager son amour?
Mais sa tendre douleur paraît trop éloquente,
Il prête à ses soupirs trop d'esprit et de tour.
En système il a su réduire l'art de plaire,
L'Amour même l'écoute avec docilité;
Il donne à cet enfant, mal instruit par sa mère,
Des leçons dont lui-même il sentit la bonté.
Qu'il enfle avec succès la trompette héroïque
Quand d'Ajax et d'Ulysse il peint le démêlé!
J'ose le soutenir, aucun poème épique
A cet essai hardi n'a droit d'être égalé.
La cadence prévient tout effort de sa veine,
Ses mots harmonieux courent pour s'arranger.
Cependant, ses écrits, ennemis de la peine,
Ne laissent au travail aucun mot à changer.
Souvent, trop amoureux d'une belle pensée,
Il se plaît à l'offrir de différents côtés;
Il prodigue l'esprit; l'attention lassée
Succombe sous ses vers trop chargés de beautés.

Je cherchais en vain parmi les poètes français un compagnon digne d'Ovide. Je conviens qu'il y en a parmi eux dont les élégies ont de l'élégance et de la délicatesse, mais ils manquent d'ordinaire de feu et de naturel et ne sont que trop bien dépeints par ces vers de Boileau:

'Je hais ces vains auteurs dont la Muse forcée
M'entretient de ses feux, toujours froide et glacée;
Qui s'affligent par art, et, fous de sens rassis,
S'érigent, pour rimer, en amoureux transis.
Leurs transports les plus doux ne sont que phrases vaines:
Ils ne savent jamais que se charger de chaînes,
Que bénir leur martyre, adorer leur prison
Et faire quereller les sens et la raison.
Ce n'était pas jadis sur ce ton ridicule

196. Raymond Poisson (1633-1690) was himself an actor and dramatic author; he wrote *Le Sot vengé* (1661) and *Le Baron de La Crasse* (1662), among other plays.

Qu'Amour dictait les vers que soupirait Tibulle,
Ou que, du tendre Ovide, animant les doux sons,
Il donnait de son art les charmantes leçons.'[197]

Dans l'embarras où je me trouvais, j'aperçus une très aimable femme qu'à son air dégagé et libre je reconnus pour Madame Deshoulières; je la crus très propre à être la compagne du galant Ovide, et voici comme je pris la liberté de lui parler:

Viens, viens venger ton sexe, aimable Deshoulières,
        Du mépris de l'homme trop vain;
Par ton cœur délicat, ton esprit, tes lumières,
Tu peux seule égaler cet illustre Romain.

        D'abord qu'Apollon t'anime,
        Tu sais de la même rime
        Sans offenser la raison
        Vingt fois répéter le son.
        D'un héros que l'on estime,
        Tu sais sur un ton sublime
        Jusqu'au ciel porter le nom
        Dans une tendre chanson.
        Que tu dépeins bien l'abîme
        Où la douce illusion
        D'une aimable passion
        Précipite sa victime!
        Qui voudrait de la raison
        Goûter la rude leçon
        Quand ta délicate rime
        Plaide pour le rendre crime
        D'un sensible cœur qu'opprime,
        Dans sa première saison,
        La force d'un doux poison.

Dans tes rondeaux gaulois, tes ballades naïves,
        Ton style aisé fait capot
        L'esprit même de Marot.
        A tes idylles plaintives
        Les naïades attentives
        Avec toi d'un tendre amant
        Redoutent le changement.

        Qui ne te croirait Calliope
        Lorsque dans une ode à nos yeux,
        Ton rare esprit se développe
        Exact, sublime, merveilleux.[198]
        Quand tu nous dépeins la chimère
        Qui met le mal imaginaire
        De pair avec les maux réels,
        Ta lyre philosophe efface
        Les airs dont le Chantre de Thrace[199]
        Adoucit les mœurs des mortels.

---

197. *L'Art poétique*, 'Chant II', ll.45-56.
198. L'ode à M. [de] La Rochefoucauld. (Note in the 1726 edition.)
199. Orphée. (Note in the 1726 edition.)

Si tu veux, on pourra te mettre
Avec les doctes Sœurs sur le double sommet,
Mais du tendre Ovide, peut-être,
L'entretien sera mieux ton fait.

Portrait de Térence

Né dans les murs fameux de l'altière Carthage,
Térence dut sa gloire aux fers de l'esclavage
Et, bientôt affranchi, cet illustre Africain
A sa veine asservit le superbe Romain.
Ceux qui d'un jeu de mots font l'agrément comique
Ne sauraient dans ses vers goûter le sel attique;
Mais il est de ce sel partout assaisonné
Pour qui chérit au vrai l'agréable enchaîné.
Qu'il sait bien d'un sujet saisir le caractère!
Lui-même il devient fils, maîtresse, esclave, père;
C'est un père grondeur, un fils malavisé,
Une maîtresse avare, un esclave rusé.
Par l'esprit diverti dans les âmes dociles
Il glisse en badinant ses maximes utiles.
Heureux si ses écrits purs, sages, châtiés,
Roulaient sur des sujets avec art variés
Et si, trouvant son père, une fille exposée
N'y démêlait toujours l'intrigue trop usée.

Portrait de Molière

A Térence imité notre âge doit Molière.
Courant de l'Hélicon l'épineuse carrière,
Il devança bientôt son rival respecté.
Le quolibet bourgeois, l'infâme obscénité,
Avant lui de la scène arbitres despotiques
S'enfuirent à l'aspect de ses écrits pudiques.
Il dédaigna des sots les cris applaudissants;
Son théâtre devient l'école du bon sens.
Le vice peu touché d'être dépeint horrible
Y fut couvert de honte en paraissant risible.
Le jargon précieux craignit de se montrer,
Le marquis à l'excès n'osa plus se parer.
Bientôt montrée au doigt l'orgueilleuse pédante
N'étala qu'en tremblant sa sottise savante.
Cotin impunément ne prôna plus ses vers,
Le bourgeois gentilhomme abjura ses faux airs.
Osant braver le Ciel, l'hypocrite exécrable
De Molière craignit la plume redoutable.
A ses traits délicats toujours sûrs d'attraper
Nul risible défaut n'eut l'art de s'échapper.
Et la Muse comique, au plus haut point menée,
Est tombée avec lui par sa chute entraînée.

Portrait de Lucain

Aux règles des Anciens cet Espagnol rebelle
Ouvre au poème épique une route nouvelle;
Par des motifs humains le héros dans ses vers
Bouleverse le monde, enchaîne l'univers.

Sans attendre des dieux sortis d'une machine,
Par sa propre vertu Caton se détermine.
Qu'Hector, vil instrument par les dieux animé,
Terrasse de leurs mains Patrocle désarmé;
César, trouvant ses dieux dans son propre courage,
Répand de rang en rang l'horreur et le carnage.
Sans que Mars au combat conduise ses chevaux,
Sans que Vénus par l'air guide ses javelots,
Sa prudente valeur remporte la victoire;
Il combat en péril et triomphe avec gloire.
Lucain ose des dieux supprimer les travaux
Pour faire en tout leur jour paraître ses héros;
A son style élevé son sujet sert de guide,
Et sa Muse eût peut-être effacé l'*Enéide*
Si l'Aveugle divin, par Virgile imité,
N'eût point fixé le goût du lecteur entêté.

Il ne me fut pas possible de choisir parmi nos auteurs un poète du génie de Lucain; ils ont tous mieux aimé mettre en jeu dans leurs poèmes épiques les démons et les anges que de ne pas imiter les fictions d'Homère. L'embarras où me jetait cette difficulté me donna de l'inquiétude, et cette inquiétude finit mon songe en dissipant mon sommeil.

LV · [4 avril 1712]

Je voudrais bien réussir une fois dans ma vie à faire un *Misanthrope* qui plût à tout le monde; l'affaire est difficile, mais peut-être n'est-elle pas tout à fait impossible. Il est naturel que les goûts des hommes, si différents pour la plupart des choses, conviennent du moins dans un seul point; toute la difficulté consiste à le trouver, et cependant, je me trompe fort si je ne l'ai pas découvert.

Tout l'univers est dans l'impatience d'apprendre le résultat des négociations de paix et serait ravi de savoir si elles se termineront bientôt ou non. Si je pouvais donc tirer de mon cerveau quelques réflexions sensées sur la durée de cette affaire importante, j'aurais apparemment le plaisir de satisfaire à tout le monde. Essayons-le.

Si les deux partis souhaitent également de tirer les négociations en longueur, on ne saurait douter qu'ils n'y réussissent. Quand même la France seule ne voudrait parvenir à la paix que lentement, il est probable que, ménageant les différents intérêts des alliés avec sa dextérité ordinaire, elle pourrait retarder le dénouement de tant d'intrigues embarrassantes. Il reste seulement à savoir si c'est le but de la France de faire traîner les affaires. Je le soutiens et je prétends avoir pour cela des raisons palpables.

Supposé que, par les provisions que quelqu'un apporte dans un pays, on puisse faire une conjecture raisonnable du temps qu'il doit y rester, il est très clair que les ministres français feront un long séjour dans la Hollande. Tout le monde sait la quantité prodigieuse de toutes sortes de provisions qu'ils ont eu soin de faire venir à Utrecht, et … .

'Peste soit du fat!' dira ici quelque nouvelliste. 'A-t-on jamais entendu parler de réflexions politiques tirées des provisions nécessaires au ménage?'

J'en conviens, le principe de mon raisonnement n'a pas un air noble, mais au moins ces provisions sont des choses réelles dont il n'est pas impossible de déduire quelque conséquence raisonnable, au lieu que les chimères qui sont d'ordinaire les sources des subtiles extravagances d'un nouvelliste n'ont aucune réalité et ne se font admirer que par leur ridicule et fausse profondeur. Quoi qu'il en soit, je vois bien que je n'ai pas enfilé le véritable chemin de plaire universellement. Soutenons plutôt quelque paradoxe.

Les goûts de tous les hommes se réunissent dans l'amour de l'extraordinaire, rien n'est plus sûr. Faisons voir, par exemple, 'que les Torys ont plus à cœur les véritables intérêts de leur patrie que les Whigs.' C'est un paradoxe très paradoxe, et l'on ne saurait mieux faire briller les heureux effets d'une vive imagination qu'en donnant à cette pensée les couleurs de la vérité. Mais j'y trouve un obstacle invincible et je ne me sens pas assez de génie pour me tirer de cette affaire-là à mon bonheur.

Il vaudra mieux, ce me semble, faire quelque conte. Il est vrai que j'ai le don de conter parfaitement mal, mais n'importe, un mauvais conte s'attire plus de lecteurs que la plus belle réflexion qu'on puisse faire. Commençons.

Un fermier général a, près de Paris, une aussi charmante maison de campagne qu'un fermier général qui entend son métier peut en avoir en temps de guerre. Cependant, il en jouit très peu et, pendant que dans la ville il s'efforce à amasser de nouveaux trésors, Madame son épouse s'occupe à dépenser noblement à la campagne ceux que la misère publique leur a déjà procurés. Un homme d'esprit l'y vint voir un jour et la trouva en conversation avec trois ou quatre autres dames et un jeune abbé. C'était un de ces abbés qui ont adopté les manières efféminées dont les femmes de grand air ne veulent plus et qui sont plus longtemps à mettre leur collet qu'une dame raisonnablement coquette n'en emploie à se coiffer. Tandis que ce galant homme, négligemment couché dans un canapé, disait de jolies bagatelles, ou qu'il mordait ses lèvres en étudiant des minauderies dans un miroir de poche, toute la compagnie s'empressait à lui servir du café, à y mettre la dose de sucre qu'il faut pour un ecclésiastique et à lui présenter des confitures.

> 'Car, de tous mets sucrés, secs, en pâte ou liquides,
> Les estomacs dévots furent toujours avides.
> Le premier massepain pour eux, je crois, se fit,
> Et le premier citron à Rouen fut confit.'[200]

'Ah! je vois où il en veut venir,' dira ici quelqu'un de nos *faux pénétrants*, 'c'est Monsieur un tel qu'il a en vue.'

'Bon, Monsieur un tel demeure à la Haye, et l'auteur parle de Paris.'

'Ne voyez-vous pas,' répliquera-t-il, 'que c'est pour nous dépayser mieux? C'est Monsieur un tel, vous dis-je, je sais qu'il a été voir avant-hier Madame une telle à sa maison de campagne.'

'Mais avant-hier il a fait le plus vilain temps du monde.'

---

200. Boileau, 'Satire X', ll.573-76. The second line is slightly altered: 'Les estomachs devots toûjours furent avides.'

'Diantre! c'est justement ce temps que ces messieurs choisissent, crainte des fâcheux.'

Si quelqu'un de ceux qui prétendent me connaître, mais qui ont juré de ne me point découvrir, répond qu'il est sûr de la parfaite vénération que j'ai pour le mérite de Monsieur un tel et que je lui sais gré de savoir être en même temps excellent ecclésiastique et fort galant homme, cette raison ne fera que blanchir contre notre lecteur éclairé.

'Ne connaissez-vous pas Messieurs les auteurs?' répliquera-t-il. 'Tout le mérite du monde ne saurait balancer dans leur esprit le plaisir de dire un bon mot.'

Il faudra bien qu'à la fin on lui donne gain de cause et que sur la foi d'un esprit si clairvoyant on se déchaîne contre ma malignité.

Non, je renonce à ces sortes d'historiettes qui ne font que mettre en œuvre les beaux talents que le public a pour la médisance; j'aime mieux faire un conte de fée; ces sortes de contes sont fort en vogue dans notre siècle; les gens les plus graves s'y amusent, tout en les traitant de bagatelles, et ils s'y amusent si bien quelquefois qu'ils ne sauraient les quitter qu'ils n'en aient parcouru tout un volume d'un bout à l'autre.

CONTE DE FEE

Il y avait autrefois dans l'Arabie heureuse certaine fée fort puissante et fort raisonnable, qualités qui ne sont pas des plus compatibles. Les autres fées s'amusent à bâtir des palais tout de cristal de roche; on y voit des appartements d'un seul rubis, d'autres d'une seule topaze et d'autres encore d'un seul diamant; en un mot, les autres fées ressemblent assez bien à certains auteurs qui nous donnent du merveilleux, faute d'être assez habiles pour nous donner du naturel. La fée, dont je veux parler, avait bien plus d'esprit que cela; comme elle se faisait un plaisir d'être aimée des hommes, elle s'humanisait dans toutes ses productions.

C'était la meilleure pâte de femme dont on ait jamais entendu parler, et pour toutes ces raisons on l'appelait la fée humaine. Elle s'était divertie à bâtir sur le rivage de la mer une ville la plus jolie, la plus riante du monde. Le printemps qu'on va chercher d'ordinaire à la campagne déployait tous ses agréments au milieu de ce charmant séjour. Tous les habitants de ce lieu se sentaient de l'humanité de leur souveraine. Les seigneurs s'y plaisaient à être les bons amis des grisettes, et souvent les dames y étaient très familières avec leurs domestiques.

Aussi, à n'en juger que par l'extérieur, on y avait bien de la peine à distinguer la roture d'avec la noblesse. Les clercs de procureur y portaient l'épée et la veste de brocard d'or, et le chien du Docteur Balouard aurait été bien embarrassé à déchirer, non leurs manteaux de bouracan, mais leurs roquelaures d'écarlate.[201]

Les soubrettes y étaient aussi pimpantes que leurs maîtresses, et les bourgeoises s'habillaient des plus belles étoffes de leurs boutiques, ce qui n'était pas mal imaginé.

Près de ce lieu délicieux, il y avait un bocage dont la diversité riante faisait

---

201. 'Docteur Balouard' or 'Balordo' is a stock character from the *commedia dell'arte*. 'Bouracan' is a rather coarse cloth, and 'roquelaure' is a man's coat, named after the duc de Roquelaure, in fashion during the reign of Louis XIV.

douter s'il était l'effet de l'art qui avait voulu imiter la nature ou de la nature qui avait voulu approcher de l'art. C'est dans cette agréable solitude que les amants passaient un quart d'heure inutile à rêver à leurs maîtresses, ou bien à forger de bonnes fortunes qu'ils devaient débiter le soir à leurs compagnons; c'était là encore que la fée humaine faisait sa demeure ordinaire.

Un jour, s'étant cachée dans un gros chêne, elle vit un jeune cavalier se promener d'un air rêveur et un peu mélancolique. Il méritait bien de s'attirer les regards d'une fée. Le drôle était tout des mieux faits, un beau teint, une grande chevelure, la taille fine, la jambe faite à peindre, un air de petit-maître; enfin, il était propre à donner dans la vue.

La fée humaine, touchée de voir ce beau cavalier si triste, parut devant lui, et après lui avoir fait une grande révérence, car elle savait fort bien son monde: 'Qu'avez-vous, mon beau Monsieur?' lui dit-elle; 'il semble que vous ayez quelque chagrin; découvrez-le moi. Je suis la fée humaine, et vous pouvez vous assurer de mon secours.'

'Hélas! Madame,' répondit le cavalier dont il n'était pas difficile de gagner la confidence, 'j'aime une grisette jolie comme un petit cœur et je travaille en vain depuis trois jours à apprivoiser cette petite tigresse; je ne bouge d'auprès d'elle et, pendant tout ce temps-là, je n'ai été que deux fois à l'opéra et trois fois au cabaret.'

'Voyez un peu la petite fantasque,' répliqua la fée; 'la beauté seule de vos cheveux devrait vaincre son indifférence.'

'Bien loin de là, *Madame*; elle dit que mes cheveux me donnent un air du vieux temps et que je devrais prendre la perruque pour être à la mode.'

'Mais vous êtes si beau garçon.'

'Il est vrai, mais la petite masque[202] dit qu'un homme bien fait prétend qu'on l'aime pour ses beaux yeux, et ce n'est pas là son compte.'

'Eh! mais vous avez une physionomie si fine, et je jurerais moi que vous avez l'esprit joli.'

'A qui le dites-vous, *Madame*; c'est moi qui compose toutes les nouvelles manières de jurer qui sont en vogue; il n'y a rien qui arrondisse mieux les périodes que tout ce que je fais dans ce genre-là. Mais elle se moque de l'esprit; à son avis, ceux qui en on tant prétendent qu'une fille qu'ils daignent aimer doive leur en avoir de l'obligation. Vous saurez de plus, *Madame*, que je chante comme Touvenelle et que je danse à ravir, et cependant, j'ai usé sur son cœur plus de vingt grands airs d'opéra et plus de cent cabrioles sans pouvoir l'effleurer seulement.'

'Ah! je vois où est l'enclouure,' repartit la fée. 'Que me donnerez-vous, mon beau Monsieur, si je rends cette belle souple pour vous comme un gant?'

'Tenez, Madame,' répondit le cavalier, 'faites qu'elle m'aime seulement pendant quinze jours, foi de fils d'honnête homme, je vous aimerai une semaine toute entière pour vous payer de vos peines.'

Après cette promesse la fée humaine le toucha d'une baguette et lui dit de se regarder dans un petit ruisseau. Il s'y trouva une grande perruque noire, une peau basanée et une physionomie un tant soit peu pendable.

---

202. A sly, crafty woman.

'Et fi au diable! Madame,' s'écria-t-il; 'me voilà bâti d'une étrange manière; je ressemble à un Juif comme deux gouttes d'eau.'

'Tant mieux, mon fils,' répliqua la fée; 'votre petite grisette vous trouvera fort bien comme cela. Mais voici encore une pièce tout à fait nécessaire pour venir à bout de votre entreprise. Voyez-vous cette bourse; elle a été composée par un rabbin fort habile cabaliste, et Mars y fait toujours rentrer au double ce que Vénus en fait sortir.'

Le cavalier métamorphosé accepta avidement cette bourse miraculeuse et, sans s'amuser, comme un bourgeois, à remercier sa bienfaitrice, il courut vers sa petite maîtresse.... . Mais me voici au bout de mon cahier et je ne saurais finir mon conte; je crois même que je m'en repentirais fort; on ne manquerait pas d'y chercher des allégories et d'y trouver un portrait fidèle de la Haye, et puis il faut voir comment on déclamerait encore contre la malice du pauvre Misanthrope. Je suis bien sot aussi de vouloir plaire à tout le monde, c'est le vrai moyen de ne plaire à personne. On a beau faire; il en faut toujours revenir à la fable de l'âne et du meunier. 'Je suis âne, il est vrai;' c'est le meunier qui parle,

> '"Je suis âne, il est vrai, j'en conviens, je l'avoue;
> Mais que dorénavant on me blâme, on me loue,
> Qu'on dise quelque chose, ou qu'on ne dise rien,
> J'en veux faire à ma tête." Il le fit et fit bien.'[203]

LVI · [11 avril 1712]

Il y a bien du temps qu'on dispute sur le mérite des auteurs anciens et modernes sans qu'il soit encore décidé à qui il est juste d'accorder la préférence. Que dis-je, décidé! Il en est de ce procès comme de bien d'autres; à peine sait-on, après tant de procédures, devant quel tribunal il faut plaider, si c'est devant celui de l'autorité ou devant celui de la raison. Excepté un petit nombre de bons esprits qui prennent un juste milieu dans cette affaire, tout le monde donne dans les extrémités. Les uns ne trouvent rien de beau dans les Anciens parce qu'ils sont Anciens, et les autres trouvent en eux tout excellent parce qu'ils ne sont pas Modernes. On voit facilement que les premiers sont des ignorants, entêtés des manières de leur siècle; ils rapportent tout à leur goût et, ne le trouvant pas dans ce qu'on leur allègue des Anciens, ils les condamnent sur l'étiquette du sac par la seule raison qu'ils ont été d'un autre temps et d'une autre nation. Mais à quel principe attribuera-t-on l'estime excessive que d'autres ont pour ces mêmes Anciens? On ne sera pas fort embarrassé là-dessus quand on aura examiné quels sont les admirateurs outrés des Platon et des Homère. Je crois qu'on peut les réduire à deux classes: ou ce sont des personnes d'un profond savoir, ou bien ce sont des demi-savants dont on en voit beaucoup dans ce siècle. Pour les ignorants qui admirent les Anciens sans les avoir jamais lus, quand même ils ne seraient pas en petit nombre, ils ne valent pas la peine de les mettre dans une classe à part.

203. La Fontaine, 'Le meunier, son fils, et l'âne', *Fables*, III, 1, ll.77-80.

Il ne faut pas s'étonner qu'un savant du premier ordre admire les Anciens de bonne foi. Il a pâli toute sa vie sur leurs ouvrages; il s'est familiarisé avec leur style et avec leurs pensées. Ne s'étant jamais donné le loisir de former son raisonnement, il est habitué à trouver beau, non ce qui est conforme à la raison, mais ce qui se rapporte au goût de l'antiquité.

Si l'on veut remarquer encore qu'on ne croit rien si facilement que ce qu'on est intéressé à croire, on comprendra aisément qu'un tel savant ne saurait revenir de son opinion. S'il était vrai que les ouvrages dont il a fait son unique étude fussent remplis d'extravagances, il serait obligé de renoncer au titre de savant qu'on ne saurait accorder à un homme qui ne sait qu'un grand nombre de fadaises. Son intérêt l'oblige donc à soutenir qu'on ne fait pas un pas dans la lecture des Anciens sans rencontrer quelque merveille, et ce même intérêt l'engage à le croire pour n'être pas forcé à décompter sur l'idée de son propre mérite.

Il se peut bien que parmi les demi-savants il y en ait qui défendent les Anciens sincèrement, sur la foi des savants du premier ordre pour qui ils ont souvent une déférence aveugle. Mais je m'imagine que, d'ordinaire, il y a dans les éloges outrés qu'ils font des Anciens plus de vanité que de bonne foi. Etre savant ou passer pour l'être, c'est à peu près la même chose pour certaines gens, et souvent même, ils aiment moins être savants réellement que d'en avoir la réputation. Or il est sûr qu'il n'y a point de chemin plus abrégé pour parvenir à cette réputation que de soutenir qu'on découvre dans les Anciens des trésors de beautés qui se cachent à des yeux vulgaires. Ceux qui vous l'entendent débiter avec confiance en concluent d'abord que vous avez une connaissance exacte des mœurs des premiers siècles et que vous avez la connaissance de toutes les délicatesses des langues savantes, en un mot, que vous vous êtes acquis une profonde érudition.

Parmi ces demi-savants, il se trouve des auteurs qui écrivent en français et que leur vanité engage encore d'une autre manière à donner une haute opinion des Anciens, dont ils se piquent d'avoir étudié le goût à fond. Ils soutiennent que ce goût est le seul qui puisse rendre les ouvrages parfaits et, prétendant l'avoir attrapé, ils croient par là sanctifier leurs écrits et les faire regarder du même point de vue dont on regarde leurs modèles mêmes.

Du nombre de ces écrivains, il y en a d'excellents qui, par une délicate vanité, soutiennent que les Anciens sont incomparables, dans le temps qu'ils font voir par leurs productions qu'on peut les surpasser. Et c'est par ce combat apparent entre leurs sentiments et leurs ouvrages qu'ils donnent un nouveau lustre à leur réputation.

On me permettra bien de faire ici une digression pour examiner si Boileau et d'autres auteurs comme lui doivent l'approbation du public à ce goût d'antiquité qu'on prétend trouver dans leurs ouvrages. Je sais bien qu'ils ont souvent profité des pensées des Anciens (en quoi ils croient être moins plagiaires que ceux qui pillent les Modernes), mais j'ose avancer qu'ils se contentent de louer le goût des Anciens et qu'ils s'en éloignent autant qu'ils peuvent. Une simplicité élégante et majestueuse fait le mérite des ouvrages des Anciens, selon leurs admirateurs. Le jeu d'esprit, le style figuré, les tours recherchés, tout cela était exclu des écrits de ces hommes divins. Mais en est-il ainsi de leurs admirateurs? Je ne connais point de poète dont le style soit plus figuré et plus rempli de tours hardis et brillants que celui de Despréaux. Veut-il exprimer le droit que tout le monde a de censurer les meilleurs vers, voici comme il s'y prend:

> 'Un clerc, pour quinze sous, sans craindre le holà,
> Peut aller au parterre attaquer Attila,
> Et si le Roi des Huns ne lui charme l'oreille,
> Traiter de visigoths tous les vers de Corneille.'[204]

S'agit-il d'une maison que les voleurs vont piller au travers des flammes, c'est ainsi qu'il s'exprime:

> 'Car le feu dont la flamme en ondes se déploie
> Fait de notre quartier une seconde Troie
> Où maint Grec affamé, maint avide Argien,
> Au travers des charbons va piller le Troyen.'[205]

Je ne blâme pas ces figures fortes quand elles ont de la justesse, mais je doute fort qu'on en puisse trouver beaucoup d'exemples dans les Anciens qu'on se pique le plus d'imiter. Je reviens à mon sujet.

Je crois avoir montré suffisamment que l'amour de la réputation est la principale source de l'entêtement excessif qu'on fait paraître pour les ouvrages consacrés par le temps. Voyons à présent l'argument ordinaire par lequel on prétend fermer la bouche aux antagonistes des Anciens.

Il y a deux ou trois mille ans que tous les hommes de lettres, excepté un petit nombre de gens bizarres et d'un goût dépravé, ont reconnu des beautés extraordinaires dans Platon, etc. Ainsi donc, soutenir que ces beautés n'y sont pas, c'est avancer que toutes les personnes de réputation pendant tout ce temps-là n'ont pas eu le sens commun; c'est heurter grossièrement la raison et se rendre coupable d'un orgueil odieux. Ceux à qui ces merveilles ne sautent pas aux yeux doivent s'en prendre à eux-mêmes et se croire aveugles.

On suppose d'abord dans ce raisonnement que ceux qui n'ont pas été admirateurs de ces hommes illustres ont été des gens bizarres et d'un goût dépravé, et cela s'appelle supposer ce qui est en question. En second lieu, on nous accuse à tort de traiter d'insensés tous ceux qui pendant plus de trente siècles ont été prévenus pour Homère. Si on avait droit de disputer le sens commun à tous ceux qui entrent sans examen dans un préjugé universellement reçu, il n'y aurait pas un homme au monde qui méritât le titre de sage.

Mais pour mieux développer le ridicule d'un sophisme qu'on débite avec tant de hauteur, posons quelques principes.

Le *beau* dans les ouvrages de l'esprit peut se déduire de certains principes sûrs de la raison, ou bien il est purement arbitraire et il emprunte tout son mérite d'un goût passager qui lui communique son inconstance. Si la dernière de ces propositions est vraie, il ne faut point disputer de l'excellence d'un ouvrage; son mérite ne dépend que du caprice de ses approbateurs. Il faut donc que la première de ces propositions soit reçue et qu'on convienne que la dispute touchant les Anciens et les Modernes est une question de droit.

204. Boileau, 'Satire IX', ll.177-80.
205. Boileau, 'Satire VI', ll.107-10.

Je vais plus loin. Toutes les vérités n'admettent pas la même sorte de preuves, et une question de fait se résout autrement qu'une question de droit. Pour prouver la vérité d'un fait, il suffit du témoignage unanime d'un grand nombre de personnes qu'il n'a pas été possible de tromper et qui n'ont point eu d'intérêt à tromper les autres. Un tel témoignage parvenu à nous par une tradition constante et uniforme est, en son espèce, une démonstration de la vérité d'un événement passé. Mais une question de droit n'a rien à démêler avec le témoignage et avec l'autorité; la raison seule a le privilège de lui fournir des preuves, et c'est une prérogative qu'elle ne doit jamais céder à une longue suite d'années. Il s'ensuit que le raisonnement que je combats ici n'est propre qu'à éblouir ceux qui, ayant de fausses idées de la modestie, la confondent avec une raison lâche et qui trouvent plus commode d'adopter une opinion reçue que de consulter leurs propres lumières. On pourrait encore exiger avec Horace que les admirateurs outrés des Anciens nous fixassent au juste le nombre des siècles qu'il faut pour mettre le mérite d'un auteur hors de conteste, afin que l'on sût exactement quand il faut commencer à imposer silence à la raison.[206] Peut-être ce raisonnement n'est pas le plus fort du monde, mais il est d'Horace et subsiste depuis plus de dix-sept siècles. Ainsi, voici antiquité contre antiquité, autel contre autel.

'Mais,' me dira-t-on, 'si cette approbation universelle et durable n'est pas une démonstration en faveur des Anciens, c'est du moins un préjugé bien fort. Un si grand nombre de personnes éclairées aurait-il raisonné de travers sur le mérite d'Homère? Cela est inconcevable.'

Pas si inconcevable que l'on pourrait penser, et ce n'est pas la première erreur invétérée dont on est enfin revenu. Quoi! parce qu'on a cru pendant plusieurs siècles que le ciel étoilé était d'une matière solide, faudra-t-il absolument démentir la raison et l'expérience pour souscrire à cette bizarre opinion? Si l'on a reçu, comme une vérité certaine pendant un temps infini, que le soleil tourne autour de la terre, ne sera-t-il pas pour cela permis à la terre de tourner autour du soleil? Mais voici une raison particulière de la haute estime qu'on a eue pour Homère, sans qu'on ait été désabusé sur son chapitre pendant tant de siècles. Lorsque Zoïle parut dans le monde, le divin Homère jouissait déjà depuis longtemps d'une approbation générale. Il ne faut pas s'en étonner. Il avait indubitablement du génie; ses vers sont aisés et coulants, et son style a été toujours admiré des Grecs qui doivent avoir connu la force et la délicatesse de leur propre langue. D'ailleurs, les fables devaient divertir naturellement des peuples amoureux de toutes sortes de fictions. Enfin, jusque-là personne n'avait mieux réussi que lui dans le poème épique, et naturellement nous sommes portés à croire qu'un ouvrage est un modèle de perfection quand il est dans son genre le plus beau que nous ayons vu. On ne se révolte jamais sans danger contre le goût général, et il est très naturel que Zoïle, voulant avec hauteur désabuser son siècle d'une erreur chérie, se soit fait un grand nombre d'ennemis; leur emportement même alla si loin que Ptolomée le fit crucifier pour avoir osé attaquer Homère. Boileau appelle la mort de ce pauvre critique infâme, mais certes elle l'est moins pour lui que pour ce roi extravagant qui ne se faisait pas

---

206. See Horace's discussion in his *Epistles*, II, i.

une affaire d'immoler aux mânes d'un poète un homme coupable seulement de l'avoir osé censurer. On peut bien croire que ce supplice imposa silence à ceux que Zoïle avait pu détromper sur le mérite d'Homère; il faudrait se laisser entraîner à un zèle bien impertinent pour vouloir être le martyr d'une opinion aussi peu importante que celle de Zoïle. Son nom devint même si odieux que dès l'enfance on s'accoutuma à le prononcer avec horreur et qu'on mit entre les axiomes indubitables qu'on ne pouvait critiquer Homère sans sacrilège. C'est ainsi que des siècles se sont écoulés dans l'admiration de ce poète et que peu à peu l'argument que je viens de réfuter s'est acquis toute la force qu'il pouvait emprunter du temps.

Il me semble que je ne saurais mieux finir qu'en citant la manière burlesque, et pourtant sérieuse, dont Régnier débite, dans une satire adressée à M. Rapin, le raisonnement dont j'ai tâché de découvrir le faible.

> 'Pour moi, les Huguenots pourraient faire miracles,
> Ressusciter des morts, rendre de vrais oracles,
> Que je ne pourrais pas croire [à] leur vérité.
> En toute opinion je fuis la nouveauté.
> Aussi doit-on plutôt imiter nos vieux pères
> Que suivre des nouveaux les nouvelles chimères.
> De même en l'art divin de la Muse doit-on
> Moins croire à leur esprit qu'à l'esprit de Platon.
> Mais, Rapin, à leur goût si les vieux sont profanes,
> Si Virgile, le Tasse et Ronsard sont des ânes,
> Sans perdre en ce discours le temps que nous perdons,
> Allons comme eux aux champs, et mangeons des chardons.'[207]

LVII · [18 avril 1712]

Mon libraire m'a communiqué la lettre d'un *inconnu* touchant mon songe;[208] je la trouve si bien tournée qu'elle pourrait me paraître telle quand même elle serait aussi pleine de critiques qu'elle est remplie d'éloges. On m'y reproche obligeamment d'avoir fini mon songe trop tôt et l'on aurait souhaité que j'eusse joint les poètes grecs aux latins pour les opposer aux modernes. Selon cet inconnu, j'aurais trouvé facilement parmi eux des compagnons[209] dignes de tous les Anciens de réputation. En effet, P. Corneille, Segrais, Sarasin, Voiture, Benserade, Bussy Rabutin et surtout Fontenelle ne cèdent point en mérite aux écrivains de la Grèce. Mais plusieurs considérations m'empêchent de les mettre en parallèle les uns avec les autres. Sans parler des difficultés d'un pareil ouvrage, il est sûr qu'il ne serait goûté que d'un petit nombre de personnes qui peuvent juger de la justesse de ces sortes de comparaisons. Mais j'écris pour le public, et si j'allais lui alléguer des auteurs grecs qu'il connaît aussi peu que les habitants des terres australes, que sais-je si l'on ne me prendrait pas pour un

---

207. Mathurin Régnier, 'Satire IX, A M. Rapin', *Œuvres complètes* (Paris 1958), ll.241-52.
208. Cette lettre est signée D. B. et parle fort avantageusement de M. Caze. Le lecteur tirera de là les conjectures qu'il trouvera à propos. (Note in the 1726 edition.) See the letter in number L.
209. Les Modernes qu'on nomme dans la lettre. (Note in the 1726 edition.)

homme qui voulût conjurer les démons. Mais supposé que, de temps en temps, il me soit permis de m'élever au-dessus de la portée du vulgaire, je doute fort qu'il me fût possible de trouver pour ces illustres Modernes des Anciens qui aient écrit dans le même goût. Ecrire dans le même genre et écrire dans le même goût sont des choses très différentes.

Sans distinguer les Grecs des Latins, parcourons un peu ceux qui semblent avoir du rapport avec les Français que j'ai nommés.

Sophocle et Euripide ont été les poètes tragiques que l'antiquité a le plus estimés et pour qui nos savants ont le plus de vénération. Leur style est élevé, leurs vers sont soutenus, leurs pensées nobles; si leurs héros paraissent souvent choquer la bienséance, il faut s'en prendre moins à ces poètes qu'aux mœurs de leur siècle dont la simplicité était fort opposée au luxe du nôtre. Par conséquent, pour exercer sur eux une critique raisonnable, il faut ne s'attacher qu'aux choses qui relèvent de la raison seule et qui n'ont rien à démêler avec le goût.

Les sujets qu'ils ont mis sur le théâtre ne sont propres qu'à effrayer le spectateur et à exciter en son âme des mouvements que naturellement l'homme cherche à éviter. On voit, dans leurs ouvrages, des incestueux punis cruellement par les dieux d'un crime commis par hasard, et notre cœur, révolté contre cette injustice, n'a pas le loisir de s'intéresser pour des malheureux d'une espèce si singulière. On y voit des frères, animés d'une rage ambitieuse, s'égorger mutuellement et se consoler de leur mort par le plaisir d'entraîner leur ennemi dans le tombeau. Tantôt ces poètes exposaient aux yeux un Atrée apaisant la faim de son frère Thyeste de la chair de ses propres enfants, et ils prétendaient s'attirer l'attention du spectateur par l'image d'un crime qui, selon la fable, força le soleil à reculer. Tantôt ils représentaient une meurtrière de son époux demandant en vain la vie à son fils qui, excité par une sœur au parricide, immole sa mère criminelle plutôt à sa cruauté qu'aux mânes de son père. Enfin, leurs héros sont pour la plupart des scélérats odieux dont le crime fait horreur et dont le malheur ne touche point.[210]

Après avoir fait cet examen, ne puis-je pas, sans faire tort à ces illustres auteurs, les accuser d'avoir mal connu le cœur humain? La tragédie y doit exciter des passions, il est vrai; mais ce doivent être ces passions où notre penchant nous porte et non celles qui nous sont étrangères et auxquelles nous ne nous laissons entraîner qu'avec répugnance. Du nombre de ces mouvements trop violents est sans doute une terreur excessive qui n'est pas ménagée avec art et dont le but n'est pas de nous rendre plus sensibles au plaisir qu'inspire un heureux dénouement. Cependant, c'est cette terreur qui, dans les pièces de ces fameux Anciens, fait sur le cœur les impressions les plus fortes et les plus ordinaires.

P. Corneille a écrit dans tout un autre goût; s'il nous fait craindre, haïr, avoir de la compassion, c'est le vice qu'il nous fait haïr; il nous fait craindre pour une vertu menacée; il intéresse notre pitié dans une vertu malheureuse; nous sentons

---

210. Van Effen is referring to some well-known characters from classical antiquity: Oedipus is the subject of a tragedy by Sophocles. The story of Eteocles, son of Oedipus and Jocasta, and his brother Polynices is told in a tragedy by Aeschylus. Atreus served his brother Thyestes the flesh of the latter's own children. Clytemnestra was killed by her son Orestes, who was in turn encouraged by his sister Electra.

une complaisance secrète pour les mouvements qu'il nous inspire, et nous les aimons comme les effets de notre penchant pour la vertu.

La tragédie des Anciens se borne à exciter la terreur et la pitié. Corneille a franchi ces limites. Il se contente de nous tracer la vive image d'une action grande et noble qui nous intéresse fortement et qui fait naître dans nos cœurs des passions dont notre amour-propre s'applaudit.

On voit dans le *Cid* un combat entre l'amour et la gloire; on se sent agréablement suspendu entre les mouvements opposés qui agitent Rodrigue et Chimène et l'on se félicite de préférer avec eux le parti de l'honneur à celui de la tendresse.

La vertu romaine s'étale dans les *Horaces* avec toute sa grandeur farouche et elle y pousse l'amour de la patrie à un excès qu'on trouve blâmable et que cependant on ne saurait s'empêcher d'admirer.

Une clémence héroïque fait le sujet de *Cinna*. Auguste y accable de bienfaits des criminels qui joignent l'ingratitude à la trahison, et par cette rare générosité il excite dans nos âmes les mouvements les plus vifs d'estime, de tendresse et d'admiration.

Dans la *Mort de Pompée*, on admire la fierté romaine de Cornélie qui, fidèle aux manes du grand Pompée, déclare une guerre éternelle à César, quoiqu'elle en respecte le mérite. On y est charmé, de l'autre côté, de la grandeur d'âme d'un vainqueur qui ne veut vaincre que pour pardonner, qui pleure et qui venge la mort de son ennemi.

Le moyen après cela de mettre P. Corneille en parallèle avec Sophocle ou avec Euripide! Pour moi, je m'en trouve incapable et j'en abandonne avec plaisir l'entreprise à un plus habile que moi.

Théocrite, Virgile et d'autres Grecs et Latins dont on estime les pastorales me paraissent avoir peu de chose de commun avec Segrais. Ces Anciens, trop fidèles copistes de la nature, ont introduit dans leurs églogues de véritables villageois, dont il n'y a pas grand mérite à savoir attraper le langage et les sentiments. Si leurs vers n'avaient pas de beauté, on leur pourrait appliquer ce que dit Boileau de certains auteurs modernes qui, peut-être en les imitant trop, se sont attiré cette censure.

> 'Au contraire, cet autre, abject en son langage,
> Fait parler ses bergers comme on parle au village.
> Ses vers plats et grossiers, dépouillés d'agrément,
> Toujours baisent la terre et rampent tristement.
> On dirait que Ronsard, sur ses pipeaux rustiques
> Vient encor fredonner ses idylles gothiques,
> Et changer, sans respect de l'oreille et du son,
> Lycidas en Pierrot, et Phillis en Thoinon.'[211]

Segrais s'y prend de toute une autre manière; ses hameaux ne nous font pas songer seulement aux villages, et ses bergers n'ont pas le moindre air de paysans. Ce sont des gens éloignés du tumulte des villes à qui l'amour inspire toute la délicatesse que le cœur peut fournir sans le secours d'un esprit raffiné.

En un mot, Segrais écrit à peu près dans le même goût que Fontenelle, et je ne sais qui des deux l'emporte sur l'autre.

211. *L'Art poétique*, 'Chant II', ll.17-24.

> 'Entre eux j'aime à me partager,
> Et Pan, l'inventeur de la flûte,
> Arbitre de cette dispute,
> N'ose lui-même les juger.'[212]

Sarasin écrivait très bien en vers, et mieux encore en prose, si je ne me trompe. Dans son *Histoire de Walstein* il imite merveilleusement bien le style concis et nerveux de Salluste, aussi bien que son adresse à démêler les caractères des grands hommes.[213] Tous ses ouvrages sont d'excellentes copies, et il ne me paraît original en rien, si ce n'est dans la *Pompe funèbre de Voiture*, pièce parfaite dans son genre. Je ne vois pas quel auteur ancien on peut lui comparer et je suis dans le même embarras à l'égard de Benserade.

Il avait de l'esprit infiniment, mais médiocrement de bon sens; je m'en rapporte à son entreprise de mettre en rondeaux les *Métamorphoses* d'Ovide. Si la langue française pouvait encore changer de tour, je ne sais si la réputation de Benserade serait plus durable que l'a été celle de Ronsard et de Desportes. Il la doit moins, à mon avis, à son génie qu'à l'adresse qu'il a eu de se rendre utile aux divertissements de la cour.

Il me semble que Voiture écrit mieux en prose qu'en vers, quoiqu'il ait bien réussi dans les rondeaux et dans les ballades. On pourrait lui comparer Pline le jeune pour le style épistolaire. L'un et l'autre font voir beaucoup d'esprit et de tour, et peut-être trop. Ils ont possédé tous deux à fond l'art difficile de donner des éloges. Mais Pline est toujours sérieux, et Voiture a su envelopper les louanges les plus fines dans un ingénieux badinage. J'ose dire que c'est l'homme du monde qui loue le mieux, mais qu'il doit céder à Bussy Rabutin le mérite d'écrire une lettre comme il faut. Dans le style épistolaire de ce dernier, tout est aisé, naturel, proportionné au sujet. Il n'écrit point, il parle, mais il parle en homme de qualité et d'esprit qui pense juste [et] à qui les belles expressions sont familières. J'ai fort balancé si c'était Saint Evremond ou lui qu'il fallait mettre en parallèle avec Pétrone, qu'ils ont admiré l'un et l'autre. Mais Pétrone, content de montrer aux hommes leur ridicule dans des portraits généraux, désigne rarement les personnes, bien moins les nomme-t-il. Bussy, au contraire, s'est rendu odieux par une malice criminelle qui tendait plus à diffamer les hommes qu'à les corriger. D'ailleurs, quoique ses vers soient remplis d'esprit, il me semble qu'il rime plutôt par effort que par génie, au lieu que Pétrone était poète naturellement et qu'il n'a tenu qu'à lui de nous laisser des vers admirables en toutes sortes de genres.

J'avais fort souhaité de joindre le portrait de Fontenelle à ceux des autres grands hommes dont je me suis hasardé à dépeindre le caractère, mais je m'étais restreint mal à propos dans mon songe aux poètes latins, parmi lesquels il ne m'était pas possible de trouver un compagnon digne de lui. Je veux, pourtant, essayer de rendre justice à son mérite et me transporter sur le Parnasse pour examiner son génie à fond.

> Sur ce mont cherchons Fontenelle,
> Ma Muse, tu connais ces lieux.

212. La Motte, *Œuvres*, I, 5, ll.87-90, 'Ode à Messieurs de l'Académie françoise'.
213. See 'La conspiration de Walstein' in Sarasin's *Œuvres* (Paris 1926), ii.252-83; see also 'La pompe funèbre de Voiture', i.437-60. All further references are to this edition.

Quel antre, quel vallon le cèle
A l'avidité de mes yeux?
      Aux bergers peut-être il répète
L'art d'entonner sur la musette[214]
Des chansons pleines d'agrément,
Des chansons dont la politesse
Sait s'éloigner de la rudesse
Sans aller au raffinement.
      Mais je l'entends; lui-même il chante
Ces douceurs qui règnent aux champs,
Ce calme d'une âme contente,
Source des plaisirs innocents.
Sage Pasteur, j'en crois ta Muse;
Je quitte un orgueil qui m'abuse;
Je deviens un Lysis nouveau.
L'unique soin qui m'intéresse
Est de partager ma tendresse
Entre Phillis et mon troupeau.
      Quel mortel trouble sa cadence?
C'est l'ingénieux Lucien,[215]
Vers lui je le vois qui s'avance
Pour jouir de son entretien.
Goûte en ce maître de l'églogue
Cet heureux tour du dialogue,
Lucien, qui te fut celé.
Je te connais, si Fontenelle
Eût pu te servir de modèle,
Tu l'eusses peut-être égalé.
      Quelles merveilles éclatantes!
Il me transporte jusqu'aux cieux
Que je vois de *terres errantes*[216]
Rouler dans ces champs spacieux.
Dans le climat de chaque monde,
Du peuple qu'il soutient je sonde
Le flegme ou la vivacité;
Ne suis-je pas dupe d'un songe?
Qu'importe, ingénieux mensonge,
Tu plais plus que la vérité.
      Non, plutôt vérité solide,
Sur ses pas je te veux chercher.
A ceux qui suivent un tel guide
En vain se veut-elle cacher.
A l'aide du compas fidèle
Bientôt sa raison nous décèle
L'obscur séjour qu'elle choisit.
Ou dans des routes moins vulgaires,
Par ses *magiques caractères*,[217]

214. Il a fait une dissertation sur l'églogue. (Note in the 1726 edition.) See Fontenelle's *Traité sur la nature de l'églogue* (1688).
215. Lucien (120?-200?) was a famous Greek philosopher and polygraph.
216. Les mondes de Fontenelle. (Note in the 1726 edition.) That is to say, Fontenelle's *Entretiens sur la pluralité des mondes* (1686).
217. L'algèbre. (Note in the 1726 edition.)

Il la suit, l'atteint, la saisit.
   Lui seul, par sa vive lumière,
Par son art, son esprit, son goût,
Vaut une académie entière;
Il sait tout, il excelle en tout.
Il faudrait être Fontenelle
Pour tracer l'image fidèle
D'un mérite comme le sien.
Aucun mortel de l'Ebre au Gange
N'est aussi digne de louange
Ni la dispense si bien.[218]

LVIII · [25 avril 1712]

'Il y a des gens qui ont une fade attention à ce qu'ils disent et avec qui on souffre dans la conversation de tout le travail de leur esprit; ils sont comme pétris de phrases et de petits tours d'expression, concertés dans leur geste et dans tout leur maintien; ils sont puristes et ne hasarderaient pas le moindre mot quand il devrait faire le plus bel effet du monde; rien d'heureux ne leur échappe, rien ne coule de source et avec liberté: ils parlent proprement et ennuyeusement.'[219]

Cette réflexion est de M. de la Bruyère, dont le nom seul emporte toutes les épithètes qu'on pourrait lui donner. Quoique j'aie fait quelquefois la même remarque, je n'ai pas balancé à lui emprunter sa manière de l'exprimer. Il vaut mieux s'exprimer comme un autre que de s'exprimer plus mal.

Ces *puristes* qu'il dépeint si bien sont de certains esprits subalternes qui, n'ayant pas la force de penser bien et de raisonner juste, se bornent à parler exactement. Connaître à fond les règles les moins importantes de la grammaire, c'est leur mérite, et s'y assujettir servilement leur tient lieu de gloire. Vaugelas, T. Corneille, Ménage et Bouhours épuisent toute l'application de leur faible génie. Ils seraient, en cas de besoin, historiens de tous les mots français. Ils en savent la naissance, les progrès, l'établissement et la ruine.

Je leur passerais leur petitesse d'esprit s'ils ne sortaient pas de la sphère de leur habileté pour censurer avec une hauteur pédantesque ceux dont l'âme a plus d'élévation et qui s'efforcent plus à asservir leur génie à une exacte raison qu'à l'empire des grammairiens.

S'ils examinent un ouvrage, ne pensez pas que la beauté de votre imagination, la justesse de vos pensées et la netteté de votre méthode puissent leur donner quelque satisfaction; c'est bien à ces minuties-là qu'ils songent. 'Voici un mot qui commence à vieillir,' vous diront-ils. Il a beau exprimer mieux que tout autre ce que vous pensez, point de quartier, il faut le remplacer par un terme

---

218. As director of the Académie française and secretary of the Académie des sciences, Fontenelle wrote many eulogies of seventeenth- and eighteenth-century writers and thinkers.

219. La Bruyère, *Caractères*, 15, 'De la société et de la conversation.' Van Effen has slightly altered this text; La Bruyère indicates: 'Il y en a d'autres qui ont une fade attention à ce qu'ils disent, et avec qui l'on souffre dans la conversation de tout le travail de leur esprit; ils sont comme pétris de phrases et de petits tours d'expression, concertés dans leur geste et dans tout leur maintien; ils sont *puristes*, et ne hasardent pas le moindre mot, …'

qui soit plus à la mode et qui signifie moins. 'Cette période est trop longue, il en faut faire trois.' Qu'importe qu'elle contienne une pensée qu'on ne saurait démembrer sans l'affaiblir, il en faut faire trois, et les droits de l'oreille doivent l'emporter sur ceux de l'esprit. Voici une autre période trop courte, et si vous voulez suivre leur avis, vous y ajouterez cinq ou six mots superflus pour lui donner plus de rondeur et d'harmonie.

On sort d'un sermon dont tout le monde est satisfait; le peuple le trouve admirable, merveilleux, divin; il paraît au philosophe clair, raisonné, méthodique; ceux qui fréquentent les églises comme ils vont voir les spectacles s'y sont bien divertis; plusieurs en reviennent convaincus, d'autres touchés et quelques-uns meilleurs. Pour le grammairien, il rentre chez lui sans nouvelles lumières dans l'esprit, sans mouvements dans le cœur et sans satisfaction dans l'âme. Eh! le moyen qu'il puisse goûter un pareil prédicateur. Il a dit *crucifixion* au lieu de *crucifiement*.

Je n'approuve pas d'un autre côté la liberté licencieuse de certains esprits bizarres qui, sans avoir égard au génie de la langue, se livrent à une imagination échauffée, n'emploient pas un mot dans son usage ordinaire et se font ainsi un jargon particulier. On les écoute longtemps sans les entendre et, trouvant enfin la clé de leurs phrases, on comprend 'qu'ils viennent de la promenade et qu'ils vont jouer une partie d'hombre.' Ils ne sauraient se résoudre à parler comme les autres hommes et ils emploient la métaphore pour vous demander des nouvelles de votre santé.

Je veux, dans la manière de s'exprimer, une liberté qui n'aille pas jusqu'au libertinage. Je veux qu'un écrivain connaisse le génie de sa langue et qu'il s'y conforme dans les phrases même qu'il hasarde. Mais d'un autre côté, il faut oser se servir le premier d'une expression qui, inusitée dans le sens où on l'emploie, le développe pourtant avec plus de précision et de force que le terme ordinaire.

C'est à cette sage hardiesse que les grands hommes doivent les beautés les plus neuves de leurs ouvrages et que, surtout, Boileau s'est attiré les applaudissements de tous les gens de bon goût. Voici un exemple de sa manière de hasarder une expression:

> Ce n'était pas jadis sur ce ton ridicule
> Qu'Amour dicta les vers que soupirait Tibulle.[220]

Soupirer quelque chose ne se dit pas en bonne grammaire; *soupirer des vers*, cependant, exprime dans la dernière perfection le caractère de tendresse naïve qui est particulier aux vers de Tibulle. Il semble que ses élégies échappent à son cœur comme un soupir; elles en ont le naturel et la facilité. En un mot, *soupirer des vers* dit autant qu'une période entière. On ne l'avait point employé de cette manière avant Despréaux, mais cette nouveauté heureuse était réservée à son génie qui, maître des règles, sait s'en écarter plus glorieusement que les autres ne les suivent.

Ceux qui savent gré à Boileau d'une pareille license auraient bien de la peine à la pardonner à quelque auteur novice, qui ne pourrait pas se mettre sous sa

---

220. *L'Art poétique*, 'Chant II', ll.53-54. Cited above; see number LIV.

réputation à couvert de la critique. Mais cette manière d'agir est injuste; on n'est pas Boileau tout d'un coup et on ne le devient jamais quand on rampe sous l'exactitude stérile de la grammaire.

Cependant, le grand nom de Boileau ne lui a pas été toujours un sûr asile contre messieurs les puristes; mais il croit qu'indiquer leurs censures, c'est y répondre, et voici comme il en parle en apostrophant ses derniers ouvrages:

> 'Et bientôt vous verrez mille auteurs pointilleux,
> Pièce à pièce épluchant vos sens et vos paroles,
> Interdire chez vous l'entrée aux hyperboles,
> Traiter tout noble mot de terme hasardeux,
> Et dans tous vos discours, comme monstres hideux,
> Huer la métaphore et la métonymie,
> Grands mots que Pradon croit des termes de chimie,
> Vous soutenir qu'un lit ne peut être effronté,
> Que nommer la luxure est une impureté.'[221]

De puriste à l'Académie française, la transition me paraît assez naturelle. Bien des gens s'imaginent que cet illustre corps a fixé l'usage de la langue, qui aurait pâti sans doute de l'inconstance de la nation si on ne l'avait pas mis en dépôt chez cette illustre assemblée de quarante beaux esprits. Mais qui me répondra des dépositaires mêmes? Ne sont-ils pas sujets à la légèreté française comme les autres? Et ce dépôt ne pourrait-il pas s'altérer entre leurs mains?

On croit encore que la langue ne saurait changer qu'à son désavantage et qu'elle est dans un point de perfection où il faut la laisser absolument. On était persuadé de la même chose du temps de Ronsard et, à considérer cette affaire en philosophe, on peut douter si l'on se trompait alors ou si l'on se trompe à présent. Il est vrai qu'on a fort raffiné sur la langue et qu'on lui a donné une délicatesse exquise. Mais cette délicatesse fait-elle la véritable perfection du langage? Et ne serait-elle pas incompatible avec la grandeur et la force que demande un sujet sérieux et grave? Quelque porté qu'on soit pour les Modernes, on ne saurait lire les historiens romains sans convenir qu'ils sont infiniment supérieurs aux plus habiles historiens français.

On en donne une raison dont la solidité est très sensible, mais qui regarde tous les historiens modernes et non pas les Français en particulier.

Il faut une capacité très étendue pour bien écrire l'histoire. Il faut connaître les lois des peuples dont on décrit les actions. Il faut savoir démêler les principes de ces actions par une exacte connaissance des finesses de la politique. Il faut encore avoir des idées justes de l'art militaire, et rarement parmi nous ces différentes lumières se trouvent réunies dans une même personne.

Chez nous, l'homme de robe a étudié les lois, le ministre d'Etat entend la politique, le général sait gagner des batailles ou trouver des ressources dans une retraite, et rarement notre capacité passe les bornes de notre profession. Il n'en était pas ainsi des Romains, surtout quand ils étaient d'une famille illustre. Ils partageaient leur première jeunesse entre les études et les exercices et, ayant formé de cette manière leur corps et leur esprit, ils étaient obligés à faire un certain nombre de campagnes et de passer par toutes les charges militaires avant

---

221. 'Epître X', ll.48-56.

que de parvenir aux premières dignités de la république. Ces dignités ou leur naissance leur donnaient entrée au sénat et leur procuraient l'occasion de pénétrer dans tous les secrets du gouvernement et de connaître parfaitement les lois fondamentales de l'Etat. Souvent encore, reçus dans un collège de pontifes, ils ajoutaient à toutes ces connaissances celle d'une religion purement politique par laquelle, mettant à profit la crédulité du peuple, on lui faisait un frein de sa propre sottise.

Mais une raison plus particulière pourquoi les Romains l'emportent sur les Français dans ce genre d'écrire, c'est la force de leur langue et la manière concise dont elle s'exprime. Elle n'était point sujette à une académie qui *l'efféminât* par une délicatesse excessive et qui la gênât par une exactitude ingrate.

On voit dans les Salluste, dans les Tite-Live, dans les Tacite, un style nerveux, concis, majestueux. Ils font penser plus qu'ils ne disent. Pour nous, les règles étroites du langage nous forcent à dire dans toute son étendue ce que nous voulons faire penser et ne nous permettent pas de laisser quelque chose à deviner. Rien, surtout, ne gêne davantage un écrivain français que la nécessité ridicule qu'on lui impose d'éviter l'équivoque. [Je ne parle pas de l'équivoque] de sens qu'il faut fuir, sans doute, pour faire naître dans l'esprit du lecteur précisément la même idée qui est excitée dans le nôtre. Je parle d'une équivoque qui n'est que dans les paroles et dont le plus stupide des hommes ne saurait être embarrassé. Cependant, il faut s'en garder soigneusement et se servir de détours et de circonlocutions qui ne servent qu'à cette netteté inutile et font pâtir l'esprit de leur disette de sens.

Il serait bon que quelque grand génie voulût donner l'exemple de se mettre au-dessus de cette exacte stérilité des puristes et voulût dire naturellement ce que La Motte met dans la bouche de Pindare:

> 'Je ne veux pas que mes ouvrages
> Ressemblent, trop fleuris, trop sages,
> A ces jardins plantés par art;
> On y vante en vain l'industrie,
> Leur ennuyeuse symétrie
> Me plaît moins qu'un heureux hasard.'[222]

LIX · [2 mai 1712]

Réflexions et caractères

Le rude métier que celui de ne rien faire! Voyez ce jeune homme si bien mis, si doré, qui se trouve partout, qui connaît tout le monde, que tout le monde connaît. C'est Eraste; il est riche, beau, bien fait; il ne lui manque pour être

222. 'Pindare aux Enfers, Ode à M. de Tourreil', *Œuvres*, i.228, ll.55-60. Note the change from La Motte's poem:

> Je ne veux point que mes ouvrages
> Ressemblent, trop fleuris, trop sages,
> A ces jardins, enfants de l'art.

heureux que de savoir mettre son bonheur à profit. Elevé dans une molle indolence, il n'a jamais exigé le moindre effort de son esprit; peu à peu, les ressorts de son âme se sont enrouillés; elle est devenue incapable d'agir. A peine Eraste vit-il; il ne pense pas. A-t-il une âme? N'est-il pas plutôt poussé par un certain instinct qui lui fait sentir qu'il est une compagnie désagréable à lui-même et qu'il doit chercher des amis avec qui il puisse être sot en liberté? Il a compté sur une société de cette nature; il s'est résolu d'y aller au sortir du dîner pour n'en revenir que le soir; mais par un désastre imprévu cette partie se dérange; voilà Eraste au désespoir. Comment viendra-t-il à bout de passer cette journée entière, composée de tant d'heures, qui font ensemble un si terrible nombre de minutes? Las enfin de se promener seul, et dans la pluie encore, il se réfugie dans un café, rendez-vous ordinaire de tous les fainéants de la ville; mais pour comble de malheur, il n'y a personne, il sort, il rentre vingt fois. De là il court chez Benacqui. Autre malheur, il n'y voit que des honnêtes gens avec qui il faudrait être poli, et le billard est occupé; il n'y saurait durer; il n'y a point de ressource pour le pauvre Eraste; aujourd'hui même il n'y a ni opéra ni comédie. Inutile à soi-même, à tout le monde, que dis-je inutile! Fâcheux, importun, il n'est pas entier quand il est seul, il lui manque des parties essentielles, le jeu, la débauche, un cheval, une chaise; ces choses-là le rendent complet; il fait un seul tout avec elles. La fin de la journée s'approche après avoir été souhaitée ardemment; il rentre chez lui fatigué de n'avoir eu rien à faire; il se jette dans un fauteuil, il respire; le jour est fini, quelle bénédiction! Après avoir été une heure à table, il se couche, tout consolé d'aller passer dix heures sans être à charge à soi-même et d'avoir lu dans une affiche que demain on représentera les *Fêtes vénitiennes*.[223]

Quel sujet important peut avoir brouillé Baldus et Polyhistor? Ils vomissent l'un contre l'autre des torrents d'injures; ils chargent de gros volumes de leur colère et de leur haine; ils paraissent s'efforcer à immortaliser leur infamie mutuelle. Apparemment ces hommes savants et graves ne sont pas si animés pour une cause légère. Non, sans doute; Polyhistor a donné un sens nouveau à un passage d'Horace, et Baldus a eu l'insolence de ne vouloir pas tolérer cette innovation. Ceux qui se haïssent avec le plus de fureur, ce sont les gens de lettres, et parmi eux se signalent les poètes, les littérateurs et les théologiens. Il est vrai que les philosophes, quelquefois, ne sont guère plus sages et que les préceptes de modération restent souvent dans leur esprit sans passer jusqu'à leur cœur; il faut, pourtant, avouer que l'emportement n'est parmi eux ni si général ni si outré que parmi les autres savants.

Critiquez un poète avec toute la modération imaginable, il ne laissera pas de vous regarder de mauvais œil; mais ajoutez la raillerie à la critique et tournez en ridicule une pensée dont il s'est applaudi, le voilà qui vous hait à la fureur. Sa haine le rend de mauvaise foi et, convaincu que vous êtes bon poète et habile homme, il en conviendra parmi ses bons amis et ne laissera pas de vous prodiguer dans ses épigrammes les titres de poétereau et d'ignorant.

Cependant, les poètes ne sont pas implacables, il suffit qu'un ami intervienne

---

223. The ballet *Les Festes vénitiennes* was presented for the first time by the Académie royale de musique on 17 June 1710.

et les assure de l'estime secrète qu'ils ont l'un pour l'autre, les voilà bientôt réconciliés; ils se rétracteront des injures qu'ils se sont dites, le rimailleur deviendra poète et l'ignorant se changera en habile homme. Ils paraîtront persuadés qu'on ne saurait bien écrire à moins que d'être de leurs amis et, au fond, il y a dans leurs différends plus de folie que de méchanceté.

Pour les littérateurs, il faut dire à leur gloire qu'ils ne sont pas sujet à la faiblesse de se raccommoder. La différence de leurs sentiments est la cause de leur discorde, et cette cause subsiste toujours. Un littérateur ne dit jamais 'Vous avez raison' après avoir dit 'Vous avez tort'; il défend ce qu'il a avancé une fois jusqu'à la dernière goutte de son encre; il mourra demain et aujourd'hui il cite des auteurs et dit des injures.

Les théologiens n'en restent pas aux paroles dans leurs disputes, ils vont bien plus loin s'ils en sont les maîtres et deviennent tour à tour persécutés et persécuteurs. Quand ils ne sont pas les plus forts, ils se défendent par la raison et ils savent dépeindre avec énergie tout ce qu'il y a d'extravagant et d'inhumain dans la persécution. Mais aussitôt qu'ils ont le dessus, ils ne reconnaissent plus la raison pour juge compétent, et la morale, dont leurs misères les firent souvenir, s'est échappée de leur mémoire. Si les souverains les laissaient faire, chaque secte aurait une Inquisition, et l'on dépeuplerait l'univers par un principe de zèle pour le Créateur de l'univers.

J'outre, peut-être, mais du moins est-il sûr que les théologiens modérés mêmes ne sauraient réfuter leurs adversaires sans leur donner les titres d'hérétiques, de schismatiques et d'hérésiarques, titres dont ils relèvent encore souvent la force par les épithètes d'odieux et d'abominables.

'Mais le moyen,' dira-t-on, 'de songer de sang froid à des gens qui sapent les fondements de la religion orthodoxe?'

Ils n'en conviennent pas, mais enfin, je suis de votre opinion; leurs erreurs sont dangereuses, et il faut empêcher que ce venin ne gagne les membres encore sains de l'Eglise.

Mais faut-il pour cet effet les accabler de noms auxquels on attache des idées si effroyables et les faire regarder du peuple comme des monstres affreux? S'il faut absolument qu'un grave théologien se serve de termes injurieux, qu'il les emploie contre les libertins de profession. De propos délibéré [et] sans connaissance de cause, ils attaquent la religion parce qu'ils la haïssent et qu'elle choque leurs intérêts. Mais ceux qu'on appelle hérétiques sont la plupart d'aussi bonne foi dans l'erreur que nous sommes dans l'orthodoxie. Si l'intention seule fait l'essence du crime, on ne saurait mettre du nombre des criminels ceux qui pèchent faute de lumières ou par une prévention dont ils ont de la peine à se dégager. Ils sont plutôt dignes de pitié que de colère ou de haine.

'Mais la chose est si claire,' dites-vous, 'ils n'ont qu'à ouvrir les yeux.'

Fort bien. Allez donc lier commerce avec ces gens que peut-être vous ne trouverez pas aussi monstrueux que vous pensez. Commencez par vous insinuer dans leur cœur par la douceur évangélique; tâchez ensuite à développer dans leur esprit le principe indubitable sur lequel est fondée une opinion aussi claire que la vôtre, et, de conséquence en conséquence, amenez-les tout doucement à la saine doctrine.

Si vous vous servez de cette conduite sans succès, vous aurez du moins la satisfaction d'avoir employé pour convertir votre prochain le seul moyen par lequel il est possible d'y réussir, quand on ne sait pas confirmer ses décisions par des miracles.

Ce qu'il y a de plus pitoyable dans ces emportements théologiques, c'est qu'ils n'ont pas toujours leurs sources dans ces disputes qui roulent sur des sujets clairs et développés, sur lequels on ne saurait se tromper sans un entêtement visible et sans une prévention grossière. Ce sont souvent des sujets embarrassés, hérissés de difficultés, où l'on trouve partout des abîmes et des précipices et où la vérité même ne paraît pas toujours vraisemblable. Sur des matières de cette nature, on peut se tromper sans préjugé, sans entêtement, avec de la pénétration et des lumières; les plus grands génies s'y trouvent les plus embarrassés parce que les difficultés se présentent à leur esprit dans toute leur force.

La sobriété peut enrichir; on peut se soutenir dans la richesse avec une libéralité bien dirigée, mais, après la prodigalité, il n'y a pas de moyen plus sûr pour se ruiner qu'une sordide avarice.

Le jeune Lylis s'est vu tout d'un coup possesseur d'immenses trésors. Quatre générations paraissent avoir été créées exprès pour les entasser, et il trouvera le moyen de les dissiper en très peu de temps lui seul. L'amour, la bonne chère et le luxe semblent être ligués pour partager ses dépouilles. Toute sa vie n'est qu'une enchaînure de différents plaisirs; ils ne lui laissent pas le loisir de songer qu'il se ruine. Aussi se ruine-t-il d'une manière noble et brillante, et il court à sa perte par une route semée de fleurs.

Le vieux Argyrophile a apporté au monde l'attachement d'un vieillard pour les richesses; toutes les passions de son cœur se concentrent dans le plaisir de voir et de manier son argent. Son avarice le rend quelquefois défiant et circonspect d'une manière outrée et, quelquefois, elle le jette dans une crédulité étonnante. Aujourd'hui, faute de hasarder une partie de ses trésors, il manque le plus beau coup du monde pour les augmenter. Demain, peu content de placer sûrement son argent à un intérêt médiocre, il le place au dernier trois chez le partisan Fourbin, qui n'attend que de l'avoir dupé pour faire banqueroute. Si la justice ne s'en mêle, il ne paie jamais ses dettes. Il se fait suivre de ses créanciers par toutes les routes écartées de la chicane, et enfin, condamné aux dépens, il donne cent francs à sa partie et quatre mille aux avocats.

Il n'a pas le cœur pourtant de tirer cette chère somme de son coffre-fort, il la prend plutôt à gros intérêts qui, faute d'être payés, font bientôt un second capital dont les rentes, s'accumulant encore, auront sans doute la même destinée. Argyrophile possède des maisons magnifiques, mais elles ressemblent aux palais d'Italie qu'on bâtit et qu'on laisse là; plutôt que d'y faire quelque légère réparation, il les laisse tomber en ruine, elles ne sont plus habitables; peu s'en faut que celle où il demeure lui-même ne croule sur sa tête. Il meurt enfin, après avoir été condamné par sa lésine à toutes les misères de la pauvreté, et il meurt insolvable; il s'est traîné vers sa ruine par un chemin hérissé d'épines.

D'où vient que le mot de bon est devenu un terme de mépris? La bonté, si elle a son principe dans la raison, est la plus aimable de toutes les vertus, et si elle est un effet du tempérament, c'est l'humeur la plus commode et la plus utile à la société.

'Mais,' dit-on, 'la bonté est compagne de la sottise, et la malice marque d'ordinaire de l'esprit.'

Quelque fausse que soit cette supposition, j'y souscris, je veux même accorder que cette règle ne souffre point d'exception. Mais j'en conclus qu'il faut mépriser l'esprit parce qu'il suppose la malice et pardonner à la sottise parce qu'elle est inséparable de la bonté.

LX · [9 mai 1712]

Suite des caractères

I. Artémise, Lucinde et Clarice sentent couler dans leurs veines le plus pur sang des dieux. Unies entre elles par les plus forts liens d'une tendre amitié, elles n'en craignent point la fin; leur vertu, qui est le fondement de leur union, lui assure une constance à l'épreuve de tous les événements. On les croirait animées d'une noble émulation à qui nourrira dans son cœur des qualités plus aimables et plus dignes d'estime. Avec tous les agréments de leur sexe, elles ont tout le mérite solide d'un homme qui en a beaucoup. Si elles se souviennent de leur noblesse, ce n'est que pour penser plus fortement aux devoirs où elle les engage. Leur haute naissance ne passe dans leur esprit que pour une lumière qui répand un plus grand jour sur leur conduite. Elles ont soin que tout le monde qui a l'œil sur leurs actions n'y reconnaisse rien qui ne soit vertueux et véritablement noble. Leur qualité n'est pas à charge à ceux qui les fréquentent; elles s'abaissent vers ceux qui n'osent pas s'élever jusqu'à elles, sans être choquées de la fierté de ceux qui les traitent comme s'ils étaient leurs égaux. Leur vertu est toujours guidée par la raison; la justice règle leur générosité, et leur charité est conduite par la prudence. Qu'il est difficile d'être d'un rang si élevé et de savoir agrandir son âme par les sentiments les plus purs de l'humilité chrétienne! Et qu'il est beau pour elles d'avoir réuni ces choses presque incompatibles!

Dans le portrait que je viens de tracer, quelque inférieur qu'il soit à son sujet, tout le monde reconnaîtra Artémise, Lucinde et Clarice; elles seules n'y trouveront point leurs traits; elles ne songeront pas seulement qu'un inconnu se soit fait un plaisir de rendre justice à leur mérite. Que la noblesse est respectable quand elle met ainsi la vertu dans tout son lustre! Et qu'on peut bien dire dans une pareille occasion,

'La noblesse, Dangeau, n'est pas une chimère.'[224]

II. L'admiration qu'on sent pour ces héroïnes doit redoubler encore quand on leur oppose l'altière Dorise. Moins elle est en état d'étaler l'orgueil de sa noblesse par un éclat extérieur, plus elle le concentre dans son âme et plus elle le découvre dans ses actions personnelles.

L'estime qu'on accorde à la véritable grandeur d'âme, la tendresse des hommes, ce tribut qu'ils paient avec tant de plaisir à la modération, à la douceur, ne lui sont d'aucune importance; elle ne veut être regardée que du côté de la noblesse, qui, dans le fond, n'a rien de réel, qui n'est ni un agrément du corps, ni un sentiment du cœur, ni une qualité de l'esprit.

---

224. Boileau, 'Satire V', l.1.

Est-elle créature humaine, femme, Chrétienne? Non, elle est noble. Cette pensée l'occupe entièrement, son imagination en est remplie, il ne s'y trouve point de vide pour quelque autre idée. Elle veut étendre au-delà de la vie la considération due à son rang; elle songe à être encore noble après sa mort. Si l'on veut l'en croire, on ouvrira déjà par avance les monuments des demi-dieux, afin que son cadavre y soit mangé des vers honorablement. Voudrait-elle encanailler ses cendres? Ses os toucheraient-ils à ceux d'un homme du vulgaire dont on ne saurait les discerner? Elle se révolterait contre un traitement si indigne; la voix lui reviendrait pour dire à un cadavre si téméraire,

> 'Retire-toi, coquin, va pourrir loin d'ici,
> Il ne t'appartient pas de m'approcher ainsi.'

Pauvre Dorise, que vous êtes à plaindre de votre illustre naissance! C'est le plus grand malheur qui vous pût arriver. Vous songez tant à ce que deviendra votre corps qui, bientôt réduit en un peu de poussière, se rejoindra à la terre dont il fut formé. Que deviendra votre âme? Daignez y songer de grâce.

Savez-vous que le souverain bonheur de cette âme consiste à vivre dans un commerce éternel avec les âmes roturières de pauvres pêcheurs et de vils artisans, dont vous croyez le corps pétri d'un autre limon que le vôtre? Jetez les yeux sur les héroïnes que je viens de dépeindre et apprenez d'elles que l'orgueil est une véritable petitesse et que l'humilité est une véritable grandeur.

III. Damon est aimé de l'avare Ménippe; il est bien avec le prodigue Ctésiphon; il s'est insinué dans l'esprit du fier Lysandre; le modeste Lycas le considère; il est ami du dévot et du libertin, des petits-maîtres et des gens polis. Il faut que Damon ait l'esprit bien souple et une grande connaissance de l'art de plaire. Mais ne pourrait-on pas demander s'il est homme de bien?

IV. Atticus et Caton ont vécu tous deux dans des temps difficiles où la république romaine était en proie à l'ambition de quelques particuliers qui, tour à tour vainqueurs et vaincus, immolaient à leur orgueil le plus beau sang de Rome. Sylla, César, Pompée, Auguste et Antoine causèrent ces désordres effroyables dans lesquels Atticus et Caton tinrent une conduite toute opposée. Atticus s'éloignait du maniement des affaires et ne songeait qu'à couler ses jours dans une agréable tranquillité au milieu des troubles de la république. Tous les différents partis le considéraient également, et il leur marquait une bonté égale, sans distinguer les usurpateurs de l'empire des défenseurs de la liberté.

Il possédait des trésors immenses dont il se servait en apparence en homme généreux, et véritablement en homme habilement intéressé. Cicéron, le conservateur de la république, ne trouvait pas chez lui de plus grandes ressources contre ses malheurs qu'Antoine qui n'aspirait qu'à envahir l'empire. Il faisait du bien à tout le monde, s'insinuait dans l'esprit de chacun, et le parti qui triomphait avait toujours quelque obligation à Atticus. Il était souple, complaisant, officieux, d'un agréable commerce, amateur du repos.

Caton avait conservé dans Rome dégénérée le cœur d'un vieux Romain. Sobre, laborieux, bon soldat, grand capitaine, censeur impitoyable du luxe, libre dans ses discours, amateur de la république, plus elle était exposée à l'orage et plus il croyait qu'en fidèle pilote il fallait s'attacher au gouvernail. Il allait au bien de sa patrie par des voies directes, et la haine du peuple, le péril, une mort certaine ne pouvaient pas l'en détourner. Incapable de flatterie et même de complaisance, il considérait la vertu comme le seul moyen légitime de parvenir aux premières dignités. La fortune n'avait rien à démêler avec ses sentiments; il aimait le vrai mérite indépendamment d'un éclat étranger, et sa haine pour le vice savait le démêler d'avec les plus brillantes apparences. Son tempérament donnait à sa probité un air féroce et rendait sa constance semblable à l'obstination. Il était plus facile à César de dompter l'univers que d'ébranler l'âme de Caton.

Qui de lui ou d'Atticus mérite la préférence dans notre esprit? J'avoue que je suis pour Caton. C'était une espèce de misanthrope dont la vertu était outrée, quoique véritable. Atticus, au contraire, me paraît un homme poli dont la vertu était agréable, mais fausse.

La conduite de Caton forçait ses plus grands ennemis à le respecter, et même à lui accorder leur estime. Sa vertu allait droit à l'intérêt de la société, qui est le premier but de l'homme de bien; mais en marquant tant de tendresse pour toute la république, il ne pouvait pas gagner sur lui d'en marquer à chaque particulier; sa vertu n'entrait pas dans un assez grand détail. Atticus, content de satisfaire à chaque particulier, ne songeait pas seulement au bien de la société générale; il donnait même par ses richesses aux plus pernicieux ennemis de l'Etat le moyen de se remettre. Lui seul paraît avoir été l'unique but de ses actions; en prodiguant ses bienfaits à tout le monde, il n'aimait proprement que lui-même. Pourvu qu'il vécût d'une manière agréable et tranquille, il lui importait peu que Rome fût exposée aux caprices d'un tyran. A force d'avoir de la complaisance pour chaque homme à part, il s'éloignait du but général de l'humanité.

La vertu a des principes sûrs et toujours les mêmes; elle ne permet pas quelquefois de se rendre agréable. Caton prenait ces principes à la dernière rigueur et y conformait sa conduite avec une sévérité outrée. Il était rustique, mais fort bon citoyen. La politesse, au contraire, n'a rien de fixe; elle s'accommode à tout; l'inclination de ceux qu'on fréquente en est la règle. Atticus sacrifiait l'essence de la vertu à la politesse; il était galant homme, mais très mauvais citoyen.

V. Il y a des gens dont le ridicule est bien dangereux pour eux-mêmes et bien utile pour nous, si nous y voulons réfléchir avec sagesse. Je ne parle pas de ceux qui, jeunes et pleins de santé, perdent leur raison dans un gouffre de plaisirs et croient éloigner la mort en se débarrassant de sa fâcheuse idée; je ne parle pas même de ceux qui, atteints d'une maladie languissante, tâchent de se persuader que la maladie n'est pas un chemin à la mort.

Je parle de Damon qui est à l'agonie et que les médecins abandonnent. Il ne s'abandonne pas encore lui-même; il sait contre le trépas une ressource que le vulgaire ignore. Il prépare un festin; il y fait prier les plus fins gourmets de Paris; ses domestiques le portent à table. Est-il naturel que la mort étende ses droits sur un homme qui se porte assez bien encore pour se divertir avec ses amis, pour inventer des ragoûts et pour leur donner des noms bizarres? Non assurément, la mort sera la dupe de cette affaire-là, et les médecins en auront le démenti.

Célimène ne se porte pas mieux que Damon; elle envoie en hâte chercher le plus fameux carrossier de la ville et lui commande, d'une voix mourante, une calèche de nouvelle invention dont elle lui dépeint la figure avec la dernière exactitude. Ce serait pécher grossièrement contre la bienséance que d'aller mourir dans le temps qu'on fait faire un nouveau carrosse. La mort attendra, s'il lui plaît, que Célimène soit lasse d'étaler au cours son squelette dans ce char magnifique. Mais à tout hasard, Célimène, faites votre testament; qu'on fasse venir un ecclésiastique. Bon! elle est bien femme à suivre un tel conseil; ces formalités aplaniraient le chemin à la mort; tant qu'elles sont différées la mort ne saurait se saisir de Célimène sans une irrégularité criante. La bonne dame ne se servira jamais de notaire ni de prêtre que pour se remarier. Il n'est pas probable qu'elle meure jamais.[225]

LXI · [16 mai 1712]

[I.] Je sors d'une compagnie assez nombreuse où je n'ai trouvé ni pédants, ni petits-maîtres, ni coquettes, ni prudes, ni médisants. Ce prodige m'a fait croire que le monde n'est peut-être pas tout à fait aussi corrompu et aussi ridicule qu'on le croit d'ordinaire et qu'il y a beaucoup de gens raisonnables que leur humilité ou la bassesse de leur condition dérobe à notre estime. J'ai trouvé dans cette société un homme dont le caractère me revient fort. Il garde un juste milieu entre la flatterie et la rustique franchise; il s'occupe moins à faire paraître son propre esprit qu'à relever celui des autres et, en nous quittant, il nous a laissé contents et de lui et de nous-mêmes. Après que ce cavalier, dont le corps et l'esprit sont également bien faits, s'en était allé, j'ai appris qu'il a fait la fortune d'une femme qui sacrifie son honneur et celui de son époux au goût qu'elle a pour un faquin. Quelqu'un de la compagnie s'est récrié sur le malheur de cet honnête homme et nous a dit qu'il le trouverait moins à plaindre si l'amant de sa femme était un homme de mérite. Pour moi, je ne suis pas de ce sentiment-là et je le trouverais encore plus infortuné si son épouse, choisissant un amant plus digne d'estime, avait par là rendu sa galanterie plus excusable.

Il paraît y avoir là-dedans du paradoxe, mais il y a de la vérité, ou bien le cœur de l'homme est entièrement inconnu.

Il est sûr que Lygdamis, voyant sa femme entêtée d'un monstre, doit y être sensible, mais il rejette toutes les causes de son malheur sur son épouse. Il la regarde comme une misérable qui n'a point de goût pour le mérite et qui, emportée vers la débauche par un instinct brutal, ne choque en aucune manière la bonne opinion qu'il peut avoir de lui-même. Mais si c'était un homme estimable qui rendît sa femme inconstante, il pourrait croire que ce serait la force d'un mérite supérieur qui lui arrachât sa tendresse; il commencerait à s'en prendre davantage à lui-même; ce serait une cruelle mortification pour son amour-propre, et il serait touché dans la partie la plus délicate de son cœur. Si nous voulons fouiller un peu dans nos sentiments et examiner la nature de nos chagrins, nous verrons qu'on se console assez facilement d'une infortune qui

---

225. Cf. van Effen's description of Biophile and Cléone in number LXXXII.

n'intéresse point notre vanité et qu'on revient avec bien de la peine d'un malheur qui nous force à décompter sur l'opinion que nous avions de notre mérite. La plus douce des consolations, c'est d'être satisfait de soi-même, et rien ne nous est plus cher que l'idée avantageuse que nous avons de notre mérite.

II. Eraste et Lysis sont l'un et l'autre trompés dans leurs espérances, mais d'une manière différente. Ils briguaient tous deux l'honneur d'épouser Célimène; jamais elle n'a marqué à Eraste que du mépris et lui a toujours préféré hautement son rival, à qui elle a donné des preuves sensibles de son estime. Cependant, contrainte dans son inclination par ses parents, elle n'épouse ni l'un ni l'autre. En ont-ils tous deux une égale douleur? Non. Eraste a employé en vain tous les moyens imaginables de toucher son ingrate sans y réussir. Il a beau en accuser les caprices du sexe, il est forcé de soupçonner que la source de sa disgrâce est dans son peu de mérite. Lysis est à coup sûr chagrin de la perte d'une maîtresse qui l'aimait tendrement; mais elle l'aimait, elle lui trouvait du mérite; il aurait été heureux s'il n'avait tenu qu'à elle. Il déclame contre l'avarice de ses parents, contre le destin, contre les mœurs du siècle, mais il n'est pas lui-même l'objet de son chagrin et il a toujours les mêmes raisons de s'estimer. Il n'a pas honte de son malheur, pourvu qu'on croie qu'il a été aimé et qu'il le mérite. Il prend quelque plaisir à dire qu'il est l'homme du monde le plus infortuné.

III. On voit quelquefois dans le monde des gens qui se piquent de raison et de constance ne point succomber sous les plus grandes disgrâces et se laisser abattre d'un coup qui n'ébranlerait pas une âme vulgaire. Il y a une raison sensible de cette conduite qui paraît d'abord incompréhensible.

On perd tout d'un coup tous ses biens par un malheur imprévu et l'on se voit réduit à la dernière misère. Quelle raison pourrait résister à ce coup accablant? Il faudrait une fermeté plus qu'humaine pour n'en être point abattu. C'est justement cette idée qui fait qu'un cœur généreux se raidit contre la mauvaise fortune. Plus son malheur est extraordinaire, plus c'est une entreprise digne de sa raison d'y résister. Il y emploie tous ses efforts et, à mesure qu'il y réussit, il s'applaudit de la force de son esprit. Il sent avec plaisir qu'il gagne du côté de la vertu ce qu'il perd du côté de la fortune; il peut même savoir gré aux caprices du sort du jour qu'ils ont répandu sur son mérite. Il se plaît à se dire à soi-même, *mea virtute me involvo*, je m'enveloppe dans ma vertu. Il n'est pas rare d'être riche, mais il est rare de savoir être malheureux de bonne grâce.

Un petit malheur, au contraire, ne nous paraît pas digne de notre fermeté; un homme du commun y résisterait comme nous. La vanité n'y trouve pas son compte, et l'on se livre à sa douleur sans la moindre résistance.

Il arrive encore que ces disgrâces extraordinaires qu'on méprise avec tant de magnanimité regardent nos biens, notre grandeur, les personnes qui nous sont chères, en un mot, des choses qui sont hors de nous-mêmes et qu'elles n'intéressent point du tout notre amour-propre, au lieu que, souvent, les petits malheurs qui nous abattent concernent directement notre vanité.

Clitandre est exilé de son pays, sa franchise généreuse lui a attiré la disgrâce de son prince, la perte de ses biens et de ses charges; c'est un illustre malheureux. Le titre flatteur que celui d'illustre malheureux! Clitandre le soutient glorieusement; tout le monde admire sa constance héroïque, et cette admiration le dédommage avec usure des persécutions de la fortune. Ce même Clitandre vient de faire un livre que le public ne goûte pas autant qu'il avait espéré. Il en est dans un chagrin mortel; il porte en tous lieux avec lui l'idée de son livre méprisé, et tout le monde lui remarque une mauvaise humeur que le plus funeste revers de la fortune n'avait pas été capable de lui inspirer.

C'est une bagatelle qui l'afflige à présent, il est vrai, mais elle intéresse l'esprit de Clitandre; il n'est pas assez déraisonnable pour préférer son goût particulier à celui du public; il voit qu'il a moins d'esprit qu'il n'avait cru, et la perte de cette opinion flatteuse lui est plus sensible que celle de ses biens et de ses dignités.

IV. D'où vient que les personnes malheureuses se font un plaisir d'exagérer leurs malheurs et qu'ils sont ingénieux à trouver des raisons pour se croire des infortunés du premier ordre? Il y a encore, si je ne me trompe, dans cette manière d'agir une vanité raffinée. En formant une idée si excessive de nos disgrâces, nous opposons d'ordinaire notre mérite à notre fortune, et notre malheur nous paraît cruel à proportion que notre mérite nous paraît élevé.

C'est l'idée de nous-mêmes, combinée avec celle de nos infortunes, qui nous les fait paraître si extraordinaires. Si quelqu'un nous veut désabuser de la grande opinion que nous avons de nos malheurs, il nous ôte notre plus douce consolation: il nous empêche de nous considérer comme des personnes qui valent la peine d'être persécutées de la fortune d'une manière particulière. C'est jusque dans les disgrâces qu'on se plaît à être distingué du vulgaire, et l'on ne saurait se résoudre à être malheureux comme un million d'autres. Personne ne nous plaindrait, et la satisfaction de voir un grand nombre de personnes sensibles à notre infortune nous indemnise presque de l'infortune même. Nous nous efforçons à exciter la pitié en donnant des idées outrées de nos malheurs, et dès que nous avons réussi à exciter la compassion, nous en donnons, par une illusion délicate, toute la gloire à notre mérite.

Je connais des gens qui se font une espèce de profession d'être malheureux et qui ne changeraient pas la satisfaction de se faire plaindre contre une félicité parfaite.

Que feraient-ils de ce fonds inépuisable de pitié qu'ils ont pour eux-mêmes? Il ne sont pas gens à s'attendrir pour les autres.

De quelque manière, pourtant, que l'amour-propre influe dans toutes nos actions, je ne crois pas qu'il en soit l'unique source.

V. On sent souvent dans son cœur certains mouvements machinaux qui devancent la réflexion et qui, opposés à nos propres intérêts, tendent directement à l'intérêt du prochain. Telle est la pitié dont, en général, tous les hommes sont susceptibles. C'est une espèce d'instinct qui n'attend pas toujours pour agir que la raison le détermine; c'est une passion qui, fort souvent, naît et agit en même temps. A coup sûr, ce n'est pas notre amour-propre qui produit en nous ces sentiments, quelquefois violents et importuns, dont nous voudrions nous débarrasser en vain. Nous n'en sommes pas les maîtres, et si nous l'étions, la société en souffrirait. La pitié y est absolument nécessaire; c'est une ressource contre le malheur que les hommes trouvent mutuellement les uns chez les autres. J'ai vu des esprits forts qui ne pouvaient défendre leur âme des impressions de la pitié si fâcheuses pour ceux qui les souffrent et si utiles pour le genre humain. Une légère réflexion ne pourrait-elle pas leur faire soupçonner, du moins, qu'un Etre, qui chérit le genre humain et qui est au-dessus de leur âme, la force à renoncer à sa tranquillité pour partager les souffrances des malheureux?

LXII · [23 mai 1712]

Quand j'étais dans la fleur de mon âge, je me divertissais extraordinairement à la foire de la Haye, dont j'attendais le retour avec impatience. Je me plaisais surtout à y voir les personnes de distinction des deux sexes assemblées à une certaine heure du matin pour donner et ·pour recevoir des présents. Si on ne donnait pas toujours des choses estimables par leur valeur, du moins troquait-on de ces jolies bagatelles dont on peut tirer quelque usage, et les dames, étant masquées, ne se faisaient pas une affaire de provoquer les cavaliers à cet agréable commerce. Cette coutume fait bien sentir que la galanterie est de toutes les nations, et les Français, qui se piquent de surpasser les autres peuples par rapport aux manières galantes, devraient être jaloux de n'être pas les auteurs d'une si agréable coutume.

J'ai voulu, cette année, m'en rafraîchir la mémoire, mais les choses m'ont paru bien différentes de ce qu'elles étaient autrefois.

Je veux bien me rendre justice et croire que le changement que l'âge a fait dans mes sentiments contribue à celui que je trouve dans ce commerce.

Il est sûr que tout ce que nous avons vu étant jeune se présente à notre imagination d'une manière plus agréable que ce que nous voyons de plus brillant dans la vieillesse. Le souvenir de nos plaisirs passés ramène avec lui l'idée de la jeunesse où l'on goûtait ces plaisirs avec vivacité, et c'est ce dernier souvenir qui prête à l'autre la plus grande partie de ses agréments.

Je m'imagine, pourtant, que le changement que j'ai cru découvrir dans cette jolie manière de troquer n'est pas tout à fait imaginaire.

Peu de gens de distinction s'en sont mêlés, et je n'ai guère vu donner que dans le dessein de jeter ce qu'on recevrait et de faire jeter ce que l'on allait donner. N'est-ce pas une risible sottise de remplir ses poches de babioles dont à peine un enfant voudrait se charger et de venir se hâler deux heures pour prodiguer ces fadaises à toutes sortes de personnes? Quel bonheur pour certaines gens d'avoir l'imagination déréglée! Il ne se divertiraient jamais s'ils n'avaient ce défaut de plus.

D'un côté de la foire, on voit des gens ridiculement déguisés ne s'en pas tenir à donner des bagatelles aux dames; ils veulent encore leur rendre le masque utile en leur donnant des sottises, qui naturellement doivent répandre la honte et la confusion sur leur visage.

Il est vrai que le masque rend service à quelques autres, dérobant à nos yeux leur incapacité de rougir, et qu'il n'y a qu'une simple sottise à insulter celles-là, au lieu qu'il y a de l'insolence à ne pas ménager la pudeur de celles qui en ont. Si ceux que je censure ici sont gens de famille, qu'ils répondent mal à leur naissance! Et si ce sont des faquins, qu'ils savent bien leur métier!

D'un autre côté, on voit une troupe de comédiennes étaler au grand jour des habits et du fard, qui naturellement ne devraient être éclairés que de la chandelle. Elles sont suivies d'un détachement de la synagogue dont les justaucorps magnifiquement brodés font paroli[226] aux habits de théâtre de leurs maîtresses.

Ici des femmes, dont l'infamie est encore plus dégoûtante, viennent se mêler effrontément aux honnêtes gens. Elles ont beau se déguiser, leurs airs canailleux ne leur permettent pas d'en imposer un seul moment.

> En vain vous prétendez, grossièrement rusées
> Par l'éclat emprunté d'un habit imposteur,
> Relever vos grâces usées
> Et sous le masque encore escroquer quelque cœur.
> Si vous vous déguisiez en personnes d'honneur,
> Que vous seriez bien déguisées.

Ne pourrait-on pas facilement tirer quelques réflexions morales de ce troc de babioles? Et n'est-ce pas une fidèle image de la conduite de presque tous les hommes? A quoi s'occupe-t-on pendant cinquante ou soixante ans que l'on vit? A faire un échange de colifichets.

> Que font ces galants imposteurs
> Qui, tous les jours changeant de belles,
> Leur vont débiter des nouvelles
> Et les accabler de douceurs?
> En échange, on leur rend de petites faveurs,
> Petits coups d'œil, petits souris trompeurs.
> N'est-ce pas faire un troc de bagatelles?
> Que font ces deux complimenteurs
> Qui paraissent être en extase?
> La langue à peine a-t-elle assez d'emphase
> Pour exprimer leur zèle et leurs ardeurs.
> Un murmure confus leur tient lieu de paroles;
> Ils donnent encens pour encens,
> Pour vains discours, phrases vides de sens.
> N'est-ce pas faire un troc de babioles?
> Que fait ce courtisan flatteur
> Dans sa folie ambitieuse
> D'un prince vicieux infâme adulateur?
> Pour sa bassesse ingénieuse
> On lui donne un espoir trompeur;
> Sa lâcheté se paie en promesses frivoles;
> Ne fait-il pas un troc de babioles?
> Que fait ce livide usurier
> Qui, sans cesse, donne en échange
> Du papier pour de l'or, de l'or pour du papier,
> Et dans son coffre-fort toujours des sacs arrange
> Que pour son propre usage il n'ose manier?
> S'il ne se sert jamais de ses chères pistoles,
> Qu'est-ce que son commerce? Un troc de babioles.
> Que fait un malheureux auteur
> Par ses productions nouvelles,
> Plus brillantes qu'essentielles?
> S'il s'acquiert à souhait un inutile honneur,
> Ne fait-il pas un troc de bagatelles?

226. Double the stakes, as in faro and other games; accentuate.

Dans ce troc ridicule ainsi l'âge s'écoule
Jusqu'à ce que la mort nous tire de la foule.
> Alors, dissipant son erreur,
> Notre esprit s'aperçoit que, dupé par le cœur,
> Il a troqué du temps l'utilité réelle
> Pour de la bagatelle.

J'étais occupé, dans une rue écartée de la foire, à faire de pareilles réflexions, quand j'aperçus dans une boutique un jeune homme de mes amis qui s'amusait à écrire quelque chose. J'approchai, ne doutant point qu'à la faveur du commerce il ne voulût glisser quelque billet doux.

'Voici de quoi rire,' me dit-il dès qu'il m'aperçut; 'je fais un commerce de madrigaux avec une inconnue, et voici déjà le quatrième *impromptu* que je lui prépare.'

Je lui priai de me montrer les billets de la belle et ses réponses qu'il avait écrites dans ses tablettes. Le premier madrigal qu'il avait reçu n'est pas de la façon de cette dame; elle l'avait seulement appliqué au sujet; le voici:

> Quand je vous donne vers ou prose,
> Galant Thyrsis, je le sais bien,
> Je ne vous donne pas grand-chose,
> Mais je ne vous demande rien.

> *La réponse était telle:*

> Belle Iris, vous me faites rire.
> Si vous ne me demandez rien,
> Cette affaire vaut-elle bien
> Que l'on s'amuse à me l'écrire?

'Voilà qui n'est guère galant, Monsieur Thyrsis,' lui dis-je; 'n'avez-vous pas honte de répondre d'une manière si brusque à cette obligeante inconnue? Il y a de l'apparence que son air et ses manières ne vous ont pas prévenu en sa faveur.'

'Au contraire,' me répondit-il; 'elle est toute des mieux faites, et la beauté de ce que le masque ne cache pas m'a ébloui; mais vous êtes du vieux temps et vous ne savez pas qu'il n'y a rien de tel que les manières brusques pour réussir auprès des femmes.' Voyez son second billet:

> Vous n'avez pas l'esprit qu'on dirait bien.
> Non, non, Thyrsis, votre air nous en impose;
> > Qui dit qu'il ne demande rien
> > Veut bien recevoir quelque chose.

REPONSE

> J'en conviens, j'avais tort de ne vous pas entendre,
> Mais vous pouviez aussi vous faire mieux comprendre.
> > En donnant le premier, on fait apercevoir
> > Qu'on souhaite de recevoir.

3ème MADRIGAL

> Un fichu, des rubans ou quelque tabatière,
> Croyez-vous, beau Thyrsis, que ce soit mon affaire?
> > C'est bien un plus noble dessein
> > Qui m'a mis la plume à la main.
> Je veux de vous ce qu'une fille fière

Ne saurait se résoudre à donner la première
Et que plusieurs amants me demandent en vain.

REPONSE

Vous voulez donc mon cœur, la Belle,
Le prenez-vous pour une bagatelle
Qu'on donne sans y regarder?
Démasquez-vous du moins pour me le demander.
Quand on en fait maîtresse une beauté connue,
Dont l'esprit et le cœur ont passé la revue,
C'est encore bien hasarder.

4ème MADRIGAL

A me donner son cœur qui trop longtemps balance,
Sans saisir le moment de ma facile humeur,
Veut bien livrer son âme à la douleur
D'une tardive repentance.
Souvenez-vous, Thyrsis, qu'un excès de prudence
N'est pas la route du bonheur.

J'avais bien de la peine à m'imaginer qu'effectivement ce jeune homme eût fait un pareil commerce de madrigaux et je prenais tout cela pour une gasconnade concertée. Le lecteur sera sans doute de mon sentiment. Le moyen de se persuader qu'en pleine foire, au milieu de tout ce fracas, on puisse faire *sur le champ* tant de madrigaux, quelque peu qu'ils puissent valoir.

Je le dis naturellement à mon jeune ami, qui me soutint fort et ferme qu'il n'y avait pas la moindre fiction dans cette aventure. Les protestations qu'il me fit là-dessus lui firent perdre le temps de répondre au dernier billet de la dame. Il n'a pas un génie fort propre à faire des impromptus, et dans le temps qu'il allait donner encore la torture à son esprit, pour ne pas démentir la bonne opinion que son inconnue paraissait avoir de lui, on le tire par la manche; il se tourne; c'était la personne en question. Elle vit bien que sa réponse n'était pas encore prête et lui fit signe de la suivre.

Je fis tous mes efforts pour ne les point perdre de vue, et après avoir traversé quelques rues en les suivant, je m'aperçus que la dame se découvrait. Jamais surprise ne fût pareille à celle de notre jeune homme. Il vit, non pas un visage désagréable, au contraire, un visage tout à fait mignon; mais il vit sa propre sœur qui avait emprunté les habits et la main d'une amie qui l'accompagnait pour voir si son frère était homme à donner dans la bonne fortune. Je suis fâché pour le lecteur que cette aventure, dont le commencement promettait une fin plus romanesque, n'ait pas répondu à son attente, et qu'une sœur se soit fourrée dans l'endroit où l'on voulait une maîtresse. Mais ce n'est pas ma faute, ni celle du cavalier non plus.

LXIII · [30 mai 1712]

Lysippe est un homme dont tout le monde admire les sentiments désintéressés. Il a une générosité rare et brillante par laquelle il prévient les prières de ses amis et leur épargne la honte de demander. Ses bienfaits obligent encore moins que la manière dont il les dispense. Souvent même, il hasarde son bien pour rendre service à des inconnus. Il n'y a au monde que ses créanciers qui se plaignent de lui; il ne paie pas ses dettes.

Il n'est pas difficile de trouver la raison de sa conduite. Il y a de la grandeur à être généreux et il n'y a simplement que de la justice à satisfaire ses créanciers. La générosité n'est pas d'une âme commune, c'est une vertu héroïque ignorée du vulgaire, au lieu que la justice est une vertu bourgeoise dont le moindre roturier est censé être capable.

On fait simplement son devoir en payant ses dettes, c'est une action qui n'est suivie d'aucune gloire. Si Lysippe satisfait ses créanciers, qui prendra la peine de dire dans le monde, 'Lysippe a satisfait ses créanciers'? La générosité est une vertu de tout un autre ordre; elle s'élève au-dessus du devoir, et son élévation l'expose à la vue et à l'admiration de tous ceux qui ont du goût pour les grands sentiments.

Voilà comme raisonnent la plupart des hommes sur la justice et sur la générosité. On méprise la première, qui est une vertu essentielle à la société, et l'on a une haute estime pour l'autre, qui bien souvent n'est que l'impétuosité d'une âme guidée plutôt par la vanité que par la raison.

A peine connaît-on la justice; on s'imagine d'ordinaire qu'elle ne consiste que dans les devoirs auxquels les lois civiles nous peuvent obliger. Il est vrai que le terme de justice se prend quelquefois dans ce sens et qu'alors on la distingue de l'équité. Mais il y a une justice beaucoup plus étendue, et je crois pouvoir démontrer qu'elle embrasse toutes les autres vertus.

Qu'est-ce que la justice? C'est une vertu éclairée qui nous porte à nous acquitter envers chacun de ce que nous lui devons. Etre juste dans cette signification étendue, c'est pratiquer tous les devoirs que la raison nous prescrit à l'égard de tous les êtres avec qui nous sommes liés par quelque droit.

Ces êtres sont Dieu, nous-mêmes et les autres hommes, et l'on est parfaitement juste quand, à ces trois égards, on satisfait à une raison instruite de ses devoirs. La justice n'est donc pas seulement une vertu générale; c'est en quelque sorte l'unique vertu; les autres en découlent et en reçoivent le sceau de la vertu véritable.

Les qualités qu'on appelle candeur, constance, charité, générosité, ne sont pas des vertus par elles-mêmes, et quand elles sont dignes de ce titre, elles en sont redevables à la justice qui les guide.

Sans elle, la candeur peut être une franchise indiscrète et brutale, la constance une ridicule obstination, la charité un zèle imprudent, et la générosité une profusion déraisonnable.

Une action désintéressée, si elle n'est pas conduite par la justice, est indifférente, et souvent même vicieuse. Régaler quelquefois des amis, donner un divertissement, faire quelque présent, voilà des actions purement indifférentes quand elles ne préjudicient point à un meilleur usage qu'on peut faire de son superflu. Elles deviennent vicieuses quand elles épuisent un bien qu'on pourrait employer à des usages réellement vertueux.

La véritable générosité est un devoir aussi indispensable que ceux qui nous sont imposés par les lois civiles; c'est une justice à laquelle nous oblige la raison, loi souveraine de l'être raisonnable.

'Quoi! aller au devant des besoins de notre prochain, lui épargner la honte de mendier notre assistance, est-ce un devoir où la justice nous oblige?'

Sans doute. C'est un droit que l'humanité exige de nous, et nous ne saurions nous en dispenser sans choquer cette règle générale, 'qu'il faut faire aux autres ce que nous souhaitons qu'ils nous fassent.'

'Mais,' dira-t-on, 'les vertus n'ont-elles pas quelque étendue? Une action qui va jusqu'à un certain degré de bonté ne peut-elle pas être appelée un acte de justice? Et une autre action qui va à un degré de bonté plus éminent, ne mérite-t-elle pas d'être nommée un acte de générosité?'

Cette difficulté est délicate, mais j'ose avancer que, dans la vertu, il y a un point de bonté parfait au-delà duquel elle ne saurait aller raisonnablement. Si notre raison nous découvre ce point de *bonté*, il me semble qu'elle nous oblige indispensablement d'aller jusque-là et de nous y arrêter.

'Un ami a précisément besoin d'une certaine somme pour se tirer de quelque embarras. Je fais bien de lui donner cette somme, mais ne ferais-je pas mieux encore de lui donner une somme plus forte?'

Je réponds qu'il y a des cas où l'on ferait mal. En outrant de cette manière la générosité, je cours risque de me mettre hors d'état de rendre un service pareil à un autre qui pourrait avoir besoin de mon secours.

Il est vrai qu'en bien des occasions notre raison n'a pas assez de lumières pour découvrir dans la vertu ce point fixe de perfection. Mais alors, on satisfait à la justice, en suivant le dictamen de sa conscience, après avoir fait tous ses efforts pour l'éclairer.

On répond souvent à ceux qui nous témoignent de la reconnaissance, 'qu'on n'a fait que son devoir,' et l'on prétend par là donner une marque de modestie.

Mais, à mon avis, l'on se trompe grossièrement en croyant qu'on puisse aller plus loin que le devoir et augmenter par là la bonté d'une action. Tout ce que la raison ordonne est un devoir; tout ce qu'elle n'ordonne pas n'est point un devoir. Ce qui n'atteint pas à un point de perfection qui nous est connu n'est pas encore juste; ce qui va au-delà de ce point cesse d'être juste, et par conséquent, on ne saurait concevoir une action réellement bonne qui ne soit point renfermée dans notre devoir.

L'idée que je viens de donner de la véritable justice lève une difficulté qui paraît embarrassante. On oppose à la certitude de la morale que, dans certaines occasions, on trouve un conflit de deux vertus différentes, dont l'une défend évidemment ce que l'autre ordonne. Mais après avoir prouvé que la justice embrasse toutes les autres vertus et que rien n'est réellement vertueux sans la justice, il est clair qu'un pareil conflit de vertus est impossible.

Quoique le sens commun suffise d'ordinaire pour sentir ce qui est juste, je conviens qu'il y a des cas où la justice paraît être opposée à elle-même et où il paraît presque impossible de démêler l'équité d'avec l'injuste. Mais ce défaut d'évidence prouve que notre raison est faible et non pas que la morale est incertaine. Il est vrai encore que la justice ordonne quelquefois ce qui paraît défendu par la charité. Mais alors, la charité, s'éloignant de la justice, perd le caractère essentiel de la vertu, et très certainement elle cesse d'être comprise sous le devoir. Prenons un exemple. On sait que Brutus, le libérateur de sa patrie, fit couper la tête à ses fils convaincus d'avoir voulu remettre Tarquin sur le trône.[227] Je suppose que le principe de sa rigueur n'a pas été une férocité brutale ni une vaine ostentation de vertu, mais un sincère amour pour la justice. N'y a-t-il pas un véritable *conflit de vertus* dans cette action? Et en obéissant à la justice, n'a-t-il pas choqué l'amour qu'un père doit à ses enfants? En aucune manière. La tendresse paternelle doit tribut à la justice, comme les autres vertus. Elle est restreinte par le bien de la société générale. Mais la justice va toujours directement à ce bien qui est le centre de tous les devoirs des hommes les uns envers les autres, et par conséquent, elle ne souffre point de pareille restriction. L'amour qu'un père doit à ses enfants n'est une vertu que parce qu'elle porte ce père à les conserver, à veiller à leur éducation et [à] les rendre membres utiles de la société. Si, au contraire, cet amour portait un père à rendre ses enfants pernicieux à la société par de mauvais préceptes ou par une lâche indulgence, cet amour deviendrait sans doute un vice. Il en est de la tendresse paternelle comme de toutes les passions qui deviennent bonnes ou mauvaises selon qu'elles s'attachent à la raison ou qu'elles s'en éloignent.

Or il est certain que le bien de la société générale, et particulièrement celui de Rome, ne souffrait pas que Brutus laissât impunis de mauvais citoyens qui voulaient livrer leur patrie à la cruauté d'un roi tyrannique. Le devoir ordinaire qui oblige un père à protéger ses enfants cessait en cette occasion d'être un devoir puisqu'il était opposé à la justice. Ainsi, Brutus, en qualité de juge naturel de ses fils aussi bien qu'en qualité de consul, devait rendre leur mort utile au genre humain, puisque leur vie ne pouvait être que nuisible à la société. Il n'y avait donc dans son action aucun *conflit de vertus*, et la justice n'y était point combattue par une charité raisonnable et vertueuse. Un juge, en condamnant un criminel, ne pèche pas davantage contre l'amour du prochain que Brutus par sa rigueur ne choqua la tendresse paternelle.

Il y avait quelque chose de bien rude, pourtant, dans cet acte de justice. Un père peut-il se résoudre à immoler son propre sang au bien de la patrie? Mais plus un devoir est rude et plus il est beau de s'en acquitter. Le véritable héroïsme consiste à forcer toutes les difficultés dont la vertu est hérissée et à résister aux sophismes les plus séduisants du cœur pour n'écouter que la raison et la justice.[228]

LXIV · [6 juin 1712]

Il serait à souhaiter que la mode n'exerçât son empire que sur l'extérieur des hommes. Il faut bien que la faiblesse humaine paraisse en quelque chose. Quel bonheur si elle se ramassait toute dans sa manière de s'ajuster qui, dans le fond, ne préjudicie point au raisonnement ni aux sentiments du cœur. Mais la juridiction de la mode est bien plus étendue, et l'esprit et le cœur même ne sauraient se sauver de sa tyrannie.

227. See Livy (Titus Livius), *Ab urbe condita*, II, v.

228. L'auteur a été informé d'un *qui pro quo* arrivé à la foire, mais les personnes intéressées à cette aventure sont si connues qu'il n'a pas trouvé à propos d'y toucher. (Note in the 1712-13 edition.) See number LXII.

S'il en faut croire La Bruyère, c'est la mode qui rend le courtisan dévot; cette mode passe, le voilà qui quitte ce caractère étranger pour reprendre celui de libertin, qui lui est plus naturel.[229]

Il n'est pas difficile de comprendre cette affreuse bizarrerie dans les gens de cour. Le prince est leur unique divinité, et toute leur religion consiste à se conformer à sa volonté. Mais, comme on n'a pas toujours le même prince et que ce prince n'a pas toujours les mêmes sentiments, la religion est aussi étrangère aux courtisans que l'habit; il leur est facile de faire prendre toutes sortes de formes à l'une et à l'autre. Leur conduite me surprend moins que celle des philosophes et des théologiens qui ne rendent que trop souvent leurs sentiments et leurs systèmes tributaires de la mode.

Aristote a été longtemps en vogue; c'était un crime de révoquer ses décisions en doute. La raison même était descendue en terre sous le nom d'Aristote pour dévoiler les mystères de la nature et pour débrouiller les difficultés de la morale et de la politique.

Descartes a chassé cet illustre Grec du trône de la philosophie pour l'occuper lui-même. Sa méthode de raisonner, inconnue jusqu'alors, plut à tout le monde, et avec sa méthode on adopta bientôt ses sentiments. Les plus habiles gens se mirent de son parti, et les autres les suivirent, comme si se mettre de son parti et être habile n'était qu'une même chose. On n'osa plus défendre Aristote pour peu qu'on eût soin de sa réputation. Ç'aurait été la même chose comme si à présent on s'obstinait à porter de grands chapeaux et de grandes perruques.

Descartes pourrait bien tomber à son tour, et l'on commence à être ridicule avec quelques-uns de ses sentiments qui furent autrefois les plus suivis. Les philosophes anglais se mettent sur les rangs, et quoique la mode de les suivre ne soit pas encore entièrement établie, il y a de l'apparence que la nouveauté de leurs raisonnements, jointe à leur véritable mérite, leur donnera de l'accès dans l'esprit de tous ceux qui veulent se tirer du commun.[230]

N'est-ce pas à la *mode* qu'on est redevable du grand empire du coccéianisme dans ces provinces? Il commence à s'affaiblir un peu, mais il y a quelque temps qu'il était impossible de passer pour habile sans être coccéïen. Quelque force qu'un prédicateur eût dans ses raisonnements, quelque pure que fût sa morale, le peuple le méprisait s'il ne s'embarrassait pas dans les types. Il aurait mieux valu monter en chaire avec un plumet et un habit galonné que d'y prêcher la morale détachée des dogmes. Quelques-uns outraient cette mode, comme on outre les autres, et ceux-là n'étaient pas les moins applaudis.

Que le lecteur ne se méprenne pas ici, s'il lui plaît. Je ne blâme pas les sentiments qui de temps en temps ont la vogue; je censure ceux qui les suivent comme des modes et non pas comme des vérités clairement conçues.

Le bel esprit surtout est entièrement assujetti à la mode. Il y a toujours certaines espèces d'ouvrages que tout le monde se pique de faire, et c'est là une source féconde de mauvaises productions dans tous les genres d'écrire.

---

229. See La Bruyère's *Caractères*, 'De la mode', especially number 16.

230. This prediction proved true for the eighteenth century which witnessed the empiricism of Locke and Newton dominate French philosophical thought. See also van Effen's review of English literature in his 'Dissertation sur la poésie anglaise', *Journal littéraire* (1717), pp.157-216.

On n'examine pas son génie pour se déterminer à un certain genre d'écrire; on examine simplement le goût de la cour. On y admire les odes; j'ai l'esprit propre aux épigrammes et aux madrigaux, il faut, pourtant, que je fasse des odes. L'admiration qu'on a pour La Motte devrait m'empêcher de l'imiter avec un génie médiocre, et cependant, elle me porte à marcher sur ses traces, *en dépit de Minerve*.

Le règne des sonnets a duré considérablement.

> 'On dit qu'un jour Phébus, par un dessein bizarre,
> Voulant pousser à bout tous les rimeurs français,
> Inventa du sonnet les rigoureuses lois;
> Voulut qu'en deux quatrains de mesure pareille
> La rime avec deux sons frappât huit fois l'oreille;
> Et qu'ensuite six vers, artistement rangés,
> Fussent en deux tercets par le sens partagés.
> Surtout de ce poème il bannit la licence:
> Lui-même en mesura le nombre et la cadence;
> Défendit qu'un vers faible y pût jamais entrer,
> Ni qu'un mot déjà mis osât s'y remontrer.'[231]

Quelque difficiles que soient ces sortes de pièces, tout le monde a voulu en composer. Ceux qui aiment à donner la torture à leur esprit ne s'y occupaient pas de plus grand cœur que ceux dont le génie n'aime pas à ramper sous des règles embarrassantes.

Il n'y avait alors point de salut pour un poète hors les sonnets. On s'intéressait avec chaleur dans ces sortes d'ouvrages, et le sonnet de Voiture sur Uranie et celui de Benserade sur Job partagèrent toute la cour.[232] Les Uranistes et les Jobelins ne faisaient pas moins de fracas dans le bel esprit que les Frondeurs et les Royalistes en faisaient dans l'Etat.

La mode des lettres galantes n'a pas eu moins de cours pendant un certain temps. Il faut un génie particulier pour y réussir. Ce genre d'écrire demande un tour aisé, une galanterie neuve qui s'éloigne du compliment trivial, un ordre caché par une délicatesse de l'art, des expressions familières sans bassesse et de l'esprit sans affectation. En un mot, pour bien faire une lettre galante, on a moins besoin d'un grand fonds d'esprit que d'une politesse aisée, qu'on n'acquiert que dans le commerce du grand monde. Les pédants, cependant, se mêlèrent de composer de ces sortes d'ouvrages comme les esprits déliés de la cour. Et ces poètes de profession, qui n'avaient jamais eu commerce qu'avec les Muses, s'élevant au-dessus du style de Balzac, faisaient gémir le bon sens dans leurs épîtres ampoulées sous un amas monstrueux de figures de rhétorique. Les sujets sur lesquels roulent les lettres ordinaires n'étaient pas assez riches pour ces sortes de génies. Ils avaient, dans le pays de la fiction, des correspondances qui

231. Boileau, *L'Art poétique*, 'Chant II', ll.82-92. The first line in Boileau is, 'On dit à ce propos, qu'un jour ce Dieu bizarre.'

232. Among the many literary controversies of the seventeenth century, this one between the 'Uranistes' and the 'Jobelins' split the French court with a battle of sonnets, madrigals, rondeaux, and epigrams.

donnaient matière à des réponses brillantes où tout sentait plus le roman que les *Cléopâtre* et les *Clélie* même.[233]

Prendrai-je la peine de dire quelque chose de la mode des romans? On en a fait plein de délicatesse et d'esprit, mais je n'en ai point vu où il y eût assez de vraisemblance pour attacher un homme de bon goût. Je ne parle pas de ce tissu d'aventures incroyables et souvent mal liées que l'on y voit d'ordinaire. L'esprit, naturellement charmé du nouveau, s'occupe si fort quelquefois à ce que les événements ont de merveilleux qu'à peine a-t-il le loisir de songer à ce qu'ils ont de peu vraisemblable. Mais on ne saurait que se révolter contre les caractères des héros qui paraissent dans les romans, si différents de ce qu'ils sont dans l'histoire.

Les femmes surtout, qui se sont piquées de briller sur les aventures des conquérants anciens, ne leur ont pas seulement donné toute la politesse française la plus raffinée; elles ont fait encore des imbéciles qui font pitié de ceux qui étaient les objets de notre admiration. Chez elles, Caton et Socrate sont des damoiseaux; les Scythes et les Massagètes font des madrigaux et des billets doux les plus jolis du monde; pour résoudre un problème galant et pour connaître la Carte de Tendre, Annibal et Amilcar ne connaissent point leur pareil, et grâces à Mlle [de] Scudéry, les Provinciaux se moulent sur les compliments de Cyrus comme sur des modèles achevés, témoin Boileau.

> 'Deux nobles campagnards, grands liseurs de romans,
> Me disaient tout Cyrus dans leurs longs compliments.'[234]

Les nouvelles et les historiettes ont succédé aux romans. L'impatience française s'accommodait fort de ces petits ouvrages, et elle s'en accommoderait encore si l'imagination des auteurs épuisée ne répétait pas toujours les mêmes intrigues et si ce n'était pas une même chose de lire cent historiettes ou d'en lire une seule.

Les ballades et les rondeaux de Sarasin et de Voiture déterminèrent tout le monde, pendant un temps, à faire des rondeaux et des ballades. Il semblait que le gaulois était un asile sûr pour les sottises et que le nom de Marot donnait un *sauf-conduit* à toutes les impertinences qu'on habillait de son style.

On a vu un autre temps où, grâces à la mode, on se faisait gloire de mettre les discours de harengères dans la bouche des héros grecs et romains. Le génie de Scarron triompha dans ce genre d'écrire, et son tour d'esprit particulier savait rendre le langage des halles agréable aux goûts les plus délicats. On voyait toujours l'esprit de Scarron au travers de ses expressions burlesques, et son style grossier exprimait souvent des choses finement pensées. Il n'en est pas ainsi de ses imitateurs. Non contents de parler comme la populace, ils pensaient encore comme elle; on ne saurait les lire sans dégoût.

Les bouts-rimés n'ont pas fait moins de dégât dans la poésie que le burlesque. On crut d'abord difficile de donner un sens à des vers gênés par la bizarrerie

---

233. Two popular romances of the seventeenth century. La Calprenède wrote *Cléopâtre* (1642-1645), and Mlle de Scudéry wrote *Clélie, histoire romaine* (1654-1661).
234. Boileau, 'Satire III', ll.43-44:
> Deux nobles Campagnards, grands lecteurs de Romans,
> Qui m'ont dit tout Cyrus dans leurs longs complimens.

de ces rimes, et par cette raison-là même tout le monde voulut l'entreprendre. Les moindres grimauds s'en mêlèrent et s'en tiraient mieux bien souvent que les bons esprits. Les rimes où ils étaient assujettis leur fournissaient des pensées auxquelles ils n'auraient jamais songé si leur imagination avait été dans une liberté entière. Bientôt la France fut inondée de bouts-rimés. On n'entrait plus impunément dans les ruelles; il fallait absolument y réciter ou entendre ces extravagantes pièces, et Sarasin a été obligé de les attaquer en forme pour en délivrer les honnêtes gens.[235] Après leur défaite, ils se sont retirés avec les énigmes dans le *Mercure* où ils attendent l'occasion de faire de nouvelles courses sur le sens commun.

Qui peut ignorer à quel point les portraits en vers et en prose ont été en vogue à la cour? On traça d'abord quelques images flatteuses du roi et de quelques princesses du sang. Les duchesses et les marquises suivirent bientôt et entraînèrent toute la cour de France. Peu content d'être peint par quelque autre, chacun se piqua de faire son propre portrait et ne voulut d'autre peintre que son amour-propre. On était un peu modeste sur l'extérieur, mais on s'en dédommageait sur l'esprit et sur les sentiments. On ne laissait pas d'avoir quelques petits défauts, on était trop vif, un peu fier, un peu malicieux; quelquefois on allait même jusqu'à convenir d'un peu d'indévotion, mais au reste on était bon ami, généreux, sincère, discret, et personne ne désespérait que son cœur, mûri par l'âge, ne se portât entièrement à la vertu.

> L'esprit aux modes tributaire
> Doit nécessairement, pour plaire,
> Laisser régner, en divers temps,
> Lettre, sonnet, rondeau, ballade, satire, ode.
> A son tour tout est à la mode,
> Excepté l'aimable bon sens.

LXV · [13 juin 1712]

Les peuples chrétiens de l'Europe sont très persuadés qu'ils sont les plus civilisés des hommes et que, pour la grandeur des sentiments, la force de l'esprit et l'agrément des manières, les autres habitants du monde leur sont très inférieurs.

On pourrait dire que cette opinion est plutôt fondée sur notre amour-propre que sur la raison, et d'abord, cette objection aurait quelque apparence, mais je me fais fort de faire voir par plusieurs exemples que rien n'est plus frivole que cette objection.

I. Une loi bizarre défend aux Turcs l'usage du vin, et comme ils sentent que la nature humaine a besoin de secours pour s'égayer, ils se sont accoutumés à prendre de l'opium. Cette drogue, pendant quelques heures, répand la joie dans leur cœur et les rend actifs et propres à vaquer à leurs affaires, mais quelque temps après, elle les jette dans une langueur suivie d'un profond sommeil. L'usage continuel qu'ils font de l'opium les affaiblit peu à peu; en épuisant leur esprit, il hâte leur vieillesse et les fait mourir comme par une espèce d'extinction.

---

235. See Sarasin's poem 'Dulot vaincu ou la défaite des bouts-rimés', *Œuvres*, i.461-82.

Quelle coutume barbare! Et combien les Chrétiens ne sont-ils pas plus dignes de la raison qui n'est donnée aux hommes que pour diriger leur conduite!

Le vin est un présent de la nature; ils n'ont pas l'extravagance de le rejeter; ils en prennent avec plaisir et montrent le cas qu'ils en font en se faisant un honneur d'en boire une quantité prodigieuse. Il est vrai qu'il leur ôte avec la raison la capacité d'agir, mais aussi ne s'en sert-on pas dans cette vue. On ne cherche que le plaisir dans cette liqueur agréable, et constamment la raison est un meuble fort inutile à qui se propose uniquement de se divertir. Il faut avouer encore que l'usage excessif de cette boisson cause des maladies dont les douleurs sont aiguës et insupportables. Mais on a la constance de mépriser les malheurs futurs pour ne pas être arrêté dans les plaisirs présents. Ces malheurs sont-ils arrivés, on les souffre d'un courage héroïque, et quand les douleurs sont ralenties, on les provoque de nouveau par les mêmes moyens qui les ont déjà causées par le passé. On prend le temps comme il vient et l'on se résout noblement à partager ses jours entre la souffrance et la volupté qui en est l'origine. D'ailleurs, on est consolé de ce qu'on souffre par l'estime et l'appui qu'on s'acquiert parmi les honnêtes gens en triomphant dans les combats bachiques où les plus grands faquins se mesurent souvent avec les personnes les plus qualifiées. Le vin hâte la mort comme l'opium, on n'en saurait douter, mais quel bonheur de mourir en buveur héroïque et de survivre à soi-même par une réputation aussi brillante que celle des plus fameux conquérants!

II. J'ai lu dans le *Journal* de l'abbé de Choisi la bizarre manière dont les Siamois se conduisent dans les guerres qu'ils ont avec leurs voisins.[236] Ces pitoyables guerriers ne se servent que d'arcs et de flèches, et encore les emploient-ils moins à nuire qu'à faire peur; ils tirent d'ordinaire contre terre et évitent, autant qu'il est possible, de répandre du sang.

C'est un vrai jeu d'enfant que cette manière de faire la guerre, et il vaudrait presque autant vivre en paix que de se battre de la sorte. Ne voilà-t-il pas de sottes gens en comparaison de nous autres Chrétiens? Nous sommes de vrais hommes, et nos cœurs ne sont pas susceptibles de la faiblesse de vouloir épargner notre prochain. La moindre offense, et même un simple désir de régner, étouffe dans l'âme de nos princes une pitié efféminée qui pourrait les arrêter dans la route de la gloire. Ils ravagent des provinces entières et font une infinité de misérables sans exciter en nous que des sentiments de respect et d'admiration pour l'héroïsme qui cause tous ces glorieux malheurs. Que peut-on imaginer de plus riant qu'une campagne couverte de trente mille cadavres immolés à la gloire d'un conquérant?

Notre esprit seconde admirablement bien notre valeur, et nous avons donné la perfection à l'art de faire périr les hommes. Il faut une longue étude pour en connaître bien les règles, une grande expérience pour les savoir mettre en usage, et ceux qui unissent comme il faut la théorie à la pratique nous paraissent les plus estimables d'entre les mortels. Nous conserverons à jamais une vénération reconnaissante pour ces génies supérieurs qui ont inventé les armes à feu, et surtout le canon, qui en moins de rien éclaircit les rangs et sait rompre des bataillons entiers.

---

236. *Le Journal du voyage de Siam* (1687) by François Timoléon de Choisy (1644-1724).

III. Il y a des peuples barbares, ennemis du travail et de la peine, qui, bien loin de s'adonner aux arts et aux sciences, n'ont pas seulement le soin de cultiver leurs terres. Ils prétendent que la viande et le lait de leur bétail suffisent pour leur nourriture et, fondés sur leur paresse, ils disent qu'ils sont les maîtres de la terre et que nous n'en sommes que les esclaves.

Quelle grossièreté de manger, de boire et de se vêtir pour la nécessité seulement, et de s'imaginer qu'on est assez riche quand on a tout ce qu'il faut pour vivre! Rien n'est plus visible que la supériorité que nous avons sur ces barbares qui ne vivent que pour vivre et qui s'accommodent de la nature toute unie sans aucun secours de l'art. Pour nous, ennemis d'une lâche paresse et d'une inaction indigne de l'excellence de notre nature, nous avons l'industrie de nous rendre mille choses nécessaires dont les gens grossiers peuvent facilement se passer.

Grâces à la délicatesse de notre esprit, le premier but que nous nous proposons en nous habillant, c'est le luxe, et nous nous soucions fort peu de conformer nos vêtements à la pudeur et à la commodité. Il suffit qu'ils relèvent les grâces de nos corps et qu'ils en cachent les défauts que ces prétendus maîtres de la terre étalent sans honte aux yeux de tout le monde. Nous triomphons surtout pour la délicatesse de la table; nous avons fait un art de manger qui, aussi bien que celui de combattre, a ses axiomes, ses préceptes, ses docteurs et ses hommes illustres. Nous savons assujettir notre goût à nos lumières acquises et, peu à peu, nous apprenons à manger doctement et spirituellement. Un barbare, esclave de la nature, serait bien honteux de son ignorance si, par hasard, il entrait dans nos cuisines et si, quelques heures après, il nous voyait à table. Il ne connaîtrait plus rien à tous les apprêts qu'il aurait vus entre les mains des cuisiniers. Il s'abuserait sur tous les mets qui, en moins de rien, comme par enchantement, changent de goût, de figure et de nom, et il verrait avec étonnement trente plats distingués par trente titres pompeux qui contribuent beaucoup à leur délicatesse exquise. Peut-être serait-il assez sot pour ne pas changer pour cela sa manière de vivre. Mais tant pis pour lui; il ferait comme ces ignorants qui, trouvant l'étude trop embarrassante, préfèrent le simple sens commun à l'érudition la plus sublime.

IV. Les voyageurs, qu'on ne doit croire que quand ils s'accordent, disent unanimement que chez certains peuples des Indes les nobles ont le droit d'entrer chez les femmes d'autrui, pourvu qu'ils laissent leur bouclier et leur épée à la porte. Dès que le mari voit ces armes devant sa maison, il passe outre et laisse le gentilhomme jouir tranquillement de ses privilèges.

Il ne se peut rien de plus extravagant que de restreindre de la sorte à la noblesse seule une si agréable prérogative. Quelle contrainte ne serait-ce pas en Europe s'il fallait produire ses quartiers pour être en droit d'en conter à la femme de son voisin? La qualité en renchérirait de la moitié, et nombre de bourgeois donneraient jusqu'à leur dernier sou pour se dépouiller de leur roture. Les princes seuls gagneraient à cette affaire-là, et selon toutes apparences, ce serait une source intarissable pour leurs trésors publics.

Nous avons une coutume qui approche assez de celle dont je viens de parler, mais qui est bien autrement sensée. Tout le monde sait que, d'ordinaire, un mari qui voit devant sa porte le carrosse d'un financier passe son chemin et qu'il ne rentre chez lui que lorsque ce brillant équipage est disparu. Mais la richesse d'un homme d'affaires a de grandes influences sur le bonheur de l'époux de sa maîtresse, au lieu qu'un pauvre mari ne s'engraisse pas de la qualité des galants de sa femme.

V. A propos de qualité, les Chinois, qui se croient de fort habiles gens, ont des idées bien ridicules de la noblesse. Elle est personnelle chez eux; le mérite ne l'obtient que pour ceux qui possèdent ce mérite et qui se signalent dans les sciences ou dans les armes. Quand le fils d'un *mandarin* veut hériter de la noblesse de son père, il faut qu'il se donne la peine d'être vertueux comme lui; et dans ce pays-là, on traite les hommes comme nous traitons les chevaux, dont Boileau dit,

> Que la postérité d'Alfane ou de Bayard,
> Quand ce n'est qu'une rosse, est vendue au hasard.[237]

Parmi nous la vertu est récompensée bien plus glorieusement. Dès qu'un prince accorde le titre de noble à quelqu'un, son sang devient plus pur et plus beau, et ce sang, transmis à toute sa postérité, la rend de toute une autre nature que les autres hommes. Un roi ne saurait fixer la vertu dans une famille qu'il veut honorer, mais il y fixe les récompenses de la vertu et force le vulgaire à rendre aux vices des fils le même respect que s'était attiré la vertu du père. Au reste, cette noblesse devient toujours plus belle en vieillissant. Il en est comme des fleuves qui, petits à leur source, s'élargissent à mesure qu'ils s'en éloignent. Il est vrai qu'en chemin faisant il s'y mêle force eaux étrangères et qu'il arrive souvent quelque chose de pareil à la noblesse, à mesure qu'elle s'éloigne de son origine,

> A moins que le sang pur avecque la noblesse
> Ne soit toujours transmis de Lucrèce en Lucrèce.[238]

LXVI · [20 juin 1712]

> 'Rien n'est beau que le vrai. Le vrai seul est aimable.
> Il doit régner partout, et même dans la fable.'[239]

Comment comprendre cette pensée de Boileau? Rien n'est plus opposé à la vérité que la fable, et par conséquent, il paraît contradictoire de vouloir que l'empire du vrai s'étende jusque sur la fiction. C'est apparemment fondé sur ces sortes de pensées qu'on croit,

237. Boileau, 'Satire V', ll.31-32:
Mais la posterité d'Alfane et de Bayard,
Quand ce n'est qu'une rosse, est venduë au hazard.
'Alfane' or 'Alphana' and 'Bayard' are names for famous horses. See our note in number LXXV.
238. Van Effen has adapted this quote from Boileau, 'Satire V', ll.81-82:
Et si leur sang tout pur avecque leur noblesse
Est passé jusqu'à vous de Lucrece en Lucrece?
239. Boileau, 'Epître IX', ll.43-44.

> 'Que cet illustre auteur dans ses phrases obscures
> Aux Saumaise futurs prépara des tortures.'[240]

Cette apparente contradiction ne laisse pas d'envelopper un sens tout à fait raisonnable, pourvu qu'on sache bien distinguer la vérité par rapport aux choses d'avec le vrai à l'égard des pensées.

La première de ces vérités consiste dans la conformité de nos conceptions avec la nature de ce que l'on conçoit, et le vrai dans les pensées n'est autre chose qu'un juste rapport du sujet avec les idées sous lesquelles on les conçoit et sous lesquelles on tâche de le faire concevoir aux autres. Ainsi, on peut dépeindre le vrai par rapport à la nature de la chose par des pensées fausses et, au contraire, dépeindre des choses fausses par des pensées vraies et convenables à leur sujet. Un exemple fera concevoir clairement ces définitions un peu abstraites. Il y a quelques années qu'on pouvait dire, sans choquer la vérité, que le duc de Marlborough ne voulait pas passer en Angleterre avant que d'avoir pris Gand, mais on embarrassait cette vérité par une pensée fausse en disant que ce général trouvait le froid trop rude pour vouloir aller en Angleterre sans gant. Pointe misérable dont bien des gens se sont fait honneur pourtant. La fausseté de cette pensée consiste à confondre l'idée qu'on a d'une ville appelée Gand avec celle d'un gant dont on se sert contre le froid, et qui n'a pas le moindre rapport au sujet dont il s'agit ici.

Autrefois, ces pointes et ces équivoques faisaient le plus grand mérite des ouvrages d'esprit, mais elles n'ont pu se soutenir contre le bon goût qui règne dans notre siècle. Tout ce fatras est banni des bons livres et relégué dans la comédie italienne où l'on ne se divertit, bien souvent, que lorsqu'on a laissé son bon sens à la porte. Les conversations, cependant, s'en sentent encore beaucoup, et non seulement celles des bourgeois où la pointe est dans son centre, mais quelquefois aussi celles des personnes distinguées par leur naissance et par leur rang.

> 'La raison outragée, ouvrant enfin les yeux,
> La bannit pour jamais des discours sérieux. ...
> Ainsi de toutes parts les désordres cessèrent.
> Toutefois à la cour les *turlupins* restèrent,
> Insipides plaisants, bouffons infortunés,
> D'un grossier jeu de mots partisans surannés.'[241]

Je ne veux pas à présent examiner à la rigueur si jamais on ne peut donner

240. Cf. Boileau, 'Satire IX', ll.63-64:
      Et déjà vous croyez dans vos rimes obscures,
      Aux Saumaizes futurs préparer des tortures.
241. Boileau, *L'Art poétique*, 'Chant II', ll.123-32. Compare the text in Boileau:
      La Raison outragée enfin ouvrit les yeux,
      La chassa pour jamais des discours sérieux,
      Et dans tous ces écrits la déclarant infame,
      Par grâce lui laissa l'entrée en l'Epigramme:
      Pourveu que sa finesse éclatant à propos
      Roulast sur la pensée, et non pas sur les mots.
      Ainsi de toutes parts les desordres cesserent.
      Toutefois à la Cour les Turlupins resterent,
      Insipides Plaisans, Bouffons infortunez,
      D'un jeu de mots grossier partisans surannez.

une place parmi les bonnes choses à ces pensées qui supléent par leur vivacité à ce qui leur manque du côté de la justesse. Je veux bien accorder même qu'il en est quelquefois de ces traits comme des faux brillants qu'on a si ingénieusement mis en œuvre qu'ils font presque autant d'honneur à ceux qui s'en parent que les bijoux les plus précieux. Mais les pointes dont on hérisse d'ordinaire les conversations ne sont pas de cette nature, et je prétends seulement faire sentir par la facilité qu'il y a à les trouver que rien n'est plus ridicule que l'habitude d'en embarrasser tout son langage. Une fadaise difficile ne laisse pas d'être une fadaise, j'en conviens, mais du moins on se distingue par là et l'on a la satisfaction de réussir dans une chose qui n'est pas à la portée de tout le monde. Mais à quoi servent les quolibets, les équivoques et les fades allusions qu'à confondre ceux qui s'y amusent avec les crocheteurs et les savetiers, qui d'ordinaire sont les rieurs de leur voisinage? Pour les quolibets, on n'a pas seulement la peine d'en inventer, il y en a un magasin de tout faits où tout le monde a la liberté de se charger de cette marchandise qui ne vaut pas davantage qu'elle ne coûte. Les équivoques ne sont pas plus difficiles; la plupart des mots sont susceptibles de différents sens, et rien n'est plus aisé que de faire un jeu grossier de ces différentes significations. N'est-ce pas un beau sujet de triomphe pour certains esprits de vous proposer un discours équivoque et, quand vous entrez dans le sens le plus naturel, de vous attraper dans un autre sens plus caché, comme dans un piège? J'avoue que j'ai toujours bonne opinion de ceux qui ne se défient pas seulement d'un panneau si grossièrement tendu et que j'ai pitié de celui qui s'applaudit de l'heureuse réussite de son adresse ridicule. On lui peut appliquer ce que dit Benserade dans un des ses rondeaux:

> Des animaux le pire c'est un sot
> Plein de finesse.[242]

C'est encore quelque chose de bien beau et de bien sublime que les allusions qu'on fait aux noms des personnes, et l'on doit savoir bon gré à Marot d'avoir exprimé l'affliction de la cour de France pour la mort de la reine Marguerite par les beaux vers que voici:

> Rien n'est çà bas qui cette mort ignore,
> *Coignac* s'en *coigne* en sa poitrine blême,
> *Remorantin* sa perte *remémore*,
> *Anjou* fait *joug*, *Angoulême* de *même*,
> *Amboise en boit* une amertume extrême,
> Du *Maine* en *mène* un lamentable bruit.[243]

Le beau génie de Marot, qui ne l'a pas sauvé de ces puérilités, fait assez comprendre qu'il n'est pas impossible qu'avec de l'esprit et des lumières on puisse donner dans ces allusions polissonnes, surtout quand on est entraîné par un goût régnant.

Aussi voit-on des philosophes, habiles à dévoiler les mystères de la nature, et

242. Benserade, 'Battus en Pierre de Touche', in the *Œuvres de Monsieur de Bensserade* (Paris 1697), i.244, ll.14-15.
243. Van Effen has 'modernised' this poem by Clément Marot, 'Eglogue sur le Trespas de ma Dame Loyse de Savoye, Mere du Roy Françoys, premier de ce nom'. See C. A. Mayer's edition of Marot's *Œuvres lyriques* (London 1964), p.331, ll.157-62.

des politiques, dont la raison est le guide le plus sûr d'un Etat, devenir, en voulant railler, mauvais plaisants et bouffons insipides. La raison en est qu'ils n'ont jamais réfléchi sur la nature de la fine plaisanterie et qu'on ne saurait avoir d'idée juste des matières les plus aisées quand on ne prend jamais la peine d'y penser.

Quelque haine que j'aie pour la pointe, je n'approuve point du tout ces génies incommodes à la société qui examinent, avec une sévérité outrée, tout ce qu'on dit dans une compagnie et à qui la moindre turlupinade fait pédantesquement hausser les épaules. Ce geste méprisant me choque davantage que les pointes les plus insipides. Je ne suis point d'avis qu'on tyrannise la société et qu'on resserre la joie de ses amis dans les bornes étroites d'un raisonnement sévère.

Mais je ne saurais non plus blâmer un homme d'esprit de relever finement la sottise de ces turlupins, dont tous les discours ne sont qu'une enchaînure de froides allusions, de pointes triviales et de vaines subtilités. On se trompe fort de croire qu'on ne saurait éviter ces fades plaisanteries sans une grande attention à tout ce que l'on dit. Quand, dès sa jeunesse, on a tâché de donner un bon tour à son esprit, on contracte une aussi grande facilité à badiner judicieusement que ceux qui se sont habitués aux plaisanteries insipides en ont à railler sans délicatesse et sans bon sens.

Je conviens qu'il n'en est pas de même de ceux qui ont accoutumé leur imagination aux turlupinades, quand même ils connaissent le ridicule qu'il y a dans leur habitude. Ils se retiendront tant que, retranchés dans le sérieux, ils seront en garde contre les dérèglements de leur esprit, mais dès que le plaisir échauffe leur imagination et qu'elle secoue le joug du bon sens, elle devient aussitôt une source intarissable de fadaises indignes d'un homme raisonnable.

Je connais des personnes judicieuses qui ont assujetti leur esprit à cette coutume d'une manière bien extraordinaire et qui ont contracté le caractère de Turlupin[244] à force de tourner les turlupinades en ridicule. Ils s'efforcent de répéter ces quolibets pour s'en moquer, et insensiblement ils leur deviennent si familiers qu'ils ont de la peine à s'en défaire; bientôt ils sont les objets de leurs propres railleries.

Il est arrivé dans le bel esprit ce qu'on voit arriver souvent dans les sociétés civiles. Quand des séditieux ont causé des troubles dans un Etat, on ne bannit pas seulement les coupables, mais ceux-là même qui ont eu quelques liaisons avec eux, quoiqu'ils n'aient point trempé dans leurs pernicieux desseins.

Quand on a exilé les équivoques et les quolibets des bons livres et des conversations sensées, on a proscrit en même temps les proverbes, qui étaient d'ordinaire de la même bande, quoiqu'ils n'outrageassent pas également la raison. A présent, pour peu qu'on se pique de suivre le bel usage, on n'ose employer le moindre proverbe sans en demander permission, quelque à propos qu'il puisse venir à la matière dont on parle.

Il y a, cependant, un grand nombre de proverbes qui sont des maximes utiles touchant la conduite des hommes et qui, confirmées par une longue expérience, méritent bien qu'on pardonne, en faveur de leur sens, à la manière triviale dont on les exprime.

244. This farcical character was created by Henri Legrand Belleville (?-1637).

Dépouillez une maxime de M. de La Rochefoucauld de la beauté des expressions, de la délicatesse du tour et d'une certaine obscurité mystérieuse, vous trouverez souvent que, dans le fond, c'est un proverbe dont tout le monde se sert et dont pour la même raison vous n'osez pas vous servir. Je ne vois pas pourquoi il faille rejeter indifféremment toutes ces manières de parler. Ne suffirait-il pas de s'en servir avec choix et avec ménagement, et n'y aurait-il pas quelque mérite à savoir les appliquer avec justesse? Souvent, pour éviter ces sentences vulgaires, on exprime par des détours longs, embarrassés et obscurs, ce que par le secours d'un proverbe on pourrait dire d'une manière concise et intelligible. Cette affectation me paraît déraisonnable. Il ne faut se particulariser que quand la raison le veut absolument, et il faut se faire un plaisir de suivre l'usage ordinaire quand on peut être raisonnable avec tout le monde.

Il suffit d'éviter le langage du bon Sancho qui dit de lui-même qu'il fait à l'égard des proverbes comme les marchandes de noisettes, qui ne se font pas une affaire de mettre pêle-mêle les bonnes avec les mauvaises, pourvu qu'elles remplissent le boisseau.[245]

LXVII · [27 juin 1712]

Pour être excellent auteur il ne suffit pas d'avoir l'imagination belle, l'esprit juste et des connaissances étendues; il faut avoir encore le cœur bon et les sentiments d'un homme d'honneur et de probité.

L'écrivain à qui cette qualité manque le fait d'ordinaire sentir dans ses ouvrages, et la supériorité de son génie ne cache pas la bassesse de son âme. On se peint d'ordinaire dans ses écrits. La complaisance que nous avons pour nos vices nous porte à les produire sans honte; nous supposons que nos défauts offrent à l'esprit du lecteur les mêmes agréments avec lesquels ils se présentent à notre propre imagination. L'impiété, la lâcheté, la basse défiance et le penchant à la débauche n'ont rien de dégoûtant pour celui qui s'est familiarisé avec ces vices. Il en parle ingénument, sans s'imaginer qu'il s'attire par là l'aversion de ceux dont l'esprit, n'étant point séduit par le cœur, se dépeint les défauts par leurs couleurs véritables.

L'expérience confirme ce que je viens de dire. Le penchant qu'Homère avait pour le vin paraît dans les fréquents éloges qu'il fait de cette liqueur, et pour peu qu'on examine Anacréon, on sent que ses inclinations, aussi bien que ses vers, étaient partagées entre le vin et l'amour. Quelque délicatesse et quelque naïveté que l'on trouve dans ses ouvrages, un honnête homme ne saurait voir sans indignation qu'elles ne roulent absolument que sur la débauche: 'Il faut boire, il faut aimer. Les moments qu'on n'emploie point à goûter les plaisirs des sens sont des moments perdus.' Voilà à quoi aboutit tout ce qu'a écrit Anacréon. Ses vers ne contiennent que cette seule pensée mise en œuvre de différentes manières.

Mettons d'un côté les ouvrages d'un homme bien né dont on a cultivé les

---

245. Cf. the discussion of proverbs in *Don Quixote*, ii.43.

sentiments par une sage éducation et à qui l'on a donné un souverain mépris pour tout ce qui est bas et sordide. Mettons d'un autre côté un auteur d'une basse extraction dont on laisse les sentiments en proie aux dérèglements d'une nature corrompue. Je suis sûr qu'un discernement judicieux tirera bientôt de l'examen de leurs ouvrages la connaissance de leurs différents caractères.

Je sais que la naissance en elle-même ne contribue rien à la manière dont les auteurs se caractérisent dans leurs écrits. Mais la bonne éducation est d'ordinaire une suite de la naissance, et il suffit d'avoir profité des instructions d'un père vertueux et éclairé pour ne point souiller son génie par des sentiments indignes d'un homme d'honneur.

Horace parle toujours d'une manière si noble de l'amitié, de la reconnaissance et du mépris des richesses qu'on ne découvrirait jamais dans ses écrits la bassesse de son origine, s'il n'avait pas lui-même la grandeur d'âme de l'avouer. C'est cet aveu généreux qui perfectionne l'idée que ses ouvrages nous donnent de la beauté de son âme. Nous ne saurions douter qu'il n'ait exalté avec raison les soins qu'avait pris son père de suppléer au malheur de sa naissance en lui inspirant les sentiments d'un homme de distinction.

Parmi les auteurs anciens, *Salluste* fait une exception à la maxime que j'ai d'abord établie. On sait qu'il était avare, débauché et qu'il s'était montré mauvais citoyen et malhonnête homme dans les charges que le peuple romain lui avait confiées. Cependant, il s'attache toujours à donner de grandes idées de la vertu et à déclamer contre les vices qui régnaient dans sa patrie. A ne juger de lui que par ses histoires, on ne saurait le prendre que pour un autre Caton.

Je conçois assez qu'un auteur peut en imposer de cette manière quand son tempérament vicieux l'emporte sur les bonnes instructions qu'il a reçues et quand il ne laisse pas d'avoir des idées justes de la vertu, quoique son naturel indocile l'empêche de les mettre à profit. Il se peut alors qu'il supplée par la force de son génie à ce qui lui manque du côté des sentiments, mais ce cas est assez rare. Un cœur échauffé de l'amour de la vertu communique à l'imagination une chaleur qu'elle a bien de la peine à se donner à elle-même; et si Salluste avait été vertueux, peut-être aurait-il tracé de la vertu des portraits plus vifs encore et plus achevés.

Ovide était adonné à la galanterie, et ses écrits ne le montrent que trop. Mais à cela près, il donne à ceux qu'il introduit dans ses poésies des sentiments si beaux et des caractères si grands qu'on n'a point de peine à croire qu'il les a copiés d'après son propre cœur. L'imitation, quoique imparfaite, qu'on verra ici de la lettre d'Hypermnestre à Lyncée en pourra faire foi. En voici le sujet.[246]

Danaüs, averti par l'oracle qu'il serait détrôné par un des cinquante fils de son frère Aegyptus, leur donna en mariage ses cinquante filles, auxquelles il commanda de poignarder leurs époux dans le lit nuptial. Hypermnestre, qui seule avait désobéi à un ordre si cruel en faisant évader son époux Lyncée, lui écrit ainsi du cachot où elle avait été emprisonnée par les ordres de Danaüs.

> Prince, dérobé seul au fer des Danaïdes,
> Pour épargner tes jours j'ai bravé le trépas,
> Tandis que les époux de mes sœurs parricides

---

246. Cf. Ovid's 'Hyermnestra Lynceo', in the *Heroides*, XIV.

Egorgés expiraient dans leurs perfides bras.

Souvenir trop cruel de cette nuit funeste
Qui versa dans leur sein un éternel repos,
Tu retraces l'horreur du festin de Thyeste
Et tu m'affliges plus que tous mes autres maux.

On me mena tremblante auprès de ma victime;
Un tranquille sommeil avait fermé tes yeux;
Trois fois je veux frapper, ma main novice au crime
Laisse tomber trois fois le poignard odieux.

Moi-même par ces mots je m'anime à la rage:
'Hypermnestre, calmez cette lâche frayeur.
Vous seule entre vos sœurs serez-vous sans courage?
D'un père il faut aider ou sentir la fureur.

Mais ce prince toujours m'a tenu lieu de frère,
Je l'appelle aujourd'hui d'un nom encor plus doux.
Faut-il être rebelle aux ordres de mon père?
Dois-je plonger le fer dans le sein d'un époux?

J'ai promis à nos dieux de le chérir sans cesse
Et j'ai promis au roi de répondre à ses vœux.
Que faut-il écouter, sa haine ou ma tendresse?
Tromperai-je le roi, tromperai-je les dieux?

Que faire, juste ciel! de cent maux menacée
Je ne puis échapper au sort qui me poursuit;
Je crains un roi cruel si j'épargne Lyncée;
Je crains les dieux vengeurs si mon époux périt.

Ah! si de Danaüs, offensant la justice,
Mon prince doit subir les horreurs du tombeau,
Que par une autre main le coupable périsse.
Quel crime ai-je commis pour être son bourreau?

Non, si jamais le sang avait de quoi me plaire,
Je n'en chercherais pas, cher Epoux, dans ton flanc;
D'Hypermnestre ma main serait la meurtrière,
Ce fer ne serait teint que de mon propre sang.

C'en est fait; puisqu'il faut, impie ou vertueuse,
Des plus cruels tourments endurer les rigueurs,
Périssons pour le moins d'une mort glorieuse
Et ne nous rendons pas dignes de nos malheurs.'

Ces mots furent suivis d'une source de larmes,
Et, tiré du sommeil par mes tristes accents,
Dans ma timide main tu vis encor les armes;
Une subite horreur s'empara de tes sens.

'Fuis,' dis-je, 'cher Epoux, la nuit te favorise;
Evite la fureur de tes cruels parents;
L'amour t'a fait sauver, que l'amour te conduise.'
Tu fuis, et moi je reste en proie à mes tyrans.

Le roi compte les morts, ce spectacle l'anime,
Il y repaît ses yeux, sa cruauté lui plaît.
Mais voyant que ton sang manque encor à son crime,
Il s'afflige, il gémit de le voir imparfait.

Dans un sombre cachot aussitôt on me traîne,
Destinée en ta place aux dernières rigueurs.
Ma faible main qu'affaisse une pesante chaîne
Trace à peine ces mots arrosés de mes pleurs.

Oui, Prince, on me punit de n'être point coupable.
Ma vertu de mon père anime le courroux.
Au gré de ce cruel on se rend condamnable
En respectant les dieux, en sauvant son époux.

Mais qu'en mon propre sein Danaüs ensanglante
Ce fer qu'il m'ordonnait de te faire sentir,
Il n'arrachera point de ma bouche mourante
Le criminel aveu d'un lâche repentir.

Que de ce roi barbare et de mes sœurs cruelles
Par d'éternels remords le cœur soit combattu,
Le repentir convient aux âmes criminelles,
C'est le tribut que doit le vice à la vertu.

Ton père s'est vengé d'une action si noire,
Dans le droit de sa cause il trouve un sûr appui;
Les dieux à ses combats enchaînent la victoire,
Ils conduisent sa main, ils combattent pour lui.

Mais Danaüs, cherchant un sûr asile en Grèce,
Traîne après lui le Ciel par son crime irrité.
Je le plains du malheur qu'il souffre en sa vieillesse
Et je le plains surtout de l'avoir mérité.

Vous pensiez éviter la disgrâce prédite
Quand le sang innocent coulerait à grands flots,
Mon Père, ignoriez-vous que jamais on n'évite
La colère du Ciel par des crimes nouveaux?

Et toi, Prince, rends-moi la liberté ravie,
De ton épouse enfin soulage les ennuis;
Songe bien que par moi tu jouis de la vie,
De mon bienfait du moins fais-moi goûter les fruits.

Mais si de mes tyrans ta valeur me délivre,
Epargne de nos maux le malheureux auteur;
C'est le punir assez que de le laisser vivre,
Il porte ses bourreaux dans le fond de son cœur.

LXVIII · [4 juillet 1712]

Les hommes sont d'ordinaire les victimes de leurs propres caprices et, à juger de leur intention par leur conduite, on croirait qu'ils font tous leurs efforts pour se rendre malheureux. Il serait pardonnable de renoncer à la raison en faveur de certaines chimères utiles pour le repos du cœur, mais de se dérégler l'esprit pour se plonger dans l'inquiétude et dans le chagrin, voilà ce qui passe l'imagination.

Tous les hommes, pourtant, en sont presque logés là. Plutôt que de raisonner mal pour trouver dans leur sort des agréments imaginaires et pour se tranquilliser par cette erreur avantageuse, ils renversent les maximes les plus sûres pour se persuader que tout autre état est plus heureux que le leur.

Quand contre l'océan l'aquilon se déchaîne,
Le marchand qui pâlit sur la liquide plaine
Déteste son métier; il se trouverait mieux
De l'inhumain emploi du soldat furieux.
'Dès qu'au combat,' dit-il, 'la trompette l'appelle,
Plein d'une ardeur guerrière on se choque, on se mêle,
Une victoire heureuse, ou bien un prompt trépas,
Dans un moment de temps le tire d'embarras.'
Le soldat à vil prix prodigue de sa vie
Du destin du marchand sent son âme ravie;
Il bénit un emploi qui, par d'heureux efforts,
Au travers du péril sait conduire aux trésors.
Le bourgeois, ennuyé du séjour de la ville,
Est charmé du bonheur d'un villageois tranquille.
Un bocage, un ruisseau, des prés, un antre frais
Offrent à son esprit mille riants objets.
Pour Lucas, qu'un procès tire de la charrue,
La ville a mille appas offerts à chaque rue;
Tout lui plaît, tout lui rit, ces palais, ce concours,
Ces carrosses dorés qui se suivent aux cours.
Ces vêtements pompeux qui recèlent le vice,
Et ces discours polis qui fardent l'injustice.
Il condamne sa hutte et croit chéris des dieux
Ceux qu'un sort favorable a fixé dans ces lieux.
Quand l'artisan, dupé d'une vaine apparence,
Voit du pâle usurier la superbe opulence,
Il croit qu'en ses trésors séjournent les plaisirs,
Et son cœur se remplit de frivoles désirs.
Des financiers, du bien honorables esclaves,
Qui de l'or amassé se forgent des entraves,
Les yeux en vain fermés réclament le sommeil
Dans un lit orgueilleux interdit au soleil.
Mais en vain une alcove est du jour retirée
Si le cruel chagrin en sait forcer l'entrée
Et si, sur le duvet, un Crésus agité
Bénit en soupirant l'heureuse pauvreté.
'De l'artisan,' dit-il, 'la vie est fortunée;
Il sait par ses chansons accourcir la journée;
L'officieuse nuit le trouve encor chantant,
Il soupe et sur son lit le doux sommeil l'attend.
A peine du grand jour la plus vive lumière
Dissipe les pavots versés sur sa paupière.
Eh! comment pourrait-il ne pas chérir son sort,
Il chante tout le jour, toute la nuit il dort.'
Et toi, Guillaume, et toi qui, suppléant aux pluies,
Cours apaiser la soif de mes plantes flétries,
Quand tu me vois oisif rêver dans mon jardin
Peut-être es-tu jaloux de mon heureux destin.[247]
'Que fait mon maître? Il lit, se promène, grimace;

247. Cf. Boileau, 'Epître XI', to Antoine, his garderner.

Il s'arrête, il avance, il écrit, il efface.
Que son repos est doux!' Mais penserais-tu bien
Qu'ennuyé de mon sort je suis jaloux du tien?
N'en doute point, Guillaume, à ton devoir fidèle
Tu reprendrais bientôt l'arrosoir ou la pelle,
Charmé de ton travail, idiot fortuné,
Si par ton amour-propre à rimer condamné
Tu tâchais comme moi, dont le bonheur t'enchante,
A donner à ces vers une chute brillante.

Voilà comme d'ordinaire on se trouve malheureux en comparant ce qu'il y a de triste dans sa destinée à ce qu'il y a de doux dans le sort des autres. Mais si nous examinons avec quelque réflexion les états différents dans lesquels nous nous trouvons et qui sont tous nécessaires à former ce grand corps de la société humaine, nous serions bien éloignés de nous plaindre. Nous verrions que l'Auteur de l'univers, par une justice admirable, a distribué à tous ces divers états à peu près la même dose de plaisirs et de peines. Un examen assez facile peut nous convaincre de cette vérité.

Je considérerai les différentes conditions des hommes en elles-mêmes, indépendamment des chagrins que nous peuvent causer notre tempérament, la violence des autres hommes et des châtiments particuliers du Ciel, et je réduirai nos destinées à ces trois états différents: l'*état le plus brillant*, la *médiocrité* et l'*état le plus bas*. Je ne parlerai point de l'indigence, comme en quelque sorte étrangère aux hommes. Ils y tombent d'ordinaire par leur faute, et leur diligence jointe aux secours du prochain peut facilement les en délivrer. J'entre à présent en matière.

Les bonheurs et les malheurs que nous trouvons dans les objets qui sont hors de nous ne sont tels qu'autant que leur opposition mutuelle nous les rend sensibles. Rien n'est plus sûr que ce principe, et une médiocre expérience ne souffre point qu'on le révoque en doute.

Quand on se trouve dans la fortune la plus parfaite, quand nos richesses suffisent à tous nos désirs et qu'ils s'accomplissent sans la moindre résistance, ce bonheur si familier et si aisé perd toute sa pointe par l'habitude. A force d'être heureux on ne sent plus sa félicité. Mais trouve-t-on quelques traverses dans la vie, quelque peu importantes qu'elles puissent être, elles font de fortes impressions sur une âme novice dans le malheur; elles y causent des troubles qui l'ébranlent et qui l'accablent.

'Dans cet état, les plaisirs sont ordinaires et peu vifs, les malheurs rares et très sensibles.'

Au contraire, celui qui se trouve dans la condition la plus infortunée, qui n'acquiert simplement que le nécessaire par un travail assidu, se familiarise peu à peu avec sa misère, et la sensibilité de son âme aussi bien que celle de son corps est enfin émoussée. Mais quand, par hasard, il sort de son malheur ordinaire pour goûter quelque plaisir, quoiqu'il soit d'une nature à ne pas émouvoir seulement un homme plus fortuné, il sent vivement cette nouveauté agréable; la joie s'empare entièrement de ses sens; il paraît enivré de son bonheur; au défaut de la réalité, l'idée en chatouille encore longtemps son imagination. 'Dans cet état, les plaisirs sont rares et touchants, et les peines ordinaires et peu sensibles.'

Celui qui se trouve dans l'état médiocre goûte les plaisirs plus vivement que l'homme entièrement fortuné, mais il les goûte moins souvent, et en récompense, il est moins sensible que lui aux chagrins qui, dans la situation dont il s'agit ici, sont plus ordinaires. Dans la même proportion, il sent moins les plaisirs que le *pauvre*, et ils lui sont plus ordinaires; il est plus sensible que lui aux peines et il y est moins souvent exposé. On voit facilement que, dans ces différents états, il y a une compensation de la vivacité des plaisirs et des peines avec leur rareté et que cette compensation est tout à fait exacte. On trouve une infinité d'états encore en descendant du bonheur le plus grand vers la médiocrité et en montant à cette même médiocrité de l'état le moins heureux. Mais il est clair que les chagrins et les plaisirs sont toujours plus sensibles à mesure qu'ils sont moins fréquents et qu'ils gagnent justement d'un côté ce qu'ils perdent de l'autre.

Je serais ravi d'avoir exprimé cette vérité aussi clairement que je la conçois, afin que le lecteur en eût une idée distincte. Elle serait propre à dégager son esprit de ces chimères de fortune qui lui ôtent la jouissance d'un bonheur solide et présent pour le faire courir vers une félicité éloignée et imaginaire.

J'avouerai pourtant que, s'il est permis de former quelques vœux pour un autre état que celui où l'on se trouve, c'est à la médiocrité qu'on peut aspirer le plus raisonnablement.[248]

J'ai prouvé qu'à la considérer en elle-même il y a précisément la même proportion de plaisirs et de peines que dans les autres états. Mais constamment c'est l'état le plus tranquille et le plus propre à nous procurer les plaisirs intérieurs et essentiels qui dépendent du bon usage qu'on fait de la raison.

Les gens extrêmement fortunés, bientôt ennuyés des plaisirs ordinaires, raffinent sur les agréments de la vie, et la facilité qu'ils ont à se procurer des plaisirs illicites les y engage naturellement. D'ailleurs, l'orgueil, l'oubli de soi-même et l'insensibilité pour le prochain sont des vices familiers à ceux qui n'ont pas appris par leur propre expérience ce que c'est que la misère et qui, toujours occupés à réveiller leur goût pour les plaisirs, n'ont pas le temps de réfléchir sérieusement sur leurs devoirs.

Ceux, au contraire, qui sont dans l'état le plus malheureux, portés naturellement à destiner aux plaisirs le peu de temps que leur travail leur laisse, ne sauraient cultiver leur raison ni l'enrichir de ces connaissances qui contribuent tant à la vertu et au bonheur de la créature raisonnable.

La médiocrité est exempte de l'un et de l'autre de ces inconvénients: le luxe et la dépense excessive pour des plaisirs raffinés et criminels ne sauraient subsister avec elle. Ceux qui se trouvent dans cet état ont tout le loisir de se procurer le bonheur qui peut avoir sa source dans un esprit cultivé par l'étude et par le commerce des personnes vertueuses et raisonnables.

---

248. Cf. La Bruyère's judgement in his *Caractères*, 'Des biens de Fortune', 47: 'Tienne qui voudra contre de si grandes extrémités: je ne veux être, si je le puis, ni malheureux ni heureux; je me jette et me réfugie dans la médiocrité.'

Le moyen de définir l'*esprit de faction*? Comment concevoir ce monstre le plus cruel qui soit sorti de l'enfer pour troubler la tranquillité des hommes et pour causer leurs plus funestes malheurs? Peu de pays au monde en sont exempts; les vues et les actions de la plupart des citoyens ne vont pas directement au bien et à l'honneur de leur patrie; elles vont d'ordinaire à fortifier un certain parti qu'ils ont embrassé sans savoir pourquoi et à en détruire quelque autre qu'ils haïssent avec tout aussi peu de raison.

On comprend assez que des gens peuvent s'attacher à une faction parce qu'ils y trouvent leur compte et qu'ils peuvent sacrifier ainsi l'intérêt de leur patrie à leur intérêt particulier.

Mais cela ne s'appelle pas agir par un *esprit de parti*. Le motif de cette conduite est une infâme avarice ou une ambition abominable que les gens de bien ne sauraient assez détester et que les lois ne sauraient punir avec trop de rigueur.

Il semble que l'*esprit de parti* subsiste par soi-même et qu'il ne dépende d'aucun motif, du moins d'aucun motif digne de faire agir un être qui raisonne.

On embrasse souvent un parti sans en savoir la nature, sans en connaître les vues véritables, quelquefois sans avoir seulement l'esprit de les examiner. On n'en connaît que le nom; c'est à ce nom seul qu'on s'attache et c'est en sa faveur qu'on se porte quelquefois aux violences les plus outrées, qu'on remplit les campagnes du sang de ses concitoyens, que, brisant les liens de la nature les plus étroits, les frères persécutent les frères et que les pères n'épargnent pas le sang de leurs propres enfants. C'est cette fureur-là que j'appelle *esprit de faction*, et pour être persuadé que souvent elle n'est excitée que par un simple nom, on n'a qu'à considérer qu'un grand nombre de personnes restent dans un parti, quoique ceux qui en sont l'âme prennent d'autres sentiments qu'ils n'ont eu d'abord et quoiqu'ils suivent des maximes opposées à leurs maximes fondamentales.

Un tel parti, en changeant ainsi de nature, garde son nom; voilà qui suffit. Les insensés que je viens de dépeindre paraissent avoir juré à ce nom une fidélité inaltérable. Rien n'est plus incompréhensible, j'en conviens, mais c'est un fait, et j'en pourrais alléguer des exemples assez modernes s'ils n'étaient pas trop délicats pour y toucher.

Mais ne serait-ce pas un amour de la patrie mal entendu qui fut la source de cette fureur opiniâtre à s'attacher à une faction? Ne le ferait-on pas pour rendre service à l'Etat en détruisant un autre parti qu'on croit malintentionné? J'ai de la peine à le croire. Quelque dépourvu de sens qu'on soit, peut-on, par zèle pour la patrie, en causer visiblement la perte? Peut-on, avec un grain de sens commun, de peur qu'un parti ne ruine un jour l'Etat, envelopper actuellement l'Etat dans la ruine de ce parti?

Voilà, pourtant, les effets ordinaires de l'esprit de faction, et je vois bien que l'amour de la patrie en peut être le prétexte, mais non pas qu'il en puisse être le motif.

Il en est à peu près, à cet égard, de l'Etat comme de la religion; ce ne sont pas seulement ceux qui ont pour la religion un amour mal raisonné qui persécutent les sectes différentes de la leur; ce sont souvent des libertins et des athées qui se plaisent à verser le sang de celui qui a embrassé une autre religion que celle dont ils font une profession extérieure et dont dans le fond du cœur ils se moquent.

Le motif qui fait persécuter n'est d'ordinaire qu'un esprit de parti dans la religion.

La seule source de laquelle on puisse déduire l'*esprit de faction*, c'est le tempérament. En effet, on voit de certains esprits inquiets, turbulents, emportés, qui se trouvent malheureux dans le bonheur et agités dans le repos; il semble, au contraire, que le désordre les tranquillise et que les catastrophes les plus terribles leur plaisent par leur nouveauté. Ils sentent dans leur âme un fonds de passions inutiles, ces passions les embarrassent, elles agissent sur eux-mêmes faute de s'attacher à quelque chose d'extérieur. Il faut absolument à ces gens-là un objet qui exerce la violence de leur naturel. L'ont-ils trouvé, ils respirent, et l'on peut dire avec fondement que certaines personnes excitent et nourrissent des troubles dans les Etats simplement pour se désennuyer.

Deux princes se disputent un royaume; je ne connais distinctement ni leur droit ni leur mérite et je n'ai aucune liaison avec l'un ni avec l'autre. Qu'y a-t-il de plus sensé que d'imiter l'âne de la fable qui, toujours forcé à porter sa charge, s'embarrassait fort peu par quel maître elle lui fût imposée?[249] Mais l'esprit turbulent des hommes ne saurait les laisser dans cette sage indifférence.

Il faut de nécessité qu'on se passionne pour un inconnu et qu'on lui sacrifie son repos, sa fortune, son sang, en un mot, il faut que,

Parents contre parents
Combattent follement pour le choix des tyrans.[250]

Je crois qu'une fausse honte contribue extrêmement à faire qu'on s'opiniâtre à soutenir une faction, lors même qu'on connaît ce qu'il y a d'injuste et de pernicieux.

Il a plu à la sottise humaine de regarder comme infâmes ceux qui changent de parti. Et pour éviter cette infamie, des personnes qui donnent tous les jours mille marques d'une légèreté puérile se piquent impertinemment de constance quand il s'agit de ruiner leur patrie.

Quoique je sois persuadé que les causes que je viens d'alléguer forment et entretiennent l'*esprit de faction*, cependant, à le considérer d'un certain point de vue, on a de la peine à croire qu'il sorte du propre fonds de l'homme. Il lui paraît étranger; on le prendrait pour un démon qui éteint les lumières du bon sens, qui étouffe les sentiments du cœur, en un mot, qui interdit à l'âme humaine le droit de disposer du corps où elle habite.

---

249. See La Fontaine, 'Le vieillard et l'âne', *Fables*, vi.8, l.13: '"Et que m'importe donc," dit l'âne, "à qui je sois?"'

250. Boileau, 'Satire VIII', ll.133-34. This is an imitation of Corneille's *Cinna*, I, iii, ll.187-88:
Romains contre Romains, parents contre parents
Combattaient seulement pour le choix des tyrans.

En voilà assez sur cette triste matière. Le lecteur se plaira peut-être davantage à la fable suivante.[251]

[Fable du Lion et des Taureaux

Certain lion, rempli de force et de courage,
    Terreur de tout son voisinage,
A son humeur lionne ayant donné l'essort,
        Dès la première fleur de l'âge
        Fit valoir le droit du plus fort
        Et de tout envahir fit rage.
    Il avait un double avantage:
Sire Lion était adroit et fin.
        Chez certain renard, son parain,
        Qui des renards était le Mazarin,
Il avait bien du temps fait son apprentissage.
        Ainsi malheur à tout voisin
        Qui, criminel par sa richesse,
            Ou bien par sa faiblesse,
    Se rencontrait sous sa patte traîtresse.
        'Sur tout le bien qui me convient
Mon droit est clair: un bois est à ma bienséance,
        C'est assez, ce bois m'appartient;
        Un pré peut croître ma puissance,
        C'est à tort qu'on me le retient.'
    C'était ainsi que raisonnait le sire;
        Sires toujours raisonnèrent ainsi;
        Et de tous ceux de ce temps-ci
        Sire Lion était le pire.
        Se reposer sur ses serments,
        C'était s'assurer sur les vents.
Las à la fin de vivre en défiance,
    Trois taureaux altiers et puissants
Contre Sire Lion firent une alliance
    Se jurant tous en taureaux de bon sens
        Une mutuelle assistance
        Jusqu'à ce qu'ils pussent, contents,
        Se reposer en assurance
        Sur la foi de son impuissance.
        Ce contract fut exécuté,
        Et le lion, fort maltraité,
        Ne fit, dans plus d'une bataille
            Rien qui vaille.
    De coups de cornes il reçut quantité,
        Et cette majesté si fière
        Jusque dans sa propre tanière
        Se vit à la fin affronté.
        De cette rude extrémité
        Sa finesse pourtant le tire;
        Un taureau se laissa séduire
        Par ses belles offres tenté.

---

251. The following fable appeared in the 1712-13 edition, but was omitted from the 1726 and later editions. Timely allusions to the bellicose Louis XIV and the Peace of Utrecht should also be noted.

'Je suis soûl de combats,' lui disait le beau sire,
'Et désormais plus je n'aspire
Qu'à pouvoir pleurer en repos
La perte de mes lionceaux
Qui me sont ravis par la Parque.
J'attends de ta seule bonté
Quelques jours de tranquillité
Avant d'entrer dans la fatale barque.
Pour ce bienfait te doit être accordé
Ici, quelque antre sûr, là, quelque riche plaine,
Et par un noble procédé
Tout ceci te sera cédé
De mon propre domaine.'
A ce discours flatteur Monseigneur le Taureau,
Animal à tête légère,
Donne dans le panneau,
Et d'abord il revêt l'indigne caractère
De son nouveau confédéré.
Il renversa le droit le plus sacré:
Justice, bonne foi, promesses solennelles
Tout fut par lui traité de bagatelles.
Ravi de la possession
De sa nouvelle seigneurie,
Il jouit de sa trahison
En bondissant dans la prairie.
Taureau crédule, animal trop fougueux,
Sur l'avenir jette les yeux
Et reconnais ton imprudence.
A l'ennemi commun tes compagnons trahis
Ne cessent d'opposer leurs fronts toujours unis.
S'ils en abattent la puissance,
De ta lâche désertion
Ils tireront un jour une juste vengeance.
Et sous sa cruelle insolence
Si ces braves taureaux sont contraints de plier,
Quelle sera ta récompense
D'être dévoré le dernier?

Ce taureau n'a pas été si habile que le coq dans la fable suivante de La Fontaine.]

Le Coq et le Renard

Sur la branche d'un arbre était en sentinelle
Un vieux coq adroit et matois.
'Frère,' dit un renard adoucissant sa voix,
'Nous ne sommes plus en querelle.
Paix générale cette fois.
Je viens te l'annoncer; descends que je t'embrasse,
Ne me retarde point, de grâce;
Je dois faire aujourd'hui vingt postes sans manquer.
Les tiens et toi pouvez vaquer
Sans nulle crainte à vos affaires,
Nous vous y servirons en frères.
Faites-en les feux dès ce soir;
Et, cependant, viens recevoir

Le baiser d'amour fraternelle.'
'Ami,' reprit le coq, 'je ne pouvais jamais
Apprendre une plus douce et meilleure nouvelle
Que celle
De cette paix.
Ce m'est une double joie
De la tenir de toi. Je vois deux lévriers
Qui, je m'assure, sont courriers
Que pour ce sujet on envoie.
Ils vont vite et seront dans un moment à nous.
Je descends, nous pourrons nous entre-baiser tous.'
'Adieu,' dit le renard, 'ma traite est longue à faire.
Nous nous réjouirons du succès de l'affaire
Une autre fois.' Le galant aussitôt
Tire ses grègues, gagne au haut,
Mal content de son stratagème.
Et notre vieux coq en soi-même
Se mit à rire de sa peur.
Car c'est double plaisir de tromper un trompeur.[252]

LXX · [1 août 1712]

J'ai réfléchi souvent sur le différent tour d'esprit des hommes et des femmes, et il m'a paru qu'il est à peu près du génie des deux sexes comme de leur corps.

Nous avons, d'ordinaire, le corps plus grand et plus majestueux, les femmes l'ont plus gracieux et plus aimable; nos mouvements sont plus vigoureux, mais ils sont plus contraints, et les nerfs et les muscles rendent nos efforts sensibles. Les mouvements des femmes, au contraire, ont moins de vigueur, mais ils ont quelque chose de plus délicat et de plus aisé. La cause de cette différence n'est qu'en partie dans le naturel des deux sexes; leur éducation y contribue beaucoup, et si l'esprit et le corps des femmes étaient faits au travail comme les nôtres, il est apparent qu'aux dépens d'une partie de leur délicatesse elles acquerraient plus de force et plus de vigueur.

Pour faire sentir la justesse de ma comparaison, je suivrai le génie différent des deux sexes dans toutes les opérations de l'esprit et je ferai voir que, si notre génie l'emporte sur celui des femmes pour la grandeur et pour l'élévation, nous leur sommes inférieurs pour la grâce et pour la délicatesse.

Je crois d'abord que les femmes ne nous valent pas pour la force du raisonnement. Leur esprit est trop faible pour s'attacher à l'examen sévère de chaque proposition dont un raisonnement est composé et pour s'entretenir dans une activité égale en allant du principe jusqu'à la conclusion. Elles sont plus propres à suivre le raisonnement d'un autre qu'à raisonner de leur propre fonds. Leur raison peut se laisser conduire par celle d'un habile homme qui, remontant à la source d'une maxime reçue, en découvre la fausseté, mais rarement s'aviseront-elles de révoquer en doute de leur propre mouvement ce qu'elles verront croire

---

252. *Fables*, ii.15. The last line has been altered: 'Car c'est double plaisir de tromper le trompeur.'

à tout le monde. Si j'ose m'exprimer ainsi, 'leur raison est trop poltronne pour se fier sur ses propres forces.'

D'ailleurs, c'est plutôt leur cœur qui croit que leur esprit, et elles sont plutôt convaincues par celui qui raisonne que par ses raisonnements; toujours portées à adopter les systèmes de ceux qu'elles estiment, elles changent souvent de sentiments en changeant d'amis. En un mot, leur raison est trop paresseuse et trop esclave de l'opinion pour faire de grands progrès dans la recherche de la vérité.

La force du raisonnement et la richesse de l'imagination sont en quelque sorte incompatibles. Plus on cultive la raison, plus on s'accoutume à écarter un grand nombre d'images pour ne conserver que celles qui sont absolument nécessaires, et ces images, souvent écartées, perdent à la fin l'habitude de s'offrir.

C'est conformément à cette vérité que les femmes ont l'imagination plus étendue et plus vive que les hommes et qu'elles triomphent dans toutes les matières où il faut plutôt imaginer que penser.

Les romans, les historiettes et les nouvelles sont beaucoup plus de leur ressort que du nôtre, et, en général, une femme d'esprit a le don de *narrer* mieux qu'un homme, quelque spirituel qu'il soit. Elle laisse agir son imagination seule, qui dépeint les choses plus ou moins fortement selon qu'elle a été plus ou moins frappée. Il n'y a, dans ce qu'elle raconte, rien de sec, de forcé, de trop méthodique. Les liaisons en sont imperceptibles, et les écarts qu'elle se donne ramènent au sujet d'une manière inconcevable.

J'ai vu des femmes sortir de leur sujet et y rentrer par des transitions si fines que j'aurais trouvé la chose impossible si je n'en avais pas été témoin moi-même.

Les dames me permettront bien de les trouver inférieures aux hommes pour ce qui regarde les *maximes*, les *réflexions* et les *caractères*. Elles s'arrêtent trop à l'extérieur des personnes. Elles se contentent d'en juger superficiellement; leur paresse s'accommode de cette manière d'agir. Mais il faut une attention trop bandée, un trop grand effort de méditation quand il s'agit de déduire les actions humaines de leurs principes, de développer les motifs de nos vices et de nos vertus et de tirer de cette étude des règles abrégées pour mettre à profit la connaissance de soi-même et des autres hommes. La sphère du raisonnement des femmes ne s'étend guère jusque-là. Ajoutons que rarement leur esprit a la vigueur de concentrer tout ce qu'une vérité morale a d'essentielle dans un petit nombre d'expressions mystérieuses que les bons esprits devinent et qui restent énigmatiques pour les petits génies.

En récompense, les hommes les plus spirituels ne sauraient exprimer si juste leurs pensées qu'une femme d'esprit. Il semble que dans son imagination les expressions les plus précises de tous les objets ont chacune sa niche où elle les sait trouver dès qu'elle en a besoin.

Il faut aux hommes bien du travail pour courir après les termes les plus propres, qui bien souvent encore leur échappent.

Les femmes qui ont du génie saisissent d'abord le mot qu'il leur faut; c'est le premier qui s'offre à leur esprit. Si elles veulent raffiner et en chercher un autre, elles gâtent souvent tout le tour de leur pensée par une affectation choquante. C'est ce style aisé du beau sexe qui nous sait rendre les plus grandes fariboles intéressantes et qui fait qu'un homme de bon goût peut s'amuser agréablement aux *Mémoires* de Mme du Noyer.[253]

Le centre de l'esprit des femmes, c'est le style épistolaire; elles n'ont qu'à suivre leur naturel pour y parvenir à la perfection où les hommes tendent souvent en vain par le secours de l'art. Leurs transitions fines et adroites, le désordre lié de leurs pensées et leurs heureux tours pour les exprimer sont dans tout leur jour dans une lettre. Elles ont un certain talent pour dire les petites choses sans bassesse et les grandes sans enflure. Ce talent est aussi naturel qu'inimitable; avec tous nos efforts nous ne saurions que le copier faiblement, et les lettres de Mme de Sévigné sont autant au-dessus de celles de Rabutin qu'il est supérieur lui-même aux hommes qui ont le plus brillé dans ce genre d'écrire.[254]

Pour ce qu'on nomme le savoir et qui consiste à lire, à compiler et à commenter les anciens auteurs, je crois que les femmes nous y surpasseraient si elles voulaient s'y appliquer; une grande profondeur d'esprit n'y est point nécessaire; la mémoire et l'imagination suffisent pour y exceller, et je conseillerais assez cette étude aux dames s'il n'était pas fort inutile de la porter loin et si les manières pédantesques n'étaient pas insupportables dans le beau sexe.

Il y a d'excellents poètes parmi les hommes et parmi les femmes, et même également excellents, quoique d'une manière différente, qu'il vaut bien la peine de développer. Les vers où il faut de la force, de la majesté et du sublime demandent le génie d'un homme. Ceux où il faut du naturel, de l'imagination, des sentiments et de la délicatesse sont plus à la portée du beau sexe qu'à la nôtre, mais je crois que le poème épique et la tragédie ne sont nullement son fait.

Les femmes élevées à la moderne sont fort peu susceptibles de ce qu'on nomme vertu héroïque; elles ont de la peine à la concevoir. Comment pourraient-elles la dépeindre? Une fermeté inébranlable, qui, sans écouter les intérêts les plus tendres du cœur, va droit au but où la justice et la belle gloire l'appellent, paraît aux femmes plutôt une dureté féroce qu'une vertu. Naturellement tendres et pitoyables, tout ce qui choque la pitié et la tendresse leur déplaît; elles ne sauraient le pardonner à la raison même, et, par conséquent, le vrai héroïsme ne saurait guère être dépeint par elles puisqu'elles ne sauraient se résoudre à l'aimer.

D'ailleurs, elles sont trop amoureuses des mœurs de leur temps et de leur pays pour sortir de leurs préjugés et pour entrer dans le caractère d'une autre nation et d'un autre siècle. Les hommes peuvent forcer leur imagination à obéir à leur raisonnement et adopter ainsi un caractère qui leur est étranger. Mais l'imagination des femmes ne relève que de leur cœur; elles ne sauraient imaginer que ce qu'elles sont capables de sentir. Cette vérité ne détruit point ce que j'ai avancé de la richesse et de l'étendue de leur imagination; elle établit seulement que le cœur des femmes, étant esclave de l'habitude, trouve ridicules toutes les

---

253. The 1726 edition indicates 'M. du N.' The reference is clarified in Uytwerf's 1742 edition: Anne-Marguerite Petit Dunoyer or Du Noyer (1663-1719) wrote several journals as well as galant letters; her *Mémoires* were published from 1703 to 1710.

254. Marie de Rabutin-Chantal, marquise de Sévigné (1626-1696) is known today primarily for her epistolary style. She also corresponded with the soldier and galant author Roger de Rabutin, comte de Bussy (1618-1693).

manières qui ne sont pas de leur siècle et qu'ainsi elles donneront toujours à leurs héros leurs propres mœurs comme les seules aimables, les seules intéressantes.

La comédie serait plutôt de leur ressort, puisqu'il s'agit d'y dépeindre les manières qui sont en vogue, mais elle demande une connaissance trop méditée du cœur humain et elle a, comme la tragédie, des règles sévères auxquelles des esprits ennemis de la contrainte ne sauraient s'assujettir.

En récompense, les femmes l'emportent de beaucoup sur nous pour l'élégie et pour tous les vers passionnés. Nous ne sentons pas si vivement que le sexe et nous tâchons d'y suppléer par l'esprit. Nous pensons quand il s'agit de sentir et nous faisons naître dans l'esprit du lecteur des pensées au lieu de remplir son cœur de sentiments. Les femmes, au contraire, toutes remplies de ce qu'elles sentent, n'ont pas le loisir de penser; leur passion trouve tout prêts, dans leur imagination échauffée, des termes convenables qui, soutenus d'une cadence aisée, nous font sentir précisément ce qu'elles sentent, et nous le font sentir plus vivement que nous ne pourrions le sentir de notre propre fonds.

Quant à la versification en elle-même, il est sûr que nous sommes supérieurs au beau sexe pour la force de ces épithètes qui, caractérisant la nature des choses, valent des pensées entières; notre cadence a aussi une majesté où celle des femmes ne saurait atteindre. Leurs vers, en récompense, sont plus coulants que les nôtres et sentent moins le travail; ils ont une harmonie plus touchante et plus flatteuse; en un mot, la versification des femmes donne plus de plaisir, et la nôtre est plus propre à inspirer de l'admiration.

LXXI · [8 août 1712]

Dussé-je démentir mon nom de Misanthrope, je prétends faire voir que les hommes ne sont pas si corrompus qu'on le croit d'ordinaire et que c'est injustement qu'on attribue leurs meilleures actions aux sources impures d'un *lâche amour-propre* et d'un *intérêt grossier*.

C'est l'illustre M. de La Rochefoucauld qui, dans ses *Maximes*, a donné le plus d'étendue et de force à ce sentiment peu charitable; on l'a trouvé vrai dans plusieurs exemples, et ce demi-vrai joint à la nouveauté de cette opinion et au mérite de son auteur l'ont fait recevoir presque universellement.

Je sais que par l'*intérêt* ce grand homme n'entend pas simplement un *intérêt d'avarice*, mais l'utilité en général, à laquelle il prétend que les hommes rapportent toutes leurs actions. Cette opinion a un sens véritable, mais ce n'est pas celui de M. de La Rochefoucauld: il parle d'une utilité grossière qu'on ne saurait avoir en vue sans saper la vertu par ses fondements et non pas de cet intérêt délicat et raisonnable qui consiste dans la satisfaction intérieure que la vertu produit dans l'âme des vertueux.

L'amour de la justice, à son avis, n'est qu'une crainte d'être injustement traité par les autres. La reconnaissance n'est qu'un désir de paraître reconnaissant ou de recevoir des bienfaits d'une plus grande importance. La sobriété est l'amour de la santé ou l'impuissance de manger beaucoup. La modération est la langueur et la paresse de l'âme et non pas un effort de la raison par lequel on sait tenir ses désirs en bride. La constance dans l'adversité est l'abattement d'un esprit étourdi de son malheur. Enfin, selon M. de La Rochefoucauld, toutes les actions qu'on nomme vertueuses sont des actions réellement mauvaises ou indifférentes auxquelles l'amour-propre sait ménager adroitement les apparences de la vertu.

Je suis bien sûr qu'il a tout une autre opinion des vertus chrétiennes, mais son sentiment ne m'en paraît pas plus soutenable à l'égard de ces actions vertueuses qui ont leur source dans l'humanité et dans la raison.

Ces actions, bonnes extérieurement et dont la bonté intérieure est ici en question, peuvent être distinguées en actions purement machinales et en actions auxquelles la raison porte la volonté après avoir réfléchi sur le parti qu'il y avait à prendre.

Personne ne me contestera qu'il n'y ait de bonnes qualités qui ne sont que des passions heureuses et qui devancent la réflexion pour pousser les hommes à l'utilité de leur prochain. Fort souvent on aime et l'on exerce la justice par une espèce de sympathie naturelle avec ce qui est juste, tout de même comme il y a des personnes qui, par un effet de leur naturel, aiment l'ordre et l'arrangement et qui sentent leur cœur se révolter contre le désordre. Il en est de même de la charité; bien des gens pratiquent cette vertu parce qu'ils sont nés pitoyables, sans qu'ils songent seulement aux malheurs qui leur pourraient arriver à eux-mêmes; il n'y a que les hommes naturellement durs qu'il faut porter à la pitié en leur faisant jeter les yeux sur le besoin qu'ils pourraient avoir un jour du secours des autres.

On me dira que la vertu ne saurait avoir lieu dans ces sortes d'actions, puisque, loin de découler du raisonnement, elles ont leur principe dans un instinct semblable à celui qui porte les brutes à la nourriture et à la défense de leurs petits. J'en conviens, mais il est sûr aussi que l'intérêt n'est pas le motif de ces actions, puisque rapporter quelque chose à son utilité suppose du raisonnement et de la réflexion.

A l'égard de ces mêmes actions, lorsque la raison en est le seul principe je ne vois pas qu'on ne puisse être juste, reconnaissant, charitable, par le seul motif de satisfaire à son devoir et d'entretenir, par la pratique de ces vertus, le bonheur et la tranquillité dans la société humaine. Il suffit d'être homme de probité sans être Chrétien pour sentir qu'une raison éclairée est capable d'un pareil désintéressement et que les païens en ont pu être susceptibles. On suppose que toutes leurs vertus ont été fausses et que l'amour de la réputation en a été l'unique motif, mais on ne le prouve pas. Aussi n'y a-t-il aucune source dont on puisse tirer des preuves pour faire voir que des gens instruits de l'existence d'un Etre parfait n'ont pas pu diriger leurs actions au bonheur de lui plaire en obéissant à ses lois.

Mon sentiment n'est pas que l'amour propre n'entre point du tout dans les actions *machinales* et *raisonnées* dont je viens de parler. Il y entre sans doute, mais non pas d'une manière à en ternir l'éclat.

Ceux qui sont charitables par tempérament ne se laisseraient pas entraîner à leur pitié si leur cœur ne pâtissait du trouble où le malheur du prochain les jette et si le calme ne rentrait dans leur âme quand ils ont satisfait à cette espèce de passion.

Ceux qui sont justes par raison ne suivraient pas leurs lumières si la persuasion d'être vertueux était stérile en plaisirs et si la plus douce et la plus sensible joie de l'âme n'était pas une récompense certaine de la vertu.

Mais cet amour-propre, bien loin d'être blâmable, est le fondement de la vertu, et si la vertu n'avait aucun rapport à notre utilité, si elle était incapable de nous procurer aucun bien, elle ne serait pas un bien en elle-même; on ne pourrait pas dire qu'elle fût estimable et digne de notre amour. La vertu n'est qu'un amour-propre qui raisonne juste. C'est cette force d'esprit qui, dissipant les ténèbres de la prévention, sacrifie des intérêts grossiers et extérieurs à une utilité intérieure et délicate. Les applaudissements que la raison se donne quand elle est contente d'elle-même, la sérénité que la bonne conscience fait naître dans une âme vertueuse, voilà ce qui rend la vertu digne de notre attachement, et plus on a le goût de ces plaisirs, plus on est propre à contribuer à la félicité des autres hommes.

Cet amour-propre, délicat et raisonnable, n'influe pas seulement sur les vertus jusqu'auxquelles l'homme se peut élever par ses propres forces; il est même inséparable de la vertu chrétienne qu'une grâce incompréhensible dans ses opérations crée dans nos cœurs.

Le christianisme perfectionne l'humanité et ne la détruit pas, et quand on est Chrétien on ne cesse pas d'être une substance intelligente. Or il est contradictoire, à mon avis, de former l'idée d'un être intelligent, capable de réfléchir sur soi-même et de croire qu'un pareil être puisse être indifférent à soi-même. Penser et ne se pas aimer me paraissent des choses absolument incompatibles. Ajoutons qu'un être indifférent à soi-même ne saurait être susceptible de vertu, dans quelque système qu'on puisse le concevoir. Supposons cet être convaincu qu'il doit à son Créateur un amour pur et sans aucun mélange d'intérêt; quel motif pourra le pousser à s'acquitter de ce devoir chimérique s'il est indifférent [à soi-même? Il lui sera fort indifférent] d'être vertueux et de ne l'être pas, et son devoir ne lui sera pas plus cher que son bonheur.

Il faut n'avoir jamais réfléchi mûrement sur la nature de l'amour-propre pour s'imaginer que la vertu puisse subsister sans lui.

Si nous voulons combattre l'amour-propre, c'est lui-même qui nous inspire ce dessein et qui se déclare la guerre à lui-même; ce n'est que sous ses propres étendards qu'on remporte la victoire sur lui. Si nous réussissons à le détruire, il renaît de sa ruine par la satisfaction de s'être ruiné, mais il en renaît pur, raisonnable et digne de l'excellence de notre nature.

Je pourrais confirmer, par des raisons tirées de la théologie révélée, ce que je viens de soutenir touchant les liaisons nécessaires qu'il y a entre la vertu et un amour bien entendu de soi-même, mais apparemment on ne pardonnerait pas à des preuves de cette nature de paraître dans une feuille volante. Disons plutôt un mot touchant la question suivante.

Est-il permis à l'amour-propre de ne se pas contenter des plaisirs intérieurs qui suivent la vertu et de chercher dans l'approbation des hommes de quoi se nourrir et de quoi se plaire? Je crois qu'il n'en faut pas douter. Nous sommes unis trop étroitement avec nos prochains pour que leur estime puisse ne nous toucher en aucune manière. Le grand édifice de la société a besoin, pour demeurer ferme, de l'estime et de la tendresse mutuelle de ceux qui le composent. Si la vertu n'avait pas quelque ardeur à se répandre au dehors et à se faire applaudir, ce désintéressement rigide ne pourrait que nuire à la sociabilité sur laquelle est fondé le bien de tout le genre humain.

Ajoutons qu'aimer quelqu'un et ne se pas soucier de lui plaire sont des choses qui ne sauraient guère subsister ensemble. L'estime de ceux qui ne nous sont pas indifférents ne peut pas nous être indifférente.

Il faut seulement se précautionner contre une excessive soif de réputation et ne la briguer jamais par des voies illicites. C'est des mains de la vertu seule qu'il nous est permis de recevoir l'estime des hommes. La plus grande louange que Salluste donne au mérite de Caton, c'est qu'il aimait mieux être vertueux que de le paraître. C'est aussi ce qui fait le caractère essentielle de la véritable vertu. Il faut toujours préférer la réalité de la vertu à la réputation d'en avoir; le plaisir d'être estimé doit toujours céder au bonheur d'être estimable. Il arrive souvent qu'on acquiert de la réputation aux dépens de la vertu, et il est plus difficile qu'on ne pense d'être universellement estimé et d'avoir un solide mérite. Par conséquent, quand il faut opter entre le mérite et la réputation, un homme de probité doit sacrifier hardiment l'estime des hommes au plaisir intérieur de la mériter. Mais aussi, c'est une vanité louable et nullement contraire à l'humilité chrétienne de préférer à tout le bonheur de plaire à son prochain, pourvu que ce bonheur soit subordonné à la satisfaction de ne se point écarter de son devoir et de plaire par là à celui qui nous a donné la raison pour guide de notre conduite.

LXXII · [15 août 1712]

L'ingratitude est sans doute le vice le plus caractérisé d'une âme lâche et servile, mais on peut dire que ce défaut a autant son principe dans la conduite des bienfaiteurs que dans le cœur bas de ceux qu'ils obligent.

Il y a des personnes dont la charité est cruelle et dont les bienfaits sont offensants par la manière dont ils les dispensent.

Lysandre, tombé dans la pauvreté, s'adresse à son ami Cliton dont le secours peut facilement le tirer de sa misère. Cliton écoute la demande de cet infortuné d'un front sourcilleux; il lui donne tout le loisir d'entrer dans le détail de son malheur et d'employer toutes les raisons qu'il croit nécessaires pour porter son ami à la pitié. Il prend enfin la parole d'un air sévère et, s'érigeant en juge de la conduite de Lysandre, il lui reproche que son imprudence est l'unique cause de son infortune.

'On ne doit point avoir pitié,' dit-il, 'de ceux qui sont les artisans de leurs propres malheurs; c'est les obliger véritablement que de leur laisser sentir les effets de leurs folies afin que leur expérience les porte à une conduite plus raisonnable.'

Après cette morale hors-d'œuvre, il renvoie son ami en lui refusant son assistance. Lysandre redouble ses prières; il en vient jusqu'aux bassesses et, écoutant plutôt sa nécessité que sa conscience, il demande pardon d'une conduite qu'il pourrait excuser par des raisons incontestables. Enfin, Cliton se laisse arracher quelque assistance, mais il capitule avec son ami et lui donne le moins de secours qu'il peut. Il ajoute encore que l'argent dont il l'assiste est bien hasardé et qu'il le compte déjà perdu. C'est ainsi qu'il congédie le malheureux Lysandre, plus mortifié par ses manières d'agir rudes et injurieuses qu'obligé du bienfait qu'il en a extorqué.

Je laisse à part l'inhumanité qu'il y a dans une assistance accordée de la sorte; je veux faire voir seulement combien il y a dans cette dureté d'impertinence et de travers d'esprit.

Cliton savait le triste état de Lysandre avant qu'il en fût importuné pour le secourir; il prévoyait qu'il s'adresserait à lui, et même, il avait déjà résolu de l'assister. Que ne devançait-il ses prières pour le consoler dans son malheur et pour lui offrir, de son propre mouvement, le même secours qu'il lui a fait acheter par des bassesses? Il n'y a que le bienfait qui coûte et, en l'accompagnant de manières obligeantes, on ne saurait perdre que la réputation d'homme rude et d'ami peu sensible.

Je soutiens qu'obliger à la manière de Cliton, c'est ne mériter aucune reconnaissance. Etre reconnaissant n'est pas justement rendre bienfait pour bienfait, c'est plutôt sentir qu'agir, et cette vertu consiste proprement dans la tendre amitié qu'excite dans nos cœurs la généreuse tendresse de celui qui nous oblige. Par conséquent, il est bien vrai qu'il faut toujours s'acquitter d'un bienfait comme d'une dette qu'on a contractée, mais on ne doit point une tendresse reconnaissante à celui qui ne nous oblige point par tendresse. Le service qu'on rend est le prix du service qu'on a reçu, mais l'amitié de celui qu'on oblige est le prix de l'amitié que lui témoigne son bienfaiteur.

Philémon contribue d'une autre manière à l'ingratitude de ceux qui lui ont obligation. Le désintéressement paraît régner absolument dans les services qu'il rend à un grand nombre de personnes; il n'attend pas qu'on vienne implorer son secours; il s'efforce à déterrer les misérables pour leur dispenser ses bienfaits.

Mais c'est son humeur impérieuse qui le pousse à cette charité apparente, et la vertu n'y a point de part. Recevoir un bienfait de lui, c'est lui vendre sa liberté. Il ne tâche que de s'acquérir, par ses trésors, un droit de tyranniser des malheureux qu'il ne tire de leur misère que pour les plonger dans une misère plus grande. Il lui faut des gens assidus à lui faire leur cour, qui applaudissent à son humeur bizarre et qui deviennent, en dépit de leur vertu, les instruments de ses injustices. Il veut régner en souverain sur leurs actions, sur leurs mœurs, sur leurs sentiments et leur faire sentir toujours que c'est à lui qu'ils sont redevables de leur fortune. C'est lui faire un sensible déplaisir que de s'acquitter des bienfaits qu'on en a reçus. Il regarde ceux qui ont un pareil dessein comme autant d'esclaves fugitifs et il les punit en resserrant leurs liens par des obligations nouvelles.

'C'est un malheur fort supportable,' dit un célèbre écrivain, 'd'obliger un ingrat, mais rien n'est plus chagrinant que d'être obligé à un malhonnête homme.'[255]

Rien de plus sensé que cette maxime! Si un homme qu'on oblige ne veut pas répondre à nos bontés, son ingratitude n'est pas sur notre compte; nous pouvons

---

255. Cf. La Rochefoucauld, *Les Maximes* (Paris 1964), p.317: 'Ce n'est pas un grand malheur d'obliger des ingrats, mais c'en est un insupportable d'être obligé à un malhonnête homme.' All further references are to this edition.

nous consoler de sa lâcheté par la satisfaction d'avoir fait notre devoir à son égard. Il y a du travers d'esprit à s'alarmer si fort de la conduite d'un ingrat; souvent même c'est une marque qu'on n'a été généreux que par intérêt et que nos bienfaits n'ont eu leur principe que dans l'espoir de la récompense. Mais quel chagrin, quel embarras ne traîne pas après elle l'obligation qu'on a à un homme sans probité? La reconnaissance nous oblige à l'aimer et à le soutenir; la justice nous porte à haïr ses vices et à s'opposer à ses mauvaises actions, et si une raison éclairée voit aisément à quoi elle doit se déterminer, le cœur a bien de la peine à se soumettre à son empire. Rien n'est plus difficile à un homme généreux que de prendre le parti de la justice contre ceux qui l'ont protégé, et la crainte de passer pour ingrat a tant de pouvoir sur les belles âmes que c'est quelquefois le comble de la force d'esprit que d'oser se déclarer contre son bienfaiteur.

On pourra tirer encore quelques maximes sur la manière d'obliger de la fable suivante.

LE LOUP ET LE MOUTON

FABLE

Un animal, loup de naissance
Et brigand de profession,
Nommé Glouton,
Dans une bergerie, ayant pris sa pitance,
C'est-à-dire, rempli sa panse,
Pour boire vers un puits courut d'un pas hâté;
Mais, jusqu'au fond des eaux il fut précipité,
Dupe de son avidité.
Pour en sortir, perdant sa peine,
Quoiqu'il fît maint et maint effort,
De ses cris douloureux il remplissait la plaine
En disant, au secours, je me meurs, je suis mort,
Tout comme s'il avait des amis par douzaine.
Messieurs les loups n'en ont pas à foison.
A ces cris vint Robin Mouton.
A mon avis, la bête infortunée
Fut dans ce lieu par son astre entraînée;
Il reconnut son ennemi Glouton,
Et quoiqu'il n'eût point l'âme noire,
S'il en fut bien fâché, l'on peut assez le croire.
Pour insulter à son malheur
Il prit du moins un ton railleur.
(Le plus niais se croit grand maître en raillerie.)
'Ah! serviteur,' dit-il, 'à votre seigneurie;
Que vous êtes bien là jusques au col dans l'eau!
Quelle fortune! Aucun agneau
Ne peut troubler ici votre boisson chérie.
De votre naturel humain
Et de votre rare clémence
Vous recevez une ample récompense.
Oh! que c'est bien fait au destin.'

'Ne raillons point, ami Robin,'
Lui dit le loup; 'car, de ma vie
De railler je n'eus moins envie.
Dans la fleur de mes ans devrai-je ainsi mourir?
De toute la race moutonne
Vous êtes, je le sais, la meilleure personne;
Magnanime Robin, daignez me secourir.
Je fus toujours de votre espèce
Grand ennemi, je le confesse;
Mais sauver les jours d'un ami,
Ce n'est qu'avoir le cœur noble à demi;
Et vous méritez bien la gloire
D'avoir sauvé votre ennemi.
Par un acte si beau vous vivrez dans l'histoire,
Moi, loup, j'en suis garant.' 'Ah, Monsieur le Voleur,
Vous voilà donc prédicateur,'
Reprit Robin, 'votre langue éloquente
Peut aller aux enfers haranguer Rhadamanthe.
Mes frères sont par vous autrefois déchirés,
Et mes agneaux depuis peu dévorés;
A mon avis, cette fraîche curée
A besoin de liqueur pour être digérée.
Mouton sensé ne sauva jamais loup,
Vous avez trop mangé pour ne pas boire un coup.
Bon soir.' 'Ah!' dit le loup, 'quelle est votre rudesse?
Mouton peut-il avoir une âme si tigresse?
Par pitié sauvez-moi, ce signalé bienfait
Sera mis à gros intérêt.
Je veux faire avec vous une ferme alliance;
Des vôtres et de vous je prendrai la défense;
Et malheur à tous louveteaux
S'ils offensent jamais mes seigneurs vos agneaux.
Vous ne vous rendez point? Ecoutez-moi de grâce,
Dans un antre ici près je réserve un trésor;
De tout mouton par moi tué de votre race
Vous recevrez le pesant d'or.'

Que l'avarice
Est un sot vice!
Quoiqu'on l'ait dit souvent, je le répète encor.
Robin fermait l'oreille à la cajolerie,
Mais lâchement il l'ouvre à l'espoir du profit
Et va sauver, en mouton sans esprit,
La peste de la bergerie.

De vous déduire le moyen
Qu'il mit en œuvre, Esope n'en dit rien,
Et je trouve à propos d'imiter son silence.
Disons plutôt qu'au lieu de récompense
Robin fut croqué par Glouton,
Qui dit au malheureux mouton:
'Loup sensé n'a jamais épargné votre engeance;
Après avoir bien bu, sachez, pauvre niais,
Qu'on doit manger sur nouveaux frais.'
On peut apprendre en cette fable

Que d'un ennemi méprisable
Souvent dans la misère on brigue la faveur.
Après cela, que le malheur
Du plus grand idiot peut faire un orateur.
Mais surtout, qu'obliger par intérêt dispense
De la reconnaissance.
En qualité de loup Glouton eut-il grand tort
Si du lâche Robin, punissant la folie,
Par intérêt il a donné la mort
A qui pour son profit lui conservait la vie?

LXXIII · [22 août 1712]

Jusqu'à quel degré est-il permis de porter la satire? Il est assez important de le déterminer.

Bien des gens s'imaginent qu'il suffit de briller dans ce genre d'écrire et qu'une malice un peu outrée est fort pardonnable, pourvu qu'elle soit accompagnée d'un esprit vif et délicat.

Je suis fort éloigné de ce sentiment et si ma conduite ne répond pas exactement à ce que je pense sur cette matière, c'est par inadvertance et nullement par un dessein prémédité de choquer mes propres maximes.

Pour ce qui regarde la satire qui roule sur les productions de l'esprit, je crois qu'on n'a qu'à profiter de ce qu'en dit Boileau dans sa neuvième satire pour être sûr que tout lecteur est en droit de dire son sentiment sur ce qu'il lit. Se faire imprimer, c'est reconnaître le public pour son juge compétent et soumettre ses ouvrages aux décisions de tout le monde.[256]

D'ailleurs, cette sorte de satires rectifie le goût des lecteurs et des écrivains et elle sert de digue au déluge des mauvais écrits qui, sans elle, inonderait la République des Lettres.

Il faut seulement se garder de ne pas imiter certains esprits altiers et bilieux qui se déchaînent contre toutes sortes d'ouvrages, quoiqu'ils en reconnaissent eux-mêmes le mérite. On dirait que leur réputation dépend de la ruine de celle des autres et que toutes les louanges qu'ils ôtent à autrui sont ajoutées à celles qu'ils croient mériter eux-mêmes.

La critique qu'on exerce sur les auteurs doit être également équitable et judicieuse, et l'on doit rendre justice à ceux qui sont dignes d'admiration avec le même plaisir qu'on tourne en ridicule ceux qui par leurs fades ouvrages rendent le nom d'auteur méprisable.

Il n'est pas facile de pardonner à Boileau d'avoir souvent péché contre cette maxime en décriant certains écrivains que, selon toutes les apparences, il ne pouvait qu'estimer.

Dans son ode sur la prise de Namur, il aurait attaqué Fontenelle même si

---

256. See Boileau's discussion of the use of satire in 'Satire IX', ll. 169-172:
Mais de blâmer des vers ou durs, ou languissants,
De choquer un Auteur qui choque le bon sens;
De railler d'un Plaisant qui ne sçait pas nous plaire;
C'est ce que tout Lecteur eut toûjours droit de faire.

quelques amis sincères ne l'en avaient détourné, comme d'un dessein plus pernicieux à sa propre réputation qu'à celle de cet illustre défenseur des Modernes.

En récompense, le mérite incontestable de Quinault n'a pas pu se dérober aux railleries de ce critique impitoyable, non plus que celui de Boursault, quoique écrivain judicieux et bon poète.[257]

On ne saurait disputer ces titres à l'auteur des *Fables d'Esope* et d'*Esope à la cour*, deux pièces de théâtre où l'imagination, le jugement, l'art et l'esprit brillent de toutes parts. On peut dire même que ce sont des ouvrages qui n'auraient pas fait tort à la réputation de Boileau, s'il en avait été l'auteur lui-même.

Quoiqu'il soit permis de censurer les auteurs, il est vrai que c'est un moyen infaillible de s'engager dans des guerres éternelles avec ces messieurs qui n'entendent pas raillerie sur les productions chéries de leur esprit. Il vaut mieux certainement éviter de les choquer et leur laisser faire et admirer impunément de mauvais écrits que de s'attirer, de gaieté de cœur, un grand nombre d'ennemis implacables. Du moins, si on ne peut pas résister à l'envie d'épancher sa haine contre un sot livre, il est bon de cacher si bien son nom que la bile des écrivains lésés ne puisse pas s'attacher sur un objet fixe et qu'elle soit contrainte de s'évaporer en l'air.

Mais la satire qui regarde les écrits n'est qu'une bagatelle au prix de celle qui touche les mœurs.

La dernière intéresse tout autrement la probité d'un écrivain et exige une bien plus grande précaution pour qu'elle ne dégénère pas en médisance: de la satire sur les mœurs à la médisance il n'y a qu'un pas, et la malice naturelle aux hommes rend ce pas extrêmement glissant.

Il est d'abord hors de conteste qu'il est permis de décrier le vice et d'en dégoûter les hommes insensibles à ce qu'il y a de criminel en leur y découvrant du ridicule que tout le monde s'efforce également d'éviter. C'est là l'emploi ordinaire de la satire, quoiqu'elle attaque quelquefois le vice sérieusement et qu'on fasse des prédications dans les satires comme on fait souvent des satires dans les prédications. Mais pour rendre la satire utile, il faut, en attaquant le vice, se garder soigneusement d'en faire paraître des traces dans ses écrits. On doit y faire sentir partout le caractère d'un sincère amateur de la vertu et d'un homme sérieusement animé contre la corruption du siècle.

Dès qu'on voit un auteur tirer ses satires d'un fonds de malignité, dès qu'il semble se faire un plaisir de la matière que les vices offrent à sa bile, le dépit qu'on sent contre l'écrivain nous empêche de faire attention à la bonté de ses maximes. On croit que rien d'estimable ne saurait sortir d'une source si impure.

Le moyen de lire avec fruit et sans indignation les satires qui ont leur source dans la haine que leurs auteurs ont conçue contre ceux qu'ils satirisent? Il semble qu'avoir le malheur de déplaire à ces messieurs, c'est acquérir tout d'un coup tous les défauts imaginables. Il est vrai que ces défauts disparaissent dès que la passion qui les faisait naître vient à se calmer. Ces satires méprisables

---

257. The poet and dramaturge Philippe Quinault (1635-1688) was often criticised by Boileau. Edme Boursault (1638-1701) wrote the comedies *Esope à la ville ou les Fables d'Esope* (1690) et *Esope à la cour* (1701).

me font souvenir d'un Jésuite dont M. Pascal parle dans ses *Lettres provinciales*.[258]

Ce révérend père s'était mis dans l'esprit qu'un Dominicain, auteur d'un certain livre, y avait eu l'intention de décrier la *société*. Fondé sur cette imagination, il profita de la doctrine jésuitique, qui permet de calomnier ses ennemis, et publia dans un ouvrage que son prétendu adversaire était hérétique, souillé des crimes les plus abominables et digne du feu. Quelques amis communs intervinrent pour réconcilier ces messieurs, et le Dominicain ayant protesté que la société n'avait pas été l'objet de ses censures, le Jésuite, content de cette satisfaction, lui dit qu'il le reconnaissait pour orthodoxe, très homme de bien et digne de l'estime de tous les honnêtes gens. Il eut encore le front et la sottise de prier les témoins de cette affaire de se souvenir de sa déclaration.

Je crois avoir dit ailleurs qu'il est impossible de faire sur les mœurs et sur les manières des censures qui portent coup si on ne copie d'après nature certains originaux qui ne subsistent pas uniquement dans notre imagination.[259] Mais il y a très peu de cas où, sans se rendre coupable de médisance, l'on puisse nommer ceux qu'on satirise; l'on est tout aussi criminel en les désignant par des circonstances auxquelles tout le monde les peut reconnaître; nommer ou désigner d'une manière si particulière, c'est dans le fond la même chose.

Un honnête homme doit mêler au caractère essentiel de ceux qu'il dépeint des circonstances étrangères et s'efforcer à faire perdre la trace à la maligne curiosité des lecteurs. Surtout faut-il prendre ces précautions quand on attaque le ridicule de ceux à qui d'ailleurs on reconnaît un solide mérite avec lequel le ridicule n'est pas toujours incompatible.

Il y a tant de travers dans la malignité de beaucoup de lecteurs que, dès qu'ils voient les manières d'un homme de mérite satirisées avec raison, au lieu de pardonner à son ridicule en faveur de ses bonnes qualités, ils enveloppent sous ce ridicule toute la pureté de ses mœurs et toute la bonté de ses actions. Or un homme de probité doit respecter assez la vertu pour la sauver du mépris et pour la dérober aux bizarres jugements d'un lecteur peu charitable. Il vaudrait infiniment mieux passer sous silence les défauts peu essentiels des gens vertueux que de courir le moindre risque de les exposer à la risée d'un railleur sans discernement et sans goût pour le mérite.

'On a beau déguiser ses portraits,' dira-t-on, 'la malice des hommes ne perd pas pour cela ses droits. Si on les éloigne du véritable objet d'une satire, ils s'en dédommagent en l'appliquant à la première personne qu'ils trouvent à propos et ils assurent hardiment que c'est précisément elle qu'on a voulu caractériser. Cette considération ne devrait-elle pas détourner un honnête homme de la censure des mœurs pour ne pas donner matière à la médisance la plus envenimée?'

J'avoue que je ne suis pas de ce sentiment. Si on voulait s'abstenir de tout ce qui peut nourrir la malignité des hommes, il faudrait rester toute sa vie dans le

---

258. See the 'Quinzième Lettre' which discusses this calumny of Benoît Puys by the Jesuit père Alby.
259. See number XII. Cf. The author's preface to the 1712-13 edition: 'Je crois avoir déjà dit une autre fois que je ne fais pas mes portraits en l'air et que je tâche d'y copier fidèlement certains originaux, mais je puis protester que je fais tous mes efforts pour cacher les personnes dont je développe le ridicule.'

silence et dans l'inaction. Rien de plus inventif, rien de plus ingénieux que la malice; elle trouve partout de quoi se donner carrière; si on l'arrête d'un côté, elle sait d'abord s'ouvrir un autre passage et elle parvient à ses fins par les routes les plus impraticables.

Je sais bien que c'est raisonner de travers que de dire, 'Si je ne suis pas cause d'un mal, ce mal ne laissera pas d'arriver d'une autre manière, et ainsi, je puis le causer sans crime.' Mais je crois qu'on raisonne juste en disant 'qu'il ne faut pas négliger l'utilité à laquelle on dirige ses actions à cause d'un mal accidentel qui arriverait tout de même quand il ne serait pas accompagné de cette utilité.' Il me semble donc que puisque la satire ménagée avec prudence a une véritable utilité, il ne faut pas y renoncer par la crainte d'animer la médisance, qui ne ferait pas moins de ravages parmi les hommes si personne n'en censurait les mœurs.

De combien d'excellents ouvrages cette précaution excessive n'aurait-elle pas privé le public? Elle nous aurait arraché des comédies inimitables de Molière, qui contiennent tant de préceptes salutaires et qui même ont été d'un si grand fruit pour réformer les abus de la cour et de la ville. Le Théophraste de notre temps n'aurait pas continué à tracer ses caractères admirables où tous les hommes découvrent, comme dans un miroir sincère, leurs extravagances s'il s'était laissé arrêter par les malignes applications qu'on a faites de ses portraits. Ces *clefs*, aussi injurieuses à M. de La Bruyère même qu'à ceux qu'elles rendent les originaux de ses images, ne l'ont point rebuté; il a entassé leçon sur leçon, caractère sur caractère, sans s'attirer par là l'indignation des honnêtes gens.

Ajoutons à toutes ces considérations que l'utilité essentielle aux bonnes satires est plus étendue et plus durable que le mal qui n'en est qu'une suite accidentelle. En effet, les malignes interprétations qu'on en fait ne font tort qu'à un petit nombre de personnes pendant un certain temps, au lieu que toutes les nations peuvent profiter des maximes que ces satires contiennent et que les derniers neveux peuvent être corrigés par la censure des vices et des extravagances de leurs ancêtres.

LXXIV · [29 août 1712]

Le ton plaintif a été de tout temps propre aux amants et aux poètes: les uns querellent toujours leurs maîtresses, les autres ne sont jamais contents de la fortune, et souvent ils en agissent ainsi plutôt par habitude que par raison.

Les poètes et les autres beaux esprits n'ont pas été toujours également brouillés avec le destin, et il y a eu des temps où un beau génie était le moyen le plus sûr de parvenir à une grande fortune et à une réputation étendue.

Le meilleur argument qu'on puisse alléguer en faveur des Anciens contre les Modernes, c'est que l'estime et les grâces qu'on prodiguait autrefois aux esprits supérieurs les tiraient de l'inaction et leur faisaient faire tous les efforts imaginables pour se signaler par leurs ouvrages.

Parmi les Anciens, non seulement des personnes sans naissance s'élevaient aux plus hautes dignités par leur seule valeur,[260] mais aussi le plus haut degré d'autorité dans le plus grand empire du monde a été quelquefois le prix de l'éloquence d'un homme qui n'avait aucun appui dans la gloire de ses ancêtres.[261]

Il n'est pas étonnant qu'il y ait eu alors d'excellents orateurs et que dès la jeunesse on se soit appliqué à l'étude du cœur humain et des moyens les plus propres à s'en rendre le maître.

On ne saurait être surpris non plus qu'on ait vu d'illustres poètes dans un siècle où Horace, dont la naissance était des plus obscures, trouvait un ami familier dans Auguste, quoiqu'il eût porté les armes contre cet empereur dans l'armée de Brutus.

Cette faveur singulière qu'on accordait anciennement aux esprits du premier ordre me paraît la seule raison pourquoi nous cédons aux Grecs et aux Romains en certains genres de poésie et pourquoi nos pièces d'éloquence ne méritent pas seulement d'entrer en comparaison avec les leurs.

Après ces nations fameuses de l'antiquité, je ne connais point de peuple où le bel esprit ait été toujours considéré autant que chez les Français. Dans ces siècles mêmes où le bon goût était enseveli sous une ignorance profonde, on avait une estime particulière par toute la France pour certains poètes provençaux qui s'occupaient à composer des historiettes et des chansons. Les plus grands seigneurs se faisaient un plaisir de les recevoir à leurs tables et, ravis de les entendre chanter ou réciter leurs *fabliaux*, ils se dépouillaient souvent de leurs plus précieux habits pour en faire présent à cette espèce de beaux esprits.[262]

Chacun sait combien les poètes étaient heureux sous le règne de François premier, dont en récompense ils ont élevé la gloire jusqu'au ciel malgré son humeur inquiète, si pernicieuse pour lui-même et pour ses sujets.

> 'Le bel esprit, au siècle de Marot,
> Des dons du Ciel passait pour le gros lot;
> Aux grands seigneurs il donnait accointance,
> Menait parfois à noble jouissance,
> Et qui plus est faisait bouillir le pot.
> Or est passé le temps où d'un bon mot,
> Stance ou dizain on payait son écot;
> Plus on n'en voit qui prennent pour finance
> Le bel esprit.'[263]

Voilà ce que Madame Deshoulières a dit de ce temps heureux pour les poètes. Elle a seulement tort de se plaindre de l'ingratitude de son siècle à l'égard des beaux esprits. Louis quatorze ne cède guère à François premier dans la manière d'honorer et de récompenser les grands génies.

> 'De cet illustre roi la bonté secourable
> A jeté sur la Muse un regard favorable;

---

260. Marius et d'autres. (Note in the 1726 edition.)
261. Cicéron. (Note in the 1726 edition.)
262. It was a medieval custom to reward jongleurs with rich furs of squirrel ('petit-gris').
263. See the *Poésies de Madame Deshoulières*, i.21.

> Et, réparant du sort l'aveuglement fatal,
> Ses trésors ont tiré Phébus de l'hôpital.'[264]

Exceptée la Moscovie, je ne crois pas qu'il y ait un pays dans l'Europe où l'on cultive moins la poésie et l'éloquence que dans les provinces que nous habitons. Ce n'est pas, comme croient d'autres nations, faute de naturel et de génie, mais faute d'estime pour ceux qui se distinguent dans ces genres d'écrire. Si quelqu'un dans ce pays a l'esprit beau, c'est tant pis pour lui; les Muses n'ont ici ni feu ni lieu, et le seul style qui flatte agréablement nos oreilles, c'est celui des lettres de change. Il est presque sans exemple que parmi nous un bel esprit ait joui de l'estime et de la faveur d'un homme de distinction uniquement pour l'amour de son génie.

> 'Ipse licet venias Musis comitatus Homere,
> Si nihil attuleris, ibis, Homere, foras.'[265]

> Si du fils de Thétis le grand panégyriste
> Des neuf Sœurs dans ces lieux venait accompagné,
>   Fermant la porte à cet infortuné,
>   On lui dirait, 'Dieu vous assiste.'

La nature donne ici le mérite de bien écrire comme ailleurs, mais la fortune ne le met point en œuvre, et il n'est pas étonnant que peu de personnes daignent essayer leur naturel puisque les plus belles productions ne sauraient leur attirer ni estime ni récompense. Si notre patrie avait été celle de Despréaux, il y a de l'apparence qu'il n'aurait jamais écrit, à peine saurait-on qu'il y ait jamais eu un Despréaux dans le monde, et Rousseau n'aurait pas trouvé parmi nous l'occasion de joindre à ses autres infamies celle de payer d'ingratitude les bienfaiteurs de sa Muse.

On parle tant de cet auteur qu'on me permettra bien de faire une digression pour dire un mot de ses ouvrages imprimés depuis peu.[266] Ses ennemis mêmes, pourvu qu'ils ne soient pas les plus sottes gens de la terre, ne sauraient lui refuser les titres d'esprit supérieur et d'excellent poète. D'un autre côté, quelque porté qu'on soit à faire grâce à sa conduite en faveur de son esprit, il faut convenir, si l'on ne se rend pas coupable d'un aveuglement volontaire, qu'il est un des plus dangereux écrivains par qui jamais les bonnes mœurs aient été attaquées. Il n'est pas possible de voir, sans frémir, dans les productions d'un même auteur ce que la religion a de plus saint exprimé avec la plus grande noblesse et ce que le libertinage a de plus affreux insinué avec le plus grand artifice, ce que la morale a de plus pur étalé avec la plus grande force et ce que la débauche a de plus brutal renfermé dans les termes les plus grossiers. Cet écrivain prétend se justifier par un bon mot. Il dit, 'qu'ayant fait des psaumes

---

264. Boileau, 'Satire I', ll.81-84. Van Effen has slightly altered the text:
>   Il est vrai que du Roi la bonté secourable
>   Jette enfin sur la Muse un regard favorable,
>   Et reparant du sort l'aveuglement fatal,
>   Va tirer désormais Phebus de l'hospital.

265. Ovid, *Ars amatoria*, II, ll.279-80.

266. Ceci a été écrit en 1711, mais en 1724 Rousseau les a fait réimprimer à Londres et [en a] retranché plusieurs pièces libertines qu'il nie être de lui. (Note in the 1726 edition.)

sans dévotion, il peut bien avoir aussi écrit des infamies sans être infâme.'[267]

Il y a plus de vivacité que de bon sens dans cette excuse, et l'on y trouve un sophisme grossier pour peu qu'on ne se laisse pas éblouir par un faux brillant. Il est vrai que mille expériences prouvent assez qu'on peut, sans être dévot, faire des ouvrages remplis de dévotion, mais c'est être réellement infâme que d'écrire des infamies.

Il se peut qu'avec un cœur bien placé on parle de l'amour d'une manière un peu libre, et je ne voudrais pas juger par les contes de La Fontaine que la licence qui a régné dans ses vers ait régné aussi dans ses mœurs; peut-être aurait-il pu s'appliquer ce vers d'Ovide:

> 'Vita verecunda est, Musa iocosa mea.'[268]

> Ma Muse aime le badinage,
> Mais ma vie est réglée et sage.

Il n'en est pas de même d'un écrivain qui non seulement expose aux yeux du lecteur, par des expressions d'une grossièreté recherchée, tout ce que les débauchés ont pensé d'abominable, mais qui emploie encore toute la finesse de son esprit à saper la religion par ses fondements. Si un tel auteur ne sent pas ce qu'il dit, quel crime ne fait-il pas de démentir ses lumières pour empoisonner la raison de son prochain? Et s'il ne fait que copier son propre cœur, comment peut-il justifier l'horreur de ses sentiments? Je ne dirai rien ici de l'*Anti-Rousseau*, sinon qu'il fait le troisième volume de ce nouvel ouvrage et qu'on y trouve le secret de dire en cent rondeaux que Rousseau est un scélérat.[269]

Si on ne suit pas une erreur populaire en croyant que les grands génies ont la plupart du temps dans leurs vices le contrepoids de leurs lumières, on ne fait pas trop mal dans ce pays-ci de faire peu de cas du bel esprit.

D'ailleurs, il faut avouer naturellement que ce n'est pas une qualité fort nécessaire au bien du genre humain que de savoir bien tourner un vers; la seule grâce qu'on peut raisonnablement demander pour le bel esprit, c'est que le mérite de bien écrire soit du moins un peu plus considéré que le talent de bien boire.

Je finirai par le conte suivant, auquel le peu d'estime qu'on a pour les gens de lettres mène, ce me semble, d'une manière assez naturelle.

CONTE

> Quelqu'un de ces savants qui, comme dit Boileau,[270]
> Passent l'été sans linge et l'hiver sans manteau,
> Ne vit d'autre moyen pour sortir de misère
> Que d'entrer chez un grand seigneur

---

267. There was, at this time, a controversy over Jean-Baptiste Rousseau's reputation. Shortly after the publication of his *Œuvres*, Rousseau was banished from France on 7 April 1712, for having composed and published 'les vers impurs, satiriques, et diffamatoires'.

268. Ovid, *Tristia*, 2, l.354.

269. *L'Anti-Rousseau* (Rotterdam 1712) was written by the satirical poet François Gacon.

270. Boileau, 'Satire I', begins:

> Damon, ce grand Auteur, dont la Muse fertile
> Amusa si long-temps, et la Cour et la Ville:
> Mais qui n'estant vêtu que de simple bureau
> Passe l'été sans linge, et l'hyver sans manteau.

En qualité de précepteur.
(C'est des pauvres savants la ressource ordinaire.)
D'y réussir il avait quelque espoir.
Un financier voulait le voir,
Mais de Sire Phébus il portait la livrée,
Habit antique et veste déchirée.
Pour comble de chagrin, le malheureux savant
Avait la barbe longue et n'avait point d'argent.
Sa barbe, sa maigreur et sa mince parure
Le rendaient chevalier de la triste figure.[271]
Comment se présenter en pareille posture!
Il prend courage enfin, heurte chez un barbier
Qui, Gascon de naissance et Gascon de métier,
Avec grands compliments veut que Monsieur s'asseye
'Holà, garçons, vite un bonnet,
Ça, de l'eau chaude, un linge net.'
De tout cet appareil notre savant s'effraie
Et dit qu'il espérait qu'on voudrait en ce lieu
Le raser pour l'amour de Dieu.
'Ho, pour l'amour de Dieu, la chienne de pratique!
Remarque bien cette boutique,
L'Ami, pour n'y entrer de tes jours à ce prix;
Pour ce coup assieds-toi.' Du pauvre cancre assis
D'un peu d'eau froide on frotte le visage;
De linge, de bonnet, il ne fut plus parlé.
Et le malheureux fut raclé
Du rasoir le moins affilé
Dont jamais se servit un barbier de village.
Sous ce maudit couteau tout autre aurait hurlé,
Mais de tout temps la patience
Fut compagne de l'indigence.
Dans ce temps un chat indiscret,
Du maître rognant la pitance,
Fut par un des garçons attrapé sur le fait
Et, comme de raison, étrillé d'importance.
Rodilardus, que l'on fessait,
Moins patient que notre pauvre diable,
Faisait un vacarme effroyable.
Et le barbier, enragé de ces cris,
Peu satisfait déjà de travailler *gratis*,
Se mit à renier avec beaucoup d'emphase:
'D'où vient,' s'écria-t-il 'ce diable de sabbat?'
'C'est,' lui dit le savant, 'sans doute un pauvre chat
Que pour l'amour de Dieu l'on rase.'

LXXV · [5 septembre 1712]

Il y a dans la République des Lettres une certaine science appelée étymologie qui donne à ceux qui y excellent un droit incontestable pour allonger leur nom d'un *US*. Par les lumières que cette science répand dans l'esprit, on sait assigner

271. Don Quichotte was known as the 'Chevalier de la triste figure'.

une origine illustre et éloignée à chaque terme, quelque propre qu'il paraisse à la langue dans laquelle il se trouve. Nommer le premier mot qui vous vient dans l'esprit, d'où voulez-vous qu'il descende? De l'arabe, du phénicien, du syriaque? Vous n'avez qu'à parler seulement, vous serez servi à point nommé. On vous fera passer le terme en question par trois ou quatre langues où il laissera toujours quelqu'une de ses lettres; on en transposera les voyelles et les consonnes, et après toutes ces révolutions, vous serez tout étonné de le voir arrivé en France, de l'Arabie ou de la Syrie, à peu près comme le bon homme Enée arriva en Italie.

'Per varios casus, per tot discrimina rerum.'[272]

Tel le grand *fondateur* de l'empire romain,
Après mille travaux vint au pays latin.

Il est vrai que les courses qu'on fait faire à ces expressions les rendent souvent entièrement méconnaissables.

Alphana vient d'*equus*, sans doute.
Mais il faut avouer aussi
Qu'en venant de là jusqu'ici
Il a bien changé sur la route.[273]

Ceux qui font ainsi la *généalogie* des mots ont à peu près le même tour d'esprit que ceux qui se mêlent de la généalogie des personnes. Il est vrai qu'ils ne sont pas également bien récompensés de leurs peines et que les premiers ne gagnent que le titre de savant, au lieu que les autres vendent bien cher d'illustres aïeux à ceux qui ne sauraient s'en passer.

'Dis-leur de quels aïeux il te plaît de descendre;
Choisis de Pharamond, d'Achille ou d'Alexandre;
Charge ton écusson d'étoiles ou de lis;
Ton père eut-il porté la mandille à Paris?
N'as-tu de ton vrai nom ni titre ni mémoire?
N'importe, on trouvera tes aïeux dans l'histoire.'[274]

Pour pousser la comparaison encore plus loin, on peut dire qu'*Alphana* ne ressemble pas mieux à *equus* que certaines gens aux aïeux qu'ils achètent:

Lubin vient de Clovis, sans doute.
Mais il faut avouer aussi
Qu'en venant de là jusqu'ici
Il a bien changé sur la route.

272. Virgil, *Aeneid*, I, l.204.
273. 'Alphana' (or 'Alfane') is the name of a famous horse. Ménage attempted to prove that the Spanish 'Alphana' derived from the Latin 'equus'. The above epigram against Ménage is generally attributed to the chevalier de Cailly. Gilles Ménage (1613-1693) wrote several etymological studies including a *Dictionnaire étymologique ou Origines de la langue française* (1650-1694).
274. Cf. Boileau's discussion in 'Satire V', ll.49-50:
Voyez de quel Guerrier, il vous plaist de descendre
Choisissez de César, d'Achille, ou d'Alexandre;
and further, ll.128-30:
Et, l'eust-on vû porter la mandille à Paris,
N'eût-il de son vrai nom ni titre ni mémoire,
D'Hozier lui trouvera cent ayeux dans l'histoire.

Revenons à l'étymologie. J'avais toujours cru que Ménage s'était tiré hors de pair dans cette merveilleuse science et que, sans une injustice criante, on ne pouvait comparer qui que ce soit à un homme qui fait venir *laquais* de *verna* et *tirelarigot* de *fistula*.

Mais j'ai été contraint de décompter terriblement sur la grande opinion que j'avais de son habileté depuis que j'ai parcouru un auteur qui traite du phénix, si l'on en croit le titre du livre.[275] Il est vrai qu'il ne dit rien de cet oiseau singulier sinon à la fin de son traité où il déclare ignorer s'il y en a jamais eu au monde. En récompense, il se jette sur les étymologies, et cette digression mérite bien d'aller, comme elle fait, d'un bout du livre à l'autre. Je m'étais imaginé comme les autres demi-savants que les noms de Salluste, de Tacite, de Tite-Live et d'autres auteurs latins étaient du même pays que ceux qui les ont portés. Mais je me trompais lourdement. Notre ingénieux écrivain nous apprend que ces noms doivent être hébreux en dépit qu'ils en aient. Ce qu'il y a de plus curieux encore, c'est que des auteurs bien plus modernes ont eu des noms tirés de la même source. Je me serais donné au diantre, par exemple, que *Venerabilis Beda* était ainsi appelé parce qu'il était vénérable par son savoir, par sa vertu et peut-être par son âge. Point du tout. *Venerabilis* et *Beda* sont deux noms d'une origine hébraïque, et quoique Bède même, avec tout son savoir, ne se soit jamais aperçu de cette vérité, elle ne laisse pas d'être prouvée de la manière du monde la plus convaincante par notre étymologiste.

Il faudrait être bien ingrat envers les grands hommes de ce calibre pour refuser de l'admiration et de l'encens à la merveilleuse science dont ils font profession. Mais ils me pardonneront bien si je suis trop stupide pour voir le fruit qu'on peut recueillir de leur érudition. Si je suis un ignorant, ce n'est pas leur faute, je le confesse, mais enfin, à quoi me sert-il de savoir si un mot est chaldéen, persan ou gothique? Car les savants du nord prétendent que toutes les langues dérivent du septentrion.

Je sais bien que de profonds littérateurs nous assurent qu'on a une idée plus distincte du sens d'une expression quand on sait l'histoire de sa vie et qu'on l'a suivie dans tous ses voyages. Je le crois, puisqu'ils le disent, mais, en ne consultant que mes propres lumières, je ne m'en serais jamais douté. J'ai été toujours persuadé que de savoir bien définir un mot, c'était connaître précisément le sens que l'usage y attachait et que cet usage était un capricieux qui ne voulait dépendre que de ses propres fantaisies. Je sais, par exemple, que le terme d'*homme* veut dire par l'usage un animal composé d'un corps et d'une âme, et cela me paraît suffire pour n'employer ce mot qu'à propos. Quand j'apprends après cela que *homme* vient d'un terme latin, qui vient encore d'un autre, lequel peut-être n'est pas non plus le premier de sa race, il me semble que le mot d'*homme* voudra dire toujours un animal soi-disant raisonnable et rien de plus. Vous voyez, Lecteur, que je ne parle qu'en tremblant d'une matière si relevée. J'aime mieux me dire à moi-même que ma raison est une sotte que de m'aller imaginer que des personnes d'une si grande réputation voulussent sacrifier leurs veilles à une érudition ridicule dont on ne saurait tirer la moindre utilité. Je me

---

275. This is a possible reference to a book by Kasper von Barth or Caspar Barthen (1587-1658), *Deutscher Phoenix* (Franckfuhrt am Rein 1626).

renferme donc dans la sphère de mon petit génie dont j'étais sorti mal à propos et je vais parler d'autre chose.

La matière sur laquelle les hommes raisonnent de la manière la plus bizarre, c'est, à mon avis, leur propre raison. Quand il s'agit de donner carrière à leur vanité, ils considèrent la raison comme un don précieux de la nature par lequel ils ont un avantage infini sur la brute qui ne se gouverne que par un simple instinct. Mais lorsqu'il s'agit de se servir utilement de la raison pour régler leurs désirs, elle perd aussitôt toute sa valeur. Ils emploient toute la finesse de leur esprit à se persuader que la faculté de raisonner n'est propre qu'à leur faire connaître leur devoir sans leur donner la force de s'en acquitter.

> La *fâcheuse* a pour nous des rigueurs sans pareilles;
> C'est un pédant qu'on a sans cesse à ses oreilles
> Qui toujours nous gourmande et, loin de nous toucher,
> Souvent, comme Damon, perd son temps à prêcher.[276]

C'est ainsi que les mêmes hommes qui trouvent leur sort plus glorieux que celui des brutes font tous leurs efforts pour avilir la seule chose qui peut les rendre supérieurs aux autres animaux. Quelle contradiction! Si la raison humaine n'a pas la force de tenir nos passions en bride et s'il faut de nécessité qu'elle succombe sous la violence du tempérament, ne vaudrait-il pas infiniment mieux être brute qu'homme? Les animaux destitués de raison n'ont qu'à se laisser aller à leurs penchants et ne sont pas sujets à ces combats intérieurs qui souvent font des ravages si cruels dans le cœur des hommes. Leurs actions ne sauraient être criminelles puisqu'elles ne sont restreintes par aucune loi, et leurs plaisirs ne sont ni interrompus par la réflexion ni suivis du repentir. Pour nous, on nous prescrit un devoir dont nous ne sommes pas les maîtres de nous acquitter. Nous pouvons être coupables parce que nous avons une raison, et nous ne saurions rester dans l'innocence parce que cette raison est absolument impuissante.

A ce compte-là, non seulement nous sommes au-dessous des brutes, nous sommes même au-dessous du *rien*, et il n'est pas possible de concevoir une créature plus vile et plus misérable que l'homme.

Heureusement, rien n'est plus faux que la supposition qui mène à des conséquences si mortifiantes. Les hommes, par un effet de leur paresse naturelle, aiment mieux supposer que la raison n'a point de force que de prendre la peine de l'essayer. Ils sont ingénieux à se tromper eux-mêmes et ne cherchent qu'un prétexte pour se laisser aller tranquillement à l'impétuosité de leurs passions. 'On combattrait son penchant en vain; il vaut donc mieux ne le pas combattre.' Voilà qui est décidé; la raison est aussitôt bannie du cœur et reléguée dans le cerveau pour s'occuper uniquement à des spéculations plus curieuses qu'utiles.

Peu à peu l'habitude de ne point exercer son pouvoir la rend effectivement impuissante, et ce qui n'était qu'une supposition devient une vérité.

On pourrait facilement éviter ce malheur si l'on se mettait fortement dans l'esprit qu'il y a une si étroite liaison entre la raison et la vertu que si, dans tous les moments de la vie, on raisonnait juste, il serait impossible de choquer jamais son devoir. On sera convaincu que je ne débite pas ici un paradoxe quand on

---

276. Boileau, 'Satire IV', ll.117-20. The last line is slightly altered: 'Souvent, comme Joli, perd son temps à prescher.'

voudra considérer que pour être vertueux il faut ces deux choses: être parfaitement éclairé sur son devoir et déterminer toujours sa volonté à embrasser le parti de la vertu. Or il est sûr que jamais notre volonté ne se détermine sans suivre quelque décision bonne ou mauvaise de notre raison. Vouloir quelque chose, c'est toujours y découvrir par le raisonnement quelque bien réel ou apparent qui nous y attire, et nous ne saurions vouloir un mal en qualité de mal.

Si, séduits par les sophismes du cœur, nous préférons ce qui se présente à nous comme un bien utile ou agréable à un bien qui nous paraît raisonnable et vertueux, nous nous conduisons mal. Au contraire, c'est suivre son devoir que de préférer par un raisonnement solide un bien vertueux et honnête à tout l'agrément et à toute l'utilité que le vice paraît nous offrir. C'est ainsi que notre bonne ou mauvaise conduite dépend en quelque sorte de la faculté de raisonner bien ou mal en général, et surtout du bon ou mauvais raisonnement qu'on fait dans le moment même qu'on se détermine au vice ou à la vertu. On sait d'ailleurs que notre raison, comme toutes nos autres facultés, est susceptible de prendre le pli que l'habitude lui donne. Par conséquent, si dès son jeune âge on se faisait une étude sérieuse de la vertu, si l'on s'efforçait à en avoir toujours les maximes présentes à son esprit, enfin, si on s'habituait à s'attacher à ce qui est vertueux plutôt qu'à ce qui paraît utile ou agréable, on se rendrait facile la pratique des vertus qui sont toujours véritablement utiles et qui, souvent, ne sont désagréables que parce qu'elles ne nous sont pas familières.

Il est donc sûr que la raison n'est impuissante que pour ceux qui supposent qu'elle est sans force et qu'elle a toute la force nécessaire pour ceux qui sont convaincus de son efficace, s'il m'est permis de parler ainsi.

Il y a des gens qui croiront renverser mon raisonnement par les vers suivants de Boileau qui sont échappés, je ne sais comment, à un si bon esprit.

> 'C'est, dit-on, la raison qui nous montre à bien vivre.
> Ces discours, il est vrai, sont fort beaux dans un livre,
> Je les approuve fort, mais j'estime en effet
> Que le plus fou souvent est le plus satisfait.'[277]

Je n'ai rien à opposer à cette citation qu'une citation pareille:

> De Paris au Pérou, du Japon jusqu'à Rome,
> Le plus sot animal, à mon avis, c'est l'homme.[278]

277. Van Effen has slightly altered Boileau's 'Satire IV', ll.125-28:
> C'est Elle, disent-ils, qui nous montre à bien vivre.
> Ces discours, il est vrai, sont fort beaux dans un livre.
> Je les estime fort: mais je trouve en effet
> Que le plus fou souvent est le plus satisfait.
278. Boileau, 'Satire VIII', ll.3-4.

On voit généralement répandues par tout l'univers certaines coutumes qui ne découlent pas de la raison et qui ne sauraient être introduites non plus par un consentement unanime de tous les peuples de la terre. On resterait toujours embarrassé sur l'origine de ces coutumes si on n'admettait pas qu'elles ont pu passer par tradition d'une seule famille dans toutes les nations du monde, qui n'en sont qu'autant de branches différentes.

Les sacrifices, par exemple, sont en usage chez tous les peuples de l'univers à qui la théologie révélée est entièrement inconnue. Tous les idolâtres, qui sont si différents les uns des autres dans leur culte religieux, se rencontrent pourtant dans la manière d'offrir quelques sacrifices à leurs divinités. Non seulement la raison n'est pas le premier principe de cet usage, puisqu'il est clair qu'il n'y a aucune relation entre le sang des bêtes et la colère d'une divinité offensée, mais on ne saurait comprendre même que la pensée d'offrir des victimes aux dieux ait pu tomber dans l'esprit des hommes.

Le seul moyen de sortir d'embarras sur ce sujet, c'est de croire qu'un premier Instituteur, d'une autorité très considérable, doit avoir établi l'usage des sacrifices chez une nation dont toutes les autres soient descendues. Si ce sentiment n'est pas d'une évidence convaincante, il est du moins d'une probabilité qui approche fort de la démonstration et il mène très naturellement à un premier Etre et à un premier homme.

J'ose avancer encore que la coutume établie dans tout le monde de respecter les vieillards plus que les autres hommes est du même genre que l'usage des sacrifices, puisqu'on ne découvre dans la raison aucun principe sûr dont cette coutume puisse découler.

Il est certain que, selon le droit de la nature et de la raison, le seul motif de respecter quelqu'un doit être la supériorité de son mérite, et l'on ne saurait jamais prouver que la vieillesse, par sa propre nature, soit digne de quelque vénération.

Il reste donc à examiner si la supériorité du mérite doit se trouver dans la vieillesse plutôt que dans les autres saisons de la vie, et c'est ce dont il me semble qu'on peut douter raisonnablement. Quand on veut fonder ses opinions sur la raison seule, on est forcé de croire que c'est l'âge viril où le mérite est dans son plus grand jour et que la vieillesse et la jeunesse sont à peu près également éloignées de cette espèce de degré de perfection.

La jeunesse est vive, impétueuse, toujours en proie aux dérèglements, abandonnée aux passions avec fureur; on peut dire que c'est une ivresse perpétuelle, ou pour s'exprimer avec M. de La Rochefoucauld, que c'est la fièvre de la raison.[279] Rarement on voit les jeunes gens s'appliquer à cultiver les facultés de leur esprit, et surtout celle de raisonner. Ils font d'ordinaire du plaisir leur occupation et de l'étude un simple amusement. En récompense, quand ils s'appliquent à raisonner, ils reviennent facilement de leurs préjugés qui n'ont pas encore eu le temps de jeter de profondes racines dans leur âme; indifférents

---

279. See La Rochefoucauld, *Maximes*, 271: 'La jeunesse est une ivresse continuelle: c'est la fièvre de la raison.'

en quelque sorte pour toutes les opinions, ils peuvent par la droiture naturelle du bon sens adopter les sentiments les plus conformes à la vérité.

Les vieillards n'ont pas ces passions vives et tumultueuses qui ôtent à l'esprit la liberté d'agir, mais la force de leur raison s'émousse, aussi bien que la vivacité de leurs passions, et la même léthargie où tombent leurs désirs s'étend aussi sur leur raisonnement.

D'ailleurs, quand les gens d'un âge avancé ont pris dès leur jeunesse une mauvaise méthode de raisonner, ils s'y sont si bien affermis par une longue suite d'années qu'il n'est pas possible qu'ils en reviennent. Plus on enchaîne d'idées à un faux principe, plus on s'éloigne de la vérité, semblable à ceux qui s'écartent d'un bon chemin et qui rendent leur égarement plus dangereux à mesure qu'ils avancent. Quelque opinion erronée que les vieillards se soient rendue familière, les preuves les plus convaincantes n'ont pas la force de leur dessiller les yeux. L'opiniâtreté est leur vice dominant, et d'ordinaire, ils font de leur âge un argument universel par lequel ils prétendent terrasser tout ce que leur opposent ceux qui ont le bonheur d'avoir vécu moins de temps qu'eux. Un homme d'âge pourrait-il se résoudre à changer de méthode pour perdre dans un moment le fruit de toutes ses études et pour redevenir écolier tout de nouveau? Il ne saurait obtenir ce sacrifice de son amour-propre; il aime bien mieux supposer une fois pour toutes que les jeunes gens n'ont pas le sens commun et qu'il n'y a rien de si extravagant que de vouloir en savoir davantage que ses maîtres.

Je conviens que l'expérience des vieillards est un grand avantage qu'ils ont sur les jeunes gens, mais il est sûr que, pour recueillir quelque fruit de l'expérience, il faut qu'une pénétration vive, secondée d'un raisonnement étendu et exact, fasse valoir cette expérience et lui donne son véritable prix.

Lorsqu'on raisonne de travers sur les événements de la vie, bien loin d'en devenir plus habile, on n'acquiert qu'une ignorance orgueilleuse, en cela plus haïssable que l'ignorance des jeunes gens qui d'ordinaire est accompagnée de quelque docilité.

A l'égard de la vertu, le grand âge n'a pas sur la jeunesse une supériorité aussi étendue qu'on croit d'ordinaire.

Il n'arrive que trop souvent que les vieillards considèrent comme une vertu l'impossibilité d'être vicieux. Ils n'ont plus de désirs à combattre et ils estiment cette inaction autant que la victoire la plus glorieuse qu'on puisse remporter sur un cœur déréglé et sur un tempérament malheureux.

Souvent encore on conserve dans la vieillesse des désirs impuissants qu'on est au désespoir de ne pouvoir pas satisfaire; souvent l'indignation d'un vieillard contre les dérèglements de la jeunesse, bien loin d'être une marque de vertu, n'est que l'effet d'une basse jalousie qu'excitent en son âme des plaisirs qu'il n'est plus en état de goûter. Il est vrai encore que l'âge a des vices qui lui sont particulièrement affectés; l'avarice, par exemple. C'est toujours un défaut ridicule, mais surtout c'est une extravagance inconcevable dans ceux qui aiment les richesses pour les richesses mêmes et qui portent des désirs violents vers un bien dont ils ne sauraient plus se servir et dont la mort leur va bientôt arracher la possession.

Ajoutons que l'amour-propre des jeunes gens est moins violent que celui des vieillards; c'est presque leur unique passion; tous leurs autres désirs s'y perdent comme dans un gouffre; les penchants d'un jeune homme se répandent sur un nombre infini d'objets; ceux des vieillards, au contraire, sont tous concentrés en eux-mêmes. Plus ils sont prêts à se perdre, plus ils se deviennent précieux et plus ils ont soin de leurs avantages et de leurs commodités. Souvent ils haïssent tout le monde pour s'aimer davantage, et d'ordinaire, rien n'est plus dur et plus insensible que le cœur d'une personne fort avancée en âge. Il ne pense qu'à lui-même, il ne parle que de lui-même, il croit tous les moments perdus où il s'occupe d'un autre objet que de lui. Il prétend même être aussi précieux aux autres qu'il l'est à lui-même; il leur dit ce qu'il est, ce qu'il sera et surtout ce qu'il a été. Ses rhumes, sa goutte, sa faiblesse, sa diète, tout cela lui paraît assez important pour occuper toute l'attention de ceux qu'il entretient.

De ce prodigieux attachement pour lui-même découlent sa timidité, sa paresse, sa mauvaise humeur excitée à tous moments par les moindres sujets, en un mot, ses manières odieuses qu'il ne saurait se résoudre à renfermer dans sa maison.

Je conviens qu'un vieillard raisonnable et vertueux est un trésor d'un prix infini. On peut trouver en lui une histoire vivante de son siècle. Il sait des événements particuliers qu'il accompagne de remarques curieuses que l'âge a mûries dans son esprit. Particulièrement ses préceptes sur la conduite des hommes sont autant d'oracles dignes d'être reçus avec le plus profond respect. Satisfait de la manière dont il a vécu, il ne regrette point le passé, il ne craint point l'avenir, et la tranquillité de son cœur rend son commerce doux et agréable. Mais les vieillards de cet ordre sont si rares qu'il n'est pas probable qu'ils aient inspiré aux hommes ce respect qu'on regarde d'ordinaire comme un hommage dû à un âge avancé. Les jeunes gens posés et les sages vieillards sont à peu près également rares dans la société.

Dans l'âge viril, au contraire, la raison est dans toute sa force; les passions, sans être éteintes, sont devenues dociles et traitables et elles servent plus au mérite qu'elles n'y nuisent. On a dans cette saison de la vie toute la prudence qu'il faut pour projeter un dessein et toute la vigueur nécessaire pour le bien exécuter; c'est donc à cet âge, plutôt qu'à tout autre, que la raison dicte qu'il faut rendre le respect dû à la supériorité du mérite. D'où vient donc que généralement chez tous les peuples on voit le contraire? En voici, je crois, la seule raison. Dans le commencement du monde, les premiers pères vivaient assez longtemps pour se voir une nombreuse postérité, laquelle, fondés sur le plus naturel des droits, ils gouvernaient avec une puissance absolue. C'est là sans doute la première forme de gouvernement qui a eu lieu chez les hommes, qui se trouvaient tous égaux par le droit de la nature. On a donc vu dans les premières familles du monde l'autorité des vieillards s'accroître avec leur âge, et le respect qu'on leur portait s'accroître avec leur autorité. Les hommes d'alors n'avaient d'autre prince ni d'autre juge que le chef de leur famille. Quand, après cela, les familles se sont étendues peu à peu sur la terre et qu'elles ont formé différentes nations, l'idée de la *vénérabilité* des vieillards a été perpétuée dans le genre humain par une tradition suivie, et les pères l'ont prescrite à leurs enfants comme une vérité incontestable, d'autant plus qu'ils y trouvaient leur intérêt.

Je serais fâché que mon opinion chagrinât les personnes d'âge; je commence à avoir mes raisons pour ne leur pas disputer leur droits, et si mon raisonnement ne vaut rien, on me fera plaisir de m'en instruire.

La plupart des hommes fondent l'estime et l'amour qu'ils ont pour eux-mêmes moins sur l'opinion qu'ils ont de leurs bonnes qualités que sur l'opinion qu'ils s'imaginent que les autres peuvent en avoir. On ne se demande pas, 'Ai-je de l'esprit?' 'Ai-je de la générosité?' 'Ai-je de la sensibilité pour mon prochain?' On se demande si l'on passe, parmi les hommes, pour généreux, pour humain, pour spirituel. Après cet examen, nous passons délicatement de l'idée qu'on a de nous à nous-mêmes; nous confondons notre copie avec l'original et nous nous applaudissons réellement de nos bonnes qualités qui ne subsistent que dans l'imagination d'autrui.

Célimène se félicite de ses appas, qu'elle doit à l'art et non pas à la nature, et elle tire un véritable orgueil de sa fausse beauté. Ses amants, trompés par du blanc et du rouge, la cajolent sur ces charmes, et elle, trompée à son tour par des louanges qui lui appartiennent aussi peu que son blanc et son rouge, se croit véritablement belle; elle a bien de la peine même à s'en désabuser.

> … Quand la belle en cornette
> Etale chaque soir son teint sur sa toilette
> Et dans quatre mouchoirs, de ses beautés salis,
> Envoie au blanchisseur ses roses et ses lis.[280]

Alcantor enrichit son esprit à peu près de la même manière dont Célimène embellit son visage. Son imagination stérile ne lui fournit aucun tour particulier, aucune pensée neuve. Tant que son esprit s'est montré dans son naturel, il a toujours été rebuté des gens de bon goût, qui ont censuré impitoyablement ses ouvrages ou, ce qui est plus mortifiant, qui en ont éludé la lecture. Alcantor s'obstine pourtant à vouloir être bel esprit à quelque prix que ce soit; il cherche du fard pour son génie chez les Anciens et chez les Modernes et il compose des pièces où les plus beaux morceaux des autres auteurs, assez adroitement cousus ensemble, répandent le sel le plus piquant. Munis de ces productions, il court les lire à des personnes sans étude dont le bon sens naturel est pourtant capable de goûter le *beau* dans les ouvrages d'esprit. On lui applaudit, on élève ses pièces jusqu'aux nues, et il se sépare de ses admirateurs tout aussi satisfait de son esprit que si les louanges qu'il vient de dérober lui étaient bien et dûment acquises.

Rodomont, qui tremble de peur à la moindre feuille que le vent remue, néglige toute autre réputation pour celle d'homme de courage. Il se donne des aventures et des combats qu'il récite à ceux qui veulent les entendre et qu'il accompagne des circonstances les plus vraisemblables qu'il puisse imaginer. On le croit, ou bien on fait semblant de le croire, et l'on est surpris des miracles de son intrépidité. Là-dessus, Rodomont, charmé de l'idée qu'on a de lui comme d'un

---

280. Boileau, 'Satire X', ll.196-200. Van Effen has slightly altered the text:
> Si tu veux posseder ta Lucrece à ton tour,
> Atten, discret mari, que la Belle en cornette
> Le soir ait étalé son teint sur la toilete,
> Et dans quatre mouchoirs, de sa beauté salis,
> Envoye au Blanchisseur ses roses et ses lys.

héros, substitue cette idée à sa place, et il est tout aussi fier de sa bravoure qu'un guerrier qui venant de gagner une victoire est encore occupé à s'essuyer le sang et la poussière.

Si de cette manière nous nous croyons estimables parce qu'on nous estime, nous nous trouvons aussi bien souvent heureux parce que les autres hommes admirent notre bonheur.

Clitandre pourrait vivre agréablement avec ses égaux et goûter des plaisirs que la liberté assaisonne, mais, entêté de la grandeur, il est insensible aux divertissements les plus piquants quand il ne peut pas les goûter avec des personnes de distinction. Il aimerait mieux languir dans un ennui perpétuel que d'encanailler ses plaisirs en les partageant avec ceux qu'il croit au-dessous de lui.

Il s'introduit chez les grands par des bassesses et paie l'honneur de les fréquenter par une servitude volontaire. Une attention exacte à toutes ses actions le gêne et l'embarrasse; il n'ose ni rire, ni parler, ni être sérieux sans une mûre délibération. On peut dire qu'il n'a pas la hardiesse d'être *lui-même*. Avec ses égaux il est libre, enjoué, agréable. Il est avec les grands contraint, timide, décontenancé; son esprit, semblable à une cire molle, paraît recevoir tour à tour tous leurs différents sentiments et semble changer de conceptions dès qu'ils en changent.

Après avoir été métamorphosé de la sorte pendant quatre ou cinq heures, il rentre dans son naturel et se montre d'un air orgueilleux à ses égaux, qui ne manquent pas d'admirer sa fortune et son mérite qui le lient à des personnes d'un rang si élevé. Il s'applaudit lui-même de l'envie et de l'admiration que les compagnies qu'il hante lui attirent, quoiqu'il sente bien qu'il vient de s'ennuyer à la mort. N'importe, il s'en trouve amplement dédommagé par la satisfacion de pouvoir dire, 'J'ai soupé avec le comte un tel,' 'J'ai perdu mon argent avec une telle marquise,' et le souvenir d'une chose dont la réalité lui a donné de la mortification lui donne de la vanité et de la joie.

Il n'y a rien de si creux que de vouloir s'élever au-dessus de sa condition en fréquentant les gens de la première qualité et de perdre, par l'acquisition de ce bonheur chimérique, un bien aussi solide et aussi précieux que la liberté. Que ne faut-il pas faire! Combien ne faut-il pas souffrir pour gagner les bonnes grâces de ceux qui n'ont d'ordinaire que leur orgueil de plus que les autres mortels! Je ne conçois pas comment une personne, douée de quelque raison, peut se résoudre à trahir ses sentiments pour adopter ceux des autres, quelque déraisonnables qu'il les trouve. C'est pourtant le seul moyen de se rendre supportable chez la plupart des grands. Ne m'en croyez pas, si vous voulez, et contredites un homme d'une qualité distinguée. S'il peut répondre à vos objections, il insultera à votre stupidité, et s'il doit convenir que vous avez raison, il aura bien de la peine à vous pardonner d'avoir plus de lumières que lui. Le seul parti qui vous reste, c'est de demeurer dans un silence perpétuel, qui vous fera regarder comme un imbécile ou comme un homme de mauvaise humeur.

On pourrait approuver encore la passion qui porte un grand nombre de personnes à rechercher la société des grands s'ils pouvaient donner la santé du corps ou le repos de l'âme. Mais il est sûr que ces biens inestimables ne sont point en leur pouvoir, et l'on peut dire avec vérité que ceux qui cherchent chez eux des richesses et des dignités aiment mieux *faire fortune qu'être heureux*.

Je ne saurais mieux comparer la familiarité des princes qu'à un théâtre d'opéra: quand on le voit de loin, tout en paraît de la dernière magnificence, mais quand on monte dessus, on n'y trouve rien qui soit digne d'admiration.

En vérité, si ceux qui se plaignent de l'impuissance de leur raison voulaient faire les mêmes efforts pour avoir une conduite sage et réglée qu'ils font pour gagner les bonnes grâces d'un grand seigneur, je leur répondrais corps pour corps de la réussite d'une entreprise si louable.

Je sais bien que toutes les personnes d'une naissance illustre n'exigent pas de leurs inférieurs une lâche déférence; j'en connais même plusieurs qui veulent bien paraître *hommes* par leur douceur et par leur complaisance et souffrir que nous le paraissions aussi par la franchise et par la liberté. Il n'y a rien de si raisonnable que de chercher la compagnie de ces sortes de grands, pouvu qu'on n'affecte pas de négliger pour eux ceux qui ont le même mérite et moins d'élévation.

Il y a des gens qui font, à l'égard de l'esprit, ce que font ceux dont je viens de parler à l'égard du rang et de la naissance. Sans avoir du génie et de l'étude, ils veulent acheter à bon marché la réputation de bel esprit en hantant ceux qui passent pour des génies supérieurs. Rien n'est plus mince que le plaisir qu'ils goûtent dans des conversations qui roulent sur des matières dont ils n'ont pas la moindre idée et sur lesquelles ils sont obligés de se taire ou de raisonner de travers. Ils ont le même sort que ceux qui se trouvent au milieu d'une nation étrangère dont ils n'entendent pas le langage. On dirait, cependant, à considérer leur orgueil, que l'esprit de ceux qu'ils fréquentent se communique à leur âme et leur devient propre. Ils se tuent de répéter à tout moment qu'ils ont vu Fontenelle, qu'ils ont parlé à Boileau, qu'ils ont dîné avec La Fontaine et que La Motte leur a récité ses odes. Ils en font tout leur mérite tout de même comme s'ils avaient été incorporés à ces hommes et comme s'ils étaient devenus un même tout avec eux.

Ils ne ressemblent pas mal à Ragotin, un des premiers héros du *Roman comique*, qui, voulant prouver qu'il s'entendait à merveille aux pièces de théâtre, alléguait que sa mère avait été filleule du poète Garnier et que lui-même il en avait encore l'écritoire chez lui.[281]

Le mérite de ces sortes de gens ressemble à ce que les philosophes appellent *accident*, qui ne saurait subsister seul et qui emprunte son *être* de la substance dans laquelle il se trouve.

Il y a des personnes qui donnent dans un excès tout opposé à celui que je viens de censurer, et infiniment plus méprisable.

Ce sont ceux qui, nés d'une humeur impérieuse et trop paresseux pour s'acquérir un mérite distingué, cherchent avec soin des gens sans esprit et sans éducation pour satisfaire avec eux, à petits frais, leur désir naturel de primer. Fondés sur cette sentence de Boileau:

> Un sot trouve toujours un plus sot qui l'admire.[282]

---

281. Paul Scarron, *Le Roman comique* (Paris 1925), 1ère partie, ch. 10, p.45: 'Je crois que vous me l'apprendrez, dit Ragotin, ma mère était filleule du poëte Garnier; et moi, qui vous parle, j'ai encore chez moi son écritoire.'

282. *L'Art poétique*, 'Chant I', l.231.

Ils fuient un honnête homme comme un monstre et traînent toujours après eux un tas de gens de rien, admirateurs à gages de leurs impertinences.

Ils ne sont au logis pour personne tandis qu'ils y font la débauche avec des gens de cette étoffe, auxquels ils imposent silence quand ils veulent et avec qui leurs manières ridicules ont leurs coudées franches. Si toute autre compagnie leur manque, ils peuvent toujours compter sur leurs laquais, et lorsqu'ils les traitent de pair à compagnon et qu'ils les mettent à table avec eux, ils courent risque encore d'y être avec de plus honnêtes gens qu'ils ne le sont eux-mêmes.

L'extravagance de ceux qui cherchent le commerce des grands et des beaux génies avec une ardeur outrée tend du moins à se faire valoir par là dans le monde et à s'acquérir l'estime des honnêtes gens; mais la sottise des esprits bas dont je parle ici ne sert qu'à les faire mépriser de tout le monde et à se faire confondre avec la canaille qu'ils hantent.

Ce mauvais naturel mène tout droit à la grossièreté, aux débauches les plus infâmes et à tous les crimes les plus odieux. Pour le moins, la perte du bien est la suite indubitable de cette indigne conduite, et ceux qui la tiennent tombent presque toujours par leur faute dans la crasse au-dessus de laquelle la fortune les avait élevés. Souvent, après avoir été ruinés par les canailles dont ils ont acheté la complaisance, ils sont bien heureux de trouver quelque autre riche faquin qu'ils puissent ruiner à leur tour.

LXXVIII · [26 septembre 1712]

Il est certain que bien des gens n'aimeraient jamais si jamais ils n'avaient entendu parler de l'amour.[283] La nature conduit à la tendresse, on n'en saurait disconvenir, mais cette nature n'agit pas avec la même violence sur tous les hommes, et plusieurs d'entre eux doivent vouloir être amoureux pour l'être en effet. Il y a une certaine proportion entre les différents âges et entre les objets qu'on y ambitionne, et le premier désir des jeunes gens est d'ordinaire celui de passer pour avoir les qualités requises pour plaire au beau sexe. La vanité est la première source de la tendresse, et l'on se fait un point d'honneur et une espèce de bel air de fréquenter les dames et de leur en conter; ce bel air ne laisse pas d'être accompagné de quelque plaisir; ce plaisir devient peu à peu une habitude; cette habitude dégénère enfin dans une nécessité absolue, et certaines gens sont aussi peu maîtres de n'avoir point d'amour qu'il dépend de ceux qui ont la fièvre de ne l'avoir point.

Se rendre ainsi amoureux de gaieté de cœur, c'est se jeter volontairement dans une extravagance de laquelle un honnête homme devrait être assez mortifié si elle le saisissait en dépit de lui. Pour peu qu'on soit raisonnable, ne doit-on pas rougir de honte quand on songe à ce que l'amour nous a fait dire et faire? Et n'est-il pas certain qu'autant d'amoureux, autant de différents caractères de folie et d'impertinence? La folie de l'amour est divisible à l'infini, aussi bien que la matière, et l'on n'en saurait disconvenir quand on prend la peine de réfléchir

---

283. Cf. La Rochefoucauld, *Maximes*, 136: 'Il y a des gens qui n'auraient jamais été amoureux, s'ils n'avaient jamais entendu parler de l'amour.'

sur les manières de ceux qui s'abandonnent à cette ridicule passion. Il faudrait un gros livre pour traiter comme il faut cette matière, mais je me contenterai de l'effleurer et de tracer quelques caractères détachés de la conduite des amants.

Il y a des amoureux dont la folie est folâtre et plaisante; il y en a d'autres dont la folie est sérieuse et concertée, et ces derniers sont à coup sûr les plus insupportables. On les voit d'ordinaire réduire leur tendresse en système et conduire leurs amoureux desseins conformément à un projet qu'ils en ont dressé avec la dernière application. Ils attaquent le cœur de leurs maîtresses avec la même régularité dont on fait le siège d'une place et recueillent, des auteurs anciens et modernes, des axiomes et des règles pour diriger sagement leur folie.

> Leur sérieuse impertinence
> Veut aux règles de la prudence
> Assujettir leur passion
> Et soumettre l'extravagance
> Aux maximes de la raison.

Il y a de ces amants à système qui ont fait le plan d'imiter toutes les inclinations de leurs maîtresses et d'être des miroirs fidèles de tous leurs sentiments.

Bien loin de songer à corriger les défauts de leurs belles, ils les adoptent et les canonisent, en quelque sorte, en les imitant comme autant de perfections. Quand leurs *originaux* donnent dans le libertinage, ils sont libertins, et dévots si les objets qu'ils prennent pour modèles se piquent de dévotion. Ils entrent ainsi dans un caractère qui leur est étranger, et cette seule affectation est capable de les rendre ridicules aux yeux d'une femme de bon goût.

On en voit d'autres qui, dans le dessein de marquer leur attachement pour une maîtresse, lui sacrifient leur sexe et se rendent efféminés. Ils s'occupent avec elle à travailler à toutes sortes d'ouvrages de femme, et qui pis est, ils se piquent de s'en acquitter avec adresse. Si leurs belles avaient besoin d'une femme de chambre, ils auraient toutes les qualités nécessaires pour remplir dignement un pareil emploi; mais pour les servir en qualité d'amant, je suis leur serviteur,[284] ce n'est pas là leur fait. Les femmes aiment qu'un homme soit homme de toutes les manières.

J'ai dit dans un autre *Misanthrope* qu'une femme qui veut plaire aux hommes ne doit pas affecter des airs robustes et virils,[285] mais encore est-il plus pardonnable aux dames de s'élever au-dessus de leur sexe qu'aux hommes de s'abaisser au-dessous du leur. Passe encore si un galant, pour montrer de la soumission à une belle, s'amusait à quelque ouvrage de femme, pourvu qu'il se mît dans l'esprit qu'on a bonne grâce de ne pas y réussir trop bien. L'objet de son amour lui saurait gré de sa complaisance, et son peu d'adresse ne courrait aucun risque de lui faire tort dans l'esprit de sa maîtresse.

Tel Hercule en filant rompit tous les fuseaux.[286]

J'ai vu des hommes qui, auprès des femmes qu'ils n'aimaient pas, avaient toute l'effronterie d'un page ou d'un petit-maître et qui, près de l'objet de leurs

---

284. 'Je suis votre serviteur' is a polite formula for refusal in usage during this period.
285. See, for example, numbers XLV and XLVII.
286. Cf. Boileau, *Le Lutrin*, 'Chant V', l.20: 'Tel Hercule filant rompoit tous les fuseaux.' Boileau was, in turn, inspired by Ovid's *Héroïdes*, IX, l.79.

feux, faisaient paraître toute la timidité d'un écolier fraîchement sorti des classes. Par cette conduite, ils gagnaient souvent le cœur de celles dont la conquête leur était indifférente et ils se rendaient odieux à celles qu'ils faisaient profession d'aimer. Le principe de leur bizarrerie est dans la nature de l'amour même, qui nous porte toujours à avoir une haute idée de la personne qui nous inspire cette passion. Dès que ces gens-là sont touchés de la beauté d'une femme, ils lui supposent une sagesse achevée et s'imaginent que la moindre liberté les pourrait ruiner dans son esprit.

Il est naturel de croire que le beau sexe ne s'accommode pas toujours de cette retenue de ses adorateurs et qu'il serait ravi quelquefois qu'ils fussent un peu moins respectueux et un peu plus entreprenants.

Les femmes se rendent, d'ordinaire, moins par un véritable amour que par faiblesse; elles n'ont pas la fermeté de refuser longtemps, et c'est par là qu'un amant effronté réussit plus souvent auprès d'elles qu'un amant aimable.

Une autre espèce de fous plus incommode encore, c'est celle des amants d'une délicatesse outrée qui trouvent à redire à toutes les actions de leurs maîtresses et dont l'amour ressemble le mieux du monde à la haine. On dirait qu'ils ne sont amoureux que pour enrager et pour faire enrager celles qui ont le malheur de leur plaire et la faiblesse de les souffrir. Ce sont les chicaneurs du monde les plus raffinés, et l'on peut dire qu'ils créent les sujets de leurs gronderies puisqu'ils les savent faire de rien. Si, avec cette humeur, ils trouvent des maîtresses qui leur ressemblent, imaginez-vous les effets turbulents d'une si malheureuse sympathie.

De tels amants sont toujours en proie aux plus violentes passions. Ils travaillent à se rendre malheureux mutuellement par pure tendresse et ils semblent plutôt embrasés du flambeau des Furies que de celui de l'Amour.

Laissons là ces fous hargneux pour en venir à un genre de manie un peu plus humaine. Un bon nombre de ces amants qui se piquent de filer le parfait amour emploient tout le temps qu'ils passent avec leurs belles à de tendres conversations. S'ils manquent d'esprit, ils rebattent toujours les lieux communs de la tendresse et, par conséquent, ils ennuient bientôt celles à qui ils s'étudient de plaire. Mais quand même ils ont toute la vivacité imaginable dans l'esprit et dans les sentiments, ils ont bien de la peine à soutenir toujours un pareil entretien, et plus de peine encore à le faire goûter longtemps à l'objet de leur passion. L'amour aime les répétitions, à ce qu'on dit, mais je doute fort que cette vérité doive s'entendre, dans un sens fort étendu, de ces discours qui roulent sur la tendresse, sur l'estime, sur la constance, en un mot, de tous ces discours passionnés que le cœur et l'esprit peuvent fournir aux amants. L'attention d'une femme est bientôt épuisée quelque intéressant que puisse être le sujet sur lequel elle la fixe, et le dégoût qu'elle reçoit d'un entretien trop uniforme s'étend très facilement sur celui qui lui donne ce dégoût.

J'ose soutenir que le moyen le plus infaillible de rendre une femme inconstante, c'est de lui parler toujours tendresse et passion; l'on en sera convaincu quand on voudra bien entrer un peu dans la nature de la constance en amour.

Etre constant en amour n'est autre chose, à mon avis, que de renfermer l'inconstance naturelle de nos désirs dans une seule personne qui puisse toujours donner à notre passion quelque occupation nouvelle.

Par conséquent, un amant qui veut fixer sa maîtresse doit s'efforcer à être un véritable Protée et à lui offrir toujours son mérite sous quelque nouvelle face, afin que le penchant naturel du sexe pour la nouveauté n'ait pas besoin, pour se satisfaire, de passer à quelque autre objet.

Le plus sublime mérite, s'il n'a pas l'art de se *diversifier*, pourra se procurer une estime constante, mais il ne s'attirera pas longtemps de l'amour. Cette passion consiste dans une agitation continuelle qui, faute d'être entretenue, est bientôt suivie d'une indifférence léthargique. Surtout, le sérieux d'un amant toujours retranché dans la belle passion ne peut que dégoûter une personne naturellement enjouée, dont l'amour naît d'ordinaire du plaisir et en tire sa nourriture.

Il est sûr que la tendresse des personnes est d'ordinaire entée, s'il m'est permis de parler ainsi, sur leur tempérament. Ceux qui ont reçu de la nature quelque pente vers la mélancolie ne sauraient s'empêcher d'aimer d'une manière conforme à leur naturel. Un amour qui ne traîne pas à sa suite des peines, des troubles et des chagrins, n'a pas à leur gré les qualités essentielles d'un amour véritable.

Ceux, au contraire, que leur tempérament porte à la joie répandent d'ordinaire un air riant sur leur tendresse, et l'amour qui n'est pas du caractère enjoué trouvera rarement la route de leur cœur.

Que dirons-nous de ces amoureux transis qui, non contents de l'uniformité ennuyeuse de leur méthode d'aimer, sont toujours aux pieds de leurs idoles, abîmés dans les plaintes, dans les gémissements et dans les larmes? C'est quelque chose de bien récréatif pour une jolie femme d'avoir toujours à ses trousses un braillard éternel qui, pour tout agrément, lui offre des soupirs et des pleurs. Si cette conduite peut flatter son amour-propre pour quelque temps et lui donner de grandes idées du pouvoir de ses charmes, il est sûr qu'il y a quelque chose de trop nigaud dans ces manières pour ne révolter pas à la longue un goût un peu délicat. Voici comme Sarasin parle de ces sortes d'amants:

> 'Thyrsis, la plupart des amants
> Sont des Allemands.
> De tant pleurer,
> Plaindre, soupirer
> Et se désespérer,
> Ce n'est pas là pour brûler de leurs flammes
> Le cœur des dames,
> Car les Amours,
> Qui sont enfants, veulent rire toujours.
>
> Il faut, pour être vrai galant,
> Etre complaisant,
> De belle humeur,
> Quelquefois railleur,
> Et quelque peu rimeur;
> Les doux propos et les chansons gentilles
> Gagnent les filles,
> Et les Amours,
> Qui sont enfants, veulent chanter toujours.

Il faut s'entendre à s'habiller,
Toujours babiller,
Danser ballet,
Donner Jodelet[287]
Et frire le poulet.
Bisques, dindons, pois et fèves nouvelles
Charment les belles,
Et les Amours,
Qui sont enfants, veulent manger toujours.'[288]

LXXIX · [3 octobre 1712]

Dialogue entre Mercure et le Misanthrope

Le Misanthrope. D'où vient donc, le seigneur Mercure, chargé de la sorte? Apparemment que vous venez porter les billets doux des habitants des cieux aux grisettes de la terre, car vous fûtes toujours l'intendant des plaisirs de ces messieurs-là.

Mercure. Eh! d'où venez-vous vous-même, mon Ami? Il y a longtemps que j'ai renoncé à cet emploi. Il y avait quelque chose à faire autrefois en facilitant les amours des grands seigneurs; c'était même la route la plus abrégée de la fortune. Mais à présent, il n'y a pas de l'eau à boire.

L. M. Quelle peut être la cause de ce changement?

M. C'est qu'au temps jadis il fallait pour gagner le cœur des filles de l'intrigue, de l'éloquence, en un mot, toutes les qualités dont les poètes me font présent. Mais depuis que le sexe est au dernier enchérisseur, les talents de Mercure ne sont point nécessaires pour faire ce commerce avec réussite. Jupiter même aurait beau prendre la figure de toutes sortes d'animaux, à moins que ce ne fût celle d'un riche Juif, toutes ces métamorphoses ne lui serviraient de rien pour conduire heureusement ses tendres entreprises.

L. M. De quoi vous mêlez-vous donc à présent?

M. Je suis depuis plus de quarante ans garçon libraire pour vous rendre service.[289]

L. M. Un dieu de votre qualité garçon libraire! Vous vous moquez de moi.

M. Garçon libraire, vous dis-je, mais garçon libraire de distinction. Il vaut mieux être grand dans un petit emploi que petit dans un grand. Je suis de l'humeur de César, voyez-vous; il aimait mieux être le premier dans une bicoque que le second à Rome. C'est moi qui porte chaque mois par tout l'univers un recueil de nouvelles et de pièces d'esprit les meilleures que je puisse trouver, et pour peu que vous soyez curieux, je vous montrerai ma marchandise d'à présent.

---

287. Comédie de Scarron. (Note in the 1726 edition.) *Jodelet ou le valet maître* (1645) was followed by *Les Trois Dorothées ou le Jodelet soufleté* (1646). The next line in Sarasin is 'Et faire le poulet'.

288. This 'chanson' by Jean-François Sarasin can be found in his *Œuvres*, i.313-14. In the 1712-13 edition the author indicates the following note: 'Je donnerais dans quinze jours d'ici quelques autres caractères encore de la folie amoureuse.' See number LXXX.

289. *Le Mercure galant*, begun in 1672 by Jean Donneau de Visé, was currently being edited by Charles Rivière Dufresny. See the *Dictionnaire des journalistes* (Grenoble 1976) for other editors.

L. M. Vaudra-t-elle la peine d'être vue?

M. Vous en jugerez. Voilà d'abord des aventures véritables, arrivées exprès pour augmenter mon recueil. Voici de vieilles nouvelles auxquelles on a donné le bon tour.

L. M. Qu'appelez-vous le bon tour?

M. Diantre! C'est de faire une rencontre d'une bataille et une bataille d'une rencontre, selon l'exigence du cas. Voici encore des énigmes qui sont quelquefois si bien énigmes qu'il n'y a que l'auteur qui puisse les deviner. Regardez bien ceci; ce sont des descriptions de pompes funèbres où tout est rempli d'écussons, de tapis, de pavillons, de festons, de pilastres et de girandoles.

L. M. 'Ce ne sont que festons, ce ne sont qu'astragales.'[290] Votre livre est bien meublé, à ce que je vois.

M. Je vous en réponds. Aimez-vous les chansonnettes? En voici à choisir. Il y en a de tendres, il y en a à boire, à dormir même. Celles qui sont bonnes ne sont pas trop nouvelles, et celles qui sont nouvelles ne sont pas trop bonnes; les moins goûtées pourtant ne sont pas celles qui ont pour elles la nouveauté.

L. M. Je n'en doute aucunement; il y a même de l'apparence que la vertu et la raison ne sont si peu estimées dans le monde que parce qu'elles sont vieilles. Mais vous ne débitez que de la bagatelle, ce me semble.

M. Qu'appelez-vous de la bagatelle? Ne voyez-vous pas ces grandes pièces de littérature? Cela est bien sérieux au moins.

L. M. En effet, voilà de la bagatelle sérieuse. Mais permettez-moi de vous dire que ceux qui lisent votre ouvrage ne s'entendent guère en littérature et que ceux qui s'entendent en littérature ne lisent guère votre ouvrage.

M. Tant pis pour eux s'ils ne le lisent pas. Vous voudriez par la même raison exclure encore de mon recueil la physique, la botanique et la chimie, mais quand ce ne serait que pour varier les matières, je trouve tout cela d'une grande utilité.

L. M. Pour occuper de la place, n'est-ce pas? Mais voilà des vers, ce me semble; sont-ils jolis?

M. Je n'en réponds pas. Ce n'est pas mon maître qui les fait tous, et comme ce livre paraît tous les mois, on prend ce que l'on trouve.

L. M. Je vous entends. Aussi bien le nombre des bons poètes est un peu diminué en France depuis que la guerre a tari la source des pensions, et Plutus inspire bien autant de bons vers qu'Apollon.

M. Mais vous qui vous donnez ainsi les airs de censurer tout, quel homme êtes-vous, s'il vous plaît?

L. M. Je suis l'auteur du *Misanthrope*; vous devez connaître cette pièce-là.

M. Il est vrai, mais il faut être Mercure pour la connaître, et votre réputation est aussi obscure que votre style. Il n'y a rien qui soit goûté universellement dans tout ce que vous avez écrit que votre début: 'Peste soit du titre et de l'auteur!' C'est bien le moyen de plaire, morbleu, que de se faire un plan général de blâmer tout ce que les autres approuvent et d'approuver la plupart des choses qu'ils blâment.

L. M. C'est que les hommes n'ont pas le sens commun, et si vous aviez vu ce que j'ai écrit là-dessus. ...

---

290. *L'Art poétique*, 'Chant I', l.56. With this line Boileau satirises Georges Scudéry's play *Alaric*.

M. Je ne l'ai vu que trop de par tous les diantres. Cette pièce seule suffit pour décrier tout ce que vous écrirez de vos jours. C'est quelque chose de fort divertissant pour un lecteur de voir qu'on lui soutient en face que tous ses sentiments et toutes ses actions sont autant d'extravagances.

L. M. Mais il me semble que je le prouve en forme; vous avez trop d'esprit pour n'en pas convenir.

M. Tant pis si vous le prouvez. Savez-vous, Monsieur le Raisonneur, que la raison est une insolente qui ne sait pas son monde et qui, pourvu qu'elle suive je ne sais quels principes, prétend avoir le privilège de rompre en visière à tout le genre humain?[291]

L. M. Si les hommes ne veulent pas que la raison dévoile leur ridicule et leurs vices, ils peuvent facilement l'éviter. Qu'ils se corrigent.

M. Qu'ils se corrigent! Vous me feriez rire. Lit-on pour se corriger? Un livre est un amusement qu'on prend quand on est las d'autres plaisirs. Et lire, c'est se dissiper plus modestement qu'on ne fait dans le tumulte des sociétés.

L. M. Si le siècle est assez perverti pour ne goûter que la fadaise et pour dédaigner tout ce qui peut le rendre meilleur, je me contente de faire mon devoir et de ne rien négliger pour dessiller les yeux à des aveugles qui se plaisent dans leur aveuglement.

M. Vous parlez comme un Caton. Mais songez-vous que vous commencez à augmenter le nombre de ces barbons que vous traitez si cavalièrement? Et que votre ouvrage n'est qu'un composé désagréable de l'aigreur de votre bile et des glaces de votre esprit. Il vaudrait autant, à votre âge, affronter tous les écueils de l'hyménée que d'entreprendre de corriger la sottise du genre humain. Il faut bien un autre Alcide que vous pour dompter cette hydre dont on ne saurait abattre une tête sans en voir renaître mille à la place.[292] Vous ne serez jamais goûté, c'est moi qui vous le dis.

L. M. Tout misanthrope que je suis, j'ai meilleure opinion des hommes que vous. On a dans le fond autant de raison à présent que jamais, et il y a une relation si naturelle entre la raison et la vérité qu'en n'exposant que des vérités à l'esprit des humains on peut espérer avec fondement de ne leur être pas désagréable.

M. Vous ne connaissez guère les hommes, vous qui vous piquez de les avoir étudiés à fond. On se ruine à coup sûr dans leur esprit avec la vérité, et le chemin le plus abrégé de parvenir dans le monde, c'est l'art de mentir avec adresse.

J'ai ici une chanson qui convient à ce sujet le mieux du monde, sur l'air, 'Ce n'est qu'une médisance.'

> Quand les princes raffinés
> Savent mener par le nez
> Un voisin sans défiance,
> Quand leur souple conscience

291. This recalls the character Alceste in Molière's play *Le Misanthrope*, I, i, ll.95-96:
> Je n'y puis plus tenir, j'enrage, et mon dessein
> Est de rompre en visière à tout le genre humain.

292. Alcide or Alcides, a name of Hercules, slew the Hydra with nine heads which ravaged the country of Argos.

Se prête à l'utilité,
S'ils augmentent leur puissance,
Est-ce par la vérité?

Quand la fleur des partisans
Qui fut gueux il y a dix ans
Se trouve dans l'opulence,
Quand il sait par sa finance
Se faire de qualité
Pour éviter la potence,
Est-ce par la vérité?

Quand d'un roi les favoris
Couvrent ses vices chéris
Sous un voile d'innocence,
Si par cette manigance
De leur protecteur gâté
Ils partagent l'opulence,
Est-ce par la vérité?

Quand un habile avocat
Sait duper un magistrat
Par le fard de l'éloquence,
S'il étonne l'audience
Et sait vers l'iniquité
Faire pencher la balance,
Est-ce par la vérité?

L. M. Il n'est pas étonnant que le Dieu des mensonges se déclare contre la vérité.[293]

M. Vous faites des vers à ma louange sans le vouloir apparemment, et ce n'est pas un petit titre que celui du Dieu des mensonges. Mais supposez que la vérité fût moins odieuse qu'elle n'est; il est toujours sûr que vous avez pris très mal vos mesures pour faire réussir votre ouvrage. Peut-être aurait-il eu quelque bonté si vous l'aviez fait imprimer à Paris et que, de là, il se fût répandu dans les provinces et dans tous les endroits où l'on parle français. Mais d'entreprendre d'écrire bien hors de Paris, et qui pis est en Hollande, c'est ignorer que le bel esprit est un droit attaché à la capitale de France et que tous les auteurs sortent de leurs provinces pour faire éclore leurs productions dans une ville qui a de si beaux privilèges.

L. M. A vous entendre parler, il semble que l'esprit ressemble aux fruits à qui il faut un certain air et un certain terroir pour être d'un goût excellent. Se peut-il une pensée plus extravagante?

M. Vous prenez la chose trop à la lettre. N'est-il pas vrai qu'on trouve certains fruits délicieux et certains vins exquis parce qu'on se persuade qu'ils sont d'un tel terroir ou d'un tel coteau? Il en est tout de même des productions de l'esprit. Il ne s'agit que de satisfaire l'imagination des lecteurs.

Vous n'aviez qu'à donner votre *Misanthrope* pour un ouvrage venu de France, fait par M. ... de l'Académie française. Tout le monde y aurait couru comme au feu, et ç'aurait été un crime de lèse-bon goût de ne le pas admirer. Un titre de cette force rend le débit d'un livre indubitable, surtout dans les pays étrangers

---

293. In Roman mythology, Mercury is the god of trickery and deceit.

où l'on est dans le véritable point de vue pour regarder l'Académie avec admiration.

L. M. Je serais bien fâché de plaire à des admirateurs de ce genre; je me ris de leurs sottes décisions et je ne prétends surprendre les suffrages de personne. Si je veux plaire, ce n'est que par le mérite qui est réellement dans mes productions et non par celui qui ne subsiste que dans l'imagination d'un lecteur prévenu.

M. J'aime fort votre fierté misanthropique, mais songez-vous qu'à ce compte-là il vous est absolument nécessaire de renoncer au plaisir d'être lu ou bien de guérir le genre humain de ses préjugés? Ce serait une belle cure en vérité. Mais par malheur, c'est vouloir prendre la lune avec les dents. Les remèdes ne servent qu'à aigrir un mal aussi invétéré que celui-là. Croyez-moi, il faut traiter les hommes comme des malades incurables: au lieu de les importuner par des remèdes aussi désagréables qu'inutiles, il faut laisser agir la nature et le hasard, et qu'ils guérissent s'ils veulent. Adieu. Profitez de mes conseils; je dois chercher ici des *additions* et puis partir au plus vite.

L. M. C'est bien quelquefois la meilleure pièce de votre sac que ces *additions*, pourvu que l'alchimie ne vienne pas nous y alambiquer le cerveau. Mais je serais fâché de vous retenir. Vous avez un grand voyage à faire, et les mauvais plaisants disent que vous ne battez plus que d'une aile.

LXXX · [10 octobre 1712]

J'ai assez parlé des amants qui sont fous le plus sérieusement du monde;[294] je dirai un mot à présent de ceux qui sont amoureux d'une manière burlesque et divertissante.

Lysis, tout enflé de vanité, admirateur perpétuel de sa belle jambe, occupé sans cesse à arranger les boucles de sa perruque, veut s'emparer du cœur d'une femme comme d'un bien qui lui appartient de plein droit. Il ne s'amuse pas à filer le parfait amour. Cette méthode n'est bonne que pour les mérites ordinaires; il s'y prend d'une manière tout autrement relevée.

Dès qu'il juge une femme digne de l'honneur de lui plaire, son imagination prompte et vive prend d'abord possession du cœur de la belle. Persuadé qu'elle ne balancera pas un moment à ratifier la donation qu'il s'en est faite à lui-même, il lui apprend cavalièrement qu'il l'aime. Cette nouvelle lui paraît trop bonne pour différer un moment à la lui communiquer. Après avoir passé légèrement sur sa déclaration, il lui raconte pompeusement l'histoire de ses conquêtes amoureuses. Ce ne sont que prudes apprivoisées, coquettes fixées, maris jaloux, rivaux désespérés.

Voilà la matière de tous ses discours, et quelquefois, il trouve des femmes assez folles pour être les dupes de l'impertinente ostentation qu'il fait de son mérite. Il en rencontre souvent de meilleur goût qui, trouvant sa fatuité divertissante, l'entretiennent de quelque espérance pour se faire un amusement

---

294. See number LXXVIII.

agréable de sa sotte vanité. Il s'en croit adoré tout aussitôt. Une femme voudrait-elle entreprendre de résister à un galant qui prend les cœurs d'emblée et sur lequel tout le beau sexe essaie son mérite? Cette chimère ne saurait entrer dans la tête de Lysis. On l'adore à coup sûr. On a beau lui donner mille marques de fierté et de dédain. On a beau combler son rival, à sa vue, des faveurs les moins équivoques. Bagatelles que tout cela. Ce ne sont que petites ruses pour éveiller sa tendresse et pour s'assurer davantage la possession importante de son cœur. Celle qui le maltraite le plus augmentera en dépit d'elle la liste pompeuse de ses victoires, et cette conquête imaginaire servira peut-être à Lysis à lui en faire obtenir une véritable.

La méthode d'aimer de Floridor n'est pas d'un caractère moins comique. Dès qu'il est charmé d'une femme, il tâche de trouver le chemin de son cœur en faisant semblant de ne le chercher pas. Il a entendu dire que les femmes ressemblent à l'ombre qui fuit les corps qui s'avancent vers elle et qui suit ceux qui s'en éloignent. La justesse de cette comparaison éclate dans une infinité d'exemples, et Floridor prétend en tirer une règle sûre pour parvenir au but de ses tendres désirs. Loin de faire à celle qu'il aime des protestations d'amour, il lui fait des déclarations d'indifférence et d'insensibilité. Il lui étale avec une fierté affectée la tranquillité inaltérable de son cœur et l'impossibilité qu'il y a à lui inspirer de la tendresse. C'est en vain que la nature a donné des charmes au beau sexe, à ce qu'il dit; il n'y a que des imbéciles qui se laissent séduire par les afféteries des femmes et, avec un peu de fermeté, il n'y a rien de si facile que de se défendre d'un pareil ridicule.

Le pauvre Floridor se défend de cette manière sans qu'on l'attaque et il croit que sa maîtresse ne négligera rien pour dompter un cœur dont il rend la conquête si difficile. Malheureusement pour lui, il n'y a rien de si grossier que sa finesse. Sa belle la pénètre facilement et s'aperçoit bien que c'est une place qui ne demande qu'à être attaquée pour pouvoir capituler avec honneur.

Quand même la liberté de ce prétendu *Hippolyte*[295] serait mieux défendue que la toison d'or, il courrait risque d'en rester toujours tranquille possesseur. Ses maîtresses voudraient-elles faire de grands efforts pour un objet qui n'en vaut pas la peine et hasarder la gloire de leurs charmes pour une conquête méprisable? Toutes les femmes ne ressemblent pas à ces héros qui, irrités par la résistance après avoir remporté des victoires aussi importantes que glorieuses, s'exposent à échouer devant une place aussi difficile à prendre qu'inutile à celui qui en est le maître.

Autre espèce de manie amoureuse! Le marquis Clitandre ne se fonde pour se faire aimer de Dorinde ni sur un esprit délicat, ni sur un cœur bien placé; tous ces agréments sont trop bourgeois. Il trouve son mérite et ses charmes dans son château, ses titres, sa meute et surtout dans son équipage. Il prétend qu'un homme traîné par six bêtes et suivi de six gueux couverts de galons d'or est en droit de ne jamais trouver de cruelle. Au lieu d'avoir toujours à la bouche des flammes, des ardeurs, des constances, des tendresses, il parle à sa belle d'une calèche d'une nouvelle invention, de chevaux tigres, de livrées magnifiques, et

---

295. The chaste Hippolytus, son of Theseus, rejected the love of his stepmother, Phaedra. The story is told in tragedies by Euripides and Racine, among others.

il se prévaut de toutes ces choses comme d'autant de qualités aimables. A examiner par la raison sa manière de faire l'amour, on ne saurait rien imaginer de plus extravagant, et cela s'appelle proprement vouloir rendre sa maîtresse amoureuse de ses valets et de ses chevaux. Mais à juger de cette conduite par l'expérience, c'est une folie fort bien entendue.

Il y a un bon nombre de femmes dont le cœur ne saurait résister à l'impétuosité de deux chevaux furibonds; elles sont d'abord éblouies par l'éclat d'une calèche dorée; cette pompe leur échauffe aussitôt l'imagination et communique même cette chaleur à leurs sentiments. A ce compte-là, si on se sert de ces moyens pour plaire, le principe est autant dans la folie des maîtresses que dans celle des galants.

Est-ce encore la sottise des hommes ou bien celle des femmes à laquelle il faut attribuer la conduite de ces adorateurs qui donnent toujours de l'encensoir au travers du visage aux objets de leur tendresse? Ils veulent s'insinuer dans leur cœur par de fades louanges; ils élèvent jusqu'aux nues ce que leur maîtresse a de beau et, par des raisons tirées par les cheveux, ils font des perfections de tout ce qu'elle a de défectueux. Non contents d'aller plus loin, pour la rendre belle, que ne va jamais la nature, de faire de son visage un composé d'astres, de perles, de corail, de lis et de roses, et de dépouiller ainsi pour l'embellir le ciel, la mer et la terre, ils trouvent de la délicatesse dans tous ses sentiments, du feu et de la finesse dans tous ses discours et, en la traitant en apparence comme une divinité, ils la traitent réellement comme une folle achevée.

On me permettra bien de joindre à ces différents genres de folie amoureuse le caractère de ceux qui, n'étant point attaqués de ce mal, s'efforcent pourtant à le paraître plus qu'aucun autre. Ce sont ces damoiseaux ridicules qui se font une habitude et presque un devoir d'en conter à toutes les femmes. Ils considèrent les fleurettes comme un hommage qu'on doit au beau sexe et dont il faut nécessairement s'acquitter pour le repos de sa conscience; peu s'en faut qu'ils n'en demandent quittance après avoir payé. Si vous les voyez avec vingt femmes, ne croyez pas qu'ils se résolvent à les quitter avant que d'avoir fait circuler leurs cajoleries banales par toute la compagnie.

Pourrait-on croire qu'il se trouve des hommes qui sentent véritablement ce que feignent de sentir ceux dont je viens de parler? Rien n'est plus vrai pourtant; il y a des amants universels qui aiment tout le sexe en général et qui ne sauraient regarder une femme sans sentir quelque chose de tendre pour elle. On pourrait leur appliquer le portrait qu'Ovide fait de la situation de son propre cœur.[296] En voici une imitation.

> En vain je prétendrais excuser ma faiblesse,
> Mon cœur est accessible à mille et mille amours;
> Etre femme suffit pour être ma maîtresse;
> Cent différents motifs font que j'aime toujours.
>
> Par d'opposés chemins chez moi l'amour se glisse;
> La pudeur à mon âme offre un attrait vainqueur,
> Et le regard tremblant d'un œil encor novice
> S'ouvre sans le vouloir la route de mon cœur.

296. Cf. Ovid, *Amores*, II, 4.

D'un air ouvert et libre une autre se présente;
Mon cœur faible se livre à ses regards hardis,
Et j'estime qu'en vain ma raison impuissante
Oserait s'opposer à ses yeux aguerris.

Quand le triste dehors d'une sagesse austère
Me menace d'un cœur d'aucun désir touché,
Je brûle de savoir si, dans cet air sévère,
Un cœur moins rigoureux ne s'est pas retranché.

J'aime l'esprit d'Iris, son brillant, sa finesse,
Et Climène me plaît par ses discours naïfs;
Je sens pour l'*ingénue* une douce tendresse;
Pour la *vive* je sens les transports les plus vifs.

Par orgueil je suis tendre, et ma gloire m'anime
A toucher par mes feux celle à qui je déplais.
Puis-je ne brûler pas pour celle qui m'estime?
Me trouver à son gré, c'est avoir mille attraits.

Un bon air sur mon âme est toujours efficace;
Un air rustique encor peut me rendre amoureux;
Sur une belle, Amour, tu répands de la grâce,
Et j'aime qu'elle en soit redevable à mes feux.

D'une agréable voix que le charme me touche!
En souverain arbitre il maîtrise mes sens.
Dieux! avec quel transport je baiserais la bouche
Qui porte jusqu'au cœur des sons si ravissants!

Quand sous les mains d'Iris un clavecin résonne,
Ou que ses doigts d'un luth tirent des sons divins,
Sa laideur disparaît; pour toute sa personne
Mon âme s'intéresse en faveur de ses mains.

J'aime le vif éclat d'une charmante blonde;
Mon cœur gagne bientôt la langueur de ses yeux.
Telle autrefois Vénus, sortant du sein de l'onde,
Par ses regards mourants fit languir tous les dieux.

Que des yeux noirs et vifs et qu'une tresse noire
Relèvent d'un beau teint le charme séducteur!
Léda, par ces attraits, au comble de la gloire
Du Monarque des cieux fit son adorateur.

J'aide ainsi le beau sexe à me paraître aimable;
J'enfonce tous les traits qui partent de ses yeux.
Et jusque chez les dieux que nous prône la fable
Je cherche les moyens d'autoriser mes feux.

A la nature Isis veut se devoir entière;
A sa gloire jamais l'ajustement n'eut part;
Admirant plein d'amour sa négligence altière,
Je devine l'éclat que lui prêterait l'art.

Phillis, pour me dompter, cherchant partout des armes,
Seconde ses attraits d'une savante main;
Je lui sais gré du soin de m'étaler ses charmes,
Et qui veut me charmer ne le veut pas en vain.

De la verte saison la tendre fleur m'enchante;
L'âge plus mûr encore anime mes désirs;

L'une offre à mon ardeur une fraîcheur touchante;
L'autre assaisonne mieux les amoureux plaisirs.

Amour, par vos faveurs, reconnaissez l'hommage
D'un cœur qui va toujours au devant de vos coups.
De tous les souverains le choix me paraît sage,
Et mon goût pour le sexe embrasse tous les goûts.

D'Alexandre autrefois la valeur orgueilleuse
Crut l'univers petit pour ses vastes projets;
Telle de mon amour l'ardeur ambitieuse
Se trouve trop serrée en mille et mille objets.

LXXXI · [24 octobre 1712]

La honte est assurément une qualité si nécessaire à l'homme que, sans elle, il est presque impossible de se conduire avec sagesse.

Je sais bien qu'il y a une fausse honte qui, assujettie à un mauvais raisonnement, ne sert qu'à rendre les hommes ridicules, et bien souvent criminels, mais je parle ici d'une pudeur employée à un meilleur usage; elle a pour guide un esprit éclairé, et c'est l'effet d'une vanité bien entendue qui nous fait craindre de nous attirer la raillerie et le mépris du prochain par une conduite extravagante ou vicieuse. Elle constitue le caractère d'une belle âme; elle nous inspire une louable défiance de nous-mêmes et nous fait veiller soigneusement sur toutes nos actions. Si elle ne fait pas toujours le véritable homme de bien, elle fait toujours l'honnête homme. Si malgré son secours on se trouve incapable de dompter ses passions vicieuses, elle nous excite du moins à sauver les apparences et à n'exposer pas effrontément aux yeux de tout le monde un mauvais naturel et des habitudes criminelles.

Rien ne paraissait autrefois si beau que cette crainte généreuse de déplaire à ses semblables; on l'exigeait surtout des jeunes gens et on la considérait comme un augure certain de toutes les grandes qualités qui rendent les hommes estimables. Malheureusement, il y a longtemps que cette vertu n'est plus de mise et que la noble pudeur, compagne du vrai mérite, passe pour rusticité. Il ne faut pas s'étonner pourtant que l'impudence ait pris de cette manière le dessus sur la modestie, puisqu'on voit par expérience que rien ne conduit à la fortune par une route plus abrégée que cette qualité vicieuse. La véritable cause en est dans la conduite de ceux que la fortune a rendus dépositaires de ses faveurs. Bien loin d'aller d'eux-mêmes déterrer le mérite craintif pour le faire briller dans un rang où son éclat peut être utile à tout le monde, à peine daignent-ils jeter les yeux sur ce mérite quand il se hasarde à se produire.

On ne fait, la plupart du temps, des grâces que pour l'amour du repos. Si un faquin sollicite un emploi et qu'on lui marque aujourd'hui tout le mépris dont il est digne, il reviendra demain à la charge; c'est la règle. Un grand seigneur ne saurait plus entrer dans sa maison ni en sortir impunément; le premier visage qui le frappe en montant en carrosse, c'est celui du suppliant. Dès que le cocher touche, mon faquin se glisse par un petit chemin détourné, le voilà à la cour qui se présente encore à la portière. On dirait qu'il a le secret d'être en divers lieux en même temps, et la manière dont il se montre partout à celui dont il brigue la faveur ressemble le mieux du monde aux apparitions d'un esprit. Non content de faire cinquante fois la même prière, ses révérences suppliantes présentent en tous lieux requête pour lui.

Le grand seigneur a beau se fâcher à la fin et le maltraiter de paroles; tout cela ne fait que blanchir contre cet impudent; ce sont les vagues de la mer qui se brisent contre un rocher. Que faire de cet homme? On n'en peut plus, on en est accablé et on le favorise pour se débarrasser de ce visage odieux.

L'homme de bien, au contraire, après avoir représenté son droit d'un air timide, n'ose plus faire une seconde tentative s'il remarque la moindre froideur en celui qu'il sollicite. On ne le voit plus, pourquoi lui voudrait-on rendre justice? Il ne cause aucun embarras; il ne trouble la tranquillité de personne. C'est ainsi qu'on ne favorise point les gens modestes, parce qu'ils ne se rendent pas odieux et qu'on favorise les importuns par cela même qu'ils se rendent haïssables.

Mais cette espèce d'impudence est vieille; on renchérit à présent sur un vice si bas; on se pique d'être effronté; on s'en vante, et la seule chose qu'on trouve honteuse, c'est d'être capable d'avoir de la honte.

J'en ai vu depuis peu un exemple fort éclatant qui ne me serait jamais venu dans l'esprit s'il n'y était entré par les yeux et par les oreilles. La pluie me fit entrer un de ces jours dans un café des plus achalandés où je vis plusieurs jeunes gens qui avaient toute la mine de ces officiers dont la coutume est, grâce à la discipline militaire de nos jours, d'anticiper sur les quartiers d'hiver. Ils en avaient l'air, dis-je, car, à présent on voit jusque sur les clercs de procureurs l'or et l'écarlate; les habits confondent tous les rangs au lieu de les distinguer. Ces messieurs en étaient sur le chapitre des femmes qu'ils croyaient toutes du caractère de celles qu'apparemment ils fréquentaient le plus. Boileau dit en riant des honnêtes femmes:

> 'Et même dans Paris, si je sais bien compter,
> Il en est jusqu'à trois que je pourrais vanter.'[297]

Pour eux, ils paraissaient très sérieusement persuadés qu'il n'y en avait pas une seule dans l'univers. Ils déchiraient entre autres la réputation d'une personne dont tout le monde vante la sagesse, et le plus étourdi de la troupe dit ouvertement que cette prétendue vestale n'était nullement propre à garder le feu sacré.

'M. ... est parfaitement bien avec elle,' continua-t-il, 'et il en est amplement récompensé en particulier des rigueurs qu'elle affecte de l'accabler en public.'

Un jeune homme habillé plus modestement que les autres, après avoir écouté ce discours d'un air assez indifférent, demanda à ce panégyriste du beau sexe comment il pouvait être si bien instruit de la bonne fortune de cet amant? Mon fat, le regardant par-dessus l'épaule, lui répliqua brusquement que personne ne le savait mieux que lui, puisqu'il était ami intime de M... ., qui lui avait dit en confidence toutes les particularités de son amour. Celui qui avait commencé à questionner notre petit-maître le poussa si loin par d'autres questions qu'il le

---

297. Boileau, 'Satire X', ll. 43-44:
    Sans doute; et dans Paris, si je scais bien compter,
    Il en est jusqu'à Trois, que je pourois citer.

réduisit enfin à faire le portrait du galant, trait pour trait, pour justifier qu'il lui était connu et qu'il n'en parlait pas en l'air.

L'autre, perdant enfin patience: 'Parbleu,' dit-il, 'il faut être bien impudent pour me débiter des choses pareilles! Savez-vous que c'est moi que vous venez de dépeindre à tout hasard et que je serais au désespoir d'avoir eu de mes jours quelque commerce avec un homme de votre caractère?'

Vous vous imaginez facilement quelle doit être la confusion d'un homme attrapé sur des mensonges si téméraires. Mais vous êtes fort loin de deviner la conduite que tint cet homme-ci.

Après avoir d'abord regardé fixement celui qui venait de lui donner un démenti, il fit un grand éclat de rire et, embrassant d'une manière brusque un de ses compagnons: 'Qui diable,' lui dit-il, 'se serait jamais avisé que je parlasse à l'homme en question lui-même! Cela est trop drôle, et je meure si jamais aventure plus plaisante est arrivée à qui [que] ce soit.'

Après avoir continué pendant quelque temps ses extravagants discours et ses éclats de rire, il demanda des cartes et commença à jouer fort tranquillement une reprise d'hombre.

> 'Moi, caché dans un coin et murmurant tout bas,
> Je rougissais de voir qu'il ne rougissait pas.
> Et j'étais là le seul qu'à son air on pût prendre
> *Pour l'impudent menteur que l'on venait d'entendre.*'

Il semble presque que Despréaux ait eu en vue les gens de cet affreux caractère dans sa satire de l'honneur:

> 'L'ambitieux le met souvent à tout brûler,
> L'avare à voir chez lui le Pactole rouler,
> Un faux brave à vanter sa prouesse frivole,
> Un vrai fourbe à jamais ne garder sa parole,
> Le poète à noircir d'insipides papiers,
> Le marquis à savoir frauder ses créanciers,
> Un libertin à rompre et jeûnes et carême,
> *Un fou perdu d'honneur à braver l'honneur même.*'[298]

En effet, il n'est pas concevable que la corruption de l'homme aille, d'elle-même, jusqu'à l'abominable effronterie dont je viens de parler; il faut bien qu'ébloui par un faux honneur on fasse un effort sur son naturel pour parvenir à un aussi haut degré de crime et d'extravagance.

Convenons ici que tous ceux qu'on comprend sous le titre de *petit-maître* ne sont pas vicieux dans un pareil excès; ils ne mettent pas tous leur gloire dans l'infamie; tous ne font pas profession ouverte de ne rien valoir; en un mot, tous n'ont pas abjuré la honte comme une hérésie en matière de bel air. C'est là l'espèce la plus odieuse des petits-maîtres, et j'en trouve encore deux autres classes qu'on aurait tort de confondre avec la première.

On donne souvent ce nom à ceux qui, sans regarder la vertu comme une qualité qui déshonore, se font un mérite de choquer la bienséance, de ne garder

---

298. Boileau, 'Satire XI', ll.51-58. Boileau's text is slightly altered:
Ce Poëte à noircir d'insipides papiers,
Ce Marquis à sçavoir frauder ses Creanciers.

des mesures avec personne, de dire librement les vérités les plus choquantes, en un mot, de rendre leur conduite aussi contraire qu'ils peuvent à celle des personnes prudentes et posées. Ils sont plutôt étourdis que vicieux et ils ont plus d'impolitesse que de mauvais naturel.

Il y a encore une autre espèce de petits-maîtres à qui on donne ce titre improprement et par une espèce d'abus. Ceux-là ne se piquent point de rompre en visière à tout le monde; ils ne dédaignent pas de passer pour des gens supportables dans la société et ne renoncent pas à l'estime des honnêtes gens. Seulement trop esclaves de la mode, ils imitent la manière de s'habiller, la démarche, le ton de voix et la gesticulation de cette engeance maudite qu'ils détestent dans le fond du cœur. J'aurais tort de confondre ceux-ci avec les autres, mais j'aurais tort aussi de ne pas les censurer d'une imitation aussi ridicule que la leur. Peut-on plus mal répondre à ses lumières et plus mal entendre ses intérêts que de se faire la copie d'un original qu'on méprise autant qu'il est méprisable? C'est vouloir être pris pour ce qu'on n'est pas et qu'on serait au désespoir d'être, et c'est s'exposer de gaieté de cœur à l'aversion des honnêtes gens qui voient bien d'abord un habit et un air ridicule, mais qui ne sauraient découvrir du premier coup d'œil les sentiments raisonnables d'un cœur bien placé.

On dira que je reviens bien souvent aux petits-maîtres; mais le moyen de n'y pas revenir? Ce sont eux qui m'ont les premiers échauffé la bile et qui m'ont mis la plume à la main pour attaquer la sottise du siècle. Plût au Ciel que mon esprit pût satisfaire aux mouvements de mon cœur et que mon style égalât en vivacité mon aversion pour ces impudents ennemis de la vertu et du bon sens! Je les dépeindrais par des couleurs si ressemblantes qu'on montrerait un homme au doigt dès qu'on lui verrait un petit chapeau plutôt caché qu'orné d'un galon d'or, un habit assez étroit pour le gêner sans être assez long pour le couvrir, la poitrine nue en plein hiver et tout le reste de l'attirail caractérisant d'un petit-maître.

LXXXII · [14 novembre 1712]

Ceux qui n'aiment pas à entendre parler de la mort feront bien de ne pas lire ce *Misanthrope*-ci; j'ai résolu d'en parler beaucoup. Ce n'est pas d'aujourd'hui que ce terme est insupportable aux hommes; il a presque passé de tout temps pour une expression de mauvais augure. Les Anciens l'évitaient avec soin, et dans leurs discours les hommes ne mouraient jamais, 'Ils cessaient d'être,' 'Ils vivaient leur dernier jour,' 'Ils sortaient de la vie,' etc. En un mot, ces Anciens ménageaient extrêmement leurs phrases sur cette matière comme si, en adoucissant leurs expressions, ils rendaient aussi moins rude la triste nécessité qu'elles exprimaient. Les philosophes païens sentaient facilement combien la *certitude* du trépas devait répandre d'amertume sur la vie; ils voyaient qu'elle ne pouvait que troubler leur tranquillité et empoisonner tous leurs plaisirs. C'est pour cette raison que tous leurs différents systèmes se réunissaient tous à familiariser les hommes avec l'idée de la mort et à leur faire regarder cette redoutable ennemie sans cligner les yeux.

Leurs raisonnements trop vagues sur l'immortalité de l'âme étaient peu propres à produire de pareils effets. Il leur était nécessaire d'appuyer leurs considérations métaphysiques sur quelque chose de plus réel et de plus sensible.

Ils appelaient donc à leur secours les infirmités de la nature humaine et les misères inséparables même de la vie la plus heureuse; ils employaient toute la force de leur éloquence à les dépeindre d'une manière vive et travaillaient ainsi à détacher les hommes de la partie la moins excellente d'eux-mêmes comme d'un objet indigne de leur amour. Malheureusement, l'âme a beau être convaincue de ces vérités, elle n'en est pas touchée, et ce corps, pour être si imparfait, n'en est pas moins sien:

> 'Guenille tant qu'on veut, ma guenille m'est chère.'[299]

Il n'y a que l'assurance d'une meilleure vie à venir qui puisse nous faire renoncer sans regret à la vie présente, et les sages du paganisme, incapables de fonder cette assurance sur une base solide, y suppléaient par des maximes hardies et par des paradoxes outrés. Ils étonnaient la raison au lieu de la convaincre. La vie, selon eux, ne doit être considérée que comme un festin duquel on sort après être rassasié. Ils louaient comme le plus glorieux effort de la vertu, la hardiesse, non pas d'attendre le trépas, mais d'aller à sa rencontre et d'ôter à la nature qui nous a donné la vie le droit de nous en priver.

Ils voulaient faire ressembler leurs sectateurs à ces soldats mal assurés qui n'osent pas attendre l'ennemi dans le poste que leur général leur a assigné; la vue du péril les trouble, ils perdent l'usage de la raison et se précipitent dans le feu à force de le craindre.

Ces préceptes n'étaient dans le fond capables que d'éblouir certains esprit impétueux qui aimaient mieux les sentiments extraordinaires et surprenants que les opinions sensées et raisonnables. Mais d'autres philosophes, qui examinaient cette vertu prétendue de sens rassis, en ont facilement compris la faiblesse et le ridicule.

Ils ont vu qu'en se donnant la mort à soi-même on donne des preuves plus sensibles de lâcheté que de courage, que c'est se dérober aux attaques de la fortune faute de les oser attendre, que c'est se défier de sa fermeté et s'enfuir sur le point du combat, enfin, que souvent c'est appeler la mort au secours contre elle-même. En effet, la plupart de ces héros imaginaires se sont donné la mort de peur qu'un autre ne la leur donnât.

> Et de leur propre main recevant le trépas,
> Ils sont morts pour ne mourir pas.

Il est sûr même qu'en réfléchissant sur la manière dont plusieurs d'entre eux ont fini leur vie, on remarque que la peur seule a été le principe d'une action si hardie en apparence, ou du moins qu'on ne saurait la rapporter qu'à une source tout aussi impure. Scipion, par exemple, général des troupes de Pompée dans l'Afrique, ne s'acquitta dans la bataille que lui donna Jules César ni du devoir

299. See Molière, *Femmes savantes*, II, vii, l.543: 'Guenille si l'on veut, ma guenille m'est chère.'

de général ni de celui de soldat.[300] Il s'enfuit après une très légère résistance et, au lieu de périr les armes à la main et de partager, tout vaincu qu'il était, la gloire du combat avec son vainqueur, il se tua dans la fuite et cacha dans les ténèbres de la mort la honte de sa défaite.

Othon, le plus lâche et le plus efféminé des hommes, quoiqu'il fût à la tête d'une bonne armée et qu'il ne tînt qu'à lui de vaincre Vitellius ou de mourir glorieusement, aima mieux se percer le cœur dans son lit.[301] L'idée du combat lui parut plus affreuse que celle de la mort; son indolence et sa mollesse lui donnèrent un air de constance, et sa peur se couvrit du masque de l'intrépidité.

La mort de Caton d'Utique est une des plus brillantes dans ce genre-là.[302] Montaigne, qui raisonne plus par sentiment que par principe, croit que la gloire n'en était point le motif et que, cependant, ce grand homme puisait un plaisir très vif dans la haute vertu qui le poussait à cette action éclatante. J'aurais souhaité que cet auteur eût un peu développé le principe de vertu auquel il attribue la mort de Caton. Pour moi, je ne vois que l'orgueil et l'opiniâtreté dont elle puisse découler, car il est sûr que cette grande âme était inaccessible à la crainte.

'Il ne voulait pas survivre à la république,' dira-t-on, 'et Caton avait meilleure grâce de cesser de vivre que de ne pas vivre libre.'

Voilà qui est admirable dans une déclamation, mais rien n'est plus creux devant le tribunal du bon sens. Ce Romain, si je l'ose dire, ne connaissait pas assez ni sa patrie, ni César, ni soi-même. Ce qu'il pouvait faire de plus pernicieux pour la république et de plus utile pour la tyrannie, c'était de se donner la mort. Si Caton, seul et désarmé, était allé trouver César après la mort de Pompée, son air sévère aurait été capable de faire trembler ce maître du monde à la tête de ses troupes victorieuses. Je doute fort que ce vainqueur qui osait tout eût pourtant jamais osé mettre la main sur un homme dont tous les différents partis respectaient également la justice et l'intégrité. Il l'aurait vu partout, comme un pédagogue rude et inflexible, contrôler ses actions et traverser ses entreprises. Enfin, après la mort de César, Caton seul était capable de remettre Rome en liberté, et il valait bien mieux ressusciter la république que de s'ensevelir avec elle. Mais l'inébranlable Caton avait fait le projet de s'opposer à l'usurpation de César, et quand la destinée eut trahi une entreprise si belle, sa constance se changea en opiniâtreté. Ne pouvant pas forcer la fortune à favoriser le parti le plus juste, il aima mieux perdre la vie que de changer de mesures, quoiqu'en s'accommodant au temps il eût pu rendre des services signalés à sa patrie. Il ne mourait pas tant pour ne pas survivre à la république que pour ne pas survivre à son projet que le sort venait de renverser. D'ailleurs, il haïssait autant le tyran

---

300. Scipio Nasica (Publicus Cornelius, ?-46 B.C.) was a friend of Cneius Pompeius (107-48 B.C.), to whom he gave his daughter. Scipio served under Pompey against the latter's rival, Julius Caesar. When Caesar defeated Scipio's army in Africa, Scipio killed himself so as not to fall into Caesar's hands.

301. Aulus Vitellius (15-69) and Marcus Salvius Otho (32-69) were rivals for the Roman Empire. In a decisive battle, Otho chose to kill himself rather than fight. See Suetonius's account of Otho in his *De vitae Caesarum*.

302. Concerning Cato's death, see Montaigne's *Essais*, I, chapitre xi, 'De la cruauté'. See also van Effen's previous discussion of Cato's virtue in number LX.

que la tyrannie, et par un principe de fierté et d'orgueil, il préférait la mort au malheur d'avoir de l'obligation à son ennemi.

Enfin, quand on creuse par la réflexion dans la manière de mourir de ce grand homme et de ceux qui lui ont ressemblé, au lieu de fermeté, de courage et de grandeur d'âme, on n'y découvre que bassesse, orgueil et petitesse d'esprit. On se voit forcé de confondre la fin de ceux dont on a tant respecté la vertu avec celle de ces misérables qui, condamnés à mourir pour leurs crimes, divertissent par leurs turlupinades les bourreaux et les spectateurs et paraissent insulter la mort par leurs railleries. Est-ce par fermeté qu'ils en agissent ainsi? Point du tout. Toute la force de leur esprit consiste à se rendre fous de gaieté de cœur et à dérégler leur imagination pour la rendre inaccessible à l'idée de la mort et des horreurs qui la doivent suivre.

Pour nous autres Chrétiens, une révélation divine, étant venue au secours de notre raison, nous a donné une assurance certaine d'un avenir heureux par laquelle nous pouvons attendre la mort sans crainte et passer la vie sans inquiétude. Pour nous mettre en possession de cette assurance consolante, nous n'avons qu'à observer certaines lois qu'il est même de notre intérêt temporel d'accomplir; elles ont en vue notre santé, la tranquillité de notre esprit et notre union avec les autres hommes, et l'on peut dire qu'elles nous obligent à être heureux dans cette vie pour l'être encore davantage dans une vie sans bornes. Les païens ont tâtonné après ce système qui est échappé à leurs recherches, et nous, à qui il est offert, nous en rejetons la salutaire évidence; nous aimons mieux, à l'imitation des païens les moins sages, nous affranchir de la frayeur de la mort en en bannissant la pensée de notre esprit par une dissipation continuelle.

Jetons les yeux, par exemple, sur la conduite de *Biophile*; c'est un homme enivré des faveurs de la fortune; ses plaisirs ne sauraient épuiser sa richesse; il se fait une étude de les varier et de les rendre piquants; il renferme tous ses désirs dans la vie présente et ne daigne pas seulement examiner s'il y en a une autre ou non. Ses adorateurs n'osent pas prononcer le terme de *mort* devant lui; échappé par hasard à quelqu'un, il est capable de rendre un homme si indiscret odieux à ce délicat épicurien. Il faut se garder surtout de parler en sa présence des ravages que fait la peste dans les pays voisins et de la rapidité dont elle approche des bornes de notre patrie. S'il chasse ses domestiques, ce n'est pas qu'il soient indociles, négligents, infidèles. Ce sont des misérables qui ont osé avoir la fièvre chez lui. Il ne veut pas que les maladies se donnent la licence d'entrer dans sa maison. Malheureusement, elles ne respectent point ses ordres, et c'est bien à lui-même qu'elles ont l'insolence de s'attaquer. C'en est fait, les médecins désespèrent, et il faut bien qu'à la fin il en entende parler de la mort quand il s'agit de lui-même. Il est étourdi du coup. Que la nature est injuste! Elle va l'arracher à ses flatteurs, à ses plaisirs, à ses trésors. *Biophile* fait enfin un effort sur le trouble qui l'avait saisi; le temps qui lui reste est précieux, et il se résout à le bien employer. Il fait venir un notaire pour rendre authentique la disposition qu'il va faire de ses biens immenses. Sa présence d'esprit n'est-elle pas admirable dans une si fâcheuse conjoncture? Il fait son testament avec toute la précaution et toute l'étendue imaginable. Ses biens doivent aller d'abord à une telle branche de sa famille. Si les mâles y viennent à manquer, ils doivent passer à une autre, et de celle-là encore à une autre; il songe à ses descendants, à ses collatéraux et à toute leur postérité. Un grand nombre de siècles doit s'écouler avant que sa dernière volonté n'influe plus sur ses richesses. Il se tranquillise après s'être déchargé d'un soin si important; son esprit accompagnera sans doute ses trésors dans toutes leurs différentes révolutions, et il goûtera encore la satisfaction d'en être l'arbitre longtemps après son trépas.

Cléone n'emploie pas d'une manière moins judicieuse les derniers moments de sa vie. Elle fait un ample catalogue de toutes les parties qui doivent composer la magnificence de son enterrement; elle en règle la dépense avec une exactitude surprenante. Le linge le plus propre doit couvrir son cadavre, et avant que de le mettre dans le cercueil on aura soin qu'il soit mollement couché sur le duvet. Elle veut vingt-quatre carrosses et un assez grand nombre de flambeaux pour éclairer la fête la plus brillante. Enfin, elle n'oublie rien, elle songe à spécifier la moindre bagatelle. Après avoir de cette manière épuisé un reste de force, elle se repose d'un esprit content et satisfait. N'a-t-elle pas raison? La mort n'a plus rien d'effrayant pour elle; elle se verra bientôt dans un cercueil de plomb couvert d'un riche velours. Sa pompe funèbre remplira des rues entières; toute une ville accourra à un spectacle si magnifique, et mille personnes, pleines de santé, lui envieront indubitablement des funérailles si pompeuses. Il est bien sûr que malgré le sort ordinaire des cadavres, elle jouira du plaisir d'être enterrée avec tant de distinction et que son esprit sera sensible aux honneurs qu'on va faire à ce corps dont il a toujours fait ses seules délices![303]

LXXXIII · [21 novembre 1712]

'... Turpe senilis amor.'[304]

Un vieillard amoureux avec honte couronne
De myrtes verdoyants sa tête qui grisonne.

J'ai tâché de faire voir dans un autre endroit combien le badinage de la galanterie s'accorde mal avec la gravité bienséante d'un vieillard.[305] La faiblesse de vouloir encore faire l'agréable quand l'âge de plaire est passé serait-elle plus pardonnable dans le beau sexe que dans le nôtre? Pour moi, je suis de cet avis, et voici sur quoi je fonde mon opinion.

Il est certain que tous ceux qui se sentent et dont les réflexions ont quelque retour sur eux-mêmes se laissent emporter naturellement à quelque désir de briller proportionné à leur humeur. Les gens qui n'ont nulle envie de se distinguer parmi les hommes sont plutôt poussés par un instinct que guidés par une âme raisonnable; ils n'ont aucune vanité et ils en sont d'autant plus dignes de mépris.

Or le désir de passer pour aimable et de s'acquérir quelque réputation par ses agréments est celui qui fait les premières et les plus agréables impressions dans les cœurs. Il est en quelque sorte essentiel à l'homme, puisqu'il est fondé sur le penchant des deux sexes à s'unir ensemble par les liens de la tendresse,

---

303. Cf. van Effen's description of Damon and Célimène in number LX.
304. Ovid, *Amores*, I, 9, l. 4: 'Turpe senex miles, turpe senilis amor.'
305. See, for example, van Effen's discussion and poem in number XVIII.

penchant que la nature nous a donné elle-même comme absolument nécessaire à ses vues.

Dans la première jeunesse, cette envie de plaire peut être également forte chez l'un et l'autre sexe, mais elle doit être naturellement de moindre durée dans le cœur d'un homme. A proportion qu'il avance en âge, il voit devant lui des occupations plus graves qui excitent dans son âme des passions plus mâles que l'amour. Les sciences, les dignités, la fortune se saisissent de son esprit; elles demandent absolument tous ses soins et ne lui laissent qu'à peine le loisir d'être amoureux.

C'est ainsi qu'à notre égard l'envie de plaire et l'âge où l'on peut y réussir peuvent sans peine s'évanouir en même temps.

Il n'en est pas ainsi des femmes; les postes honorables, les emplois éclatants n'ont aucune relation avec elles, et comme dit Ovide,

'... Superest praeter amare nihil
Quod superest faciunt.'[306]

Aucun soin ne peut les distraire,
L'amour est leur unique affaire,
Et dans l'espoir flatteur d'exciter des soupirs
Se concentrent tous leurs désirs.

On me dira, peut-être, que le soin de leur ménage et l'éducation de leurs enfants devraient être plus que capables de les faire revenir de la bagatelle. Mais cette objection ne saurait m'être faite que par quelque franc bourgeois. Les femmes de quelque chose n'entrent pas d'ordinaire dans ces minuties-là; il n'y a rien de brillant dans ces devoirs roturiers dont on suppose que les mères de famille du plus bas ordre s'acquittent avec la plus grande exactitude. Ce n'est pas ainsi qu'on se distingue, qu'on brille dans le monde. En réglant avec soin les affaires de sa famille, en donnant les premières impressions de la vertu à l'esprit tendre de ses enfants, une femme ne s'attire ni adorateurs ni jalouses. On ne songe pas à elle; elle est civilement morte.

Pour avoir de la réputation, pour être l'objet des discours de tout le monde, il faut traîner partout une foule d'amants; il faut disputer aux plus illustres coquettes l'honneur d'avoir la cour la plus nombreuse et les soupirants les plus soumis. Ajoutons qu'il est bien difficile de remplacer le plaisir par le devoir: une passion ne cède d'ordinaire qu'à une passion plus forte, et l'on passe plus facilement d'une agitation à une agitation plus violente que du trouble à la tranquillité. Les hommes, pour cesser d'être amoureux, peuvent aller de la tendresse à l'ambition, mais les femmes doivent aller de l'amour à la sagesse.

Cependant, s'il est plus naturel et plus excusable dans le beau sexe que dans le nôtre de laisser survivre sa tendresse à ses attraits, il faut avouer aussi que cette folie est plus dégoûtante dans les femmes qu'en nous. Il est des beautés de la nature comme de celles de l'art: plus elles sont délicates et plus elle sont sujettes à pâtir des ravages du temps; les charmes du beau sexe ont cette destinée-là. Ces traits si délicats et si fins s'altèrent très facilement, et ces couleurs si vives et si brillantes ne sont pas longtemps sans se ternir. Les agréments des hommes ont plus de corps, pour parler ainsi, et se soutiennent mieux contre les

---

306. Ovid, *Heroides*, XIX, 'Hero Leandro', ll.16-17.

attaques de la vieillesse. D'ailleurs, ce n'est pas tant le visage qui rend les hommes aimables que la juste proportion de leurs autres membres, qui est plus solide et plus durable que la fraîcheur du teint et la beauté des traits.

Une femme qui se trouve dans la triste situation de voir que son visage et son cœur ne sont plus d'accord ensemble tâche d'ordinaire d'y suppléer par des ajustements brillants et de donner à ses habits cet air de jeunesse qu'elle a perdu elle-même; mais, malheureusement, la laideur attifée est plus laide que la laideur simple, et tous les ornements dont se pare une vieille paraissent répandre de la lumière sur ses attraits délabrés et creuser davantage les rides de son front:

> La vive image du printemps
> Qu'on voit régner sur ses ajustements
> Ne fait que marquer davantage
> Le portrait de l'hiver gravé sur son visage.

Il est vrai qu'on tâche d'y pourvoir par le fard et qu'on étudie avec soin la science de répandre sur un visage décrépit l'éclat de la plus verte jeunesse. Mais c'est en vain, et pour me servir des paroles de La Fontaine,

> '... Ses soins ne peuvent faire
> Qu'elle s'échappe au temps, cet insigne larron.
> Les ruines d'une maison
> Peuvent se réparer; que n'est cet avantage
> Pour les ruines du visage![307]

On peut dire qu'une femme âgée ne peut rien trouver de plus souverain pour s'enlaidir encore davantage que le fard même qui imite le plus la nature. Dans la laideur qui est l'effet de la vieillesse, il y a du moins une certaine symétrie, et toutes les pièces s'y accordent; mais quand l'art en efface une partie, le *tout* en devient plus choquant. Quelle ridicule disproportion ne voit-on pas sur un visage quand on y remarque d'un côté le blanc le plus éclatant et le rouge le plus animé et, de l'autre, un front sillonné, des yeux battus et éteints, en un mot, tout le reste de l'extrait baptistaire que les gens d'âge portent d'ordinaire écrit dans tout leur air?

On dirait même que les vieilles coquettes travaillent à donner un démenti à leur jeunesse *peinte* en s'obstinant à découvrir une gorge qu'elles devraient cacher avec tout le soin imaginable, pour peu qu'elles entendissent leurs intérêts.

En vérité, quand on voit un sein, jusqu'auquel la vue descend par des degrés que l'âge a taillés dans la peau, le cœur se glace, les désirs s'éteignent, et l'amour qui pourrait naître encore dans les faux appas d'un teint emprunté doit indubitablement trouver là son tombeau.

> Une gorge qu'en sa vieillesse
> On expose encor au grand jour,
> Loin de m'inspirer de l'amour
> Ne me prêche que la sagesse.

---

307. 'La fille', *Fables*, VII, 5, ll.66-70. Van Effen has slightly altered this poem:
> ... Ses soins ne purent faire
> Qu'elle échappât au temps, cet insigne larron.
> Les ruines d'une maison
> Se peuvent réparer; que n'est cet avantage
> Pour les ruines du visage!

Un superbe palais tombé en ruine, une ville fameuse qu'on cherche en elle-même, voilà des objets propres à faire naître des réflexions morales à tout le monde. Pour moi, je me sens un désir invincible de moraliser à l'aspect d'un sein indocile que les artifices les plus raffinés de la coquetterie tâchent en vain de redresser; je ne fais jamais des réflexions plus sérieuses qu'alors sur l'instabilité des choses humaines et sur le cruel empire que le temps exerce sur les plus beaux ouvrages de la nature. Les pauvres dames feraient certainement mieux de nous épargner ces sujets de morale, et elles seraient plus finement coquettes si elles étaient plus modestes.

Certaines vieilles ont trouvé un autre secret de donner du dégoût aux hommes; elles prétendent se farder par de petites manières jeunes:

> Et se mêlant à la vive jeunesse
> Avec leurs tons de voix et leurs ris enfantins,
> Elles logent les jeux badins
> Dans les rides de la vieillesse.

Elles vont à tous les bals et ne manquent jamais cette occasion de donner des preuves de leur vigueur; qui plus est, elles ont un maître à danser. Le moyen de leur disputer la jeunesse après cela? Il faudrait être ridicule au dernier point pour aller croire qu'une femme qui apprend à danser puisse avoir soixante ans.

Je connais d'autres coquettes surannées qui veulent briller dans les plaisirs de la table et qui, par le secours de la bouteille, prétendent ranimer leurs appas:

> Hélas! cette liqueur traîtresse,
> Bien loin de les ressusciter,
> Au contraire, en leur cœur ne saurait qu'augmenter
> Le feu de la tendresse.
> Mais elle a beau redoubler leur faiblesse;
>   Personne n'en veut profiter.

Il y en a encore qui tâchent de venir au secours de leurs appas surannés par des paroles libres et par des équivoques, dont la gaillardise va quelquefois jusqu'à l'impudence. Elles espèrent émouvoir le cœur d'un jeune homme et elles aiment mieux se faire un amant par des moyens si honteux que de n'en avoir point du tout.

Ces sortes de discours ont très mauvaise grâce dans la bouche des femmes de tout âge, mais les entendre tenir à une femme d'âge, c'est prendre un vomitif par les oreilles, pour peu qu'on ait de délicatesse dans les sentiments.

> Femme qui veut échauffer nos esprits
> Par des discours pleins d'impudence,
> Nous ôte bien l'indifférence,
> Mais c'est pour la troquer contre un profond mépris.

Il arrive que des femmes, qui n'ont point senti cette passion dans le temps qu'elles étaient propres à nous l'inspirer, commencent à se livrer à l'amour quand on ne saurait plus se résoudre à le partager avec elles. Dans leur printemps, elles étaient entièrement occupées du plaisir de se voir idolâtrer par les hommes; leur unique passion était l'orgueil, et, tant que le nombre et le mérite de leurs soupirants ont donné de la nourriture à leur vanité, leur âme a été satisfaite; il n'y a point eu de vide dans leurs désirs. Mais quand l'âge, survenant peu à peu, a fait défiler les amants, leur cœur s'est réveillé tout d'un coup de sa léthargie, et les hommes leur sont devenus précieux à mesure qu'ils leur sont échappés:

> Alors, l'Amour rusé, pour punir leurs rigueurs,
> Déloge de leurs yeux pour loger dans leurs cœurs.

Horace trouve si grand ce malheur d'une femme que le temps a privée de sa beauté, cette chère partie d'elle-même, qu'il trouve fortunées celles que la mort dérobe à cette disgrâce; voici comme il s'en explique:

> O que ta mort est glorieuse,
> Amarilis, à qui la Parque officieuse
> A sauvé par un prompt trépas
> Le chagrin de survivre à tes rares appas!
> De mille amants victorieuse,
> Tes yeux ne lancèrent jamais
> La moindre œillade infructueuse.
> Et sans souiller ta destinée heureuse,
> Le temps faucha d'un coup tes jours et tes attraits.[308]

Celles qui n'ont pas une vie si illustre et si courte achètent souvent un jeune mari pour leur dernière ressource et donnent par là la preuve la plus éclatante de leur faiblesse et de leur extravagance.

Une vieille qui se résout à un mariage de cette nature fait indubitablement une plus grande folie qu'un homme qui, dans un âge avancé, épouse une jeune fille. Il peut avoir des raisons qui lui rendent un tel hyménée nécessaire en quelque sorte, et le désir légitime de perpétuer sa race a souvent engagé des hommes fort sages dans un tel dessein. Les femmes d'âge ne sauraient pallier leur ridicule de cette raison spécieuse, et, par un mariage si mal assorti, elles font seulement un aveu public de leur incontinence. A quels troubles, d'ailleurs, à quelle foule de chagrins ne s'exposent-elles pas? Elles voient d'ordinaire un jeune époux employer leurs richesses à faciliter ses amours illicites et se servir ainsi du prix de son infamie à se dédommager avec ses maîtresses des dégoûts que lui donne sa femme. Et quand même une femme de ce caractère trouverait une espèce d'honnête homme qui, incapable de lui donner son cœur, veut bien y suppléer par de la complaisance, elle ne laisse pas d'être bien malheureuse. La juste défiance qu'elle a de sa beauté la doit jeter naturellement dans la jalousie, et l'on sait combien cette passion est furieuse et de quelle manière elle déchire une âme dont elle s'est saisie. Elle cause surtout de funestes désordres dans les esprits faibles, et les qualités de femme et de vieille ne sont que trop bien assorties avec cette cruelle maladie du cœur. On ne saurait dépeindre comme il faut la malheur d'une femme qui se fait une étude de s'inquiéter et qui cherche du venin dans toutes les actions d'un malheureux époux qui, dans le fond, souffre encore moins de sa rage qu'elle n'en souffre elle-même.

> 'Elle ira tous les jours, dans ses fougueux accès,
> A son rire, à son geste intenter un procès;
> Souvent de sa maison, gardant les avenues,
> Les cheveux hérissés l'attendre au coin des rues;

308. Cf. Horace, *Odes*, IV, 10 and 13.

Et son cœur agité nourrira tour à tour
L'amour par la fureur, la fureur par l'amour.'[309]

LXXXIV[310] · [28 novembre 1712]

On remarque qu'à présent les enfants ont l'esprit presque mûr dans un âge où autrefois ils s'amusaient encore à toutes sortes de puérilités sans savoir les premiers rudiments des sciences.

Quoique très certainement cette remarque soit fondée en raison, il ne faut pas s'imaginer que la nature soit devenue plus prompte à perfectionner ses ouvrages. Les hommes n'ont pas une âme plus vigoureuse à présent que du temps de nos pères, et c'est toujours un même esprit qui fait agir en nous les mêmes ressorts.

L'éducation est la seule cause de ce changement dont on est tant surpris. On croyait autrefois, par un préjugé très pernicieux, que les jeunes gens étaient incapables de tout effort d'esprit dans leur première enfance et on les abandonnait à la paresse et à la niaiserie où leur propre penchant ne les porte que trop.

Ce n'est pas tout. Il semble qu'on se soit fait une étude dans ce temps-là de rendre la route des sciences longue et épineuse, tant on avait soin de traîner les faibles génies de la jeunesse par les détours infinis d'une méthode embarrassée et rebutante. On a commencé enfin à connaître mieux la capacité des enfants et l'on a aplani en même temps le chemin du savoir.

Il se pourrait fort bien que dans les siècles futurs on s'étonnât autant de la stupidité de nos enfants d'à présent que nous sommes surpris du naturel tardif de la jeunesse du temps passé, et je doute fort que la science de l'éducation soit déjà menée au plus haut degré de perfection.

Quoique je sache que des esprits du premier ordre, auxquels je n'oserais seulement me comparer de la pensée, ont traité cette matière importante, je ne laisserai pas de hasarder ici quelques maximes sur la manière de cultiver l'esprit de la jeunesse. Il n'est pas impossible que des réflexions utiles, échappées aux génies les plus transcendants, puissent être quelquefois saisis par une raison plus bornée.

Dès que les enfants commencent à s'énoncer, on travaille d'ordinaire à donner de l'étendue à leur imagination et à attiser le feu et la vivacité qu'ils ont reçus de la nature; on admire en eux une pensée brillante, on les loue d'une repartie vive, on se récrie sur une malice ingénieuse. Je me trompe fort si cette conduite n'est pas dangereuse et imprudente. Un enfant excité par les éloges qu'on prodigue à sa vivacité s'anime et s'échauffe de plus en plus; il ne croit rien de si beau que de briller, même aux dépens d'autrui. Il s'accoutume peu à peu à

309. Cf. Boileau, 'Satire X', ll.378-82:
Résou-toi, pauvre Epoux, à vivre de couleuvres:
A la voir tous les jours, dans ses fougueux acces,
A ton geste, à ton rire intenter un procez:
Souvent de ta maison gardant les avenuës,
Les cheveux herissez, t'attendre au coin des ruës.
310. Numbers LXXXIV, LXXXVI, and LXXXVIII contain van Effen's thoughts on the education of children.

lancer ses bons mots sur tout le monde et à rendre son esprit odieux et insupportable. Je ne veux pas qu'on éteigne son feu, je veux qu'on le dirige et que, rectifiant son imagination pétulante, on l'asservisse de bonne heure à la justesse du raisonnement. Le brillant et la vivacité ne sont que l'ornement de l'esprit; le bon sens en est la substance, et il est juste de donner les premiers soins à ce qui est le plus important.

Je serais d'avis qu'on commençât par former la raison d'un enfant et par développer peu à peu la logique naturelle qui naît avec tous les esprits, et surtout avec les esprits bien faits. Je sais bien qu'on s'imagine que par cette méthode on émousse un beau naturel. On compare l'enfance à un jeune arbre qui, portant une trop grande abondance de fruits, perd toute sa vigueur et ne répond point à l'espérance qu'il avait donné d'abord de sa fertilité. Mais les comparaisons ne sont point des raisonnements; elles ne servent point à prouver, mais à faire sentir davantage la force d'une preuve. Si la méthode que je conseille demandait de grands efforts et ne pouvait se pratiquer sans fatiguer l'esprit, la comparaison serait juste dans toutes ses parties, et l'on en pourrait tirer une conclusion propre à renverser mon sentiment. Mais je soutiens qu'il est très facile d'assortir la philosophie à la première jeunesse même, pourvu qu'on s'y prenne avec prudence et qu'on connaisse à fond le naturel sur lequel on travaille. Deux choses, à mon avis, arrêtent le raisonnement d'un enfant. Les ressorts de son esprit sont incapables de se tenir longtemps bandés, et il n'a que des idées confuses des expressions dans lesquelles on lui propose une vérité.

Il s'agit donc de lui apprendre d'abord à définir les mots, à concevoir leur juste valeur et à démêler leurs différents sens. On peut le faire dans une conversation enjouée, comme si on ne songeait pas seulement à l'instruire; on peut emprunter de ses badinages et de ses jeux des expressions qui lui sont familières pour le faire entrer sans effort dans le sens d'un terme qu'il ne connaissait pas distinctement. C'est ainsi qu'il ne commencera pas seulement à se former une idée nette de ce qu'il entendra dire; il s'exprimera lui-même avec précision, et ses discours cesseront d'être embrouillés et énigmatiques, comme ils le sont d'ordinaire à cet âge. Il lui sera fort aisé après cela de concevoir ces vérités primitives et simples qu'on reçoit dès qu'on les entend prononcer et que les préjugés tâchent en vain d'obscurcir.

Il pourra même en tirer des conséquences, pourvu qu'on ne les étende pas jusqu'à lui lasser l'esprit. Pour voir s'il est capable de cet effort, on n'a qu'à le suivre dans les jeux qui amusent d'ordinaire la première jeunesse. Ces jeux ont toujours certaines règles qu'il n'est pas permis de transgresser. Vous verrez qu'il les comprendra d'abord, et si quelqu'un de ses compagnons paraît s'en éloigner, il comparera son action avec la loi, il en tirera des conséquences et il en conclura avec une justesse étonnante que cette action-là est permise ou qu'elle ne l'est pas.

A proportion qu'il avance en âge, on doit le porter insensiblement à une application plus grande et le faire descendre des axiomes généraux à des vérités plus particulières et plus abstruses. On verra dès lors, si l'on veut prendre la peine de l'essayer, que, sans lui embrouiller l'esprit d'un fatras de distinctions de logique, il pourra connaître un sophisme d'avec un bon raisonnement. Tâcher, par exemple, de lui en imposer par quelque subtilité sophistique sur ses amusements ordinaires, et s'il s'en débrouille, proposez-lui un sophisme de la même espèce touchant une matière plus sérieuse; il est fort apparent qu'il saisira avec la même facilité le nœud du faux raisonnement. Si, par hasard, il se trouve pris dans un de ces pièges de la logique et que par ses propres forces il ne puisse pas se tirer d'affaire, il faut l'aider à se débarrasser et lui faire sentir avec toute la netteté possible en quoi consiste la finesse qui avait échappé à sa pénétration. Il faut après cela lui faire appliquer sans aide les règles qu'on vient de lui tracer à quelque autre exemple et, sans lui en faire une affaire sérieuse, lui apprendre ainsi insensiblement à se démêler des subtilités d'un sophiste.

Pour exercer un enfant dans cette science importante, il n'est pas nécessaire de l'enfermer trois heures de suite dans un cabinet. Cette étude est de tous les lieux et de toutes les occasions. La table et la promenade y peuvent tenir lieu de collège, et même elle n'est pas incompatible avec les amusements les plus puérils où il est très utile d'entrer quelquefois avec un jeune élève; c'est là que la joie lui fait développer entièrement le caractère de son esprit, qu'on ne saurait cultiver comme il faut sans avoir une connaissance parfaite de ses qualités, bonnes et mauvaises.

Après avoir de cette manière façonné sa raison, on peut facilement la rendre pour jamais inaccessible aux erreurs populaires. Elles choquent d'ordinaire immédiatement les premiers principes de la vérité, et un esprit qui n'a pas eu encore le loisir de s'asservir à la coutume concevra d'abord l'extravagance des préjugés de la multitude. Il se conservera toujours pur, et rien ne l'arrêtera dans la recherche de la vérité.

Rien au monde n'est plus libre de sa nature que la raison; il faut entretenir celle d'un enfant dans cette liberté généreuse et ne la faire dépendre que de la seule évidence. Il faut lui permettre de ne s'en pas fier à vous en matière de raisonnement, de vous faire des objections, de soutenir même son opinion avec fermeté. Il est vrai qu'il est bien plus commode de lui imposer silence avec une autorité magistrale et de lui faire regarder vos décisions comme autant d'oracles. Malheureusement, c'est là le vrai moyen d'engager sa raison dans l'indolence et de la priver de cette noble vigueur qui seule peut l'élever au-dessus des esprits ordinaires.

Je conviens qu'un enfant, conduit de cette manière, commence souvent de bonne heure à former une haute opinion de son habileté, à vouloir contester les choses les plus claires et à parler sur tout d'un ton décisif. Ces inconvénients sont grands, mais ils ne sont pas sans remède.

Voulez-vous réprimer l'orgueil d'un enfant qu'on a confié à vos soins, portez plus souvent son esprit sur les choses qu'il ignore que sur celles qu'il sait. Qu'il ne perde jamais de vue son incapacité, et qu'ainsi sa vanité se perde dans l'abîme des connaissances que son faible esprit ne peut pas encore sonder.

Préservez-le surtout du poison de la flatterie; tâchez de lui faire sentir le danger et le ridicule qu'il y a à se laisser duper par des adulateurs, qui confondent le plus grand fat et le plus honnête homme en leur prodiguant les mêmes louanges. Qu'on me permette ici de faire une petite digression.

Je plains de tout mon cœur les enfants d'un certain rang qui ont quelque mérite; il semble que tout le monde conspire contre leur bon naturel. Ils ont dit trois ou quatre jolies choses, les voilà en réputation; ils ne font plus un pas dans la rue qu'on ne vienne les embrasser et les féliciter de leurs lumières. Ils n'ont que faire de mettre désormais de l'esprit dans leurs discours; on y en met pour eux et l'on trouve un sens, et un sens relevé jusque dans leurs sottises. Ceux qui veillent à leur conduite doivent s'efforcer sans relâche à imprimer de nouveau dans ces jeunes esprits les sentiments de modestie que tout le monde tâche à l'envi d'en effacer; c'est toujours à recommencer, et la corruption naturelle du cœur humain fait d'ordinaire que le poison l'emporte sur l'antidote. Je reviens à mon sujet. Quel parti faut-il prendre avec un enfant qui ne se rend jamais dans la dispute et qui outre la liberté qu'on lui accorde de soutenir ses sentiments? Celui qui doit diriger son esprit en doit connaître la portée et savoir si c'est faute de lumières ou de docilité qu'il refuse à se soumettre. Si c'est par opiniâtreté, on doit l'en punir par le silence et lui marquer qu'on ne daigne pas répondre à ses chicanes frivoles. Dès qu'il sera revenu du dépit que cette espèce de mépris ne manquera pas de lui donner, il faut l'entreprendre avec douceur en lui faisant voir combien il est beau de garder une noble indifférence pour ses propres sentiments et de n'être sectateur que de la vérité seule, que rien n'est plus glorieux et plus rare que de savoir dire de bonne grâce, 'J'ai tort,' et qu'on remporte une plus illustre victoire en arrachant cette confession à sa vanité qu'en faisant succomber son antagoniste sous la force d'un raisonnement sans réplique. Ce n'est pas tout; il faut qu'on appuie ses leçons par sa conduite. Il arrive aux plus habiles gens de pouvoir être relevés par un enfant avec justice. Dans ce cas, il ne faut pas se glisser dans les détours de la logique pour échapper aux lumières des jeunes gens; il faut convenir naturellement de la faiblesse de ce qu'on venait d'avancer, et, déjà éclairés par les maximes dont j'ai parlé tantôt, ils regarderont moins cet aveu comme la marque d'une raison faible que comme le caractère d'un esprit bien fait et d'un cœur sincère. Il me semble qu'il est moins difficile encore de réformer l'air décisif dans un enfant dont on a formé la raison. On peut lui faire voir aisément, par des preuves et par des exemples, que la décision est le partage des sots comme le raisonnement est celui des gens habiles. Si on lui inculque bien cette vérité, si on évite à parler devant lui d'un ton décisif sur les matières qui méritent quelque réflexion, si, d'ailleurs, on se sert de ce remède avant que le mal soit invétéré, il n'aura garde de se mettre du côté des ignorants dont la sottise est encore enlaidie par une suffisance ridicule.[311]

LXXXV · [5 décembre 1712]

Rien n'est plus ridicule que de condamner un auteur ancien parce qu'il donne à ceux qu'il dépeint dans ses ouvrages d'autres coutumes et d'autres mœurs que celles que l'usage nous fait considérer comme les seules bonnes.

   Les héros de notre temps ont un équipage brillant et une suite nombreuse; leurs tables nous ravissent par la magnificence de la vaisselle et par la délicatesse des mets. Si par quelques présents on veut leur marquer de l'estime, on leur

---

311. The author notes in the 1712-13 edition: 'Si le public goûte cet essai, j'en pourrais bien donner la suite dans quinze jours d'ici.'

donne des épées couvertes de pierreries ou d'autres bijoux d'un prix inestimable. Tout cela nous paraît grand et noble, mais nous aurions tort d'en tirer un droit de nous moquer des héros anciens dont la gloire n'était pas relevée par tant d'éclat étranger.

Les écrivains qui en ont parlé les louent quelquefois d'avoir été fort entendus à faire la cuisine. Les ortolans et les perdrix ne paraissaient jamais dans leurs festins, et les présents les plus magnifiques dont on honorait leur valeur, c'étaient des bœufs propres au labourage, des chaudrons d'airain et d'autres meubles de cette sorte.

Les auteurs qui nous ont représenté ainsi ces grands hommes ne pouvaient pas deviner les mœurs des siècles futurs. C'est pourquoi nous ne sommes pas leurs juges compétents, et nous ne saurions avec justice les citer devant le tribunal de notre luxe.

Ils ne sont pas de même à l'abri de notre critique quand ils nous tracent le portrait du cœur humain. S'ils le dépeignent autrement que nous ne sentons le nôtre et celui des hommes qui nous sont contemporains, on peut les accuser hardiment d'être de mauvais peintres. L'homme en général est inaltérable à l'égard de ses sentiments et de ses inclinations; il a été et sera toujours ce qu'il est: vain, ambitieux, amoureux de l'autorité, porté à se distinguer parmi ses semblables. Ces qualités sont fondées sur son amour-propre et elles cesseront de lui être naturelles quand il cessera de s'aimer. Il a même des inclinations dont on ne découvre pas d'abord la liaison avec les sentiments ordinaires du cœur humain, qui ne laissent pas d'avoir été remarqués en lui de tout temps. Ce n'est pas d'aujourd'hui, par exemple, que les femmes ont tant de goût pour les gens de guerre; on remarque dans les écrits les plus anciens des traces de ce penchant bizarre. Dans Homère, Briséïs, après avoir perdu par les armes d'Achille sa patrie, son père, ses frères et son époux, chérit pourtant Achille; il est bel homme, surtout il est soldat; elle ne saurait résister à cette dernière qualité, et celui par qui toute sa famille a été détruite tient lieu dans son cœur de toute sa famille.[312] La même vérité a été indiquée plus clairement par la fable de Mars et de Vénus; elle est très ancienne et a été faite sans doute pour tourner en ridicule le faible que le beau sexe avait dès lors pour les destructeurs du genre humain.[313]

A quoi attribuerons-nous cette inclination surprenante? Ce sexe timide s'effraie à la moindre apparence de danger; la vue seulement d'un combat fait tomber une femme en faiblesse, et même elle croit de la bienséance de se pâmer à un spectacle si désagréable. Le beau sexe est cependant plein d'estime pour ceux qui font profession de se baigner dans le sang autant de fois que l'occasion leur en est offerte. Le meurtre et le carnage leur fait horreur, et rien ne leur est plus agréable que les auteurs du meurtre et du carnage.

312. Briséïs or Briséis, the daughter of a High Priest, was given to Achilles. When Agamemnon took Briséis from Achilles during the Trojan war, Achilles refused to fight. The resulting anger of Achilles and his inaction provide the basis for the *Iliad*.

313. When Vulcan, the jealous husband, found Mars and Venus together, he tied them in bed with a finely woven net and exposed them to the ridicule of the other gods. Addison also comments on the Mars and Venus fable in the *Odyssey*, VIII, ll.266-366; see the *Spectator*, number 279 (19 January 1712).

Les gens qui se donnent les airs de trancher court sur la conduite du beau sexe se tireraient ici bientôt d'embarras. 'Le cœur d'une femme,' diraient-ils, 'est la plus grande des contradictions; rien n'est plus indéchiffrable que ses sentiments, et la pénétration la plus vive s'égare dans le labyrinthe de ses passions.'

Pour moi qui suis plus porté à rendre justice au sexe, je ne me contente pas d'une raison si générale. J'en trouve d'abord une plus particulière et plus véritable dans la timidité même des femmes qui paraît les éloigner si fort d'un tendre commerce avec les guerriers.

Plus le danger les effraie, plus elles regardent comme un effort pénible de l'âme la profession de braver le péril avec fermeté. Quand elles fouillent dans leurs sentiments, elles n'y trouvent qu'une faiblesse excessive; elles en admirent d'autant plus le courage de ceux qui sacrifient volontairement la douceur du repos et l'amour de la vie à la gloire d'affronter tous les jours la mort, de l'attendre de pied ferme ou d'aller à sa rencontre. Ce n'est pas tout. La valeur est d'ordinaire le caractère d'une âme grande et d'un cœur généreux; la poltronnerie, au contraire, est la plupart du temps accompagnée de sentiments bas et méprisables. Elle fait son séjour dans des âmes inaccessibles à l'honneur, et il n'y a rien de bon à attendre d'un cœur que la gloire ne saurait tirer de son indolence. Un lâche est l'objet de l'aversion de tout le monde, personne ne veut avoir de commerce avec lui, et l'on craindrait de partager sa honte si on était avec lui dans les moindres liaisons.

Une femme est d'ordinaire extrêmement attentive à tout ce qui peut intéresser sa vanité, et quelques aimables qualités qu'un amant puisse avoir d'ailleurs, elle croirait déshonorer ses charmes par la conquête d'un homme universellement méprisé, bien loin de vouloir l'en dédommager par sa tendresse. D'un autre côté, rien ne flatte davantage son orgueil que de voir succomber sous son mérite un homme intrépide et accoutumé à vaincre tous les obstacles qui s'opposent à sa bravoure. Elle félicite continuellement ses appas d'un si glorieux triomphe et elle croit s'approprier toute la gloire de celui qu'elle met dans ses chaînes. La férocité qui s'attendrit, la fermeté qui s'ébranle, la fierté qui s'abaisse et qui devient suppliante, voilà les victimes les plus agréables qu'on puisse immoler à la haute opinion qu'elle a de son mérite.

On dira qu'à ce compte le beau sexe devrait aimer tous les braves gens, guerriers ou non; aussi est-il vrai que la valeur charme les dames dans toutes sortes d'objets, mais elle leur paraît la plus brillante dans ceux qui se sont destinés à donner des marques continuelles d'intrépidité, qui toutes les campagnes vont moissonner des lauriers nouveaux et qui travaillent sans cesse à perfectionner leur gloire.

Voilà des raisons qui certainement ne sont pas au déshonneur des belles; j'en alléguerai quelques autres qui ne leur plairont pas tant, mais que, cependant, ma franchise ne me permet pas de passer sous silence.

Il y a bien des femmes qui se laissent prendre uniquement à la parure soldatesque d'un officier et à cet air délibéré que la guerre manque rarement de donner aux nourrissons de Mars. Comment, par exemple, le cœur de Céphise peut-il tenir contre les airs d'Alidor quand il se laisse traîner au cours dans une calèche magnifique. Son habit d'écarlate ne laisse voir qu'à peine sa couleur au travers des galons d'or qui le couvrent. Il tient un chapeau tout chiffonné sous le bras. Sa petite perruque mise de travers laisse voir à découvert une de ses oreilles et la moitié d'une tête rasée. Il est étendu dans son carrosse avec une indolence cavalière et, appuyant ses jambes sur le strapontin, il paraît ne vouloir rien dérober de sa figure aux yeux curieux. Avec cela il chante assez haut un petit air à la mode en battant la mesure de la main droite. De la gauche, il tient une tabatière dont il change à chaque tour qu'il fait. De cette manière il étale huit ou dix boîtes différentes dans une demi-heure. Voilà les trois quarts de son mérite; il en est aussi fier comme si dans chacun quelque bonne qualité était enfermée. Vous le considérez à peu près de la même manière, Céphise, et vous avez raison. L'une de ces tabatières contient la sagesse; l'autre, l'esprit; une troisième, la discrétion; celle-ci, la grandeur d'âme et celle-là, la fidélité. Encore un coup, Céphise, vous ne sauriez refuser votre cœur à un homme si rare; je vous conseillerais même de prévenir ses soupirs et de lui épargner les peines que doivent prendre les amants du commun pour fléchir leurs maîtresses.

On peut dire encore que les gens de guerre sont sujets à des défauts qui contribuent extrêmement à leur rendre les cœurs des belles accessibles. Le caractère de leur métier se répand sur leurs manières avec le beau sexe; elles ont quelque chose de brusque et de cavalier qui approche fort du mépris. Ne croyez pas qu'ils en deviennent odieux et insupportables, point du tout. Les femmes joignent d'ordinaire beaucoup de fierté à un tempérament faible et craintif. Si vous les traitez avec hauteur, la partie craintive joue en elles son jeu. Elles ne vous regardent qu'avec respect et ne vous étalent que complaisance, que douceur, que manières engageantes et flatteuses.

Si, au contraire, vous vous efforcez par des déférences respectueuses à mettre leur orgueil dans votre parti, vos égards, vos soumissions idolâtres, votre précaution à ne leur point déplaire rassurent leur humeur timide et leur donnent une entière liberté de vous déployer toute l'étendue de leur orgueil. Elles se croiront des divinités au prix de vous, et tous vos soins, toutes vos peines leur paraîtront trop payés d'un regard ou d'un sourire. Heureux encore si, tous les jours, vous n'en essuyez pas les dédains les plus insupportables et si elles ne se font pas un plaisir des tourments qu'elles vous font souffrir! En un mot, la plupart des belles s'élèvent au-dessus de celui qui s'abaisse devant elles; elles s'abaissent devant celui qui se raidit contre leur fierté, et le plus sûr moyen d'en obtenir quelques grâces, c'est de ne les pas mériter.

Que les hommes ne se glorifient pas du portrait désavantageux que je fais ici des femmes, parmi lesquelles il y en a un grand nombre de fort éloignées de ces sentiments extravagants. Nous n'en devons rien au beau sexe sur les travers d'esprit, et rien ne ressemble mieux aux sottises des femmes que les sottises des hommes.

Quand je rencontre dans la rue certaines gens sans les saluer, ils me tirent de ma distraction par un salut des plus humbles et me font rougir, par leur honnêteté, de mon incivilité involontaire. Ils s'imaginent alors que je m'estime au-dessus d'eux et digne de leurs respects; ils ont la faiblesse d'être de mon sentiment et se hâtent de me rendre l'hommage qui, selon eux, m'appartient. Si une autre fois, voulant réparer ma faute, je les [salue d'aussi loin que je les] aperçois, il me rendent le salut avec la gravité d'un homme respectable et comme s'ils me faisaient grâce en remarquant le devoir dont je viens de m'acquitter. C'est alors qu'ils me croient persuadé de leur supériorité et de ma bassesse, et ainsi, par ma fierté et par mon humilité apparentes, je dispose de l'opinion qu'ils conçoivent et d'eux et de moi. Revenons aux guerriers. Non seulement ils traitent les femmes cavalièrement, ils ont même en général assez mauvaise opinion de leur sagesse et, souvent, ils remplissent les vides de leurs occupations d'été en déchirant la réputation des belles à qui ils ont fait la cour pendant l'hiver. Ce profond mépris qu'ils ont pour le beau sexe leur tient souvent lieu de mérite.

Un amant qui se forme une haute idée de la vertu de sa maîtresse tâche d'en arracher quelque faveur par ses soins, ses services, sa discrétion, sa constance, mais il ne fait que tourner autour du pot. Sa timidité est très mal assortie avec la timidité de sa belle, et elle lui donnerait volontiers le conseil qu'Hélène donne à Pâris dans les vers d'Ovide que je cite peut-être trop souvent:

> On cherche en vain par l'éloquence
> Ce qu'on peut acquérir par quelque violence.
> D'une jeune beauté la timide pudeur
> Veut souvent par la force arriver au bonheur.[314]

Messieurs les officiers n'ont pas besoin de cet avertissement; ils ne sont pas gens à vouloir prendre par la sape une place qu'ils jugent de si peu de défense; ils y vont tête baissée et prétendent l'emporter du premier assaut, à quoi bien souvent ils réussissent.

LXXXVI · [12 décembre 1712]

Suite du LXXXIV

Après avoir ainsi jeté la base du raisonnement d'un jeune homme, ce qui me paraît le meilleur et le plus important à faire, c'est de fonder sur cette base solide l'étude de ses devoirs. Dans l'éducation ordinaire, un enfant ne distingue une bonne action d'avec une mauvaise que par les récompenses et les punitions qui les suivent, mais c'est peut-être ce qu'il y a au monde de plus propre à le perdre pour jamais. Rien n'est plus capable de lui donner des sentiments bas et lâches, de laisser son âme dans une inaction indolente et de la rendre esclave de l'espérance et de la crainte; c'est le moyen sûr de lui faire examiner non si une action est bonne en elle-même, mais si pour le présent elle est bonne pour lui. Bientôt, il ne mesurera ses devoirs qu'à une utilité déraisonnable et grossière et il croira licite tout ce qu'il pourra dérober aux yeux des personnes qui ont le pouvoir de le punir. Il vaut infiniment mieux l'instruire de ses devoirs par principe et le rendre plutôt docile à la raison qu'à l'autorité de ses maîtres, afin que son âme se détermine vers le bien par son propre mouvement et avec une liberté généreuse.

Qu'on ne s'imagine pas que cette science si digne d'être possédée soit au-dessus de la portée d'un enfant élevé selon ma méthode. La morale oblige tous ceux qui ont la faculté de raisonner, et il est naturel qu'elle soit accessible à

---

314. This is inspired from Ovid's poem 'Helene Paridi', *Heroides*, XVII.

leurs recherches, pourvu qu'ils veuillent entrer sérieusement dans l'examen d'une matière si importante. Si elle demande une pénétration extraordinaire, ce n'est que dans un petit nombre de cas particuliers qui n'influent guère sur la conduite générale des hommes. Elle n'est hérissée de difficultés que pour ceux dont on a laissé croupir la raison dans une paresse honteuse. Ils ont eu tout le temps de s'asservir à leurs passions; le faux honneur et les autres préjugés de la multitude les ont familiarisés avec les opinions les plus fausses et les plus ridicules. Elles ont, par une espèce de prescription, occupé dans leur esprit la place de la vérité, et les arracher de leur âme, c'est la priver pour ainsi dire d'une partie d'elle-même. Quand, enfin, la vérité se découvre à eux dans tout son jour et s'oppose à leurs erreurs favorites, il semble qu'elle s'oppose à elle-même; cette contradiciton apparente trouble leur faible raison; il faut une peine infinie pour la débarrasser de ses préventions invétérées et pour la remettre dans une pleine indifférence pour tous les sentiments qui demandent de la réflexion et des recherches. La justesse qu'on donne de bonne heure à l'esprit d'un jeune homme le préserve de tous ces inconvénients; la vérité ne trouve en lui d'autres obstacles que ceux qu'elle apporte elle-même, et certainement, ce ne sont pas ceux-là qui sont les plus difficiles à surmonter.

Une raison éclairée sur le devoir trouve moins de peine qu'un esprit enveloppé de ténèbres à triompher d'un tempérament indocile; cependant, elle n'y réussit pas toujours. C'est pourquoi il faut aussi de bonne heure tâcher de mettre le cœur dans ses intérêts et d'y exciter des passions avantageuses pour la vertu. On y peut travailler avec succès par les exemples. On doit mettre souvent devant les yeux d'un enfant la conduite de ces hommes qui se sont acquis par leurs vertus une réputation éternelle. Il faut lui dépeindre de la manière la plus vive leur générosité, leur constance, leur grandeur d'âme et, surtout, leur humanité et leur justice, afin de lui en faire concevoir de hautes idées et de lui inspirer pour ces grands modèles de l'admiration et de la tendresse. D'un autre côté, il faut lui faire des portraits affreux de ceux qui se sont rendus les objets du mépris des hommes par des actions intéressées, cruelles et injustes. Par là, son cœur ému et pénétré se remplira d'aversion pour la bassesse de leurs sentiments. Ces impressions qu'on fait dans une âme encore tendre ne sont pas sujettes à en être effacées, et quand elle sera balancée entre le vice et la vertu, frappée par les exemples qu'on lui aura rendus familiers, elle suivra plutôt ceux qu'elle estime et qu'elle aime que ceux qu'elle méprise et déteste.

Il faut surtout exciter un enfant éclairé à prendre pour guide les lumières de sa raison par respect pour la Divinité et pour sa volonté révélée, qu'on lui doit faire connaître dès qu'il est en état de goûter la force d'une preuve.

Il y a des démonstrations de l'existence d'un Dieu et de la vérité de la religion chrétienne dont l'évidence sera facilement saisie par un jeune homme d'un raisonnement cultivé, à qui on aura donné une idée nette des expressions et qu'on aura préservé soigneusement de la tyrannie des préjugés. Il ne s'agit que d'arranger ces preuves dans un ordre facile et de ne descendre jamais à une conséquence avant que d'avoir fait comprendre clairement la proposition dont elle découle.

Il est bon même, pour soulager sa mémoire qui ne retiendra pas sans peine toute la suite d'un raisonnement, de le lui faire écrire à lui-même; par là, toutes les parties d'une preuve se graveront mieux dans son esprit, et il pourra remonter facilement à chaque proposition qui peut répandre de la lumière sur les conséquences qui l'embarrassent.

Aussitôt que sa raison sera parfaitement convaincue sur ces deux vérités fondamentales, on peut lui développer la morale sacrée des livres divins et la confronter avec celle que la raison nous prescrit sans l'aide de la Révélation. On peut lui faire sentir fortement combien en partie la première est conforme à l'autre et combien en partie elle surpasse les découvertes de notre esprit, qui ne laisse pas de goûter et d'admirer des vérités auxquelles il n'aurait jamais atteint par ses propres forces.

Enfin, il est très utile de lui faire comprendre que les lois admirables que la Révélation nous prescrit n'ont en vue que notre propre intérêt et qu'un bonheur réel et présent est une suite nécessaire de la pratique de nos devoirs.

A l'égard des dogmes, je serais d'avis qu'on ne le fît pas entrer d'abord dans un grand détail. On devrait se contenter de lui développer avec toute la netteté possible ceux qui servent de fondement à la religion et qui sont si clairement exprimés dans nos saints livres qu'on ne saurait refuser de les admettre sans manquer de respect à celui qui nous les a révélés. Il y en a d'autres, qu'il n'est pas nécessaire de spécifier, où les plus habiles gens voient le moins clair et où tout homme de bonne foi avouera qu'on trouve des difficultés considérables de quelque côté qu'on se tourne. Il faudrait éviter d'en parler à un enfant, afin de n'accabler pas sa faible raison sous un fardeau que les génies les plus vigoureux ont bien de la peine à soutenir. Je me trompe fort s'il ne serait pas utile que, jusqu'à un certain âge, on sût uniquement qu'on est de la religion chrétienne sans prendre aveuglément parti entre les différentes sectes qui partagent ceux qui se font un honneur de porter le nom de Chrétien.

Si enfin, dans un âge plus mûr, les questions d'un jeune homme vous obligent à lui exposer ces différentes opinions, tâchez de lui en parler sans passion et sans aigreur; ne donnez aucun nom odieux à ceux-là même qui embrassent les sentiments les plus ridicules, et plutôt que de les accuser de malice ou d'opiniâ-treté, plaignez-les de leur aveuglement et de leur malheureuse éducation qui en est la cause. Gagnez surtout sur votre amour-propre, s'il se peut, d'expliquer ces différents systèmes avec fidélité et de mettre en tout leur jour les raisons sur lesquelles on les appuie. Il est sûr qu'un esprit bien cultivé n'adhérera jamais à ces sectes où règnent l'autorité des hommes et la superstition. A l'égard de celles qui s'opposent les unes aux autres des difficultés embarrassantes pour les esprits les plus pénétrants, on ferait bien, il me semble, de laisser à un jeune homme bien instruit sur les objections qu'on fait de part et d'autre la liberté de suspendre son jugement, ou bien de se déterminer de lui-même vers le parti qui lui paraît le plus raisonnable.

Cette maxime déplaira fort à toutes les personnes aveuglément zélées, je n'en doute point.

'Quoi!' dira ce père; 'mon fils serait exposé par cette méthode à donner dans l'arminianisme?[315] Je le déshériterais s'il tombait jamais dans des erreurs si détestables.'

---

315. 'Arminianisme' is a type of Reformed theology founded by Jacobus Arminius in reaction to strict Calvinism. See our note in number XXIII, p.99. 'Particularistes' are followers of the doctrine

'Mon enfant,' dira cet autre, 'pourrait bien, en suivant ces belles maximes, devenir *particulariste*, et j'aimerais mieux le voir au tombeau que dans un si déplorable égarement.'

C'est ainsi que nous croyons que nos enfants courent à la perdition à mesure qu'ils s'éloignent de nos systèmes. Je conviens qu'ils courent risque de s'égarer si, pour se déterminer, ils se fient à leurs propres lumières. Mais sont-ils à l'abri de ce danger en soumettant leurs opinions à l'autorité paternelle?

Supposons même qu'on évite l'erreur à coup sûr quand on adopte les sentiments de ses pères; ma méthode ne m'en paraît pas moins raisonnable, et j'ose avancer qu'il vaut mieux être dans l'erreur après avoir fait tous ses efforts pour éclairer sa raison que de suivre la saine doctrine en pliant sous l'autorité d'une manière servile.

Si l'on tombe dans le premier inconvénient, on agit du moins en homme, on met en œuvre la raison à laquelle seule on est responsable de ses sentiments et, sans être coupable de paresse ou d'obstination, on a seulement le malheur de ne savoir pas se dégager de l'illusion par une force d'esprit suffisante. Mais si l'on est orthodoxe par prévention, à proprement parler, on ne croit rien; on s'imagine de croire, et ce qu'on prend pour une conviction de l'esprit n'est qu'une passion du cœur; au lieu de soumettre ses opinions à l'évidence, on les fait relever du hasard qui, selon les parents et la patrie des hommes, en fera à son gré des Juifs, des Chrétiens ou des Mahométans.

Par une éducation si mal dirigée on apprend à haïr des sentiments sans les connaître, parce qu'on a appris dès sa plus tendre enfance à haïr ceux qui les ont embrassés. De là, ce zèle persécuteur qui étouffe la charité chrétienne par attachement pour le christianisme et qui, pour défendre les intérêts de Dieu, transgresse ses lois les plus saintes. De là, ces massacres barbares dans lesquels une noire perfidie et une rage infernale se couvrent du voile de la piété pour saper la religion par ses fondements.

Plût au Ciel qu'on voulût bien sérieusement réformer l'éducation des enfants sur cet article et ne point émouvoir leurs passions pour leur faire aimer une secte et pour leur en faire haïr une autre! Tous les hommes se regarderaient bientôt comme frères, et le titre odieux d'hérétique, qu'on emploie à tort et à travers, ne nous ferait pas regarder les uns les autres comme des monstres d'impiété. On employerait toute la douceur que la charité chrétienne peut inspirer pour dissiper les ténèbres qui offusquent l'esprit de ceux qui s'égarent. Surtout, on concevrait l'impertinence qu'il y a à attaquer le raisonnement par des supplices et à vouloir renverser les conceptions de l'âme par les tortures dont on déchire le corps. Je soutiens même que la variété des opinions serait de beaucoup moindre.

La raison qui offre à tous les hommes les mêmes principes les mènerait facilement aux mêmes conséquences dans les choses importantes pour le salut qu'un Etre, rempli de bonté pour nous, nous a rendues faciles, pourvu que nous y voulions prêter toute l'attention dont elles sont dignes. On ne différerait, selon toutes les apparences, que sur les choses les plus difficiles de la religion et, en même temps, les moins importantes. Nos erreurs ne s'appuyeraient point sur la

which teaches that Jesus Christ died for the chosen alone.

paresse, sur la prévention, sur les passions du cœur, sur l'esprit de parti, ni sur un ridicule respect pour nos semblables. Enfin, l'esprit ne pourrait être la dupe que de sa propre faiblesse, qui est, à mon avis, la cause la moins ordinaire de nos égarements.

LXXXVII · [19 décembre 1712]

Si c'est avec justice que la médecine passe pour un art incertain, s'il est très difficile de connaître à fond la nature de chaque remède et le tempérament particulier de tous ceux à qui on les applique, j'ose avancer pourtant que cette science est encore plus susceptible de certitude que la politique. Je conviens que l'intérêt des peuples est quelque chose de réel et qu'il est possible d'en acquérir une connaissance solide, mais qui me répondra que ces peuples agiront conformément à leurs intérêts? On n'en saurait juger que par leurs inclinations, et c'est là-dessus que les apparences sont plus trompeuses que sur aucune autre matière du monde.

'Les Espagnols,' disait-on autrefois, 'ne se soumettront jamais à un prince français; ils savent que c'est un moyen sûr d'être traités comme un peuple conquis. Les richesses qu'ils reçoivent du nouveau monde tomberaient alors entre les mains des étrangers, et ils ne sont pas si fous que d'aller d'eux-mêmes à la rencontre d'un malheur qu'ils ont éloigné pendant un si grand nombre d'années en exposant leur vie pour le bien de leur Etat.'

On comptait d'ailleurs sur le raffinement de leur politique et, surtout, sur la prodigieuse aversion qu'ils se sont toujours sentie pour une nation si éloignée de leur naturel et de leurs coutumes. En un mot, avancer dans ce temps-là que la couronne d'Espagne pourrait tomber sur la tête d'un Français, c'était avancer une contradiction manifeste. Cependant, on s'est trompé sur ce chapitre en croyant qu'il fût possible de raisonner juste sur un principe aussi peu stable que les passions de la multitude. Les Espagnols ont reçu le joug avec toute la patience imaginable, et même pour plaire à leurs nouveaux maîtres, ils ont relâché quelque chose de leur gravité en y mêlant un peu de vivacité française, l'unique avantage qu'ils ont tiré de cette révolution.[316]

On n'a pas trouvé moins impossible, il y a quelque temps, l'union de la France avec l'Angleterre; rien ne paraissait plus absurde que de s'imaginer que les Anglais pussent soutenir le parti de la France contre des alliés avec lesquels ils paraissaient autant unis d'inclination que d'intérêt. Personne ne s'avisait seulement de douter que la grandeur de l'Angleterre ne dépendît de l'abaissement de leur redoutable voisin, et l'on était sûr que l'utilité véritable des Anglais serait l'unique règle de leur conduite. On se fondait sur l'animosité qui règne entre ces deux peuples et qui leur paraît innée. Elle a sa source dans les guerres cruelles qu'ils se sont faites depuis un grand nombre de siècles; elle a été

---

316. After the death of the childless Charles II in 1700, Louis XIV supported his second grandson Philip as heir to the Spanish throne, thus precipitating the War of the Spanish Succession. During the ensuing conflict the Spanish people rallied behind the Bourbon pretender, who later became Philip V of Spain.

entretenue par une contrariété presque générale qu'on trouve dans les mœurs et dans les coutumes de ces deux nations, contrariété si grande qu'on pourrait les appeler des *antipodes moraux*.

Les Français aiment en général à savoir quelque chose, et l'activité naturelle de leur esprit ne leur permet pas de croupir dans une profonde ignorance, mais il est rare qu'ils arrivent à un haut degré de savoir. Ils sont peu capables d'une application assidue, et leur imagination, qui agit plus d'ordinaire que leur raison, ne fait que badiner autour de la superficie des matières. Ils les effleurent tout au plus et, ornant ce qu'ils savent d'une expression aisée et d'un tour heureux, ils donnent dans la vue et paraissent plus habiles qu'ils ne le sont en effet.

Les Anglais, qui s'adonnent à l'étude, ont, au contraire, une attention infatigable pour les sujets les plus épineux. Leur raison ne se contente pas d'une légère teinture d'habileté; elle creuse jusqu'au fond des sciences, et leur pénétration ne se laisse arrêter par aucun obstacle. Peu attachés d'ordinaire à polir leur style et à le rendre aisé et fleuri, ils trouvent ces minuties au-dessous de la solidité de leur esprit. Ils sont plutôt grands esprits que beaux esprits, et leurs écrits sont plus propres à instruire qu'à plaire.

Ces peuples se plaisent tous deux à donner dans la dépense, mais c'est d'une manière bien différente. Les Français veulent briller pour leur argent et étaler leur prodigalité aux yeux de tout le monde; ils veulent un équipage magnifique, un grand nombre de gens de livrée et des habits où éclatent l'or et l'argent. L'Anglais semble vouloir dérober sa dépense aux yeux des hommes; ses habits sont simples et unis, ses équipages sans ostentation, et même l'envie de se donner ces grands airs passe chez lui pour une ridicule vanité. Mais il n'en est pas moins prodigue; il paie avec la dernière profusion tout ce qui a du rapport à ses plaisirs, et l'amour et la bonne chère sont deux gouffres où se perdent ses richesses. Son amour pourtant n'a d'ordinaire ni galanterie ni délicatesse; ce raffinement d'un cœur qui se fait une souveraine félicité d'aimer et de plaire n'est nullement à son goût. Un plaisir grossier est l'unique lien qui l'attache au beau sexe, et les sentiments qu'il a pour une maîtresse sont de la même nature que ceux qu'il a pour le vin.

Pour le Français, il n'est cavalier avec les femmes que par mode et il est galant par naturel. Quand il se laisse entraîner par son penchant, il trouve son plus grand plaisir à voir les femmes et à leur plaire. Aussi possède-t-il au suprême degré le talent de les amuser, de s'accommoder à leurs caprices, de s'insinuer dans leur esprit, de nourrir leur vanité et de faire qu'elles soient contentes de lui à force d'être contentes d'elles-mêmes.

Ces deux nations sont mêmes différentes dans leurs débauches. Les Français ont en eux-mêmes de grandes ressources pour entretenir leur joie, et ce sont peut-être les gens du monde les plus capables de se divertir. Ils ne boivent que pour animer leur belle humeur; les chansons, la conversation, la danse et la raillerie se mêlent chez eux aux plaisirs de la bouteille et rendent le goût de leur vin plus piquant et plus agréable.

La débauche des Anglais est, ce me semble, moins animée par la variété des plaisirs; on dirait qu'ils boivent simplement pour boire et qu'ils croiraient déshonorer Bacchus s'ils mêlaient d'autres plaisirs à ceux qu'il est capable de faire goûter lui seul.

Les Français sont remplis de civilité et de politesse, mais, fort souvent, ils en restent aux paroles, qui font les trois quarts de leur générosité, et ceux qui comptent sur leurs protestations courent risque d'être les dupes de leur propre crédulité.

Les Anglais, au contraire, sont généreux véritablement, et l'effet suit de près leurs promesses, mais il faut les saisir dans le moment favorable pour tirer quelque usage de leur générosité. Si vous laissez échapper l'heure où ils sont pleins de chaleur pour vous, vous les trouverez bientôt tout glacés, et celui qui paraissait entièrement dévoué à vos intérêts vous regarde comme si jamais il ne vous avait connu.

Mais le caractère qui distingue le plus ces deux peuples, c'est que le premier se soumet servilement aux ordres absolus de son monarque; il préfère à la liberté le frivole honneur de porter les fers d'un prince redoutable à toute l'Europe, et il fait son bonheur unique de la grandeur de son roi, dont il idolâtre les actions et les sentiments.

L'autre est souverainement jaloux de sa liberté; il aime et respecte son prince tant qu'il respecte lui-même l'autorité des lois. Dès qu'il affecte un pouvoir absolu, il est en horreur à ses sujets, et celui qu'on avait honoré auparavant comme le père de la patrie devient l'ennemi irréconciliable de son peuple.

On remarque encore que les Anglais perdent quelque chose de leur orgueil naturel en passant dans les pays étrangers. Ils y acquièrent de la souplesse et de la complaisance, mais ces bonnes qualités font naufrage quand ils repassent la mer, aussi bien que l'amitié qu'ils ont contractée hors [de] leur île.

Les Français, au contraire, paraissent devenir insolents à mesure qu'ils s'éloignent de leur patrie. Il semble qu'ils ne vont voir les autres peuples que pour les morguer, pour insulter à leurs coutumes, pour braver leurs lois et pour promener dans le monde leur orgueil et leur extravagance. Mais chez eux, ils ont tous les égards et toute l'honnêteté imaginable pour les étrangers; ils ne leur refusent aucun service que ceux qu'ils ne sont pas en état de leur rendre, et chacun d'entre eux paraît être en particulier chargé de faire les honneurs de la France. Il y a un point sur lequel ces deux nations s'accordent, mais ce n'est que pour se faire sentir mieux l'une à l'autre combien elles sont discordantes sur tous les autres articles. Elles sont toutes deux belliqueuses; il est vrai même que leur bravoure est d'un même caractère et qu'elles ont toutes deux une fougue qu'il est difficile de soutenir. Cependant, il y a ici encore quelque différence: la valeur des Français a plus de générosité et plus d'amour pour la gloire, et dans celle des Anglais il y a plus de férocité et plus d'intrépidité naturelle. D'ailleurs, si le feu des premiers va jusqu'à [la témérité, le feu des autres va jusqu'à l'emportement et jusqu'à] la fureur, et si l'impétuosité des Français a été quelquefois ralentie par le flegme des Allemands et des Hollandais, les Anglais l'ont quelquefois émoussée par une impétuosité supérieure.

Je pourrais pousser plus loin ce parallèle, et l'on en serait d'autant plus surpris que les prédictions qu'on a fondées là-dessus se trouvent fausses. Ces deux peuples s'accordent à merveille, et je ne désespère pas que les Anglais ne renoncent à leurs propres manières pour adopter celles de leurs nouveaux amis, qui leur ont toujours paru si odieuses. Ils commencent déjà à se familiariser avec les airs de petits-maîtres, et quelques-uns d'entre eux ont fait voir à l'opéra qu'ils surpasseront leurs originaux toutes les fois qu'ils voudront l'entreprendre.

Un censeur rigide irait déclamer ici contre le rôle tragi-comique que ces jeunes gens ont joué en plein théâtre, et il ne manquerait pas de traiter leur conduite d'insolente et de honteuse au suprême degré. Mais pour moi qui me fais un plaisir de rendre justice au mérite, j'avoue que je trouve du merveilleux dans cette action et que j'en tire d'heureux augures pour la conduite future de ces jeunes gentilshommes. Comment, Messieurs, prendre des loges d'assaut! Escalader un théâtre! Affronter l'épée à la main le feu de plus de cent chandelles! Mettre en déroute toutes les divinités de l'opéra! Glacer d'effroi tout le parterre! Donner tête baissée dans l'orchestre et le forcer à célébrer par ses concerts votre gloire et sa propre honte! En vérité, voilà un héroïsme unique dans son espèce, et vous laissez bien loin derrière vous tous les mousquetaires français qui aient jamais signalé leur noble audace dans les quartiers d'hiver. Ajoutons encore, pour mettre votre gloire dans tout son jour, que vous avez fait toutes ces expéditions dans une seule soirée et, ce qui est encore plus étonnant, que vous les avez faites dans un âge où le grand Alexandre même n'avait pas encore commencé la conquête de l'Asie. Vous aviez bien raison d'aller publier vous-mêmes votre victoire dans les assemblées, d'étaler la noble poussière dont vous vous étiez couverts dans ce combat glorieux et de faire parade des marques qu'avait laissées sur vos habits le feu que vous aviez bravé avec tant de grandeur d'âme.

Je suis charmé, Messieurs, de vos incomparables faits d'armes et je souscris de si bon cœur à la grande opinion qu'elles vous donnent de vous-mêmes que j'ai résolu de faire de votre triomphe le sujet d'un poème épique qui effacera Homère et Virgile, par la matière au moins. Il se présente à mon esprit une foule de comparaisons que je pourrai employer avec succès. Qu'y a-t-il de plus naturel, par exemple, que de mettre votre combat contre les divinités du théâtre en parallèle avec celui que les géants livrèrent aux dieux qu'ils forcèrent de chercher un asile dans l'Egypte? On peut vous comparer à l'intrépide Diomède, qui non seulement blessa Mars, mais qui, sans avoir aucun égard pour le beau sexe, s'attaqua à Vénus même. Ou bien, si vous voulez, on vous comparera à l'illustrissime Don Quichotte qui, faisant le moulinet avec son redoutable cimeterre, mit en pièces toute une armée de marionnettes et délivra par cette action d'éclat Don Gayferos et la belle Mélisandre de la fureur des Sarrasins. Il est vrai, Messieurs, que les armes sont journalières et que vous pourriez bien un jour perdre la vie dans une rencontre si dangereuse. Mais qu'importe! Une grande vieillesse ne tombe guère en partage aux héros du premier ordre. Thétis, qui par la permission de Jupiter pouvait donner à son fils Achille une vie longue et peu glorieuse, ou bien, une vie illustre et courte, aima mieux le voir couvert de gloire qu'accablé d'années.

Les amateurs de la bagatelle trouveront sans doute mauvais que je continue encore mes réflexions sur la méthode de cultiver l'esprit de la jeunesse. J'avoue à ma honte que je me suis assez souvent accommodé au goût de ces sortes de lecteurs par la vanité de vouloir être lu à quelque prix que ce fût. Cette complaisance a quelquefois fait du tort à mon ouvrage, mais comme je ne crois pas le continuer encore longtemps, je me soucie fort peu de plaire à la multitude et j'aimerais mieux, s'il était possible, être goûté d'un petit nombre de gens raisonnables.

Quand on s'attache uniquement à former la raison d'un jeune homme, on court risque d'éteindre le feu de son esprit et de borner trop son imagination; sa conversation sera sèche et languissante; il ne se produira jamais agréablement dans le monde, et il sera obligé de renfermer ses raisonnements dans son cabinet. C'est pourquoi je souhaiterais qu'on étendît et qu'on enrichît son imagination à mesure qu'on donne de l'étendue et de la solidité à son jugement et à sa pénétration. Par là, sa vivacité ne sera pas déréglée et pétulante, et sa raison, prenant un air aisé, s'accoutumera à répandre de l'agrément sur les matières les plus difficiles et les plus sérieuses.

Pour attiser le feu de son esprit et pour embellir son imagination, on peut se servir de plusieurs moyens. Le premier est de ne lui laisser jamais pousser l'étude jusqu'à s'épuiser l'esprit et à émousser son attention. Cette lassitude laisse toujours à la raison quelque chose de sombre et de mélancolique et la rend moins propre pour le commerce des hommes. Il en est à peu près comme d'un estomac qu'on charge de trop de viandes pour qu'il en puisse faire la digestion; il y reste toujours des crudités qui envoient par tout le corps de mauvaises humeurs et le privent ainsi de sa force et de son agilité.

Il faudra, outre cela, se faire un devoir de faire succéder le plaisir au travail d'un jeune homme et, surtout, le plaisir de la conversation, qui est le plus piquant pour un esprit raisonnable. Pour cet effet, il est bon de le mener souvent dans la compagnie de ces hommes qui joignent à leurs lumières naturelles un grand savoir-vivre et qui ont acquis par l'usage cette facilité de s'exprimer, cette délicatesse d'esprit et cet entretien aisé et divertissant qu'on n'acquiert que dans le grand monde et qu'on y considère plus que la plus grande solidité du raisonnement et que les connaissances les plus sublimes.

La conversation des dames est encore d'un grand secours contre la sécheresse où l'application trop assidue au raisonnement peut faire tomber l'esprit. On sait qu'une imagination vive, un esprit brillant et un tour d'expression aisé et délicat sont particuliers à ce sexe; en le fréquentant, on acquiert insensiblement sa manière d'imaginer et sa facilité de mettre une pensée dans tout son jour. L'envie de plaire aux belles, si naturelle à l'homme, le porte à les vouloir imiter et à écarter de ses discours tout ce qui sent la pédanterie comme souverainement odieux aux dames.

Je trouverais à propos surtout qu'on mît entre les mains des jeunes gens certains livres qui ont pour premier but celui de nous divertir et qui, cependant, font entrer insensiblement en notre esprit des préceptes utiles que nous aimons à goûter en faveur de l'agrément qui les enveloppe. Telles sont les comédies de

Molière qui contiennent tout ce qu'il faut pour égayer l'esprit, pour rectifier les sentiments du cœur, pour former le goût et pour munir la raison contre les habitudes ridicules et vicieuses.

On me dira peut-être que dans ces pièces de théâtre, quoique les plus sages qui aient jamais vu le jour, on trouve pourtant quelquefois certaines choses qu'on croit utiles de cacher à la jeunesse aussi longtemps qu'il est possible. Mais il me semble qu'on peut remédier à cet inconvénient de la manière que voici.

Celui qui veille à l'éducation d'un jeune homme et qui veut bien y donner toute son application devrait entrer dans cette lecture avec son élève, non pas seulement pour lui faire sentir la délicatesse d'un tour, la finesse d'une critique, la solidité d'une réflexion et la beauté d'une pensée, mais surtout pour rectifier dans son imagination les idées qu'y font naître certaines expressions qui ne ménagent pas assez la pudeur. Il faudrait parler là-dessus d'une manière grave et sérieuse, sans paraître chatouillé de ces objets dont on donne les premières notions à un élève. Il faudrait encore accompagner la sage explication de ces matières délicates de préceptes bien raisonnés, afin de faire entrer le contre-poison aux faibles cœurs de la jeunesse avant que le venin ait le loisir de se répandre sur leurs sentiments.

Si l'on ne suit pas cette méthode, si on tâche seulement d'éluder la curiosité d'un jeune homme sur ces sortes de sujets, il ruminera toujours là-dessus, il sera attentif à tous les discours qui paraîtront y avoir quelque rapport; malgré vous, il trouvera le moyen d'éclaircir ses idées confuses, et vos préceptes seront des remèdes tardifs qui tâcheront en vain de déraciner le mal après qu'il aura déjà jeté de profondes racines.

Il y a des gens qui croient que le moyen le plus court de prévenir ce malheur, c'est d'ôter entièrement ces sortes de livres à la jeunesse et de la laisser dans une profonde ignorance sur cet article scabreux. Mais qu'ils examinent cette méthode sans préjugé, ils sentiront qu'il en résulte des inconvénients terribles. Un jeune homme ne saurait être éternellement sous la direction de ses maîtres, et il y a un temps où il aura la liberté d'entrer dans les compagnies sans conducteur. Il y entendra les mêmes choses qu'on aura dérobées à sa connaissance, exprimées dans les termes les plus licencieux et avec toutes les marques d'un cœur qui ne désavoue point le libertinage de la langue. Cette nouveauté dangereuse ne saurait que frapper son imagination, échauffer ses désirs, qui seront alors dans leur plus grande force, et lui inspirer un penchant presque invincible à vouloir goûter la réalité de ces choses dont les images seules ont causé des émotions si agréables à son cœur. Si, au contraire, on lui a appris de bonne heure à écouter, d'une oreille de philosophe, ces discours qui ne sont que trop familiers à la jeunesse, ils ne feront pas sur lui des impressions si pernicieuses, et s'il est d'un bon naturel, en rappelant ces idées, il rappellera aussi dans son esprit les préceptes dont on a muni son cœur contre ce qu'elles ont de dangereux.

Oserais-je dire que la lecture de *Don Quichotte* me paraît une des meilleures pour égayer l'esprit de la jeunesse et, en même temps, pour lui former le jugement?

Ce livre a l'approbation générale de tous les habiles gens, et certainement il y en a peu qui la méritent davantage. Il peut être lu avec plaisir à toutes sortes d'âges et de presque toutes sortes de personnes. Ceux qui se plaisent à la bagatelle s'y peuvent amuser plus agréablement que dans les contes de fées. Les beaux esprits y trouvent tout ce qui est capable de flatter leur goût: un style aisé, des pensées fines et brillantes et une agréable variété de matières enchaînées les unes aux autres par les liaisons les plus heureuses et les plus naturelles. Disons plus. Cet auteur étale aux philosophes qui savent percer l'écorce d'extravagance qui enveloppe cet ouvrage une morale admirable, les réflexions les plus sensées sur les mœurs des hommes, en un mot, un trésor de censures judicieuses et d'excellents raisonnements. Il arrive même qu'à mesure qu'on avance en âge et en connaissance, ce livre se présente à la même personne sous toutes ces différentes faces et dans tous ces différents degrés de bonté. S'il déplaît à quelques gens, ce n'est qu'à ceux qui ont l'esprit trop sérieux pour goûter ce tissu d'aventures bizarres et qui n'ont pas assez de pénétration pour entrer dans les vues de l'auteur et pour démêler l'utilité de ses excellentes leçons.

J'avoue que la plupart des jeunes gens ne sont pas en état de goûter tout le mérite de cet ouvrage, mais du moins est-il fort aisé de leur y faire sentir la fine raillerie qu'il répand sur l'extravagance des romans et sur les dangereux effets qu'ils font sur l'esprit de leurs lecteurs.[317] Ces livres fabuleux ne sont que trop propres à charmer les jeunes gens; ils fournissent une agréable occupation à la vivacité de leurs sentiments et à la faveur du merveilleux dont ils frappent leur imagination; ils les empêchent de remarquer l'extravagance des aventures et des maximes qu'un lecteur de sens rassis y découvre facilement. Qu'y a-t-il donc de plus utile que de mettre entre les mains des jeunes gens un auteur qui puisse les dégoûter de ces ouvrages si capables de leur dérégler l'esprit et le cœur? Tout est faux dans ces fables: fausses aventures, fausse valeur, fausse générosité, faux esprit, et les chimériques vertus dont on y fait l'éloge y paraissent revêtues de tout ce qu'elles ont de plus séduisant et de plus propre à se concilier le cœur.

Il faut ajouter encore que dans les romans il y a d'ordinaire des faits véritables liés par des fictions avec toute l'adresse dont les auteurs ont été capables. Ce mélange ne saurait qu'embrouiller la mémoire de la jeunesse et lui faire confondre la fable avec l'histoire.

A quoi sert-il d'ailleurs d'avoir recours à des chimères pour contenter l'amour qu'un jeune homme a naturellement pour l'extraordinaire et pour le merveilleux? L'histoire le peut satisfaire là-dessus abondamment, et c'est une des premières sciences dont il est bon d'orner l'esprit de la jeunesse.

Il est certain d'abord qu'il n'est pas permis à un homme de quelque naissance d'être ignorant dans une matière que tout le monde se pique de savoir. L'on regardera toujours comme une marque évidente d'une éducation négligée de n'avoir pas du moins une connaissance générale de la naissance et de la chute des Etats, des époques de tous les événements signalés et des actions des hommes illustres qui y ont contribué par leur conduite.

Je conviens que ce n'est là qu'une étude fort superficielle de l'histoire; ce n'est pas même l'avoir étudiée comme il faut que d'être entré dans un plus grand détail, d'avoir épuisé toutes les minuties des chronologistes et de savoir concilier les auteurs qui paraissent ne pas s'accorder sur le temps fixe auquel il faut

---

317. See van Effen's discussion of contemporary novels in numbers L and LXIV.

assigner chaque événement. Ce n'est là proprement que l'extérieur et le corps de l'histoire. Il est fort peu important dans le fond de retenir les actions d'un Cyrus, d'un Alexandre et d'un Pompée uniquement pour les retenir et pour faire valoir dans l'occasion la bonté de sa mémoire. C'est le cœur et l'esprit qui doivent trouver leur compte dans cette étude et non pas simplement une vaine curiosité.

Le grand but de cette science, c'est de développer le naturel des grands hommes par la connaissance de leurs actions. C'est d'en développer les principes et de voir s'il faut les attribuer à une vaine ostentation de vertu ou bien à une vertu solide. C'est de savoir pénétrer dans les causes de leurs heureux succès et dans l'origine de la mauvaise réussite de quelques-uns de leurs desseins. C'est d'examiner par quels moyens il se sont concilié la tendresse de leurs citoyens et la confiance de leurs soldats. Voilà, ce me semble, la manière dont il faut enseigner l'histoire à la jeunesse afin qu'elle s'y perfectionne dans l'étude importante du cœur humain et qu'elle en puisse tirer des règles pour se conduire dans le monde avec honneur et avec prudence.[318]

318. In order to round out this second volume, the publisher added van Effen's 'Relation d'un voyage de Hollande en Suède, contenue en quelques lettres de l'auteur du *Misanthrope*.' The 'Voyage en Suède' is not included in the present edition.

Appendices

Préface

Voici le *Misanthrope* en état d'être relié et de faire un raisonnable volume pour être envoyé partout où l'on voudra bien le lire. La principale raison qui m'a engagé à faire cette petite pièce, c'est le désir de tâter le goût du public et de voir s'il recevrait avec plaisir d'autres ouvrages dont mon amour-propre le menace depuis longtemps. Tout homme qui se mêle d'écrire est persuadé, non seulement d'avoir de l'esprit, mais encore d'avoir un esprit supérieur. S'il n'avait pas cette haute opinion de soi-même, il n'aurait garde de se mettre en bute aux critiques de tout le monde. Mais si tous les auteurs sont également persuadés de leur mérite, cette persuasion n'est pas également bien fondée, et il leur est de la dernière importance de savoir s'ils ne sont pas les dupes de leur vanité. J'ai cru que le meilleur moyen d'en faire l'examen à l'égard de moi-même, c'était de hasarder quelque ouvrage anonyme.

Un nom dont la réputation est déjà établie peut tenir lieu de beauté à un livre. On le lit dans le dessein de l'admirer, et l'on ne manque pas d'y réussir. Un nom obscur à la tête d'un ouvrage fait un effet tout contraire; cet ouvrage, déplaît avant qu'on le lise. On n'ose pas y trouver des beautés; on a résolu qu'il sera mauvais, il faut bien qu'il le soit.

Mais quand on lit un ouvrage sans nom, on se trouve suspendu entre la crainte de mépriser un auteur célèbre et celle d'admirer un écrivain médiocre; on a recours à sa raison pour son pis aller et, ne pouvant pas juger par prévention, on est forcé de décider par goût et par discernement.

Vous voyez, Lecteur, que mon premier but n'est pas tant de corriger le public que d'essayer si je suis capable de lui plaire. Cependant, je n'ai pas été fâché de lui dessiller les yeux sur la bizarrerie de ses maximes et sur le ridicule de ses manières. Quoi que les sujets que j'ai traités soient assez variés, il est facile d'y remarquer le dessein général de montrer aux hommes le mauvais usage qu'ils font de leur raison en l'asservissant aux opinions vulgaires qui, quoique fort opposées au bon sens, en ont pourtant occupé la place par une espèce de prescription.

Ce dessein n'a rien que d'innocent, et même c'est peut-être ce qu'il y a de plus louable dans mon ouvrage. Je m'y suis toujours attaché à donner des idées avantageuses d'une vertu éclairée; je n'y ai jamais attaqué que le vice, et rien n'y a été l'objet de mes railleries que le ridicule et le mauvais sens.

Peut-être me serais-je acquis plus de gloire si j'avais suivi une route opposée et si, par une lâche complaisance pour certains lecteurs, j'avais favorisé le libertinage contre la religion.

Bien des gens, charmés de trouver chez moi des armes pour combattre les sentiments que la nature a gravés dans tous les cœurs, auraient sans doute applaudi à ces subtilités dangereuses; il y a de l'apparence que le nouveau, tenant dans leur esprit la place du vrai, m'eût procuré parmi eux la réputation d'un génie du premier ordre.

Mais je méprise trop un honneur si criminel et je préférerai toujours la honte de passer pour un homme de probité sans génie à la gloire d'être estimé le plus habille d'entre les libertins.

Quelque précaution cependant que j'aie prise pour ne rien écrire de contraire aux bonnes mœurs, il ne m'a pas été possible d'éviter le titre de médisant, que bien des personnes me donnent trop libéralement. Je crois avoir déjà dit une autre fois que je ne fais pas mes portraits en l'air[1] et que je tâche d'y copier fidèlement certains originaux; mais je puis protester que je fais tous mes efforts pour cacher les personnes dont je développe le ridicule.

Mes lecteurs ne sont pas si charitables que moi; dès qu'ils trouvent le caractère d'une personne tant soit peu semblable à quelqu'un de mes portraits, ils nomment d'abord hardiment celui qu'à leur avis j'ai en vue.

Pour mettre leur fausse pénétration en défaut, j'ai beau mêler la fiction à la vérité et donner des aventures imaginaires à des gens véritablement ridicules; plutôt que de passer pour avoir fait des découvertes peu justes, on suppose ces fausses aventures à ceux à qui on applique mes caractères. Ce qu'il y a de merveilleux dans cette conduite, c'est qu'après avoir débité ces charitables conjectures comme autant de vérités certaines, on ne manque pas de crier contre mes médisances et de trouver mauvais qu'on en souffre l'impression.

Les jugements bizarres de mes lecteurs me donnent souvent du chagrin et me font quelquefois repentir de mon entreprise. Je me pique davantage, grâces à Dieu, d'avoir de la probité que d'être bel esprit et, voyant qu'on s'obstine à prêter une noire malice à mes traits les plus innocents, je n'écris plus qu'avec scrupule. Je me trouve toujours gêné; je n'ose plus entrer dans aucun détail, et je me vois réduit à me restreindre à des images générales, qui certainement ne font pas tant de plaisir aux lecteurs que des caractères bornés à une espèce particulière de ridicule. Je prie fort le public de n'être plus si clairvoyant et de ne nommer personne quand je reste moi-même dans un prudent silence.

Il en est à peu près de ces portraits appliqués à des personnes connues comme de l'explication des prophéties. Dès qu'on voit un événement avoir quelque conformité à une prédiction on est porté d'abord à croire cette prédiction accomplie.

Mais qui a dit à ces interprètes téméraires qu'un événement futur n'aura pas avec cette prophétie un rapport plus distinct et plus entier? Et qui a pu assurer à mes lecteurs malicieux qu'un original qui leur est inconnu n'est pas celui que j'ai dépeint après nature par les traits qu'ils appliquent avec tant de confiance à quelque autre? Il est vrai que j'ai nommé le 'Poète sans fard' et quelques acteurs de l'opéra, mais j'ai payé le droit d'y trouver à redire, et certainement ce privilège me coûte plus qu'il ne vaut.

Ceux-là même qui approuvent le plus le *Misanthrope* y critiquent l'inexactitude du style. Je conviens que cette critique n'est que trop bien fondée et je ferai désormais tous mes efforts pour le rendre plus pur et plus châtié.

La longueur des périodes, surtout, a presque choqué tout le monde, et j'avoue que souvent elle m'a choqué aussi; cependant, mon inexactitude n'en a pas été toujours la cause; j'ai trouvé quelquefois dans une période de mon ouvrage imprimé deux ou trois 'et' qui assurément n'étaient pas de ma façon, et l'on sait

---

1. See van Effen's discussion of satire in number XII.

que cette particule quelquefois répétée fait faire bien du chemin à une période.

Quelque soin qu'apporte le libraire à bien faire imprimer mon ouvrage, il ne laisse pas d'avoir le sort de toutes les productions de l'esprit que l'absence de leur auteur abandonne à la correction d'un autre. Plusieurs *Misanthropes* sont sortis de la presse estropiés par des fautes, qui sont souvent un galimatias d'un sens fort clair qui remplacent un terme français par un autre qui ne l'est pas, ou qui me font dire souvent le contraire de ce que j'ai dit.

C'est ainsi qu'un 'grain de bon sens' se change en un 'grand bon sens' et que 'sous un bâton vengeur n'a dû courber son dos' devient 'sous un bâton vengeur n'a vu tomber son dos'.[2]

Me voici insensiblement dans l'occasion de parler des pièces en vers qu'on verra par-ci, par-là, dans ce volume. Je puis dire sans trop d'orgueil que des personnes de bon goût y ont trouvé quelque beauté, et je veux bien convenir aussi qu'ils y ont remarqué de grandes négligences. Mais j'avertis le lecteur, une fois pour toutes, que je ne donne ces pièces au public qu'afin qu'il me tienne lieu d'un ami éclairé qui m'ouvre les yeux sur leurs défauts et qui m'aide à y remédier. Peut-être qu'un jour je pourrai les faire imprimer séparément, après les avoir travaillées davantage.

Voilà, Lecteur, tout ce que j'ai à vous dire sur ce premier recueil du *Misanthrope*; regardez-le comme le fruit du loisir d'un homme un peu paresseux, qui ne saurait gagner sur son indolence l'exactitude de penser autant à l'expression qu'au raisonnement. Adieu.

2. Cette faute se trouve dans le *Misanthrope* du 4 janvier 1712, le no. I du tome 2, page 7. (Note in the 1712-1713 edition.)

Avertissement
du libraire

C'est ici un nouvel amusement pour le public et qui pourra lui être utile, s'il y prend goût. On voit s'introduire tous les jours parmi les hommes grand nombre de mauvaises coutumes et de manières sottes et ridicules qui ne sont pas justement punissables par les lois d'aucun pays et qui, cependant, ne laissent pas d'être très nuisibles à la société. Le meilleur moyen de faire revenir le monde de ces folies, c'est d'en faire si bien voir le ridicule qu'on ait honte de s'y laisser tomber. C'est ce que *La Bruyère, Molière* et d'autres habiles gens ont tâché de faire, mais de différentes manières, chacun selon son génie et selon les occasions qu'il a eues.

Un des plus beaux génies de notre temps, voulant faire quelque chose de cette nature en Angleterre pour réformer les mœurs de ses compatriotes, s'avisa il y a deux ans de publier trois fois la semaine, en forme de gazette, une demi-feuille volante, qu'il nomma *The Tatler*, le Jaseur ou Babillard, où il a dépeint les vices, les dérèglements et les mauvaises coutumes de son pays avec des couleurs si vives et en a fait voir le ridicule et la laideur avec tant d'adresse et d'habileté que tout le monde en est charmé. La lecture en est aisée, agréable et utile à toutes sortes de personnes, et il n'est presque point de famille à Londres où l'on ne prenne le *Tatler* toutes les fois qu'il paraît, afin de le lire le matin en buvant le thé pour l'instruction tant des jeunes gens que des vieux, de sorte qu'on en a débité, à ce qu'on assure, entre douze et quinze mille à chaque fois. Si cet habile auteur a sujet d'être content de ce que son écrit est si recherché, il ne le doit pas être moins du succès qu'il a eu; car on dit qu'il a plus fait pour la réformation des mœurs de toutes sortes de personnes en un an que tous les prédicateurs du royaume n'avaient fait en vingt. Il a trouvé à propos depuis peu d'interrompre cet ouvrage et d'en commencer un autre dans le même goût mais sous un autre titre,[3] et on en donne tous les jours une demi-feuille avec le même succès qu'auparavant.

Je ne sais si une chose de cette nature sera aussi bien reçue ailleurs qu'en Angleterre; non pas qu'il y ait moins de vices et de folies en un autre pays pour en fournir la matière, mais parce qu'il s'en faut bien que les ouvrages d'esprit soient si généralement goûtés ailleurs qu'en Angleterre. J'ai eu pourtant envie depuis quelque temps d'essayer ce qui en serait, et par bonheur il se rencontre un auteur qui a dessein, sans se faire connaître, de sonder le goût du public dans un pareil ouvrage.

On continuera donc à donner une demi-feuille tous les lundis, jusqu'à ce qu'on voie comment ce *Misanthrope* sera reçu. J'espère que ce sera bien, tant pour l'utilité du public que pour le profit de son très humble serviteur.

Le Libraire

3. This is the *Spectator*, written by the same authors as the *Tatler*, Addison and Steele.

Avertissement du libraire
sur cette nouvelle édition

Comme les ouvrages de feu M. van Effen sont devenus rares et qu'on les demande avec empressement, j'ai cru faire plaisir au public de donner une nouvelle édition de son *Misanthrope*. On n'y verra point les fautes dont fourmille la précédente. Ce qu'on y avait donné pour servir de préface a été renvoyé ici à la fin des discours pour en faire la clôture, place plus convenable si l'on en juge par la nature même de la pièce, et on a mis à la tête de l'ouvrage l'éloge historique de l'auteur tiré de la *Bibliothèque française*, t. XXV, p.138 et suivant, et la lettre d'un de ses amis, connu par divers morceaux en prose et en vers aussi judicieux que délicats, et qui est mieux au fait de la vie et des écrits de M. van Effen que l'auteur de l'éloge, du propre aveu de celui-ci, à qui même la lettre a été adressée pour en faire usage dans son éloge, s'il jugeait à propos de le refondre. Mais il a souhaité qu'on le réimprimât tel qu'il est et qu'on y ajoutât la lettre de M. P * *. Au reste, quoique pense le premier de la *Relation du Voyage* de notre auteur *en Suède*, je n'ai pas cru devoir la supprimer ici. Le public, accoutumé à l'y voir, s'en serait peut-être plaint et eut fait passer mon édition pour tronquée. J'en ai fait aussi une nouvelle de la *Bagatelle* et du *Nouveau Spectateur français*.

Je reviens d'un voyage, ami Lecteur, et si vous voulez bien me prêter un peu d'attention, je vais vous faire un détail de tout ce que j'ai remarqué de curieux dans plusieurs des plus fameuses villes de cette république. Je crois bien que ces villes ne vous sont pas inconnues, mais je m'assure pourtant que mes observations auront pour vous la grâce de la nouveauté. Un misanthrope regarde les choses de tout un autre œil qu'un voyageur ordinaire.

Je suis auteur et, par conséquent, je n'ai point de carrosse à six chevaux pour me transporter dans les lieux où je veux être; et, par bonheur, pour peu qu'on soit accommodant, on s'en passe facilement en Hollande; on y voyage à petits frais et fort commodément dans des barques fort propres où chacun s'ennuie ou se divertit selon l'humeur qu'il a plu à la nature de lui départir.

C'est là qu'un bourru retiré dans un coin peste entre ses dents contre les sots discours qu'il entend, et quelquefois même contre les bons qu'il suppose sots parce qu'on les tient dans une barque, tandis qu'un amateur de la lecture, ou bien quelqu'un qui veut paraître tel, s'amuse à feuilleter un livre nouveau et qu'un philosophe, prêtant attention à ce qu'on dit de bon et de mauvais, tirera de l'un et de l'autre un plaisir et une utilité égale.

Rien ne saurait être plus varié que les conversations qu'on entend d'ordinaire dans ces maisons flottantes; on y parle tout à la fois de politique et de nouvelles, de morale, de débauche, de bel esprit, de théologie et de libertinage; et prêter l'oreille tantôt à un entretien et tantôt à un autre, c'est presque comme si l'on entendait lire les 'diversités curieuses'. Dès qu'on met le pied dans une de ces barques, on perd pour tout le temps qu'on y reste toute la distinction que la naissance, le rang et la fortune mettent d'ordinaire parmi les hommes, et cette égalité qui règne dans ces sociétés formées par le hasard y produit une liberté souveraine. Si une femme de qualité se voulait donner les airs de déplacer la moindre paysanne, elle se verrait bientôt relancée par un 'Vous ne payez pas davantage qu'une autre, et la commodité me plaît autant qu'à vous.' Et qui plus est, cette réponse paraîtrait fort équitable à des républicains persuadés que tous les hommes ont une nature également excellente et que le sang qui coule dans les veines d'un prince n'est pas plus pur que celui qui, après avoir passé par une longue suite de faquins, circule dans le corps d'un financier.

En un mot, dans toute la république il n'y a rien de si républicain qu'une *barque*, si ce n'est par hasard la Muse Latine du Professeur B....

C'était dans un de ces bâtiments que je viens de dépeindre qu'après avoir prêté une attention passagère aux mensonges de quelques étudiants qui se faisaient confidence de leurs amours, je m'attachai aux discours de deux personnes que leur air distinguait du vulgaire. Ils raisonnaient ensemble sur un sonnet de M. Maugard[1] qu'on trouve dans un des derniers tomes de la *Clef du cabinet*. Le but de cette pièce, c'est de chanter la justice qu'a fait paraître l'Académie française en refusant le prix de la poésie à tous les prétendants pour avoir également mal réussi à faire l'éloge de 'l'amour du roi pour ses sujets'. Après avoir dit que le lieu où se trouve ce sonnet et le nom de son auteur n'étaient pas

---

1. Jean Maugard (1662-1716) is known especially for his religious verse.

propres à prévenir en sa faveur les personnes de bon goût, on se mit à réfléchir sur la source de la mauvaise réussite des poètes français dans une entreprise si intéressante.

'Jusqu'ici,' dit un de ces messieurs, 'ils ont été si ingénieux à donner un beau tour à toutes les actions de leur prince que ce ne doit être qu'un jeu pour eux de faire voir l'amour de Louis pour son peuple dans l'opiniâtre continuation d'une guerre par laquelle la France se voit destituée de tous ses trésors et de la moitié de ses habitants.'

Là-dessus, l'autre tira de sa poche une ode qui, selon lui, méritait bien le prix que l'Académie a refusé à de si lâches combattants et laquelle il garantissait fort propre à découvrir les causes de cette sécheresse des beaux esprits français sur un sujet si grand et si fertile. Ensuite on lut l'ode, qui fut approuvée des uns et critiquée des autres, et si vous en voulez porter votre jugement aussi, vous le pouvez, Lecteur; j'ai copié cette pièce, et la voici:

ODE

Fils d'Apollon, Troupe servile,
Vous dont la mercenaire voix
Jadis en prodiges fertile
Chanta le plus grand de vos rois,
Enfin votre verve épuisée
Ne peut à votre voix usée
Plus fournir que de faibles tons.
Quoi! le Pactole à votre veine
A-t-il tenu lieu d'Hypocrène?
L'or seul anima-t-il vos sons?

Quand le monarque de la France
A vos vers avaricieux
Offrait toute autre récompense
Que des lauriers infructueux,
Quand pour seul droit citant sa gloire
Il accablait sous la victoire
Les peuples voisins abattus,
A l'abri des tours poétiques
Ses injustices héroïques
Vêtirent l'éclat des vertus.

La fortune séditieuse,
Sortie à la fin de ses fers
Contre cette âme ambitieuse,
Prit le parti de l'univers.
Bientôt les murs de ses frontières
Opposaient de faibles barrières
Aux peuples du droit escortés;
Alors un reste d'opulence
Vous fit célébrer sa constance
Au milieu des adversités.

Mais enfin l'hôte du Parnasse
Du roi voit tarir les trésors;
Ce triste aspect aussitôt glace
De son lâche esprit les efforts.
Faut-il qu'une étrangère veine

Et qu'une voix républicaine
S'efforcent à remplir leurs projets?
Oui, Calliope qui m'inspire
Va chanter au son de ma lyre
L'AMOUR DU ROI POUR SES SUJETS.

Le démon affreux de la guerre
Signale partout sa fureur;
A sa suite vient sur la terre
La disette avec la terreur.
Là l'Istre,[2] saisi d'épouvante,
Abîme en son onde sanglante
Les Français de crainte glacés.
Ici[3] trois remparts disparaissent
Dessous les montagnes qui naissent
De leurs cadavres entassés.

Dans ces provinces désolées
Dont ta main recule la paix
Je vois tes bontés signalées,
Prince auguste, envers tes sujets.
Oui, lors que le soin de ta gloire
T'arme encore malgré la victoire,
Ton premier but c'est leur bonheur;
La France toujours généreuse,
Tu le sais, croit sa perte heureuse
Quand elle soutient ta grandeur.

Pourvu que ta cour toujours brille
Aux yeux de l'étranger surpris,
Le Français, sourd pour sa famille,
N'entend ses sanglots ni ses cris.
Pourvu que ton nom aille encore
Du couchant jusques à l'aurore
Charmer les peuples curieux,
Le Français, qui dans toi respire,
Bénissant ton heureux empire,
S'estime grand et glorieux.

Bien mieux encor si ta faiblesse
Doit un jour ramener la paix
Il verra quels biens ta tendresse
A prodigués pour tes sujets.
Tel, tandis qu'une fièvre ardente
Abat les forces qu'elle augmente,
Le corps n'en sent pas tout le faix,
Mais le sang devenu paisible
Aux nerfs affaiblis rend sensible
Un mal que cacha son excès.

Mais du roi l'âme paternelle
Croit faire de faibles efforts,
France, en immolant à son zèle
Et votre sang et vos trésors;
Quand de votre intérêt esclave

2. Hoghstet. (Note in the 1712-13 edition.)
3. Malplaquet. (Note in the 1712-13 edition.)

Pour vous sa foi docile brave
L'austère honneur et l'équité,
Il fait par cet auguste vice
De ses vertus un sacrifice
Au soin de votre utilité.

'O toi, Troupe illustre et savante,
Toi dont le souverain pouvoir
Sur chacun de tes membres ente
Et le génie et le savoir,
Si d'une couronne immortelle
Tu veux récompenser mon zèle
Pour le grand prince ton amour,
Ma Muse ira placer ta gloire
Au haut du Temple de Mémoire
Par des chansons du même tour.'

Pendant la lecture de cette pièce un vieillard, qui s'était déclaré Parisien pour donner bonne opinion de son goût, ne faisait que hausser les épaules à chaque strophe et trouvait tout pauvre, pitoyable, mal pensé et plus mal exprimé encore; il en voulait surtout à l'épithète d'*avaricieux* appliquée à des vers et soutenait qu'un homme capable d'appeler des vers *avaricieux* était par cela même déchu du privilège de faire seulement une ode passable. Je lui demandai là-dessus s'il blâmait cette épithète par son obscurité ou s'il y trouvait quelque autre défaut.

'Je vois fort bien le sens de l'auteur,' me répliqua-t-il, 'on ne saurait entendre par des *vers avaricieux* que ces vers qu'on fait dans le seul dessein de s'attirer quelque grâce de la part de ceux qu'on loue; mais lisez tous les poètes français, vous n'y trouverez jamais *vers avaricieux*, et par conséquent, *vers avaricieux* ne vaut pas le diable.'

'Cette conséquence n'est pas fort juste,' répliqua celui qui venait de lire la pièce en question, 'à moins qu'on ne veuille énerver la poésie en la privant de la hardiesse de l'expression qui lui est essentielle, et surtout à la poésie lyrique. Je sais bien que cette hardiesse a ses bornes,' continua-t-il, 'et qu'un terme hasardé est condamnable quand il choque l'analogie de la langue, ou qu'il répand de l'obscurité sur la pensée qu'on tâche d'exprimer; mais quand une épithète, employée à un usage peu ordinaire, fait-elle seule l'effet de toute une phrase et n'offre à l'esprit qu'une idée claire et forte, bien loin de choquer un esprit bien fait, elle caractérise un poète et le distingue d'un rimailleur.'

Le Parisien allait répliquer à ce raisonnement, apparemment avec plus de chaleur que de solidité, quand nous arrivâmes à une ville qu'à mon grand étonnement je trouvai habitée par une nation habillée à la siamoise. ...

C'est une opinion assez commune que ce sont d'ordinaire les esprits transcendants qui donnent dans l'irréligion et dans le libertinage. Rien n'est plus dangereux qu'un tel préjugé et rien n'est plus propre à engager les esprits faibles dans les plus pernicieuses erreurs. En effet, si les sentiments de religion se trouvent seulement dans les esprits vulgaires qui, n'osant s'élever au-dessus des opinions reçues, adoptent servilement les conceptions de ceux qui les ont cultivés, si d'un autre côté les principes d'un culte religieux sont rejetés par les génies du premier ordre qui n'admettent rien sans en avoir clairement conçu la vérité après un examen sévère, qu'y a-t-il de plus naturel que d'être sectateur de ceux dont la raison est la plus forte et la plus étendue? Il ne saurait qu'être utile de faire voir la fausseté d'une maxime dont on peut tirer des conséquences si funestes pour la vertu; et si je ne réussis pas dans le dessein que j'en ai pris, je donnerai peut-être lieu à quelque autre de l'entreprendre avec plus de lumières et de l'exécuter avec plus de succès.

Avant que d'examiner d'où une prévention si dangereuse peut tirer son origine, je dirai qu'il y a deux sortes de libertins: les premiers, sans étude et sans lumières, n'ont pour toute capacité qu'un ton décisif et ne croient pas en Dieu par une espèce de bel air. Les autres, qui sont les docteurs du libertinage, non contents de turlupiner, tâchent d'autoriser leurs doutes par quelques difficultés et sont ingénieux à dresser des pièges sophistiques à la raison.

Les premiers ne sont certainement pas les plus pernicieux, et leur caractère est moins propre à séduire qu'à donner de l'horreur; rien ne saurait rebuter davantage que la brutalité et l'extravagance d'un homme qui risque tout pour le simple plaisir de se donner des airs et qui achète si cher le mépris des honnêtes gens. C'est donc par les discours et par les écrits des autres qu'on s'est persuadé que ce sont les âmes les plus fortes et les plus éclairées qui donnent dans l'irréligion.

Il faudrait être de mauvaise foi pour ne pas convenir qu'on trouve parmi les libertins de cette espèce des gens qui ont l'esprit fin et délié, l'imagination belle et le talent de s'exprimer avec agrément et avec facilité; mais rarement remarque-t-on en eux une raison fort cultivée et une connaisance bien exacte des matières sur lesquelles ils forment des conceptions si particulières.

C'est précisément ce que leurs sentiments ont de singulier et de nouveau qui en impose le plus aux hommes. Rien n'est plus séducteur que la nouveauté; elle se trouve par tout dans les discours et dans les ouvrages des libertins qui ont un peu de génie et ne saurait guère trouver place dans les maximes de la religion aussi anciennes que l'univers.

On ne saurait défendre la piété qu'avec des armes usées, pour ainsi dire, et les meilleurs arguments qu'on puisse employer pour cet effet sont justement ceux qui ont été de tout temps les plus employés. C'est ici qu'on est exclu de la gloire de l'invention et qu'on ne peut avoir tout au plus que le mérite de donner un autre ordre et un autre tour à ce qu'on a déjà pensé avant nous. Ce mérite est bien plus grand qu'on ne pense, et il faut un haut degré de génie pour développer toute la force d'une preuve et pour en faciliter la conception par une méthode claire et par des termes précis et énergiques. Mais on n'est pas d'ordinaire assez pénétrant pour mettre cette habilité en ligne de compte et l'on a plus de penchant à se rebuter de ce qu'un raisonnement a de commun qu'à estimer l'art d'en arranger toutes les parties dans un ordre aisé et naturel. Un homme du commun est tout autrement frappé quand on fait naître dans son esprit des idées extraordinaires sur lesquelles il réfléchit pour la première fois. Sa raison est éblouie de l'éclat de cette lumière nouvelle, et il se sent tout pénétré d'admiration pour ceux dont les découvertes donnent plus d'étendue à son raisonnement et à son imagination.

Son amour pour la nouveauté peut se donner carrière dans les maximes du libertinage. Cette matière n'est pas à beaucoup près aussi épuisée que celle de la religion, et même elle est inépuisable. Une science dont le seul principe est celui de n'en avoir point n'est renfermée dans aucune borne. Elle peut sans cesse varier ses erreurs et s'égarer dans des routes toujours nouvelles.

C'est ainsi que la nouveauté sert de fard à la doctrine de l'irréligion, mais on se trompe bien grossièrement si l'on croit que la hardiesse de particulariser ses opinions est le caractère d'un génie supérieur. Certainement c'est plutôt la vanité qui est le principe des opinions singulières qu'une force extraordinaire de raisonnement.

Je suis fortement persuadé que les vérités qui nous importent le plus ne sont pas fort abstruses pour ceux qui veulent se laisser guider uniquement par une raison ennemie des préjugés. Ces vérités ont de la liaison avec tous les hommes, et il est naturel que tout le genre humain puisse se les rendre accessibles par ses recherches. Ainsi, si les hommes avaient voulu toujours embrasser le vrai qui va à leur rencontre au lieu de s'en éloigner pour avoir le plaisir de le chercher bien loin, la variété des opinions, sur les matières importantes, ne serait apparemment pas fort grande.

Mais notre vanité n'a pas pu s'accommoder de cette uniformité de sentiments. On n'a pas pu se résoudre à croire les mêmes choses avec les artisans et les villageois; les systèmes nouveaux ont été débités à l'envi, et l'on a suppléé au bon sens par la subtilité de l'esprit, et souvent même par une obscurité mystérieuse qui tenait lieu de profondeur de raisonnement. De cette manière les sentiments les plus naturels sont devenus souvent les plus extraordinaires, et l'on a pu satisfaire au désir de se distinguer en rentrant dans les opinions les plus simples et les plus faciles à concevoir. Ceux que leur orgueil conduit si heureusement à la vérité, ayant pour eux et la nouveauté et la nature, entraînent facilement l'esprit de la plupart des humains et, par la vérité toute unie, ils triomphent sans peine des vaines subtilités et des chimères ingénieuses. Par malheur les auteurs d'un rétablissement si salutaire s'attirent toujours la jalousie de ceux qui n'ont point de part dans leur gloire et qui, voyant les premières places prises dans les sentiments raisonnables, ne veulent pas se contenter des secondes. Ils aiment mieux être inventeurs des systèmes les plus absurdes que simples approbateurs des opinions les mieux démontrées. Voilà, si je ne me trompe, la véritable source de tous ces sentiments bizarres, avancés avec autant d'orgueil que de témérité, soutenus avec obstination et poussés par la dispute jusqu'aux absurdités les plus ridicules.

Après cette petite discussion, on verra facilement que la singularité des conceptions n'est rien moins qu'un caractère de la supériorité de génie.

La véritable force d'esprit consiste, sans doute, dans un dévouement général à la raison seule. C'est être réellement un génie transcendant que d'aller droit au but où la raison nous appelle, sans en être détourné par nos passions, et surtout par la vanité, notre passion la plus générale et la plus dangereuse. Par conséquent, on fait voir un esprit véritablement faible en aimant mieux s'égarer seul que de suivre les autres hommes dans la route de la vérité et en sacrifiant ainsi la raison même à son orgueil. C'est au contraire le plus pénible effet de la force d'esprit et d'une raison transcendante de préférer la vérité à sa réputation et d'aimer mieux perdre ses lumières dans celles des autres que de les faire briller le plus en se distinguant mal à propos. Je conviens qu'il est beau et grand de se particulariser d'une manière raisonnable et d'oser suivre le bon sens dans une route nouvelle qu'on tâche de frayer aux autres. Mais la vanité trouve son compte dans cette noble hardiesse, au lieu qu'il faut vaincre sa vanité en souscrivant avec modération aux opinions communes dont on conçoit la certitude.

Une autre source de la grande opinion qu'on se forme de l'esprit des libertins, c'est la malice du cœur où la vertu n'entre qu'avec force et où le vice s'insinue avec la plus grande facilité. Il est constant qu'on trouve aisément du génie dans ce qui favorise notre corruption et qu'on n'admire qu'avec répugnance ce qui combat nos penchants vicieux et nos erreurs favorites. Peut-on douter qu'il ne faille plus d'esprit pour louer un bien que pour satiriser avec art? N'est-il pas vrai en même temps qu'on lit avec plaisir des satires médiocres et qu'on est sujet à s'ennuyer des plus beaux panégyriques?

Cependant, dès qu'on voit quelqu'un écrire d'une manière un peu brillante contre les bonnes mœurs et contre la vérité, on croit que c'est grand dommage qu'un génie de cet ordre ne se soit pas tourné du bon côté et qu'il aurait fait des merveilles, sans doute, pour la vertu et pour l'orthodoxie.

Rien n'est plus mal fondé que cette supposition, et tel qui triomphe dans le libertinage n'aurait été qu'un défenseur très médiocre de la saine doctrine. Il ne faut qu'un peu d'imagination pour former des doutes, mais il faut une raison très solide et très étendue pour les résoudre et pour affirmer la vérité sur une base inébranlable. Ajoutons qu'on peut avoir de l'esprit à petits frais quand on secoue le joug de la probité, qu'on franchit les bornes de la pudeur et que sans aucune retenue on se livre aux caprices de l'imagination. Rien n'empêche un impie d'en agir de la sorte, et alors il trouve mille secours dans la malice des autres pour leur faire admirer ce que sa propre malice lui fournit.

Un homme de bien, au contraire, limite son esprit par sa vertu; il écarte tout ce qui peut choquer l'honnêteté et la sagesse, et avec beaucoup plus de génie qu'un libertin, il fait moins paraître la vivacité de son esprit et la richesse de son imagination. On trouvera toujours ses écrits stériles au prix de la féconde extravagance d'un impie et l'on s'ennuie trop dans les sermons pour vouloir s'ennuyer encore dans les ouvrages d'un écrivain vertueux.

Oui, il est difficile de paraître un grand génie quand on ne parle ni contre l'Etat, ni contre la religion, ni contre la pudeur, et les livres qui enrichissent le plus sûrement un libraire sont ceux dont tous les honnêtes gens détestent les auteurs.

Bibliography

A. Editions of *Le Misanthrope*

Le Misanthrope first appeared as a fly sheet on 19 May 1711, and was issued every Monday until 26 December 1712. It enjoyed many editions; it was translated into Dutch by Pieter le Clercq and shared the popularity of van Effen's *De Hollandsche Spectator*. Several of the essays from *Le Misanthrope* were collected separately; some were translated and collected in Dutch, German, and English.

1. Title Pages of Le Misanthrope

LE / MISANTROPE. / CONTENANT. / Des Réflexions Critiques, Satyriques / & Comiques, sur les défauts / des hommes. / *Quicquid agunt homines nostri farrago libelli.* / [engraving with inscription 'NON SIBI SED OMNIBUS'] / A LA HAYE, / Chez T. JOHNSON, / Libraire Anglois / M. DCC. XI. /

(The fly sheets were first bound and published in two volumes by Thomas Johnson in 1712 and 1713.)

LE / MISANTROPE: / POUR / L'ANNE'E / M. DCC. XI. / [engraving with inscription 'NON SIBI SED OMNIBUS'] / A LA HAYE, / Chez T. JOHNSON. / M. DCC. XII. /

LE / MISANTROPE. / Par Mr. V. E. * * / Nouvelle Edition revuë & augmentée / de plusieurs Discours importans. / TOME PREMIER. / [engraving with inscription 'INDESINENTER'] / A LA HAYE, / Chez JEAN NEAULME. / M. DCC. XXVI. /

(The second edition by Jean Néaulme was edited by the author and includes the extensive discussion of 'esprits forts' in volume i and van Effen's account of his 'Voyage en Suède' appended to volume ii. This is the copy-text for the present edition.)

LE / MISANTROPE, / Par Mr. V. E. * * * / NOUVELLE EDITION. / Revuë & augmentée de plusieurs Discours / importans. / TOME PREMIER. / [engraving] / A LAUSANNE & à GENEVE, / Chez MARC-MICHEL BOUSQUET & Comp. / M D C C X L I. /

LE / MISANTROPE: / CONTENANT / DIFFERENS DISCOURS / SUR / LES MOEURS DU SIECLE. / NOUVELLE EDITION, / AUGMENTE'E DE PLUSIEURS DISCOURS / sur le caractere des Esprits forts & des Incredules: / avec une Relation curieuse d'un Voyage de Suede. / TOME PREMIER. / [engraving] / A LA HAYE, / Chez JEAN NEAULME. / M. DCCXLII. /

LE / MISANTROPE. / PAR / Mr. van EFFEN, / Docteur en Droit, & Membre

de la Société / Royale de Londres./ Troisiéme Edition revue & corrigée. /
TOME PREMIER, / [engraving with inscription] / A AMSTERDAM, / Chez
HERMAN UYTWERF. / MDCCXLII. /

(This third edition of *Le Misanthrope* includes a portrait of the author opposite
the title page, the 'Eloge historique' and a 'Letter de M. P[otin].' The editor
Uytwerf published in this same series Van Effen's two other spectatorial
journals in French, *La Bagatelle* and *Le Nouveau Spectateur français*.)

2. The Dutch Translation of Le Misanthrope

De Misantrope of de Gestrenge Zedenmeester. Trans. Pieter LeClercq. 3 vols. Amsterdam: H. Uytwerf, 1742-45.

(The second and third editions appeared in three volumes in 1758 and 1765
respectively.)

3. Collections of Le Misanthrope

*Le Je ne sais quoi ou mélanges curieux, historiques et critiques de bons mots et pensées
choisies.* by Cartier de Saint- Philippe. 2 vols. The Hague: J. Néaulme, 1723.

*Der vernünftige Philosophe, oder auserlesene Abhandlungen zur Einrichtung und zum
Vergnügen des Verstandes, Witzes und Herzens.* 2 vols. Frankfurt and Leipzig, 1754.

Miscellanies. Ed. Richard Twiss. Printed for the author by George Hayden, 1805.

Justus van Effen: Proza. Klassieke Nederlandse dichters en prozaisten, Landju-
weel. Ed. Clara Eggink. Haarlem: Tjeenk Willink, 1954.

Justus Van Effen, een publicist uit de 18e eeuw. Ed. J. J. Borger. Gorinchem:
Noorduijn, 1967.

B. Selected bibliography

Bisschop, Willem, *Justus van Effen geschetst in zijn leven en werken.* Utrecht 1859.
'Eloge historique de M. Juste van Effen', *Bibliothèque française*, tome xxv, 1e
partie, article VIII (1737), pp.138-54.
Gras, Elizabeth J., 'Justus van Effen, een 18e-eeuws journaliste', *Bundel de Vooys*
(1940), pp.146-52.
'Lettre sur la nouvelle édition des œuvres de M. van Effen', *Bibliothèque française*,
tome xxxv, 1e partie, article VII (1742), pp.157-62.
Oomkens, R., 'Les ouvrages français de Juste van Effen', *La Revue de Hollande*
(1916-1917), pp.339-57, 457-72, 598-619, 838-57, 1022-61.
Pienaar, W. J. B., *English influences in Dutch literature and Justus van Effen as
intermediary.* Cambridge 1929.
[Potin?], 'Lettre de M. P. à l'auteur de l'éloge de M. van Effen', in *Le Misanthrope*,
3e édition, tome i. Amsterdam 1742.
Schorr, James L. 'Justus van Effen and the Enlightenment.' Diss. The University
of Texas, 1978.

– *The Life and works of Justus van Effen*. Laramie 1982.

Valkhoff, Piet, 'Justus van Effen en de Franse Letterkunde', *De Gids* (1917), pp.323-52.

Verwer, Pieter Adriaen, 'Het Leven van M. Justus van Effen', *De Hollandsche Spectator*. 2nd edition, tome i. Amsterdam 1756.

Zuydam, Willem, *Justus van Effen: een bijdrage tot de kennis van zijn karakter en zijn denkbeelden*. Diss. Utrecht, Gouda 1922.

C. Book advertisements

Numbers in the 1712-13 edition include the following bibliographical information: 'A la Haye chez T. JOHNSON, 1711.'[1] In addition, the bookseller Johnson occasionally advertises books and pamphlets, depending on the space available after each number. Most titles are abbreviated.

Avis aux négociateurs sur la paix à faire. 8°.

Avis aux négociateurs sur les nouveaux plans de partage. 8°.

Fautes des deux côtés, des Whigs et des Torys. 8°.

Histoire des intrigues de la France en plusieurs cours de l'Europe. 8°.

La conduite de Mylord Galway en Espagne. 8°.

La conduite de Mylord Peterborough en Espagne. 8°

Lettre au Chevalier Banks sur les effets du pouvoir absolu en Suède.

Lettres et mémoires sur la présente guerre et sur les négociations de la paix. 4 volumes in 8°.

Le Mercure galant.

Le Misanthrope. Tome I.

Œuvres de M. de Crébillion. (Idomenée, Atrée et Thyeste, Electre, et Rhadamisthe et Zenobie.)

Œuvres poétiques de M. l'Abbé de Villiers.

Recueil de toutes les pièces les plus curieuses et des feuilles volantes sur les affaires du temps imprimées depuis quelques années. 4°.

Remontrance aux Torys sur les affaires d'à présent.

Sermons de l'évêque de St. Asaph.

Un très beau et très exact plan du siège de Bouchain.

---

1. The numbers in volume ii indicate '1712.'

Variants

The 1726 edition of *Le Misanthrope* has been chosen as copy-text for the present edition. This text has been modernised as to spelling, punctuation, and capitalisation; accidentals have been corrected silently in the text. The following list of variant readings in the 1712-13, 1741, and 1742 editions is generally confined to substantive variants not otherwise indicated in the text. Each entry shows the number and page of the 1726 reading, followed by a bracket and the variant reading. The appropriate edition is indicated in parentheses.

[Dedication]

3: les hommes] le monde (1742-Uytwerf)
3: J. V. Effen] J. van Effen (1742-Uytwerf)

Préface

7: ou préface misanthropique, ou bien] ou (1742-Uytwerf)
7: plume en main] plume (1742-Uytwerf)
7: m'est] m'en est (1742-Uytwerf)
7: ou bien] ou (1742-Uytwerf)
7: Serait-ce bien] Serait-ce (1742-Uytwerf)
7: raison-là] raison (1742-Uytwerf)
7: On y élève jusqu'aux nues, la plupart du temps,] La plupart du temps, on
    y élève jusqu'aux nues (1742-Uytwerf)
8: petites vérités] vérités (1742-Uytwerf)
8: cette vengeance est permise je crois] je crois cette vengeance fort permise
    (1742-Uytwerf)
8: ces] à ces (1712-13) (1741)
8: de ne changer rien] à ne rien changer (1742-Uytwerf)
   de ne changer rien] de ne rien changer (1741)
9: lorsque] quand (1742-Uytwerf)
9: l'on] on (1742-Uytwerf)
9: quelque part dans] dans la préface de (1712-13)
9: afin de] pour (1742-Uytwerf)
10: bien plus] plus (1742-Uytwerf)
10: mon libraire] Johnson (1712-13)
10: un] quelqu'un (1742-Uytwerf)
10: du libraire] de Johnson (1712-13)
10: suis] suis, au contraire, (1742-Uytwerf)
11: ma préface n'est déjà que trop longue] ce discours n'est déjà que trop long
    (1742-Uytwerf)

I

13: accoutumé à] voulant (1712-13)
13: servilement assujetti à la réputation établie des auteurs, il s'épargnera la

peine d'examiner mon ouvrage] accoutumé de s'épargner la peine de l'examen d'un ouvrage par une servile déférence à la réputation établie des auteurs (1712-13)

13: voulu résoudre] décidé (1742-Uytwerf)

13: livre] ouvrage (1712-13)

13: ;] et (1712-13)

13: que des désirs proportionnés à votre prix réel; occupé] le moindre désir; appliqué (1712-13)

13: n'est pas la dupe de] ne connaît pas (1712-13)

14: aux humeurs] à l'humeur (1742-Uytwerf)

14: il méprise généreusement la colère et la haine de ceux que sa sévérité irrite] la colère et la haine de ceux que sa sévérité irrite ne lui sont rien (1712-13)

14: les hommes] le genre humain (1712-13)

14: réflexions que j'ai faites] raisonnements que j'ai faits (1712-13)

14: Il est temps de tirer de mon magasin les armes que j'y ai ramassées pendant longtemps pour être en état de] et les réflexions que j'ai faites pendant un grand nombre d'années sont autant d'armes ramassées pour (1712-13)

14: saurai choisir souvent] sais choisir (1712-13)

II

16: le soin] soin (1742-Uytwerf)

16: de lever le siège] d'en avoir le démenti (1712-13)

17: *dilater, élasticité*] *dilater* (1712-13)

17: du nombre des preuves; il] d'un grand nombre de raisons et (1712-13)

17: le but] pour but (1742-Uytwerf)

18: mais] : (1741)

18: ;] et (1712-13)

18: ;] et (1712-13)

18: sauront] sauraient (1742-Uytwerf)

19: force-là] force (1742-Uytwerf)

19: faux] ces faux (1712-13)

III

19: à l'ombre des lauriers, les princes] les princes à l'ombre des lauriers (1712-13)

19: César] César, Scipion (1712-13)

20: les délices eux-mêmes] eux-mêmes les délices (1742-Uytwerf)

20: leur propre bon sens, ou celui] le bon sens (1712-13)

20: touchante] lugubre (1712-13)

21: une porcelaine] un vase de porcelaine (1742-Uytwerf)

21: et il] et (1712-13)

21: se donnant] prenant (1712-13)

21: le voilà] voilà mon poète (1712-13)

21: de hérisser] d'hérisser (1742-Uytwerf)

22: Des héros à vaincre obstinés] Un héros à vaincre obstiné (1712-13)
23: le brillant sort] le sort heureux (1712-13)

IV

23: le *libraire*] Johnson (1712-13)
23: Ma] Mais ma (1712-13)
24: réputation-là] réputation (1742-Uytwerf)
24: vaste] beau (1712-13)
25: d'exécuter les plus épineuses entreprises] des plus grandes choses (1712-13)
25: des peines et des] de peines et de (1742-Uytwerf)
25: expédition] entreprise épineuse (1712-13)
25: en Sicile pense] dans la Sicile pensa (1712-13)
25: ;] et (1712-13)
25: voile] nom (1712-13)
27: paraît] paraisse (1742-Uytwerf)
27: propre à] capable de (1712-13)
27: à plus forte raison] plus encore sans doute (1712-13)

V

28: le discours III] le *Misanthrope* du lundi 1 de juin 1711 (1712-13)
28: propre] étendu et par là fort propre (1712-13)
29: faire] finir (1712-13)
29: son fier délire] tout cet esclandre (1712-13)
29: le dire] l'apprendre (1712-13)
29: chanter de merveilleux] dire (1712-13)
29: prodiguer] chanter (1712-13)
29: manière-ci] manière (1742-Uytwerf)
30: s'imagine] se l'imagine (1742-Uytwerf)
31: n'a] n'ait (1742-Uytwerf)
31: de ne pas] à ne (1742-Uytwerf)
    pas rêver] plus songer (1712-13)
31: discours] Misanthrope (1712-13)
31: dans cette] en (1712-13)
32: où] auxquelles (1742-Uytwerf)

VI

32: raisonnements sont] raisonnements (1712-13)
32: que] qu'on dit que (1742-Uytwerf)
33: et prend] prend (1712-13)
33: aie] ai (1741)
33: Ayant] et ayant (1712-13)
33: et] ; (1742-Uytwerf)
34: qu'ils sortissent] de sortir (1712-13)
34: la vérité] l'axiome (1712-13)
35: su faire] fait (1742-Uytwerf)

VII

35: faire fortune] la faire (1742-Uytwerf)
36: sera] fût (1742-Uytwerf)
36: rendront] rendraient (1742-Uytwerf)
36: afin de le ruiner par représailles et de] pour le ruiner par représailles et
        (1742-Uytwerf)
37: Est-il possible que vous raisonneriez] Serait-il possible que vous raisonnassiez
        (1742-Uytwerf)
37: où] auxquelles (1742-Uytwerf)
37: ne point être] n'être point (1742-Uytwerf)
37: acteur] auteur (1712-13)
38: ne fait que parler] ne parle que (1742-Uytwerf)
39:      Si dans nos jours dame Vénus
         Ne suivait la mode allemande]
         Si tu ne commençais, Vénus,
         A prendre une humeur allemande (1712-13)
39: sa] ta (1712-13)
39: ce] le (1712-13)

VIII

40: découvre] fait voir (1712-13)
40: conduite] manière d'agir (1712-13)
40: que la raison, que] que (1712-13)
40: seraient-ils en droit de] pourraient-ils (1712-13)
40: condamnent] peuvent condamner (1712-13)
40: puissent] peuvent (1712-13)
40: manière-ci] manière (1742-Uytwerf)
40: cas supposé] cas (1742-Uytwerf)
40: et] ; (1742-Néaulme)
40: dans] pour (1712-13)
41: l'ait] l'a (1712-13)
41: bigots] tartuffes (1712-13)
42: me trouvas toujours un cœur droit et pieux] m'éprouvas toujours éclairé,
        vertueux (1712-13)
42: malheureux] insensé
43: sut armer] anima (1712-13)
43: je te connus, ô Raison] j'en reconnus la force (1712-13)
43: je reçus ton] j'en reçus le (1712-13)
43: fus] suis (1742-Néaulme)
43: terreur] frayeur (1712-13)

IX

44: *discours* II] second Misanthrope (1712-13)
44: règles dont] desquelles (1712-13)
44: chose.' Etc.] chose.' (1712-13)

44: dont] avec lequel (1742-Uytwerf)

45: que c'est à vous à vous taire quand je parle; c'est] que c'est (1741)

45: c'est bien à une jeune barbe comme vous à me contredire; savez-vous que]
    vous n'êtes qu'un *morveux*, et (1712-13)

45: sont] soient (1742-Uytwerf)

45: une jeune barbe] un *morveux* (1712-13)

45: V. W.] V* * (1712-13)

45: L. H.] L* * * (1712-13)

45: monsieur] magistrat (1742-Uytwerf)

45: M. V. W.] M * * (1712-13)

45: et] : (1742-Uytwerf)

45: étant posé] posé (1742-Uytwerf)

46: aurait] eût (1712-13)

46: des plats] d'un mets (1712-13)

46: délicieux] friand (1712-13)

47: y] en (1742-Uytwerf)

47: bien vouloir] vouloir bien (1742-Uytwerf)

47: aux vins] à ceux (1742-Uytwerf)

47: les meilleurs vins du monde] délicieux (1712-13)

47: prudente] bénigne (1712-13)

47: Alcantor] M. Alcantor (1712-13)

47: Alcantor] M. Alcantor (1712-13)

47: brouillé avec le sens commun] extravagant (1712-13)

47: être traité comme un scélérat] en agir sérieusement avec lui (1712-13)

47: hé] et (1712-13)

47: des] pour les (1712-13)

47: médisances] médisances endiablées (1712-13)

48: Mal qu'on s'attire et qu'on redoute] Que tout homme mérite et tout homme
    redoute (1712-13)

X

48: discours] Misanthrope (1712-13)

48: 39] 42 (1742 Néaulme)

48: versificateur] faiseur de vers (1712-13)

49: ainsi sa matière en capilotade] sa matière en capilotade de cette manière-là
    (1712-13)

49: on] l'on (1742-Uytwerf)

49: tenant en haleine] entretenant (1712-13)

49: et] , (1742-Uytwerf)

50: fait taire les vents] condamne les flots (1712-13)

50: le ciel] les cieux (1712-13)

51: cette bonne reine] Didon (1712-13)

51: l'aura] l'a (1742-Uytverf)

51: où] à laquelle (1742-Uytwerf)

51: Monsieur, Monsieur Lucain] Monsieur Lucain (1742-Uytwerf)

52: du nom que vous me cédez] d'être appelé poète (1712-13)

52:    Son air, qui dans sa mollesse
       Ne marquait]
       Sa démarche en sa mollesse
       Qui n'avait (1712-13)

XI

53: pardonnerez] pardonnerez bien (1712-13)
53: Par un coup imprévu de la Providence, le charmant, l'estimable Prince
       d'Orange] Le charmant, l'estimable Prince d'Orange, par un coup
       imprévu de la Providence (1712-13)
53: une vertu] un mérite (1712-13)
53: lui-même] soi-même (1712-13)
54: Il] Amateur d'un milieu raisonnable, il (1712-13)
54: et] et si (1712-13, 1742-Uytwerf)
55: nous avons vu plusieurs fois sur nos frontières] de temps en temps la France
       envoie sur la frontière (1712-13)
55: sensible et] plus sensible et plus (1742-Uytwerf)
55: que] quand (1712-13)
55: tirassent] ont tiré (1712-13)

XII

56: qui] lesquelles (1712-13)
56: raisonnement et] raisonnement (1712-13)
57: Lorsqu'à la fin son cerveau est dûment affaissé] Le cerveau affaissé à la fin
       (1712-13)
57: ;] et (1712-13)
57: faisant] fait (1742-Néaulme)
57: s'assure du plus haut rang dans le] se voit au plus haut du (1712-13)
57: tînt] tiendrait (1712-13)
58: afin] pour (1742-Uytwerf)
58: millet] blé
58: Et que] Et (1742-Néaulme)
58: tirer] retirer (1742-Uytwerf)
58: lequel] qui (1742-Uytwerf)
58: dans] en (1742-Uytwerf)
58: Messieurs, de grâce] de grâce, Messieurs (1742-Uytwerf)
58: et] , (1742-Néaulme)
58: qui, jusqu'à présent] qui (1712-13)
59: devant lequel] où (1742-Uytwerf)
59: est] c'est (1742-Uytwerf)
59: égard-là] égard (1742-Uytwerf)
59: celles-là] celles-ci (1742-Uytwerf)
59: celles-là] celles-ci (1742-Uytwerf)
59: connût] connaîtrait (1742-Uytwerf)
60: dans] à (1742-Uytwerf)
60: Mais la] La (1712-13)

60: point] pas (1742-Uytwerf)
60: petite pension] pension (1742-Uytwerf)

XIII

60: plus chers] chers (1712-13)
61: ;] et (1712-13)
61: mode] méthode (1712-13)
61: quand il fallait, ils accouraient tous avec un zèle égal à sa défense] tous ils
    se précipitaient avec un zèle égal à la défendre (1712-13)
62: .] et (1712-13)
62: la guerre] et la guerre (1712-13)
62: Avant que de vous connaître] Ah! sans vous (1712-13)
63:    On ne vit point ramper dans ce vil esclavage
    Les magnanimes cœurs des Bataves altiers]
    Ils ne connaissaient point un si vil esclavage
    Quand d'eux sont nés jadis les Bataves altiers (1712-13)
63:    Qui, joignant le courage à la simplicité,
    Sut venger l'univers de l'orgueil de l'Ibère
    Et secouer le joug d'un maître détesté]
    Qui, joignait leur courage à leur simplicité
    Et secouant des rois le joug insupportable,
    Eteignait dans leur sang leur ardeur de régner (1712-13)
63: Disparut au brillant des vices étrangers] Dut céder au brillant des vices
    étrangers (1712-13)
63: D'un seul cœur où régnaient et mérite et tendresse] De la plus tendre ardeur
    d'un seul homme agréable (1712-13)
63: traîtresse] coupable (1712-13)

XIV

64:    Mais ajoutez qu'Iris est belle,
    Que tout plaît, que tout charme en elle]
    Que tout plaît, que tout charme en elle.
    Mais ajoutez qu'Iris est belle (1742-Uytwerf)
64: Pour l'esprit, il ne faut le considérer] et je ne considère l'esprit (1712-13)
64: les hommes] le genre humain (1712-13)
64: de leur ridicule] du ridicule des hommes (1712-13)
65: Dans la suite] Depuis
65: a seul] seul a (1742-Uytwerf)
65: exprès faite] faite exprès (1742-Uytwerf)
66: discours V, page 34] le cinquième Misanthrope, page 40 et 41 (1712-13) 34]
    40 (1742 Néaulme)
67: celle de presque tous les hommes] le souvenir de tout le monde (1712-13)
67: l'abbé B...] l'abbé Bouquoy (1712-13)
    l'abbé B...] l'abbé de B... (1742-Uytwerf)
67: que j'ai fait verser à Orphée après qu'il eut retrouvé sa chère] d'Orphée
    après avoir retrouvé (1712-13)

67: à] de (1712-13)
67: a] ait (1742-Uytwerf)
67: détestables fourberies] fourbes abominables (1712-13)
67: une profession, un honneur] une étude, une profession, une gloire (1712-13)
68: ne rougiraient] rougiraient (1712-13)

XV

68: voulait] elle voulait (1712-13)
69: pendant un assez grand espace de temps, on] on (1742-Uytwerf)
69: dans le] au (1742-Uytwerf)
69: somme] sommeil (1742-Uytwerf)
69: saisir le] s'apercevoir du (1712-13)
69: Ce] Le (1712-13)
69: homme] cocu (1712-13)
69: la communiquèrent] en firent part (1742-Uytwerf)
70: Chacun se dispense de prêter attention aux autres et, pourtant, il a] Et chacun, se dispensant de prêter attention aux autres, a pourtant (1712-13)
70: regardent] regardent, par conséquent, (1712-13)
70: ira trop tâtonner] tâtonnera trop (1742-Uytwerf)
70: plus les routes où l'on s'égare sont riantes, plus] plus (1741)
70: ont accoutumé leur raison] sont accoutumés (1712-13)
70: ce me semble, la raison] la raison, ce me semble (1742-Uytwerf)
70: naîtra] y naîtra (1712-13)
71: .] et (1712-13)
71: peut] puisse (1742-Uytwerf)
71: quand il] qu'il (1742-Uytwerf)
71: Pour lui, il] Le monsieur (1712-13)
71: lui fournit] fournit à cet auteur (1712-13)
71: cet auteur, dans son *Mercure* du mois de novembre, page 341, il a proposé des bouts-rimés à remplir] ce monsieur, il a proposé des bouts-rimés à remplir dans son *Mercure* du mois de novembre, page 341 (1712-13)
71: animent]égaient

XVI

72: question] question-ci (1712-13)
72: davantage] plus (1742-Uytwerf)
72: de cet or] cet or (1742-Uytwerf)
73: bienheureux] heureux (1742-Uytwerf)
73: Vous] si vous (1712-13)
73: qui devraient s'attirer votre respect] lesquels vous devriez respecter (1712-13)
73: celles-là] elles (1742-Uytwerf)
73: que de] que (1742-Uytwerf)
73: ;] et (1712-13)
74:     Ces qualités souvent sont de peu d'importance;

De peu d'importance surtout
Si pour un autre amant une belle a pris goût]
Souvent le rang et la naissance
Sont chose de peu d'importance;
Notre belle était de ce goût (1712-13)

75: pour sa terre est parti] est sorti (1712-13)
76: La colère] Brûler la colère (1712-13)
76: De ces tons furieux] De ce fracas (1712-13)
76:     Et concluant de sa voix rauque
     Et de sa rougeur équivoque
     Qu'il était agité d'un courroux véhément]
     Et le croyant courroucé fièrement
     A cause de sa voix rauque
     Et de sa rougeur équivoque (1712-13)
76: être] d'être (1742-Uytwerf)
76: Vient se] Se vient (1712-13)
77: t'assurer d'une femme] être sûr que ta femme est (1712-13)

XVII

77: m'offrit] m'offrait (1712-13)
77: les deux] deux (1742-Uytwerf)
79: gens-là] gens (1742-Uytwerf)
79: du fiel et de l'amertume] de fiel et d'amertume (1742-Uytwerf)
79: dont se servaient les] des (1712-13)
79: si] que si (1712-13)
79: qu'il] il (1712-13)
79: qu'on ne veuille s'imaginer qu'il ignorait] d'ignorer (1712-13)
79: d'une] de (1742-Uytwerf)
79: .] et (1712-13)
79: ses inclinations] son inclination (1742-Uytwerf)
80: crime] vice (1712-13)
80: crime] vice (1712-13)
80:     Mortel, la charité, cette vertu suprême
     Devrait en tout mortel te découvrir toi-même,
     Et tu devrais cacher, plein de compassion,
     Sous un voile d'amour son imperfection.
     Mais, détournant les yeux de l'horreur de tes vices
     A dévoiler les siens, tu trouves des délices;
     Et ton esprit adroit par ton cœur infecté
     Sait les offrir aux yeux de leur plus noir côté.
     Hélas que l'homme est faible! On voit de saintes âmes
     De ce crime goûter les agréments infâmes,
     Et ce vice subtil en vertu déguisé
     S'est dans un cœur dévot assez souvent glissé.]
     Ce charitable amour, dont chacun se renomme,
     Nous doit faire trouver nous-mêmes dans tout homme;

A l'égal de soi-même on devrait les chérir
Et sous la charité tous leurs défauts couvrir.
Mais soigneux de cacher nos propres injustices,
De dévoiler les leurs nous faisons nos délices;
Peu satisfait encor d'en découvrir l'horreur
L'esprit d'un tour malin ajoute à leur noirceur.
Cependant, j'en conviens, on voit de saintes âmes
Goûter avec plaisir les agréments infâmes,
Que ce vice subtil en vertu déguisé
A dans leur cœur dévot assez souvent glissé (1712-13)

80: Ah! quel parfait modèle] elle est un vrai modèle (1712-13)
80:     Plus le péché pour elle eut autrefois de charmes,
Plus ce même péché remplit son cœur d'alarmes.
Mais son zèle souvent, aveugle en sa faveur]
Plus jadis le péché lui parut agréable,
Plus ce même péché lui devient haïssable
Mais sa haine souvent aveugle en son ardeur (1712-13)

80: ces faits avérés] les crimes d'Iris (1712-13)
80: Partagea] Partageaient (1712-13)

XVIII

81: si on] si l'on (1742-Néaulme)
81: dans] en (1742-Uytwerf)
81: les ans traînent] l'âge traîne (1712-13)
81: ;] et que (1712-13)
81: satisfaisants] salutaires (1742-Néaulme)
81: la plus grande partie de sa jeunesse parmi] une fois huit ou dix de ses années
    dans (1712-13)
81: nourrir les] fournir aux (1712-13)
81: des] de (1742-Uytwerf)
81: ces messieurs-là] ces messieurs (1742-Uytwerf)
82: telle femme même] d'autres femmes mêmes (1712-13)
82: demand] demandent (1712.13)
82: veut] veulent (1612-13)
82: souhaite] veulent (1712-13)
82: pas] point (1712-13)
82: essentiellement vertueuse] vertueuse tout ce qui se peut (1712-13)
82: A soixante-dix ans il a paru aussi sérieusement fou de Dorimène que s'il
    n'en avait eu que vingt et cinq] Jamais jeune homme n'a paru plus
    sérieusement fou d'une maîtresse qu'Ariste à l'âge de quatre-vingts ans
    ne l'a paru de Dorimène (1712-13)
82: ;] et (1712-13)
82: et elle l'affecta d'une] d'une (1712-13)
83: Tant] Tandis (1742-Uytwerf)
83: l'estime] l'estime pour vous (1712-13)
83: vainquez votre passion] retrouvez votre raison (1712-13)

83: soit] est (1712-13)
83: refusai] refusais (1712-13)
83: pestez] pestiez (1742-Néaulme)
84: me planta là] m'abandonna (1712-13)
84: Faut-il qu'on se précautionne] Et point ne se précautionne (1712-13)

XIX

84: ;] et (1712-13)
84: être dans leur esprit] en être regardés comme (1712-13)
84: des] de leurs (1712-13)
84: Si un homme qui fait des vers] Et si un faiseur de vers (1712-13)
84: que dans un grand nombre de cas il ne soit très] qu'il ne soit un homme (1712-13)
85: Méprisant les discours vulgaires, il se plaît uniquement au langage divin que lui dicte son génie poétique, ou bien, lecteur perpétuel de ses productions, il fourre ses vers dans la conversation de toutes les] soit que, méprisant la conversation générale, il se plaise uniquement au langage divin que lui inspire le feu de son génie, soit que, lecteur perpétuel de ses productions, il mette sa Muse de l'entretien générale des (1712-13)
85: leurs manières] leur manière (1712-13)
85: brilleront la facilité et le génie] il y ait de la facilité et du génie, et (1712-13)
85: jouent d'un grand bonheur quand la récompense des peines qu'ils se donnent va au-delà du plaisir de s'admirer eux-mêmes et des louanges sèches et infructueuses que peuvent leur accorder quelques connaisseurs, mais quelle mortification] outre le plaisir de s'admirer eux-mêmes, prétendraient en vain autre chose que la louange pour récompense de leurs peines, et quel malheur (1712-13)
85: ces louanges] cette louange (1712-13)
85: terrassantes] mortifiantes (1712-13)
85: rimeur si] poète (1712-13)
85: de rigides censeurs] d'illustres connaisseurs (1712-13)
85: fins connaisseurs] subtils censeurs (1712-13)
85: dispute le prix] dame le pion (1712-13)
86: son ouvrage a] ses vers ont eu (1712-13)
86: Quel désastre pour lui] C'est bien le diable, alors (1712-13)
86: Leur probité, leur goût et leurs lumières] Et leur intègre cœur et leurs vastes lumières (1712-13)
86: plat] sot (1712-13)
87: Chacun s'écrie] Tous s'écrient (1712-13)
87: la] sa (1712-13)
87: ceux-là] ceux-ci (1742-Uytwerf)
87: davantage] plus (1742-Uytwerf)
87: je n'en ai jamais trouvé] il n'y en a point (1712-13)
87: il faut] on doit (1742-Uytwerf)
88: tirer] retirer (1742-Uytwerf)

XX

88: discours] Misanthrope (1712-13)
88: au] à (1742-Uytwerf)
88: délice] plaisir délicieux (1742-Uytwerf)
88: dans lequel] où (1742-Uytwerf)
89: divertit] divertisse (1742-Uytwerf)
89: de la fatigue et de l'ennui] de fatigue et d'ennui (1742-Uytwerf)
89: contemplera encore demain sa tulipe] la contemplera encore demain (1742-Uytwerf)
89: de] du (1742-Uytwerf)
89: de certains objets de] des choses de la (1712-13)
89: et] , (1742-Uytwerf)
89: De la même manière, il y a] Il y a de même (1742-Uytwerf)
89: elle] laquelle (1712-13)
89: on l'inculque à la jeunesse comme la maxime] règle qu'on inculque comme la chose (1712-13)
89: celui-là] celui-ci (1742-Uytwerf)
89: se livrer à une vanité impertinente] s'éloigner des devoirs de l'humanité (1712-13)
90: ami] amis (1712-13)
90: donnent quelque poids à la règle] autorise la maxime (1712-13)
90: de l'éducation, des dispositions] d'éducation, de dispositions (1742-Uytwerf)
90: convient] est d'accord (1712-13)
90: que Dorinde s'est vue] quand Dorinde est devenue (1712-13)
90: mesure] proportion (1742-Uytwerf)
90: la conduite] l'action (1712-13)
90: soupçonner] soutenir (1712-13)
90: dément] démente (1742-Uytwerf)
91: de la] de (1742-Uytwerf)
91: plus on est novice, moins] moins (1712-13)

XXI

91: ;] et (1712-13)
91: ;] et (1712-13)
92: soit] fût (1712-13)
92: il] et (1712-13)
92: que de cette lecture-là on sort] qu'on sort de cette lecture (1742-Uytwerf)
92: sur un point de médecine Hippocrate et Galien] Hippocrate et Galien sur un point de médecine (1712-13)
92: davantage] plus (1742-Uytwerf)
92: dans un style convenable au sujet] et avec force (1712-13)
92: convenables à la matière] fortes (1712-13)
93: si l'on veut] pour (1712-13)
93: votre] son (1742-Uytwerf)
93: n'en est] n'est (1742-Uytwerf)
93: quand on voudra bien] si l'on daigne (1742-Uytwerf)

93: que de] que (1742-Uytwerf)
93: une] cette (1742-Uytwerf)
93: ;] et (1712-13)
93: d'en établir, peut-être que plus rarement on payerait] d'établir peut-être
        qu'on payerait plus rarement (1742-Uytwerf)
93: de l'apparence] apparence (1742-Uytwerf)
93: voici] voilà (1742-Uytwerf)
93: un effort pourtant] pourtant un effort (1742-Uytwerf)
94:     Traitée avec indignité
        Par ce scélérat d'importance,
        Une dame de conséquence]
        Une dame de conséquence,
        Etant traitée avec indignité
        Par ce scélérat d'importance (1712-13)
94: fidèle] ressemblant (1712-13)

XXII

95: comme le bonhomme Damis] c'est le bonhomme Lysis qui (1712-13)
95: c'est] c'est, c'est (1712-13)
95: sache cela] le sache (1742-Uytwerf)
95: lui-même] soi-même (1712-13)
95: ,] et (1712-13)
95: savent] sachent (1742-Uytwerf)
95: presque dans] dans (1712-13)
95-96: justes. Tout ce qu'on pourrait censurer peut-être dans sa manière d'écrire,
        c'est qu'il a trop d'esprit et qu'il donne quelquefois dans le précieux]
        justes. (1712-13)
96: du titre d'hommes d'esprit] de ce qu'on appelle esprit (1712-13)
96: De la même manière on donnait] On donnait de même (1742-Uytwerf)
96: et, à] A (1742-Uytwerf)
96: auprès] par (1742-Uytwerf)
96: sont quelques recueils et le *Mercure galant*] c'est le *Mercure galant* et (1712-13)
96: ;] et (1712-13)
96: dont la seule vue excite des éclats] qu'on ne saurait voir sans crever (1712-
        13)
96: ;] et (1712-13)
97: les pensées du monde les meilleures] les meilleures pensées du monde (1742-
        Uytwerf)
97: confusionnent] confusent (1712-13)
97: la conversation] les conversations (1712-13)
97: .] et (1712-13)
97: il marque par tout son air] et marque de temps en temps par un coup d'œil
        fin (1712-13)
97: dût-il être son seul ami, dût-il] dût-il (1742-Uytwerf)
97: quelque réflexion utile] quelques réflexions utiles (1712-13)
97: le genre humain] la société (1712-13)

97: afin que nous nous rendions] pour nous rendre (1742-Uytwerf)

XXIII

98: et un cœur tranquille, dispositions sans lesquelles] un cœur dégagé des passions, sans quoi (1712-13)

98: fixe] fin (1712-13)

98: qui ont la vogue parmi les ignorants consiste à] des ignorants, lequel ne laisse pas de se trouver assez souvent parmi les personnes les plus habiles, c'est de (1712-13)

98: à] de (1712-13)

99: adroitement] avec adresse (1712-13)

99: les subtilités frivoles qui les lui font moissonner] ses subtilités frivoles (1712-13)

subtilités frivoles] frivoles subtilités (1742-Uytwerf)

99: à se répondre et à se répliquer] et à se répondre et répliquer à (1712-13)

99: à] de (1742-Uytwerf)

99: de la colère et de l'emportement] de colère et d'emportement (1742-Uytwerf)

99: ;] et (1712-13)

100: Sur ce grave sujet se chicanant entre eux] Sur ce soin important disputant entre eux (1712-13)

100: Ce roi, dont les trésors égalaient la sagesse] Oui, ce roi si fameux en trésors, en sagesse (1712-13)

100: Lui] Qui (1712-13)

XXIV

101: ne sont] n'est (1712-13)

100: acheté] voulu avoir (1712-13)

100: aisé de découvrir qu'ils ont été destinés plutôt à l'ornement qu'à] facile à connaître qu'on les a achetés plutôt pour l'ornement que pour (1712-13)

101: de l'apparence] apparence (1742-Uytwerf)

102: volumes nombreux] nombreux volumes (1742-Uytwerf)

102: quitteraient la vie] mourraient (1712-13)

102: venir] aller (1742-Uytwerf)

102: puisqu'il a réussi] qui réussit (1712-13)

102: est l'auteur de ce petit ouvrage] en est l'auteur (1712-13)

103: précisément] toute (1712-13)

103: par] de (1742-Uytwerf)

103: par sa fermeté, mérite l'estime de tous les honnêtes gens] mérite, par sa fermeté, qu'on l'estime (1712-13)

104: où] ouvrages où (1712-13)

104: qu'avant moi personne n'aura entamés] que personne n'aura entamés avant moi (1742-Uytwerf)

XXV

105: à la bienséance] à la raison et à la bienséance (1712-13)

106: dame-là] dame (1742-Uytwerf)

106: se munir par là contre] prévenir le péché de (1712-13)

106: mettre] mettre par là (1712-13)

106: point] pas (1742-Uytwerf)

106: bienheureux] heureux (1742-Uytwerf)

106: toutes les commodités de valets, de meubles précieux et surtout d'une] tous les aises de la vie: vous aurez une maison superbe, nombre de valets, des meubles précieux et surtout une (1712-13)

107: semblent n'être] ne semblent être (1712-13)

107: que le cruel Mézence infligeait aux] auquel destinait Mézentius les (1712-13)

107: vos malheurs] votre souffrance (1712-13)

107: rendus] vendus (1712-13)

107: la juste punition de]le supplice dû à (1712-13)

107: point] pas (1742-Uytwerf)

107: jouir d'un] avoir un (1712-13)

XXVI

108: nous faire croire] croire (1742-Uytwerf)

108: davantage] plus (1742-Uytwerf)

109: à] de (1712-13) (1742-Uytwerf)

109: desquels] dont (1742-Uytwerf)

110: l'avais] l'eusse (1712-13)

111: elle] et qu'elle (1712-13)

111: c'est] ce soit (1742-Uytwerf)

111: seriez bien de mes amis] me seriez obligé (1712-13)

112: que de] que (1742-Uytwerf)

112: sûr] bien sûr (1712-13)

112: l'art' de relever le ridicule des mauvais auteurs] l'art (1712-13)

XXVII

112: dupes] sots (1712-13)

113: à suspendre] suspendre (1742-Uytwerf)

113: qui pourraient m'y frapper. Le premier objet qui me fit avoir recours aux lumières de mon conducteur fut] que j'y découvrais de moment en moment. La première chose qui me frappa, c'était (1712-13)

113: quelques autres] d'autres (1742-Uytwerf)

113: le puissions être] puissions l'être (1742-Uytwerf)

113: Français, des nôtres] Français (1712-13)

113: de] d'entre (1712-13)

113: destinés à être] lesquels viennent (1712-13)

113: membres] se rendre membres (1712-13)

113: particuliers] particuliers, ses statuts particuliers (1712-13)

113: lui] leur (1712-13)

113: fournir à petits frais aux membres de ce corps] leur fournir à petits frais (1712-13)

113: désordres] crimes (1712-13)

114: ou bien] ou (1742-Uytwerf)

114: troquer] travailler à se défaire de (1712-13)

114: contre une] en faveur d'une (1712-13)

114: là] dans ces assemblées (1742-Uytwerf)

114: laisser là les tons de voix qui répondent aux différents mouvements de l'âme pour prendre ceux de] changer les tons de la voix proportionnés aux différents mouvements de l'âme contre (1712-13)

114: dis-je à mon guide] lui dis-je (1712-13)

114: repartit-il] repartit mon guide (1712-13)

114: cuver leur vin] coucher dès à cette heure (1712-13)

114: et] , (1742-Uytwerf)

114: s'entr'égorgeaient là-dedans] s'y entr'égorgeaient (1742-Uytwerf)

114: en criant] tout en criant (1712-13)

114: tandis que plusieurs autres s'abreuvaient d'eau] et plusieurs autres de l'eau (1712-13)

   plusieurs autres] d'autres (1742-Uytwerf)

114: les fois qu'ils en trouveront l'occasion] fois et quantes ils le trouveront à propos (1712-13)

114: On eût dit] Il semblait (1712-13)

114: se fussent] s'étaient (1712-13)

114: un rendez-vous] rendez-vous (1742-Uytwerf)

114: .] et (1712-13)

115: prudemment les voies de fait; ils n'allaient pas même *bouder*, comme fit ce héros devant les murs de Troie. Ils se calmaient entièrement et se remettaient à jouer avec toute la tranquillité possible] les voies de fait, et sans aller *bouder* comme ce héros, se remettaient tranquillement à jouer (1712-13)

115: endroit-là] endroit (1742-Uytwerf)

115: d'admirateurs] de ses admirateurs (1712-13)

115: obscénités] saletés (1712-13)

115: On voyait quelques-uns de cette dernière classe habillés] Il y en avait même parmi ceux là quelques-uns d'habillés (1712-13)

115: eussent] auraient (1712-13) (1742-Uytwerf)

115: cavaliers] monsieurs (1712-13)

115: goût bizarre] goût bizarre de se mettre (1712-13)

XXVIII

116: quel plaisir de] de (1712-13)

116: ou bien] ou (1742-Uytwerf)

116: ceux-là] ceux-ci (1742-Uytwerf)

116: par ambition, à ce parti si éloigné de l'humanité] à ce parti si éloigné de l'humanité par ambition (1712-13)

116: plumet] plumet jaune (1712-13)

117: s'est] est (1712-13)

117: goûtera] passera (1742-Uytwerf)

117: qu'afin qu'ils fassent] qu'afin de faire (1742-Uytwerf)

117: point] pas (1742-Uytwerf)

118: Ils s'efforcent, l'un et l'autre, à trouver la félicité] Et l'un et l'autre s'efforcent à trouver le bonheur (1712-13)

118: elle] il (1712-13)

118: la] le (1712-13)

118: dans laquelle seule ils pourraient la trouver] où ils la trouveraient uniquement (1742-Uytwerf) la] le (1712-13)

118: poursuit] recherche (1712-13)

118: court vous abîmer] vous ensevelit (1712-13)

118: atteindre] trouver (1712-13)

118: l'altière] la riche (1712-13)

118: un rustique toit] le chaume rustique (1712-13)

118: serrée] rangée (1712-13)

118: tumultueux] séditieux (1712-13)

118: troublée] agitée (1712-13)

118: impétueux] tumultueux (1712-13)

118: Le voyageur] L'homme inquiet (1712-13)

119: le chemin sanglant] la route sanglante (1712-13)

119: Quel objet poursuis-tu? Quel objet! Le repos.] Quel peut être ton but? Quel objet? Le repos! (1712-13)

119: aplanie] facile (1712-13)

119: Ton bon sens] Ta raison (1712-13)

119: au] aux (1712-13)

119: braver] bravant (1712-13)

119: livre des odes] livre (1712-13)

XXIX

120: à] pour (1712-13)

120: l'on] on (1712-13)

120: serviront] serviront aussi (1742-Uytwerf)

120: fût] est (1742-Uytwerf)

120: fut] est (1742-Uytwerf)

120: qui leur fut confié par la fortune et] que la fortune leur eut confié (1712-13)

120: se fissent] se feraient (1712-13)
       se fissent] doivent se faire (1742-Uytwerf)

120: désir] penchant (1712-13)

120: à la classe d'habitants dont je dépeins ici le caractère et la conduite] aux habitants de ces lieux, et (1712-13)

120: du] au (1712-13)

120: tour] tour et le préserve par cette variété charmante de l'ennui et de la bagatelle (1712-13)

120: n'y voit point] y voit très rarement (1712-13)

120: polir] polir leur esprit et (1712-13)

120: ils acquièrent l'un et l'autre] l'un et l'autre acquiert (1712-13)

120: dix-huit à vingt] vingt-quatre ou vingt-cinq (1712-13)

120: L.] Leyde (1742-Uytwerf)

120: et en se faisant éviter du beau sexe par la brutalité qui règne dans toute leur conduite] en faisant des insolences au beau sexe et en s'en faisant éviter comme des monstres les plus odieux (1712-13)

121: qui] et qui (1712-13)

121: réciproquement] les uns des autres (1712-13)

121: impolie] impolie et brutale (1712-13)

121: la plus vile populace. Les cavaliers] les crocheteurs et les matelots. Les dames, éloignées de leurs mères, et les messieurs (1712-13)

121: quelques] des (1742-Uytwerf)

121: animent d'ordinaire la conversation par les manières de jurer les plus grossières] commencent d'abord la conversation par des injures (1712-13)

121: briller] régner (1712-13)

121: on se met en train de plus en plus; les plus impertinentes équivoques se mêlent aux jurements; le jeu de main suit de près ces spirituelles railleries] et de là, animé par ces spirituelles railleries, on en vient souvent aux coups de poing (1712-13)

121: à cette partie du peuple de laquelle je tâche de faire ici un fidèle tableau] aux habitants de cette ville (1712-13)

cette partie du peuple de laquelle] une partie de cette jeunesse dont (1742-Uytwerf)

121: serait à ces jeunes gens] leur serait (1712-13) (1742-Uytwerf)

121: de posséder] posséder (1742-Uytwerf)

121: leur intérieur si elles] eux s'ils (1712-13)

121: tout] le (1712-13)

122: reçues] reçues dans l'hyménée (1712-13)

122: se viennent fixer] viennent se fixer (1742-Uytwerf)

122: dans le] au (1742-Uytwerf)

122: qu'assurément] lesquels assurément (1712-13)

122: afin de paraître tels] pour le paraître (1742-Uytwerf)

122: .] Et (1712-13)

122: heureuses dispositions] heureux talents (1712-13)

123: seconde] nouvelle (1742-Uytwerf)

XXX

123: dans laquelle la nouveauté et la justesse sont réunies] laquelle réunit la nouveauté et la justesse (1712-13)

123: à qui] auxquelles (1742-Uytwerf)

123: que le sel de la raillerie assaisonne] qu'assaisonne le sel de la raillerie (1712-13)

123: cherchaient] cherchent (1742-Uytwerf)

123: trouvent d'ordinaire] trouvent (1712-13)

124: qui demeure cachée] qu'elle recèle (1712-13)

124: ont accompagnés] accompagnent (1742-Uytwerf)

124: esprits] esprits vifs (1712-13)

124: n'est] ne sont (1712-13)
124: et] , (1742-Néaulme)
124: Tout ce] dont le (1712-13)
124: enseigné] appris (1742-Uytwerf)
125: était] fût (1742-Uytwerf)
125: sophiste] grammairien ou de quelque sophiste (1712-13)
125: pourtant lui] lui pourtant (1712-13)
125: raillerie] pagnoterie (1712-13)
125: désavantage] dessous (1712-13)
125: mal] peu (1742-Uytwerf)
125: Bautru et de Roquelaure] de Roquelaure et Bautru (1742-Uytwerf)
125: croyait] trouvait (1712-13)
126: premier] second (1742-Uytwerf)
126: toute une tirade] une tirade (1742-Uytwerf)
126: de l'apparence] apparence (1742-Uytwerf)
126: fut] est (1742-Uytwerf)
126: portefeuille] recueil (1712-13)

XXXI

126: j'espère de] j'espère (1742-Uytwerf)
126: pour se retirer de ses erreurs, on ne se laisse pas guider par les lumières de
     la raison] on ne suit pas la lumière de la raison pour se tirer de ses erreurs
     (1712-13)
126: tirer] retirer (1742-Uytwerf)
127: votre recherche] vos recherches (1742-Uytwerf)
127: guère] pas (1712-13)
127: que dans] qu'en (1742-Uytwerf)
127: dépendant] dépendent (1712-13)
127: s'affaiblissent] qui s'affaiblissent (1712-13)
127: .] Et (1712-13)
127: liqueur nouvelle] nouvelle liqueur (1742-Uytwerf)
127: Ces derniers] Ceux-là (1712-13)
128: comédie/Et tragédie] comédie (1712-13)
128: dix ou] dit-on (1712-13)
128: dix ou] dit-on (1712-13)
128: A peine payera] Aura peine à payer (1712-13)
128: Je sais, s'il ne l'a pas] S'il ne l'a pas, je sais (1712-13)
129: ces] tes (1712-13)
129: le] se (1712-13)
129: sorte-là] sorte (1742-Uytwerf)
130:    Quelle mémoire! Il est si malheureux
        Qu'il n'y saurait]
        Son souvenir est assez malheureux
        Pour n'y pouvoir (1712-13)

XXXII

131: d'ordinaire] toujours (1712-13)

131: des] une pièce en (1712-13)

131: Ils furent généralement approuvés] Elle fut généralement approuvée (1712-13)

131: lequel] qui (1742-Uytwerf)

131: beautés et par leurs défauts, étaient tour à tour la cause du plaisir du lecteur et l'objet de sa critique, que par là, ils l'empêchaient de tomber dans une inaction languissante et méritaient, selon moi, d'être préférés à ce qu'on appelle] défauts et par leurs beautés, étaient tour à tour l'objet du plaisir et de la critique du lecteur et qui de cette manière l'empêchant de tomber dans une inaction languissante me paraissent préférables aux (1712-13)

131: par leurs] leurs (1742-Uytwerf)

131: à] de (1742-Uytwerf)

131: à rimer un homme] un homme à rimer (1742-Uytwerf)

131: se forme de] a conçues sur (1712-13)

131: de] du (1712-13)

131: qu'un peu d'estime] que quelque estime (1712-13)

132: l'on] on (1742-Uytwerf)

132: favorisés] départis (1712-13)

132: être] et d'être (1712-13)

132: et] , (1742-Uytwerf)

132: et] : (1742-Uytwerf)

133: ses] les (1742-Uytwerf)

133: justifier en quelque sorte] justifier (1712-13)

133: grandeur d'âme] force d'esprit (1712-13)

133: a pour compagne] est accompagné de (1712-13)

133: sera] en sera (1712-13)

133: ;] et (1712-13)

133: ne veut-il faire penser qu'au mérite sur lequel sa vanité se fonde] il n'y veut faire penser qu'aux bonnes qualités qui donnent matière à son orgueil (1712-13)

134: tout aussi] également (1712-13)

134: les défauts de cette nature] ces défauts (1712-13)

134: de ce caractère] ceux-là (1712-13)

134: contraint] forcé (1742-Uytwerf)

134: d'une autre] de l'autre

XXXIII

134: se pas imaginer] pas s'imaginer (1742-Uytwerf)

135: et] , (1741)

136: se frayer] frayer (1742-Uytwerf)

138: les preuves les meilleures] les meilleures preuves (1742-Uytwerf)

138: Se le mettre dans l'esprit] Le penser (1742-Uytwerf)

139: Pour] Afin de (1742-Uytwerf)

XXXIV

142: le doit être] doit l'être (1742-Uytwerf)
143: et] , (1741)
144: suffit de reste] suffit (1742-Uytwerf)
144: à] de (1742-Uytwerf)
145: de] du (1742-Uytwerf)
146: et] . (1742-Uytwerf)
146: fûssent] seront (1742-Uytwerf)
147: sont des fourbes, ils feront voir du moins qu'ils sont] sont (1741)
147: ou bien] ou (1742-Uytwerf)
150: sa raison en quelque sorte] en quelque sorte, sa raison (1742-Uytwerf)
150: j'espère de] j'espère (1742-Uytwerf)
151: est, comme on voit, parallèle] est parallèle (1742-Uytwerf)
151: découvrent] découvrissent (1742-Uytwerf)

XXXV

153: être des gens] être (1742-Uytwerf)
156: faut] faille (1742-Uytwerf)
156: aucune loi naturelle sinon] d'autre loi naturelle que (1742-Uytwerf)
156: fait] fasse (1742-Uytwerf)
157: dans] en (1742-Uytwerf)
157: travaillent] concourent (1742-Uytwerf)
157: faut] faille (1742-Uytwerf)
157: ,] et (1741)
158: que dans] qu'en (1742-Uytwerf)
158: doive] doit (1742-Uytwerf)

XXXVI

159: de s'exposer] s'exposer (1742-Uytwerf)
160: d'un *esprit-fort*] des *esprits-forts* (1742-Néaulme)
160: vertu qui est guidée] vertu guidée (1742-Uytwerf)
160: et] , (1742-Uytwerf)
161: augmenteront] augmenteraient (1742-Uytwerf)
161: dans lesquelles] où (1742-Uytwerf)
162: l'on] on (1742-Uytwerf)
163: par quelques lumières et par] de quelques lumières et de (1742-Uytwerf)
163: et] ; (1742-Uytwerf)
164: de] à (1742-Uytwerf)
164: la maîtresse] maîtresse (1742-Uytwerf)
165: bien fort] bien (1742-Uytwerf)

XXXVII

166: que] et (1742-Uytwerf)
169: les vastes plans de leur ambition] les ambitions (1741)
171: et pour] et (1742-Uytwerf)

171: pour quelque temps] quelque temps (1742-Uytwerf)
171: toujours] toutes (1742-Néaulme)
171: secours puissants] puissants secours (1742-Uytwerf)
172: redoublés] redoutables (1742-Néaulme)
172: savent démêler] démêlent (1742-Uytwerf)
174: se prouver] prouver (1742-Uytwerf)
174: éveiller] réveiller (1742-Uytwerf)

XXXVIII

174: L'on] On (1742-Uytwerf)
175: y puisse avoir] puisse y avoir (1742-Uytwerf)
176: des personnes d'ailleurs] d'ailleurs, des personnes (1742-Uytwerf)
176: mesure] proportion (1742-Uytwerf)
176: sinon de] que de (1742-Uytwerf)
177: dans l'erreur eux-mêmes] eux-mêmes dans l'erreur (1742-Uytwerf)
177: s'acquitte] s'écarte (1742-Uytwerf)
178: espérer de] espérer (1742-Uytwerf)
178: pour moi sans contredit] sans contredit pour moi (1742-Uytwerf)
179: une absence de persuasion ne saurait être cause de rien, elle] un manque
        de persuasion ne saurait être cause de rien, il (1742-Uytwerf)
179: leur faire] de leur faire (1742-Uytwerf)
180: fût] est (1742-Uytwerf)
180: soient] sont (1742-Uytwerf)
181: et] , (1742-Néaulme)
181: davantage] plus (1742-Uytwerf)
182: et] , (1742-Uytwerf)
182: une gloire] gloire (1742-Uytwerf)
183: des sujets pareils] de pareils sujets (1742-Uytwerf)
183: davantage] plus (1742-Uytwerf)
184: qu'être] être que (1742-Uytwerf)
185: sinon à] qu'à (1742-Uytwerf)
186: puisse] peut (1742-Uytwerf)
187: quelque part les maîtres] les maîtres (1742-Uytwerf)
187: pour l'amour d'une virgule ou d'une lettre] pour une virgule ou pour une
        lettre (1742-Uytwerf)
188: puissent] peuvent (1742-Uytwerf)
188: au lieu que l'autre n'a] ft que l'autre n'ait (1742-Uytwerf)
189: pour être ˙d'être (1742-Uytwerf)
190: de] , (1742-Uytwerf)
190: plaisent] déplaisent (1741)
190: Et pourquoi?] Pourquoi? (1742-Uytwerf)
190: de cette évidence pour jamais] pour jamais de cette évidence (1742-Uytwerf)
190: Ce sont déjà des blasphèmes dès qu'on doute de l'existence d'un Dieu et
        qu'on avoue] C'est déjà un blasphème que de douter de l'existence d'un
        Dieu et d'avouer (1742-Uytwerf)

190: ce sont des vérités qui sautent aux yeux] c'est une vérité qui saute aux yeux (1742-Uytwerf)

192: point] pas (1742-Uytwerf)

XXXIX

193: un tel] tel (1742-Uytwerf)

194: faille] faut (1742-Uytwerf)

194: qu'à nos dépens cet étourdi joue et boive] que cet étourdi joue et boive à nos dépens (1742-Uytwerf)

194: petit] certain (1742-Uytwerf)

194: de perdre] d'en perdre (1742-Uytwerf)

195: point] pas (1742-Uytwerf)

195: fit un caractère d'un] rappelât un (1742-Uytwerf)

195: honneur] d'honneur (1742-Uytwerf)

196: éducation plus soigneuse] meilleure éducation (1742-Uytwerf)

196: compassion étendu] compassion (1742-Uytwerf)

196: sinon] que (1742-Uytwerf)

197: à travers de] à travers (1742-Uytwerf)

197: si répugnant] et qui répugne si fort (1742-Uytwerf)

199: vidé] défait (1742-Uytwerf)

200: de] à (1742-Uytwerf)

200: qui était *débonnaire*] *débonnaire* (1742-Uytwerf)

200: puissent être] soient (1742-Uytwerf)

201: de] à (1742-Uytwerf)

201: de] à (1742-Uytwerf)

201: finirai] finirais (1742-Néaulme)

XL

202: que l'on] qu'on (1742-Uytwerf)

203: ici de faire] de faire ici (1742-Uytwerf)

203: et, de la même manière] de même (1742-Uytwerf)

203: ;] et (1712-13)

203: de porter] d'apporter (1742-Uytwerf)

203: d'y porter] d'y apporter (1742-Uytwerf)

204: dans] de (1742-Uytwerf)

204: davantage] plus (1742-Uytwerf)

204: à l'entour] autour (1742-Uytwerf)

204: point d'oreille seulement] pas seulement d'oreille (1742-Uytwerf)

204: point] pas (1742-Uytwerf)

205: génies] des génies (1712-13)

205: bien] aussi bien (1712-13)

205: savoir le connaître et l'estimer] le savoir connaître et estimer (1712-13)

205: ont] aient (1742-Uytwerf)

206: porte] force (1712-13)

206: s'enquérir] s'informer (1742-Uytwerf)

206: simplement qu'homme] qu'homme (1742-Uytwerf)

206: mot] un mot (1712-13)
206: il] mais il (1712-13)
207: suis] serai (1742-Uytwerf)
207: que dans] que chez (1712-13)
        que dans] qu'en (1742-Uytwerf)
207: l'un à l'autre] l'un l'autre (1742-Uytwerf)
207: privilégié ridicule] privilégié contre le ridicule (1712-13)
        privilégié ridicule] ridicule privilégié (1742-Uytwerf)
207: s'éclate] s'éclate le premier (1712-13)
        s'éclate] éclate (1742-Uytwerf)
207: était] y était (1742-Uytwerf)
207: de lui] lui (1742-Uytwerf)
207: avec] et (1712-13)
208: de] à (1712-13)
208: quelque autre] un autre (1742-Uytwerf)
208: reconnu pour tel] de son métier (1712-12)
209: discernement] réflexion (1712-13)
209: tout] que les autres de médire (1712-13)
209: veut les en] les veut (1712-13)
209: mieux dirigée] plus judicieuse (1712-13)
209: qui est la source de ces insipides panégyriques, mais qui, accompagnée
        d'un esprit de réflexion] qui, accompagnée de discernement (1712-13)
209: dirait] jugerait (1712-13)
209: des gens] ceux (1742-Uytwerf)
209: leur histoire] leurs histoires (1712-13)
210: y avoir de l'humanité à] de l'humanité de (1712-13)
210: de] que de (1742-Uytwerf)
210: source] origine (1712-13)
210: malades] maladifs (1712-13)

XLI

211: être] c'est être (1712-13)
211: dans] de (1712-13)
212: desquels] dont (1742-Uytwerf)
212: mon être] ma vie (1712-13)
212: de la manière dont] comment (1712-13)
212: il semble que l'éclat] l'éclat (1712-13)
212: doit être le plus vif] doive être plus vif (1742-Uytwerf)
212: récent] reçu (1712-13)
212: Ce prince] Il (1712-13)
213: tinssent] tiendraient (1712-13)
213: subalternes] inférieurs (1712-13)
213: étalerai] montrerai (1712-13)
213: accoutumées] peu propres (1712-13)
214: Ce] Mais ce (1712-13)

XLII

214: souhaité une] donné la (1712-13)
214: du] de (1742-Uytwerf)
215: et] , (1742-Uytwerf)
215: si] que (1742-Uytwerf)
215: sont] soient (1742-Uytwerf)
215: à te perdre] pour ta perte (1712-13)
215:    Te livrant par caprice à l'espoir, à la crainte,
        Tu perds ta triste vie en désirs inquiets]
        Formant au gré du sort l'espérance et la crainte,
        Tu vois tes jours se perdre en désirs indiscrets (1712-13)
215: désirs formés] vœux excités (1712-13)
215: Seconde mes projets] Souviens-toi de mon choix (1712-13)
215:    De l'univers entier la prière importune
        Sollicite les dons de l'aveugle fortune,
        Mais dans un vase simple une]
        Par des soins réunis tout l'univers s'empresse
        D'arracher au destin l'inutile richesse,
        Mais un vase rempli d'une (1712-13)
215:    Et dans l'or imposteur la coupe ciselée
        Offre avec le plaisir souvent la mort mêlée
        Eh, pourquoi donc chercher]
        Et souvent à nos yeux la coupe ciselée
        Dans son or imposteur tient la mort recelée.
        Pourquoi donc cherchez-vous (1712-13)
215: poussée] chassée (1712-13)
215:    sans or et sans frayeurs
        Je possède ma joie au milieu des voleurs]
        vide d'or et de peur
        Les brigands ne sauraient m'ôter ma belle humeur (1712-13)
215: Du carnage] De meurtres (1712-13)
215: excitât] allumât (1712-13)
215: Ses efforts au succès] Les succès à son bras (1712-13)
216:    Vaincu par des soldats mille fois terrassés]
        Abattu, sans honneur, par des bras méprisés (1712-13)
216: bonheur le ravit] orgueil est charmé (1712-13)
216: qu'un bien passager] pas fait pour loger (1712-13)
216: s'attache au bon sens] agit par raison (1712-13)
216: Iris trop délicate] Enfin Iris trop tendre (1712-13)
216: de téméraires] la suite de tes (1712-13)
217: Dévouée] Partisan (1712-13)
217: porte un œil attentif] jette, jette les yeux (1712-13)
217: d'un désastre instructif] d'illustres malheureux (1712-13)
217:    la fureur qu'un zèle aveugle irrite
        Oppose une ombre affreuse au plus rare mérite.
        Ah! si le Ciel vengeur se prête à tes souhaits,

On peut te voir un jour]
des ingrats la rage impétueuse
Aux plus belles vertus oppose une ombre affreuse.
Ah! si les dieux vengeurs exaucent tes souhaits,
Peut-être on te verra (1712-13)

217: sous] à (1712-13)
217: dans] en (1712-13)
217:     Que sur tout ce génie y choque, offense, aigrit
Et que le corps souvent doit payer pour l'esprit]
Et que plus le génie y brille ingénieux
Plus d'ordinaire au corps ils sont pernicieux (1712-13)
218: l'anoblir] l'honorer (1712-13)
218:     Jamais bâton vengeur pour de fades bons mots
D'un écrivain grossier ne fit plier le dos]
Et jamais écrivain pour de fades bons mots
Sous un bâton vengeur n'a vu tomber son dos (1712-13)
218: Eût déployé sans art] Avait mis en plein jour (1712-13)
218:     Mais non. Un air plus fin anime tes attraits,
Ton œil est plus brillant, ton teint plus vif plus frais]
Mais non. Un jour nouveau sur ton air se répand,
Ta blancheur est plus vive, et ton œil plus brillant (1712-13)
218: séducteur] doucereux (1712-13)
218: Des abîmes partout sont ouverts sous] Un abîme est ouvert sous chacun
de (1712-13)
218: suborneur] imposteur (1712-13)
218:     Se fût au fier devoir constamment attachée.
A présent condamnée à d'éternels regrets,
Tu reproches aux dieux leurs nuisibles bienfaits]
A son devoir austère eût restée attachée
Mais, victime à présent d'éternelles doulewrs,
Tu reproches aux dieux leurs malignes faveurs (1712-13)
218: sache] sait (1712-13)
218: grand, juste, ferme et qui suive] qui suit toujours sagement (1712-13)
218: vertu] raison (1712-13)
218: l'univers croulant ne puisse en écarter] la chute du Ciel n'y saurait arrêter
(1712-13)
218: ait] a (1712-13)

XLIII

219: les extorquer] extorquer les tributs (1742-Uytwerf)
219: maxime-ci] maxime (1742-Uytwerf)
220: messieurs-là] messieurs (1742-Uytwerf)
220: n'est] pourtant n'est (1742-Uytwerf)
220: et] , (1742-Uytwerf)
220: de] du (1742-Uytwerf)

XLIV

222: ses] les (1742-Uytwerf)
222: de] à (1742-Uytwerf)
222: la raison] le bon sens (1712-13)
222: voudrait] voulût (1742-Uytwerf)
222: ,] et (1712-13)
222: c'est ainsi que] Et (1712-13)
222: bourreaux] pestes
223: détourne souvent son attention] fais souvent abstraction (1712-13)
223: dans leur conduite de cruel et d'injuste] de cruel et d'injuste dans leur
    conduite (1742-Uytwerf)
223: du cœur humain] de l'humanité (1712-13)
223: son existence] la vie (1712-13)
223: se voulût] voulût se (1712-13)
223: Elles sont incapables] incapables (1712-13)
223: sang] sens (1712-13)
223: se vont égorger] vont s'égorger (1742-Uytwerf)
223: sinon] que (1742-Uytwerf)
224: point] pas (1742-Uytwerf)
224: crains bien que je n'eusse] doute fort si je n'aurais pas (1712-13)
224: commisse] commettrais pas (1712-13)
224: S'ils écoutent la raison et l'humanité, ils ne passent pas seulement pour
    infâmes dans l'esprit de leurs compagnons, leur sagesse est quelquefois
    punie] Ils ne passent pas seulement pour infâmes dans l'esprit de leurs
    compagnons s'ils écoutent la raison et l'humanité; ils en sont quelquefois
    punis (1712-13)
224: affront] affront reçu (1712-13)

XLV

224: assez dignes de] qui auraient assez mérité (1712-13)
224: ce] le (1712-13)
225: enterré] caché (1712-13)
225: dans] en (1742-Uytwerf)
226: ou bien] ou (1742-Uytwerf)
226: toutes les douceurs] toute la douceur (1712-13)
226: ou bien] ou (1742-Uytwerf)
226: à faire] besoin (1742-Uytwerf)
226: de corps et d'esprit] du corps et de l'esprit (1712-13)
226: évitent] veulent éviter (1742-Uytwerf)
226: Ce] et ce (1712-13)
227: ou bien] ou (1742-Uytwerf)
227: il n'était pas] n'étant pas (1742-Uytwerf)

XLVI

228: quelques autres] d'autres (1742-Uytwerf)
228: n'a pas encore tout à fait changé de nature] l'est encore (1712-13)

228: prouverais] ferais voir (1712-13)

228: ferais toucher au doigt et à l'œil] prouverais démonstrativement (1712-13)

228: davantage] plus (1742-Uytwerf)

229: ait] a (1742-Uytwerf)

229: Il en sera tout autrement d'un] Au contraire, un (1712-13)

229: leurs auteurs] celui qui les a composées (1712-13)

229: l'on] on (1742-Uytwerf)

230: sur la capacité] la capacité (1742-Uytwerf)

230: du souverain] de sa souveraine (1712-13)

230: dans cette situation elle] elle (1712-13)

230: qu'absolument il y faille déférer] qu'il y faille déférer absolument (1742-Uytwerf)

230: à] dans (1712-13)

230: s'imaginer facilement] aisément s'imaginer (1742-Uytwerf)

231: j'ai] je l'ai (1742-Uytwerf)

231: semble] semblait (1742-Néaulme)

231: qui] qu'il (1742-Uytwerf)

XLVII

232: le voudrez] voudrez (1742-Uytwerf)

233: grand et noble] grand (1712-13)

233: caractères véritables] véritables caractères (1742-Uytwerf)

233: pour] afin de (1742-Uytwerf)

233: montrerez] paraîtrez (1712-13)

233: ou bien] ou (1742-Uytwerf)

233: charmant] à l'abri de l'imitation; l'original seule en est charmant (1712-13)

234: vous feriez bien de l'assujettir] et que vous l'assujettissiez (1712-13)

234: pour] c'est (1712-13)

234: La sûre route est] Que se prêter à (1712-13)

XLVIII

235: posséder l'art de raisonner et avoir des idées nettes et distinctes de toutes les choses dont on s'ingère de parler] savoir raisonner et avoir de toutes les choses des idées nettes et distinctes (1712-13)

235: toutes les choses dont] tout ce dont (1742-Uytwerf)

235: d'un intérêt grossier] de l'intérêt (1712-13)

235: aussi vieux] de même date (1742-Uytwerf)

236: et] , (1742-Néaulme)

236: dextérité] addresse (1712-13)

236: Je] On confond d'ordinaire deux choses qui me paraissent réellement distinguées l'une de l'autre et je (1712-13)

236: débarrassé d'une vertu incommode] qui, débarrassé d'une vertu incommode sait (1712-13)

236: d'imposer] d'en imposer (1742-Uytwerf)

236: la politique la meilleure] la meilleure politique (1742-Uytwerf)

236: de] à (1742-Uytwerf)
236: naturellement] mutuellement (1712-13)
236: est] soit (1742-Uytwerf)
236: accompagné] compagne (1712-13)
236: J'espère] J'espère de (1742-Uytwerf)
236: détail plus grand] plus grand détail (1742-Uytwerf)
237: que la Providence a confié à ses soins] qui lui est soumis de droit (1712-13)
237: de ses ruses criminelles qu'un petit nombre de fois] qu'un petit nombre de fois de ses ruses criminelles (1742-Uytwerf)
238: de] à (1742-Uytwerf)
238: de] à (1742-Uytwerf)
238: C'est ainsi que] Ainsi (1712-13)
238: partout respectée] respecté partout (1742-Uytwerf)
238: le pourront] pourront (1742-Uytwerf)
238: ruine] perte (1742-Uytwerf)

XLIX

239: rusticité des manières] rusticité (1742-Uytwerf)
239: un] le (1712-13)
239: prescrit] ordonne (1712-13)
239: toutes nations] toutes les nations (1712-13, 1742-Uytwerf)
240: partout où l'on] et qu'on (1712-13)
240: et puis, en examinant] puis, examinant (1742-Uytwerf)
241: l'humanité] les sentiments de l'humanité (1712-13)
241: soient] sont (1712-13)
241: oser l'étaler d'une manière si ferme et si constante] en oser parler d'un air si délibéré (1712-13)
241: fait] fasse (1742-Uytwerf)
241: trouvera] trouverait (1742-Uytwerf)
241: ordonne] ordonne, au contraire (1712-13)
241: ou bien] ou (1742-Uytwerf)
242: m'imagine] serais d'avis (1712-13)

L

242: à] de (1712-13)
242: grand tort certes] certes grand tort (1742-Uytwerf)
242: XLIV discours] IV *Misanthrope* de cette année (1712-13)
242: et] ; (1742-Uytwerf)
243: situation] assiette (1712-13)
243: tire] retire (1742-Uytwerf)
243: faute d'une force d'esprit suffisante] par un défaut de raison (1712-13)
244: D'ordinaire] La plupart (1712-13)
244: procure] vous procure (1742-Uytwerf)
244: bien plus] plus (1742-Uytwerf)

244: XLVI *Misanthrope* et le XLVII] *Misanthrope* du lundi 8 et celui d'aujourd'hui
(1712-13)

245: une autre fois davantage] davantage une autre fois (1742-Uytwerf)

245: au change] à l'échange (1712-13)

245: devient] est devenu (1742-Uytwerf)

245: afin de] pour (1742-Uytwerf)

246: de la même personne que celle qu'on a rapportée ci-dessus] du même M.
C.... (1742-Uytwerf)

246: 48] 8 (1712-13)

     48] 49 (1742-Uytwerf)

246: j'ai] j'aie (1712-13)

LI

247: et même je fus] je fus même (1742-Uytwerf)

247:    Bon! les songes capricieux
       N'ont pas leur source dans les cieux]
       Les songes voltigeants qui dupent le mortel
       Ne viennent pas des mains de l'Arbitre du ciel (1712-13)

247: il voulait] voulait (1712-13)

247: chacun qui s'offrait] tous ceux qui s'offraient (1742-Uytwerf)

247: moi, je] je (1742-Uytwerf)

247: ainsi le caractère] le caractère ainsi (1712-13)

248: moins ravi du grand vol] profitant du destin (1712-13)

248: Et qu'il] Et (1712-13)

249:    En conduisant Enée à la riche Ausonie,
       Par les dieux mis en œuvre il soutint son génie]
       Par les dieux mis en œuvre il soutint son génie
       Et conduisit Enée à la riche Ausonie (1712-13)

250: l'imagination] l'imagination pour l'étendue des connaissances (1712-13)

250: les yeux par hasard] par hasard les yeux (1742-Uytwerf)

250: Entre] D'entre (1712-13)

250: comme] comment (1742-Uytwerf)

251:    Docte épicurien, débauché délicat,
       L'effroi du pédant et du fat,
       A la nature il laissait en partage
       Le soin de régler ses désirs
       Et croyait mériter le beau titre de sage
       En raffinant sur les plaisirs]
       Débauché délicat, savant voluptueux,
       Elégant orateur, poète gracieux,
       A la nature il laissa le partage
       De disposer de ses désirs
       Et sa raison n'eut d'autre usage
       Que de raffiner ses plaisirs (1712-13)

251:    Sous de noires vapeurs n'accabla ron cerveau,
       De l'obscur avenir il posait le fardeau

        Sur les ailes de la fortune.
        Un plaisir délicat et vif
        De sa molle conduite était le seul motif]
        N'embarrassa son souvenir
        Il sut du soin de l'avenir
        Se reposer sur la fortune
        Un plaisir délicat, ingénieux et vif
        Fut de ses actions le but et le motif (1712-13)
251: s'attacher au] rechercher le (1712-13)
251:    Punissait la sottise et faisait grâce aux mœurs]
        Punit le ridicule et laissa là les mœurs (1712-13)
251: penserait] jugerait (1712-13)
251: lorsqu'elle] quand elle (1712-13)
251:    Il se fit un jeu de la mort]
        Il mourut sans daigner réfléchir sur la mort (1712-13)
252: à une] une (1742-Uytwerf)

                              LII

252: commencerai] commencerai donc (1712-13)
252: en des termes pleins d'admiration, de la sobriété des anciens Hollandais et
        de leur indifférence pour les richesses] de la sobriété des anciens Hollan-
        dais et de leur indifférence pour les richesses en des termes pleins
        d'admiration (1712-13)
252: aient] eussent (1742-Uytwerf)
252: lui] leur (1742-Uytwerf)
252: les considère] considère (1712-13)
        les considère l'une et l'autre en elles-mêmes et débarrassées] considère ces
            deux états en eux-mêmes et débarrassés (1742-Uytwerf)
252: la richesse] les richesses (1742-Uytwerf)
252: les plus ordinaires qu'on fait des richesses] de la richesse et (1712-13)
252: et l'on] on (1742-Uytwerf)
252: s'en étonner beaucoup] tant s'étonner (1742-Uytwerf)
252: La richesse leur aurait] Les richesses leur auraient (1742-Uytwerf)
253: mon imagination] l'imagination (1712-13)
253: fait bientôt agir] émeut bientôt (1712-13)
253: ces] ses (1741)
253: l'âme belle] le cœur tendre (1712-13)
253: il prétend] prétend (1712-13)
253: Demanderais-je] Demanderai-je (1742-Uytwerf)
254: ils] et (1712-13)
254: être philosophe] philosophie (1742-Néaulme)
254: voit] voyait (1742-Uytwerf)
255: amusements] bagatelles (1712-13)
255: d'admirer] à admirer (1742-Uytwerf)
255: la véritable amitié] l'amitié (1712-13)
256: le] se (1712-13)

LIII

256: depuis le] du (1712-13)

256: par] avec (1742-Uytwerf)

256: et] ni (1712-13)

256: tout ce qui] ce qui (1742-Uytwerf)

257: avec dextérité, démêler] démêler avec dextérité (1742-Uytwerf)

257: sa] la (1742-Uytwerf)

257: ils se sont également appliqués tous deux] tous deux se sont également appliqués (1712-13)

258: tous deux à connaître] à connaître (1742-Uytwerf)

258: les lumières] l'habilité (1712-13)

258: endormi goûte] s'endormait dans (1712-13)

258: les caractères] le caractère (1742-Uytwerf)

259: sagesse] fausse sagesse (1712-13)

259: La danse dont on s'y sert ressemble-t-elle] Les danses qu'on y fait ressemblent-elles (1742-Uytwerf)

259: où] auquel (1742-Uytwerf)

LIV

261: décréditant cette libre] d'informes vers dévoilant la (1712-13)

261: Il prête à sa satire] Sa satire revêt (1712-13)

261: peu] point (1712-13)

261: A peine ces vers furent-ils récités qu'il] A la fin de ces vers il (1712-13)

262: lâche mari ne se vit] mortel n'est (1712-13)

262: prête] reste (1712-13)

262: il sentit] éprouva (1712-13)

262:    Ses mots harmonieux courent pour s'arranger]
    Et ses termes choisis se courent arranger (1712-13)

263:    ton sexe, aimable Deshoulières
    Du mépris de l'homme trop vain]
    charmante Deshoulières
    Ton sexe du mépris de l'homme un peu trop vain (1712-13)

263:    nous dépeins la chimère
    Qui met le mal imaginaire]
    dépeins quelles chimères
    Mettent les maux imaginaires (1712-13)

264: d'un] du (1742-Néaulme)

264: risible défaut n'eut] défaut ridicule eut (1712-13)

265: Terrasse] Abatte (1712-13)

265:    A son style élevé son sujet sert de guide,
    Et sa Muse eût peut-être effacé l'*Enéide*
    Si l'Aveugle divin, par Virgile imité]
    A ses nobles sujets il égale son style,
    Et sa Muse peut-être eût effacé Virgile
    Si le divin Homère en ses vers imité (1712-13)

265: difficulté] affaire (1712-13)

LV

265: dans] en (1742-Uytwerf)

265: dans la] en (1742-Uytwerf)

265: toutes sortes de provisions] fagots, de moutarde et de vinaigre (1712-13)

266: des provisions nécessaires au ménage] de la moutarde et du vinaigre (1712-13)

266: ces provisions] ce vinaigre et cette moutarde (1712-13)

266: chimères] visions (1712-13)

266: fausse] leur fausse (1742-Uytwerf)

266: affaire-là] affaire (1742-Uytwerf)

266: que dans la] qu'en (1742-Uytwerf)

267: et ils] et (1712-13)
   et ils] ils (1742-Uytwerf)

267: qualités qui ne sont pas des plus compatibles] ce qui se voit assez rarement (1712-13)

268: s'il] si elle (1712-13)

268: ou bien] ou (1742-Uytwerf)

268: propre] tout propre (1712-13)

268: gagner la confidence] devenir confident (1712-13)

268: doive leur en avoir de l'obligation] leur doive encore de retour (1712-13)
   doive] doit (1742-Uytwerf)

268: vos peines] votre peine (1712-13)

LVI

270: .] et (1712-13)

270: à] de (1712-13)

271: le] ce (1712-13)

271: C'est ainsi qu'il s'exprime] Il s'exprime ainsi (1742-Uytwerf)

271: par lequel] dont (1712-13)

271: dans] dans Homère, dans (1712-13)

271: et il] et (1712-13)

272: qu'il n'a pas été possible de tromper et qui n'ont point eu d'intérêt à tromper les autres] auxquelles on comprend clairement qu'il n'a pas été possible d'en imposer (1712-13)

272: une prérogative] un droit (1712-13)

272: lâche] lâche et paresseuse (1712-13)

272: des] de (1742-Uytwerf)

272: autour du soleil] sur son axe (1712-13)

272: parut dans le monde, le divin Homère] s'est élevé contre les écrits de ce poète il (1712-13)

272: Il ne faut pas s'en étonner] dont il ne faut pas s'étonner (1712-13)

272: des] ces (1712-13)

273: s'accoutuma] s'accoutumait (1712-13)

273: mit] mettait (1712-13)

273: dans une satire adressée à M. Rapin, le raisonnement dont j'ai tâché de découvrir le faible] ce même raisonnement dans une satire adressée à M. Rapin (1712-13)

LVII

273: latins] poètes latins (1742-Uytwerf)
273: d'un] par un (1712-13)
274: voulût] voudrait (1742-Uytwerf)
274: Par conséquent] Ainsi donc (1712-13)
274: il faut] il faut, ce me semble (1712-13)
274: et dont le but n'est pas de] pour (1712-13)
274: fortes et les plus ordinaires] fortes (1712-13)
275: que cependant on ne saurait] qu'on ne saurait cependant (1742-Uytwerf)
275: joignent] joignaient (1712-13)
275: leur pourrait] pourrait leur (1742-Uytwerf)
275: ses] les (1712-13)
275: dirait] dit (1742-Néaulme)
275: manière] manière dans ses pastorales (1712-13)
276: Sur ce mont cherchons] Mais j'y cherche en vain (1712-13)
277:    Quel antre, quel vallon le cèle
       A l'avidité de mes yeux?
       Aux bergers peut-être il répète]
       Quel vallon sacré le recèle
       A mes regards audacieux?
       Peut-être aux bergers il répète (1712-13)
277: Pasteur] Berger (1712-13)
277: Goûte] Sens (1712-13)
277: Cet heureux tour du dialogue] Le goût fin pour le dialogue (1712-13)
277: l'eusses] l'aurais (1712-13)
277: Dans] Par (1712-13)
277: Du peuple qu'il soutient je sonde] Je vois du peuple qui l'inonde (1712-13)

LVIII

278: hasarderaient] hasardent (1712-13)
278: et] mais (1742-Uytwerf)
278: .] et (1712-13)
278: puissent leur donner] leur donnera (1712-13)
279: raisonné] fort, raisonné (1712-13)
279: grammairien] grammairien Estraton (1712-13)
279: jouer une partie d'hombre] jouer (1712-13)
279: nouveauté heureuse] heureuse nouveauté (1742-Uytwerf)
280: parmi nous ces différentes lumières se trouvent] ces différentes lumières se trouvent-elles (1742-Uytwerf)
280: passe] passe-t-elle (1742-Uytwerf)
280: à] de (1742-Uytwerf)
281: les Salluste, dans les Tite-Live, dans les] Saluste, dans Tite-Live, dans (1742-Uytwerf)

dans les Tite-Live, dans les] les Tite-Live, les (1712-13)
281: nécessité ridicule] ridicule nécessité (1742-Uytwerf)

LIX

282: amis] compagnons (1712-13)
282: des honnêtes] d'honnêtes (1742-Uytwerf)
282: ils paraissent s'efforcer à immortaliser] il ne tient pas à eux d'immortaliser
    (1712-13)
282: savants] gens de cabinet (1712-13)
283: énergie] force (1712-13)
283: les théologies modérés mêmes] même les théologiens modérés (1742-
    Uytwerf)
283: à] de (1742-Uytwerf)
284: lequel] où (1712-13)
284: sait] peut (1742-Uytwerf)
284: soutenir dans la richesse] maintenir riche (1712-13)
    la richesse] l'opulence (1742-Uytwerf)
284: pour] de (1742-Uytwerf)
284: il] lui seul (1712-13)
284: le moyen] moyen (1742-Uytwerf)
284: en très peu de temps lui seul] lui seul en très peu de temps (1742-Uytwerf)
    temps lui seul] temps (1712-13)
284: de] par (1712-13)
284: pas le cœur pourtant] pourtant pas le cœur (1742-Uytwerf)
284: et] et puis (1712-13)
284: légère réparation] réparation (1742-Uytwerf)
285: marque d'ordinaire de] ne va pas sans (1712-13)

LX

285: n'osent pas] n'osent (1742-Uytwerf)
285: elles] et (1712-13)
286: ne s'y trouve] n'y a (1712-13)
286: l'on] on (1712-13)
286: vous pût] pût vous (1742-Uytwerf)
286: et] , (1712-13)
286: César] Marius, César (1712-13)
287: un homme] homme (1742-Uytwerf)
287: ne pouvait pas] ne pouvait (1742-Uytwerf)
287: ses bienfaits] sa tendresse (1712-13)
287: de la complaisance] de complaisance (1742-Uytwerf)
287: voulons réfléchir] réfléchissons (1742-Uytwerf)
287: éloigner] bannir (1712-13)
287: assez bien encore] encore assez bien (1712-13)

LXI

288: et de lui] de lui (1742-Uytwerf)

288: Après que ce cavalier, dont le corps et l'esprit sont également bien faits, s'en était allé, j'ai appris qu'il] J'ai appris après qu'il s'en était allé que cet homme, aussi bien tourné de corps que d'esprit (1712-13)

288: s'en était allé, j'ai appris qu'il a fait la fortune d'une femme qui sacrifie son honneur et celui de son époux au goût qu'elle a pour un faquin. Quelqu'un de la compagnie s'est récrié sur le malheur de cet honnête homme et nous a dit] s'en fut allé, j'appris qu'il avait fait la fortune d'une femme qui sacrifiait son honneur et celui de son époux au goût qu'elle avait pour un faquin. Quelqu'un de la compagnie se récria sur le malheur de cet honnête homme et nous dit (1742-Uytwerf)

288: faquin] faquin dont l'âme et le corps sont également monstrueux (1712-13)

288: pas] point (1712-13)

288: sentiment-là] sentiment (1742-Uytwerf)

288: par là rendu] rendu par là (1742-Uytwerf)

288: là-dedans du paradoxe] du paradoxe là-dedans (1742-Uytwerf)

288: est] m'est (1712-13)

288: lui-même] soi-même (1712-13)

289: son malheur, pourvu qu'on croie qu'il a été aimé et qu'il le mérite. Il prend quelque plaisir à dire qu'il est l'homme du monde le plus infortuné] ses malheurs. Il prend quelque plaisir à dire qu'il est l'homme du monde le plus infortuné, pourvu qu'on croie qu'il a été aimé et qu'il le mérite (1712-13)

289: l'on] on (1742-Uytwerf)

289: concernent directement] touchent directement à (1712-13)

289: franchise généreuse] généreuse franchise (1742-Uytwerf)

290: nous veut] veut nous (1742-Uytwerf)

290: et la satisfaction] et (1712-13)

290: feraient-ils] feront-ils (1742-Néaulme)

LXII

291: cette année, m'en rafraîchir la mémoire] rafraîchir le souvenir cette année (1712-13)

291: lui] elle (1712-13)

291: que l'on] qu'on (1742-Uytwerf)

291: risible] horrible (1742-Néaulme)

291: prodiguer] débiter (1712-13)

291: dérobant] en dérobant (1712-13)

292: colifichets] bagatelles (1712-13)

292:    Dans sa folie ambitieuse
       D'un prince vicieux infâme adulateur]
       D'un prince vicieux infâme adulateur
       Dans sa folie ambitieuse (1712-13)

293: lui] le (1712-13)

293: de l'apparence] apparence (1742-Uytwerf)
294: madrigaux] petits vers (1712-13)
294: *sur le champ*] *impromptu* (1712-13)
294: faire des impromptus] rimer sur le champ (1712-13)
294: découvrait] découvrit (1742-Uytwerf)

LXIII

295: simplement que] que (1742-Uytwerf)
295: grands sentiments] sentiments (1742-Uytwerf)
296: d'aller] à aller (1742-Uytwerf)
296: l'on] on (1742-Uytwerf)
296: Quoique le sens commun suffise d'ordinaire pour sentir ce qui est juste, je
       conviens qu'il y a] Je conviens que, quoique le sens commun suffise
       d'ordinaire pour décider de ce qui est juste, il y a cependant (1712-13)
296: comprise sous le devoir] vertu (1712-13)
297: n'a] n'ait (1742-Uytwerf)
297: sincère] véritable
297: davantage] plus (1742-Uytwerf)

LXIV

298: rendent que trop souvent leurs sentiments et leurs systèmes] sauraient
       empêcher que leurs sentiments et leurs systèmes ne soient (1712-13)
298: n'était] ne fut (1712-13)
298: Ç'aurait été la même chose] C'eût été alors (1742-Uytwerf)
298: s'embarrassait pas] s'embarrassait (1712-13)
298: une source féconde de mauvaises productions dans tous les genres d'écrire]
       la source des mauvaises productions de l'esprit (1712-13)
299: alors point] point alors (1742-Uytwerf)
300: pleins] qui étaient pleins (1742-Uytwerf)
300: fait encore] encore fait (1742-Néaulme)
301: n'auraient] n'eussent (1712-13)
301: été obligé de] dû (1712-13)

LXV

301: très] de beaucoup (1712-13)
302: ils] lequel ils (1712-13)
302: le rejeter] rejeter (1712-13)
302: ne pas être] n'être pas (1742-Uytwerf)
302: conquérant] héros (1712-13)
302: sait rompre] rompt (1742-Uytwerf)
302: des] les (1742-Néaulme)
303: gentilhomme] noble (1712-13)
303: à la noblesse seule une si agréable prérogative] un droit si agréable à la
       noblesse seule (1712-13)
303: affaire-là] affaire (1742-Uytwerf)

304: à mesure qu'elle s'éloigne] fort éloignée (1712-13)

LXVI

305: fait honneur pourtant] pourtant fait honneur (1742-Uytwerf)
305: l'idée] les idées (1712-13)
305: celle d'un gant] celles qui conviennent aux gants (1712-13)
305: qui n'a pas le moindre rapport au sujet dont il s'agit ici] il est clair que ces
    idées n'ont nul rapport ensemble (1712-13)
305: soutenir] conserver (1712-13)
305: bien souvent, que lorsqu'on a laissé] que quand on laisse (1712-13)
306: par la facilité qu'il y a à les trouver que rien n'est plus ridicule que l'habitude
    d'en embarrasser tout son langage] le ridicule qu'il y a dans l'habitude
    de s'en servir par la facilité qu'il y a à les trouver (1712-13)
306: tout son langage] son langage (1742-Uytwerf)
306: l'on] on (1742-Uytwerf)
306: davantage] plus (1742-Uytwerf)
306: lui peut] peut lui (1742-Uytwerf)
306: cour de France] cour (1712-13)
306: polissonnes, surtout quand on est entraîné par un goût régnant] polissonnes
    (1712-13)
307: davantage] plus (1742-Uytwerf)
307: tant que] si longtemps que (1742-Uytwerf)
307: le plaisir] la joie (1712-13)
307: fadaises] pagnoteries (1712-13)
307: à la matière] au sujet (1742-Uytwerf)
307: touchant] pour (1742-Uytwerf)
308: n'osez pas] n'osez (1742-Uytwerf)
308: faille] faudrait (1742-Uytwerf)
308: savoir les appliquer avec justesse] les savoir appliquer juste (1712-13)

LXVII

308: L'impiété] L'avarice (1712-13)
309: cet aveu généreux] ce généreux aveu (1742-Uytwerf)
309: n'ait exalté avec raison les] ne se soit loué avec raison des (1712-13)
309: dérobé seul au] seul échappé du (1712-13)
310: tes] les (1742-Uytwerf)
310: de répondre à] d'exécuter (1712-13)
311: sûr asile en] asile en la (1712-13)

LXVIII

311: juger de] juger (1742-Néaulme)
312:    Des financiers, du bien honorables esclaves
       Qui de l'or amassé]
       Les financiers de l'or honorables esclaves
       Qui ramassent des bien (1712-13)

313: dans lesquels] où (1742-Uytwerf)

313: *bas*] *malheureux* (1712-13)

313: Quand] Or quand (1712-13)

313: A force d'être heureux on ne sent plus sa félicité] On ne sent plus qu'on est heureux à force de l'être (1712-13)

313: simplement que] que (1742-Uytwerf)

313: au défaut de la réalité, l'idée en chatouille encore longtemps son imagination] et l'idée en chatouille encore longtemps son imagination au défaut de la réalité (1712-13)

314: dans la situation dont il s'agit ici, sont plus ordinaires] lui sont plus ordinaires (1712-13)

314: afin que] pour que (1742-Uytwerf)

314: que] que pour (1712-13)

314: .] et (1712-13)

LXIX

315: vues véritables] véritables vues (1742-Uytwerf)

316: dans le fond du cœur ils se moquent] ils se moquent dans le fond du cœur (1742-Uytwerf)

316: de laquelle] dont (1742-Uytwerf)

316: leur mérite] leurs qualités (1712-13)

316: fût] était (1742-Uytwerf)

319: Ce] Et ce (1741)
    Ce] Et (1742-Néaulme)

LXX

319: est] en est (1712-13)

319: des femmes] du beau sexe (1712-13)

319: leur] lui (1712-13)

320: témoin moi-même] témoin (1742-Uytwerf)

320: Elles] et (1712-13)

321: fines et adroites] délicates et imperceptibles (1712-13)

321: leurs heureux tours] leur heureux tour (1712-13)

321: le vrai héroïsme] l'héroïsme (1712-13)

321: point] pas (1742-Uytwerf)

LXXI

322: le] les (1712-13)

323: et qui] lesquelles (1712-13)

323: tout de même comme] tout comme (1742-Uytwerf)

323: à la nourriture et à la défense de] à nourrir et à défendre (1742-Uytwerf)

323: le] les (1712-13)

324: en elle-même] elle-même (1712-13)

324: fût] est (1742-Uytwerf)

324: Les] Ces (1712-13)

324: la] cette (1712-13)
324: et] , (1742-Néaulme)
324: amour bien entendu de soi-même] amour-propre bien entendu (1712-13)
325: que de] que (1742-Uytwerf)
325: ;] et (1712-13)

LXXII

325: peut facilement le] le peut facilement (1712-13)
325: la demande de cet infortuné d'un front sourcilleux] d'un front sourcilleux
    la demande de cet infortuné (1742-Uytwerf)
325: les effets] le fruit (1712-13)
326: dans cette dureté d'impertinence] d'impertinence (1712-13)
    dans cette dureté d'impertinence et de travers d'esprit] d'impertinence et
    de travers d'esprit dans cette dureté (1742-Uytwerf)
326: le prix] seulement le prix (1712-13)
326: absolument] tout à fait (1712-13)
326: il] au contraire, il (1712-13)
326: un pareil] pareil (1712-13)
326-7: pouvons nous] nous pouvons (1712-13)
328: depuis peu] récemment (1712-13)
329: eut-il] a-t-il (1712-13)
329: Par intérêt] Pour son profit (1712-13)

LXXIII

329: quoiqu'ils en reconnaissent eux-mêmes le mérite] quoiqu'eux-mêmes en
    reconnaissent la bonté (1712-13)
330: avaient] eussent (1742-Uytwerf)
330: prédications] prédications, à ce que dit Boileau, je ne sais dans quel endroit
    (1712-13)
330: corruption] perversité (1712-13)
330: faire attention à] jeter les yeux sur (1712-13)
330: la haine] l'inimité (1712-13)
330: Il est vrai que ces défauts] qui (1712-13)
330: passion] haine (1712-13)
330: se calmer] cesser (1712-13)
331: l'intention] en vue (1712-13)
331: l'on] on (1742-Uytwerf)
331: l'on] on (1742-Uytwerf)
331: la dérober] ne la point exposer (1712-13)
332: fins] buts (1712-13)
332: privé] destitué (1712-13)
332: arraché] privé (1712-13)
332: continué à tracer] tracé (1712-13)
332: leurs] leurs défauts et leurs (1722-13)

LXXIV

333: la] sa (1712-13)

333: *fabliaux*] *fables* (1742-Néaulme)

333: premier] I (1742-Néaulme)

333: Louis quatorze ne cède guère à François premier] Louis XIV ne le cède
   guère à François I (1742-Néaulme) (1742-Uytwerf)

334: dans l'Europe] en Europe (1742-Uytwerf)

334: croient] croient sottement (1712-13)

334: de l'apparence] apparence (1742-Uytwerf)

334: dans le] au (1742-Uytwerf)

334: écrivains] scélérats (1712-13)

334: .] et (1712-13)

335: les] ces (1712-13)

335: pays-ci] pays (1712-13)

336: Ho] Hon (1712-13)

336: entrer] rentrer (1712-13)

336: jamais se servit] s'est servi jamais (1712-13)

LXXV

337: dans laquelle] où (1712-13)

337: parler seulement] parler (1742-Uytwerf)

337: en France, de l'Arabie ou de la Syrie] de l'Arabie ou de la Syrie en France
   (1712-13)

338: sinon à] qu'à (1742-Uytwerf)

338: comme elle fait, d'un bout du livre à l'autre] d'un bout du livre à l'autre,
   comme elle fait (1712-13)

338: dérivent] sont sorties (1712-13)

338: que de] que (1742-Uytwerf)

338: lequel] qui (1742-Uytwerf)

338: voulussent] voudraient (1712-13)

339-40: quand on voudra considérer] si l'on considère (1742-Uytwerf)

340: ou mauvais] ou du mauvais (1742-Uytwerf)

340: est susceptible de] peut (1742-Uytwerf)

340: on] l'on (1742-Uytwerf)

LXXVI

341: soient] sont (1742-Uytwerf)

341: la vieillesse, par sa propre nature] l'âge par lui-même (1712-13)
   par] de (1742-Uytwerf)

341: saisons] âges (1712-13)

341: ce dont] dont (1712-13)

341: de] à (1712-13)

342: écolier tout de nouveau] écolier (1742-Uytwerf)

342: davantage] plus (1742-Uytwerf)

342: pour recueillir quelque fruit de l'expérience, il faut qu'une pénétration vive, secondée d'un raisonnement étendu et exact, fasse valoir cette expérience et lui donne son véritable prix] si la raison tire quelque fruit de l'expérience, il n'y a qu'un raisonnement juste et exact qui puisse faire valoir l'expérience et la rendre utile (1712-13)

342: gens qui d'ordinaire est accompagnée de quelque docilité] gens (1712-13)

342: croit] le croit (1742-Uytwerf)

342: considèrent] font valoir (1712-13)

342: souvent l'indignation d'un vieillard contre les dérèglements de la jeunesse, bien loin d'être une marque de vertu, n'est que l'effet d'une basse jalousie qu'excitent en son âme des plaisirs qu'il] et le chagrin qu'on a contre la jeunesse, bien loin d'être une marque de vertu, est quelquefois l'effet de l'envie qu'excitent en nous des plaisirs qu'on (1712-13)

342: dans] en (1742-Uytwerf)

342: passion] passion dans laquelle (1712-13)

342: s'y] se (1712-13)

343: d'une personne fort avancée en âge] d'un vieillard (1712-13)

343: qu'il ne saurait] lesquelles il ne peut pas (1712-13)

343: toute la prudence] la prudence (1712-13)

343: Dans le commencement du monde, les premiers pères] Au commencement du monde les pères (1742-Uytwerf)

343: de] du (1741) (1742-Néaulme)

343: qui] lesquels (1712-13)

LXXVII

344: l'opinion] celle (1742-Uytwerf)

344: peuvent en avoir] en ont (1712-13)

344: se sépare de ses admirateurs tout aussi satisfait de son esprit que] sort d'avec ses admirateurs aussi satisfait de son esprit comme (1712-13)

344: puisse] sait (1712-13)
    puisse] peut (1742-Uytwerf)

344: ou bien on] ou l'on (1742-Uytwerf)

345: qu'un guerrier qui venant de gagner une victoire est] comme si, venant fraîchement de gagner une victoire, il était (1712-13)

345: croit] estime (1712-13)

345: Il est avec les grands contraint] Avec les grands, il est contraint (1742-Uytwerf)

345: qui porte un grand nombre de personnes à] qu'on remarque à bien des gens de (1712-13)

346: leur âme] eux (1712-13)

346: tout de même comme] comme (1742-Uytwerf)

346: leur] à leur (1712-13)

347: le sont] sont (1712-13)

347: hantent] fréquentent (1742-Uytwerf)

LXXVIII

347: entre les objets] les objets (1742-Uytwerf)
347: de] à (1712-13)
347: de] à (1712-13)
347: une habitude] habitude (1742-Uytwerf)
347: de laquelle] dont (1742-Uytwerf)
347: Et n'est-il] N'est-il (1742-Uytwerf)
348: qu'ils prennent pour modèles] auxquelles ils se règlent (1712-13)
348: dans le dessein de] pour (1712-13)
348: ne pas y] n'y pas (1742-Uytwerf)
349: faisaient paraître] avaient (1712-13)
349: la personne] celle (1712-13)
349: humaine] humain (1712-13)
349: quand même ils] lors même qu'ils (1742-Uytwerf)
349: tendresse et passion] de sa passion et (1712-13)
349: l'on] on (1742-Uytwerf)
349: que de] que (1742-Uytwerf)
350: du] d'un (1742-Uytwerf)
350: méthode] manière (1742-Uytwerf)
350: ne révolter pas] ne pas révolter (1742-Uytwerf)

LXXIX

351: réussite] succès (1742-Uytwerf)
351: puisse] sait (1712-13)
     puisse] puis (1742-Uytwerf)
352: du] des (1712-13)
352: Je n'en réponds pas] Quelquefois (1712-13)
     pas] point (1742-Uytwerf)
353: vu que trop] que trop vu (1742-Uytwerf)
353: à ce sujet le mieux du monde] le mieux du monde à ce sujet (1742-Uytwerf)

LXXX

355: s'y prend] prend (1742-Uytwerf)
355: l'aime] l'aime la première fois qu'il la voit (1712-13)
356: tout aussitôt] aussitôt (1742-Uytwerf)
356: de] à (1712-13)
356: ni] ni sur une taille riche et bien prise, ni (1712-13)
356: trouve son mérite et ses charmes dans son château, ses titres, sa meute et
     surtout dans] s'en fie pour plaire à son château, à ses titres, à sa meute
     et surtout à (1712-13)
     ses titres, sa meute] dans ses titres, dans sa meute (1742-Uytwerf)
357: par] de (1742-Uytwerf)
357: ou bien celle des femmes à laquelle il] ou à celle des femmes qu'il (1742-
     Uytwerf)
357: d'aller plus loin pour la rendre belle] pour la rendre belle, d'aller plus loin
     (1742-Uytwerf)

357: n'étant point attaqués de ce mal] n'en étant point entachés (1712-13)

357: chez] en (1712-13)

357: La pudeur à mon âme offre un attrait vainqueur] Je trouve mille appas dans l'aimable pudeur (1712-13)

358: ouvert et libre une autre] délibéré quelque autre (1712-13)

358: Oserait s'opposer] Se voudrait opposer (1712-13)

358: Me menace d'un cœur] M'annonce un cœur jamais (1712-13)

358: l'esprit d'Iris, son brillant, sa] d'Amarillis l'esprit et la (1712-13)

358: Je sens pour l'*ingénue*] Pour celle-ci je sens (1712-13)

358: Pour la *vive* je sens] Je sens pour celle-là (1712-13)

358: Par ses regards mourants fit languir tous les dieux] Infecta mille cœurs d'un œil contagieux (1712-13)

358: le charme séducteur] l'éclatante blancheur (1712-13)

358: Monarque des cieux] Souverain des dieux (1712-13)

358:     A la nature Isis veut se devoir entière;
        A sa gloire jamais l'ajustement n'eut part;
        Admirant plein d'amour sa négligence altière,
        Je devine l'éclat que lui prêterait l'art.]
        Par ses propres appas Doris, sûre de plaire,
        Ne veut point avec l'art en partager l'honneur;
        J'admire, plein d'amour, sa négligence fière
        Et je supplée à l'art de l'esprit et du cœur (1712-13)

358: la verte saison] l'âge verdoyant (1712-13)

359: touchante] brillante (1712-13)

359: souverains] amoureux (1712-13)

LXXXI

359: constitue] est (1712-13)

359: Si malgré son secours on se trouve incapable de] Et quand même on ne sait pas, par son aide (1712-13)

359: pudeur] timidité (1712-13)

359: pour] pour sottise et pour (1712-13)

360: il] et (1712-13)

360: d'anticiper sur] d'anticiper (1712-13)

360: qu'elle] dont elle (1742-Uytwerf)

360: de l'accabler] de lui marquer (1712-13)

361: des choses pareilles] de pareilles choses (1742-Uytwerf)

361: homme-ci] homme (1742-Uytwerf)

361: parlasse] parle (1712-13)

362: Ceux-là] Ceux-ci (1742-Uytwerf)

362: confondre ceux-ci] les confondre (1742-Uytwerf)

LXXXII

362: j'ai] il a (1712-13)

362: exprimaient] dénotaient (1712-13)

363: lâcheté que de] sa lâcheté que de son (1712-13)

363: tout aussi] également (1712-13)
364: genre-là] genre (1742-Uytwerf)
365: manière de mourir] manière (1712-13)
365: y viennent à manquer] viennent à y manquer (1742-Uytwerf)
366: ample catalogue] catalogue exact (1712-13)
366: de le mettre dans le] d'être mis au (1712-13)
366: assez grand] grand (1742-Uytwerf)
366: il] elle (1742-Uytwerf)
366: ses seules délices] son unique attachement (1712-13)

LXXXIII

366: dans le beau sexe que dans le] au beau sexe qu'au (1742-Uytwerf)
366: dignes de mépris] méprisables (1712-13)
367: minuties-là] minuties (1742-Uytwerf)
367: on suppose que les mères de famille du plus bas ordre s'acquittent avec la
    plus grande exactitude] toutes les bourgeoises du plus bas ordre sont
    censées de s'acquitter (1712-13)
367: distingue, qu'on brille] tire de pair (1712-13)
367: soin] exactitude (1712-13)
367: civilement morte] morte civilement (1712-13)
367: dans le beau sexe que dans le] au beau sexe qu'au (1742-Uytwerf)
367: Il est] Il en est (1742-Uytwerf)
367: destinée-là] destinée (1742-Uytwerf)
368: y remarque] a remarqué (1712-13)
369: veut] peut (1741) (1742-Uytwerf)
369: de] à (1712-13)
369: ont très mauvaise grâce dans la bouche des] sont très malséants aux (1712-
    13)
369: d'âge] surannée (1712-13)
369: femmes] personnes (1712-13)
369: point] pas (1742-Uytwerf)
370: sont devenus] deviennent (1712-13)
370: sont échappés] échappent (1712-13)
370: de quelle manière] à quel point (1742-Uytwerf)

LXXXIV

371: s'imaginer] s'imaginer pourtant (1712-13)
371: que] qu'ils n'ont eu (1712-13)
371: tant] si (1742-Uytwerf)
371: se soit] s'était (1712-13)
371: tant on avait soin de traîner] et l'on traînait (1712-13)
371: menée] portée (1742-Uytwerf)
371: briller] briller, et de briller (1712-13)
371: s'accoutume] s'accoutume ainsi (1742-Uytwerf)
372: On] et qu'on (1712-13)
372: point] pas (1742-Uytwerf)

372: point] pas (1742-Uytwerf)

372: dans] sous (1742-Uytwerf)

372: à concevoir leur juste valeur et à démêler leurs] à en concevoir la juste valeur et à en démêler les (1742-Uytwerf)

372: on peut emprunter] en empruntant (1712-13)

372: ne connaissait] n'entend (1742-Uytwerf)

372: lui-même] encore (1742-Uytwerf)

372: lasser] fatiguer (1742-Uytwerf)

372: action-là] action (1742-Uytwerf)

372: de logique] logicales (1712-13)

372: connaître] distinguer (1742-Uytwerf)

373: puisse] peut (1712-13)

373: amusements les plus puérils] jeux d'un enfant (1712-13)

373: un jeune élève] lui (1712-13)

373: de cette manière] ainsi (1742-Uytwerf)

374: à l'envi d'en effacer] d'en effacer à l'envi (1712-13)

374: à] de (1742-Uytwerf)

374: par un enfant avec justice] avec justice par un enfant (1742-Uytwerf)

LXXXV

374: auteur ancien] ancien auteur (1742-Uytwerf)

374: parce qu'il] quand il (1712-13)

374: de l'estime] son estime (1712-13)

375: héros ancien] ancien héros (1742-Uytwerf)

375: au] pour le (1712-13)

375: celui des hommes qui nous sont] celui de nos (1742-Uytwerf)

375: dont] desquelles (1712-13)

375: par les armes d'Achille sa patrie, son père, ses frères et son époux, chérit pourtant Achille] sa patrie, son père, ses frères et son époux par les armes d'Achille, l'aime pourtant (1712-13)

375: même elle croit] elle croit même (1742-Uytwerf)

376: qui] laquelle (1712-13)

376: tous les jours la mort, de l'attendre de pied ferme ou d'aller à sa rencontre] une mort qui se présente sous toutes les faces les plus hideuses et les plus effrayantes (1712-13)

376: âme grande] grande âme (1742-Uytwerf)

376: avoir de commerce] communiquer (1712-13)

376: l'on] on (1742-Uytwerf)

376: est d'ordinaire extrêmement attentive à] fait d'ordinaire de fortes réflexions sur (1712-13)

376: et] : (1742-Uytwerf)

376: d'un si glorieux triomphe et elle] d'une conquête si illustre et (1712-13)

376: de] acquise par (1712-13)

376: la plus brillante dans] plus brillant en (1742-Uytwerf)

376: cependant] toutefois (1712-13)

376: passer sous silence] négliger (1712-13)

376: à] par (1712-13)
376: à] par (1712-13)
376: il se laisse] il se fait (1742-Uytwerf)
377: un chapeau tout chiffonné sous le bras] sous le bras un chapeau tout
      chiffonné (1742-Uytwerf)
      le] son (1712-13)
377: comme si dans chacune quelque bonne qualité était enfermée] que si
      quelque bonne qualité était enfermée dans chacune (1742-Uytwerf)
377: que doivent prendre les amants du commun pour fléchir leurs maîtresses]
      des amants du commun (1712-13)
377: timide] craintive (1712-13)
377: orgueil] fierté (1712-13)
377: font pas] font (1712-13)
377: selon eux, m'appartient] m'appartient selon eux (1742-Uytwerf)
377: rendent] rendent alors (1712-13)
378: se forme] forme (1712-13)
378: bien souvent ils réussissent] ils réussissent bien souvent (1742-Uytwerf)

LXXXVI

378: de] que de (1742-Uytwerf)
378: le] un (1742-Uytwerf)
379: d'autres] aucuns (1712-13)
379: trouve moins de peine qu'un esprit enveloppé de ténèbres à triompher d'un
      tempérament indocile] a plus de facilité à vaincre un tempérament
      difficile qu'un esprit enveloppé de ténèbres (1712-13)
379: aussi de bonne heure tâcher de] tâcher aussi de bonne heure à (1712-13)
      de bonne heure tâcher de mettre] tâcher de mettre de bonne heure (1742-
      Uytwerf)
379: d'y] à y (1712-13)
379: Par là, son cœur ému et pénétré se remplira] pour que son cœur ému se
      remplisse (1712-13)
380: il] ce (1742-Uytwerf)
380: ?] et (1712-13)
381: si, pour se déterminer, ils se fient à leurs propres lumières] s'ils se fient à
      leurs propres lumières pour choisir un parti (1712-13)
381: les parents et la patrie] la naissance (1712-13)
381: Par une éducation si mal dirigée on] on (1712-13)
381: dans lesquels] où (1742-Uytwerf)
381: y voulions] voulions y (1742-Uytwerf)

LXXXVII

382: se sont toujours sentie] ont toujours eue (1742-Uytwerf)
382: s'est trompé] se trompa (1742-Uytwerf)
382: fût] était (1742-Uytwerf)
382: passions] humeurs (1712-13)
382: pussent] pouvaient (1742-Uytwerf)

383: dans les mœurs et dans les coutumes de ces deux nations, contrariété si
    grande qu'on pourrait les appeler] en leurs mœurs et en leurs coutumes,
    et cette contrariété est si grande qu'on pourrait appeler ces deux nations
    (1712-13)
383: à donner dans la dépense] la dépense (1712-13)
383: ridicule vanité] vanité ridicule (1742-Uytwerf)
383: tout ce qui] ce qui (1741)
383: du rapport] rapport (1742-Uytwerf)
383: à] de (1742-Uytwerf)
383: des Anglais] de l'Anglais (1712-13)
384: généreux véritablement] véritablement généreux (1742-Uytwerf)
384: usage] avantage (1742-Uytwerf)
384: glacés] de glace
384: et] , (1742-Néaulme)
384: et] ; (1742-Uytwerf)
384: bonheur unique] unique bonheur (1742-Uytwerf)
384: ne vont] n'aillent (1742-Uytwerf)
384: aucun service] de services (1742-Uytwerf)
384: sentir mieux] mieux sentir (1742-Uytwerf)
384: des premiers va jusqu'à la fureur et si l'impétuosité des Français] des
    Français va jusqu'à la fureur et si leur impétuosité (1742-Uytwerf)
385: de] des (1742-Uytwerf)
385: aient] n'ont (1712-13)
    aient] ont (1742-Uytwerf)
385: leur noble audace dans les quartiers d'hiver] leur audace à l'opéra ou à la
    comédie (1712-13)
385: combat glorieux] glorieux combat (1742-Uytwerf)
385: par la matière au moins] au moins par la matière (1742-Uytwerf)

LXXXVIII

386: du tort] tort (1712-13)
386: pour embellir] embellir (1742-Uytwerf)
386: en puisse faire la digestion] les puisse digérer (1742-Uytwerf)
386: se faire un devoir de faire succéder] faire succéder (1742-Uytwerf)
386: vouloir imiter] imiter (1742-Uytwerf)
386: odieux] odieuse (1742-Uytwerf)
386: en] dans (1742-Uytwerf)
387: aux] dans les (1742-Uytwerf)
387: ;] et (1712-13)
387: nouveauté dangereuse] dangereuse nouveauté (1742-Uytwerf)
388: enchaînées les unes aux autres] unies ensemble (1712-13)
388: toutes ces différentes faces] différentes faces (1741)
388: et] , (1742-Uytwerf)
388: démêler] découvrir (1712-13)
388: mettre entre les mains des jeunes gens] leur mettre entre les mains (1712-
    13)

388: liés par] enchaînés à (1712-13)
388: mélange] mélange de vrai et de faux (1712-13)
388: naturellement] ordinairement (1712-13)
388: merveilleux] surprenant (1712-13)
388: L'on] On (1742-Uytwerf)
388: ne pas s'accorder] se contrarier (1712-13)
389: développer] découvrir (1712-13)
389: afin] pour (1742-Uytwerf)

Index